U0521858

当代中国学术思想史丛书

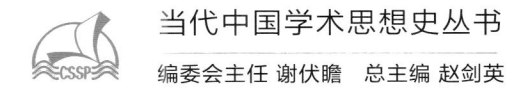

编委会主任 谢伏瞻　总主编 赵剑英

当代中国世界历史学研究

The Study of World History in
Modern China: A Reexamination

(1949-2019)

于 沛 著

中国社会科学出版社

图书在版编目(CIP)数据

当代中国世界历史学研究：1949—2019 ／ 于沛著 . —北京：中国社会科学出版社，2019.12
（当代中国学术思想史丛书）
ISBN 978 – 7 – 5203 – 5162 – 1

Ⅰ.①当… Ⅱ.①于… Ⅲ.①世界史—史学史—学科发展—研究报告—中国—1949 – 2019 Ⅳ.①K091 – 12

中国版本图书馆 CIP 数据核字（2019）第 210200 号

出 版 人	赵剑英
责任编辑	耿晓明
责任校对	万文华
责任印制	戴　宽

出　　版	中国社会科学出版社
社　　址	北京鼓楼西大街甲 158 号
邮　　编	100720
网　　址	http://www.csspw.cn
发 行 部	010 – 84083685
门 市 部	010 – 84029450
经　　销	新华书店及其他书店

印刷装订	北京君升印刷有限公司
版　　次	2019 年 12 月第 1 版
印　　次	2019 年 12 月第 1 次印刷

开　　本	710×1000　1/16
印　　张	39
字　　数	600 千字
定　　价	218.00 元

凡购买中国社会科学出版社图书，如有质量问题请与本社营销中心联系调换
电话：010 – 84083683
版权所有　侵权必究

当代中国学术思想史丛书
编辑委员会

主　任　谢伏瞻

副主任　蔡　昉　高　翔　高培勇　姜　辉　赵　奇

编　委　（按姓氏笔画为序）
　　　　　卜宪群　马　援　王延中　王建朗　王　巍
　　　　　邢广程　刘丹青　刘跃进　李　扬　李国强
　　　　　李培林　李景源　汪朝光　张宇燕　张海鹏
　　　　　陈众议　陈星灿　陈　甦　卓新平　周　弘
　　　　　房　宁　赵　奇　赵剑英　郝时远　姜　辉
　　　　　夏春涛　高培勇　高　翔　黄群慧　彭　卫
　　　　　朝戈金　景天魁　谢伏瞻　蔡　昉　魏长宝

总主编　赵剑英

书写当代中国学术史,加快构建中国特色哲学社会科学

谢伏瞻*

在中华人民共和国成立70周年之际,中国社会科学出版社修订出版《当代中国学术思想史丛书》(以下简称《丛书》),对于推动我国当代学术史研究,加快构建中国特色哲学社会科学学科体系、学术体系、话语体系具有重要的意义。

党的十八大以来,以习近平同志为核心的党中央高度重视哲学社会科学。2016年5月17日,习近平总书记主持召开哲学社会科学工作座谈会并发表重要讲话,明确提出加快构建中国特色哲学社会科学学科体系、学术体系、话语体系的重大论断和战略任务。这是一个极为重要的战略考量,关系我国哲学社会科学的长远发展,关系中国特色社会主义事业发展全局,是重大的学术任务,更是重大的政治任务。广大哲学社会科学工作者要以高度的政治自觉和学术自觉,以强烈的责任感、紧迫感和担当精神,在加快构建中国特色哲学社会科学"三大体系"上有过硬的举

---

* 谢伏瞻:中国社会科学院院长、党组书记。

措、实质性进展和更大作为。《丛书》即为加快构建中国特色哲学社会科学"三大体系"的具体措施之一。

研究学术思想史是我国的优良传统之一。学术思想历来被视为探寻思想变革、社会走向的风向标。正如梁启超在《论中国学术思想变迁之大势》中所言,"学术思想与历史上之大势,其关系常密切。""学术思想之在一国,犹人之有精神也;而政事、法律、风俗,及历史上种种之现象,则其形质也。故欲觇其国文野强弱之程度如何,必于学术思想焉求之。"我国古代研究学术思想史注重"融合""会通",对学术辨识与提炼能力有特殊要求,是专家之学,在这方面有大成就者如刘向、刘歆、朱熹、黄宗羲等皆为硕学通儒。近代以来,随着"西学东渐",我国哲学社会科学各学科逐渐发展起来,学术思想史研究亦以梁启超的《中国近三百年学术史》为发轫,以章炳麟、钱穆等为代表的一批学者用现代学术视角"辨章学术、考镜源流",开始将学术思想史研究与近现代哲学社会科学发展结合起来,形成了不少有影响的名品佳作。新中国成立以后,在马克思主义指导下,我国哲学社会科学不断发展,特别是改革开放以来,哲学社会科学的地位更加凸显,在研究工作的广度和深度上不断取得新突破。但是,我国当代学术思想史研究没有跟上哲学社会科学发展的步伐,呈现出"有数量缺质量、有专家缺大师"的状况,有分量的研究成果寥若晨星,公认的学术思想史大家屈指可数。新时代,我国哲学社会科学地位更加重要、任务更加繁重,有组织、有计划地开展学术思想史研究和出版工作，系统梳理我国当代哲学社会科学各学科学术思想的发展脉络，总结各学科积累的优秀成果，既是对学术研究传统的继承和发扬，弥补当代学术思想史研究的不足，也将在中国特色哲学社会科学"三大体系"建设中发挥独特而重要的作用。

中国社会科学院是党中央直接领导的哲学社会科学研究机构，在加快构建哲学社会科学"三大体系"建设中发挥着主力军作用。早在建院之初的1978年，胡乔木同志主持的《1978—1985年全国哲学社会科学发展规划纲要（初稿）》就提出了研究"中国经济思想史""中国政治思想史""中国教育思想史""中国伦理思想史"等近10种"学术思想史"的规划。"当代中国学术思想史"丛书初版于2009年，在新中国成立70周年之际，予以修订再版，充分体现出我院作为"国家队"的担当。《丛书》以新中国成立以来学术思想史演进中的脉络梳理与关键问题分析为主要内容，集中展现在中国共产党坚强领导下，创建、发展和繁荣哲学社会科学各学科学术思想史的历程，突出反映70年来哲学社会科学各领域的成就与经验，资辅当代、存鉴后人，具有较强的学术示范意义。

学术思想史研究为哲学社会科学学科体系建设提供了有力的支撑。学科体系是加快构建中国特色哲学社会科学的根本依托。经过几十年的发展，我国哲学社会科学已拥有20多个一级学科、400多个二级学科，学科体系已基本确立，但还不健全、不系统、不完善，离习近平总书记提出的基础学科健全扎实、重点学科优势突出、新兴学科和交叉学科创新发展、冷门学科代有传承的要求还有相当大的差距。学科体系建设的前提是对各学科做出科学准确的评估，翔实的学术思想史研究天然具备这一功能。《丛书》以"反映学科最新动态，准确把握学科前沿，引领学科发展方向"为宗旨，系统总结文学、历史学、语言学、美学、宗教学、法学等学科70年的学术发展历程。其中既有对基础学科、重点学科学术思想史的系统梳理，如《当代中国美学研究》《当代中国文艺学研究》等；又有对新兴学科、交叉学科和冷门学科学术思想史的开拓性研究，如《当代中国近代思想史研究》《当代中国边疆研究》《当代中国简帛学研究》等。从学术思想史的角度，系统评价各学科的发展，对于健全学科体系、优化学科布局，加快构建中国特色哲学社会科学学科体系无疑是大有裨益的。

学术思想史研究为哲学社会科学学术创新提供了坚实的基础。学术体系是加快构建中国特色哲学社会科学的核心。主要包括两个方面：一是思想、理念、原理、观点、理论、学说、知识、学术等；二是研究方法、材料和工具等。习近平总书记指出，理论的生命力在于创新。只有不断推进知识创新、理论创新、方法创新，才能着力打造"原版""新版"的哲学社会科学。学术创新是有前提的，正如总书记所深刻指出的，理论思维的起点决定着理论创新的结果，理论创新只能从问题开始。从某种意义上说，学术创新离不开学术思想史研究，只有通过坚实的学术思想史研究，把握学术演进的脉络、传统、流变，才能够提出新问题、新思想，形成新的学术方向，这是《丛书》为哲学社会科学学术创新作出的贡献之一。学术思想史的研究内容、研究方法、材料与工具自成体系，具有构建学术体系的各项特征。《丛书》通过对学术思想史研究的创新，为哲学社会科学学术创新提供了有益的尝试。

一是观点创新。中华人民共和国成立以来，随着马克思主义在哲学社会科学领域指导地位的确立，我国思想界发生了大规模、深层次的学术变革，70年间中国学术已经形成了崭新格局。《丛书》紧扣"当代中国"这一主题，突破"当代人不写当代史"的思想束缚，独辟蹊径、勇于探索，聚焦中国特色哲学社会科学的发展道路、马克思主义指导下的中国学术发展、中国传统学术继承和外来学术思想借鉴，民族复兴在学术思想史上的反映等问题，从而产生一系列的观点创新。

二是研究范式创新。一个时代的主流思想和历史叙事，是由反映那个时代的精神的一系列概念和逻辑构成的。当代中国学术的源流、变化与当代中国政治、经济、文化、社会的变革密切相关。《丛书》把研究中国特色学术道路的起点、进程与方向作为自觉意识，贯穿于全丛书，注重学术思想史与中国学术道路的密切联系、学理化研究与中国现实问题的密切联系、个别问题研究与学术整体格局的密切联系、研究当代中国与启示中国未来的密切联系，开拓了学术诠释中国道路的新范式。

三是体例创新。《丛书》将专题形式和编年形式相互补充与融合，充分体现了学术创新的开放性，为开创学术思想史书写新范式探路。对于当代学术思想史研究，创新之路刚刚开始，随着《丛书》种类的增多，创新学术思想史研究的思路还会更多，更深入。

学术思想史研究为构建哲学社会科学话语体系提供了广阔的平台。话语体系是学术体系的反映、表达和传播方式，是有特定思想指向和价值取向的语言系统，是构成学科体系之网的纽结。习近平总书记指出，在解读中国实践、构建中国理论上，我们应该最有发言权。这就要求我们在构建话语体系时，要坚持中国立场、注重中国特色，用中国理论阐释中国实践，用中国实践升华中国理论，更加鲜明地展现中国思想，更加响亮地提出中国主张。要主动设置议题，勇于参与世界范围的"百家争鸣"。《丛书》定位于对当代中国学术思想的独家诠释，内容是原汁原味的中国学术，具有学术"走出去"、参与国际学术对话、扩大我国学术思想影响力、增强中华文化软实力的条件。《丛书》通过生动的叙述风格传播中国学术、中国文化，全面、集中、系统地反映我国当代学术的建构过程，让世界认识"学术中的中国""理论中的中国""哲学社会科学中的中国"。习近平总书记强调，把中国实践总结好，就有更强的能力为解决世界性问题提供思路和办法。《丛书》通过对当代中国学术思想史的描绘，让世界了解中国特色的学术发展之路，进而了解中国特色社会主义文化和中国特色社会主义道路。《丛书》中的《当代中国法学研究》《当代中国宗教学研究》《当代中国近代史研究》《当代中国近代社会史研究》等已经翻译成英文、德文等多种语言，分别在有关国家出版发行，为当代中国学术思想的国际化传播开拓了新路。

目前，《丛书》完成了出版计划的一部分，未来要继续作好《丛书》出版工作。关键是要坚持正确的政治方向、学术导向和价值取向。要提高政治站位，增强"四个意识"，坚定"四个自信"，做到"两个维护"，在思想上政治上行动上同以习近平同志为核心的党中央保持高度一致。要坚持马克思主义的指导地位，特别是用习近平新时代中国特色社会主义思想指导学术思想史研究和出版工作。要落实意识形态工作责任制，做到守土有责、守土负责、守土尽责。作好《丛书》出版工作必须坚持以质量为生命线。在任何时候都要坚持质量第一的方针，坚持"宁缺毋滥"的原则，多出精品力作。要把社会效益放在首位，实现社会效益和经济效益相统一。要严格遵守学术规范，秉承认真负责的治学态度，严肃对待学术研究，潜心研究，讲究学术诚信，拿出高质量的学术成果。

当今世界处于百年未有之大变局，中国特色社会主义进入新时代，这都对哲学社会科学提出了更高的要求，广大哲学社会科学工作者要积极响应习近平总书记和党中央号召，以习近平新时代中国特色社会主义思想为指导，努力提高政治站位，增强思想自觉，敢于担当，奋发有为，繁荣中国学术，发展中国理论，传播中国思想，加快构建中国特色哲学社会科学"三大体系"，为实现"两个一百年"奋斗目标，实现中华民族伟大复兴的中国梦作出应有的贡献。

是为序。

2019年10月

目 录

代序 中国世界史学者的社会责任 ………………………………… (1)

新中国成立和世界历史研究 ……………………………………… (1)
  一 学习、宣传和普及历史唯物主义 ……………………………… (1)
  二 苏联史学在中国 ………………………………………………… (10)
    (一) 苏联史学理论 ……………………………………………… (10)
    (二) 苏联史学著作 ……………………………………………… (17)
    (三) 世界史人才培养和队伍建设 ……………………………… (25)
  三 外国史学理论研究 ……………………………………………… (29)
  四 世界历史研究的最初成果 ……………………………………… (35)
    (一) 世界通史、地区史和国别史研究 ………………………… (35)
    (二) 周谷城《世界通史》和对"欧美中心论"的批判 ……… (47)
  五 世界历史文献资料建设 ………………………………………… (51)

"文化大革命"时期的世界历史学 ……………………………… (61)
  一 政治运动和世界历史知识学习 ………………………………… (62)
  二 "读一点世界史"和"历史知识读物" ……………………… (69)
  三 《世界通史》著作 ……………………………………………… (74)
  四 国别史和中俄关系史的译介 …………………………………… (83)

改革开放新时期的世界历史研究 (88)
 一 重新确立解放思想、实事求是的思想路线 (88)
 二 建设中国世界历史研究理论体系 (90)
  （一）中国特色的世界历史理论体系 (90)
  （二）马克思主义史学理论和世界历史研究 (98)
 三 世界历史学科建设 (106)
  （一）世界史研究工作委员会和全国性的研究会 (106)
  （二）学术刊物、人才培养和文献资料建设 (113)
  （三）中国大百科全书和世界历史地图集 (123)
  （四）中国社会科学院世界历史研究所 (127)
  （五）高校世界历史研究机构的建立 (128)
  （六）学术交流和国际历史科学大会 (154)
  （七）国家社会科学基金和世界历史研究 (157)
 四 丰硕的研究成果 (161)
  （一）世界文明史和世界通史研究 (161)
  （二）世界古代中世纪史研究 (171)
  （三）断代史研究 (195)
  （四）地区史研究 (207)
  （五）国别史研究 (234)
  （六）国际关系史研究 (283)
  （七）第二次世界大战史研究 (315)
  （八）国际共产主义运动史研究 (328)
  （九）专门史研究 (348)
  （十）中外历史比较研究 (376)
 五 世界历史译著 (385)

外国史学理论研究 (400)
 一 新时期史学发展规划和外国史学理论研究 (400)
 二 外国史学理论研究的主要成果 (403)
  （一）马克思主义唯物史观与历史研究 (403)

（二）外国马克思主义史学理论研究 ………………………（421）
　　（三）历史哲学和历史认识理论研究 ………………………（427）
　　（四）外国史学史研究 ………………………………………（436）
　　（五）跨学科方法和历史学分支学科研究 …………………（457）
　　（六）现代西方史学思潮研究 ………………………………（479）
　　（七）史学方法论研究 ………………………………………（502）
　三　外国史学理论研究的主要译著 ………………………………（510）

主题索引 ……………………………………………………………（527）

参考书目 ……………………………………………………………（556）

后　记 ………………………………………………………………（597）

修订版后记 …………………………………………………………（600）

代　序

中国世界史学者的社会责任[*]

改革开放 40 年来，中国世界历史研究最深刻的变化，是在其发展历程中，实现了从翻译、编译，以及一般性地介绍向深入、系统、独立研究的转变，"世界历史学"作为一门独立的学科，完全具备了任何一门科学学科所具有的科学形态，以及不可或缺的理论和方法。世界史研究是中国历史科学的重要组成部分，随着研究队伍的成长、壮大，以及一系列标志性的成果问世，其地位和影响日渐扩大。当然，这是就世界历史整体学科的状况而言的。今天中国的世界历史研究，无论在通史、断代史、地区史、国别史，还是在专门史、历史人物、历史文献的研究上，都可谓硕果累累；无论是在数量上，还是在质量上，均"前无古人"，"史无前例"。党的十七大报告论述"坚持社会主义先进文化前进方向，兴起社会主义文化建设新高潮"时提出，"繁荣发展哲学社会科学，推进学科体系、学术观点、科研方法创新，鼓励哲学社会科学界为党和人民事业发挥思想库作用，推动我国哲学社会科学优秀成果和优秀人才走向世界"[①]。这使广大世界史工作者不仅深受鼓舞，更深感责任重大。在新的历史起点上，如何使世界史研究顺应时代发展要求，在建设中国特色社会主义的伟大事业中，发挥出应有的作用，我们应从理论与实践的结合上，做出明确的回答。

---

[*] 《中国世界史学者的社会责任》，曾发表于《中国社会科学》2010 年第 6 期，《中国社会科学》（英文版）第 32 卷，第 3 期，收入本书为《代序》时，作了一些修改。

① 《中国共产党第十七次全国代表大会文件汇编》，人民出版社 2007 年版，第 33 页。

中国史学的优良传统之一，是重视对外国历史的研究。司马迁《史记》，分本纪、年表、八书、世家、列传五类，计130卷。有关外国的介绍和研究，主要集中在"列传"中，如《大宛传》《匈奴传》等，包括朝鲜、越南、印度，以及大宛、乌孙、康居、燕蔡、大月氏、安息等国。"究天人之际，通古今之变，成一家之言"①，是司马迁历史思想的核心。而要达此目的，也需要对中国以外地区的了解。只不过当时的某些"外国"，现在早已是中国领土的一部分，而在当时并没有在中原王朝的直接统治之下。《史记》以下的二十五史，除了《陈书》《北齐书》之外，其他二十三种史书中，都涉及了对外国的介绍和研究，各代官修纪传体史书中都有"外国传记"，包括东南亚、中亚、西南亚、欧洲和西非许多重要的地区和国家。

近代中国世界历史研究的萌生，始于19世纪中叶，这和中国"救亡图存"的时代主题联系在一起。中国先进分子为拯救民族危机"睁眼看世界"，林则徐编译《四洲志》、魏源编纂《海国图志》是这一时期的代表作。19世纪末20世纪初，在甲午战争、辛亥革命等重大历史事件影响下，中国世界史研究从"萌生"开始逐渐发展，力图通过外国"亡国史""革命史""建国史"的研究，寻找中国独立、自由、解放的道路。辛亥革命期间，美国《独立宣言》（当时译为《美国独立檄文》或《美利坚民主国独立文》）曾五次在《国民报》《民国报》等报刊全文发表，绝非偶然。20世纪初，唯物史观传入中国，对中国史学，特别是对中国的世界历史研究，产生了革命性的深远影响。1920年，李大钊在《马克思的历史哲学与理恺尔的历史哲学》一文中，深入浅出地阐释了唯物史观的基本原理。他强调"欲单从上层上说明社会的变革即历史而不顾基址，那样的方法，不能真正理解历史。上层的变革，全靠经济基础的变动，故历史非从经济关系上说明不可"。"自有马氏的唯物史观，才把历史学提到与自然科学同等的地位。此等功绩，实为史学界开一新纪元。"② 除李大钊外，中国共产党

---

① 《汉书》卷62《司马迁传》，中华书局1962年版，第2735页。
② 李大钊：《马克思的历史哲学与理恺尔的历史哲学》，见李大钊《史学要论》，河北教育出版社2000年版，第343—344页。

的早期领导人陈独秀、蔡和森、李达、瞿秋白、恽代英等，也开始用唯物史观分析中国和世界的历史。在唯物史观理论的指导下，人们对"改造世界"的理性认识，有了新的发展。中国的马克思主义史学，是无产阶级领导的人民大众的反帝反封建文化的重要组成部分，而非抽象的"学术"。中国世界历史研究的特点是与时代的脉搏同时跳动，它研究方向的主流，从不曾脱离时代的主题。中国世界史研究萌生时期即表现出的特点。在新中国成立后，特别是在20世纪80年代改革开放以来继续发扬光大，并不断赋予其新的社会意义和时代内容。

1980年，中国的社会发展已经结束了1976年10月以来的在徘徊中前进的局面，进入了新的发展时期；中国的世界史研究也迎来了自己的春天，进入迅速发展时期：中国社会科学院世界历史研究所的科研工作全面恢复；北京大学等高校历史系开始设立世界历史专业；高校和研究机构开始招收世界史专业的硕士、博士研究生；国家级的《世界历史》杂志创刊，在国内外公开发行；10余个全国性的世界史研究会（国别史和专门史）相续成立；国家社科基金设立世界史组，开始接受世界历史科研项目的申报和评审；等等。然而，这一切令人鼓舞的事实，并没有解决一个更为迫切、更为直接的现实问题，即在新的历史时期，如何继承发扬中国世界史研究的优秀传统，自觉坚持世界史研究的正确方向问题。"文化大革命"十年动乱造成的严重思想混乱，要真正做到"拨乱反正"尚需要时间；党的十一届三中全会虽然重新确立了"解放思想、实事求是"的思想路线，并不等于这条路线就可以一帆风顺地贯彻落实了。改革开放初期，西方学术思潮，包括西方史学理论与方法鱼目混珠，大量介绍到国内来，一时不少奇谈怪论充斥其间，有人甚至公开鼓吹中国世界史研究的出路，是"国际化"，是"价值中立"，是"全盘西化"等，所有这些都使得"方向"问题越发重要。

在改革开放新的历史时期，世界历史研究如何体现出它的社会责任尤其重要。为名利而研究，还是为国家和人民的利益而研究，这是一个大是大非的基本立场问题。世界史或其他学科研究的主、客体有其特定的内容和规范，但这与为人民服务、为社会主义服务，为发展中国特色社会主义服务的"二为"方针并不相悖。世界历史研究的社会责任，从根本上要落实在"二为"方针上。改革开放以来,我国世界历史研究的成果令世人瞩目,但毋庸讳言,在前进的道路上仍存在着一些亟待解决的问题。例如,少数人仰承洋人的鼻息,不加分析地照抄照搬西方的史学理论,生吞活剥,盲目崇拜,甚至主张放弃我们自己的理论体系和话语系统,去与西方"接轨",使我们的学术研究受制于人,丧失起码的学术尊严和民族自信心。这与我们所说的有选择地汲取外国史学的优秀成果为我所用,完全是风马牛不相及的两件事。当前,社会上的浮躁风气和商业上的投机心理侵蚀着学术,世界历史研究也不是在真空之中,如研究中的低水平重复、粗制滥造、假冒伪劣、抄袭剽窃;热衷炒作、拉拉扯扯,无原则地吹捧;等等,而信仰、理想、使命等,却被抛到九霄云外。凡此种种,都是没有起码的社会责任感的具体表现。学术研究是一项严肃、艰苦而又崇高的工作,研究人员要自觉地承担起社会责任。我国的世界历史研究要发展,有许多事情要做,但首先要加强研究人员的社会责任感,要牢记学术研究的目的,不为名利所惑。

哲学社会科学研究水平,体现着一个民族的思维能力、精神状态和文明素质。哲学社会科学的研究能力和成果,是国家文化力量的重要标志和体现,是国家重要的战略性资源。充分认识广大世界史工作者的社会责任,在今天有着重要的现实意义。联系到中国世界历史研究的现实,笔者以为需要从以下两个方面加强世界史工作者的社会责任。

其一,用马克思主义中国化的成果统领世界史研究,重视对世界史研究中的重大理论问题的探讨,在充分实现世界史研究的科学认识功能和社会功能的同时,服务大局,自觉地坚持"二为"方向。关于马克思主义社会形态问题的研究,这既是马克思主义学说的基本理论问题,也是世界史研究的基本理论问题。吴于廑、齐世荣在编纂《中国大百科全书·外国历史》卷和《世界通史》时,曾探讨过这个问题,目前,世界史学界关于这个问题的讨论正不断深化。

吴于廑认为,人类历史发展为世界历史,经历了纵向发展和横向发展的漫长过程。纵向发展,"是指人类物质生产史上不同生产方式的演变和由此引起的不同社会形态的更迭"。而横向发展,"是指历史由各地区间的相互闭塞到逐步开放,由彼此分散到逐步联系密切,终于发展成为整体的世界历史这一客观过程而言的"。"研究世界历史就必须以世界为一全局，考察它怎样由相互闭塞发展为密切联系，由分散演变为整体的全部历程，这个全部历程就是世界历史。"① 吴于廑关于世界史研究理论体系的立论基础，是马克思的世界历史理论。在《德意志意识形态》等著作中，马克思首次提出了世界历史概念并逐渐形成了自成系统的世界历史理论。马克思说，资本主义生产与交往的发展，"各个相互影响的活动范围在这个发展进程中愈来愈扩大，各民族的原始闭关自守状态则由于日益完善的生产方式、交往以及因此自发地发展起来的各民族之间的分工而消灭得愈来愈彻底，历史也就在愈来愈大的程度上成为全世界的历史"②。马克思强调："世界史不是过去一直存在的；作为世界史的历史是结果。"③ 马克思的"世界历史理论"是唯物史观的有机组成部分，也是今天我们理解"全球史观"的理论基础。2006 年，高等教育出版社相继出版了齐世荣总主编的 4 卷本《世界史》。这部著作的《前言》写道："马克思主义根据人类社会内部生产力与生产关系基本矛盾的不同性质，把人类历史发展的诸阶段区分为原始公社制、奴隶制、封建制、资本主义制和共产主义制几种生产方式和与之相应的几种社会形态。它们构成一个由低级到高级发展的纵向序列，但不是所有民族、国家的历史都一无例外地按照这个序列向前发展。有的没有经历过某一阶段，有的长期停顿在某一阶段。总的说来，人类历史由低级社会形态向高级社会形态的更迭发展，尽管先后不一，形式各异，但这个纵向发展的总过程仍然具有普遍的、规律性的意义。"④ 当前，马克思主义社会形态问题的讨论不断深化的主要标志，是将理论上的探析，同马克思的《历史学笔记》《人类学笔记》的研究结合起来，使人们不仅从理论上，而且通过人类历史矛盾运动的实际过程，去理解马克思主义社会形态理论的真谛。

其二，理论联系实际，在世界历史研究中，努力做到深刻的理论探究与高度地关注现实的辩证统一。中国世界史研究历史感与现实感并重的优

---

① 《中国大百科全书·外国历史》，中国大百科全书出版社 1990 年版，第 1、5、15 页。
② 《马克思恩格斯选集》第 1 卷，人民出版社 1972 年版，第 51 页。
③ 《马克思恩格斯全集》第 46 卷（上），人民出版社 1979 年版，第 48 页。
④ 齐世荣主编：《世界史·当代卷》，高等教育出版社 2006 年版，第 1 页。

秀传统，在改革开放新的历史条件下，更加重视弘扬历史研究的时代精神，将历史认识建立在对当代世界和中国现实的深刻理解上。对现实理解的深度，在某种意义上决定了历史认识的深度，成为越来越多的世界史学者的共识。"进入新世纪新阶段，国际局势发生新的深刻变化，世界多极化和经济全球化的趋势继续在曲折中发展，科技进步日新月异，综合国力竞争日趋激烈，各种思想文化相互激荡，各种矛盾错综复杂，敌对势力对我国实施西化、分化的战略图谋没有改变，我们仍面临发达国家在经济、科技等方面占优势的压力。我国改革发展处在关键时期，社会利益关系更为复杂，新情况新问题层出不穷。"① 当今世界正处在大发展大变革大调整时期，建设中国特色社会主义正在新的历史起点上。只有清醒地认识到机遇和挑战并存的国际国内现实，我国的世界史研究才能有根有魂，广大世界史学者才能自觉地肩负起社会责任。例如，彭树智主编的《中东国家通史》13 卷，包括《沙特阿拉伯卷》《以色列卷》《伊拉克卷》《土耳其卷》《巴勒斯坦卷》《伊朗卷》《埃及卷》《阿富汗卷》《叙利亚和黎巴嫩卷》《也门卷》《海湾五国卷》《约旦卷》《塞浦路斯卷》。这是我国第一部多卷本《中东国家通史》著作，由商务印书馆自 2000 年陆续出版，这既是一部学术精品，对世界历史学科建设有积极意义，同时也是对世界历史研究中"西方中心论"的有力批判。

又如，美国历史学家魏特夫在《东方专制主义》中提出"治水社会"的理论，杜撰出所谓的"东方专制主义"概念，他不仅攻击马克思主义基本理论，歪曲古代中国、希腊、印度和埃及的历史，而且污蔑社会主义国家是"东方专制主义的变种"。为揭露这部"学术著作"的欺骗性和反动性，1995 年，《史学理论研究》杂志开辟专栏，组织世界史学者撰写论文，从东方社会的特点和性质、东西方专制制度比较、水利在东方社会发展中的作用、"亚细亚生产方式""'东方专制主义'概念的历史考察"等方面，系统地揭露了魏特夫《东方专制主义》在理论上史实上的谬误，以及政治上的反动政治意图。

---

① 《中共中央关于加强党的执政能力建设的决定》，见《十六大以来重要文献选编》（中），中央文献出版社 2006 年版，第 271 页。

包括世界史研究，哲学社会科学研究有一个不可回避的社会责任问题。在这个问题上要旗帜鲜明，不能失语。不久前病逝的吴冠中先生曾说："走上艺术的路，就是要殉道，还需要痛苦，而我的心永远被痛苦缠绕着。"[①] 从事哲学社会科学研究，同样需要殉道者的精神，要时刻牢记自己平凡而又崇高的使命。哲学社会科学研究是推动历史发展和社会进步的重要力量，面对新形势新任务，我们一定要充分认识自身肩负的历史使命，以高度的社会责任感去努力工作，在科研工作中开拓创新、锤炼自我，争取取得更多更大的成绩。

---

① 韩小蕙：《文艺·人生·时代——从吴冠中现象看文艺家与时代的辩证关系》，《光明日报》2010年8月5日。

新中国成立和世界历史研究

一 学习、宣传和普及历史唯物主义

1949年新中国成立，中国社会历史的发展揭开了崭新的一页，中国的世界史研究也进入了一个新的阶段。"新阶段"的主要标志，是马克思主义和唯物史观成为世界历史研究的指导思想，马克思主义史学由中国史学原来的一个流派，很快成为中国史学绝对的主流。然而，这一切并不是自发实现的，而是通过包括世界史学科在内的整个中国历史学的学科建设逐渐完成的。

19世纪末，马克思主义开始传入中国。1919年五四运动前后，马克思主义在中国得到较广泛传播。20世纪20年代，中国马克思主义史学问世后，唯物史观在中国日益产生广泛影响，但从总体上说，广大知识分子对唯物史观仍较陌生。新中国成立后不久，即在知识分子中开始了普遍的马克思主义思想教育运动，史学界也不例外，包括老一辈史学家在内，广大史学工作者以积极学习、应用唯物史观为标志，揭开了新中国历史研究的崭新一页。大力宣传、学习和普及唯物史观，成为新中国加强马克思主义史学理论研究的基础和前提。

1949年7月1日，中国新史学研究会成立，郭沫若任主席，吴玉章、范文澜为副主席。研究会宗旨的重要内容之一，就是"学习并运用历史唯物主义的观点和方法，批判各种旧历史观"[①]。同年9月29日，新中国成

[①] 《中国新史学研究会暂行简章》，《人民日报》1949年7月2日。

立前夜通过的具有宪法性质的《共同纲领》中也明确规定："提倡用科学的历史观点，研究和解释历史、经济、政治、文化和国际事务。"① 学习马克思主义和改造世界观密切结合在一起。1950年6月23日，在全国政协一届二次会议的闭幕式上，毛泽东主席在讲话中指出，批评和自我批评，"这是一个很好的方法，是推动大家坚持真理、修正错误的很好的方法，是人民国家内全体革命人民进行自我教育和自我改造的唯一正确的方法"。"我希望全国各民族、各民主阶级、各民主党派、各人民团体和一切爱国民主人士，都采用这种办法。"② 1951年夏，北京大学开始了40余天的学习运动，推动了全国性的知识分子思想改造运动。9月底，周恩来在京津地区高等学校教师学习会上，作了题为"关于知识分子的改造问题"的报告，从"立场问题""态度问题"两方面，论述了知识分子思想改造的必要性，及具体方法，他希望大家要树立这样一个信心："只要决心改造自己，不论你是怎么样从旧社会过来的，都可以改造好。在座的同志多数在旧社会生活过较长时间，会带来很多旧的东西，要求一下子把旧的影响肃清，这是不可能的。只有在不断的斗争中，才能求得进步。"③ 新中国成立初期在知识分子中开展的思想改造运动，对于学习和宣传马克思主义，自觉坚持马克思主义的理论指导有重要意义。"思想改造，首先是各种知识分子的思想改造，是我国在各方面彻底实现民主改革和逐步实行工业化的重要条件之一。"④

1951年7月28日，在中国新史学研究会的基础上，成立了中国史学会。郭沫若指出，自中国新史学研究会成立后的两年间，中国史学界已经出现了从唯心史观向唯物史观的转变。吴玉章在会上作《中国历史研究工作的方向》的报告，重申历史研究要坚持马克思主义唯物史观的理论指导⑤。新中国成立前，马克思主义史学只是中国史学的一个流派，新中国

---

① 中共中央文献研究室：《建国以来重要文献选编》（一），中央文史出版社1992年版，第11页。
② 《毛泽东选集》第6卷，人民出版社1999年版，第81—82页。
③ 《周恩来选集》下卷，人民出版社1984年版，第61页。
④ 《毛泽东文集》第6卷，人民出版社1999年版，第184页。
⑤ 吴玉章：《中国历史研究工作的方向》，《进步日报》1951年9月29日。

成立后，马克思主义史学则成了中国史学的主流，对当代中国史学的发展方向起着决定性的作用。一些马克思主义史学家密切结合历史研究实践，积极宣传马克思主义基本原理，为普及历史唯物主义，坚持历史研究以马克思主义为理论指导做出了重要贡献。例如，1949年11月，吕振羽在东北行政学院（东北人民大学、吉林大学前身）研究班讲授《关于治史方法方面的零片意见》时指出，"研究历史，要从生产力与生产关系出发"，"生产力和生产关系的矛盾的统一及其斗争，决定人类社会发展的共同规律，体现出个别国家或部落、部族和民族在相同的历史阶段中、在历史发展过程中的一般性。但人类历史是极其具体、生动、丰富、多彩的。个别国家或部落、部族和民族，由于其所处的地理环境、历史传统及其他具体条件的不同，便构成其特殊性，而表现为各自独特的色彩"①。此外，吕振羽还从"阶级分析方法""劳动人民是历史的创造者""历史进程中统治阶级和被统治阶级的关系""杰出人物在历史上的作用"、历史进程的基本矛盾，以及历史事件之间的内在联系、历史规律性、历史发展的辩证法，以及历史的进步趋势等方面，结合历史研究实践，深入浅出地介绍了唯物史观的基本原理。这种马克思主义史学理论的启蒙教育，对新中国刚刚成立时的中国史学界（自然包括世界史学界世界史体系），是十分必要的。

1953年8月，中共中央批准成立"中国历史问题研究委员会"。陈伯达向毛泽东请示委员会的工作方针时，毛泽东讲了四个字："百家争鸣"②，自然，这与坚持马克思主义的理论指导是不矛盾的。1953年10月，陈伯达在中国科学院召开会议时指出，历史研究委员会的工作就从增设历史研究所、办刊物、出一批资料书做起，并决定编辑出版《历史研究》杂志，组织一个编委会，由郭沫若作召集人，具体工作指定刘大年和尹达负责。陈伯达说，办刊物必须"百家争鸣"，这是一个方针问题。刊物要照这个方针去办。陈伯达传达的"百家争鸣"的方针实际上就是毛泽东对创办《历史研究》杂志的指示③。

---

① 吕振羽：《史学研究论文集》，华东人民出版社1954年版，第1、3页。
② 《毛泽东传（1949—1976）》上，中央文献出版社2003年版，第486页。
③ 刘大年：《〈历史研究〉的创刊与"百家争鸣"方针的提出》，《历史研究》1986年第4期。

新中国成立后，随着国家经济建设高潮的出现，必定会出现一个新的文化建设高潮——新中国的历史研究和社会主义文化建设高潮、社会主义建设的伟大事业联系在一起。1954年《历史研究》创刊时，郭沫若为创刊号撰写了《开展历史研究，迎接文化建设高潮》。这篇文章的重要意义，不仅明确指出了新中国历史研究的具体任务，而且旗帜鲜明地强调广大史学工作者要"学会应用马克思列宁主义的立场、观点和方法，认真地研究中国的历史，研究中国的经济、政治、军事和文化，对每一个问题要根据详细的材料加以具体的分析，然后引出理论性的结论来"①。郭沫若说，这是1942年2月1日，毛泽东同志在延安党校开学典礼大会上讲的话，到今天已经整整12年了。然而这就和在今天当面给予我们以指示的一样。这本来是对于学习革命工作的一般的指示，而在我们历史研究工作者是感到分外亲切的。四年来，我们历史研究工作者，在雄壮的革命进军中经过了空前未有的规模宏大的自我改造的思想学习，对于这个亲切的指示，我们相信是有了更普遍的接受和更深入的体会了。我们对于马克思列宁主义的认识和应用是应该采取不断学习的态度的。精读马克思、恩格斯、列宁、斯大林的著作，自然是很好的学习，但如从工作中切实地进行体验可能是更好的学习。我们就请从我们所从事的历史研究工作这一门科学方面努力达到实际的成果，来进行马克思列宁主义的深入的学习吧。

郭沫若还说，中国人民革命的胜利，对全世界是一个极大的鼓舞，因而世界人民特别是追求解放的人民对中国的历史和现实便感到莫大的憧憬，他们想从这里求得解决他们本身问题的钥匙。然而在世界史中关于中国方面的研究却差不多还是一片白页。这责任是落在我们的肩头上的，我们须得满足海内外人民的需要，把世界史上的白页写满，我们须得从历史研究这一角度来推进文化建设，促成社会主义工业化的实现②。

1954年，《历史研究》创刊时，郭沫若、胡绳、陈翰笙、刘大年、范文澜、翦伯赞、吕振羽、侯外庐等著名的马克思主义史学家，都参加了编

---

① 《毛泽东选集》第3卷，人民出版社1991年版，第815页。
② 参见郭沫若《开展历史研究，迎接文化建设高潮——为〈历史研究〉发刊而作》，《历史研究》1954年第1期。

委会的工作。编委会的重要任务之一,是推动广大史学工作者认真学习马克思、恩格斯、列宁、斯大林关于历史唯物主义的基该著,提倡用马克思主义的立场、观点和方法,去研究和解释历史。新中国成立后不久,马克思主义经典作家的全集、选集或文选,相继翻译出版,《毛泽东选集》也自1952年开始出版,为广大史学工作者自觉学习唯物史观,用唯物史观指导历史研究,创造了有利的条件。

1954年,开展了对胡适学术思想,包括胡适的唯心主义历史观和实用主义的史学方法论的批判。这些批判涉及如何运用唯物史观认识和分析中国历史;如何科学地评价历史人物;如何认识历史前进的动力以及如何认识历史矛盾运动的规律性等。这对于宣传和学习唯物史观产生了积极的影响。广大史学工作者,包括一些著名的老一辈史学家,如陈垣等,表示"一切从头学起",对以唯物史观为理论指导研究历史,表现出很高的热情和积极性。对胡适以实用主义哲学为代表的学术思想的批判,在20世纪50年代初,是当时"重要的战斗任务"之一,因为"从各方面来揭露和批判胡适的唯心论思想,彻底清除它在文化学术界和在社会上的恶劣影响……也就是进一步清除帝国主义思想和资产阶级思想的影响,也就是进一步以马克思主义的辩证唯物论思想教育干部和知识分子,并通过他们去教育广大人民群众。没有这一斗争,马克思列宁主义就不可能被广大人民群众所掌握,就不可能在许多文化学术部门中确立和巩固自己的领导地位"。在史学界,系统地批判了胡适否认社会物质生活条件在历史发展中的决定性的作用;否认人民群众在社会历史上的决定性作用,以及宣扬历史虚无主义等历史唯心论的观点。"胡适对人类社会历史的看法,是和马克思主义者完全相反的。"胡适的这些做法,"显然是有他的政治目的的……胡适在贬低中国历史文化的同时,又拼命地宣传崇拜帝国主义特别是崇美的思想,提倡'全盘西化,全盘接受',他这样做正是为帝国主义,特别是为美帝国主义的奴役政策开辟道路"[①]。应该指出的是,对胡适学术思想的批判并非只局限在唯心史观方面,除去实用主义哲学外,在文学、宗教学、政治学等领域也都有针对性地展开了批判。

---

① 张如心:《批判胡适的实用主义哲学》,人民出版社1955年版,第80—81、57、66页。

1955年1月6日,《光明日报》"史学"专刊发表翦伯赞的文章《批判胡适主观唯心论的历史观与方法论》,较系统地分析了胡适的资产阶级史学思想。作者认为,"胡适的历史观是腐朽的资产阶级唯心论,再加上陈旧的进化论,这是人所共知的"。"为了反对历史唯物论,胡适首先否定历史发展的规律性,他认为历史是可以任意雕刻的大理石,是可以任意摆布的大钱,是可以任意涂抹脂粉的'百依百顺的女孩子',是可以让唯心论者任意修改的'一幅未完的草稿'。"从唯心史观出发,"胡适否定客观条件对人类意识可以起任何决定作用","胡适又企图用陈旧的进化论观点来反对历史上有突变的这一马克思主义原理,他说历史是点点滴滴积累起来的,只有量的增加,没有质的改变,在胡适看来,'太阳之下,没有新的东西'"。关于史学方法,"胡适自鸣得意的方法是'大胆假设,小心求证'……科学的假设与求证,与胡适的假设与求证毫无共同之处。科学的假设是指待证的真理,而胡适的假设是主观的成见,科学的求证是真凭实据,而胡适的求证是歪曲、涂改乃至捏造证据。例如他为了反对中国共产党提出的反帝反封建的口号,于是大胆假设中国没有封建社会,也没有帝国主义,然后捏造证据说中国的封建社会早在两千年前就消灭了,又捏造证据,证明中国的贫弱,不是由于帝国主义的侵略而是由于五鬼,特别是疟疾,于是伪造历史,说希腊罗马的灭亡都是由于疟疾"。此外,"胡适还有一种方法,即'明因求变',亦即他所谓'祖孙的方法'……科学并不反对'明因求变',但仅仅'明因求变'并不能解决科学上的任何问题,因为任何一个历史问题都不能把它的因果孤立起来"①。

《历史研究》1955年第2期发表了周一良的《西洋"汉学"与胡适》;1955年第3期有范文澜的《看看胡适的"历史的态度"和"科学的方法"》,同期还有梁从诫的《胡适不是研究历史,而是歪曲和捏造历史》;1955年第4期有嵇文甫的《批判胡适的多元历史观》;1956年第6期发表了齐思和的《批判胡适派对于世界史的反动唯心观点》。范文澜指出:"资产阶级唯心主义哲学,在马克思列宁主义——辩证唯物主义和历史唯物主义的无情批判下,它的反动本质暴露无遗,实在是站不住脚了。它要做垂

---

① 翦伯赞:《历史问题论丛》(合编本),中华书局2008年版,第409—410页。

死的挣扎，不得不采取各种花样的卑劣手法来反对马克思主义。披马克思主义外衣的是一种，打自然科学旗帜的又是一种。被胡适改称为实验主义的那个实用主义，就是属于后一种的反动哲学。"① 在胡适看来，实用主义既是"历史的态度"，又是"科学的方法"，是"近代科学发达的结果"。范文澜认为，事实已经证明了这些谬论的破产，同时从胡适歪曲中国历史、否定历史发展的规律性、否定爱国主义、否定阶级斗争学说、宣扬改良主义、倡导"纯学术"等方面，揭露了他对中国历史科学的破坏。范文澜明确指出，"我们史学工作者，在中国建设社会主义社会的伟大事业中，应该而且必须担负起自己应有的一部分责任。而这首先要彻底批判胡适实用主义思想和一切其他资产阶级唯心主义思想，同时建立起唯物主义的世界观才有可能"②。在20世纪50年代，范文澜的有关论述，对于帮助广大史学工作者自觉掌握马克思主义学说，有积极的推动作用。

嵇文甫撰文《批判胡适的多元历史观》，在当时有较大的影响。作者认为，"多元历史观"并不是什么新鲜东西。它实质上正是早被普列汉诺夫在《论一元论历史观之发展》里面批判过的那一种"互相作用"论：照这种看法，好像他们很全面，能照顾到社会生活的复杂多样性，而唯物史观正和唯心史观一样，却显然陷入片面性的一偏之见，如果满足于表面看问题，很容易走上他们这一路。这是他们庸俗的地方，却也正是他们狡猾的地方。嵇文甫认为，这种"多元历史观"，或"互相作用"论，实际上还是一种唯心史观，而只是采取一种更狡猾、更隐蔽的形式。因为社会现象虽多种多样，但总括起来，不是属于物质生活方面的，便是属于精神生活方面的，而物质是基本的，精神是从生的。精神生活是物质生活的反映，它根本不能离开物质生活条件而独立存在。如果承认离开物质条件而可以有独立存在的精神现象，这已经陷入唯心论的泥坑里去了。嵇文甫强调，胡适的多元历史观完全是欺骗人民，为帝国主义和反动统治者服务的一种思想工具。说是历史多元论，实际上乃是彻头彻尾的一种历史唯心论。他处处回避根本问题，不承认历史发展

---

① 《范文澜历史论文选集》，中国社会科学出版社1979年版，第229页。
② 同上书，第263页。

的客观规律性。好像猫头鹰怕见太阳一样,他最怕提出根本问题,最怕提出历史发展规律。这是不难理解的。因为注定要没落的、垂死的反动统治阶级,面对着历史发展的必然规律只有发抖。他们想,但愿不是如此吧,最好是个梦吧!然而历史终究不是"百依百顺的女孩子",而胡适倒被历史巨人一脚踢得远远的了①。对胡适唯心主义历史观的批判,是和学习唯物史观,坚持历史研究的马克思主义理论指导联系在一起的。鉴于胡适在中国史学界的影响,通过对他这个"反面教员"的批判,有助于更具体地掌握唯物史观的基本原理。

  对胡适的唯心主义历史观的批判,并不仅仅局限在历史学范畴,或仅仅局限在具体的学术观点上。这是由历史和现实的诸多因素决定的,首先是和如何对胡适有一基本的认识联系在一起,即揭穿他的某种欺骗性。例如,1954 年 12 月,翦伯赞在北京大学历史系教师座谈会发言时说,解放以后,胡适的"影响还没有消灭。因此我以为我们固然不要把他估计太高也不要把他估计太低,估计太低就是轻敌,就会贬低我们反对胡适资产阶级唯心论这一思想斗争的严重意义"。"我想说到胡适的立场,这是他的历史观的出发点。过去有人以为胡适是'超阶级'的书生,他没有什么立场,就是想做大官、出大名。实际上,胡适的立场是很鲜明的,他是公开地代表买办资产阶级发言。正因为它所代表的资产阶级是带有买办的性质,所以他就不仅是共产党和马克思主义的最凶恶的敌人,也是和帝国主义一个鼻孔出气的出卖祖国的最无耻的卖国贼。"② 1955 年 2 月,黎澍在《胡适派所谓民主政治的反动实质》中写道:"胡适派自称是民主主义者,因为他们曾经参加过五四新文化运动,曾经向国民党争取过人权,在 1933 年以后又发表过一些文章,主张民主政治,并在蒋介石还没有最后形成他的独裁权力的时候,帮助他对着激昂的反对独裁的舆论否认过在中国实行法西斯独裁的必要和可能。虽然胡适在后来已经用言论和行动表白了他的所谓民主政治的虚伪性,但是仍旧有许多人把他当作民主主义者,认为他的政治思想是前后不一致的,

---

① 参见嵇文甫《批判胡适的多元历史观》,《历史研究》1955 年第 4 期。
② 翦伯赞:《历史问题论丛》(合编本),中华书局 2008 年版,第 408 页。

矛盾的,因此,他的公开暴露美帝国主义雇佣和蒋介石走卒的面貌并且不能不流窜到美国去,就仿佛成了难于理解的事情。"① 揭穿胡适作为"民主主义者"代表的欺骗性,有助于更加深入地批判他唯心主义历史观等资产阶级学术思想。

1958年10月,人民出版社编辑部从北京大学、北京师范大学、天津南开大学历史系大字报中选出110篇,编辑出版《历史科学中两条道路的斗争》。编者认为,这些大字报"充分反映了我国目前的历史科学中普遍地存在着资产阶级的倾向。例如:厚古薄今,只专不红;史料重于泰山,理论轻于鸿毛;把帝王将相描绘为历史主人,对劳动人民创造历史的功绩轻轻抹杀;对烦琐考据津津乐道,把马列主义放在一边"。

在世界历史方面,北京大学的一些大字报提出世界上古史的教学"有修正主义的倾向";在法国资产阶级革命的教学中,马克思主义仅仅是"花边",而实质则是法国资产阶级史学家马迪厄的观点;在印度史史料的选择中,多是帝国主义、殖民主义学者的作品,为什么不选进步学者的著作,如印共领袖丹吉关于印度古代史的著作呢?北京师范大学的一些大字报,对"奴隶制衰落的原因""德国宗教改革和农民战争""文艺复兴"等内容的教学进行批判,认为在思想内容上、方法上,都是资产阶级的观点;教学的方向是非马克思主义的;存在着严重的资产阶级客观主义立场和为历史而历史的烦琐主义倾向。南开大学对世界历史教学中的资产阶级方向也进行了批判,如宣扬"个人主义动力论",以及在同学们心目中提高雷海宗的威信,"为他的反党增加资本"等。编者认为这些问题都是政治问题,并希望大家以"力争上游"的精神再接再厉,"和它们作不调和的斗争"②。这种认识是当时在思想文化领域推行"兴无灭资","拔白旗、插红旗","批判修正主义"的产物。将一般的不同认识问题,或不同的学术观点问题上升为社会主义和资本主义"两条道路的斗争",用政治批判代替学术探讨,这不仅无助于我国马克思主义史学理论建设,而且带来了消极的负面影响。

---

① 黎澍:《马克思主义与中国革命》,人民出版社1963年版,第121页。
② 人民出版社编辑部:《历史科学中两条道路的斗争·出版说明》,人民出版社1958年版。

二 苏联史学在中国

（一）苏联史学理论

在新中国成立后的20世纪50年代和60年代初，中国史学建设的主要内容是介绍、学习苏联史学理论及其研究实践；而学习苏联史学，或新中国历史学科的建设，又是和坚持唯物史观，清除资产阶级、封建主义史学的影响联系在一起的。学习苏联史学，这是新中国成立初期，"一边倒"的基本国家政策决定的。1952年10月，中国科学院院长扩大会议，曾做出了《中国科学院关于加强学习和介绍苏联先进科学的决议》，要求加强研究苏联科学成果；翻译出版优秀的苏联科学著作；系统介绍苏联科学的最新成就，苏联史学自然包括在内。1953年2月下旬，中国科学院代表团访苏，其成员中就有历史学家刘大年等。3月中旬，刘大年在苏联科学院哲学历史学部作了题为《中国历史科学现状》的报告，受到苏联著名历史学家潘克拉托娃、涅奇金娜等人的欢迎。刘大年在报告中指出，当前摆在中国史学家面前的最紧迫的工作，就是认真系统地学习马列基本理论和苏联历史科学的理论①。他身体力行，回国后撰写了多篇介绍苏联史学的文章，如《马克思列宁主义是历史科学的基础》《历史研究工作是革命斗争的一个组成部分》《批评和自我批评推动着历史科学的发展》，分别发表在《人民日报》1953年8月11日、14日和15日。他还撰写了《苏联培养科学工作干部的经验》《苏联的先进历史科学》，分别发表在《科学通报》杂志1953年9月号和11月号。所有这些，都对年轻的中国世界史研究产生了深远的影响。

19世纪中叶，中国世界历史学科自萌生之日起，就表现出关注现实，与社会生活融为一体的强烈的现实主义精神。这样，一个多世纪以来，中国世界史学科发展的历史，清晰地印有各个时代的痕迹。新中国成立后，在学习苏联史学的过程中，广大史学工作者，继承中国世界历史研究的优

---

① 参见刘大年《中国历史科学现状》，《光明日报》1953年7月22日。该文还发表在苏联《历史问题》杂志1953年第5期。

良传统，表现出高涨的政治热情和新的学术追求。苏联历史学家撰写的世界史著作的共同特点，是强调唯物史观的理论指导，努力从马克思列宁主义的立场出发去认识、分析和阐释人类社会的历史。这些著作对当时和后来的中国世界史研究产生了多方面的影响。

例如，苏联科学院主编10卷本《世界通史》，1955年由苏联国家政治书籍出版社出版，该书被认为是"旨在作为马克思主义历史书籍中阐明人类从远古至现代所走路程的第一部综合性著作"。作者认为，其是资产阶级史学的"世界通史"性著作，"它们的思想虽然不同，部分结论虽然参差，可是它们却有一个首要的共同错误，那就是，它们否认了社会的前进发展和世界史过程统一性的观念"。只有马克思和恩格斯第一次把唯物主义推广到社会生活领域，"他们所完成的最伟大的发现——唯物史观——给名副其实的历史科学奠定了基础，这种历史科学是把人类历史当作合乎规律性的、被内在矛盾所推进的社会发展过程来加以研究的"①。"马克思主义者对于社会发展过程之普遍性的理解，包含有许多方面。其中最重要的一点是，全体人类的发展都受普遍适用的共同规律的支配。马克思主义哲学的一个基本原理是体现世界历史过程统一性的社会经济形态有规律地更替的思想，这一原理早已从天才的假定变为有科学根据的精心研究出来的概念。但是马克思主义奠基人从来也没有忘记指出，统一性决不排除巨大的差异，这些差异本身既是极其微小的，非常罕见的，也是普遍的，不是在抽象概念之中，而是在具体的历史存在的条件下所概括出来的表现的特殊形态。所以，马克思主义史学家的任务是搜集、研究、考察和考订各种史实，因为史实的总和构成一定的社会形态和历史时代的内容。"② 这些认识不仅体现在10卷本《世界通史》中，而且也体现在苏联历史学家的其他著作中。

如在耶·马·茹可夫主编的《远东国际关系史1840—1949》的"前言"中写道："帝国主义殖民体系危机的尖锐化，是在第二次世界大战中击溃法西斯侵略者这一事件所产生的最重要的后果之一。""战后年代在远

---

① 苏联科学院主编：《世界通史》第1卷，三联书店1959年版，第1、3、5页。
② 苏联科学院主编：《世界通史》第10卷（下），吉林人民出版社1978年版，第62—63页。

东发生的历史性变化——中国人民革命的胜利和伟大强国——六亿中国人民所建立中华人民共和国之出现于亚洲,帝国主义者的冒险和侵略政策及其代理人在中国和朝鲜的破产,中华人民共和国、朝鲜民主主义人民共和国和越南民主共和国所实行的深刻改造,在已成为主权共和国的印度、印度尼西亚、缅甸和亚洲其他国家所发生的重大变化,引起了全体进步人类的注意。这些事件清楚地表明帝国主义正在日益衰落,各国人民捍卫自己的独立、主权、和平劳动的意志正在增强。"正是在这样的历史认识的基础上,编者确定了这部《远东国际关系史1840—1949》的写作任务,"就是要对从19世纪中叶起直到中国人民民主革命取得全世界历史性的胜利和中华人民共和国成立时止的这段时期的远东国际关系史作一般的评述"①。编者要突出表现中国人民革命的胜利,开辟了亚洲历史和世界历史新时代这样的主题,在这部著作的不少章节中都可以清楚地看出。

这样,20世纪50年代初,在中国史学界,特别是在年轻的世界历史学科普及马克思主义唯物史观的热潮中,苏联历史学家的这些学术专著便成为理想的"教科书",不仅适用于高等院校年轻的学子,而且也适用于广大教师。在介绍苏联历史学家在世界历史研究方面所取得的最新成果的同时,更重要的是从马克思主义理论与世界历史研究实践的结合上,进行如何树立一种崭新的历史观——唯物史观的教育。从某种意义上说,这是通过苏联史学家具体的历史著作,进行唯物史观启蒙性和普及性的工作。在这个过程中,自然也存在着这样或那样的缺点和不足,如简单化、概念化,以及教条主义、公式化等,而且这些缺点和不足也给中国史学发展带来了一些消极的影响,但是,通过学习苏联史学进行唯物史观的启蒙和普及教育,毕竟是中国世界历史学学科建设的重要内容,是中国世界史学发展历史上的一个重要的阶段,这对中国马克思主义史学的理论建设,特别是新中国成立初期百废待兴,包括马克思主义思想理论建设,具有重要的意义。

在新中国成立初期世界史学科的建设中,介绍和学习苏联史学理论是

---

① [苏]耶·马·茹可夫主编:《远东国际关系史1840—1949》,世界知识出版社1959年版,第1—2页。

重要内容之一。如果说当时中国世界史学科建设以苏联史学为样板，并不过分。

1953年1月至1954年6月，中国人民大学中国历史、世界通史教研室编译有《历史问题译丛》9辑，由中国人民大学出版。自1954年7月，转由历史研究编辑委员会编辑，改名为《史学译丛》，由中国科学院公开出版。这两份《译丛》均以发表苏联史学家的史学论著为主，文章中有不少苏联主要史学刊物的社论。如《论伟大十月社会主义革命史的科学研究工作》（《历史问题》1953年第11期社论）、《把马克思列宁主义的经济理论创造性地运用于历史研究》（《历史问题》1954年第11期社论）、《论科学社会主义发生史的研究》（《历史问题》1955年第3期社论）、《历史唯物论是历史科学的理论基础》（《历史问题》1952年第7期社论）、《为争取苏联历史科学的进一步高涨而斗争》（《历史问题》1952年第9期社论）、《反对在研究苏维埃社会史方面的主观主义的错误》（《历史问题》1952年第12期社论）、《斯大林新的天才著作〈苏联社会主义经济问题〉及其对历史科学的意义》（《历史教学法》1953年第1号社论）。上述《译丛》内容十分丰富，其中不少是关于民族问题、奴隶社会与封建社会问题、农民运动、工人运动、历史分期、欧美资产阶级革命、工业革命、苏共党史、苏维埃社会史，以及批判欧美资产阶级史学思想的文章。

新中国成立初期，马克思主义经典作家的著作，无论是《全集》，还是《选集》，都来不及翻译出版，《译丛》则及时地将一些对历史研究有重要指导意义的著述，从俄文版《马克思恩格斯全集》译成中文，介绍给中国史学界，如恩格斯《论封建制度的解体及资产阶级的发展》（《历史问题译丛》1953年第6期）、恩格斯《论普鲁士农民的历史》（《史学译丛》1955年第4期）、恩格斯《欧洲大陆社会改革运动的进展》（《史学译丛》1955年第6期）等。这对加强历史研究中的马克思主义理论指导，有积极的促进作用。

20世纪50年代初期，不仅历史学通过学习苏联史学，开展自己的学科建设，其他哲学社会科学各个学科也如此。如中央民族学院研究部自1954年创办《民族问题译丛》，以译介苏联学者的研究成果和《苏联大百科全书》的相关词条为主。在《民族问题译丛》中，也有一些译文与历史学，特别是与世界历史学科有直接的关系，对世界史学学科建设有积极作用。以1955年第1期《民族问题译丛》（民族出版社1955年版）为例，该期刊有《"原始社会"序言》（普·叶菲明科）、《关于原始历史的分期问题》（奥·柯斯文）、《论氏族和部落在历史上的关系》（奥·柯斯文）、《印度支那各族人民的过去与现在》（伊·雅·坡德科帕耶夫）等，即可看出这一点。

《历史研究》1954年创刊到60年代初，编辑出版了《苏联关于封建主义基本经济规律的讨论》（三联书店1956年版）、《苏联关于游牧民族宗法封建关系问题的讨论》（科学出版社1957年版）、《罗马奴隶占有制崩溃问题译文集》（科学出版社1958年版）、《封建社会发展阶段问题译文集》（科学出版社1959年版）、《俄国农民战争译文集》（科学出版社1960年版）等。这些译文集广泛收集了苏联史学家有代表性的论著，集中就某一问题较系统地向中国史学界介绍苏联史学家各种不同的观点。除《历史研究》编辑部编的几部译文集外，另几部译文集在当时也有较大的影响，如邵英巴耶夫等著《为正确阐明苏联中亚细亚各民族底历史问题而斗争》（人民出版社1954年版），尚钺编《奴隶社会历史译文集》（三联书店1955年版）、尚钺编《封建社会历史译文集》（三联书店1955年版）、《苏联史学家在罗马第十届国际史学家代表大会报告集》（三联书店1957年版）。1955年，在罗马国际史学家代表大会上，苏联历史学家西多罗夫在论及苏联史学发展的基本问题时指出："苏联史学是新的历史科学，因为它的任务是要从马克思主义唯物立场独立地、创造性地研究祖国历史和世界历史中一切根本问题。"① 苏联史学的任务，也是中国史学的任务，这对新中国成立初期中国史学发展，以及中国世界历史学科的建设，有重要的理论意义和现实意义。西多罗夫还说："苏联历史学家不否认历史和政治的关系，我们认为需要吸取历史教训来解决当前的问题。但是，正因为这样，所以我们需要的是对过去事情的客观态度和科学的分析，而对历史事

---

① ［苏］西多罗夫：《苏联历史科学发展的基本问题及某些总结》，《苏联史学家在罗马第十届国际史学家代表大会报告集》，三联书店1957年版，第2页。

件实质的粗暴观点是和关于社会的唯物主义科学有本质的区别的。"① 这对中国历史学科建设中，如何关注现实，如何将史学从历史学家的书斋中解放出来，更全面地实现其社会功能等，也有直接的影响。

新中国成立前，中国马克思主义史学家即与苏联史学家有着密切的学术联系。例如，1947年上海新知书店出版有《中国古代社会史》，这是侯外庐先生1940年至1945年撰写的论文汇编。就书中论文所阐述的观点，苏联历史学家格列科夫院士在1946年至1947年，曾三次来信进行交流，或就史实、史论进行评论，或加以鼓励。因受当时社会环境的限制，侯外庐先生在白色恐怖下将"阶级社会"统统用"文明社会"代替，致使苏联历史学家提出质疑，以为这是侯外庐的"专门术语"②。新中国成立后，在马克思主义理论指导下，中国、苏联两国历史学家在学术交流上有了更坚实的基础、更广泛的内容和更优越的环境。这不仅对世界史学学科建设具有重要的意义，而且对整个中国历史科学的发展，也产生了深刻的影响。

新中国成立后到60年代初，我国史学界不仅批判唯心主义与唯心史观，而且对一些重大理论问题进行争鸣和讨论，都和学习苏联史学理论有着直接或间接的联系。1954年11月，尚钺在《奴隶社会历史译文集》卷首"编者的话"中说，"本集中所收的各篇，乃是苏联历史科学家近年来在苏联共产党领导之下创造性地研究奴隶社会的各方面的问题……的文章"。"现在，当我国史学界行将展开关于我国古代史分期问题的讨论之际，苏联历史学家这些卓越的成就，介绍给我国历史学家参考，我们认为是有其必要的。""自然，苏联历史学家的创造性的研究，虽然有个别地方还值得商讨，但就总的方向说，却为我们就中国历史问题的研究和讨论，提供了不少有益启示和比较正确的方向。"③ 1955年6月，尚钺在谈及编辑《封建社会历史译文集》的意义时说，"我国史学界将展开对于我国古代分期问题的讨论。具体地说，对于我国奴隶社会与封建

---

① ［苏］西多罗夫：《苏联历史科学发展的基本问题及某些总结》，《苏联史学家在罗马第十届国际史学家代表大会报告集》，三联书店1957年版，第2—3页。
② 参见侯外庐《中国古代社会史论》，人民出版社1955年版，第6—7页。
③ 尚钺编：《奴隶社会历史译文集》，三联书店1955年版，第3—4页。

社会分期问题的讨论之际，把苏联历史学家关于封建社会的各方面问题的研究，介绍到我国来，对于我们的研究和讨论工作是有意义的"。此文集"虽然没有收辑苏联历史科学家关于中国封建社会问题的论述，但仍然可以给我们在对于中国封建社会的许多问题的研究上，提供有益的借鉴"。它"对于我们关于中国历史问题的研究和讨论，就能够提供出不少的启示，使我们能学习正确的马克思列宁主义的方法论，避免许多浪费精力和时间的繁琐争辩"①。尚钺在两本《译文集》中所言，反映了当时中国史学界的主流观点，有广泛的代表性。这种"主流观点"或"代表性"，是以苏联史学为榜样，进行包括世界历史学科在内的中国历史学学科建设的坚实基础。

20世纪50年代初到60年代初，介绍和学习苏联史学理论和方法，有其历史的必然性和合理性，对中国世界史学科的理论建设，有着积极的意义。但是，苏联史学理论中对马克思主义的某些曲解，以及运用唯物史观所存在的教条主义倾向，也产生了消极的影响。加之自50年代中期起，我国社会主义建设和革命在探索中，出现了主要表现为"左"倾的失误和曲折，则更加重了苏联史学理论在中国世界史学科理论建设中的那些负面影响。例如在《批判雷海宗反动的历史观点》② 一文中，将雷海宗关于"以生产工具划分人类的历史"等学术思想，简单地斥之为"反动谬论""彻头彻尾的反动理论"，是"一个反马克思主义的手法"，是"诡谲把戏"等。又如，《华东师范大学历史系科学研究在大跃进中》的报道称，该系从6月到国庆节，共完成了167项研究项目，撰写论著讲义550万字。此外，还制订出1958年10月1日—1959年10月1日一年的科研计划，除去学生的研究题目外，还包括85项课题③。事实证明，在历史科学研究领域提倡这种"鼓足干劲""力争上游"的精神，对于繁荣发展历史科学是有害的。

---

① 尚钺编：《封建社会历史译文集》，三联书店1955年版，第4—5页。
② 见戎笙《批判雷海宗反动的历史观点》，《历史研究》1958年第11期。
③ 华东师大历史系：《华东师范大学历史系科学研究在大跃进中》，《历史研究》1958年第11期。

（二）苏联史学著作

苏联历史学家的著作大量翻译成中文公开出版。自20世纪50年代初开始，出现了翻译出版苏联史学和史学理论著作的高潮，这仅从50年代的一些出版物中即可以清楚地看出。

例如在世界古代史方面有：贾可诺夫等著《巴比伦皇帝哈漠拉比法典与古巴比伦法解说》，中国人民大学1954年；米舒林著《古代世界史》，中国青年出版社1955年版；苏联科学院历史研究所编《古代世界史大纲》，三联书店1955年版；司徒卢威著《古代的东方》，人民教育出版社1955年版；阿甫基耶夫著《古代东方史》，三联书店1956年版；格拉德舍夫斯基著《原始社会史》，高等教育出版社1958年版；格拉德舍夫斯基著《古代东方史》，高等教育出版社1959年版；塞尔格耶夫著《古代希腊史》，高等教育出版社1955年版；科瓦略夫的《古代罗马史》，三联书店1957年版；卡里斯托夫、乌特钦科主编《古代的罗马》，人民教育出版社1957年版；狄雅可夫、科瓦略夫主编《古代世界史（古代罗马部分）》，高等教育出版社1959年版；博克沙宁编《世界古代史地图集》，上海地图出版社1959年版等。

在古代史方面的著作中，特别应该提出的是阿甫基耶夫的《古代东方史》和格拉德舍夫斯基的《原始社会史》。阿甫基耶夫著《古代东方史》第二版，与1948年问世的第一版相比较，有较大的修改，除了依据考古学发掘的新成果，补充新的文献资料之外，最重要的修改是扩充了叙述古代印度和古代中国两章。作者认为，这不是一般意义上的扩充，而是在很大程度上的改写。作者在该书第二版的序言中明确指出，印度和中国古代各族人民的历史具有重大的世界历史意义，而且这种意义在许多方面都不次于埃及、巴比伦、希腊和罗马的历史。印度和中国古代各族人民在基本上曾走过古代东方世界其他民族所走过的、从氏族制度走向奴隶占有制的同样发展道路，虽然古代印度和古代中国的经济和社会制度、国家和文化的具体形式有许多独具的特征。这些民族早在远古的时候，对于世界文化的宝库就有了巨大的和珍贵的贡献。除古代印度、古代中国两章外，该书的主要内容还有古代美索不达米亚的史料与史学；美索不达米亚最古老的国家苏美尔和阿卡德；古巴比伦和巴比伦文化；古代埃及的史料和史学；古埃及国家的产生；古王国、中王国和新王国时期的埃及；古代埃及的文化；喜特国；叙利亚和腓尼基；古代巴勒斯坦；亚述；乌拉尔图；新巴比伦王国；晚期的埃及；古代的中亚细亚和伊朗。作者认为，所谓"古代东方史"，他所要研究的应是东北非洲、西亚细亚、南亚细亚和东亚细亚这一广大地区上的一些最古老的东方国家的历史发展；所要研究的内容，包括自然条件、考古文献、社会制度，以及农业、水利、商业、战争、宗教、语言、文化、艺术等方面。

格拉德舍夫斯基著《原始社会史》，是作者1955—1957年间在东北师范大学为进修教师讲授"古代世界史"讲稿的一部分。此书以1955年苏联的"原始社会史教学大纲"为依据，广泛汲取了苏联考古学、人种志或民族学，以及社会经济学和历史唯物主义的研究成果。当时我国高等院校原始社会史的教学中，有关教材和教学参考书极其缺乏，此书在一定程度上可解燃眉之急。这部著作的主要特点，除了阐释人类的起源；原始公社制度的发生、发展、繁荣和解体；原始社会的精神文化，如文字、装饰、艺术，以及"在资本主义条件下和在社会主义制度下的原始氏族部落公社"等内容外，还有专章论述"原始社会史的史学"。作者认为，苏联原始社会史研究的专家担负着以下重要的任务："（一）在研究原始社会史时进一步贯彻马克思列宁主义；（二）对资产阶级的各种各样形形色色的伪科学的和捏造史实者的理论进行不调和的斗争；（三）开展与伟大中国的学者，人民民主国家的学者以及其他国家先进的学者的学术上的合作。"①这部著作写于苏共第20次代表大会之前，鉴于苏共第20次代表大会对包括史学在内的苏联整个社会科学所产生的重大影响，该著在1957年由作者进行了修改。

为了满足当时教学的需要，一些著作当时采取了必要的变通措施。例如，1959年高等教育出版社出版了狄雅可夫、科瓦略夫主编的《古代世界史（古代罗马部分）》，该书仅仅是苏联历史学家狄雅可夫、科瓦略夫主编

---

① ［苏］格拉德舍夫斯基：《原始社会史》，东北师范大学历史系翻译室译，高等教育出版社1958年版，第183页。

的《古代世界史》中的第四部分。该书的前三部分分别是原始社会、古代东方、古代希腊，曾由日知（林志纯）译出，1954 年春由教育部油印分发各校参考，后来高教部教材编审处交高等教育出版社作为交流讲义印行。《古代世界史》最初于 1952 年由苏联教科书出版社出版。在中文本《古代世界史（古代罗马部分）》正准备出版时，原书在 1956 年又出版了新的版本，而且在古代罗马部分又有不少变动，所以只好根据新的版本重新译校。这部著作的目录依照完整的《古代世界史》编目，从第 40 章（罗马史的史料与史学）开始，到第 65 章（三世纪的危机与后期罗马帝国）结束，包括了较完整的罗马史的内容。书后附有《古代罗马史年表》和《书目》。后者包括古代罗马、罗马上古史、罗马地中海霸国的形成、公元前 2 世纪至公元 1 世纪罗马的社会斗争、罗马帝国、罗马文化等方面的书目，包括马克思主义经典作家的著作，资料选辑、古代作家的著作，以及史料学、考古学、古钱学、期刊和参考用书及地图集、一般著作等。这些对于学习或研究相关问题提供了不少方便。

除了学术专著之外，苏联学者一些指导古代世界史学习的教学参考著作，也在 50 年代译成中文出版，以满足中国史学界及社会各界读者不断增长的学习需要。例如，我国著名古代史专家日知（林志纯）教授译有《古代世界史学习指导》，1954 年由三联书店出版。该书作者是曾获斯大林奖金的苏联历史学家 H. A. 马什金，原书名是《古代世界史》，苏联师范学院函授学生学习指导用书。日知认为此书的优点，"不仅在于每篇每章重点点出历史发展的过程和规律性，使读者便于掌握，而尤在于每篇每章详举最必要的参考书目及史料，列出必须记忆的人名、地名和重要年代；所附研究题目，也很有用"①。古代史课程一般包括原始社会史、古代东方史和古代希腊及罗马史。由于原始社会史学习指导用书已经由 B. K. 尼科尔斯基教授写出并已经出版，所以该书不再包括原始社会史的内容，三篇的内容依次为古代东方史、古代希腊史、古代罗马史。

在世界中世纪史方面有：柯斯铭斯基：《中世世界史》，开明书店 1951 年版；谢苗诺夫著《世界中世史》，东北师范大学出版社 1954 年版；柯思

---

① ［苏］H. A. 马什金：《古代世界史学习指导》，日知译，三联书店 1954 年版，第 228 页。

明斯基：《中世世界史》，中国青年出版社1955年版；柯思明斯基：《中世世界史》，人民教育出版社1956年版；谢缅诺夫著《中世纪史》，三联书店1956年版；波梁斯基著《外国经济史》（封建主义时代），三联书店1958年版；梅伊曼著《封建生产方式的运动》，科学出版社1956年版；科斯敏斯基、斯卡斯金主编《中世纪史》第1卷，三联书店1957年版。

在世界近现代史方面有：苏联科学院历史研究所主编的《近代史教程》（5卷），人民出版社1950—1955年版；叶菲莫夫的《近代世界史》，人民出版社1950年版；迦耳金等著《现代世界史》，海燕书店刊行，1950年；叶菲莫夫的《近代世界史》上下册，中华书局1952年版；叶菲莫夫著《近代世界史》（上下），中国青年出版社1955年版；波尔什涅夫等著《新编近代史》（第1卷），人民出版社1955年版；祖波克等著《现代世界史》，三联书店1956年版；科切托夫著《东南亚及远东各国近代现代史讲义》（3卷），高等教育出版社1958年版。

在国别史方面有：叶菲莫夫著《美国史纲（1492—1870）》，三联书店1957年版；祖波克著《美国史略》，三联书店1959年版等。1962年，三联书店出版了苏联历史学家罗琴斯卡娅的《法国史纲》。此书叙述了自17世纪中叶起到普法战争和巴黎公社的法国历史。该书的主要内容包括法国大革命、第一帝国、1848年革命、复辟王朝、七月王朝和第二帝国等。它不仅注意政治史，也重视社会经济史、思想史等。

新中国成立初期，大中学的世界史教科书尚来不及编写，只得使用代用教材，为了弥补这些教材的不足，多以苏联各级学校的世界历史课本作为主要的教学参考用书。以1951年人民教育出版社出版的《外国近代史纲》为例，即可清楚地看到这一点。该书是高中外国史下册的教学用书。这本书原是林举岱编写的《西洋近代史纲》，1950年由上海杂志公司出版。人民教育出版社在该书的出版说明中，除了强调在"世界近代史分期"等重大理论问题上，要依据苏联史学界的主流观点讲授，以及加强对马克思主义创始人的介绍外，还列出一些具体的苏联史学家的著作，作为使用这本代用教材的参考。如"出版说明"中写道："关于参考资料，这里可推荐苏联科学院历史研究所的几种大中学课本。目前已有译本出版的，有新华书店出版的《近代史教程》《第一次世界大战简史》，天下图书公司出版的《苏联历史》,光华书店出版的《殖民地保护国新历史》,开明书店出版的《近代世界史》。"① 此外,《联共(布)党史简明教程》等也被列为必读书目。

1949年10月,解放社出版有苏联历史学家波吉牟金主编的《世界通史研究提纲》。类似的著作还有《联共(布)历史研究提纲》《苏联历史研究提纲》等。这些著作的主要任务,是以"研究提纲"的形式,在新中国成立初期通过宣传苏联史学的理论成就,在理论与实践的结合上进行唯物主义历史观的教育,使广大史学工作者更自觉地与封建主义、资产阶级的历史观划清界限。例如,在《世界通史研究提纲》中,除了自"古代东方"到"第二次世界大战结束"相关的具体的历史知识的介绍外,全书还为每章列有"必读参考书"和"补充参考书"。这些参考书基本上是马克思主义经典作家的著作和苏共领导人的著作,其档案文献所占比例极少。

在世界通史方面,主要有尼基甫洛夫著《世界通史讲义》(3卷),高等教育出版社1956年版;苏联科学院主编《世界通史》(10卷),三联书店,1959—1976年相继出版。此外,鲍爵姆金主编《世界外交史》(5卷),于1949—1951年由五十年代出版社出版,七八十年代,三联书店出版了鲍爵姆金、佐林、葛罗米柯等在60年代主编的《世界外交史》增订第2版的中文本,计5卷10册。这些著作对新中国成立后迅速发展的世界史研究和教学,产生了重要的影响。例如,苏联科学院主编的10卷本《世界通史》,前两卷讲原始社会和古代世界史(到4、5世纪);3、4两卷讲中世纪史(5世纪到17世纪中叶);5、6、7三卷讲世界近代史(17世纪英国资产阶级革命到俄国十月社会主义革命),最后三卷为世界现代史,直至第二次世界大战结束。这种历史分期方法,在相当长的时间内为中国世界历史学界所采用,其影响在今天依然存在。《世界通史》的《总编辑部的话》写道:"马克思和恩格斯破天荒第一次把唯物主义推广到社会生活领域中,树立了完整的、完美的、创造性地发展的革命理论,这种理论不但能够说明世界,而且可以作为改造世界的工具。他们所完成的最

---

① 林举岱:《西洋近代史纲》,人民教育出版社1951年版,第2页。

伟大的发现——唯物史观——给名副其实的历史科学奠定了基础，这种历史科学是把人类历史当做合乎规律的、被内在矛盾所推进的社会发展过程来加以研究的。"①

在专门史和国别史方面的译著较少，但也有出版。例如曼弗列德著、苏联国家教科书出版社1950年出版的《十八世纪末叶的法国资产阶级革命》，1955年由三联书店出版。这部作品较为详尽地阐述了法国大革命的过程，而且还侧重从理论上分析了法国大革命的不可避免性，以及这场革命的历史意义。作者认为："在摧毁衰朽封建制度的一切资产阶级革命当中，十八世纪末叶的法国革命能够有充分权力称为大革命。""法国革命摧毁了封建专制制度，彻底击破了封建制度，用'大扫'扫除了法国的全部中世纪废物，而为资本主义发展扫清了基地。这一巨大的破坏工作，不仅对法国，而且对于整个欧洲的命运都具有极其重大的进步意义。法国资产阶级革命开辟了一个新的历史时期。"②

国别史的著作，主要是苏联史方面的作品。例如，由苏俄教育部审定、苏联科学院历史研究所编、潘克拉托娃主编的《苏联历史》，1952年由北京天下出版社出版。该书中文版的出版，在中苏两国引起了广泛的重视。封面题字由著名戏剧家田汉书写。1950年11月6日，潘克拉托娃院士在致天下出版社的信中写道，《苏联历史》这部著作，"简要地概括了我国自封建落后的沙俄帝国变成先进的社会主义苏维埃共和国的这种伟大改造的经验，所以把这部书译成中文，我感到非常高兴"。郭沫若在书的"序"中指出："苏联是人类自有史以来的第一个社会主义国家，苏联的建国史应该就是真正的人类史的创世纪。凡是新民主主义国家的人民，全世界进步的人民，都应该熟读苏联建国史，从这儿来汲取经验，解决自己的问题。""我们新生的祖国是工人阶级领导，以工农联盟为基础的人民民主专政的国家，和苏联的社会主义建设，虽然有发展史上程序的不同，但建国的原理和方向是共通的。苏联所走过的路正是我们的必由之路。我们现

---

① 苏联科学院主编：《世界通史》第1卷，三联书店1959年版，第5页。
② [苏]曼弗列德：《十八世纪末叶的法国资产阶级革命》，方兆璡译，三联书店1955年版，第212页。

在正广泛地号召着而且推动着向苏联学习的工作,要学习苏联,难道还可以不学习苏联的历史吗?"① 郭沫若的《序》写于1949年12月25日,他不仅是历史学家,而且还是政治家和社会活动家,他的这番话说明了在新的历史条件下,学习苏联历史的必要性和现实意义。

为了便于中国读者学习苏联历史,苏联外国文书籍出版局在20世纪50年代,开始出版中文本苏联历史著作,并在中国广为发行。潘克拉托娃院士主编、巴济列维奇等合著的两卷本《苏联历史》,1955年在莫斯科出版,在中国拥有广大读者。原书1954年由俄罗斯苏维埃联邦社会主义共和国教育部国立教科书出版局出版,记述了从苏联境内的原始公社制度、最古老的国家,直至19世纪末沙皇俄国资本主义的发展的历史。书末附有《苏联通史大事年表》和《留利克王朝世系表》《罗曼诺夫王朝世系表》。该书强调,"1871年巴黎公社失败以后,西欧处在比较和平发展的时期中。从这时起到20世纪初,西欧无产阶级并无巨大的革命发动"②,国际革命运动中心向俄国转移,在19世纪七八十年代,马克思、恩格斯就密切地关注着俄国革命斗争的发展。

1957—1959年,三联书店出版了苏联科学院通讯院士涅奇金娜主编的《苏联史》第2卷的两个分册。该书是苏联高等院校苏联史教科书的第3版,1954年由苏联国家政治书籍出版局出版。两卷的主要内容分别是俄国封建农奴关系的解体和封建制度的危机;俄国资本主义的确立。编者对19世纪30—40年代的思想斗争,革命的民主思想的产生;19世纪前半期的俄罗斯文化;19世纪后半期的俄罗斯文化给予了较多的重视,并能够从社会历史背景的特点出发,去分析重要的文化现象。例如作者写道:"俄罗斯民族文化的因素是在18世纪的这一过程中成长和积累起来的。19世纪前半期是'资本主义上升'时代的一个时期……'资本主义上升'的时代是以出现最伟大的文化大师和最卓越的文化成就作为标志的。这些成就直到今天仍然是俄国人民的光荣和骄傲。这就是罗蒙诺索夫、拉吉舍夫、普

---

① [苏] 潘克拉托娃主编:《苏联历史·序》及图片插页,张扬等译,天下出版社1952年版。
② [苏] 潘克拉托娃主编:《苏联历史》第2卷,苏联外国文书籍出版局,莫斯科1955年版,第314页。

希金、格林卡、格里博耶多夫、费多托夫、赫尔岑和塞普金创作的时代。"① 该书的主要作者，如德鲁日宁院士等多是苏联著名史学家，基本代表了20世纪50年代中期苏联史学家所达到的水平，因此，这部著作的出版对于中国各界读者，包括历史学者深入研究苏联历史有积极的促进作用。它的主要特点除了表现在注重理论分析、逻辑结构完整、史料翔实外，还表现在每章后、而不是全书后的"参考书目"。"参考书目"一般由"马克思列宁主义经典著作"和"文献材料、参考资料"两部分组成，全书26章的"参考书目"合并在一起有较高的学术价值，为读者进一步研究苏联历史创造了良好的条件。

俄国资产阶级民主革命和十月社会主义革命的历史，是苏联史学研究的重点问题之一，因此，苏联史学家在这些方面的著作，有不少译成中文出版。例如，潘克拉托娃院士和柯斯托马洛夫教授主编的《苏联简史（1905—1907）》，高等教育出版社1958年出版。原书1955年由苏联教育部教科书出版社出版。这部作品对俄国第一次资产阶级革命的历史，作了系统的论述，从日俄战争爆发，俄国革命危机的增长起，到"六三政变"为止。在论述的过程中，第一次使用了一些鲜为人知的历史文献资料。编者认为，1905—1907年俄国资产阶级革命，是帝国主义时代的第一次人民革命，是具有世界历史意义的重大事件，它"开辟了全世界历史新的一页：它不仅彻底震撼了俄国的专制君主制度，严重打击了俄国地主和资本家们的统治，而且鼓舞了西方和东方一切国家的千百万劳动人民去和帝国主义作斗争"。这场革命将"全世界无产阶级的革命运动提高到更高的阶段。所以以革命的退却为特点的1872—1904年的'和平时期'永远消失了"②。1905年俄国资产阶级民主革命被认为是十月社会主义革命的预演，是革命的前奏。

1958年，三联书店出版了克尼亚捷夫、康士坦丁诺夫合编的《彼得格勒十月武装起义》。这部著作不是研究性的学术专著，而是参加过彼

---

① ［苏］涅奇金娜主编：《苏联史》第2卷第1分册，关其侗译，三联书店1957年版，第270—271页。

② ［苏］潘克拉托娃、柯斯托马洛夫主编：《苏联简史（1905—1907）》，兴无译，高等教育出版社1958年版，第1、360页。

得格勒十月武装起义的老布尔什维克的回忆录。这些回忆录并不是第一次发表,而是在1919—1930年间,曾先后在《无产阶级革命》《红色档案》《苦役和流放》等刊物上刊行。编者认为,"老布尔什维克的回忆录也是宝贵的史料。它们能揭示过去的具体而又十分重要的细节,使我们的历史读物充满热烈的时代气息和蓬勃的生活精神,并且有助于我们更为精辟而又深邃地研究共产党人为人民的利益而进行的英勇斗争"①。这部作品是苏联历史学家为纪念十月社会主义革命40周年而编选的。他们认为,十月革命在人类历史上开辟了社会主义的新纪元,不仅苏联各族人民,而且全体进步人类都将广泛庆祝这个光辉的节日。书中在收录"暴行和反革命抵制委员会主席"彭契—勃罗耶维奇、革命军事委员会委员安东诺夫—奥甫什科、布契洛夫工厂工人洛达尔斯基等31人的回忆文章的同时,作为附录,还收录了当时俄国资产阶级临时政府司法部长梁托维奇的回忆录《1917年10月25—26日在冬宫》。这篇回忆录不可避免地带有资产阶级的偏见,但却为人们清晰地勾勒出临时政府垮台时的情景,有一定的历史文献价值。

(三)世界史人才培养和队伍建设

新中国成立后,一些苏联历史学家应邀来华讲学,并在东北师范大学、北京大学、中国人民大学、外交学院等高校,以及中央党校(当时称马列学校)开课,讲授世界通史、地区史或国别史,为培养历史系本科生、研究生,以及年轻的党政干部做出贡献。1954年冬天和1955年春天,北京大学历史系先后邀请苏联史学家尼基弗洛夫和列甫宁科夫出席两次座谈会,请他们介绍苏联大学历史系五年制是怎样运作的。两次座谈会都由历史系主任翦伯赞先生主持,与会者有邓广铭、王铁崖、齐思和、杨人楩、张芝联等教授。北京大学历史系曾一度改为五年制,后又改回四年制。20世纪50年代,根据周恩来总理的指示,中国人民大学外交系扩建为外交学院,建院伊始便邀请多名苏联专家授课,其中包括世界史专家。

---

① [苏]克尼亚捷夫、康士坦丁诺夫合编:《彼得格勒十月武装起义》,金蝉译,三联书店1958年版,第1页。

杜宾斯基教授授课的主要内容是东方史，在讲授印度史时，北京大学的知名教授季羡林、周一良等也从北大赶来听课①。当年听课学生中的不少人，后来都成长为中国世界史学界的著名专家，一些苏联史学家的讲稿，经整理后在华出版，如列甫宁科夫在人大等校的授课讲义，于1957年由高等教育出版社出版，书名为《世界近代史讲座》。这些都为中国世界历史学科的建设和发展，做出了重要贡献。

从中国世界史研究建设的长远目标出发，教育部派遣留学生到苏联学习世界史，在1954年、1955年达到高潮。留学生大多从大学一年级新生中选出，经过国内短期俄语培训后，主要集中在列宁格勒大学历史系学习本科生课程。还有一些高年级同学被派遣到莫斯科大学学习副博士研究生课程。1952年3月，留苏预备部（也称作俄专二部）开始招收留苏预备生。留苏预备部的主要任务是强化培训俄语，同时进行政治理论和时事政策学习，俄语学习约占全部课时的四分之三强。学生要努力做到"学习好、纪律好、身体好"全面发展，只有这样才能使学生德才兼备，体魄健全，出国后才有可能完成紧张的学习任务。

在苏联学习的内容并不仅限于苏联史，还包括世界其他地区或国家的历史，如英国史、法国史、美国史、拉丁美洲史等。对于东方国家的历史，苏联史学界也给予了一定的重视，所以中国留学生也可攻读东方国家的历史，如土耳其史等。他们经过5年学习学成归国后，成为高校和研究机构世界史学科的骨干力量。除到苏联留学外，还有一些学生被派遣到波兰、罗马尼亚、保加利亚、捷克斯洛伐克、阿尔巴尼亚、匈牙利、南斯拉夫等东欧社会主义国家及古巴等国留学，学习所在国家的语言、国别史及世界史。

20世纪60年代，国际国内形势的发展迫切需要加强外国问题，包括外国历史的研究。1961年7月，黎澍发表在《人民日报》上的《毛泽东同志的〈改造我们的学习〉和中国历史科学》一文，有专节论述"必须加强对世界历史的研究"，具体反映了这一事实。文中写道："毛泽东同志说，我们要从国内外实际情况出发，就是要求把中国问题放在整个国际情

---

① 朱贵生：《二战文集》，中国华侨出版社2007年版，第4—5页。

况中来考察，脱离国际情况，把中国问题孤立起来是不对的……在毛泽东同志看来，研究世界历史和现状与研究中国历史和现状都是非常迫切的。二十年来我国学术界对世界历史的研究已经做了很多的工作，可是还大大落后于实际的需要。"黎澍认为，"中国人对于中国在世界历史中的地位长时期缺乏正确的理解"，无论是"鄙视西方文化"，还是"盲目地崇拜西方文化"都是错误的。毛泽东同志说，中国人应当拿自己的文化"同一切别的民族的社会主义文化和新民主主义文化相联合，建立互相吸收和互相发展的关系，共同形成世界的新文化"①。黎澍强调，"我们的历史科学应当本着这种精神来研究中国历史和世界历史，说明中国在世界历史中的地位以及中国和世界各民族的历史联系，只有这样的中国历史和这样的世界历史才能具体地展示出人类发展的一般规律，鼓舞一切民族对人类共同事业做出自己的贡献"②。加强对外国历史的深入研究，是广泛推动当代中国历史科学发展的重要内容之一。1959年，中国科学院历史研究所世界史组成立。1964年，根据毛泽东主席批示的精神，中国科学院世界历史研究所（后为中国社会科学院世界历史研究所）在此基础上建立。当时，无论是"世界史组"，还是"世界历史研究所"，均以留学苏联和东欧归国的留学生为主。中国科学院世界历史研究所成立，是中国世界史学学科建设中的一件大事。近半个世纪来，世界历史研究所发展的进程，在一定程度上反映了新中国世界史学科发展的进程。

世界史人才培养和队伍建设，离不开世界史相关的教材建设，新中国成立初期，不得不采取一些特殊的办法。1954年11月，东北师范大学日知翻译的《古代世界史》作为"高等学校交流讲义"问世，书的封面上，特别用红色字标明"内部交流，仅供参考"。该书的出版者是"中央人民政府高等教育部教材编审处"，由新华书店上海发行所总经销，商务印书馆上海厂印刷，总印数为6850册，由此不难看出当时我国高校的世界历史教学，已经有了较大的发展。日知，即我国著名世界古代史专家林志纯

---

① 《毛泽东选集》第2卷，人民出版社1991年版，第706页。
② 黎澍：《毛泽东同志的〈改造我们的学习〉和中国历史科学》，《人民日报》1961年7月8日。

教授。他在"附记"中提及，该书是我国高等院校世界历史"第二次交流"的产物。1954 年春，高等教育部曾将"原始社会""古代东方""古希腊"作为三个分册，油印分发各校使用。在第二次交流时，将上述三个分册合为一册出版，古代罗马的有关内容将另行编辑出版。

《古代世界史》的原书作者，是苏联历史学家狄雅可夫和尼科尔斯基。考虑到当时苏联史学界，对包括《古代世界史》在内的诸多教科书展开热烈的讨论和批评，日知在"附记"中特意提出，在使用中文本的《古代世界史》时，注意阅读和研究苏联《古代史通报》《苏联科学院历史研究所季刊》等学术刊物上的书评，撰写"书评"者，多是苏联著名史学家，日知认为，这些书评对于更好地使用中文本《古代世界史》，有重要的参考价值。

日知译《古代世界史》的重要特点之一，是依据苏联考古学和世界古代史研究的最新成果，对"古代东方"这一概念，以及相关的内容，进行了较为详尽的考订和阐释，这在新中国成立初期，对清除学术研究中的"欧美中心论"，无疑有积极的意义。苏联史学家认为，由于 20 世纪 40 年代以来，考古学的诸多发现，使人们对古代世界史的知识大大扩充起来，有力地证明了马克思主义经典作家理论方法论的正确，同时在地理上扩大研究与深入研究奴隶制结构有了可能。"在第一次世界大战前不久，由于在土耳其的小亚细亚部分所进行的发掘，在那里发现了赫梯王国。所以就把古代东方的地理范围扩大到小亚细亚，稍微早些，主要由俄罗斯学者在亚尔明尼亚沙皇地区与土耳其地区的发现，在那里便确定了亚述时代有个乌拉尔图王国。于是乎古代东方的东界就延展到外高加索了……早在本世纪 30 年代的初年，苏联学者基于中国上古史的研究，确定了在中国有奴隶制度，其后为封建制度所代替。苏联学者的最近发现，已把古代东方各国的领域从伊朗高原向北扩大，止于咸海。"① 该书的第二篇为"古代东方"，共计 18 章，包括古代中国在内，较完整地反映了苏联史学家的研究成果，以及他们在世界古代史研究所达到的科学水平。

---

① [苏] 狄雅可夫、尼科尔斯基：《古代世界史》，日知译，商务印书馆 1954 年版，第 6 页。

三 外国史学理论研究

 1961年2月，中共中央书记处发出关于编写高校教材问题的指示。4月，全国高校文科和艺术院校教材编选计划会议召开。会议明确提出建设我国自己的文科教材的任务，西方史学史和西方史学理论研究提上日程。1961年底，在上海召开了由北京大学、复旦大学、武汉大学、中山大学、南京大学和杭州大学、华东师范大学等校教师参加的外国史学史教材编写会议。与会者认为，应当把外国史学史列入高校历史系的教学计划中。外国史学史主要是指西方史学发展史，其中包括有影响的史学思想、史学流派、史学思潮和史学理论与方法，以及各个历史时期的代表人物和代表作。会议做出了由耿淡如先生主持编写《外国史学史》，由田汝康先生主持编译《西方史学流派》的决定。20世纪60年代初，以高校文科教材编写会议为契机，对西方史学史和西方史学理论的研究，开始逐步取代苏联史学和苏联史学理论。当然，这种取代并不是对苏联史学家的学术思想和研究成果一风吹，只是与新中国成立初期相比较，西方史学史和西方史学理论开始较多地介绍到中国来，这种"介绍"也有着十分鲜明的时代特点。

 为了配合西方史学和西方史学理论的教学和研究工作，一些西方史学理论著作，包括一些名著的中译本开始出版，如汤因比著《历史研究》（上中下），上海人民出版社1959年版；斯宾格勒著《西方的没落》（上下），商务印书馆1963年版①；吕浦等译《西方资产阶级学者论苏联历史学》，商务印书馆1964年版。与此同时，一些学者也开始较深入地从事西

---

① 1963年中文版《西方的没落》，由齐世荣等翻译，该版只翻译了原书的第2卷，分两册出版；1986年，中国台湾远流出版公司出版了陈晓林的译本，该译本是原书的缩译本，内容也不完整。2006年10月，上海三联书店出版了吴琼的全译本。这个译本系根据查尔斯·弗兰西斯·阿特金森的英译本译出。该英译本为两卷，分别在1926年、1928年出版。

方史学理论的研究工作，并在较短的时间内有不少有影响的成果问世①。但是，这些文章多用一般性的政治批判代替具体的学术研究，对西方史学家的思想和西方史学思潮采取彻底否定的态度。例如，郭圣铭在《批判阿诺德·汤因比的反动史观》中，对汤因比历史哲学思想的批判，认为在世界范围内，汤因比是马克思列宁主义的大敌，是当前史学界最大的一面白旗。因为，（1）汤因比是主观唯心主义的历史学家，他的"文化形态史观"，是一种毫无根据的胡说；（2）汤因比虚构了一套关于世界历史发展的"规律"，来为垂死的资本主义制度进行辩护；（3）汤因比是实用主义的历史学家。他那关于"挑战"和"应战"的理论，不过是要为走向崩溃的美、英帝国主义集团提供一个"自救"的方针；（4）汤因比是僧侣主义者，他所宣传的是新托马斯主义②。这种认识和苏联学者的观点基本相同。例如，在苏联学者的两本译著中，一是康恩的《哲学唯心主义与资产阶级历史思想的危机》（三联书店1961年版）；另一是康恩等著的《穷途末路的资产阶级历史哲学——帝国主义时代历史哲学批判纲要》（三联书店1962年版）都可看到，作者对包括汤因比在内的西方史学思想，首先从政治思想上，从历史观上持完全否定的态度。

20世纪60年代初期，苏联史学理论在中国史学界仍然有较大的影响。康恩著《哲学唯心主义与资产阶级历史思想的危机》这部著作，是苏联学者评述现代资产阶级历史哲学主要流派的代表作之一。"作者研究资产阶级历史学家和哲学家（英国、法国、美国、德国、意大利、西班牙等国）的大量著作，详细地分析并批判地评价了《世界通史》唯心主义关于历史过程及历史认识的观点。作者也指出了反动历史哲学对资产阶级历史学家产生了怎样有害的影响，揭露了唯心主义关于历史科学中最重要的方法论

---

① 这些成果主要有：耿淡如《资产阶级史学流派与批判问题》，《文汇报》1962年2月11日；齐思和《欧洲历史学的发展过程》，《文史哲》1962年第3期；吴于廑《论西方古今的两个"客观"史学家》，《江汉学报》1963年第6期；周谷城《评没有世界性的世界史》，《文汇报》1961年2月7日；周谷城《论世界历史发展的形势》，《历史研究》1961年第2期；吴廷璆《建立世界史的新体系》，《光明日报》1961年4月9日；郭圣铭《批判阿诺德·汤因比的反动史观》，《文史哲》1962年第1期。

② 郭圣铭：《批判阿诺德·汤因比的反动史观》，《文史哲》1962年第1期。

问题的错误见解。"① 康恩等著《穷途末路的资产阶级历史哲学——帝国主义时代历史哲学批判纲要》，是由 7 篇论文组成的论文集，论文大多译自苏联《历史问题》《近现代史》等学术刊物。文集的内容，除对西方历史哲学进行批判外，主要是对美国、联邦德国资产阶级史学理论与方法进行批判。

20 世纪 60 年代，一方面，以往的苏联史学理论对中国史学继续产生影响，在某些方面有时甚至产生很大的影响，主要是苏联史学家对西方史学理论的批判，同时对 20 世纪 50 年代末以来的苏联史学和史学理论中的某些问题，即"苏联修正主义史学"开始进行批评。这个过程将两方的内容交叉在一起，在一定程度上反映了当时我国政治生活中的"反帝、反修"的特点。

例如，1963 年，齐世荣、余绳武等选译的《苏联历史论文选辑》3 辑，由三联书店相继出版。该书的内容为 1959 年至 1963 年 8 月，苏联报刊上发表的一些比较有代表性的历史论文。第一辑的主要内容是苏共中央关于几个重要历史杂志的决议、苏共领导人对苏联历史学家的指示以及重要历史杂志的社论；第二辑的主要内容是有关宣传和平共处、和平过渡、民族解放运动和平发展的论文；第三辑是宣传"反对个人迷信"的论文。除了苏联历史学家的著作外，作为附录，还辑有当时东欧社会主义国家学者的论文，例如，第二辑关于"宣传和平过渡的历史论文"中，即收有匈牙利内梅什·德热的《匈牙利苏维埃共和国和它的历史意义》；捷克斯洛伐克斯杰涅克·费林格的《捷克斯洛伐克 1948 年二月事件的国际意义》；捷克斯洛伐克《红色权利报》的社论《我国现代史上的历史里程碑》等。

1964 年，商务印书馆出版了吕浦等译的《西方资产阶级学者论苏联历史学》。该书收录选自西方书刊的论文 7 篇，均在 1958—1963 年间发表。编者在出版说明中说，西方资产阶级学者"站在捍卫资本主义文化的立场，企图通过对苏联历史学的批判，达到否定整个马克思主义历史科学的目的。他们把列宁、斯大林时期的苏联历史科学作为攻击的重点，而对于

---

① ［苏］康恩：《哲学唯心主义与资产阶级历史思想的危机》，"原出版者说明"，乔工等译，三联书店 1961 年版。

在苏共20次代表大会前夕出现的、在大会以后大大泛滥起来的修正主义历史学则表示欢迎，寄予希望"①。

20世纪60年代，除苏联史学家的理论著作外，东欧国家的一些马克思主义史学理论著作，也在中国有所介绍，例如三联书店1963年出版的波兰学者沙夫的著作《历史规律的客观性——马克思主义史学方法论的若干问题》（内部发行）。作者认为，马克思主义历史规律学说，是无产阶级的思想武器。"十九世纪中叶，马克思主义在人类思想史上第一次给史学奠定了严格的科学基础，这个基础就是被用来作为历史研究方法的历史唯物论。""历史唯物主义是建立在彻底的唯物主义和决定论的基础之上的。正由于从唯物主义的立场来发现和系统说明社会发展规律，以及在历史研究过程中运用这些规律，才使史学变成了名副其实的科学。"②沙夫在序言中，介绍了波兰史学界对待规律性问题的基本情况："波兰史学在方法论的领域中已经向转变的方面前进了一大步。波兰大多数史学家现在已经同意应该在历史唯物主义的方法论的基础上进行研究工作。在大多数场合我们史学家都是努力走马克思主义所指出的道路的。这是一个巨大的成就。但是这个成就并不意味着事情到此结束，斗争已经停止了。因为不管某些科学家的主观信念和良好愿望如何，旧的方法论至今还支配着不少波兰史学家的工作。"③正是基于这样的事实，作者才撰写了这部著作。

《历史规律的客观性——马克思主义史学方法论的若干问题》，是一部内容丰富，较为系统地阐释唯物史观基本原理的著作。该书三编的内容依次是：马克思主义把史学变成一门科学；对资产阶级史学否认历史规律客观性的批判；从历史客观规律理论中得出的几点方法论上的结论。作者在强调马克思发现人类历史的发展规律是史学上的一个变革，马克思关于历史规律的理论对指导历史研究的实际意义的同时，深入批判了威廉·狄尔泰、文德尔班、李凯尔特、迈耶、黑格尔、韦伯等人的唯心主义史学思

---

① 吕浦等编译：《西方资产阶级学者论苏联历史学》，商务印书馆1964年版，第1页。
② 沙夫：《历史规律的客观性——马克思主义史学方法论的若干问题》，三联书店1963年版，第3页。
③ 同上书，第9页。

想。此外，对历史的预见性、类比性与可能性等重要理论问题也设专节展开讨论。此书在书后编有较为详尽的"参考书目"，特别是西方学者的研究成果有不少收录在内。该书虽然是"内部发行"，但在当时仍产生了较为广泛的影响。在当时的中国史学界，大多数人对西方史学理论方法论知之甚少，沙夫的著作虽然对西方史学理论方法论持批判态度，却也为中国史学工作者了解西方史学理论提供了一个窗口。

新中国成立后，渗透在西方史学中、在中国史学界也有影响的"欧洲中心论"（或称"欧美中心论""西欧中心论"），受到中国史学家和广大中国史学工作者的深刻批判。除周谷城从理论与实践的结合上的批判外[①]，一些学者还从世界历史学科建设上，并结合当时的国际形势，揭露了"欧洲中心论"的实质。如黎澍认为，"中国学校讲授的世界历史，在好几十年里面曾经是以欧洲为中心的。所以'欧洲中心'的历史观在中国影响很大。所谓'欧洲中心'是以欧洲资产阶级文化为世界文化中心的资产阶级学说。资产阶级创造了世界市场，加强了世界各个部分的联系，这是对于人类发展的一个极其重要的贡献……但是资产阶级创造世界市场的手段是殖民主义的最残暴的掠夺，他们作为世界市场的征服者也出现为其他民族的精神的征服者。资产阶级学者所谓'欧洲中心'论，就是适应欧洲资产阶级对于世界市场的征服而制造出来的反动理论。他们认为东方文明和西方文明是互相对立的和敌对的两个体系的文明，极力贬低中国和其他非欧洲国家对人类文化的贡献，从世界历史中排除这些国家的地位"。黎澍说，尽管"这种历史观现在已经在事实面前自动宣布破产了，许多同样是毫无根据的资产阶级历史学说代替了它。因此，马克思主义历史科学应当赶上去，把重新研究世界历史并给以正确的说明，当作中国历史科学的迫切的任务"[②]。将世界历史学科建设，与批判"欧洲中心论"等西方史学思想结合起来，对推动我国世界历史研究发展无疑有积极的作用。因为一个显而易见的事实是，在我国的世界历史研究中，要有效地清除"欧洲中心论"的影响，不能脱离世界历史研究的实践。

---

① 详见本书第47页相关内容：周谷城《世界通史》和对"欧美中心论"的批判。
② 黎澍：《马克思主义与中国革命》，人民出版社1963年版，第13—14页。

1964年，吴于廑在《江汉学报》第7期著文，论述不同时代世界历史的中心问题时，分析了"欧洲中心论"的本质，作者写道："欧洲中心论是以欧洲为世界历史发展中心的。他们用欧洲的价值观念衡量世界。在欧洲文明发生以前，所有其他文明都只能是它的准备；在它发生以后，全世界的历史又必然受它支配和推动，是它的从属品。他们把世界分为文明的欧洲和落后的非欧洲。虽然后者是前者在经济上争夺的对象，资本主义国家为此不知发动多少次的战争，但在世界历史上，这一大片落后的非欧洲，却是可有可无，即使被写进历史，也不过是聊备一目，用以反衬欧洲的进步和文明。只有欧洲历史才具有推动全人类进步的意义——这种观点支配着近代西方资产阶级的历史思想和世界史的编纂，也支配了那些向西方鹦鹉学舌的史家。"① 吴于廑写于半个世纪前的文章，至今仍有重要的现实意义，因为无论在西方史学中的欧洲中心论，还是国内"鹦鹉学舌的史家"都依然存在。

"欧洲中心论"和世界历史某一历史时代的发展中心在欧洲，是两个截然不同的概念，不应将两者相混淆，以致不能研究欧洲的历史，否则即被说成是突出"欧洲中心论"。1962年4月，翦伯赞在讨论撰写《外国史学史》的座谈会上的发言，专门谈了这个问题。他认为写一部世界范围的史学史，当时条件尚未成熟，所以主张只写欧洲部分，最多加上美国就可以了。这样会不会搞出"欧洲中心论"呢？翦伯赞说："我看不会，我反对西欧中心论，同时也反对东方中心论。世界历史的发展在不同时期是有不同中心的。譬如说希腊、罗马是古代欧洲的中心。不承认这一点就不符合历史事实。但是中世纪时，欧洲中心就不在希腊、罗马了，而到了神圣罗马帝国。在资产阶级革命的时候，在马克思主义产生以后，情况就又不同了。只写欧洲部分的史学史并不是什么西欧中心论，反对西欧中心论，也不等于少讲或不讲欧洲的东西。"② 在20世纪60年代初，面对着影响越来越大、越来越广的"左"倾思潮，翦伯赞的上述讲话，确实是难能可贵的。

---

① 吴于廑：《时代和世界历史——试论不同时代关于世界历史中心的不同观点》，《江汉学报》1964年第7期。
② 翦伯赞：《历史问题论丛》（合编本），中华书局2008年版，第690页。

四　世界历史研究的最初成果

（一）世界通史、地区史和国别史研究

20世纪中叶，以新中国成立为标志，中国世界史研究开始从译介到研究的转变，这种转变，大抵在改革开放后完成。然而，这种转变又不是绝对的。"研究"并不完全排斥译介；"译介"并不仅仅是被动的文字工作。实际上，研究也离不开译介，从整体上说，译介也是研究工作的内容之一。只是说在20世纪下半叶，我国的世界史研究不再是以介绍外国学者的观点为主，而是开始独立地、系统地从事世界历史研究。然而，这种转变又有一个渐进的过程，以译介为主的时期，逐渐为以研究为主的时期所代替，而不是"一刀切"，表现出截然相对的"译介"和"研究"两个时期。1949年以前，中国学者对世界史基本上谈不到开展独立的研究，但并不是从来不存在独立的研究，只是新中国成立后这种情况才有了改变。尽管由于基础薄弱，文献资料欠缺，这门学科的建设目前还多有不尽如人意之处，但在有关世界史在整体上和国别史的一些重大问题上，中国学者毕竟有了自己独立的研究成果，而且在较短的时间内得到了前所未有的迅速发展，以至于笔者面对着欣欣向荣、百花齐放的世界史苑时，有眼花缭乱、目不暇接之感。这样，在介绍这些成果，特别是近年问世的一些新成果时，就难免挂一漏万。

在20世纪下半叶，中国世界史研究可以"文化大革命"为限，分成两个时期。"文化大革命"前，研究力量薄弱，而且研究领域较为狭窄，系统研究的成果不多，主要是以教科书为主。虽然从总体上看在中国史学界的影响不大，但是，这些著作却鲜明地表现出中国世界史学者良好的理论素养、坚实的专业知识和专业基础知识，以及他们的社会责任感和使命感。所有这一切，都为中国世界史研究今后的持续发展奠定了良好的基础，开辟了现实的宽广的道路。

1954年，雷海宗发表《世界史上一些论断和概念的商榷》，就正确认识和使用世界史的一些论断和概念，有针对性地提出自己的观点，他认

为，这些"有的是事实认识的问题，有的是立场观点的问题。无论问题是大或小，都或多或少地足以妨碍我们对于历史的正确了解"①。这些问题是"蚕桑业由中国传入欧洲的问题""所谓土耳其人阻塞西欧人东方贸易的商路问题""关于'地理大发现'""'法兰克'与'法兰西'"等。雷海宗的"商榷"提出不少真知灼见，不仅在当时，即使在今天仍有现实的意义。1956 年，雷海宗发表《上古中晚期亚欧大草原的游牧世界与土著世界公元前 1000—公元 570》。是年 1 月，高教部委托复旦大学在上海召开"世界上古史教学大纲讨论会"，在谈及是否需要亚欧大草原的游牧世界与土著世界一章时，雷海宗主张要这章，理由有二：首先，"世界史应当是全世界的历史，由于史料的关系，我们不得不侧重土著国家的历史，但游牧世界大约在公元前 1000 年以后，最少在个别地方，已开始超越了原始社会的阶段，已开始有了初步的阶级的分化，已开始有了国家的雏形。既然如此，我们在名为'世界史'的课程中，就不应当漏掉它"。

其次，"上古史的一个重大问题，就是难以捉摸各国各区之间相互联系的问题，由于当时生产力的低下和交通工具及交通方法的简陋，恐怕在很大程度上又由于史料的缺略，最少从表面上看，各国各地似乎主要的是在各自发展，不仅没有近代交往频繁、世界基本上一元化的现象，连中古时代那种比较密切的相互联系也不容易发现许多。但即或是在上古时代，世界的发展在很高的程度上仍然是脉络相同的"②。雷海宗十分重视游牧地带在世界史上的地位，他强调，我们今天实际上是通过游牧土著的关系而认识游牧部族的历史，游牧部族本身的历史我们所知甚少，这种关系史的意义极为重要，它帮助我们体会远在上古时代世界各国各地之间的密切联系。雷海宗对游牧部族的历史地位也给予高度评价。他认为，游牧部族对世界文化的贡献主要表现在三个方面：驯马传遍世界；服装，经过一千多年的发展，游牧世界的服装，已经成为世界服装的主要形式；最后是游牧部族作为亚欧大陆东西之间交通媒介的地位。1957 年，雷海宗发表《世界

---

① 雷海宗：《世界史上一些论断和概念的商榷》，《历史教学》1954 年第 5 期。
② 雷海宗：《上古中晚期亚欧大草原的游牧世界与土著世界公元前 1000—公元 570》，《南开大学学报》1956 年第 1 期。

史分期与上古中古史上的一些问题》，这是他同年 6 月 2 日在天津社会科学学会学术讲座的讲稿。他从生产工具发展史、铜器时代（公元前 2900—前 1100 年）、铁器时代（公元前 1100 年以下）、铜器铁器与社会性质问题等方面，就历史分期有关问题进行了讨论。雷海宗说："我们只是要提出问题，并不是要解决问题，上面所提的一些见解也都是试探性的。我们愿意提出一个主张：大家暂时不再多谈历史分期的问题。关于这个问题，不清楚的地方仍然很多。我们总以为欧洲史上的主要问题都已解决，今日只是如何依照欧洲史来谈中国史的问题。实际这是错觉，欧洲史上没有解决的问题仍然多得很。我自己感到对欧洲史所知太少，今后想要努力加紧学习，使自己的认识能够少犯片面的错误，能够逐渐比较接近事实。"[①] 他认为，马克思在《政治经济学批判》序言中，有关社会的经济形态的几个递进时代的分析是十分慎重的结论。马克思一开头的"大体说来"，没有一点武断的口气，这是古今多数学者所共有的审慎谦虚的气度，越是懂得多的人，越知道自己懂得的实际很少，越感到自己所不懂得的实在太多，态度自然就是审慎谦虚的。

1962 年，周一良、吴于廑主编的《世界通史》由人民出版社出版。这部著作由上古史、中古史、近代史（上下）三部分四册组成，三部分的主编分别是齐思和、朱寰、杨生茂、张芝联和程秋源。这是新中国成立后我国世界史学者首次编写的世界通史类学术著作。北京大学、南开大学、中国人民大学、中央民族学院、复旦大学、华东师范大学、武汉大学、北京师范大学、吉林师范大学、中山大学、南京大学、吉林大学、上海师范学院、杭州大学等校的教师，参加了该书的撰写工作。这部著作所涉及的内容，始于原始社会，止于 1917 年十月社会主义革命，主要内容包括经济发展、阶级斗争、政治制度、文化教育、重大历史事件和重要历史人物的评价等。编者强调："本书力图通过东方和西方各国的历史事件、人物和制度，阐明世界历史发展的主要线索和基本规律。在分期叙述世界史总进程的同时，也分别揭示某些国家本身历史发展的线索；并论述各时期中

---

① 雷海宗：《世界史分期与上古中古史上的一些问题》，《历史教学》1957 年第 7 期。

国与世界各国的关系。"① 从某种意义上可以说,这部《世界通史》反映或代表了当时中国世界历史研究所达到的水平,在当时曾有广泛的影响,不少高等院校在进行世界历史教学时,都选用了这部著作作为正式的教科书使用。除该书外,通史类的著作还有齐思和著《世界中世纪史讲义》,高等教育出版社 1957 年版;东北师范大学历史系编《古代世界史》,高等教育出版社 1958 年版等。

1964 年,吴于廑发表《时代和世界历史——试论不同时代关于世界历史中心的不同观点》。在这篇不长的论文中,可看出作者在改革开放后系统提出的世界史的"整体历史观",此时已经开始酝酿之中。吴于廑指出:"一部名副其实的世界史,无疑必须体现世界的观点。所谓世界观点,是针对地区或种族的观点而言的。它应当排除地区或种族观点的偏见,全面而如实地考察世界各地区、各国家、民族的历史。但是直到现在,一部完好的、真正用世界观点写成的世界史,似乎还不曾出现。""15、16 世纪,东西方航海家的活动,为人们扩大了世界地理知识。人们的天地大为宽阔了,每一个现代的学童都能从地图上把世界看得一目了然。随着世界各地接触的增多,用各种文字写成的文献也多以辗转重译。18 世纪以后,许多前代所不知的文物、遗迹,纷纷发现,其研究成果也大都公之于世。所以像古人在著作世界史时所遇到的那些地理和文献知识上的局限,到近现代已不复存在。近现代的世界史家和古人相比,在这些方面的条件不知优越了多少。但是能够不能够说,近现代世界史家所写的世界历史,就能够打破地区或种族的偏见,就具有世界观点了呢?""一个总的答复是:不是这样。"② 奴隶制时代的、封建制时代的或资本主义时代的世界史家,都摆脱不了地域和种族的局限,也都不具有真正的世界观点。正是基于这种认识,吴于廑进行了艰苦的能体现出"世界的观点"的世界史体系的理论探讨,并取得了在中国世界史研究发展史上具有里程碑意义的重大成果。

---

① 周一良、吴于廑主编:《世界通史·前言》,见《世界通史》上古部分,人民出版社 1963 年版。

② 《吴于廑文选》,武汉大学出版社 2007 年版,第 1—2、7—8 页。

在国别史研究中,这一时期的主要成果有黄绍湘著《美国简明史》,三联书店1953年版;黄绍湘著《美国早期发展史,1492—1823》,人民出版社1957年版。王荣堂1955年著《十八世纪法国资产阶级革命》,后补充文献,改写为《十八世纪法国资产阶级革命史》,上海人民出版社1982年版。胡代聪著《18世纪法国资产阶级革命》,通俗读物出版社1956年版;曹绍廉著《法国资产阶级革命》,湖北人民出版社1956年版;刘宗绪著《法国资产阶级革命》,商务印书馆1965年版;杨人楩著《圣鞠斯特》,三联书店1957年版等。此外,朱龙华著《意大利文艺复兴》,商务印书馆1964年版。新中国成立前,我国就有研究文艺复兴的著作出版,如陈衡哲著《文艺复兴小史》《欧洲文艺复兴史》;蒋方震著《欧洲文艺复兴史》等。从朱龙华著作的出版看,关于欧洲文艺复兴研究,在我国还是有一定基础的。

新中国成立初期,英国史研究的成果较为明显,这既和研究基础、研究条件有关,也和近代以来中国和英国的关系有关,在诸多的著述中,中英关系占有相当比重。这些著述主要有:田农:《英国的资产阶级革命》,《历史教学》1954年第1期;林举岱编著《十七世纪英国资产阶级革命》,上海人民出版社1954年版;严中平:《英国资产阶级纺织集团与两次鸦片战争》,《经济研究》1955年第1、2期;丁名楠:《略论英国商人为什么要把鸦片输入中国》,《历史教学》1955年第1期;周南:《鸦片战争前的中英贸易关系》,《历史教学》1955年第2期;王绳祖:《英德关于殖民地的争夺,1884—1914》,《南京大学学报》1956年第4期;喻松青:《英国大宪章历史分析》,《南开大学学报》1956年第1期;辜燮高:《十一至十七世纪初英国的钱币问题》,《南开大学学报》1956年第1期;辜燮高:《对英国上古、中古史分期的意见》,《南开大学学报》1956年第2期;刘祚昌:《英国资产阶级革命史》,新知识出版社1956年版;林举岱:《十七世纪英国资产阶级革命的特点及其意义》,《历史教学》1956年第8期;韩承文:《世界近代史为什么从英国资产阶级革命开始?而不从尼德兰资产阶级革命开始?》,《新史学通讯》1956年第12期;耿淡如:《英国圈地运动》,《历史教学》1956年第12期;蒋孟引:《15世纪英国封建制度的危机》,《南京大学学报》1956年第4期;关勋夏:《英国宪章运动失败的原因及其历史意义》,《中学历史教学》1958年第5期;王荣堂:《英法两国资产阶级革命的区别》,《历史教学》1959年第9期;健平:《从英国工业革命期间的工人运动看无产阶级早期斗争的发展》,《历史教学》1959年第11期;豁然:《十七世纪英国资产阶级革命中人民群众的作用》,《历史教学》1959年第11期;蒋孟引:《英国封建化过程的特征》,《江海学刊》1962年3月号;魏永理:《英国产业革命始于何时》,《学术月刊》1963年第4期;马克垚:《英国盎格鲁撒克森时期国王赏赐土地的问题》,《北京大学学报》1963年第1期;齐思和:《英国封建土地所有制形成的过程》,《历史研究》1964年第1期;蒋孟引:《第二次鸦片战争》,三联书店1965年版等。

在20世纪五六十年代,一些有影响的外国英国史研究名著,开始有中文版出版,如英国马克思主义史学家莫尔顿的《人民的英国史》,三联书店1958年出版,该书的内容,包括远古以来,直至第一次世界大战的英国史,涉及英国历史发展进程中的重大政治、经济事件,内容较为简单,语言流畅,是引导读者学习或研究英国历史的"ABC",又如苏联史学家塔塔里诺娃的《英国史1640—1815》,三联书店1962年出版,这是一部英国近代史著作,对英国资产阶级革命、工业革命、英国工人运动等,进行了较为深入的阐释。这些著作,对当时年轻的英国历史学科建设,产生了广泛的影响,特别是两部著作中所体现出的唯物主义历史观和重大事件的历史评价,在相当长的一段时间内成为定论。

中国是一个亚洲国家,而且近代以来和许多亚洲国家有着相同的经历和遭遇。和欧美国家的历史研究相比,亚洲史研究条件较差,主要是可借鉴的研究成果较少,而且严重缺乏历史文献资料,尽管如此,新中国成立后亚洲史研究仍然取得较大进展,主要成果有王辑五编《亚洲各国史纲要》,高等教育出版社1957年版;季羡林著《1857—1859年印度民族起义》,人民出版社1958年版;王启民、朱守仁、杨兴华、艾周昌、王春良、任终等编写《亚洲各国近代史讲义》,山东人民出版社1959年版;勤杰著《亚洲各国史》,广东人民出版社1958年版;周一良著《亚洲各国古代史》上,高等教育出版社1958年版;何肇发著《亚洲各国现代史讲义》上下,高等教育出版社1958年版等。

王辑五编《亚洲各国史纲要》，分别叙述了亚洲的主要国家自古代直至现代的历史发展，如蒙古、朝鲜、越南、柬埔寨、老挝、日本、菲律宾、印度尼西亚、马来亚、泰国、缅甸、印度、巴基斯坦、阿富汗、伊朗、土耳其等。在"引言"中，编者从西方殖民国家侵入亚洲、亚洲民族反殖民主义斗争的三次高涨、十月社会主义革命标志着亚洲民族解放斗争的新纪元、第二次世界大战后亚洲民族解放斗争的高涨与殖民体系的解体等方面，概述了该书的主要内容。编者强调："过去亚洲各国遭受到帝国主义的压迫和摧残，长期处在被剥削被奴役的地位。他们的历史曾经被资本主义历史学者所歪曲或否定。现在亚洲各国人民已经形成了反抗帝国主义的强大无比力量，中国和亚洲各国的和平友好关系也日益密切。在和平民主社会主义阵营日趋强大的今日，亚洲被压迫的国家都将会摆脱帝国主义的羁绊，而得到胜利解放。同时，帝国主义的殖民体系也一定会遭到可耻的破产。因此，我们应该十分重视亚洲各国人民崭新的历史，这是他们用鲜血换来的。"① 在阐述亚洲各国历史时，对于中国和亚洲国家的和平友好关系，以及中人民革命胜利对亚洲民族解放运动的影响，也都有所介绍。

王启民等编写《亚洲各国近代史讲义》，主要内容为17世纪中叶到19世纪末20世纪初亚洲各国的历史。编者强调，亚洲各国史是世界史的重要组成部分。每个国家既有自己的发展特点，也具有共同的发展规律。"亚洲各国近代和现代史是西方殖民主义与亚洲各国封建主义相结合，奴役、剥削亚洲各国人民的历史，也就是亚洲各国人民反抗殖民主义及其走狗的历史……自从地理大发现以后，亚洲各国便成为欧洲侵略者进行殖民掠夺和原始积累政策的对象，亚洲各国的独立发展过程受到外来强力的破坏。"②《亚洲各国近代史讲义》将亚洲近代和现代史共分为四个时期：第一个时期，17世纪中期英国资产阶级革命开始，直到1870年，随着资本主义的确立和胜利，亚洲许多国家开始丧失独立，遭受殖民奴役；第二个时期，1870年到1918年，西方资本主义国家过渡到帝国主义时期，资本

---

① 王辑五编：《亚洲各国史纲要·前言》，高等教育出版社1957年版。
② 王启民等编：《亚洲各国近代史讲义》，山东人民出版社1959年版，第2页。

主义生产方式在许多亚洲国家发展起来，但是，封建的生产关系和外国资本、殖民奴役束缚着生产力的发展；第三个时期，第一次世界大战和俄国十月社会主义革命开辟了人类历史的新时期，亚洲各国的反帝反封建斗争此后也走上了一个新时期，这也是亚洲各国现代史的开始；第四个时期，始于第二次世界大战后，殖民体系瓦解，民族解放运动高涨，亚洲兴起了许多独立国家，把命运掌握在自己的手里。

王任叔（巴人）著《印度尼西亚古代史》，中国社会科学出版社1987年出版，这是在当代中国世界史学发展历史上，值得多写几笔的书。此书是王任叔的遗作，王任叔（1901—1972），奉化市大堰镇人，1924年加入中国社会主义青年团；1926年为中国共产党党员，任国民革命军总司令部秘书处机要科秘书、代科长；1929年在上海参与发起中国自由运动大同盟，参加中国左翼作家联盟，1937年任上海文化界救亡协会秘书长、《救亡日报》编委。1941年3月奉命去香港，7月赴新加坡，执教南洋华侨师范，与胡愈之、郁达夫等领导文化界开展反法西斯斗争。新中国成立后，1950年任中华人民共和国驻印度尼西亚特命全权大使。1952年1月卸任回国，任外交部党组成员。1954年调任人民文学出版社副社长、总编辑，1957年任社长兼党委书记。1960年，在"反右倾"运动中受批判，"文化大革命"中遭批斗、隔离审查。1970年3月被遣返家乡，1972年7月25日病逝，1979年平反。

《印度尼西亚古代史》160万字，20世纪60年代初开始撰写，主要内容是印度尼西亚民族的起源和形成过程；印度尼西亚古代史的分期问题。这是我国第一部关于印度尼西亚古代史的学术专著。作者在唯物史观的理论指导下，根据考古发掘、国内外文献资料，阐述自公元前3、4世纪到17世纪的印度尼西亚古代历史。全书分原始社会、奴隶社会、封建社会三编。对印度尼西亚古代历史上大小王国的更迭、王位继承、政治制度、经济概况、对外交往、文化宗教特征以及西方殖民主义的入侵和印度尼西亚人民反对西方殖民主义的斗争等，作了比较系统的论述。"文化大革命"后，已经散乱、残缺不全的《印度尼西亚古代史》书稿，劫后余生，在时任中国社会科学院名誉所长陈翰笙、所长刘思慕、副所长朱庭光的大力支持下，开始组织力量整理这部书稿。北京大学南亚东南亚研究所的周南京、世界历史研究所的丘立本具体负责书稿的编辑整理工作,为书稿的整理付出了大量的心血。本书的重要特点之一,是重视理论概括,在第一篇第一章之前,作者写有51页之长的"关于编写本书的一些说明",就"印度尼西亚这个名称的来源""印度尼西亚的历史分期""关于历史文献资料的选择和应用""印度尼西亚的地理环境和特点"等,进行了学术史的和理论上的分析概括,这些对于认识印度尼西亚历史发展的特点和规律,是十分必要的。王任叔虽然不是专业的历史学家,但他在撰写《印度尼西亚古代史》时,却继承发扬了中国马克思主义史学实事求是的优秀传统。他说:"由于主观能力的薄弱,我在这本《印度尼西亚古代史》中只选择几本主要的书籍,作为考察印度尼西亚历史发展的主要线索,然后旁及其他有关书籍,相互参考对照,认为比较可靠的予以编写。有些史料由于地名、国名的变更,不易探索、考证并做出确定的论断,就以'传疑'的方式予以编入。"① 在历史研究中,特别是在古代史研究中,"传疑"的存在实属正常,但明确标出的则不多,如该书第二篇第二章即是"传疑的历史事实",内容包括1世纪前后中国历史中有关南海各国的记载;希腊与印度所传之南海各地;3世纪中国所传之南海诸国;中国所传的印度尼西亚诸国等。

作为中国学者亚洲史研究的一种有益的补充,一些优秀的亚洲历史学家的著述,在新中国成立后,开始译成中文在国内公开出版,这不仅有助于满足社会各界有关亚洲史的学习和研究的需要,而且对于中国世界历史研究的亚洲史或亚洲国家的国别史研究,也有一定的借鉴和推动作用。

1959年,商务印书馆出版了印度尼西亚著名史家萨努西·巴尼著的《印度尼西亚史》,吴世璜译。萨努西·巴尼是印度尼西亚史坛久负盛名的学者,其代表作《印度尼西亚史》,20世纪中期由雅加达图书出版社出版,后多次再版。在这部《印度尼西亚史》问世之前,有关印度尼西亚历史的著作,主要由荷兰、英国和美国历史学家撰写,字里行间充斥着对印度尼西亚历史的诋毁、污蔑、歪曲,甚至不惜颠倒黑白,为殖民主义、帝

---

① 王任叔:《印度尼西亚古代史》,中国社会科学出版社1987年版,第30页。

国主义辩护。萨努西·巴尼不仅恢复了被颠倒的历史,而且对西方历史学家的错误观点进行了严正的批判。

作者在该书的"导言"中指出,"作者的主要目的是企图编写一本关于印度尼西亚历史问题的指南……印度尼西亚历史还有许多问题需要研究,本书提供了基本资料,为读者进一步研究提出自己的见解打好基础"。"因此本书只是把史家们对于历史事件的各种解释和意见,扼要地加以介绍。介绍的时候当然是有系统的,使读者能看出历史发展的线索。"[1] 全书由"从远古至麻喏巴歇灭亡";"从须文达那王国的建立到东印度公司结束";"1800—1870",包括荷兰、英国、法国的殖民统治,井里汶人民起义,蒂博尼哥罗战争等;最后是"帝国主义时期和民族运动"等四大部分组成,内容十分丰富。除去一般的政治、经济、文化内容外,还包括国王、政府、社会、宗教、民族、文学艺术等。在第一章"印度未来之前的印度尼西亚"中,作者分析了"印度尼西亚"这一名称的由来。作者认为,印度尼西亚族——即爪哇人、巽他人、马都拉人、巴厘人、多拉查人、大雅克人、巴达克人、美南加保人等,都是从印度支那半岛迁来的,这可以从印度尼西亚语言、文化和环近地区的语言、文化比较研究看出。此书书末附有"年表",内容自公元400年起,古代国王慕拉唯尔曼;1945年,印度尼西亚共和国成立,8月17日独立宣言止。这部著作是长期研究的结果。

非洲史研究和现实的国际政治密切地联系在一起,表现出强烈的现实感。第二次世界大战后,非洲民族解放运动蓬勃发展,决定了非洲历史研究的主题,以非洲各国民族解放运动为主。这方面的主要著作有吴秉真:《从黑夜走向黎明的非洲》,上海新知识出版社1956年版;吴休编著《埃及人民争取独立和平的斗争》,北京通俗读物出版社1956年版;罗科编《高举反殖民主义旗帜的埃及》,湖南人民出版社1956年版;范俑编著《摩洛哥、突尼斯、阿尔及利亚的民族独立运动》,上海人民出版社1957年版;言金:《阿尔及利亚人民的民族解放斗争》,世界知识出版社1958年版;陈力编著《喀麦隆人民反对殖民主义的斗争》,河北人民出版社

---

[1] [印尼]萨努西·巴尼:《印度尼西亚史》,吴世璜译,商务印书馆1959年版,第1页。

1959年版；山西日报资料组编《走向独立自由的非洲》，山西人民出版社1961年版。

非洲史研究的一些重要的学术论文或学术文章，主要有纳忠：《埃及人民反抗拿破仑侵略的斗争与民族的觉醒》，《人文科学杂志》1957年第1期；郑道传：《纳赛尔的反殖民主义思想》，《学术论坛》1957年第1期；马彤：《阿尔及利亚的民族解放斗争》，《历史教学》1959年第1期；南开大学历史系：《突尼斯的民族解放斗争》《摩洛哥的民族解放斗争》，《历史教学》1958年第12期；华南师范学院世界史教研组：《刚果人民的民族解放战争》，《中学历史教学》1959年第2期；华南师范学院世界史教研组：《喀麦隆人民争取独立和统一的斗争》，《中学历史教学》1959年第3期。南开大学历史系世界史教研组：《利比亚的民族解放斗争》，《历史教学》1959年第3期；王俊怡：《南非人民反对种族歧视的斗争》，《国际问题研究》1959年第4期；王珍：《帝国主义对刚果的侵略与刚果人民的斗争》、郭起寿：《刚果人民反殖民斗争的新发展》，《国际问题研究》1959年第8期；非知：《阿散蒂人民的抗英斗争》，《历史教学》1965年第8期；顾家稼：《现阶段黑非洲的民族解放运动》，《四川大学学报》1959年第2期；雅菲：《发展中的非洲民族独立运动》，《国际问题研究》1960年第1期；瞿季木：《近代非洲人民的反殖民主义斗争》，《江海学刊》1963年第1期；南开大学历史系世界史教研组：《阿尔及利亚的民族解放斗争》，《历史教学》1960年第8期；顾章义：《第二次世界大战与非洲的觉醒》，《历史研究》1963年第5期。

拉丁美洲史研究同样取得了较多的成果。20世纪60年代初，中国学术界对"中国人发现美洲"说重新展开讨论。朱谦之在《哥伦布前一千年中国僧人发现美洲考》（《北京大学学报》1962年第4期），坚持其在《扶桑国考证》（香港商务印书馆1941年版）一书中的看法，即"中国人发现美洲"，并做出了进一步的论证。罗荣渠持反对意见。他通过考古学与人类学的研究成果，认为扶桑即墨西哥的说法难以成立，《梁书·诸夷传》中有关扶桑国的史料不足为信①。

---

① 罗荣渠：《论所谓中国人发现美洲》，《北京大学学报》1962年第4期。

拉丁美洲独立战争，是 19 世纪初期的一场反对西班牙和葡萄牙殖民统治的声势浩大的斗争；海地革命的成功，揭开了整个拉丁美洲独立战争的序幕。这方面的主要著述有：李春辉：《海地革命（1790—1804）——拉美第一个黑人国家的成立》（《历史教学》1965 年第 7 期）；乔明顺：《墨西哥独立战争前社会矛盾初探》（《河北大学学报》1964 年第 5 期）；王春良：《墨西哥的独立战争》（《历史教学》1965 年第 3 期）；南开大学历史系编《拉丁美洲民族解放大事记》（天津人民出版社 1959 年版），金重远：《西班牙美洲殖民地独立战争》（商务印书馆 1964 年版）。苏联学者米罗夫斯基著《美洲西班牙殖民地的解放运动》的中文本，1960 年由三联书店出版。

门罗主义是美国拉美政策的理论基石，为揭露美国对拉美政策的侵略本质，探讨了门罗主义的起源、性质、作用是十分重要的。这方面的主要著述是：丁则民《门罗主义与美帝侵略政策》，《历史教学》1951 年第 1 期；郭力达：《早期门罗主义的性质和作用问题》，《江汉学报》1960 年第 10 期；姜德昌：《美国侵略拉丁美洲的门罗主义》，《历史教学》1961 年第 10 期；帷谷：《门罗宣言的性质和作用》，《学术月刊》1963 年第 3 期。罗荣渠：《门罗主义的起源和实质——美国早期扩张主义思想的发展》，《历史研究》1963 年第 6 期；他在这方面的其他文章还有《150 年来美国对古巴的野心和侵略》，《人民日报》1963 年 1 月 3 日；《19 世纪初美国政府对拉美独立运动的态度》，《光明日报》1963 年 11 月 20 日。曾出任美国国务卿的亨利·克莱是美国拉美政策的代表性人物之一，冯纪宪：《论亨利·克莱对拉丁美洲政策》，《华东师大学报》1964 年第 2 期。

新中国成立后，中国和拉丁美洲的联系日渐增多，迫切需要对拉丁美洲历史和现实的了解。为适应国内外政治形势的需要，揭露美国在拉丁美洲地区的侵略扩张的作品，在拉丁美洲历史研究中，占有较大的比重。这些著述主要有邓超的《美国侵略下的拉丁美洲》，世界知识出版社 1957 年版；刘光华的《美国侵略拉丁美洲简史》，世界知识出版社 1957 年版；南开大学历史系世界史教研组：《美国历史上对拉丁美洲的侵略》，《历史教学》1958 年第 9 期；徐祖徕的《美国吞并得克萨斯和 1846—1848 年对墨西哥的侵略战争》，《历史教学》1966 年第 3 期。丁则民论述美国侵略古巴的主要论文有三篇:《1899—1902年美帝国主义对古巴的第一次军事占领》,《文史哲》1963年第6期;《美帝国主义对古巴的第二次军事占领1906—1909年》,《历史教学》1963年第5期;《1899—1923年美帝国主义对古巴的侵略政策》,《吉林师大学报》1964年第4期。关于罗斯福执政时期对拉美地区的"睦邻政策",陆国俊著有《论罗斯福的"睦邻"政策》(《历史教学》1963年第9期),强调"它不过是罗斯福继前几届政府侵略政策的一种伪装手段"。此外,吴机鹏:《古巴民族英雄何塞·马蒂》,《历史教学》1963年第3期;张友伦:《1910—1917年墨西哥资产阶级革命》,《历史教学》1963年第12期;王春良:《1926—1933年尼加拉瓜人民抗击美帝国主义侵略的斗争》,《历史教学》1964年第8期;李运华:《古巴人民武装革命的胜利》,《历史教学》1964年11、12期合刊等,对深化美国帝国主义的侵略政策的认识,都有积极的推动作用。

(二) 周谷城《世界通史》和对"欧美中心论"的批判

在20世纪上半叶末,周谷城完成了我国第一部有现代科学意义的《世界通史》。1949年,《世界通史》三册由商务印书馆出版。① 这部著作从史观、理论、方法和内容,和韦尔斯著《世界史纲》不同,和卡尔顿·约·亨·海斯等著《世界史》也不同。撰写此书时,周谷城虽参阅的外文资料达100多种,其中包括国际史坛上有影响的名著,例如12卷本《剑桥古代史》、14卷本《剑桥近代史》,以及斯密兹25卷本的《史家世界史》等,但该书却与上述著作中宣扬的"欧洲中心论",反其道而行之。这部著作,可认为是中国史学家对"欧美中心论"批判的代表性成果之一。

周谷城,1898年9月13日,生于湖南省益阳县长湖口的农民家庭。1917年,考入北京师范大学前身北京高等师范学校英语部,入学时即逢新文化运动和伟大的爱国主义运动——五四运动。此时的北京,探求新知、

---

① 河北教育出版社《20世纪中国史学名著》丛书,收有周谷城《世界通史》,2000年;商务印书馆《商务印书馆文库》,收有周谷城《世界通史》,2005年;商务印书馆于1958年出版了《世界通史》修订本第三册。

提倡新学的风气盛行，周谷城读到了《新青年》，非常赞同"民主""科学"的观点。他后来回忆，正是在那段时间里，他如饥似渴地阅读了《新青年》和许多哲学原著。他十分赞同科学和民主的观点，还广泛接触各种新思想。1920年春，赴湖南长沙，在湖南第一师范任教。自1927年起，先后在上海复旦大学等校任教。1928年，周谷城先后翻译了亚诺得的《战后世界政治之关键》、尼林的《文化之出路》等，由上海春秋书局、新宇宙书店分别出版。其后又著有《近代欧洲政治演变之动力》，1938年11月发表在《史论丛书》第3辑。1943年翻译了《新英国与新世界之建设计划》《美国和战后世界之关系》，由独立出版社出版。所有这一切，都为周谷城撰写《世界通史》做了必要的准备。他在构思的《世界通史》中，完全打破了以往国外《世界通史》的写法，突出世界文化发展的历史。他认为，一部世界通史，不应是一系列无序的历史事件或国别史、地区史的堆砌，而应是给人们以系统的、全局的、有内在联系的世界历史知识。

周谷城是我国史学界最先起来反对欧洲中心论的学者之一。早在20世纪40年代，他就提出写世界史要分区并列，同时叙述，但又不排斥某一时期某一地区成为重点。他认为，世界各地区都在日趋联系交往之中，世界史应该是关于世界整体的历史，应该具有世界性。而当时几乎所有的世界通史教科书，都以欧洲为中心，全然欧洲史一样。他明确提出，世界史不应以欧洲为中心，就爱国的思想说，不应该；就地理的方位说，有错误。我们不能追随以欧洲为中心的思想。希腊、罗马并非世界古代史上驾驭其他各地的文化中心。印度、中国、希腊、罗马是可以相提并论的。他的3卷本《世界通史》打破了"欧洲中心论"，而以埃及、巴比伦、波斯、印度、中国和墨西哥六大文化中心的相互关联、日渐融合为主旨，描绘了世界文化彼此交流和互为因果的内在联系。他认为世界是一个多元的有机整体，尽管世界上多文化区、多国度并存，但它们并非各自孤立活动，而是从一开始就蕴涵着彼此间互相往来、互相交叉、互相渗透的必然趋势。

在《世界通史·弁言》中，周谷城从四个方面，就"什么是世界通史"，进行了基本的理论阐释。他说："一、世界通史并非国别史之总和……本人不认国别史之总和为世界通史，故叙述时，力避分国叙述的倾向，而特别着重世界各地相互之关联。""二、欧洲通史并非世界通史之中心所在。欧洲学者著世界通史，偏重欧洲，情有可原；且十五世纪以后，欧洲人在世界各地本也非常活跃。但十五世纪以前，所谓世界活动，几乎只限于亚、欧、非三洲之间，因此我们断不能忽视亚洲及欧亚之间的活动。故书中叙述，力求平衡，期毋太偏重于某一方面或区域。""三、进化阶段，不能因难明而予以否认。世界各地历史的演进，无不有阶段可寻……著者虽力避机械的公式主义之嫌，然进化阶段，却不能抹杀。故凡可以指明之处，必予指明。""四、概括的叙述不能转为抽象的空谈……由描写到概括，由具体到抽象，这是合乎科学上之经济的原则的。但黑格尔把抽象的'理念'，作为具体的事情之所由生，先具体的事情而存在，则是我们所不能苟同的了。我们很重概括的叙述，但不能离开具体的事实而作抽象的空谈。本书的篇、章、节、目，都从具体事情中概括出来的，但并不是抽象的观念。"① 周谷城的上述认识，至今仍具有重要的理论意义和现实意义。他突破了"欧洲中心论"的束缚，强调世界各地区之间的相互联系，主张将世界历史作为一个整体进行研究。这对中国的世界史建设有开拓性的作用。

周谷城在《世界通史》中，以相当大的篇幅论述了中国社会历史发展的轨迹，以及这一过程中的某些规律性的内容。在众多的世界通史性的著作中，周谷城的《世界通史》独树一帜。但他将中国历史写入，也招致了一些人的指责，认为这种撰写的方法是宣扬"中国中心论"，而且还是"汉族中心论"。实际上，这些指责完全置客观的历史事实于不顾，是根本站不住的。周谷城强调，中西文化的交融，只能是相互渗透，决不会由一方取代另一方，他说："有人认为，世界文化的发展会向东方文化（中国文化）复归。我看这是机械论。今后世界文化的发展，不会是纯粹的东方模式或西方模式，而是会走向综合。西方文化到中国来，中国文化到西方去，其结果如何呢？在我看来，只会使双方的文化更为丰富多彩，更为进步，不会有消极的结果，不会破坏或有损于各自的固有文化。文化的交流与发展绝不是谁吃掉谁，世界文化的发展过程，就是一种平衡过程。"

---

① 周谷城：《世界通史》上，河北教育出版社2000年版，第3—4页。

周谷城讲授《世界通史》时，主张着眼全局、统一整体，反对以欧洲为中心的世界史，并相继发表过《史学上的全局观念》（1959）、《论西亚古史的重要性》（1960）、《论西亚古史研究的重要性》（1961）、《古代西亚的国际地位》（1961）、《评没有世界性的世界史》（1961）、《迷惑人们的"欧洲中心论"》（1961）、《论世界历史发展的形势》（1961）、《我是怎样研究世界史的》（1981）、《世界是多元的整体》（1988）等论文，明确指出世界史不应以欧洲为中心，以欧洲为中心的世界史只能是"欧洲史"，而不是完整意义的"世界史"。1961年，周谷城在论及"欧洲中心论的动摇与我们的希望"时指出："今日各大学开设亚、非、拉丁美洲史，是具有斗争意义的。世界史书中如果也从正面叙述亚、非、拉丁美洲史，那便是新体系之一端。客观的历史正在改变之中；主观的历史亦必力求改变，以加速客观历史的大改变。否定以欧洲为中心的世界史，建立具有新观点、新体系的世界史的时候到了。"[①] 周谷城对欧洲中心论的批判，对推动国内世界史的教学和研究影响深远。值得提出的是，周谷城对欧洲中心论的批判，并不是置事实于不顾，否定欧洲在世界近代历史中的作用。例如，在《世界通史》第3卷中，集中论述了欧洲文化的发展；世界范围的扩大，16—18世纪世界历史的迅速发展，重点在欧洲。不言而喻，"欧洲中心论"，和从事实出发，在一定历史时期的"欧洲的中心作用"，是截然不同的两个概念。

1962年，周谷城在《复旦大学学报》第1期发表《评柴尔德的古史研究》。柴尔德，1892年生于澳大利亚悉尼，先后在悉尼大学、英国牛津大学就读，曾任爱丁堡大学教授、加利福尼亚大学教授、英国科学院研究员、伦敦大学考古研究所所长。柴尔德的研究方向，是旧石器时代末期到西罗马帝国灭亡之间的文化发展研究。他的主要学术观点是：由旧石器时代末期到新石器时代的变革，是"新石器时代的革命"；由新石器时代末期到金属器物时代的变革，是"城市生活的革命"；远古文化的传播，是"古代各地文化的接触及传播"。周谷城认为，柴尔德的上述论述和恩格斯的有关论述相合。"他颇尊重马克思主义的功绩。他说，资产阶级传播学

[①] 周谷城：《周谷城史学论文选集》，人民出版社1983年版，第151页。

者,惯于低估马克思主义对文化发展的强有力的解释。其实马克思主义的论证,我们应坦白承认,其解释事实,远较传播派学者的假说为优。"总之,柴尔德的工作,"是从考古发掘所得可靠材料证实历史唯物主义所昭示的原理"①。周谷城认为,柴尔德是进步的考古学家,已由他的研究成果所证实,周谷城在自己的论文中介绍了14种,如《欧洲文明的曙光》《最古的东方》《人类创造自己》《工具发展小史》,以及《论历史》《论社会进化》等,都有重要的学术价值。

20世纪80年代初,复旦大学历史系根据教育部的安排,准备编写《世界通史》,周谷城接受了历史系的邀请,同意参加这项工作。但是,编写新的《世界通史》并非易事,所以先将周谷城的3卷本《世界通史》影印出版。周谷城在"影印本新序"中,重申了他关于《世界通史》的四点基本主张,同时分析了他自己编写这部《世界通史》的体系,那就是"在消极方面,完全排斥了以'西方为主体',以'西方外为附庸'的偏向;在积极方面,力求突出世界史在发展中各部分的'日趋联系',从而得出一个比较完整的'有机统一体'。这个'有机统一体'分而言之就是:第一篇远古文化之发展,第二篇亚欧势力之往还,第三篇世界范围之扩大;第四篇平等世界之创造。只惜第四篇因当时时间仓促,未及写完,只列举了目录。我的写法未必很好,但与西方或欧美学者的写法完全不同。"② 这种不同,主要表现为历史观念的完全不同,周谷城写的是中国人心目中的世界史,而非对欧美学者撰写的世界通史的重复或复制。周谷城的《世界通史》的体系,至今仍有重要的理论意义和现实意义。

五 世界历史文献资料建设

中国世界史研究萌生于19世纪中叶民族危机不断加剧的形势下。20世纪上半叶,中国世界史研究进入了以译介为主的时期,但受客观研究

---

① 周谷城:《周谷城史学论文选集》,人民出版社1983年版,第162、194页。
② 周谷城:《世界通史》第1册,商务印书馆2005年版,第2页。

条件和学科发展的局限，这种译介往往饥不择食，多是"急就章"，缺乏计划性和系统性，特别是在史料方面，就更是这样。在那时，世界史学的史料学是一个空白，史料建设多被忽略，似乎没有提上议事日程，严重地制约着世界历史研究的进一步发展。中国世界史研究起步较晚，与中国史研究相比存在着明显的差距，而在史料建设方面尤其如此。在中国史研究领域，史料被认为是"汗牛充栋""浩如烟海"，而在世界历史研究领域中却恰恰相反，无论是国别史还是断代史，都缺乏系统的甚至必要的史料。

研究历史必须占有史料，不占有、分析、研究史料，便不可能对历史矛盾运动做出科学的说明。史料不等于历史学，但是，它确是历史研究的前提，很难想象脱离史料去进行科学的历史研究，无论研究中国历史，还是研究外国历史都是如此。"任何历史研究，掌握第一手资料是最基本的前提。历史发展的规律是客观存在着的，但它并不先验地存在于人们的头脑中。人们对历史规律的正确认识，是通过对大量史料深入研究而获得的。"[①] 在进行历史研究时，要"详细地占有材料，在马克思列宁主义一般原理的指导下，从这些材料中引出正确的结论"[②]。1949年新中国成立时，在世界历史领域，不仅在研究队伍的建设、史学理论与方法的研究和运用，而且在历史文献的积累等方面，都与研究和教学工作的客观需要，存在着较大的差距。

需要指出的是，加强史料建设，是整个中国史学界的共同任务，而并非仅是世界史学科的事。例如，中国近代史的史料浩如烟海，但有组织有计划地整理、编纂和出版，是在新中国成立后才开始的。由中国史学会主编的《中国近代史料丛刊》，包括《鸦片战争》《第二次鸦片战争》《太平天国》《捻军》《回民起义》《洋务运动》《中法战争》《中日战争》《戊戌变法》《义和团》《辛亥革命》等十一种专题资料的出版，为近代史研究的开展提供了很大方便。中国科学院经济研究所的学者还编辑出版了中国近代农业史、手工业史和工业史等方面的专题资料。所有这一切，对于世

---

① 荣孟源：《史料和历史科学》，人民出版社1987年版，第9页。
② 《毛泽东选集》第3卷，人民出版社1991年版，第801页。

界历史学科的史料建设也有一定的推动作用。

为了在较短的时间内，从整体上提高研究和教学水平，20世纪50年代以来，人们十分重视历史文献资料的选编工作。这种选编分为两类：一类是收集当代学者世界历史研究方面的论文，或马克思主义经典作家的相关论述；另一类则以收集史料为主。

新中国成立后，为了应对美国的反华政策，配合当时国际国内政治形势，有关部门编辑出版了包括美国对华政策文件在内的美国外交政策文件汇编。这方面的正式出版物有：人民出版社编《美国侵华史料》，人民出版社1951年版；《1765—1917年的美国》，三联书店1957年版；《中美关系资料汇编》第1、2辑，世界知识出版社1957年、1960年版；国际关系研究所编《美国外交研究资料》第1辑，世界知识出版社1960年版；《第二次世界大战后美国总统国情咨文汇编（1946—1962）》，世界知识出版社1962年版等。这些资料的出版，对于研究美国史，特别是研究美国外交史具有积极的意义。

中国人民大学世界通史教研室编选《世界通史参考资料》两辑，1954年出版。两辑分别是"古代史与中世史部分"和"近现代部分"。主要内容是马克思关于《前资本主义生产形态》的论述，恩格斯关于《玛尔克》的论述；关于《马克思、恩格斯论英国》；苏联《历史问题》杂志的社论《东方史学家的目前任务》；苏联大学教科书《世界中世纪史》第一卷的《引论》；苏联马恩列学院的《〈家族、私有财产和国家的起源〉序》，以及苏联著名历史学家乌特琴科、玛西金、克拉森等人的研究论文。1959年1月，中国人民大学世界通史教研室还分册编选《世界通史参考资料》出版，每册篇幅不大，集中在某一个重大历史事件或历史过程。这些"资料"按照历史年代、国家和专题陆续出版。例如，《世界通史参考资料》"现代部分之三"，为《西班牙民族革命战争》（1936—1939），共收有12篇文献，主要有西班牙共产党主席伊巴露丽的重要文章《西班牙人民反对意—德武装干涉者和法西斯叛乱者的民族革命战争（1936—1939）》，该文原刊于苏联《历史问题》杂志1953年第11期；西班牙共产党与卡达龙纳统一社会党五一联合宣言：《我们继续斗争，我们一定胜利！》（1939年5月）；季米特洛夫的两篇文章：《西班牙人民英勇斗争的一年》（1937年1

月），《西班牙人民英勇奋斗之二周年》（1938年7月）；《新华日报》社论：《保卫马德里之经验与教训》（1938年1月）等。此外，人民大学世界通史教研室还编选包括有马克思主义经典作家著作在内的《世界现代史》参考书目；马列主义教研室编辑《国际共产主义运动史资料汇编》，这些文献对于世界历史学科建设，以及学习世界现代史都是十分重要的。

北京师范大学历史系世界古代中世纪教研室编的《世界中世纪史史料选辑》（上下），1959年出版，内容以史料为主，包括有关中世纪政治、经济方面的法令、文件和中世纪史家的部分记录。例如《萨利克法典》《查理大帝的敕令》《国王亨利四世复教皇格累戈里七世书》《佛姆斯宗教和约》《教皇尤金三世给予参加十字军者之各种特权》、英国《自由大宪章》、查理四世的《黄金诏书》、马丁·路德《九十五条论纲》《威斯特伐里亚和约》、尼德兰资产阶级革命《奥兰治家威廉的宣言》等都包括在内，这些重要的原始文献，不仅可以使学生在学习中世纪的历史时，可以更多地接触原始史料，而且对于我国从事中世纪史研究的学者来说，也是雪中送炭。特别应该指出的是，参与上述《世界中世纪史史料选辑》（上下）翻译工作的，除北京师范大学历史系的教师外，还有齐思和、耿淡如和郭守田诸位知名学者，由此也可以看出当时世界史学界对史料的普遍重视。

1960年，北京大学历史系编辑《亚非现代史参考资料》三册。第一分册包括总论和东北亚地区；第二分册为东南亚和南亚地区；第三分册为西亚非洲地区。总论部分有马克思主义经典作家关于民族解放运动的重要论述，国际共产主义运动的纲领性文件，批判现代修正主义的重要文献，论述十月革命和中国革命世界意义的文献，亚非地区国际性会议的文献。编者认为，一场波澜壮阔的反对帝国主义、反对殖民主义，争取民族独立、民主自由和社会主义的人民革命运动，正在世界范围内到处兴起。民族民主革命运动的风暴席卷了亚洲、非洲和拉丁美洲。为了适应这个新形势的要求，运用历史科学反对帝国主义和现代修正主义，必须大力加强亚非现代史的教学和科研工作，而这三册参考资料对于加强亚非现代史的教学和研究工作，都是十分重要的。

世界史文献资料的选辑工作为开展世界史研究创造了必要的条件，是中国世界史研究的基本建设工程之一。1955年世界史资料丛刊编委会成立。该编委会编辑的《世界史资料丛刊初集》，计划出版 34 种，从 1957 年起由三联书店分册出版。第一批已出版的主要有《古代埃及与古代两河流域》（日知选译）、《中世纪初期的西欧》（齐思和、耿淡如、寿纪瑜选译）、《中世纪中期的西欧》（刘启戈、李雅书选译）、《中世纪晚期的西欧》（齐思和、林幼琪选译）；《罗马共和国时期》（上下）（任炳湘选译）、《1600—1914 年的日本》（张荫桐选译）、《1765—1917 年的美国》（谢德风、孙秉莹等选译）、《18 世纪末法国资产阶级革命》（吴绪、杨人楩选译）、《1815—1870 年的英国》（张芝联选译）、《1825—1905 年的俄国》（张蓉初、张盛健等选译）、《1871—1898 年的欧洲国际关系》（王铁崖、王绍坊选译）、《1898—1914 年的欧洲国际关系》（王铁崖、王绳祖选译）、《十七、十八世纪的欧洲大陆诸国》（黎国彬等选译）。

编译《世界史资料丛刊初集》的目的，是为了使高校师生能够接触原始文献或具有原始文献价值的著作，以提高世界史教学的水平。为了使用方便，每一文献的说明及附注例从简赅，同时每一分册末附有译名对照表。因客观研究条件限制，现代史部分的资料当时不易找到，所以暂缺，所选译的只包括世界上古史、重视解释和近代史。此外，值得称道的是，每分册史料的主要来源，在书前的"说明"中，都具体列出。如《1825—1905 年的俄国》书中所选的史料，主要来自俄文版《苏联史文献选》第 2 卷、第 3 卷，莫斯科，1952—1953 年；《十二月党人起义（史料集）》第 1 卷、第 4 卷，莫斯科—列宁格勒，1925—1927 年；《俄国 1861 年农民改革法令汇编》，莫斯科，1954 年；《第一次俄国革命的开始（史料集）》，莫斯科，1955 年；《历史档案》杂志，莫斯科，1955 年第 1 期等。在为高校历史系师生提供必要的原始文献的同时，还为他们深入研究相关问题提供了丰富的文献线索，所以有较高的实际应用价值。

《世界史资料丛刊初集》自 1962 年 12 月改由商务印书馆出版，原定 30 多个选题的编辑出版工作，到 1965 年共出版 13 种 14 分册之后，因"文化大革命"开始而被迫中断。1979 年，商务印书馆决定恢复《世界史资料丛刊初集》的出版工作，易名为《世界史资料丛刊》，重新组织了编委会，林志纯、戚国淦、陈芝联、齐世荣四位教授分别担任上古史、中世纪、近代史和现代史的主编。恢复后的《丛刊》的数量和内容比过去有较大的增加和补充，拟出版60种66个分册。《世界史资料丛刊》保持了《世界史资料丛刊初集》选译的原则和体例，只是篇幅略有扩大，每册约10万字。

1957年，高等教育出版社出版了苏联学者莫洛克、奥尔洛夫主编、耿淡如教授翻译的《世界近代史文献第二卷》，该卷收录了1870—1918年间的重要史料，由三个分册组成。第一卷则根据"苏联有关方面的建议不必翻译"，故没有翻译出版。此书收入的史料计分为四编：第一编为近代史第二时期的开端，内容包括普法战争、巴黎公社、第一国际；第二编为"自由资本主义"转变到帝国主义时期的西欧和美国；第三编为帝国主义时期的西欧、美国和日本；第四编为第一次世界大战，俄国十月社会主义革命及其伟大意义。该书每章都有马列主义经典著作的参考要目；一些历史文献附有评注，有些是马克思主义经典作家的评述；每章的"教学法指示"，则是用以说明每份文献的来源和意义，所要解决的问题以及如何使用的方法等。出版者认为，出版这部文献集的意义，"不仅提供了正确的历史资料，而且也介绍了苏联历史教学上的宝贵经验"①。这具体反映了当时中国史学发展的主要内容和主要特点。

1958年，高等教育出版社出版了《现代国际关系史参考资料》（1917—1932），由国际关系学院编。国际关系史当时在我国是一门年轻学科，文献资料匮乏，特别是国外档案文件更为鲜见，成为制约该学科发展的重要障碍。《现代国际关系史参考资料》（1917—1932），就是在这种情况下编辑出版的，对于推动现代国际关系史教学和研究，都有积极的意义。该书问世前，已有相近的著作出版，如《国际公法参考文件选编》（世界知识出版社1958年版）；《中国外交史资料选辑》（外交学院出版社1958年版）等，对学习或研究现代国际关系史多有帮助，但毕竟不能满足现代国际关系史学科发展的需要。此书按照时间顺序，依次分为三部分：1917—1923年、1924—1928年、1929—1932年。各部分的主要内容是马克思主义经典作家著作、苏联政府和各国共产党的文件；远东共和国的文

---

① ［苏］莫洛克、奥尔洛夫主编：《世界近代史文献》第十卷，出版说明，耿谈如译，高等教育出版社1957年版。

件；各国共产党报刊上发表的有关论文；资本主义国家文件。需要指出的是，1917—1932年间中外关系的重要文献，该书给予了充分的重视，如"段祺瑞政府海参崴出兵宣言"（1918年）、"中华民国参与欧战和会会议录"（1919年5月28日秘密会议）、"驻美公使顾维钧致颜总长电"（1920年10月1日）。

有关第二次世界大战史研究的文献汇编，也有多种出版。1951年，人民出版社出版了《对日和约问题史料》，内容包括联合国共同宣言、开罗宣言、雅尔塔协议、波茨坦宣言，以及中苏等国有关对日和约问题的文件。1955年，世界知识出版社编辑出版了《第二次世界大战参考文献》，主要内容为1941年6月至1945年日本投降这一期间，英、美政府首脑演讲和声明26篇。苏联外交部、捷克斯洛伐克外交部编《慕尼黑历史的新档》，1962年由世界知识出版社出版。"新档"为1938年3月至9月苏、捷、英、法等国有关慕尼黑问题的往来文书，多系首次公布。1961—1963年，世界知识出版社出版了《1941—1945年苏联伟大卫国战争期间苏联部长会议主席同美国总统和英国首相通信集》第1、2册，苏联外交部编。1974年，上海人民出版社出版了《德黑兰、雅尔塔、波茨坦会议记录摘编》。1978年，三联书店出版了萨纳柯耶夫等编、亚·菲舍尔注释的《德黑兰、雅尔塔、波茨坦会议文件集》。美国在1955年最早出版了《会议记录》，苏联则在1967年出版。双方都从自己现实的政治需要出发，对记录进行取舍、删改。联邦德国学者在将会议记录译成德文出版时，将苏、美两国的记录进行比较，撰写了详细的注释，并对所以产生不同文本的记录提出了自己的看法。《德黑兰、雅尔塔、波茨坦会议文件集》即是从德文本译出，对第二次世界大战史研究有重要的参考价值。复旦大学历史系编译《日本帝国主义对外侵略史料选编（1931—1945）》，上海人民出版社1975年出版。内容包括15年间，日本政府和统帅部的档案文献和一些历史人物的回忆录、书信等。

周一良、吴于廑主编的《世界通史》4卷出版不久，为了提供学习时所必需的参考数据，与教材配套的《世界通史资料选辑》，由周一良、吴于廑主编，陆续出版。其中，《世界通史资料选辑》，上古部分主编林志纯；中古部分主编郭守田；近代部分（上下）主编蒋相泽。由商务印书馆

1962年12月、1964年9月、1964年4月陆续出版。《世界通史资料选辑》上古部分的资料，主要来自考古发掘出来的泥版文书、纸草文献、各种古文字铭文，以及流传下来的各国古代文学、宗教、历史、地理等文献。具体内容包括各国的年代记、法典或法律汇编、条约、诏令、文告、文书、契约、书信、宗教典籍、史地著作，以及政治经济文献和人物传记等。所收文献的内容，大体上反映了古代世界上一些国家社会经济状况、政治制度、阶级关系、革命斗争。一系列重大历史事件和历史人物的活动等。中古部分选辑了250多份文献资料，大体上反映了中古时期世界各国的社会经济发展、政治制度、思想文化发展、阶级矛盾和阶级斗争、重大历史事件和有影响的历史人物的活动等。主要内容包括西罗马帝国和蛮族、法兰克国家、9—11世纪时的法国、英国、意大利和英国、拜占庭帝国、基辅罗斯、阿拉伯国家和日本、越南、印度等东方国家，以及西欧的城市、十字军东征、地理大发现和殖民掠夺的开始等。近代部分的文献资料主要包括英国资产阶级革命、工业革命、北美独立战争和美利坚合众国的建立、法国资产阶级革命、1815—1848年欧洲革命前夕的法国、英国、俄国、德意志、科学社会主义理论诞生、1848年欧洲革命、俄国农奴制的废除和第一国际等。无产阶级革命斗争，在辑录时给予了充分的重视，例如巴黎公社、俄国1905年革命等。发生在20世纪的两次世界大战，也都收有较多的文献资料并加以介绍。

20世纪60年代，高等院校历史系多开有"外国史学名著选读"课，为适应教学的需要，商务印书馆开始出版吴于廑主编的《外国史学名著选》，"目的在使学生略知若干重要著作内容，借以扩大学术眼界，为批判地接受外国史学遗产提供数据"①。吴于廑、王绳祖、蒋孟引、李雅书、王敦书等，都亲自参加了翻译工作。为便于学习，每种选本都有著者简介，扼要介绍其生平和重要著作，史学观点和学术影响等，同时附带说明译者所据版本或其他文字译本。此外，对于译文中所涉及的某些典故、制度、人物等一般教科书不多见者，均加注释。

---

① 吴于廑：《外国史学名著选前言》，见《希罗多德历史选》，商务印书馆1965年版，第1页。

《外国史学名著选》尽管是选本,但毕竟是原著,而且所选多是能够体现原著精华和特点的那些内容。这对中国当时和现在的世界史专业师生都是十分有益的,不仅可以获取十分珍贵的史料,而且还可以从中直接领略外国史学经典作品的韵味和魅力。这批选译的西方史学名著主要有希罗多德著《历史》;修昔底德著《伯罗奔尼撒战争史》;塔西佗著《编年史》;利瓦伊著《罗马史》;普鲁塔克著《传记集》;马基雅维里著《佛罗伦萨史》;吉本著《罗马帝国衰亡史》;米涅著《法国革命史》;梯叶里著《第三等级的形成及其发展理论》;朗克(兰克)著《教皇史》等。每种名著约选译3万—5万字,1962—1965年均由商务印书馆出版。

除了《世界史资料丛刊初集》《世界通史资料选辑》等之外,在通史方面还有其他一些文献资料集出版,如河南大学历史系编选《世界现代史资料选辑》1—4辑,河南人民出版社1951年出版;耿淡如、黄瑞章译编《世界中世纪史原始资料选辑》,天津人民出版社1959年出版;在20世纪60年代,一些外国史学家编辑的历史文献汇编也译成中文出版,这些对加强中国世界史研究的史料建设也是十分有益的。例如,苏联学者莫洛克、奥尔洛夫编有《世界近代史教学资料选辑》第一、二辑[①],该书所选编的资料,包括马克思主义经典作家的著作片段、统计汇编、报纸和杂志、革命传单、政治纲领、呼吁书、宣言书、立法文件、当事人的书信和回忆录、议会会议记录、各国工人党和第一国际、第二国际各次代表大会的记录和决议案、国际条约和外交报告、军事报告,以及文艺作品的摘录等。

《世界近代史教学资料选辑》两辑,是根据苏俄教育部国家教育出版社1958年版节译,供讲授世界近代史的教师教学参考使用。第一辑包括1642—1870年的世界近代历史文献,分成四编:第一编,近代的开端;第二编,18世纪末至19世纪初的欧洲;第三编,从维也纳会议到1848年革命;第四编,19世纪50—60年代。第二辑则为1870—1918年间各种类型的史料。该书的特点是分类清晰、内容丰富、系统,对于教学或研究工作,都有重要的参考价值。例如,"英国资产阶级革命"共收有七个方面

[①] [苏]奥尔洛夫主编:《世界近代史教学资料选辑》第一、二辑,何清新译,三联书店1963年版。

的文献：（1）17世纪上半叶英国的农业与工业；（2）英国资产阶级革命成熟；（3）人民群众和议会反对国王的斗争，内战的开始；（4）1649年的革命高涨，克伦威尔政府镇压人民运动；（5）英吉利资产阶级共和国的战争与殖民地的侵夺；（6）英国斯图亚特王朝君主制的复辟，英国议会制度的建立；（7）英国资产阶级革命的成果。在以上七个方面中，每个方面，又都列出具体的内容，如在"（1）十七世纪上半叶英国的农业与工业"中，又有三方面的内容，分别是：当时人对17世纪上半叶英国毛织业中各种不同类型的生产组织的记述（1615年）；纽伯里的杰克的集中手工工场（1597年）；英国农业中资本主义关系的发展，英国哲学家培根的著作《论财富》（1625年）的节选①。其余的六个方面也都如此，这些年代较为久远、珍贵的外文文献编辑在一起，无疑为教学和研究人员提供了有益的帮助。

中国世界史的史料建设，不仅仅限制在世界通史或断代史、国别史方面，也表现在专史方面。例如，有关巴黎公社和国际共产主义运动史的史料，近半个世纪以来就编辑出版得较为丰富，为深入研究相关问题创造了有利的条件。如中国人民大学马列主义教研室编《国际共产主义运动史料汇编》，中国人民大学出版社1957—1958年版；华东师范大学历史系编《巴黎公社时期的第一国际总委员会会议记录》，华东师范大学出版社1958年版；阿·阿达莫夫编《巴黎公社史料辑要》，商务印书馆1962年版；明斯编《第一国际的建立（文件集）》，三联书店1963年版；格拉斯选编《共产国际文件》，世界知识出版社1963年版；布拉斯拉夫斯基编《第一国际第二国际历史资料》，三联书店1964年版；莫洛克等编《巴黎公社会议记录》一、二卷，商务印书馆1961—1963年版；阿达莫夫编《巴黎公社史料辑要》，商务印书馆1962年版。

---

① ［苏］莫洛克等编：《世界近代史教学资料选辑》第一辑，何清新译，三联书店1963年版，第3—5页。

"文化大革命"时期的世界历史学

"文化大革命"首先是从史学界开始的。1965年11月10日，姚文元在《文汇报》上刊出《评新编历史剧〈海瑞罢官〉》，揭开了十年浩劫的序幕。紧接着1966年5月16日《中国共产党中央委员会通知》，即"五一六"通知后，陈伯达、关锋、戚本禹以《人民日报》社论的形式发表文章造谣惑众说："资产阶级代表人物，把史学当作他们反党反社会主义的一个重要阵地。他们歪曲历史，借古讽今，欺骗群众，为资本主义复辟进行舆论准备。"① 社论号召"广大的工农兵群众、革命干部和革命的知识分子，利用唯物史观这个战斗武器，揭露历史的本来面目，解剖现实的阶级动向，为保卫无产阶级专政，保卫社会主义，同反动的史学观念进行激烈的斗争"。中国马克思主义史学因此受到严重摧残。

在所谓"反对修正主义""儒法斗争""批判封资修""打倒反动学术权威"的口号下，"影射史学"盛行。拿破仑被封为"洋法家"。世界史研究和教学也被纳入"儒法斗争"之中。但是，一些有学术良心、有责任感的世界史学工作者，在可能的条件下仍于逆境中继续耕耘，并有一些作品问世。虽然这些作品不同程度地带有"文化大革命"这一特定历史时期的印记，但在客观上却为传播世界历史知识，特别是在当时世界历史知识十分贫乏的中国传播世界历史知识，起了积极作用。例如1973年，朱崇礼、黄颂杰编著的《巴勒斯坦问题历史概论》等，由陕西人民出版社出版，这对于人们从历史与现实的结合上，了解当代世界的热点问题不无帮助。

---

① 《夺取资产阶级霸占的史学阵地》，《人民日报》1966年6月3日。

"文化大革命"和在"文化大革命"这一特定历史时期,广大世界史学工作者的活动,以及他们的研究成果虽有联系,但却是具有本质区别的两个概念。因此,彻底否定"文化大革命",并不妨碍对这一时期的世界史成果采取具体问题,具体分析,并作出实事求是评价的态度。因彻底否定"文化大革命",即彻底否定这一时期的所有成果,无论是著作,还是译作都贴上"文化大革命"的标签,显然是简单化的做法。

一 政治运动和世界历史知识学习

1972年,为了配合学习《共产党宣言》《法兰西内战》《哥达纲领批判》《反杜林论》《唯物主义和经验批判主义》等马克思主义经典作家的著作,商务印书馆将苏联科学院主编的《世界通史》第六、七两卷的部分内容选编出版,书名为《英法德俄历史1830—1917》,分上下两册。编者在"出版说明"中指出:"苏联科学院主编的《世界通史》第六、七两卷,是苏修叛徒集团篡夺了领导权之后编辑出版的。选编的部分存在着许多修正主义的观点,如宣扬唯心主义的'天才论'、'议会道路'与'和平过渡',民族沙文主义和殖民扩张,甚至公然在《第一次俄国革命》这幅地图上将我国领土划进俄国的版图等"[①],因此,希望各界读者能够批判地阅读。

1975年,上海人民出版社出版署名为"施鉴思"的《第二次世界大战简史》,所谓"施鉴思",按照"文化大革命"时的习惯可以理解为"对历史进行借鉴的思考"。该书篇幅不大,主要内容包括第二次世界大战的起源和开始;希特勒声东击西和第二次世界大战的全面爆发;苏德战争爆发,第二次世界大战进入新阶段;太平洋战争和亚洲人民的抗日战争;第二次世界大战的根本转变;世界反法西斯战争的胜利等。作者从当时对国际政治形势的基本估计和国家基本政策出发,强调"帝国主

---

① 苏联科学院《世界通史》选编:《英法德俄历史1830—1917·出版说明》,商务印书馆1972年版。

义和平准备着新的帝国主义战争",因此"这次战争所提供的历史经验,至今还有重大的现实意义"。认为"只要世界上还存在着帝国主义,就存在着战争的危险,各国人民必须保持高度警惕,切实准备好对付帝国主义突然强加在人民头上的战争"。联系到中国的实际,就是要"坚持贯彻和落实毛主席提出的备战备荒为人民,深挖洞、广积粮、不称霸的方针,增强战备观念,准备美苏两霸在世界上闹事,高度警惕帝国主义特别是苏修社会帝国主义对我国的突然袭击,随时准备给敢于来犯的敌人以迎头痛击"[①]。这些认识和分析,和毛泽东1970年5月20日声明《全世界人民团结起来,打败美国侵略者及其一切走狗》的精神完全一致,具体地反映了在"文化大革命"这个特定的历史条件下,包括世界历史研究在内的学术研究的特点。

当时的学术研究,包括世界历史研究,完全被政治性的批判所代替。例如,商务印书馆在1974年出版了美国摩里斯·希尔奎特的《美国社会主义史》。该书在20世纪初曾由美国丰克—华格诺耳斯图书公司出版。摩里斯·希尔奎特生于1869年,1933年谢世。他早年从事美国工人运动,先后参加美国社会主义工人党和美国社会党,并为美国社会党及第二国际的领导人之一,《美国社会主义史》是其代表作之一。商务印书馆出版此书时,书正文前有一未署名的"出版说明"。对于作者摩里斯·希尔奎特,"出版说明"有如下评价:"希尔奎特奉行机会主义路线,竭力鼓吹资产阶级改良主义,反对马克思主义的革命精髓即无产阶级革命和无产阶级专政。第一次帝国主义世界大战期间,他采取考茨基'中派'主义立场,实际上是在'中间路线'的幌子下掩盖其右倾机会主义的本质。对于伟大的列宁领导的俄国十月社会主义革命,希尔奎特同叛徒考茨基一样,疯狂地反对,恶毒地咒骂,并在美国社会党内大搞宗派活动,实行高压政策,开除大批左派党员。这完全暴露出他是美国工人阶级队伍里的资产阶级代表人物,是无产阶级革命的叛徒。"对于《美国社会主义史》这本书,"出版说明"同样彻底否定:因作者站在资产阶级的立场上,所以"对空想社会主义者欧文、傅立叶等的思想及其实验,不可能作出阶级的、历史的、

[①] 施鉴思:《第二次世界大战简史》,上海人民出版社1975年版,第167—169页。

科学的分析,没有正确说明其历史地位和作用。在介绍美国早期工人运动时,作者大事吹捧拉萨尔、巴枯宁等无产阶级的敌人和美化其他的机会主义者,并强调单纯的经济斗争,鼓吹议会道路,反对无产阶级的暴力革命"①。这部作品之所以要出版,只是有一定的"参考价值",为"研究参考"用。

杨人楩译马迪厄著《法国革命史》,1963年曾由商务印书馆出版②。在该书的"译者赘言"中,杨人楩提到他曾翻译苏联学者写的《法国资产阶级革命史的史学》,他认为"这是用马克思列宁主义历史科学观点写的,对我们的帮助很大",已经发表在《史学译丛》1955年5、6两期,可以在阅读马迪厄的著作时参看。1973年,因"文化大革命"期间在宣传和论述"复辟与反复辟斗争"时,经常以法国大革命为例,分析革命的长期性、复杂性,即使是资产阶级革命也是如此。正是在这样的背景下,杨人楩的这部译作在"文化大革命"期间,又由商务印书馆再版,并由出版社和译者根据"文化大革命"时政治形势的要求,分别写有批判性的《出版说明》和《译者说明》。

《出版说明》在肯定这部著作"史料丰富、结构严谨、脉络清楚、文笔简练"的同时,还写道:"马迪厄称颂法国资产阶级革命,肯定革命时期中恐怖政策的必要性,赞扬罗伯斯庇尔、圣鞠斯特等资产阶级革命家。贬斥封建专制王权和资产阶级革命中的保守派,表明了他的资产阶级激进派立场。但作者在书中表现出来的唯心史观和资产阶级偏见,特别是对人民群众在革命中的伟大作用的贬抑,和对资产阶级革命家罗伯斯庇尔及其一派的过分推崇,是应予批判的。"③

《译者说明》指出:马迪厄是法国著名史学家,终生从事法国革命史

---

① [美]摩里斯·希尔奎特:《美国社会主义史》,朱立人译,商务印书馆1974年版,第1—2页。

② 马迪厄《法国革命史》的中译本,最早是杨人楩在1945年秋脱稿,1947年春由商务印书馆印行。新中国成立后,该书由三联书店1958年1月出版;1963年7月改由商务印书馆出版。1963年商务印书馆版,有5个附录:法国革命大事记;共和国二年革命历检查表;纸券贬值表;马迪厄对于法国革命史的研究(马迪厄的主要著作);资产阶级史学家研究法国革命史的概况。商务印书馆于1973年出版时,只保留了附录中的前两项。

③ [法]马迪厄:《法国革命史》,杨人楩译,商务印书馆1973年版,第1页。

研究，被称为"法国革命史研究的革新者"，他扩大了法国革命史研究的范围，包括政治、宗教、军事、经济，以及人民群众的活动等。但是，"马迪厄的资产阶级观点是很明显的。法国革命既然是一次资产阶级革命，农民就是革命的动力，农民运动就是一个主要的方面。马迪厄对于革命前夕的农民运动根本没有提，就是对革命进程中的农民运动也写得很少"。"唯心史观使马迪厄不能全面地理解个人在历史中的作用"，"陷入了唯心主义的神秘论"，"马迪厄对罗伯斯庇尔既推崇到不合理的地步，就必然贬低人民群众及其领袖的作用"①。综上所述不难看出，无论是《出版说明》，还是《译者说明》，对马迪厄著《法国革命史》的批判多有牵强，带有鲜明的"文化大革命"印记。

除了上述提及的百余种国别史之外，"文化大革命"期间，还有一些外国史学作品译成中文出版，主要是一些人物传记和历史文献资料。拿破仑的传记是其中重要的一种，例如苏联历史学家塔尔列写于1957年的《拿破仑传》；英国历史学家约翰·霍兰·罗斯写于1913年的《拿破仑一世传》，都被译成中文出版。这是因为拿破仑作为法国资产阶级革命时期的代表人物之一，作为一种"影射"和"比附"，被纳入"文化大革命"期间的政治思想斗争之中。"在新兴资产阶级同没落封建主义在欧洲进行决定性较量的社会大变动时代，他站在当时先进力量一边，坚持进步，反对倒退，为维护法国的独立与统一，巩固由法国大革命初步建立的资本主义制度，打击国内外复辟势力的疯狂反扑，做出了重大贡献。但作为大资产阶级利益的代表，拿破仑对内镇压民主派和工人，对外进行扩张，他对被压迫人民和民族是有罪的。在客观地评说他的全部功罪时，应该承认拿破仑为确立和巩固新制度的努力和业绩是他一生中的主流。"从上述描述中不难看出，拿破仑被赋予了现代的意义，俨然是一个"洋法家"。针对一些历史著作指责拿破仑是"天生的暴君""消灭任何自由的暴君"，中文本的编者写道："试问：天下哪里有'天生'的暴君？拿破仑出身贫苦，青年时穷得连饭也吃不饱，只是依靠法国革命，才一步一步地从下级军官爬到了将军的地位，最后取代了腐败的督政府，掌握

---

① [法] 马迪厄：《法国革命史》，杨人楩译，商务印书馆1973年版，第5—6页。

了政权。拿破仑从督政府手中接过政权时，面临着国内外反革命势力的严重威胁。他坚决地借助暴力，镇压反革命的封建复辟，反对讲'仁慈'，怎么能说他是'暴君'呢？恩格斯在谈到马其顿的亚历山大、罗马的恺撒、法国的拿破仑时指出：'没有暴力，没有坚定不移的无情手段，历史上任何事情都是不会成功的'。"① 由以上对于"暴君"的认识，以及"暴力"在历史进程中作用的描述，完全可以看出"文化大革命"期间极"左"思潮在世界历史研究中的具体体现。

拿破仑传记的出版，在当时还有直接的现实的意义。塔尔列的《拿破仑传》最早在1933年问世，后经过修改，1957年出版的是第3版。这部著作历来被公认是一部优秀的著作，因为作者依据马克思主义经典作家的教导，力图对拿破仑的一生做出比较全面的评价。该书在"文化大革命"期间出版的意义之一，就是要将塔尔列20世纪30年代完成的《拿破仑传》，同70年代苏联历史学家曼弗列德新撰写的《拿破仑传》相比较，"在曼弗列德那里，马列主义观点和阶级分析方法被抛到了九霄云外，所强调的是拿破仑个人和'命运'的决定性因素，约瑟芬皇后的作用，沙俄将军的'高明'，特别是反动势力头子老沙皇亚历山大一世的救世主姿态。从塔尔列的《拿破仑传》到曼弗列德的《拿破仑传》，反映了在苏修叛徒集团统治下历史学的大倒退"②。显然，这种比较，以及通过比较对苏联史学的评价，是和反对"苏修叛徒集团"的政治斗争联系在一起的。

在"文化大革命"期间，对国际共产主义运动历史的学习和研究，是重要内容之一。1972年10月，北京大学国际政治系编印了《国际共产主义运动史讲义（初稿）》，后又进行了修改，在1976年5月由商务印书馆发行，为"征求意见稿"。同年8月，在北京开始第二次印刷。该书修改后出版的目的，如编者所说，是"为了认真学习马列著作和毛主席著作，学习马克思列宁主义、毛泽东思想关于无产阶级专政的理论，提高执行党的基本路线的自觉性，积极参加反修防修斗争，深入开展教育革命"。在修改时，主要是"突出马克思主义同机会主义和修正主义两条路线的斗

---

① ［苏］塔尔列：《拿破仑传·重印前言》，任田升、陈国雄译，商务印书馆1976年版，第1页。
② 同上书，第4页。

争，概述无产阶级革命和无产阶级专政的理论与历史经验"。该书原定分上、下册出版，上册从马克思主义的产生写到十月革命的胜利；下册从十月革命后一直写到当前，但上册在1976年初版后，下册始终没有出版。在修订出版的过程中，北京大学国际政治系"派出教育小分队到北京第二通用机械厂进行开门编书的实践，商务印书馆的同志也进行了开门编书的实践"①。这种做法，在当时是十分普遍的。

1977年2月，人民出版社出版了《国际共产主义运动史》两卷。这两卷的主要内容是从马克思主义诞生至十月社会主义革命胜利。该书署名是"《国际共产主义运动史》编写组"，该编写组由中国人民大学、北京大学、北京师范大学和湖北大学四所高校23名教师组成。"文化大革命"前的1961年和1964年，该书完成初稿和送审稿；"文化大革命"期间又组织部分成员和其他同行，"根据反修防修斗争的新经验"作了修订，使广大读者"了解国际共产主义运动史上两条路线斗争和马克思主义在斗争中的发展"，有所帮助。该书前印有经过选择的马克思、恩格斯、列宁、斯大林和毛主席的语录近20条，从不同方面概括了该书的主题。编者强调，学习"国际共产主义运动史这门科学具有重要的现实意义"，"能够帮助我们弄通马克思列宁主义的精神实质，掌握马克思列宁主义的精神实质，掌握马克思列宁主义的立场、观点、方法，提高马克思列宁主义的水平，提高识别真假马克思主义的能力，提高阶级斗争、路线斗争和无产阶级专政下继续革命的觉悟，提高执行无产阶级革命路线的自觉性，进行思想和路线方面的教育"②。这大体上反映了"文化大革命"后期，人们对包括国际共运史在内的"理论学习"的认识。

"文化大革命"期间，世界史方面的主要著述还有李春辉：《拉丁美洲史稿》上、下册，1973年由商务印书馆出版，后经作者进一步完善修改，于1983年修订再版，书名改为《拉丁美洲国家史稿》。这是中国学者编著的第一部拉丁美洲通史。上册共10章，主要内容是古代印第安人文明时

---

① 北京大学国际政治系：《国际共产主义运动史》上（征求意见稿），商务印书馆1976年版，第1页。

② 《国际共产主义运动史》编写组：《国际共产主义运动史》第1卷，人民出版社1877年版，第10页。

期至第二次世界大战后拉丁美洲的历史发展进程；下册共 21 章，分别论述了拉美各国自独立以来的历史发展，揭示了拉美各国历史进程和特点，是拉丁美洲各国自独立以来的国别史。在阐述的过程中，作者充分揭露了帝国主义、殖民主义在拉丁美洲犯下的种种罪行，同时对历史上中国人民与拉丁美洲各国人民的友好交往，给予了高度重视。

樊亢、宋则行等编著的《主要资本主义国家经济简史》，1973 年由人民出版社出版。在此之前，樊亢、宋则行曾主编有《外国经济史》近代现代部分，1965 年初，由人民出版社出版。两书的内容虽然相近，但是《主要资本主义国家经济简史》的编写，毕竟是"文化大革命"期间的产物，因而不可避免地留有这一特定历史时期的痕迹，即将学术问题和"阶级斗争""路线斗争"联系在一起。编者在"前言"中，明确指出了编写这部作品的目的，是"希望通过对英、美、法、德、日五个主要资本主义国家经济史的简要叙述，阐明资本主义发生、发展和走向灭亡的规律性，为读者学习马克思主义著作和了解当前国际阶级斗争形势，提供一点有关的历史知识。"编者认为，了解主要资本主义国家的经济史，对于"认真看书学习，弄通马克思主义"有特殊的重要意义。因为它"有助于我们了解许多马克思主义经典著作写作的历史背景，有助于我们掌握马克思主义许多许多科学论断的精神实质和历史依据。从而，增强我们对无产阶级革命事业的必胜信念，提高我们的无产阶级国际主义觉悟，更好地理解和执行毛主席的无产阶级革命路线，为全人类的彻底解放而英勇斗争"①。在介绍英、美、法、德、日五个主要资本主义国家经济发展的历史之前，通过第一章"概述"，对资本主义生产关系产生的社会历史背景，以及资本主义制度的主要发展阶段，作了简要的分析和介绍，使读者能够比较全面地了解资本主义发生、发展和走向灭亡的历史。

1972 年，越南外文出版社在河内出版中文版《八月革命史》（1945 年），在中国发行。这是国外出版社出版得不多的中文版著作，并在中国发行的历史著作之一。《八月革命史》没有署作者名，该书的主要内容为八月革命是怎样准备的；抗日救国高潮和八月革命；八月革命的性质、意

---

① 樊亢、宋则行等编：《主要资本主义国家经济简史》，人民出版社 1973 年版，第 2—3 页。

义和经验。关于1945年"八月革命"的性质,作者进行了较为深入的分析。作者认为,党高举民族解放的旗帜,团结全民反对帝国主义及其走狗封建集团,"民族解放性质是八月革命的突出性质";"八月革命还有民主性质","由于历史条件和敌我力量的对比,八月革命还不立即取消地主阶级的封建土地占有制。实现'耕者有其田'的口号,但已经没收帝国主义和越奸的土地分给贫苦农民,宣布减租百分之二十五,重分共田等等"。"八月革命还给文化革命事业开辟了道路,把越南社会从帝国主义的奴役和愚民文化中解放出来"①,为建设越南的民族、民主文化奠定了基础。《八月革命史》的问世,和当时中国坚决支持越南人民"反美救国"斗争有直接的联系。

二 "读一点世界史"和"历史知识读物"

1972年,《红旗》杂志在第4、5、6、11期先后发表了一组关于学习世界史的文章。这组文章由四篇文章组成,分别是《读一点世界史》《再谈读一点世界史——关于要着重读一点近代史和现代史》《读一点有关帝国主义的历史——三谈读一点世界史》《了解一些民族解放运动的历史——四谈读一点世界史》,署名是"史军"。这四篇文章后来收集在一起,作为《学点历史》丛书中的一本②,由人民出版社1973年1月出版,书名为《读一点世界史》。出版该书的目的是"有助于我们正确地理解当前国内外阶级斗争的形势,从而有利于提高我们的阶级斗争、路线斗争和无产阶级专政下继续革命的觉悟"③。当时,在中共中央机关刊物《红

---

① 佚名:《八月革命史》,越南外文出版社1972年中文版,第110—111页。
② 关于《学点历史》丛书,编者在"出版说明"中写道:"学习历史,有助于我们更好地领会革命导师所讲的革命道理,有助于我们正确地理解当前国内外阶级斗争的形势,从而有利于提高我们的阶级斗争、路线斗争和无产阶级专政下继续革命的觉悟。《学点历史》丛书,就是从这个角度出发而出版的一套历史普及读物。根据学习的需要,《学点历史》丛书将分册出版,每册围绕一个中心,介绍历史知识,辅导历史学习。"
③ 史军:《读一点世界史·出版说明》,人民出版社1973年版。

旗》上连续发表这样一组文章，是不寻常的，引起了人们的广泛关注。在这组文章中，都使用了"读"或"了解"一点世界史，而不用"学习"和"研究"，表现出在"文化大革命"这一特定历史时期，世界历史的学习和研究，所带有的深深的烙印和痕迹。因为"学习"多用于对马克思主义经典作家著作的学习；而"研究"，则在更多的场合被视为贬义词，因此很少单独使用。

提倡学习一点世界史，完全是为当时国际、国内现实政治服务。在《读一点世界史》中明确指出："我们学习历史，是现实阶级斗争的需要。密切联系国内和国际上的阶级斗争和两条路线斗争来学，学习才能有明确的目的性，才能掌握重点，做到学习世界史同学习马列著作、毛主席著作密切结合起来。"文章认为，时代的特点是"乱"或"天下大乱"，世界上社会制度正在发生翻天覆地的变化，"国家要独立，民族要解放，人民要革命，已成为不可抗拒的历史潮流，由两个超级大国主宰世界的时代已经一去不复返了。处在这样一个时代，我们必须准备同过去的斗争形式有着许多不同特点的伟大斗争……世界的今天，是世界的昨天和前天的发展。今天世界人民反对帝国主义及其走狗的斗争，是历史上世界人民反对阶级压迫、民族压迫和殖民统治长期斗争的继续和发展"。因此，学习世界史，可以"通过对世界历史全过程的了解，吸取历史的经验教训，以更深刻地认识当前世界形势的特点，预见世界形势发展的总趋向"。

文章强调"厚今薄古"的原则，就是要将世界近现代历史作为学习的重点，因为当代世界的各种基本矛盾，都是从近现代史上发展而来的。当前的许多国际问题，往往可以从近现代史上弄清它们的来龙去脉。吸取近现代史上阶级斗争的经验教训，有助于我们认识当前的国际形势，正确理解尖锐复杂的现实阶级斗争。关于世界近现代史的主要内容，主要表现为"无产阶级和一切被剥削劳动群众反对资产阶级的斗争，殖民地半殖民地人民反对殖民主义、帝国主义的斗争，以及广大中间地带的中小国家和人民反对帝国主义侵略、干涉、颠覆、掠夺的斗争"。世界近现代史上的基本矛盾之一，"就是帝国主义之间的矛盾和斗争"。这种矛盾的实质，就是帝国主义之间争夺世界霸权和殖民地势力范围的矛盾。文章十分重视学习世界近现代史的现实意义,在于"汲取各国人民在革命斗争中积累的丰富经验:军事的和政治的,经济的和文化的,流血的和不流血的,正面的和反面的,都会有助于我们更好地理解和执行毛主席的无产阶级革命路线,争取对人类做出较大的贡献"。

关于帝国主义的历史,主要是要了解"帝国主义从发展到没落的过程,了解帝国主义经济、政治等各方面的本质和特点,了解帝国主义对内对外的基本策略和策略,掌握帝国主义的客观规律,这对于提高我们的政治思想水平,指导我们的革命斗争实践,都是有意义的"。这一研究同样表现出为现实服务的特点,作者叙述了英帝国的兴衰之后写道:"看看'海上霸王'英国的兴衰史,再来看看今天世界上运用炮舰政策,推行新殖民主义,通过相互勾结,妄图继续称霸世界的两个超级大国,就可知道他们正在步老牌帝国主义的后尘。但是,今天时代已经变了,帝国主义在海洋上称王称霸不受惩罚的时代已经一去不返了。拉丁美洲国家和人民带头兴起的捍卫二百海里领海权、保护海洋资源的英勇斗争,就从一个方面反映了当代不可抗拒的历史潮流。"

从现实政治的需要出发,文章对民族解放运动的历史同样给予了充分的重视。文章认为,"民族解放运动的历史,是世界近现代史的一个重要内容。在读世界史的过程中,根据革命形势和任务的需要,注意了解有关民族解放运动的历史,学习世界被压迫民族和被压迫人民反对帝国主义、殖民主义、霸权主义的丰富历史经验,有助于我们认识和掌握当代世界历史发展的客观规律,提高我们执行毛主席革命路线的自觉性,更好地参加反对帝国主义、社会帝国主义的斗争"。文章强调,美帝国主义、苏修社会帝国主义逐步取代老殖民主义的地位,成为现代殖民主义的主要支柱,是现代最大的新殖民主义者。苏修赫鲁晓夫和勃列日涅夫叛徒集团在20世纪50年中期,"实行资本主义复辟",成为"社会帝国主义国家",不仅步老沙皇的后尘,而且极力扩展老沙皇的"斯拉夫帝国"的蓝图,妄图建立一个横跨欧、亚、非和拉丁美洲的"苏修殖民大帝国"。

在这组文章的首篇中,还从撰写新的世界史读物的角度,谈到世界史学科的建设问题。文章写道,"广大群众都要求学一点世界史,这对我国的世界史研究工作将会是一个很大的促进。希望我国的世界史工作者运用马克思主义的立场、观点和方法，依靠集体力量，在对历史材料加以科学地分析和综合的基础上，努力写出几本简明通俗的世界通史和其他专题史、国别史。同时也希望有愈来愈多的其他方面世界史著作出版，供广大群众学习，让历史科学更好地为当前的阶级斗争和路线斗争服务，成为工农兵手中的强大武器"。由此就不难理解，为什么在"文化大革命"期间，有多部《世界通史》《国际共产主义运动史》和其他世界史方面的著作能够相继出版。

以《学点历史》丛书中的一册——《第三世界的兴起》为例，可清楚地理解当时学习或研究世界历史的特点，当然，这一特点更多地折射出的是特定历史环境中的中国社会发展特点。《第三世界的兴起》的作者署名是"北京市大兴县中朝友好人民公社国际问题理论组"，"北京大学历史系世界历史专业74届学员"。在目录和正文前，首先有各占一页的两条语录。其一是列宁语录："世界史上的明天，将是这样的一个日子，那时已经被唤醒的、受帝国主义压迫的各民族就要完全苏醒过来，他们争取自己解放的长期的艰苦的决战就要开始了。"其二是毛主席语录："我们现在正处于世界革命的一个新的伟大的时代。亚洲、非洲、拉丁美洲的革命风暴，定将给整个的旧世界以决定性的摧毁性的打击。"编写组认为，"列宁的科学预言已经成为活生生的现实。第三世界在世界革命风暴中兴起了。这是第二次世界大战后世界历史的最重大的事件之一"。编写该书的目的，"是为了帮助广大工农兵群众了解第三世界兴起的一些历史，了解当前第三世界的波澜壮阔的反霸斗争，批判帝国主义、社会帝国主义对第三世界的污蔑，更好地理解和贯彻执行毛主席的革命外交路线"①。

该书的主要内容是以下三部分：第三世界相同的历史遭遇和光荣的革命传统；第三世界在世界革命风暴中蓬勃兴起；第三世界团结战斗成为反殖反帝反霸的主力军。在阐释上述问题时，一般说来注意到了历史与现实的结合。例如，在第一章，首先介绍了古老文明的发祥地；亚非拉人民遭

---

① 北京市大兴县中朝友好人民公社国际问题理论组、北京大学历史系世界历史专业74届学员：《第三世界的兴起》，人民出版社1977年版，第1、3页。

受殖民主义、帝国主义侵略的深重灾难；亚非拉人民反殖反帝的光荣传统；十月革命开辟了亚非拉民族解放运动的新时期。关于现实问题，作者有专节叙述"第六届联大特别会议的辉煌胜利"，作者认为，1974年4月，第六届联大特别会议的召开，是第三世界团结反霸斗争的重大胜利。这次会议最引人注目的特点，是第三世界的兴起。这是第一次由第三世界国家发起的会议，也是第一次由第三世界国家拟定议题、起草文件并讨论通过基本上反映了第三世界要求和愿望的宣言和纲领，在国际会议历史上，开创了一个新局面。

20世纪70年代初，商务印书馆出版"历史知识读物"丛书，其选题、篇幅和形式类似"文化大革命"前出版的"外国历史小丛书"，但具体内容却已经有了很大的变化。"历史知识读物"丛书的署名很少是个人，例如，《巴枯宁》的作者是"南开大学历史系"；《帝国主义在欧洲的争霸》的作者是"中国人民解放军驻天津某部理论组"。在没有读书之前，从一些书的作者署名，已经表现出鲜明的"文化大革命"时期的特点。在每册书的正文前，都印有马克思主义经典作家的语录，通过这些语录揭示该书的主题。例如，在《海上争霸史话》书前印有列宁语录："帝国主义的一个重要特点，是几个大国都想争夺霸权，即争夺领土，其目的不完全是直接为了自己，主要还是为了削弱敌方，摧毁敌方的霸权。"在《海地革命》书前则印有毛主席语录："弱国能够打败强国，小国能够打败大国。小国人民只要敢于起来斗争，敢于拿起武器，掌握自己国家的命运，就一定能够战胜大国的侵略。"

20世纪70年代商务印书馆出版的"历史知识读物"，内容可以分成以下四部分：其一，关于历史人物主要有《卢森堡》（作者：程人乾）、《倍倍尔》（作者：中国人民解放军天津驻军某部八连理论组）、《〈国际歌〉作者鲍狄埃和狄盖特》（作者：马启莱）、《拉萨尔》（作者：丁建弘）和《巴枯宁》（作者：南开大学历史系）等。关于国际共产主义运动历史主要有《共产主义者同盟》（作者：张友伦）、《第一国际》（作者：张友伦）、《第二国际》（作者：张友伦）、《马克思、恩格斯、列宁、斯大林反潮流的光辉事例》（作者：北京师范大学历史系世界史组）、《列宁为巩固无产阶级专政而斗争》（作者：大连红旗造船厂工人业余哲学社会科学研究所、辽宁师范学院政治历史系）、《俄国经济战线上的斗争1917—1924》（作者：大连红旗造船厂机修车间工人理论小组、辽宁师范学院政治历史系政治经济学组）①、《俄国意识形态领域斗争片断1917—1924》（作者：大连红旗造船厂船体车间、辽宁师范学院政治历史系）② 等。揭露帝国主义腐朽本质和侵略扩张的有《帝国主义在欧洲的争霸》（作者：中国人民解放军驻天津某部理论组）、《海上争霸史话》（作者：中国人民解放军海军某部理论组）、《沙皇俄国的海上扩张》（作者：山东师范学院史剑）、《老沙皇是欧洲宪兵》（作者：北京部队炮兵某部六连理论组）、《第一次世界大战》（作者：张瑞德）、《慕尼黑大叛卖》（作者：施展）、《资本主义世界经济危机史话》（作者：南开大学历史系世界史专业七三届工农兵学员）、《美国简史》（作者：施展）等。在"历史知识读物"中，反映世界历史进程中革命斗争的选题最多，主要有《十八世纪末法国资产阶级革命》（作者：华中师范学院历史系）、《法国里昂工人起义》（作者：符月英）、《美国独立战争》（作者：郭圣铭）、《美国谢司起义》（作者：杨增书）、《普法战争》（作者：吴机鹏）、《巴黎公社》（作者：北京大学国际政治系）、《十九世纪波兰人民的抗俄独立斗争》（作者：程人乾）、《海地革命》（作者：钟华）、《拉丁美洲独立战争》（作者：金重远）、《1905 年俄国革命》（作者：华中师范学院历史系）、《十月社会主义革命》（作者：华中师范学院历史系）等。

三 《世界通史》著作

"文化大革命"期间的世界通史性的著作，有 4 部值得一提：这 4 部著作中一部是"文化大革命"前的作品，重新再版；另一部是译著，还有两部是"文化大革命"期间编写的。

---

① 该书名有误，但原书名即如此。正确的应该是《苏维埃俄国经济战线上的斗争1917—1924》。

② 该书名有误，但原书名即如此。正确的应该是《苏维埃俄国意识形态领域斗争片段1917—1924》。

周一良、吴于廑主编的《世界通史》4 册，1962 年 10 月第 1 版。1973 年 1 月第 2 版，由人民出版社出版①。与 1962 年第 1 版一样，依然是 4 册，上古 1 册由齐思和主编；中古 1 册由朱寰主编；近代部分 2 册由杨生茂、张芝联、程秋原主编。但是在上古、中古、近代部分每册前，都有"重印说明"，对该书"没有很好贯彻马克思列宁主义、毛泽东思想，没有彻底批判资产阶级唯心主义史学观点，因此在指导思想，体系结构以及具体论述中，都存有严重错误和缺点"加以批判。"重印说明"认为这些"严重错误和缺点"具体表现在以下五个方面：

一、因袭旧的史学体系，没有很好贯彻奴隶们创造历史这一历史唯物主义观点，把剥削阶级及其活动当作历史的主体。上古、中古部分的论述大都以帝王将相为中心，近代部分突出资产阶级及其代表人物，对于各个时期广大人民群众英勇果敢的斗争所起的巨大作用，没有充分论述。在修正主义的"历史主义"谬论影响下，对于取得统治权力以前和以后一段时间内的奴隶主阶级、封建地主阶级，往往没有很好地站在无产阶级立场，进行马克思主义的阶级分析。

二、没有着重阐述阶级斗争是推动历史的动力。在反动的"让步政策"论影响下，往往把社会经济的繁荣与统治阶级的措施联系起来，夸大甚至歌颂这种措施所起的作用。对统治者在人民革命斗争打击下所采取的欺骗手法，缺乏应有的分析批判。

三、"刘少奇一类骗子"散布的各种唯心主义谬论、特别是地主资产阶级人性论的影响，在该书中也有反映。书中对各时期文化的论述，往往重艺术，轻政治，用人性论观点代替阶级斗争观点。

---

① "文化大革命"期间周一良、吴于廑主编的《世界通史》4 卷再版时，《世界通史资料选辑》4 册也同时再版，明显地表现出那个特定历史时代的特点。再版前，"由编者将书中已发现的有关政治原则等错误，做了必要的改动。还更换了个别数据，改正了一些说明和注释方面明显的错误"。以"上古部分"为例，编者强调："本书选编的资料基本上来源于奴隶主阶级和封建地主阶级的文献记载。这些数据不可避免地打上了统治阶级反动思想的烙印。而本书选编时却没有很好用马克思主义的分析方法，做出必要的说明和批判。今天，我们参考使用这些数据，应该运用马克思主义的立场、观点和方法，对之进行分析。"例如，这些史料贬低劳动人民在历史上的伟大作用，宣扬各种唯心主义的历史观，以及大国沙文主义的表现等。参见周一良、吴于廑主编《世界通史资料选辑·上古部分》，商务印书馆 1972 年版，第 1—2 页。

四、没有遵照伟大领袖毛主席关于"历史的经验值得注意",要"古为今用,洋为中用"的教导,在论述各种重大历史事件时,如古代奴隶起义和中古农民起义后统治阶级的反攻倒算,资产阶级革命后封建统治阶级的复辟,日本、德国军国主义的形成,美帝国主义和沙皇俄国的侵略扩张,国际共产主义运动中马克思主义对修正主义的斗争,等等,都没有认真注意历史经验,联系实际,分析说明,使历史为当前无产阶级政治服务。在全书叙述中,给资产阶级客观主义打上了深深的烙印。

五、结构上分期分区太细,影响对历史中心线索和概貌的充分揭示;有些章节材料烦琐,造成支离割裂。

"重印说明"指出,以上五个方面的"严重错误和缺点"是比较突出的,书中的问题远远不止这些。只是"鉴于广大工农兵群众和干部学习马克思、恩格斯、列宁、斯大林和毛主席的著作以及了解国际形势,都迫切需要关于世界历史方面的知识,所以将本书重印出版"。尽管在重印前,已经对书中有关政治原则的错误进行了必要的修改,但是"不论在总的思想倾向上还是在具体论述上,都仍然存在着很多问题。希望读者参考本书时,注意分析和鉴别"①。由以上不难看出,一些学术上的问题,统统上升到政治斗争的高度;一些历史认识中的学术观点问题,都被认为是阶级立场问题。由此表明,"重印说明"是极"左"思潮的产物,是"文化大革命"期间,政治上的极"左"路线在思想文化战线上的反映。另一方面,也反映了当时国家政治生活的特点之一,是对世界历史知识的迫切需求。

周谷城1949年曾著《世界通史》三册,叙述从古代世界到近代世界的历史。第四册计划论述产业革命展开以来的历史,但当时未来得及写出。1968年11月,在中共八届十二中全会上,毛泽东说,周谷城的《世界通史》还没有写完,书还是要让他写下去的。周谷城由此得到了解放。但由于张春桥、姚文元的百般阻挠,《世界通史》终于没能续写下去,十分遗憾,终其一生未能如愿。

---

① 见周一良、吴于廑主编《世界通史》上古部分"重印说明",人民出版社1973年版,第1—2页。

1975年，三联书店出版了美国历史学家卡尔顿·约·亨·海斯和他的学生，帕克·托马斯·穆恩和约翰·威·韦兰三人合著的3卷本《世界史》，由中央民族学院研究室根据纽约1941年修订版和1946年重印本译出。① 1932年，该书在美国首次出版，在西方史学界有较大的影响。该书正文之前，和当时出版的大多数学术著作一样，要写有一批判性的"出版说明"，意在"消毒"，这部《世界史》也不例外。"出版说明"首先也肯定了它的一些可取之处，如"提供了一些关于世界史的知识，有叙事简明、纲目清楚、地图详细的特点……对欧美一些国家的政治、经济和文化的发展过程作了比较具体的介绍"。应该说，这些评价还是比较公允的。但是，这并没有改变当时流行的从政治上对学术思想进行批判的模式。文中指出："由于作者是站在资产阶级立场上，用唯心主义历史观来研究历史的，所以，不可能如实地反映历史的本来面目，更不可能正确地反映人类历史发展的规律。作者在表达其历史观点的绪论中，强调新旧事物的联系和继承，无视社会内部矛盾的发展，用形而上学的观点看待历史的统一性和人类的进步。"② 从上述基本认识出发，"出版说明"从多视角指出了《世界史》在政治思想倾向中所存在的问题。

这些问题主要表现在以下几个方面：

没有突出人类几千年的文明史，"就是阶级斗争的历史"。从唯心主义出发，将世界历史划分为"文明的开端""古典文明""基督教文明""近代文明"等发展阶段。对于阶级、国家和奴隶制的形成问题，未能加以正确阐明。奴隶制国家的国家机器，被认为是为"保障生命财产的安全"而建立起来的。

对于封建主义的起源和本质，作者也做了错误的解释，"甚至否认封

---

① 美国历史学家卡尔顿·约·亨·海斯、帕克·托马斯·穆恩、约翰·威·韦兰著《世界史》，1948年由刘启戈译成中文出版。海斯（1882—1964）是哥伦比亚大学的教授，穆恩和韦兰的老师。穆恩也曾任哥伦比亚大学的教授。韦兰为弗吉尼亚州麦迪逊学院教授。第二次世界大战期间，海斯出任美国驻西班牙大使，其主要著作还有《近代欧洲政治文化史》《唯物主义一代（1871—1900年）》《美国和西班牙》，以及《西方文明史》等。《世界史》最初在1932年出版，是美国大中学校广泛使用的一部教科书。期间几经修订和再版，在西方史学界有广泛影响，是一部在西方有代表性的世界通史性著作。此书始自"文明的开端"，下限到第二次世界大战结束。

② ［美］海斯等：《世界史》上册，中央民族学院研究室译，三联书店1975年版，第Ⅱ页。

建主义是一种制度……本书把君主专制制度同封建制度对立起来，硬说君主专制制度摧毁了封建制度，带来了'民主政治'，把君主专制制度看作是介于封建制度和资本主义制度之间的一个'环节'"。

对17世纪英国资产阶级革命的性质"不理解"，认为这一革命是"以贵族政治代替了专制政治"。相反，却以18世纪美国独立战争作为"近代文明的开端"，吹嘘美国的"民主政治"。

全书深深打上了西方史学中根深蒂固的"欧洲中心论"的印记。书中表现出种族主义的偏见，标榜"欧洲白种人自古希腊罗马时代一直担任历史的'主角'"，污蔑非白种人是"落后种族""白种人的负担"，在书中多方贬低和抹杀亚、非、拉人民在世界历史上的伟大贡献。该书第十一编的标题就是"白种人的负担"。作者认为，"的确，要引导千百万的陌生人走上欧洲文明和进步的道路，是一个负担，而且是一个沉重的负担"①。

全书自始至终贯穿着"英雄创造历史"的反动观点，为反动阶级代表人物歌功颂德；极力歪曲、攻击巴黎公社运动和俄国十月社会主义革命。

"出版说明"还较具体地批判了作者对中国历史的歪曲。作者从"欧洲中心论"出发，轻描淡写，只有"中国及其智者"一章，和"古代中国""中国的觉醒""中国的困难"三小节。即使在这不多的内容中，也是在歪曲、篡改中国的历史。例如，中华民族在世界历史上的伟大贡献一笔抹杀，即使在古代，西方在科学技术和思想文化方面，也是领先于中国；鸦片战争的爆发，是西方要做生意，而中国官吏"态度傲慢"所致；极力为西方列强的侵略行径辩护，将美国侵略者美化成中国人民的"朋友"。

"文化大革命"期间出版的两部世界通史性作品，一部是1973—1974年由上海人民出版社出版的两卷本《世界近代史》，作者为上海师范大学《世界近代史》编写组。另一部是1974—1975年由人民出版社出版的3卷本《简明世界史》，即古代部分、近代部分和现代部分各一册，作者为北京大学历史系简明世界史编写组。在"文化大革命"期间，为了批判"资产阶级名利主义"，一些著作，特别是较大部头的著作，都是不署个人姓名的，这两部著作也是这样。

---

① ［美］海斯等：《世界史》下册，中央民族学院研究室译，三联书店1975年版，第1060页。

上海人民出版社出版的两卷本《世界近代史》，和当时其他的出版物相比，正文前没有政治性的批判——对以往出版的其他世界近代史读物的批判，而是在扉页选印了马克思主义经典作家的语录，来表达作者对这部著作的基本认识。在《世界近代史》上册，选印了"马克思、恩格斯语录"和"毛主席语录"；而在《世界近代史》下册，则选印了"列宁语录"和"毛主席语录"。《世界近代史》上册的主要内容是从欧洲资本主义的兴起到19世纪中叶世界各国的历史，所以扉页所选印的马克思、恩格斯语录是："从封建社会的灭亡中产生出来的现代资产阶级社会并没有消灭阶级对立。它只是用新的阶级、新的压迫条件、新的斗争形式代替了旧的。""奴役其他民族的民族是在为自身锻造镣铐。"同卷扉页选印的毛主席语录是："阶级斗争，一些阶级胜利了，一些阶级消灭了。这就是历史，这就是几千年的文明史。拿这个观点解释历史的就叫做历史的唯物主义，站在这个观点的反面的是历史的唯心主义。""人民，只有人民，才是创造世界历史的动力。"下册的主要内容是从巴黎公社到第一次世界大战结束的历史，所以在下册扉页选印的列宁语录是："帝国主义是资本主义的特殊历史阶段，这种特殊性分三个方面：（1）帝国主义是垄断的资本主义；（2）帝国主义是寄生的或腐朽的资本主义；（3）帝国主义是垂死的资本主义。""帝国主义是无产阶级社会革命的前夜。""反对帝国主义的斗争如果不同反对机会主义的斗争紧密地联系起来，那只是一句空话或欺人之谈。"该卷扉页选印的毛主席语录是："社会主义制度终究要代替资本主义制度，这是一个不以自己的意志为转移的客观规律。不管反动派怎样企图阻止历史车轮的前进，革命或迟或早总会发生，并且将必然取得胜利。"这些语录的选用鲜明地表现出该书问世时所带的"文化大革命"的特点，不仅在两卷书的扉页上，在该书的正文中，也同样充满了用黑体字标识出的经典作家的语录。例如在巴黎公社一章（第十七章）中，引用的语录就有19处。用语录的堆砌代替了对社会历史进程的马克思主义的系统分析，结果只能导致简单化、概念化和教条主义盛行。

但是，这部《世界近代史》的上限确定为15世纪"欧洲资本主义的兴起"，而不是17世纪中叶的英国资产阶级革命，这在当时确实是有新意的。在这一章中，主要内容包括资本的原始积累、欧洲的"文艺复兴"，以及资产阶级革命的序幕等。关于原始积累的本质,作者认为"资本主义生产方式是在封建社会的母体内孕育的。资产阶级在夺取政权的二三百年中,就用残酷无情的野蛮手段,在最卑鄙最无耻的贪欲的驱使下,吞噬了千百万劳动人民的血肉,使自己得以滋养强壮起来。在封建社会的母体内,资产阶级就暴露了嗜血的剥削本性"。对于文艺复兴运动中的"人文主义",作者对其历史的进步意义给予了肯定,指出这是"当时资产阶级用来反对宗教神学体系和论证自己的政治、经济要求的主要思想武器",同时也对其进行了批判,指出人文主义"是以超阶级的'人性论'作为理论基础的……资产阶级的思想代表们拿起'人性论'这个武器,正是要把资产阶级的阶级本性,即极端的利己主义、享乐主义和疯狂的占有欲,统统宣布为'上帝'赋予的'普遍人性',从而激励资产阶级去同封建主阶级争夺对人民的剥削权,对财富的占有权,对社会的统治权"。关于"资产阶级革命的序幕",作者主要是从宗教改革运动、尼德兰资产阶级革命这两部分叙述的。因为"宗教改革为资产阶级夺取政权开辟了道路,同时,它也为早期资产阶级革命提供了某种思想武器。一五六六至一六〇九年的尼德兰资产阶级革命,以及后来的英国资产阶级革命,就都是在加尔文教的旗帜下进行的"。作者对尼德兰资产阶级革命给予了充分的肯定,认为这场革命"是英国资产阶级革命的一次演习,当欧洲还普遍处于封建专制制度统治的时期,它的有限的成功表明:欧洲资产阶级已经带着夺取政权的要求走上历史舞台,资产阶级革命的时代将要到来了"①。在"文化大革命"期间可能的条件下,能够探讨一些学术问题还是有意义的,虽然这种探讨不可能脱离当时特定的历史背景。

北京大学历史系"简明世界史编写组"编写的 3 卷本《简明世界史》,是一部教材。"文化大革命"期间毛主席提出"教材要彻底改革,有的首先删繁就简"②。这部世界史就是为了落实这个任务而完成的。该书最初成稿在 1972 年 9 月,后在校内外广泛征求意见,进行修改后出版,尽管仍

---

① 上海师范大学《世界近代史》编写组:《世界近代史》上册,上海人民出版社 1973 年版,第 1、13—14、25 页。
② 《学习十六条手册》,人民出版社 1966 年版,第 15 页。

然是"征求意见稿"。作者在"编者说明"中阐述了撰写该书的指导思想:"努力以马列主义、毛泽东思想为指导,贯彻少而精的原则,力图破除阶级调和论,着重阐明几千年的文明史就是阶级斗争的历史;破帝王将相决定论,论证人民群众是创造历史的真正主人;破'欧洲中心论',恢复世界各国人民、特别是第三世界各国人民的历史的本来面目。我们还力求做到古为今用,洋为中用,使世界史这门学科为无产阶级政治服务。"作者表示,随着"批林批孔运动的深入,儒法斗争研究的开展,对历史科学不断提出许多重大理论问题,我们还没有来得及很好研究和贯彻"①,所以一定会有不少缺点,将听取大家的宝贵意见在今后改正。

  古代部分、近代部分和现代部分三卷,每卷都写有与本卷内容相关的"引言",作者通过"引言"阐释本卷主要内容的同时,还说明对这些问题进行研究的现实意义。在这种叙述的过程中,也不可避免地会流露出"文化大革命"极"左"思潮的印记。例如,古代部分的主要内容涉及上古、中古,包括原始社会、奴隶社会和封建社会三个社会形态。"引言"在分析了三种社会形态的基本内容之后写道:"从世界历史发展的进程看,奴隶制和封建制早已应该送进历史博物馆了。但是,它的许多残余,特别是封建制的残余还大量存在,仍然在剥削压迫人民;奴隶制后封建制的许多反动思想,仍然在毒害人民;而帝国主义、修正主义和一切反动派,仍然利用这些腐朽的东西向革命人民做新的进攻。因此,我们学习和研究古代世界的历史,就有着十分重大的现实意义。我们要总结前人斗争的经验,以利于进行新的斗争,努力肃清过去剥削阶级遗留下来的坏东西,为中国革命和世界革命贡献力量。"在近代部分和现代部分的"引言"中,也是如此。例如,近代部分的"引言"中写道:"世界近代史是进行思想和政治路线斗争的好教材。无产阶级革命导师马克思、恩格斯、列宁、斯大林亲身参加了近代的阶级斗争和科学实验,奠定了社会主义共产主义伟大事业的坚实基础,为我们树立了无产阶级革命立党为公、敢于反潮流,坚决进行路线斗争,正确对待革命的群众运动的光辉榜样。"学习世界近

---

① 北京大学历史系《简明世界史》编写组:《简明世界史》古代部分,人民出版社1974年版,第1—2页。

代史，要"以党的基本路线为纲，总结历史经验教训，为无产阶级政治服务。要通过具体的历史事实，阐明社会发展的客观规律，说明阶级斗争、路线斗争的长期性、曲折性、复杂性，从而使我们更深刻地理解毛主席关于在无产阶级专政条件下继续革命的理论"。现代部分由于和现实生活有更密切的联系，这在"引言"中也有明显表现。例如，关于对世界形势的分析，现代部分的"引言"中写道："当前国际形势的特点，是天下大乱。世界各种基本矛盾进一步激化。一方面是世界人民的革命倾向蓬勃发展，国家要独立，民族要解放，人民要革命，已经成为不可抗拒的历史潮流。一方面是美苏两个超级大国争夺世界霸权越来越激烈。他们的激烈争夺，总有一天要导致世界大战。各国人民对此必须有所准备。目前，革命和战争的因素都在增长。不论是战争引起革命，还是革命制止战争，国际形势总是朝着有利于人民的方向发展。"① 由此不难看出，在说明研究这些问题的现实意义时，都是从"文化大革命"政治斗争的需要进行阐述的。这是这一特殊历史时期特殊的历史思维。

这部《简明世界史》现代部分的上限为俄国十月社会主义革命；下限为第二次世界大战结束。由于以往的世界通史性著作，一般只写到俄国十月社会主义革命为止，即只有《世界近代史》，所以《简明世界史》的现代部分，在当时曾经引起人们较为广泛的关注。这部著作的主要内容包括："伟大的俄国十月社会主义革命开辟了人类历史的新纪元"；"十月革命后资本主义国家革命运动的高涨"；"十月革命后殖民地半殖民地民族解放运动的高涨"；"帝国主义的凡尔赛—华盛顿体系"；"苏联社会主义革命和建设的伟大胜利"；"资本主义世界的经济危机"；"各国人民的反法西斯斗争"；"三十年代殖民地、半殖民地民族解放运动的发展"；"三十年代国际关系和帝国主义准备世界大战"；"第二次世界大战和世界人民反法西斯战争的伟大胜利"。从以上可以看出，该书对 20 世纪上半期世界历史的描述，主要是通过一系列重大的政治事件的展开进行的，或者说，这是一部以政治史为中心的世界现代史。

---

① 北京大学历史系《简明世界史》编写组：《简明世界史》现代部分，人民出版社 1974 年版，第 4—6 页。

四　国别史和中俄关系史的译介

在"文化大革命"期间，世界史方面可以被视作一项"工程"的，是为了适应国际政治斗争的需要，有百余种国别史的翻译出版。这批书的内容应该说比较丰富，既包括欧美等西方大国的历史，也包括一些世界各地区的小国的历史，如达荷美、阿尔巴尼亚、缅甸、梵蒂冈等。

这些书大多是20世纪60年代前后在不同的国家，由不同的文字出版，反映了不同的历史观和不同的学术观点、政治观点。因此，当国内各家出版社出版中文本时，都在醒目的地方加以说明："本书是供内部参考用的，写文章引用时务请核对原文，并在注明出处时用原著版本。"此外，每一部书前都写有"出版说明"，从政治上指出该书所存在的"主要问题"，这也是"文化大革命"期间出版中外学术著作的通行做法。例如，《匈牙利现代史1918—1962》，原书是苏联国际关系学院1962年出版的历史教学参考书，作者是苏联历史学家涅仁斯基和伊斯莱梁，1972年12月由黑龙江人民出版社出版，译者为黑龙江大学俄语系翻译组。中文本"出版说明"中写道："在赫鲁晓夫修正主义路线的影响下，本书作者在叙述匈牙利从1918年到1962年这段历史时，违背马克思列宁主义的观点，阉割马克思列宁主义的革命精神，歪曲历史事实，引出了一系列唯心史观的错误结论。书中吹捧赫鲁晓夫，吹捧苏共第二十次、第二十二次代表大会，宣扬种种修正主义观点。"在进行严厉批判的同时，"出版说明"也指出了它的价值，那就是"本书在叙述匈牙利若干历史阶段和历史事件时，提供了一些政治、经济、文化以及军事等方面的史料，可供了解和研究匈牙利历史的参考"。该书的内容为1918年到1962年的历史，特别是详尽地介绍了匈牙利人民反对霍尔第法西斯政权的斗争。该书是在苏联出版的第一部《匈牙利现代史》著作，其内容对中国读者来说，就更是陌生。

20世纪60年代，中苏两国、两党关系恶化后，中苏边境不断发生武装冲突。1968年1月，苏军越过乌苏里江主航道中心线，阻挠中国渔民正常的生产活动，制造了流血事件。3月，在珍宝岛发生了武装冲突。在上述历史背景下，沙皇俄国侵略扩张的历史，特别是侵略中国的历史，是这一时期世界史研究的重要内容之一。

1976年，北京大学历史系世界史专业工农兵学员和北京军区炮兵部队理论组联合编写了《沙皇俄国侵略扩张简史》，1976年由人民出版社出版。编者在1975年11月的"后记"中强调，该书"简要地揭露了老沙皇妄图称霸世界的侵略野心。翻翻当年老沙皇的丑恶历史，看看今天新沙皇的所作所为，对于我们进一步认清苏修社会帝国主义的反动本质，是大有好处的"①。从上述认识出发，作者简要地阐述了16世纪以来，沙皇俄国在伏尔加河流域、西伯利亚、波罗的海、芬兰、波兰、高加索、中亚细亚、中国等的扩张，充分表现出"沙皇俄国是镇压革命的世界宪兵"，而且"沙皇俄国从征服喀山汗国到它最后垮台，经历了三百多年的时间。三百多年的俄国对外关系史是一部用火与剑写下的侵略扩张史，每一页都浸透着被侵略被奴役的各族人民的血和泪，同时也都充满着各族人民反抗沙俄入侵和压迫的英勇战斗的篇章"②。

在具体史实叙述的基础上，作者还从六个方面对沙皇俄国的侵略政策进行了概括：第一，俄国历代沙皇扩张领土和争夺世界霸权是一脉相承的，有其传统性和连续性。沙皇俄国为了满足地主贵族和资产阶级的需要，一贯奉行侵略扩张政策。野蛮落后的农奴制和军事封建帝国主义政策，使其侵略扩张政策，具有更大的冒险性和疯狂性。第二，沙皇俄国三百多年争夺世界霸权的战略重点，始终在欧洲。彼得一世迁都彼得堡，并把它建成军事重镇，构成了对西欧的挑战和威胁，向他的继承者指明了争夺欧洲、进而征服世界的国策。第三，沙皇俄国为了争霸世界，从彼得一世开始，大力发展海军，夺取出海口，企图挤进"海上强国"的行列，走上争霸海洋的道路。第四，沙皇俄国为了建立从陆地到海洋的霸权，从19世纪开始，与英国、法国、德国等强国既互相勾结，又相互争夺。一些勾结和妥协是相对的，而争夺和斗争则是绝对的。第五，沙皇俄国为了推行

---

① 北京大学历史系世界史专业工农兵学员和北京军区炮兵部队理论组：《沙皇俄国侵略扩张简史》，人民出版社1976年版，第189页。
② 同上书，第182页。

它的世界霸权计划，竭力维护腐朽没落的旧制度，逆历史潮流而动，是一切革命运动的死敌和反动势力的主要堡垒。第六，沙皇俄国为了实现它的世界霸权野心，经常打着各种冠冕堂皇的旗号，施展各种卑鄙毒辣的手段，干尽了损人利己的勾当。为了开脱它的罪行，炮制了诸如"侵略有理论""侵略进步论""利益有关论"和"自然疆界论"等强盗理论①。这种基于史实的概括，或者是对沙皇俄国侵略扩张某些规律性现象的总结，较之政治性的"大批判"，更有说服力。

1978年，人民出版社出版了甘肃省第一建筑工程局工人理论组、兰州大学历史系联合撰写的《沙皇俄国的侵略扩张》。1979—1980年，人民出版社还出版了北京大学历史系《沙皇俄国侵略扩张史》编写组撰写的两卷本《沙皇俄国侵略扩张史》。这两部书的主要观点，同《沙皇俄国侵略扩张简史》的内容基本相同。但内容更丰富些，特别是后者。这些著作虽然出版稍晚，但其各个方面的准备工作、主要构思和撰写是在"文化大革命"期间完成的，因此印有深深的时代痕迹。揭露"老沙皇"，是为了深刻地认识及批判"新沙皇"。北京大学历史系《沙皇俄国侵略扩张史》编写组在该书的"前言"中说："编写沙俄侵略扩张史是一项极为重要而艰巨的任务。我们力图以马克思主义、列宁主义、毛泽东思想为指导，尽可能地占有详细的历史资料，分析沙俄侵略扩张和争夺世界霸权的规律，做到古为今用，帮助读者更深刻地认识老沙皇的反动本质，激发读者对继承老沙皇侵略衣钵的新沙皇的仇恨，为当前的反帝、反殖、反霸事业服务。"② 应该说，这部著作的内容，还是比较丰富的，该书对人们认识"沙皇俄国的历史是一部对外侵略扩张和争夺世界霸权的历史"；"沙皇俄国是欧洲和亚洲人民的共同敌人，是历史上最富于侵略性的国家之一"，还是有帮助的。

沙皇俄国侵略中国的历史，是其在世界范围内侵略扩张历史的重要内容。1975年，上海人民出版社出版了《沙俄侵华史》，由复旦大学历史系

---

① 北京大学历史系世界史专业工农兵学员和北京军区炮兵部队理论组：《沙皇俄国侵略扩张简史》，人民出版社1976年版，第182页。

② 北京大学历史系《沙皇俄国侵略扩张史》编写组：《沙皇俄国侵略扩张史》上，人民出版社1979年版，第6页。

《沙俄侵华史》编写组撰写。1976 年，吉林人民出版社出版了吉林师范大学历史系撰写的《沙俄侵华史简编》；同年，人民出版社出版了戎疆编写的《沙皇俄国是怎样侵略中国的》。在这一年，中国科学院近代史研究所编的 4 卷本《沙俄侵华史》开始出版。第 1 卷的主要内容是早期沙皇俄国对中国的武装入侵和《尼布楚条约》《布连斯奇条约》的签订。第 2 卷叙述了 19 世纪中叶沙皇俄国武力吞并中国黑龙江以北、乌苏里江以东地区和逼签《瑷珲条约》《天津条约》《北京条约》的经过。第 3 卷叙述了 19 世纪下半叶沙皇俄国通过《勘分西北界约记》《伊犁条约》割占中国西部大片领土，及违约侵占帕米尔的经过。第 4 卷叙述了 19 世纪末至 1917 年俄国帝国主义对中国的政治、经济及军事侵略。这一时期的沙皇俄国侵华史撰写，同沙皇俄国在世界范围内的侵略扩张史撰写一样，具有鲜明的现实意义，是和现实的国际政治斗争联系在一起的。正如一些编者所指出的那样："老沙皇的迷梦随着它的垮台早已宣布破产了，但今天克里姆林宫的新沙皇仍想重温老沙皇侵略中国的旧梦。他们抛出了连篇累牍的文章、书籍，肆意颠倒历史，无耻地为老沙皇的侵华罪行辩护。因此，我们感到有必要把所见到的有关历史资料，整理成这本《沙俄侵华史》，以便让人们看一看，苏修新沙皇是怎样'以昨天的卑鄙行为来为今天的卑鄙行为进行辩护的'。"① 这种观点，较集中地反映了人们对学习或研究沙皇俄国侵华史意义的认识。

20 世纪 60 年代中苏两党、两国关系恶化，这种状况在"文化大革命"时期进一步加剧。有鉴于此，就需要加强对俄国历史与现实的研究。这样，有关中俄、中苏关系史研究，俄国对外政策研究，特别是俄国在亚洲的外交政策研究的一批外文著作，包括 20 世纪初期的俄、英文著作，在"文化大革命"期间较集中地翻译出版。这些著作主要有：苏联科学院远东研究所等编《十七世纪俄中关系》第 2 卷，第 1—4 册（1972），商务印书馆 1975 年版；[苏]卡鲍：《图瓦历史与经济概述》（1934），商务印书馆 1976 年版；[苏]谢·弗·巴赫鲁申：《哥萨克在黑龙江上》，商务印书

---

① 复旦大学历史系《沙俄侵华史》编写组：《沙俄侵华史》，上海人民出版社 1975 年版，第 1 页。

馆 1975 年版；[英] 拉文斯坦：《俄国人在黑龙江》(1861)，商务印书馆 1974 年版；[苏] 普罗霍罗夫：《关于苏中边界问题》(1975)，商务印书馆 1977 年版；[苏] 纳罗奇尼茨基等著《远东国际关系史》(1973)，商务印书馆 1976 年版；[苏] 国家中央档案馆：《日俄战争》(1925)，商务印书馆 1976 年版；[俄] 维特等：《维特伯爵回忆录》，商务印书馆 1976 年版；[苏] 雅科夫列娃：《1689 年第一个俄中条约》，商务印书馆 1973 年版；[英] 包罗杰：《阿古柏伯克传》，商务印书馆 1976 年版；[英] 查尔斯·耶拉维奇等编《俄国在东方 1876—1880》，商务印书馆 1974 年版；[苏] 罗曼诺夫：《日俄战争外交史纲》（上下），上海人民出版社 1976 年版；[俄] 瓦西里耶夫：《外贝加尔的哥萨克》（1—3 卷），商务印书馆 1977 年版；马洛泽莫夫：《俄国在远东的政策（1881—1904）》，商务印书馆 1977 年版；[俄] 鲍里斯·塔个耶夫：《在耸入云霄的地方》，商务印书馆 1975 年版；[俄] 布克斯盖夫登男爵：《1860 年北京条约》，商务印书馆 1975 年版；[美] 查尔斯·佛维尔：《西伯利亚之行》，上海人民出版社 1974 年版；[苏] 麦利霍夫：《满洲人在东北》，商务印书馆 1976 年版；[俄] 巴尔苏科夫编著《穆拉维约夫——阿穆尔斯基伯爵》（1—2 卷），商务印书馆 1973 年版；[俄] 科罗斯托维茨：《俄国在远东》，商务印书馆 1975 年版；[俄] 巴布科夫：《我在西西伯利亚服务的回忆》，商务印书馆 1973 年版。

这些译著的译者，大多没有个人署名，同时在扉页上注明"本书是供内部参考用的，写文章引用时，务请核对原文，并在注明出处时用原著版本"，留下了"文化大革命"这一特定时代的印记。但是，这批书的翻译质量，无论从对俄文的掌握与运用上，在汉语的表述上，还是对相关的历史知识的积累与理解上，都堪称一流。当时的译者都是作为"政治任务"来从事这些作品的翻译的，努力做到精益求精。即使在"文化大革命"这种极端混乱情况下，中国知识分子治学的优秀传统仍在继续，他们在可能的情况下，依然辛勤耕耘，且有成果在逆境中艰难问世。

改革开放新时期的世界历史研究

一 重新确立解放思想、实事求是的思想路线

萌生于中华民族救亡图存之时的中国世界史学,一个半世纪以来走过了不平坦的路。1978年12月党的十一届三中全会后,中国人民开始了建设有中国特色社会主义的伟大历程,改革开放成为不可抗拒的历史潮流。我国社会生活的各个领域都迫切需要加强对外国的了解,而要真正了解外国任何一个方面的问题,都不能不追溯其历史根源,从而为我国世界史研究迅速发展提供了难得的历史机遇。20世纪下半叶,特别是改革开放以来,中国世界史学者以一系列令中外学术界瞩目的优秀成果表明,中国世界史研究已经完成了从译介到研究的转变,中国世界史研究理论与方法建设,以及在实践中的不断丰富和完善,使其成为具有现代科学完备形态的一门学科。在改革开放的新的历史条件下,中国世界史研究进入了一个新的发展阶段。

广大世界史学者彻底打破了"左"倾思潮影响下盛行的种种精神枷锁,冲破了一些人为设置的所谓研究"禁区",就人类历史进程中的许多重大理论问题展开了热烈的讨论和争鸣,如历史发展的统一性和多样性;历史发展的必然性、偶然性和选择性;地理环境在历史发展中的作用等。他们瞄准学术发展前沿,打开认识视野,拓展思维空间,既立足当代又继承传统,既立足本国又学习外国,大力推进学术观点创新、学科体系创新和科研方法创新,努力建设具有中国特色、中国风格的世界历史研究。

1978年党的十一届三中全会之后，中国世界史研究无论是在深度上还是在广度上，还是作为研究成果载体的出版物的数量和质量，都远远地超过了中国世界史学发展历史上的任何一个时期。20世纪80年代，中国世界历史研究进入了自己发展的黄金时代。

历史是我们最好的老师，时代呼唤要不断加强世界史研究，因此，我国的世界史研究不能脱离现实生活，不应回避当代社会发展中提出的问题。世界史研究和当代国际政治、国际关系的现实发展有着密切的关系，不仅当代国际生活中的一些热点问题都可以从历史中找到根源；而且许多研究课题都反映了当代世界已经发生或正在发生的深刻变化，如第二次世界大战对人类历史进程的影响；殖民体系瓦解的历史必然性；新殖民主义新霸权主义问题；当代资本主义政治、经济及阶级关系的新变化；我国周边安全环境问题；经济全球化问题；苏联东欧剧变的原因及历史教训；"冷战"后世界战略格局的演变；科技革命与当代社会变迁；20世纪人类历史巨变等。总之，改革开放的中国所面临的一些重大问题，世界史学者都有可能，而且有必要从历史与现实的结合上做出科学的回答。古往今来，任何有科学价值的历史研究成果，都是时代的产物，反映出特定时代的客观要求，当代中国的世界史研究亦应如此。大家就以往从不曾研究或研究不多的问题展开了热烈的讨论，并进行了深入的科学分析，提出新的结论。世界史研究的领域明显扩大了，彻底改变了以前以政治史、革命史、国际共运史研究为主的状况，不仅在通史、断代史、地区史、国别史研究，而且在经济史、文化史、社会史、思想史、军事史、外交史等领域都取得了不少重要的成果。随着改革开放的不断深入，世界历史研究必将有更多更优秀的成果问世。

2003年11月24日，中共中央总书记胡锦涛主持中共中央政治局第九次集体学习时强调，浩瀚而宝贵的历史知识既是人类总结昨天的记录，又是人类把握今天、创造明天的向导。一部人类文明史就是人类不断在以往历史的基础上有所发现、有所发明、有所创造、有所前进的历史。中华民族历来就有治史、学史、用史的传统。我们党在领导革命、建设和改革的过程中，一贯重视对历史经验的借鉴和运用。在新形势下，我们要更加重视学习历史知识，更加注重用中国历史特别是中国革命史来教育党员干部和人民。不仅要学习中国历史、还要学习世界历史；不仅要有深远的历史眼光，而且要有宽广的世界眼光。这一讲话对于新时期中国世界史学科建设和世界史研究的发展，具有重要的指导意义。

二　建设中国世界历史研究理论体系

（一）中国特色的世界历史理论体系

19世纪中期，近代中国世界史研究从其萌生时起，就存在着脱离中国传统史学的倾向。这在当时固然有一定的积极意义，借助西方史学的理论和方法，批判中国传统史学中的糟粕，主要是封建主义的历史观念，但是，如果走向极端，则会全盘否定中国传统史学。这样，一方面不能主动地汲取中国传统史学的有益内容来丰富、完善中国的世界史研究；另一方面，不能从中国史学的传统和实际出发，科学地认识和分析西方史学理论中的精华和糟粕，使一些人盲目地、不加分析地将自己的研究纳入西方史学理论和方法的框架之中，出现了对外国史学理论误用、滥用和乱用的倾向。这种状况来源于某些研究者历史思维、历史认识中的一个误区：似乎中国传统史学对于中国的世界史研究没有任何价值，它们之间没有任何联系，要进行世界史研究，只能借助于外国史学的理论与方法。从根本上否定了建立中国世界史研究理论体系的必要性，放弃了自己的话语权。

雷海宗教授在近半个世纪前曾说，"地理大发现"一词，是欧美资产阶级历史学者的一个惯用名词，后来在殖民地化或半殖民地化的大部分世界也不假思索地予以援用……"发现"一词乃欧洲立场的名词，其中含有浓厚的侵略及轻蔑的意味，把欧洲以外的地方看为发现、开发、剥削的对象……至于中国，当然也是被"发现"的对象。因此雷先生强调今后在世界史中只用"新航路的发现"或"新航路的开辟"，而不用"地理大发现"①。然而，近半个世纪过去了，在中国世界史的著述和教科书中，人们大量见到的，仍然是"地理大发现"。20世纪60年代，英国史学家E.P.

---

① 雷海宗：《世界史上一些论断和概念的商榷》，《历史教学》1954年第5期。

汤普森率先提出由底层往上来看历史（Study History from the Bottom up）；自下而上的历史学（the History from Bottom up）；自下而上看的历史学（History from Below）。他强调人类的历史不是精英的历史，而应是民众的历史。这种观点成为英国新社会史学重要的理论基础之一。它不仅在西方，而且在中国世界史学界也产生了广泛的影响，几乎无人不晓。然而，中国历史学家顾颉刚早在1928年，为中山大学历史语言研究所刊物《民俗》写的发刊词中，也提出了类似的观点。他说："我们要打破以圣贤为中心的历史，建立全民众的历史"，"把几千年埋没着的民众艺术、民众信仰、民众习俗一层一层地发掘出来"，让历史真正成为"全民众的历史"。而顾颉刚先生的这一重要思想，却在中国世界史学界很少为人所知，自然也很难产生什么影响。

世界上任何一个国家的世界历史研究，有无自己的理论体系，往往成为衡量这个国家世界历史研究学术水平的标志。中国的世界史研究理论体系虽然在改革开放后逐渐形成，实际上却是一个半世纪以来，中国世界历史研究发展的结果。这个体系的内容虽然直接存在于个别学者著述中，但如果没有这个学科的整体发展，任何天才的学者也孤掌难鸣；如果中国的世界历史研究在整体上是学术的荒漠，那任何个人，无论是什么天才，在学术上都很难有大的作为。长期以来，特别是新中国成立以来中国世界历史研究的逐步发展，为20世纪80年代中国世界历史研究理论体系的产生奠定了坚实的基础。

1990年，吴于廑教授撰写的《中国大百科全书·外国历史卷》导言"世界历史"，集中体现了他的"世界史宏观体系理论"。这是我国世界史研究中，有丰富的全球历史观思想的新的世界史体系。吴于廑（1913—1993），中国当代世界历史学家，生于1913年4月，安徽休宁人。1935年，他毕业于东吴大学，后赴美国留学，1944年获哈佛大学文学硕士学位；两年后，又获哈佛大学哲学博士学位。1947年，吴于廑先生应武汉大学周鲠生校长的邀请，毅然放弃了在美国的优厚待遇，回国来到武汉大学历史系任教。先后兼任系主任、副教务长、副校长等职。1982年，他在论及"世界史宏观体系理论"时写道："提出问题和考虑研究问题的方法，只不过是一项工作的开始……从事世界史这门学科的，如果不充分运用专门研究的成果，不从全局作比较综合研究，就难以适应我们所处时代对世界史这门学科的要求，说明不了历史怎样成为世界的历史，为了在这门学科中作一点新的尝试，改变一点在我国这门学科中行之已久的旧格局，在今后一段有限的岁月之内，与有志于此的同志们协作，研究上面说到的课题，我想是值得的。很有可能，这个尝试会一时取不到成果。但我相信，世之所需，挫而不败，后继的力量将会应时而起。"① 吴于廑虽然已离我们而去，但这些感人肺腑之言，将永远激励"后继的力量"奋进。

斯宾格勒、汤因比、G. 巴勒克拉夫和 L. S. 斯塔夫里阿诺斯在自己的著述中，对"欧美中心论"有不同程度的批判，尽管有些批判是不自觉的，并不彻底。吴于廑对这些给予了充分的肯定，同时指出西方史学的缺陷并没有因此得到根本克服。斯宾格勒等在批判"欧美中心论"的同时，继续在宣扬这一理论。吴于廑"世界史宏观体系理论"在其他的一些著述中，也始终贯穿着这一思想②。他强调，世界历史这一学科的主要内容，是"对人类历史自原始、孤立、分散的人群发展为全世界成一密切联系整体的过程进行系统探讨和阐述。世界历史学科的主要任务是以世界全局的观点，综合考察各地区、各国、各民族的历史，运用相关学科如文化人类学、考古学的成果，研究和阐明人类历史的演变，揭示演变的规律和趋向"。他认为，人类历史发展为世界历史，经历了纵向发展和横向发展漫长的过程。纵向发展，"是指人类物质生产史上不同生产方式的演变和由此引起的不同社会形态的更迭"。而横向发展，"是指历史由各地区间的相互闭塞到逐步开放，由彼此分散到逐步联系密切，终于发展成为整体的世界历史这一客观过程而言的"。历史正是在不断的纵向、横向发展中，"已经在越来越大的程度上成为世界历史"，因此，"研究世界历史就必须以世界为一全局，考察它怎样由相互闭塞发展为密切联系，由分散演变为整体

---

① 《吴于廑文选》，武汉大学出版社 2007 年版，第 457—458 页。
② 参见吴于廑《世界历史上的游牧世界与游牧民族》（《云南社会科学》1983 年第 1 期）、《世界历史上的农本与重商》（《历史研究》1984 年第 1 期）、《历史上的农耕世界对工业世界的孕育》（《世界历史》1987 年第 2 期）、《亚欧大陆传统农耕世界不同国家在新兴工业世界冲击下的反应》（《世界历史》1993 年第 1 期）相互关联的四篇论文。此外还有《十五、十六世纪东西方历史初学集》（3 卷），武汉大学出版社 1985 年、1990 年版，湖南出版社 1993 年版。

的全部历程,这个全部历程就是世界历史"①。

在《德意志意识形态》等著作中,马克思首次提出了世界历史概念并逐渐形成了自成系统的世界历史理论。在马克思的历史视野中,历史有两个层次:一个是民族的历史;另一个是世界性的历史。马克思说,资本主义生产与交往的发展,"各个相互影响的活动范围在这个发展进程中越是扩大,各民族的原始封闭状态由于日益完善的生产方式、交往以及因交往而自然形成的不同民族之间的分工消灭得越是彻底,历史也就越是成为世界历史"②。显然,在前资本主义时期,不存在"世界历史"。马克思笔下的"世界历史"是相对于"民族历史"而言的。生产力的发展,使各个民族之间开始有了交往,后来变成了经常性的交往,从而有可能在世界的范围内创造着历史。正是在这个意义上,马克思强调:"世界史不是过去一直存在的;作为世界史的历史是结果。"③

吴于廑指出,15、16世纪是人类历史发生巨大变革的时期,此时开始了农本经济向商品经济、封建主义向资本主义的过渡,人类社会从分散、孤立、闭塞的原始状况向整体发展。为了更深入地探讨这两个世纪所发生的历史,吴于廑主编了《十五、十六世纪东西方历史初学集》,从整体角度探讨了英国资本主义的发展、宗教改革、东西方农本经济的特点、发展状况、国家政策、航海贸易等当时国内很少有人涉足的领域。早在1985年,吴于廑在其主编的《十五、十六世纪东西方历史初学集》的"前言"中就指出:"十五、十六世纪是世界历史上的重大转折时期,亚欧大陆农耕世界东西两端封建国家的农本经济,在这两个世纪中都在发生着明显的变化。耕织结合之趋于分解,生产之转向商品化,经营、生产组织和所有制之探求新的形式或某种改变,以及农村和城市之间的关系,等等,都按各自的历史条件,多少不等地显示出旧制度统治力的松弛,显示出更新的转折或转折的动向。与这些变化相伴随,在变化较剧烈,较深刻的亚欧大陆西端,航海活动开始越出了沿海和内海的局限,飞跃为跨越大洋的、连

---

① 吴于廑:《世界历史》,《中国大百科全书·外国历史卷》,中国大百科全书出版社1990年版,第1、5、15页。
② 《马克思恩格斯选集》第1卷,人民出版社1945年版,第88页。
③ 《马克思恩格斯全集》第46卷(上),人民出版社1979年版,第48页。

接世界新旧大陆的远航。由此，基于农本经济的各地区、各民族之间的互相闭塞的状态，开始出现了有决定意义的突破。分散隔绝的世界，逐渐变成了联系为一体的世界。人类'历史也就在愈来愈大的程度上成为全世界的历史'。"①

吴于廑在谈到世界历史上划分奴隶制阶段和封建制阶段时，指出"前资本主义的两个阶级社会即奴隶制社会与封建制社会，都很难以某一地区历史实例作为典型，也很难以某一实例所达到的发展阶段作为世界历史上划分两个社会形态的标准"，这是一个复杂的问题，"仍然是马克思主义史学必须深入探讨的重要课题"②。俄国十月革命的胜利和中欧、东欧、亚洲革命的胜利，"开创了世界历史的新局面。由此开始，历史上就出现了一个与资本主义工业世界相对立的、以实现生产资料公有、消灭阶级剥削为特征的、方在新生阶段的社会主义工业世界。这对于在近两个多世纪以来一直居于支配地位的资本主义工业世界，是一个无可回避的历史性冲击。是资本主义工业世界的继续存在和发展，还是社会主义工业世界的成长壮大以致最后取而代之，成为当代世界全局性矛盾的焦点。人类已有的历史智慧还不能断言，这个全局性的矛盾将怎样解决，要经历多少代人才能解决。不过，随着近若干年来形势的推移，有一点可以说初见端倪：两个世界正在由对抗转向对话、并存和互相竞争的局面，亦即从经济、政治、文化诸方面不断较量彼此实力和影响力高低胜负的局面，已经逐步形成。人所共知，以现有的条件，并存的任何一方都不可能以军事手段一举而消灭对方。所以可以预期，这个并存和互相竞争的局面虽然会有这样那样的变化，但是作为一个历史过程来观察，这个多变化的局面将不会短暂"。

齐世荣在论及新时期世界历史学科建设时曾指出，1978 年以来中国学者对世界史体系的深入探讨，以吴于廑先生的成就"最为突出"③。2007年 10 月，武汉大学出版社作为"武汉大学百年名典"之一，出版了《吴于廑文选》。这是吴于廑先生的论文集，其中收录了吴先生晚年从其旧作

---

① 吴于廑主编：《十五、十六世纪东西方历史初学集》，武汉大学出版社 1985 年版，第 1 页。
② 吴于廑：《世界历史》，《中国大百科全书·外国历史》，中国大百科全书出版社 1990 年版，第 1、8 页。
③ 齐世荣：《我国世界史学科的发展历史及前景》，《历史研究》1994 年第 1 期。

稿中选定的长短文共 30 篇，论述了世界史观及世界史研究方法、世界历史上诸大历史活动、西方史学家和史学思想等方面的问题。作者以深厚的学术凭借和宽阔的学术视野为读者展示了一方极具深度和广度的史学世界。这部论文集不仅是武汉大学的"百年名典"，作为整个中国世界史学科的"百年名典"也当之无愧。

《吴于廑文选》选定的各篇分为五个部分，第一部分为"世界历史观"，主要论文有《时代和世界历史——试论不同时代关于世界历史中心的不同观点》《关于编纂世界史的意见》《世界史学科前景杂说》《世界历史——为〈中国大百科全书·外国历史卷〉作》；第二部分"试图说明人类历史发展为世界历史这一悠久行程中的诸大历史运动，自远古以迄 19 世纪"，主要论文有《世界历史上的游牧世界与农耕世界》《世界历史上的农本与重商》《历史上农耕世界对工业世界的孕育》《亚欧大陆传统农耕世界》《不同国家在新兴工业世界冲击下的反应》；第三部分"论述西方几大史家或学派的史学思想"，主要论文有《巴拉克劳夫的史学观点与欧洲历史末世感》《修昔底德其书与其世》《吉本的历史批判与理性主义思潮——重读〈罗马帝国衰亡史〉第 15、16 章书后》《伏尔泰史学杂议两题》《朗克史学与客观主义》《朗克史学一文后论》《形态学派三家说略》；第四部分"或为专题论文，或为就题抒发所见"，主要著述有《师保政治与教育学术》《从中世纪前期西欧的法律和君权说到日耳曼马克公社的残存》《关于封建主义基本经济规律的几个问题》《希腊城邦的形成及其历史特点》《东西历史汇合下的希腊化文化》《埃及和巴比伦古代文化的世界历史意义》《西方人本主义非医治中国封建痼疾的灵药》《从世界历史看中日文化交流两千年——纪念"七七"事变 50 周年》；第五部分为述评或序言，主要内容是《孔翰士近著〈民族主义概念〉述评》《引远室之光，照古老史学之殿堂——〈欧洲近代史学史〉读后》《〈十五、十六世纪东西方历史初学集〉前言》《〈大学世界历史地图〉前言》《一份是非杂糅的遗产——〈宗教改革与西方近代社会思潮〉序》《于见同中说异——〈日本封建社会自治城市研究〉序》《乡村工业是孕育近代西方工业化的孢子——〈乡村工业与西欧近代化〉序》《自传》。

吴于廑教授的世界历史理论，是其常年研究的结晶，无论是当时还是后来，对中国世界史学学科建设，都具有重要的意义。首先是对中国世界史学界关于世界史体系的探讨，有极大的推动和深化作用。这一理论已为大多数中国世界史学者研究或撰写世界通史时所接受，它不仅在一些世界通史性的著作中表现出来，而且也有一些研究者对其进一步阐发，促成一些有影响的世界史研究成果问世。例如李植枬教授主编的《宏观世界史》和《整体世界历史初探》等。《宏观世界史》，教育部面向 21 世纪课程教材之一，武汉大学出版社 1999 年出版。这是一本为高等院校非历史专业学生和一般读者学习世界史编写的教材。通过"人类社会在分散状态中的发展"（人类起源到 15、16 世纪）、"人类社会从分散发展向整体发展转变"（15、16 世纪到 19 世纪）和"世界进入整体发展的新阶段"（20 世纪）三编，较系统地阐释了人类的原始时期和向文明过渡，奴隶制文明的发展，封建社会的形成，跨封建区域的国际交往，西欧封建社会的逐步转型，资本主义的兴起和发展，工业革命，马克思主义诞生，世界的整体发展，从资本主义向社会主义过渡，两次世界大战和两极格局的形成，经济全球化和世界加速整体化与多极化的发展趋势等方面的内容。该书的主要特点是从揭示世界历史发展的共性与个性、历史与现实、整体与局部、世界与中国等各种关系中，进行世界历史教育。

《整体世界历史初探》，武汉大学出版社 2009 年出版。作者认为，自 16 世纪资本主义制度在西欧个别国家建立后，在资本主义向世界扩张渗透和影响下，人类历史日益明显地呈现出世界整体化趋势。资本主义历史潮流推动一系列封建国家在 17—18 世纪先后以革命或改革的方式，实现社会变革。随着世界市场的日益扩大，工场手工业生产不能满足对工业品日益增长的需求。从 18 世纪 60 年代开始，首先在英国，继而在法、德、美、俄等国发生了产业革命，资本主义大工业创造出来的巨大生产力，要求突破民族的、国家的、地区的界限，实行最广泛的分工与交换，大大加快了人类历史由封建主义向资本主义过渡的进程，资本主义制度在欧美最终确立。同时，资本主义的激烈竞争和西欧资本主义国家向外的大规模殖民征服活动，将处于殖民奴役下的国家和地区的闭关自守自给自足状态在越来越大的程度上被打破。自 19 世纪六七十年代起，资本主义国家工业化的重点开始从轻工业转向重工业，19、20 世纪之交，资本主义工业世界终于形成，同时，自由资本主义也发展为垄断资本主义，即帝国主义。帝国主义国家在国内建立垄断统治的基础上，对外资本输出迅猛发展，并产生国际垄断组织，加强向全世界扩张，资本主义再生产过程开始在世界范围内进行。在作者笔下，资本主义从16世纪在个别国家刚一出现时，就表现出整体的世界历史现象，这一现象在资本主义发展的历史过程中，始终没有改变，它决定了近代以来的世界历史的整体性认识的基础。

改革开放以来，中国世界史学科理论建设在强调"世界眼光"的同时，也将建立当代中国世界史研究理论体系和话语系统的问题，提上日程。这不仅在学术上有重要的理论意义，而且对世界历史学科的健康发展，有重要的现实意义。经济全球化是一种事实和趋势，同时又是一种价值判断，人们从不同的视角和立场关注着全球化这股巨大的历史浪潮，如何渗透到人类生活的各个领域。全球化的影响是多方面的，不仅仅限于经济生活领域，也涉及文化生活领域，但是，文化领域与经济领域不同，并不形成文化上的全球化或趋同化。相反，文化作为人类社会生存的方式，是一种创造性的活动，是组织和发展人类生命活动的一种特殊方法，却因各民族相异这一特征所决定，在全球化的背景下将进一步形成各民族文化的多样性。然而，20世纪末以来，随着国际垄断资本主义在全球扩张加剧，西方一些学者鼓吹在经济全球化的背景下，"文化的全球化"也必将随之而来，预言未来将实现"全球文化的同质化"，以美国文化为代表的单一的西方文化将取代世界多样性的文化。针对西方理论家所谓"文化全球化"的理论，如何建立当代中国世界史研究理论体系和话语系统，已经成为一个现实的问题摆在中国世界史学者面前。在这方面，中国的世界史学者从理论与实践的结合上进行了积极的努力，并体现在近30年的研究工作中。努力使自己的研究成果印上鲜明的"中国符号"，表现出中国世界史学者的感情和特点，是绝大多数人的共同愿望。在本书下面将要涉及世界通史、地区史和国别史，以及专门史的研究中，都将看到这一点。

中国世界史学发展的历史表明，中国世界史研究的真正动力，在于对当代中国、当代世界复杂的现实问题的思考。因此，要独立地对世历史的认识和思考，就不能将自己的观点，寄希望于在别人的概念体系中得到阐释。不能离开了别人的命名系统就寸步难行。如果只知道是在研究"世界史"，而忘记了自己首先是中国人，那将是十分悲哀的。中国人应该写出自己心灵中的世界史。在全球化的背景下，讨论这些问题尤其重要，我们不是去适应强势文化国家的全球化模式，以及这一模式在世界史研究领域中所体现出的种种规范，也不是去抵制全球化时代的到来，拒绝西方史学理论与方法中的积极内容，而是要主动地、自觉地、理所当然地积极参加到全球化背景下，建构有中国风格和特点的新的世界史研究理论体系和话语系统中去。它首先应该实现的是当代中国历史学家、同时也是整个中华民族的价值目标。在中国世界史研究中，同样面临着如何站在时代的高度，植中国的"根"，塑中国的"魂"的问题，建设有中国特点的世界史研究理论体系和话语系统，仍是我们面临的一项重要的任务。

（二）马克思主义史学理论和世界历史研究

"文化大革命"结束后，中国历史揭开了崭新的一页，中国历史科学迎来了自己的春天。高度重视马克思主义史学理论建设，是新时期中国史学发展的重要特点。1979年3月，中国历史学规划会在成都召开时强调，实现新时期中国历史学规划，必须坚持马列主义毛泽东思想的理论指导，当务之急是开展马克思主义史学理论研究，这是恢复在"文化大革命"中受到严重摧残的中国史学的重大举措之一。

1983年4月，中国史学界第三次代表大会在北京举行，会议的主题是马克思主义与历史科学。刘大年的报告反映了广大史学工作者共同的心声。他说，世界上一切解释人类社会历史的学说中，唯一真正致广大，尽精微，综罗百代的学说，是马克思的学说，是马克思主义，历史研究要以马克思主义为理论指导。他系统地批判了马克思主义"过时"论，同时指出，马克思主义必须根据新的经验不断地丰富和发展自己。1983年6月，《世界历史》第3期发表评论员文章《让马克思主义理论之花迎风怒放》。文章指出，加强马克思主义史学理论研究，是时代的要求，也是历史科学自身发展的需要。马克思主义史学理论研究，已经作为一个重要项目列入国家第六个五年计划的史学发展规划。

1983年5月,全国哲学社会科学规划会议强调在马克思主义理论指导下,加强中外史学理论研究,并做出了定期召开全国性的史学理论研讨会的决定。自1984年开始,迄今已召开了16届全国史学理论研讨会,先后就历史与现实、历史发展的统一性与多样性、自然科学方法与历史研究、历史学方法论、历史认识理论、社会经济形态理论、外国史学理论的传入及对中国近现代史学的影响、东方历史发展道路、中外马克思主义史学的理论成就、全球化与全球史、中国世界史研究体系建设、西方史学理论研究中的前沿问题和热点问题、西方历史哲学、新世纪唯物史观面临的挑战和机遇、中国世界历史研究的理论体系、世界历史进程中的中国与世界,以及新中国成立以来史学理论研究的回顾与展望等展开热烈的讨论,从理论与实践、历史与现实的结合,有力地推动了马克思主义史学理论建设。自1984年第一届全国史学理论研讨会召开至今近30年间,可以看到重大变化之一,是与会代表中,提交外国史学理论研讨的论文明显增加,研究的深度和广度,也非往昔同日而语,例如,2010年10月22日至23日,第16届全国史学理论研讨会在南昌江西师范大学举行,会议的中心议题是"全球化进程中的历史学——历史、思想与社会",包括"时代、史家与历史学""新世纪中外史学的回顾与前瞻""世界历史进程中的环境与形式"三个分主题。围绕着这些议题,不少学者从外国史学理论的角度提交了论文。具体内容如下:《浅论历史学家的人文情怀——以汤因比为例》(张广智)、《论美国的民主》与当代美国地方自治(王旭)、《英国马克思主义历史学派》(梁民愫)、《"接受"与"拒斥"之间——西方史学界对后现代主义挑战的总体性回应》(邓京力)、《社会史学的身份认同及其形式》(俞金尧)、《19世纪末20世纪初西方传统史学对新史学的孕育》(徐善伟)、《娜塔莉·泽蒙·戴维斯的新文化史述评》(梁艳春)、《鲁滨逊的新史学与美国的现代思想史学》(孟海泉)、《走出后现代的历史学》(陈启能)、《跨文化研究的话语:关于历史意识的讨论》(姜芃)、《亨廷顿与其"文明的冲突"理论》(张文涛)、《西方古典史研究的新趋向》(裔昭印)、《古巴比伦法典和秦汉法典比较》(吴宇虹)、《自然·知识·道德:亨利·巴克尔文明史观初探》(傅琼)、《文艺复兴后期历史整体观念的生成》(张井梅)、《二十世纪以来的家庭史和古罗马家庭研究》(邹芝)、《马丁·路德·金现象的社会和历史分析》(刘军)、《近年来国际关系史研究若干问题》(何平)、《试析当代汉译西方热门史学著作的特点》(王加丰)、《述论霍夫施塔特的史学方法论思想》(陈茂华)、《18 世纪末美、法宪法的全民公决方式论略》(刘劲松、张书美)、《质疑与否定：美国新左派史学家卢森堡对美国内战"合理性"的批判》(徐良)、《世界史研究中的边界、边疆》(董欣洁)、《从全球视野与生态视角来考察历史》(刘文明)、《生态的印第安人》(付成双)、《欧洲城市史研究的新方向》(柴晨清)、《美国环境史视野下的城市与荒野》(王栎)、《美国城市史视野下的公众研究》(杨长云)、《从菲利普·费尔南德兹－阿迈斯托的历史》(陆伟芳)、《论兰克的国家观念》(易兰)、《试论卡莱尔的浪漫主义史学思想和历史写作》(王利红)、《德罗伊森〈历史知识理论〉中的"系统论"一种历史哲学》(吕和应)、《内藤湖南"时代区分论"与日本二十世纪中国史研究》(陈金凤)、《旧衣新裁：柯林武德的历史叙事观》(张小忠)、《历史地变化与社会地建构：雷蒙德·威廉斯的文化思想研究》(黄璐)等。

  1986 年，中国社会科学院世界历史研究所，根据时任中国社会科学院院长胡绳的意见，成立外国史学理论研究室，从事中外马克思主义史学理论方法论研究；世界历史进程中的重大理论问题研究，是该室的重要研究方向之一。该室不仅承担国家和社会科学院的重大课题，而且还培养研究方向为马克思主义史学理论的硕士、博士研究生，接受博士后科研流动人员。1992 年，中国社会科学院主管的《史学理论研究》杂志创刊，设立有"马克思主义史学理论研究"专栏，成为我国马克思主义史学理论建设的窗口和重要阵地。史学理论研究室的研究人员，基本上也是该编辑部的编辑人员。在外国史学理论研究方面，"编研结合"，同时培养硕、博研究生，成为研究或编辑部的一大特色，1993 年，为团结全国马克思主义史学理论研究人才，中国史学会史学理论研究分会成立。2003 年，世界历史研究所的史学理论学科，被批准为"中国社会科学院重点学科建设工程"项目之一。所有这一切，不仅有力地加强和推动了我国的马克思主义史学理论建设，而且对我国的世界历史学科的理论建设同样有重要的意义。第二次世界大战后，国外历史研究的重要变化之一，就是对历史过程的描述，逐渐为对历史过程认识的理论描述所代替，这在我国也有一定的反映，但是我们应该强调的是，这一理论描述，应在马克思主义史学理论的指导下进行。

在新的历史时期，构建马克思主义史学理论的新形态和中国世界史学科的理论建设紧密联系在一起。构建马克思主义史学理论的新形态，是时代的呼唤。在这个过程中，应旗帜鲜明地坚持马克思列宁主义、毛泽东思想、邓小平理论和"三个代表"重要思想为理论指导，努力做到既立足当代又继承传统，既立足本国又学习外国。只有这样，才能在新的历史时期，科学阐释马克思主义史学原理的新内容、新体系、新发展，并在此基础上开展具有中国特色、中国风格的世界史学科理论建设。

1999年2月，陈启能、于沛等著《马克思主义史学新探》由社会科学文献出版社出版。这部著作对于加强中国马克思主义史学的理论建设具有积极的意义。何兆武教授对此书曾有如下介绍和评价："全书分两部分：第一部分是从理论上考察马克思主义的史学理论，其中包括当代全世界所关注的史学理论的基本问题，即：历史的规律、历史的必然性、社会形态、历史认识的主体和客体；第二部分是对马克思主义史学理论的评论和总结。该书作者通过这两方面的认真研究，探讨了过去我国和苏联的马克思主义的史学理论，并以严谨的实事求是的态度，提出了自己的富有见地的看法，从而对我国目前的史学界作出了可贵的贡献。"[①] 该书对中国世界史学学科理论建设的现实意义，是显而易见的。世纪之交，认真总结马克思主义史学在20世纪的理论成就和历史经验，对于推进我国包括世界史学学科在内的马克思主义史学的发展，是十分有益的。

2004年4月，中央实施马克思主义理论研究和建设工程启动，成立撰写《史学概论》课题组，明确史学概论的主要内容，是以马克思主义中国化的最新成果为指导，在新的历史条件下构建马克思主义史学理论的新形态，阐释马克思主义史学原理的新体系、新发展。该书的问世，对加强全国高校历史系师生学习和研究马克思主义史学理论，无疑有重要的推动

---

① 参见陈启能、于沛等《马克思主义史学新探》，社会科学文献出版社1999年版，正文前专家评介。

作用。

2005年，中国社会科学院史学理论研究中心成立，其宗旨是在唯物史观指导下，组织、协调院内外学者开展中外史学理论、方法论的研究；推动国际、国内的学术交流与合作，促进我国史学理论的学科建设，繁荣和发展中国马克思主义史学理论研究。该中心编辑的《马克思主义史学理论论丛》第一辑，已于2010年由中国社会科学出版社出版。全国政协副主席、中国社会科学院院长陈奎元同志在为该《论丛》写的"序言"中指出："历史学是具有鲜明政治性的社会科学。对同样的历史问题，人们站在不同的政治立场，持有不同的世界观和历史观，得出的结论往往是不相同甚至是相反的……现在我们研究中外历史，包括研究当代中国和世界各国的历史，必须认真阅读马克思主义的经典著作，必须认真学习马克思主义观点，坚持唯物史观。如果不用马克思列宁主义、毛泽东思想、邓小平理论和'三个代表'重要思想为指导，不自觉地全面落实科学发展观，不承认唯物史观，他就没有资格研究历史。因为他不可能站稳正确的立场，不可能正确地认识历史矛盾运动的客观规律性，不可能有科学的历史价值判断。"陈奎元院长的"序言"不仅有重要的理论意义，更有重大的现实意义和指导意义。

20世纪70年代末和80年代，是中国世界史学学科建设或中国世界史学学科发展的一个重要时期，如何建立马克思主义的世界史体系问题首先提上日程。因为"文化大革命"结束后，在"拨乱反正""改革开放"等特定的社会历史背景，为中国世界史学学科建设和发展，提供了一个难得的发展机遇。与中国社会发展相一致，包括世界历史学科在内，中国的哲学社会科学发展拨乱反正，也进入了一个新的发展时期。如果在如何建立马克思主义的世界史体系问题上思想混乱，缺乏自觉性，那我国的世界历史研究就将在相当长的时间内带有极大的盲目性。当时，我国世界史学者首先围绕着如何建立马克思主义的世界史体系问题开展了广泛深入的研讨，在中国世界历史研究的发展历史上，留下了厚重的一页。

陈翰笙在1978年和1979年先后撰写了《对研究世界历史的几点意见》（《世界历史》1978年第1期）和《关于编写世界历史的问题》（《世界史研究动态》1979年第5期），对宣传贯彻"解放思想，实事求是"的思想路线，做出了积极的贡献，这不仅对刚刚恢复科研工作的世界历史研究所，而且对整个中国世界史学界，都有重要的意义。陈翰笙明确地指出了研究世界历史的意义。他说："目前全世界无产阶级，担负着改造和推进世界历史前进的重任，尤其应当通晓社会发展的规律。如果不明白世界历史发展过程，那就难免重蹈覆辙，而遭受不必要的损失。问题很清楚，我们要了解世界，改造世界，就必须研究世界历史。""世界史的作用，就是要让读者了解社会发展的客观规律，懂得社会组织如何改变，人类如何进步的根本原因，从而使得这门科学成为我们从事革命实践的思想武器。这才能够称得上一部真正有用的世界通史。"陈翰笙还认为，拼凑各地区或各个国家的历史而编写的世界通史，不能使读者了解一种社会演变为另一种社会的内在原因，也不能了解怎样受到前一个社会的影响，以及生产力与生产关系的相互影响，而找出社会向前演变的规律。他认为，撰写一部有意义的世界通史，应说明世界历史演变的过程，揭示历史发展的普遍规律。在研究工作中，他自觉从理论与实践的结合上，坚持马克思主义的理论指导。他说："世界史是一门阶级性很强的学问，对同一事件，同一人物，由于立场、观点和方法的不同，可以得出全然相反的结论来。目前是资产阶级与无产阶级搏斗的时代。我们应当站在无产阶级大公无私的立场来探讨整个世界的历史，决不可被资产阶级的史学家所蒙蔽。"

陈翰笙是我国著名的马克思主义经济学家、历史学家，世界历史研究所名誉所长。除世界历史研究外，他还主编了《华工出国史料汇编》共10辑，在1980—1985年相继出版。《华工出国史料汇编》包括中国官方的文书选辑，英国议会文件选译，美国政府文件选译，中外学者关于华工方面较有权威性的综合性著作，以及东南亚、拉丁美洲、美国和加拿大、大洋洲、非洲和欧洲等地区的华工史料，包括学者根据调查所写的研究报告，和目击者所记录的资料，以及当时国内外报刊所载的有关论文或评论。《汇编》的出版，为深入研究华工及中国近代经济史、世界近代经济史、中外关系史及移民史的关系提供了极为丰富的资料。在《华工出国史料汇编》编辑整理的同时，陈翰老着手对华工历史的研究，撰写了《"猪仔"出洋——700万华工是怎样被拐骗出国的》，揭露了700万华工被拐骗出国的过程，以及西方的"文明"是如何建立在华工的血泪和尸骨上。除陈翰笙之外，庞卓恒、何兹全、郭圣铭、罗荣渠、王绳祖、刘远图、李纯武、吴于廑等，都先后撰文，探讨如何建立马克思主义的世界史体系问题①。他们认为，"世界史"必须揭示出世界各族人民那种互相影响、互相依存的关系，揭示出每一历史时期的主要内容，主要特征和主要的发展方向。应当把研究的注意力引向历史怎样"在愈来愈大的程度上成为全世界的历史"，把这个问题作为研究世界历史的要旨来对待。必须重视历史的横向发展，并作深入而有系统的研究。历史的纵向发展和横向发展并非各自独立的、互不相干的两个平列的方面，它们互相作用，互为条件。纵向发展制约横向发展，横向发展又对纵向发展产生反作用。世界历史研究要破除"西欧中心论"，并不意味着要以什么新的"中心论"去取代"西欧中心论"，而是需要本着马克思主义的实事求是的态度，恢复世界历史的本来面目。中国学者撰写的《世界通史》，应该体现出中国的特色，即应该把中国在不同时期应有的地位和作用表达出来。当前的所谓"世界史"，讲的是中国史以外的世界史。我们需要包括中国史的世界史。中国学者的《世界通史》，要反映出中国研究世界史的新水平，在史料、见解、体系、文风等方面都要有新东西，有长处。

2006年，高等教育出版社出版了齐世荣总主编的4卷本《世界史》，即古代卷、近代卷、现代卷和当代卷。这部世界史作为普通高校"十五"国家级规划教材，首先彻底摒弃了所谓"当代人不写当代史"的陈规旧说。齐世荣，1926年生，1949年毕业于清华大学历史系。曾任首都师范大学校长，中国史学会副会长，中国世界近现代史研究会会长。主要研究领域为世界现代史、现代国家关系史、史学理论与方法。对世界现代史、苏联史、第二次世界大战史、现代国际关系史造诣颇深。

---

① 这些文章主要是：庞卓恒《把握两个关键问题》，《世界史研究动态》1984年第2期；何兹全《我们需要包括中国史的世界史》，《光明日报》1984年3月14日；郭圣铭《建立马克思主义的世界史体系》，《世界历史》1984年第1期；罗荣渠《有关开创世界史研究新局面的几个问题》，《历史研究》1984年第3期；王绳祖《几点意见》，《世界史研究动态》1984年第7期；刘远图《世界通史体系问题刍议》，《世界历史》1984年第2期；李纯武《有关〈世界通史〉体系的几点意见》，《世界历史》1984年第3期；吴于廑《研究世界历史要重视横向发展》，《光明日报》1984年11月21日。此外，杭州大学历史系还撰有《对多卷本〈世界通史〉体系、主线及中心论的几种意见》，《世界历史》1984年第4期。

《世界史·当代卷》始于反法西斯战争的胜利与当代世界历史的转折，下限为世界更替，千年交接的世界，"更替"和"交接"的主要内容包括经济全球化和区域经济集团化；国际格局多极化；联合国面临新的机遇和挑战；和平与发展的时代主题等。这部著作的"前言"，同6卷本《世界史·总序》一样，对当代中国世界史研究的发展，从内容到文风，具有重要的指导意义。例如，关于"社会形态的更迭"这个被搞乱了的重大理论问题，编者写道："马克思主义根据人类社会内部生产力与生产关系基本矛盾的不同性质，把人类历史发展的诸阶段区分为原始公社制、奴隶制、封建制、资本主义制和共产主义制几种生产方式和与之相应的几种社会形态。它们构成一个由低级到高级发展的纵向序列，但不是所有民族、国家的历史都无一例外地按照这个序列向前发展。有的没有经历过某一阶段，有的长期停顿在某一阶段。总的说来，人类历史由低级社会形态向高级社会形态的更迭发展，尽管先后不一，形式各异，但这个纵向发展的总过程仍然具有普遍的、规律性的意义。"① 这段话虽然不长，但却以马克思主义为理论指导，从人类历史矛盾运动的客观事实出发，深入浅出地揭示了社会发展的客观规律，因此有很强的说服力。这从一个侧面表明，经过30年的世界历史研究实践，我国世界史学者的理论素养，特别是马克思主义理论素养，在整体上已经有了显著提高，并在许多基本理论问题上达成共识，从而为世界史学科的今后发展，奠定了坚实的理论方法论基础。

世界历史研究中的历史分期问题，以及各历史时期的主线和体系问题，始终是我国世界历史研究中的重大理论问题和多有歧见的研究实践问题。2009年，在研究中央马克思主义理论研究和建设工程的重点项目之一——高校《世界现代史》教科书的框架时，学者们就划分时代的标准、世界现代史的基本矛盾和基本内容、现时代的性质、世界现代史中的中国与世界等，展开了热烈的讨论。大多数人认为，"每一历史时代主要的经济生产方式与交换方式以及必然由此产生的社会结构，是该时代政治的和精神的历史所赖以确立的基础，并且只有从这一基础出发，这一历史才能

---

① 齐世荣主编：《世界史·当代卷》，高等教育出版社2006年版，第1页。

得到说明"①。这是对唯物史观的经典表述,从这一基本认识出发,划分人类历史的时代,或科学地进行历史分期,只能以由社会基本矛盾决定的社会形态为划分标准。时代的性质是由社会基本矛盾决定的。生产力和生产关系的矛盾是人类社会的基本矛盾,它在资本主义社会中表现为资本主义生产方式与社会化大生产的矛盾。这一矛盾在资本主义体系内是无法自行得到解决,尽管在一定的历史条件下,这一矛盾可能得到缓解,但资本主义必将为社会主义所代替,是不可逆转的。我们生活在资本主义向社会主义过渡的伟大历史时代,这是时代的本质特征。

三 世界历史学科建设

(一)世界史研究工作委员会和全国性的研究会

自20世纪70年代末起,相继成立了由中国社会科学院主管、挂靠于世界历史研究所的群众性学术团体,如中国美国史研究会、中国朝鲜史研究会、中国法国史研究会、中国二战史研究会、中国非洲史研究会、中国中日关系史学会、中国苏联东欧史研究会、中国世界近代现代史研究会、中国拉丁美洲史研究会、中国英国史研究会、中国德国史研究会、中国日本史学会、中国世界古代中世纪史研究会等。此外,还有中国国际关系史研究会(中国国际关系学会)、中国国际共运史学会等。这些学会的主要任务是广泛联系、组织、协调国内相关研究机构和研究人员,促进国内外学术交流和学术合作,接受、承担国家及有关单位委托的科研任务;组织学术讨论,鉴定和推荐优秀科研成果;培养人才;出版会刊等。这些学术团体在加强学科建设、推动世界历史研究深入发展等方面,起着积极的促进作用。

中国史学会成立于1949年7月1日,原名为中国新史学研究会,是新中国成立前夕成立的社会科学界全国性学术团体之一。中国新史学研究会作为中华全国社会科学工作者代表会议筹备会的成员,出席了1949年9

---

① 《马克思恩格斯选集》第1卷,人民出版社1995年版,第257页。

月召开的中国人民政治协商会议。1951年7月举行中国史学会正式成立大会，郭沫若任主席，吴玉章、范文澜为副主席。中国史学会是中国历史学界最具权威性的学术团体。各省、自治区、直辖市的历史学会和中国社会科学院的考古研究所、历史研究所、近代史研究所、世界史研究所是它的团体会员。2004年，中国史学界第七次代表大会在西安召开后，成立了中国史学会世界史研究工作委员会，有力地推动了我国的世界历史研究。

由中国社会科学院世界历史研究所和全国三十余所高校世界史学者共同发起，世界历史研究所和华东师范大学历史系主办的"中国世界史研究论坛"第一届学术年会于2004年12月16日至17日在华东师范大学举行。来自全国各地近40所高校、研究机构和出版单位的100多位专家学者与会。这是我国世界史学科在全学科范围举行的最高层次的学术盛会。

中国史学会名誉理事、首都师范大学名誉校长齐世荣先生做了大会主旨发言："在半个世纪内把我国世界史学科提高到世界水平"。他回顾了我国世界史学科的发展历程，将其概括为"三个阶段六代人"。第一阶段从19世纪末到1949年新中国成立，是世界史学科的草创时期，这个阶段按照代际划分是两代人，陈翰笙、雷海宗、周谷城等为代表的老先生们通晓古今、学贯中西，语言功底深厚，开创了我国的世界史研究事业。第二阶段从新中国成立到1966年，也可以分为两代人，这一阶段是承前启后的打基础时期，世界史的学科体系开始建立，研究的领域逐步由"西洋史"扩大到亚洲、拉美、非洲等全球范围，出现了学科内部的分工，但受苏联体系的影响很大，因此有创见的成果还不多。即便如此，这个阶段的努力是不可或缺的，为现在培养了大批的学科骨干。第三阶段是1978年至今，是世界史研究向专精方面发展的时期，不仅著述丰富，而且人才济济，但也存在年轻学者知识面比较窄、马克思主义理论功底不够扎实的问题。他寄语广大中青年学者，希望他们扩大知识面，加强马克思主义理论修养，坚守岗位，加强合作，努力培养后继人才，更好地承担起推进我国世界史学科发展的使命。

中国史学会副会长、中国社会科学院世界历史研究所所长于沛研究员作了大会主题报告，他指出，当今的历史条件为哲学社会科学，也包括世界史学科的发展提供了前所未有的机遇，但是学科体系中缺乏沟通和合作的现状却成为某种制约，比如横向的国别史研究、纵向的断代史研究以及各种专门史研究的划分模式，不仅割裂了世界史的内在联系和整体性，违背了世界史本身的发展规律，同时也使我们难以全面准确地认识当前一些紧迫问题的历史根源及其借鉴意义。此次会议的主题就是响应时代的需要，规范世界史学科体系，通过学术交流的形式加强沟通与合作，以期世界史研究获得新的突破。与会学者围绕此次年会的中心议题——世界史体系构建与学科建设进行了大会发言和小组讨论。

2005年11月1日至4日，由江西师范大学、"中国世界史研究论坛"组委会主办，江西师范大学历史文化与旅游学院承办的"中国世界史研究论坛第二届学术年会暨中国史学会世界史工作委员会成立大会"在南昌隆重举行，来自全国各高校、科研机构及出版单位的近百位专家学者出席了大会。与会的专家学者围绕"世界历史中的文化交往与民族交融""全球化与20世纪以来的世界史研究"以及"中外世界历史研究范式转型和重要问题"等专题进行了广泛而深入的探讨。"中国世界史研究论坛"第三届学术年会于2006年10月21日、22日在天津南开大学隆重召开。由中国社会科学院世界历史研究所和南开大学历史学院主办，南开大学历史学院世界史学系、世界现代化进程研究哲学社会科学创新基地和世界近现代史研究中心承办的"中国世界史研究论坛"第三届学术年会在天津南开大学召开，会议的主题是"现代化、全球化与世界史研究"。"全国世界史研究论坛"第四届学术年会于2007年10月26日至28日在复旦大学举行。此次会议由中国史学会世界史工作委员会和复旦大学历史系共同主办，复旦大学亚洲研究中心协办，来自全国各大学、研究机构110余名专家学者出席。本届论坛主题为"世界历史中的个体、群体与社会"。2008年10月17日至20日，由山东师范大学历史文化学院世界史学科主办的中国世界史研究论坛第五届学术年会在山东师范大学举行。来自全国68所高等院校、科研机构和出版单位的从事世界史研究和教学的专家学者和在读世界史专业硕士生、博士生近200人参加了开幕式。山东师范大学世界史学科受中国史学会世界史工作委员会、中国社会科学院世界史所的委托，承办了此次中国世界史研究论坛学术年会。本届学术年会是国内世界史学界的一大盛事，受到了众多与会专家学者的积极支持。论坛除邀请国内外著名学者进行大会主题报告外,还设立分论坛,根据会议确定的子专题,邀请优秀的论文作者进行专题报告。本届论坛围绕着"改革开放30周年的中国世界史研究"这一主题,对世界史研究的新理论、新方法、新成果进行了学术探讨。

改革开放以来,为适应世界历史学科发展的需要,一些地区史、断代史、专门史或国别史的专门研究机构相继成立,这些研究会均挂靠在中国社会科学院世界历史研究所。这些研究会在团结全国世界史学者,组织、协调、培养研究力量,制订研究规划等方面做出了积极贡献。

中国中日关系史学会于1984年8月31日在北京成立。学会的宗旨是广泛团结我国从事中日关系史研究的知识界人士以及其他关心中日关系发展的人士,推动对中日关系史和两国间有关问题的研究,增进与日本有关团体和人士的学术交流和友好往来,以提高中日关系史的研究水平,为促进中日两国人民世代友好和两国关系的健康发展做贡献。学会首任会长是已故全国政治协商会议副主席、中国佛教协会会长、著名社会活动家——赵朴初;现任会长为中国社会科学院副院长武寅。

中国美国史研究会成立于1979年。1979年4月,在中国社会科学院世界历史研究所的倡导下,美国史专家刘绪贻、杨生茂、丁则民、邓蜀生等先生在武汉大学聚会,筹备成立全国性的中国美国史研究会。在他们的倡议下,同年12月6日,在武汉举行了中国美国史研究会成立大会。参加大会的学者推选黄绍湘先生担任第一任理事长,刘绪贻、杨生茂、丁则民任副理事长,秘书长由刘绪贻兼任。研究会成立后还聘请宦乡、陈翰笙、陈翰伯三位资深外交家和学者担任顾问。1993年,研究会又邀请著名外交家黄华担任名誉理事长。现任理事长为张勇安教授。研究会的宗旨是组织、团结全国美国史研究和教学工作者,开展学术讨论,交流课题研究和教学经验,发现和培养人才,并组织会员编译资料、撰写论著,开展国际学术交流。研究会有计划、有组织、有针对性地举办专题研讨会,并出版会刊《美国历史研究会通报》。

中国法国史研究会于1979年8月正式成立,会长为端木美研究员。宗旨是遵守国家宪法、法律、法规及国家政策,遵守社会道德风尚;贯彻"百花齐放、百家争鸣"的方针,提高我国法国史的教学与研究水平;促进国际学术交流，为中国改革开放服务。学会的任务是举办本学科学术研讨活动；编撰、翻译与本学科有关的出版物、资料；组织本学科专业学术培训；开展国内外学术交流；接受有关部门、机构的业务咨询，推动中国的法国史研究。

中国拉丁美洲史研究会成立于1979年，会长为南开大学党委书记洪国起教授。学会的任务是，团结和组织全国所有从事拉丁美洲史教学、科研人员，开展拉美史研究，推动本学科的学术讨论，加强信息交流，增进中国人民与拉丁美洲人民之间的友谊，为我国现代化建设和精神文明建设做出贡献。自研究会成立以来，组织全国拉美史工作者开展了比较系统、深入的学术研究和学术交流工作。研究会发扬理论联系实际的学风，团结和组织全国拉丁美洲历史教学和研究的工作者，通过开展学术讨论，资料交流，撰写论著，举办国际性学术活动等方式，有力地促进了拉美史研究的开展和深入。

中国朝鲜史研究会成立于1979年，是研究朝鲜历史的群众性学术团体，会长为姜孟山教授。研究会团结和组织全国朝鲜史研究人员和教学工作者，通过举办学术讨论会进行学术交流，已就朝鲜奴隶社会和封建社会的分期、封建土地所有制特点、高句丽的社会性质、资产阶级的形成及其作用、朝鲜人民抗日战争等问题进行了讨论。译有《朝鲜全史》1—5卷。会刊为《朝鲜历史研究论丛》。

中国二战史研究会成立于1980年。会长为胡德坤教授，研究会遵循团结全国二战史工作者，通过学术讨论，交流科研成果，促进和协调二战史研究。该会曾就"太平洋战争史"、中国抗日战争在第二次世界大战中的历史地位和重要作用、第二次世界大战的起源、关于战争初期阶段等问题进行了讨论。会刊为《二战史通讯》。

中国非洲史研究会是中国研究非洲历史的群众性学术团体。成立于1980年，会长为北京大学教授宁骚。研究会的宗旨是，遵循"百花齐放、百家争鸣"的方针，协调和加强国内外学术交流，促进非洲问题研究的深入，推动中国—非洲关系的发展，为我国的改革开放和社会主义现代化事业做出贡献。本会的主要任务为，团结和组织全国非洲史的教学、研究人员和实际工作者开展非洲史和非洲问题研究；组织举办本学科学术研讨会、报告会；组织本会会员撰写、编辑和译介与本学科有关的专著、论文、报告和资料等；接受有关部门、机构的业务咨询；促进国际学术交流等。

中国英国史研究会是全国性的研究英国史的群众性学术团体，成立于1980年。研究会宗旨：团结和组织全国英国史研究、教学和编辑工作者开展学术讨论，交流教学经验，促进英国史研究，为繁荣社会主义的科学文化事业、增进中英两国人民的友谊和我国的现代化建设服务。英国史研究会的主要工作是提出和讨论英国史研究的重要课题，制订计划，促进英国史研究工作的开展；不定期地组织学术报告会、讨论会和座谈会；组织会员编译英国史资料，撰写英国史论著；培养人才，推动英国史研究和教学队伍的建设；开展国际学术交流。会刊是《英国史研究通讯》。

中国德国史研究会成立于1980年，是群众性学术团体，会长为吴友法教授。研究会团结全国德国史研究和教学工作者，组织、召开学术研讨会，编译资料，撰写论著、开展国际学术交流，推动德国史的研究。该会成立以来，已就德国文艺复兴、普鲁士道路、德国工人运动史、德国法西斯史、中德关系史等问题进行讨论。编有《德国史论文集》《中德关系史资料》《中德关系史文丛》《德国史文献与资料》（现代部分）等。

中国日本史学会成立于1980年，是群众性学术团体，会长为汤重南研究员。中国日本史学会的宗旨是：团结中国日本史研究工作者，大力开展对日本历史的科学研究活动，以期有所成就，有所创造，多出人才，多出成果；增进中日两国人民和两国史学工作者的相互理解和友谊，发展中日两国学术界的交流。学会下设九个专业委员会和两个职能部：古史专业委员会；近代史专业委员会；现代史专业委员会；战后史专业委员会；政治、社会专业委员会；经济、科技专业委员会；对外关系史专业委员会；思想文化史专业委员会；青年学者学术交流委员会，以及海外联络部和图书出版信息交流部。中国日本史学会的任务是：广泛联系、组织国内研究日本史的有关机构、专业人员；协调研究、促进交流、加强合作；组织切实可行的研究项目；接受、承担国家及有关单位委托的科研任务。组织学术讨论，开展学术（包括图书资料）交流活动，推动专题研究和历史资料的收集、编译和出版工作，并向出版单位推荐优秀科研成果。鉴定本学会和委托单位的重要科研成果。加强日本史研究队伍的建设,调动一切有利于开展日本史研究的积极因素,发现和培养人才,出版会刊,广泛积极地开展国际学术交流活动。

1980年12月,中国国际关系史研究会成立大会在广州举行。参加大会的有全国18个省、市、自治区的38所高等院校、5所军事院校、4个研究机构和3个新闻出版单位的代表共74人。中国国际关系史研究会是群众性学术团体,其宗旨是在马克思主义指导下,贯彻"百花齐放、百家争鸣"的方针,推动近现代国际关系史研究、开展学术活动,交流科研成果。具体任务是组织各种类型的学术讨论会;学术情报交流会;组织科研项目的协作;编译国际关系史资料等。研究会会刊是《国际关系史研究会通讯》。大会通过了学会章程并选举了20名理事,王绳祖当选为理事长。理事会一致决定聘请宦乡同志为学会名誉理事长,聘请陈翰笙、刘思慕、何戊双、王铁崖、张之毅等同志为学会顾问,在2000年举行的第六届年会上,全体会员一致同意将研究会更名为"中国国际关系学会"。

中国国际共运史学会,是国际共运史专业唯一的全国性学术团体,1982年8月成立,挂靠中国社会科学院马列所,1991年7月由中共中央编译局主管,首任会长王惠德。该学会的宗旨是在中国共产党领导下,以马克思列宁主义、毛泽东思想和邓小平理论为指导,组织和推动全国从事国际共产主义运动史和世界社会主义教学和研究的各方面力量,坚持"四项基本原则",贯彻"双百方针",研究国际共产主义运动史和世界社会主义的理论与实践、历史和现状、经验与教训,为我国的社会主义现代化建设事业服务。学会遵守宪法、法律、法规和国家政策、遵守社会道德风尚。学会的主要任务是以马克思列宁主义、毛泽东思想、邓小平理论和"三个代表"重要思想为指导,理论联系实际,进行国际共运与世界社会主义的教学和研究;每年不定期地举行学术报告会、座谈会,开办研讨班、讲习班和举行全国性的学术讨论会,积极开展国内外学术交流和教学经验交流;努力加强队伍建设,培养和团结从事本学科教学和科研的人才,为提高整个队伍的教学和科研水平而努力;加强与中央有关部门及各省、市、自治区的相关部门和相关学会的联系,积极参与或联合举办各种学术活动;创办会刊,编辑出版文献资料和学术著作,评选优秀论文,向有关部门推荐会员的科研成果。自学会成立以来，每年举行一次全国性的学会年会暨学术讨论会；近十年来，每次年会均开展优秀论文评选活动。学会的会刊是与中央编译局世界社会主义研究所合办的《当代世界与社会主义》杂志（双月刊）。该刊是全国中文核心期刊、中国人文社会科学核心期刊。

中国苏联东欧史研究会成立于1985年，是研究苏联和东欧历史的群众性学术团体，会长为于沛研究员。研究会发扬理论联系实际的学风，遵照"百花齐放、百家争鸣"的方针，团结和组织全国苏联和东欧历史研究人员和教学工作者，开展并协调学术研究活动，通过学术讨论，交流教学和研究工作经验，并组织会员编译资料、撰写论著，开展国际学术交流。会刊为《俄罗斯东欧中亚历史》。

中国世界古代中世纪史研究会成立于1991年，由中国世界古代史研究会（成立于1979年）和中国世界中世纪史研究会（成立于1979年）合并组成。两个专业委员会可以相对独立，进行学术活动。世界古代史专业委员会理事长：王敦书教授；世界中世纪史专业委员会理事长：刘明翰。

中国世界近代现代史研究会成立于1991年，是研究世界近现代史的群众性学术团体，会长为北京师范大学历史系张宏毅教授。中国世界近代现代史研究会，下设两个机构：世界近代史专业委员会和世界现代史专业委员会。

（二）学术刊物、人才培养和文献资料建设

中国社会科学院成立后不久，即开始着手准备创刊一批学术刊物。1978年12月，由世界历史研究所主办的《世界历史》杂志创刊。这是中国世界史专业唯一的国家级专业学术刊物，从此，中国世界史学者有了自己进行学术创作、交流学术信息、团结国内外世界历史学者的园地。在创刊号上，发表了"本刊评论员文章"《遵循毛泽东同志的教导，加强世界历史研究》。文章指出，"毛泽东同志在他的著作和谈话中，对世界史上的许多问题，尤其是对近现代史上的许多问题所做的精辟论述，为我们树立了进行科学研究的范例"。文章还强调，"学习和研究世界历史，要求我们通过对于世界各国不同时期历史进程和历史事件的具体分析，通晓人类社会历史发展的规律，总结各国历史上正反两个方面的经验，从中吸取教训，作为借鉴"。《世界历史》主要登载代表本学科国内最高学术水平的学术论文，反映本学科建设的最新进展，提倡历史感和现实感的结合，关注现实，努力回答当代社会发展中提出的一系列重大理论问题，注重扶植和培养优秀中青年学者。《世界历史》辟有史学理论与方法、研究综述、争鸣、书评、学术报道、书讯等栏目。

1992年，《史学理论研究》创刊，其前身是由中国社会科学院主管，中国社会科学院世界历史研究所、历史研究所、近代史研究所主办的全国性的史学理论研究专业刊物《史学理论》（1987—1989年）。这是我国唯一的一份有关史学理论与方法的专业性学术刊物，国家级中文核心期刊之一。该刊在《发刊词》中写道："《史学理论研究》是一本以马克思主义为指导的专门研究历史学领域各种理论方法论问题的学术刊物，是一本探讨有关客观历史过程和有关历史认识以及史学本身发展中各种重大问题的理论刊物，是一本推动历史学与其他社会科学学科以及自然科学学科相互渗透融合、促进跨学科研究的交叉性学科的专业刊物。"在《发刊词》中，编者还就办刊工作中如何坚持马列主义、毛泽东思想的理论指导，反对形形色色的各种错误思潮和观点，反对意识形态领域里的和平演变等问题，进行了较详尽的阐释。《史学理论研究》以发表高水平的学术论文为主，及时反映广大史学工作者的最新研究成果。该刊立足当代中国史学发展现实，同时重视追踪国外史学研究的前沿课题。其内容包括中外史学理论与方法、中外史学思潮、中外史学流派、中外史学比较、历史学分支学科和历史学跨学科研究、中外史学发展史和史学思想史、当代外国史学名著译文，以及中外著名史学家和史学名著评析等。《史学理论研究》关注现实问题，努力做到理论与实践、历史与现实的统一，使史学理论与方法的论文，体现鲜明的时代精神。每期文章的摘要和目录，均在美国《历史文摘》（*Historical Abstracts*）和《美国：历史和生活》（*American: History and Life*）杂志上刊载。此外，世界历史研究所还主办有《世界史研究动态》（1979—1994年）、《史学理论》（1987—1989年）、《外国史知识》（1981—1986年）、《世界历史译丛》（1979—1980年）等，这些刊物包括已经停刊的世界历史方面的刊物，在中国世界历史学科建设中曾发挥了不可替代的作用。

近年我国世界史研究和教学队伍有了长足发展。年轻一代高级专门人才的培养，是我国世界史学学科建设的又一重要内容。自1978年开始招收世界史专业的研究生，在人才培养方面具有重要意义。中国社会科学院世界历史研究所、地方社科院、所，以及高等院校世界史研究机构的科研、教学人员，是我国世界史研究的基本队伍。这支队伍中年富力强的学术骨干，大多在改革开放之后成长起来。现在，大批国内外培养的硕士、博士研究生，通过教学或科研实践的锻炼，已成为各自岗位的中坚力量。随着研究生教育的发展，高校历史系招收攻读外国史学理论和史学史的硕士、博士研究生的名额不断增加，如复旦大学历史系、华东师范大学历史系、清华大学思想文化研究所、四川大学历史系、天津师范大学历史系、中国社会科学院研究生院世界历史系近年毕业了一批攻读外国史学理论的硕士、博士研究生，使外国史学理论研究队伍的科学水平不断提高，后继有人；世纪之交，中国社会科学院世界历史研究所博士后流动站开始接受以外国史学理论为研究方向的博士后研究人员。这一切为外国史学理论研究队伍补充了新鲜血液，成为外国史学理论研究持续发展的重要动力之一。

随着世界史研究的深入发展，在北京大学、东北师范大学、南开大学、首都师范大学、复旦大学、华东师范大学、武汉大学、浙江大学、厦门大学、西北大学、云南大学、吉林大学、河南大学等高校建有国别史、地区史或专史的各类研究机构，这些研究室、研究中心或研究所除担负教学任务外，还承担着省部级或国家级的重点科研任务，历年硕果累累，不少课题开辟了新的研究领域，或填补了研究空白，有一定的开拓意义，为繁荣中国的世界史研究做出了重要贡献。

20世纪80年代以来，国家社会科学基金项目评审会下设世界史评审组，由来自全国高校或研究机构的专家学者组成。每年召开会议评审研究课题项目或制订哲学社会科学发展规划时，都对如何加强世界史学学科建设给予了充分的重视，无论是重大项目、重点项目、一般项目或青年项目，都给予了较多的支持。这些项目有重要的学术价值和现实意义，它们的完成对提高世界史研究水平，加速人才培养，加强世界史学学科建设都具有重要的意义。

1976 年"文化大革命"结束后，20 世纪 60 年代出版的《世界通史资料选辑》，为了适应教学工作发展的需要，在 80 年代初修订重印，仍然由商务印书馆出版。这次修订重印时，针对旧版存在的问题，做了比较大的修改。例如在"中古部分"便做了以下五个方面的变动：对德国、意大利、拜占庭、法国、土耳其等基础薄弱的章节，补充了必要的内容；对英国、法国、俄国农民起义、意大利梳毛工人起义等的介绍，增加了一些史著中的相关数据；对早期文艺复兴、尼德兰革命、三十年战争的介绍，增加了国外新书刊中的一些数据；增加了与中国邻近的东南亚国家的经济、文化方面的史料；除继续使用英文、俄文和日文史料外，还新增加了较多的法文史料。

20 世纪 80 年代初修订重印《世界通史资料选辑》时，新增加了"现代部分"第一、第二分册，由齐世荣教授主编。《世界通史资料选辑·现代部分》两册的上下限为 1917—1939 年，即俄国十月革命胜利到第二次世界大战爆发。这一历史时期的内容十分丰富，编者从国际关系、国际共产主义运动、欧洲国家、美洲国家、拉丁美洲国家等方面加以介绍，收有不少珍贵的历史文献，对开展相对薄弱的世界现代史研究，有积极的推动作用。在我国，世界现代史研究正是在 80 年代之后蓬勃发展起来的。

中国历史研究重视文献资料收集、整理和研究的优良传统，在 20 世纪 80 年代以来的世界历史研究中，有具体的体现。李书城主编的《中国日本学文献总目录》，中国人事出版社 1995 年版，收入自先秦到 20 世纪 90 年代万余条目录，内容较为系统、完整，为深入研究日本史提供了有利条件。1996—1997 年，中国社会科学出版社出版《战后中日关系文献集》两卷（1945—1970，1970—1995），共收 930 份重要文件，是研究战后中日关系史重要的历史文献资料。刘同舜主编《战后世界历史长编》（10 卷），上海人民出版社 1975—1997 年出版。该书按照年代分编：40 年代（1945—1949 年）为第一编；50 年代为第二编；60 年代为第三编；70 年代为第四编。《长编》以战后国际关系为主要内容，重大历史事件单独立专题，作较为详尽的叙述，一般事件在日志中记述。另附有部分历史人物传记。该书取材较为丰富，兼有工具书和一般著作的特点。

关于国际共运史研究，改革开放新时期整理出版的史料文献较多，主要有巴赫主编《第一国际和巴黎公社（文件、资料）》，三联书店1978年版；罗新璋编译《巴黎公社公告集》，上海人民出版社1978年版；中央党校党建教研室选编《共产主义运动国际章程汇编》，河南人民出版社1980年版；中央编译局国际共运研究室编《国际共运史研究资料》（1—6辑），人民出版社1981—1982年版；《国际共产主义运动史文献》编委会编译：《第一国际总委员会会议记录1864—1866》。该书从苏共中央马列研究院编辑的5卷本《第一国际总委员会会议记录》中的第1卷，译成中文出版。在这些文献中，有些具有不可替代的重要的史料价值。例如，《巴黎公社公告集》是根据巴黎国立图书馆所藏《巴黎公社公告》，并参照《法兰西政治墙》一书和《法兰西共和国公报》，及有关书刊资料辑录而成。几乎包括了巴黎公社时期发布的所有公告。"公告是公社时期一种重要的宣传方式。取其形式便捷，张贴于街头路角，在风云激荡的革命时期，配合急遽发展的革命形势，能将各项政令、决议、号召、战报，迅速传达到社会各阶层。是当时公社联系群众的纽带，起着宣传革命、推动革命的历史作用；今天，这些记载着公社前进步伐的公告，成为我们了解公社、研究公社的宝贵史料。"① 这些传单均为原件，有些揭自街头的公告，可见到当年的硝烟弹痕，作为历史的见证更为珍贵。

关于国际关系史的文献资料，相当一部分分别选入断代史或第二次世界大战史等专门史的文献选编中。尽管如此，仍有专门的国际关系史文献汇编问世，这对于弥补部分重要文献缺漏，推动国际关系史学习有积极的作用。例如，王绳祖主编，何春超、吴世民为副主编的高等学校参考资料《国际关系史资料选编》，武汉大学出版社1983年出版。编者说，"学习和研究国际关系史，必须直接接触各种国际文件和资料，以便学生在学习理论的同时，能够了解和分析一些实际问题。这本《资料选编》是适应这种需要而编辑的"②。该书精选基本的国际文件和资料，包括原始档案文件，

---

① 罗新璋编译：《巴黎公社公告集》，上海人民出版社1978年版，第1页。
② 王绳祖主编：《国际关系史资料选编·说明》，见《国际关系史资料选编》上册第一分册，武汉大学出版社1983年版。

如条约、协定、照会、备忘录、外交文书和历史人物的回忆录等。近代国际关系，按照以下分期选编：英国法国资产阶级革命时期欧美的国际关系；维也纳反动体系和东方问题；1848年欧洲革命到普法战争时期的欧美的国际关系；1870年以前欧洲国家对亚非的侵略和亚非各国反殖民主义的斗争；1871年至19世纪90年代中期的欧洲国际关系；19世纪70—90年代列强瓜分世界的争夺；帝国主义的最终形成和帝国主义瓜分世界斗争；两大军事集团的形成和战争危机的加深；第一次世界大战时期的国际关系。现代国际关系，按照以下分期选编：十月社会主义革命对国际关系的重大影响，苏联建国初期的对外关系；凡尔赛——华盛顿体系；第一次世界大战及十月革命后民族解放运动的新发展和国际关系；1924—1925年的国际斗争；新的战争策源地的形成；第二次世界大战的序幕；中国抗击日本入侵，第二次世界大战开始；西欧遭受德国闪电袭击，第二次世界大战的扩大；第二次世界大战全面展开，德意日法西斯败降。1996年6月，王绳祖、何春超、吴世民编选《国际关系史资料选编》（17世纪中叶—1945）（修订本），由法律出版社出版。该书所选以基本的国际文件和资料为限，仅包括一些原始资料，即条约、协定、照会、备忘录、外交文书和外交人员回忆等，一般论述或后人记述均未收入。《国际法资料选编》一书中已有的资料，该书也没有选用。全书分为三编，分别是：近代国际关系（上）（17世纪中叶—1871）；近代国际关系（下）（1871—1918）；现代国际关系史（1917—1945）。

除上述已经提及之外，一些重要的文献资料汇编还有张宏毅主编《当代世界史资料选辑》第1分册，北京师范学院出版社1990年版。黄安年主编《当代世界史资料选辑》第2分册，首都师范大学出版社1993年版。张象主编《当代世界史资料选辑》第3分册，首都师范大学出版社1996年版。李巨廉、王斯德主编《第二次世界大战起源历史文件资料集》，华东师范大学出版社1985年版。沈志华主编《苏联历史档案选译》1—36卷，社会科学文献出版社2000年版。《战后世界历史长编》，上海人民出版社1975—1992年版。王斯德主编《世界现代史参考资料》（上下），高等教育出版社1988年版等。

自2004年起，北京师范大学历史学院对20世纪90年代编写出版的

"历史学基础课教材"进行修订和补充，同时又新编了若干种，使之成为21世纪史学基础课系列教材①。为了使学生更好地使用这套教材，从2008年开始，开始编写"历史学基础课系列教材配套用书"，如《世界上古史资料汇编》《世界中古史资料汇编》《世界近代史资料汇编》《世界现代史资料汇编》《西方史学史资料汇编》等，由北京师范大学出版社在2009年陆续出版。这些配套的资料汇编，严格按照教材的编撰内容，精选重要文献价值的史料，以补充教材内容，丰富教材内涵，同时使历史专业的学生养成重视历史文献，从基本文献入手研读历史的习惯。

世界历史方面的历史学基础课系列教材配套用书，都包括编者导语、关键文献、参考文献、论著目录、材料解析题和答案等方面的内容。编者所选的历史资料和文献，注意选择国内现有完整、准确和新近的译本，同时从英文、德文、俄文和日文文献中选译重要的资料。文献资料汇编并非是消极的资料整理，同时也是积极的创造性的工作。选编过程和历史研究的过程一样，同样需要科学的理论与方法和丰富的学识。例如，《世界现代史资料汇编》以20世纪60年代末70年代初为限，分为上下两辑。编者在解释这样断限的原因时，主要是考虑"20世纪60年代末70年代初是世界政治、经济、思想、文化、科技和国际关系发展的一个极其重要的分界线。因为，世界视野下的20世纪60年代末70年代发生了一系列具有巨大历史意义的变化和事件"②。这些事件主要包括尼克松1971年堪萨斯讲话；中华人民共和国1971年恢复在联合国的合法席位；1972年欧共体首脑会议宣布建立欧洲联盟；1973年第二次美元信用危机爆发，美元霸权地位终结；1973年世界性经济危机，以及1973年苏美首脑会谈等。编者认为，这些事件虽然不能和两次世界大战相比，但作为一个阶段的标志性的历史事件，同样对世界历史的发展产生了重要影响。

《世界现代史资料汇编》第一辑，选编了20世纪初到60年代末的重大历史事件的文献资料，主要内容是：20世纪初的世界与第一次世界大

---

① 世界史方面的主要教材有：《世界上古史》《世界中古史》《世界近代史》《世界现代史》（1900—2000）、《西方史学史》等。
② 张建华主编：《世界现代史资料汇编》上辑，北京师范大学出版社2009年版，第1页。

战；俄国社会主义革命和苏维埃政权建设；20 世纪 20 年代的主要资本主义国家和匈牙利革命；20 世纪 30 年代世界经济大危机下的主要资本主义国家；两次世界大战之间的民族民主运动；20 世纪 30 年代的国际关系；第二次世界大战；20 世纪上半期的科学技术与文化发展；第二次世界大战后初期的国际局势与"冷战"全面展开；社会主义阵营的建立和发展；20 世纪 50—60 年代西方国家的恢复与发展；第二次世界大战后世界范围的民族独立运动；20 世纪 50 年代到 60 年代末的国际关系。

第二辑选编的 20 世纪 70 年代以来的重大历史事件的文献资料，主要内容是：20 世纪 70 年代以后西方国家的政治、经济发展和调整；20 世纪 70 年代以后社会主义国家的探索与改革；20 世纪 70 年代以后的国际关系和雅尔塔格局的瓦解；新技术革命的成就与思想文化多元化；20 世纪 70 年代以后亚非拉发展中国家和地区的发展与东亚新兴工业模式；20 世纪 70 年代以后世界经济格局的演变；"冷战"后国际关系的演变；"冷战"后英国、美国、德国和俄罗斯的发展与调整；20 世纪与 21 世纪之交的世界新趋势。从以上两辑选编的内容看，这部《世界现代史资料汇编》从文献资料的层面上，具体地反映了我国世界现代史研究的最新进展。

梅雪芹主编《世界近代史资料汇编》，北京师范大学出版社 2009 年版。该书是为刘宗绪教授主编的《世界近代史》（北京师范大学出版社 2004 年版）所编的配套资料，其章节设置与该教材基本一致。所编资料时间段起自 16 世纪，讫于 19 世纪与 20 世纪之交。这部教材可帮助学生从基本史料入手，准确而深刻地把握近代世界历史的发展变化，为在校学习和今后研究世界近代史打下坚实的基础。为了适应历史学本科生世界近代史教学的需要，每章之首均有"编者导语"，介绍该章资料的主要内容；每节所选的文献资料分为"关键文献"和"参考文献"；有些章节还附有论著目录、材料解析题和答案，当然，这些答案并非完整、标准的回答，仅供学生或读者学习时参考。本资料选录的基本原则，一是更多地覆盖教材内容，二是尽量保持所选资料的完整性，三是力求所选资料的权威性。材料来源以常见的已出版的资料为主，也有一些选自相关著作，个别内容系第一次译出。

20 世纪 80 年代问世的 8 卷本《外国历史名人传》，10 卷本《外国历史大事集》，在中国世界史学科建设中，具有重要的意义。这主要表现为这两部著作不单纯是历史知识的传播。更为重要的是，与这两部优秀成果联系在一起的，是改革开放初期中国世界史研究力量的整合、人才的培养，以及在全国范围内世界史学者的协调和协作，一支前所未有的世界史研究和教学队伍的建立，从而为我国世界史学科的建设奠定了坚实的基础，并为后来从整体上提高世界历史研究的科学水平，开辟了现实的宽广的道路。

《外国历史名人传》，朱庭光主编，中国社会科学院世界历史研究所组稿编辑。全书为8卷，其中古代中世纪部分2卷，近代部分3卷，现代部分2卷，补遗1卷，中国社会科学出版社和重庆出版社1981—1985年出版。这是一部兼有工具书性质的世界史读物。它概述了不同时代600多位历史人物，包括政治家、思想家、社会活动家、科学家和军事家等。在阐述这些历史人物的传略时，重视结合他们所处的时代背景加以概述，侧重介绍他们的社会政治活动、政治主张、思想观点，以及重要著述；同时坚持马克思主义的理论指导，正确评价历史人物。

《外国历史大事集》，朱庭光主编、张椿年副主编，中国社会科学院世界历史研究所组稿编辑。全书10卷，其中古代中世纪部分2卷，近代部分4卷，现代部分4卷，重庆出版社1985—1989年出版。这部著作"列入第六个五年计划期间全国哲学社会科学的发展规划"，是"世界史学科的国家重点项目之一"[①]，国家科研项目。《外国历史大事集》是"《外国历史名人传》的姊妹篇，从阐述、剖析、评价历史事件的角度，考察和反映世界历史的演变。也可以说，它是一套集纳记述世界历史上占有一定地位的各国重大历史事件的系列化的文集汇编"。"在世界史学科基础建设方面，有许多工作正在或亟待进行，包括大量翻译出版外国史学名著，汇编各种专题的、地区的和断代的基本史料，编纂各类品种的辞书、工具书，等等……编辑出版《外国历史大事集》，亦是其中的一项工作。"编写《外国历史大事集》的目的，不仅是为了推动世界史研究为我国的社会主

[①] 朱庭光：《外国历史大事集·前言》，见朱庭光主编《外国历史大事集》近代部分第一分册，重庆出版社1985年版，第1—2页。

义现代化建设事业服务，同时也是"为了促进世界史学科的基础建设，开拓选题，锻炼队伍"，同时将其"作为编纂我国多卷本世界通史的准备工作的一个环节，一项阶段性的成果"①。距 10 卷《外国历史大事集》问世，已经 20 多年过去了。事实证明，《外国历史大事集》确实完成了上述艰巨的任务。

中国学者编纂的世界历史方面的工具书，除了已经提及的《中国大百科全书·外国历史卷》外，上海辞书出版社 1985 年出版由靳文翰、郭圣铭、孙道天主编的《世界历史词典》，这是一部有较高学术价值的中型专业工具书。全书 221 万字，7600 多词条，包括政治、经济、军事、外交、文化、科技、艺术等方面的内容。中国社会科学院拉丁美洲研究所编《拉丁美洲历史词典》，1993 年由上海辞书出版社出版，也是一部很有特点的世界史词典。全书约 160 万字，4880 词条，内容涉及文化遗址、经济、社会、历史事件和历史人物、政治组织、国际会议和条约、宗教、民族、语言、文化教育、音乐舞蹈，以及民俗、特产等。

王觉非主编《欧洲历史大辞典》（上下），上海辞书出版社 2007 年出版。王觉非（1923—2010），著名英国史专家，早年毕业于中央大学（南京大学）历史系，任南京大学欧美研究中心主任、中国英国史研究会会长、英国皇家历史学会通讯会员。《欧洲历史大辞典》是一部关于欧洲历史的大型专业性工具书。从远古至公元 21 世纪初，共收词 12650 条，释文约 453 万字。词目分类编排，依时序分为四个断代：远古至公元 5 世纪的欧洲；公元 5—15 世纪的欧洲；16 世纪至 1918 年的欧洲；1918 年以后的欧洲。该辞典的编写原则体现了一般工具书的特点，即政治性、科学性、知识性、稳定性和实用性的统一，这对史学辞典尤其有重要的意义。收录的词目十分丰富，包括人物、事件、地名、邦国、王朝、民族、家族、政党、组织、制度、法律、宗教、著作、国际会议和国际条约等。《欧洲历史大辞典》虽然是一部工具书，但也在一定程度上反映了我国欧洲史研究的新进展，为学习或研究欧洲历史提供了诸多帮助。

---

① 朱庭光：《外国历史大事集·前言》，见朱庭光主编《外国历史大事集》近代部分第一分册，重庆出版社 1985 年版，第 4—6 页。

国外学者的一些有价值的世界史辞书，或兼有工具书性质的世界史年鉴等，在中国世界史学的史料建设中，也占有一定的地位，不可忽视。美国哈佛大学名誉教授威廉·兰格主编有《世界史百科全书》第 5 版，1972 年出版。在西方史坛，《世界史百科全书》是一部有影响的历史工具书，自 1940 年以来，每隔几年即出版增订本。该书译成中文时，改名为《世界史编年手册》，分"古代和中世纪部分""现代部分"，由三联书店在 1981 年和 1978 年分别出版。编者除了重点叙述政治、军事、外交方面的内容外，也兼有科学技术和文学艺术。英国历史学家杰弗里·巴勒克拉夫主编有《泰晤士世界历史地图集》，该地图集除了约 600 幅地图外，还有 1600 多条历史名词的"专名汇编"，世界历史大事年表，以及 127 篇文字叙述。《世界史便览》（公元前 9000 年—公元 1975 年的世界）即将《泰晤士世界历史地图集》中的文字部分抽出单独成册，由三联书店 1983 年出版。

（三）中国大百科全书和世界历史地图集

20 世纪 80 年代到 90 年代初，中国世界史学者通过自己的研究成果，在加强世界史学学科建设上，迈出了坚实的步伐。1990 年 1 月，《中国大百科全书·外国历史卷》由中国大百科全书出版社出版，这是世界史学学科建设的重要成果之一。

《中国大百科全书·外国历史卷》，共计两册，约 333.4 万字。该卷编辑委员会主任为陈翰笙，副主任为刘思慕、吴于廑、朱庭光。主要内容包括亚洲、非洲、欧洲、拉丁美洲、北美洲、大洋洲等国家和地区的历史，国际共产主义运动的历史，国际关系史等。此外还有"总论"，涉及人类的起源、社会经济形态、三大宗教、外国史学理论与史学史、中国世界史研究机构、团体、学者，等等。该书词条质量普遍较高，虽然不是论文或专著，但确是几代中国世界史学者共同努力的结果，从整体上反映了我国世界史研究当时所能达到的水平，是一个多世纪以来，中国人民对外国历史的认识不断深化、系统化、科学化的一个缩影。2009 年，在新中国成立 60 周年之际，《中国大百科全书》第 2 版 32 卷问世，新版本按照国际通例，按照拼音字头排序，不再按照学科分卷。《中国大百科全书》问世以来，人类社会发生了急剧变化，各领域的知识大幅度更新，鉴于该书是面向 21 世纪反映国家科学文化水平的新一代百科全书，所以在撰写第 2 版时，在理论上和文献资料上，进行了较长时间的准备。世界历史部分，在原有基础上，约三分之一新增写，三分之一改写，三分之一删除。数以百计的世界史学者全力以赴投入到这项工作中，在设计条目和行文时更加注意综合性和检索简便性，在努力做到学术性、准确性和可读性相统一的前提下，对如何做到深入浅出、雅俗共赏进行了有益的尝试。

中国自古以来，就有"左图右史"的传统。世界历史地图集在史料建设中的作用，为越来越多的世界史学者所理解和认同。1985 年，三联书店出版了杰弗里·巴勒克拉夫主编的《泰晤士世界历史地图集》，这是继英文、德文、意大利文、法文、荷兰文、日文和希伯来文之后的中文本。《泰晤士世界历史地图集》英文本在 1979 年出版，约 600 幅地图蕴涵着丰富的历史内容，正如出版者所强调的那样，《地图集》反映了人类起源到 1975 年为下限的人类历史的运动和发展，表现了人类文明在各个历史时期所形成的不同发展水平，以及不同文明在历史上的成就、挫折和复兴。主要内容包括早期人类的世界、最初的文明、欧亚的古典文明、划分为地区的世界、新兴的西方世界、欧洲统治时期、全球文明时代。杰弗里·巴勒克拉夫倡导"全球历史观"，对"欧洲中心论"持批评态度，他认为，主要从西欧观点来解释历史已经不够了，因此西方史学需要"重新定向"，史学家应该"从欧洲和西方跳出，将视线投射到所有的地区和时代"[①]。他指出，"今天历史学著作的本质特征就在于它的全球性"，世界史研究的重要任务之一是"建立全球的历史观——超越民族和地区的界限，理解整个世界的历史观"[②]。这样才能抛弃西欧中心论的偏见，"公正地评价各个时代和世界各地区一切民族的建树"[③]。他的这些观点，在该《地图集》中明显地体现出来。

---

① [英] G. 巴勒克拉夫：《处于变动世界中的历史学》（Geoffery Barraclough, *History in a Changing World*, Oxford, 1955），第 27 页。
② [英] G. 巴勒克拉夫：《当代史学主要趋势》，杨豫译，上海译文出版社 1987 年版，第 1、242 页。
③ [英] G. 巴勒克拉夫主编：《泰晤士世界历史地图集》，三联书店 1985 年版，第 13 页。

西方学者的一些国别史的历史地图集,也介绍到国内来,这对史料的积累和建设也是有益的。如英国历史学家马丁·吉尔勃特编《俄国历史地图集》,三联书店 1974 年出版。原书于 1972 年问世,编者以 142 幅地图概述了从公元前 800 年到公元 1970 年的俄国历史。中文本从中选了 52 幅地图,主要内容是俄罗斯国家的形成、疆域的变化、俄罗斯国家形成后对外领土扩张等。书末附有原书目录、译名对照表,以及较为详细的参考书目,对深入研究相关问题有较大的帮助。美国历史学家爱伦·F. 丘著《俄国历史地图解说——一千一百年来俄国疆界的变动》,37 幅历史地图,商务印书馆 1980 年出版。原书于 1967 年由耶鲁大学出版部印行,1970 年修订再版,作了较多的修改,被西方高校广泛采用。这部《地图解说》按照年代顺序,图文对照,将俄国历史上各个时期疆域变动的情况作了具体的、详细的表述。"本书的最大特点,就是它把俄国(苏联)与其邻国之间的边界问题说得很清楚。在历史上,俄国总是以邻国为牺牲来扩展其边界的"①。书末附录有"俄国一些较为重要的城镇名称的改变",以及译名对照表。

1960 年,人民教育出版社出版了朱龙华编《古代世界史参考地图》,从原始社会、两河流域及西南亚其他地区之古代文明、古埃及、爱琴文化、古希腊、古罗马等方面进行了介绍,内容较为丰富。

1981 年,外语教学与研究出版社出版了《世界史参考地图 1640—1945 年》,应该说这是一本世界近、现代历史的地图集。由北京外国语学院国际政治教研室洪育沂编译、李谋远绘制。该地图集除"译名对照表""主要资料来源"外,共编有 41 幅地图,自新航路的探索、17 世纪英国资产阶级革命起,直至欧洲反法西斯战争的胜利、联合国的成立等。"这本示意图,是利用国内外一些历史地图,加工绘制编译的,可供具有中等以上文化程度的读者学习世界近、现代史和国际关系史参考。"② 该书所绘内容除重大的领土变迁外,几乎包括了世界近现代历史上所发生的所有重

---

① [美] 爱伦·F. 丘:《俄国历史地图解说——一千一百年来俄国疆界的变动》,郭圣铭译,商务印书馆 1980 年版,第 I 页。

② 洪育沂编译、李谋远绘制:《世界史参考地图 1640—1945 年》,外语教学与研究出版社 1981 年版,封三。

大历史事件，对于西欧北美以外地区的重大历史事件也给予了充分的重视，如"独立前后的拉丁美洲""1857—1859 年印度民族起义""19 世纪中叶日本的反幕府的斗争""沙皇割占中国领土""帝国主义瓜分非洲""彼得格勒十月武装起义""1918—1923 年土耳其民族革命""意大利侵略埃塞俄比亚""波兰的领土变迁""日本的侵略扩张"等。每幅历史地图都有内容简明扼要的文字说明，为读者正确理解地图所描绘的内容有较大的帮助。

近年中国学者还编有两部有较大影响的世界历史地图集。其一，吴于廑主编《大学世界历史地图——从地图看世界历史行程》，人民出版社 1988 年出版。编者认为，"世界历史行程这一宏伟而悠久的为人类自古及今所曾经历的客观过程，可以用一系列的地图，铺开它的纵向和横向两个方面，投入读者的视野，借以一览它的演变的轮廓"①。该地图集计列有 67 幅地图，从"人类的起源""农耕与畜牧的起源"，直至"帝国主义殖民体系及其没落""社会主义中国屹立在世界东方""处于科学技术新发展中的当代世界"。为学习和研究方便，所编地图一般都有主图和附图，在图目的编列和文字说明上力求显示出世界历史进程的主线。

其二，张芝联、刘学荣主编《世界历史地图集》，中国地图出版社 2002 年出版。"本地图集编选的范围，上起原始社会，下讫海湾战争与东欧剧变。分上古、中古、近代、现代四部分；内容包括政治、军事、经济、文化和国际关系方面的事件和政区疆界，并适当地选了一些反映人民革命斗争的图幅。作为一部世界历史地图集，当然应包含中国史的内容，因为我国是一个文明古国，对世界历史的发展做出了重要贡献。在本地图集中中国史也占有一定的篇幅。这既突出了中国特色，也便于中外对照。"② 本地图集编选时，广泛汲取了中外学者的研究成果，主要有《中国历史地图集》（8 卷）、《中国近代史稿地图集》《中国现代史地图集》《大学世界历史地图——从地图看世界历史行程》《泰晤士世界历史地图集》，

---

① 吴于廑：《大学世界历史地图——从地图看世界历史行程·前言》，见《大学世界历史地图——从地图看世界历史行程》，人民出版社 1988 年版。
② 张芝联：《世界历史地图集·前言》，见张芝联、刘学荣主编《世界历史地图集》，中国地图出版社 2002 年版。

以及苏联科学院主编《世界通史》10 卷本中的附图等。

（四）中国社会科学院世界历史研究所

1964 年成立的中国社会科学院世界历史研究所（当时称中国科学院世界历史研究所），现在已发展成为中国世界史研究的中心，以学科齐全，人才集中，学术影响广泛，文献资料丰富的优势，进行着创造性的基础研究、对策性、前瞻性研究和马克思主义史学理论探索，肩负着不断提高中国世界历史研究科学水平的使命。从整体上看，其研究成果、研究力量和研究潜力，均在国内居领先地位。世界历史研究所的研究人员主持有国家社科基金重大课题、重点课题；还主持有中国社会科学院重大课题、重点课题；同时还承担各种类型的委托交办课题。这些课题的最终成果对我国世界历史学科建设，以及世界历史专业人才的培养，具有重要的意义。

世界历史研究所现设古代中世纪史研究室；俄罗斯中亚研究室；西欧北美研究室；亚、非、拉美研究室；史学理论研究室 5 个研究室：其中依托在古代中世纪史研究室的古代中世纪史学科；依托在西欧北美研究室的西欧史学科，依托在史学理论研究室的史学理论学科为中国社会科学院的重点学科。世界历史研究所还设有《世界历史》《史学理论研究》两个编辑部，均为国内外公开发行的国家级核心期刊。两刊在发表高质量的学术论文、加强中外学术交流、团结中国世界史、史学理论研究学者，培养世界史研究新人，推动相关学科建设等方面，发挥着不可替代的积极作用。

世界历史研究所是中国社会科学院第一批数字化研究所 8 个试点单位之一，而且还是试点单位中的 4 个重点支持单位之一。2002 年 8 月，8 个试点单位汇报演示信息化建设方案的实施情况。经院外专家评审，世界历史研究所综合评分为第一名，世界历史研究所专业图书馆藏书十多万册，多种语言外刊 50 余种。

世界历史研究所（中国社会科学院研究生院世界历史系）有两个博士学位授权学科专业，即史学理论及史学史、世界史；同时还有史学理论及史学史、世界史两个硕士学位授权学科专业。史学理论及史学史、世界史两个学科专业同时接受博士后科研流动人员。自 1999 年建站以来，已经有多人出站，其中包括我国第一位史学理论博士后流动人员，这些人员大多成为科研或教学单位的骨干。

世界历史研究所十分重视国际学术交流，在对外学术交流方面逐年取得进展，平均每年出访世界各国 20 批次，接待来访学者 25 批次。几乎每年都举办各种国际学术会议。大力拓宽对外交流渠道。除每年院里的固定交流渠道外，世界历史研究所几年来先后与国际历史科学委员会、美国福特基金会、德国艾伯特基金会、德国洪堡大学、法国凡尔赛大学、俄罗斯科学院世界历史所、莫斯科大学历史系等国家和地区的研究机构建立较为固定的联系。搞好学会工作对于加强学术交流，加强学科建设，具有重要的意义。在世界历史所挂靠的学术单位有：中国史学会、中国国际文化书院、中国古代中世纪学会、中国近现代史学会、中国美国史学会、中国苏联东欧史学会、中国法国史学会、中国英国史学会、中国德国史学会、中国日本史学会、中国朝鲜史学会、中国中日关系史学会、中国非洲史学会、中国拉丁美洲史学会、中国二战史学会 15 个国家一级学会。多年来世界历史所一直与各个学会保持良好关系，充分发挥了世界历史研究所在中国世界史研究中的核心地位和协调作用，为学科发展发挥了积极的作用。

（五）高校世界历史研究机构的建立

在我国世界历史研究领域中，高等院校的教学和研究人员，是一支十分重要的力量。近 20 年来，原本比较分散的、缺乏统一协调管理和长远发展规划的世界历史教学和研究人员，得到了进一步的整合，并逐渐纳入学校各类中长期发展规划中。世界历史学科建设普遍得到重视，出人才、出成果，以及世界历史的教学和研究中的理论创新、学术观点创新和方法的创新，不再是一句空话。一些原来世界史学科基础比较好的学校，更是焕发出新的学术活力和创新能力，为推动当代中国世界历史研究的发展，不断做出新的贡献。

北京大学世界历史研究院　北京大学世界史学科起源于京师大学堂 1903 年开设的万国史学门。1920 年，李大钊先生任历史系教授后，曾讲授史学概论，西方历史哲学，传播马克思主义史学和唯物史观。陈翰笙、陈衡哲、陈受颐、何炳松、冯承钧、冯家升、张星烺等史学先贤曾先后在此教授外国史或中外交通史。1952 年院系调整后，清华、燕京等校的齐思和、杨人楩、周一良、王铁崖等会聚北京大学。1981 年,"世界地区国别史""世界近现代史"获得首批硕士、博士学位授予权;1988 年,世界史入选首批国家重点学科;1995 年北京大学历史学系成为首批国家文科基础学科人才培养和科学研究基地。1992 年,建立全国高校历史学科第一家博士后流动站。1998 年又获首批历史学一级学科博士学位授予权。

世界史学科目前有世界上古中古史、亚非拉近现代史、欧美近现代史三个主要领域,涉及国别史、地区史、近现代专题史、专门史、古代东方、欧洲中世纪史、中世纪教会史、文艺复兴与宗教改革史、世界现代化进程、全球化进程、欧洲学等十多个研究方向。2005 年建世界史研究院,下属 4 个教研室及若干研究机构(包括希腊研究中心、世界现代化进程研究中心、东北亚研究所、拉丁美洲研究中心、意大利教育联络中心等)。北京大学世界史学科一贯重视本科教学,资深教授坚持上本科生专业课为国内同类学科不多见。本专业现开设本科生课程 40 多门,其中主干基础课 12 门,专业选修课 20 多门,专业外语课 10 门。课程多,涉及面广,尤其有丰富的选修课,为学生提供了充足的知识资源。

北京大学世界史学科十分重视国际学术交流,与十几所海外高等院校建有固定的合作交流关系,包括美国耶鲁大学、英国伦敦政治经济学院、英国爱丁堡大学、法国巴黎高师、德国柏林自由大学、日本东京大学等。学科每年接待四五十名海外学者开设讲座,接受外国学生前来访问或进修,并向国外派出大批学生包括本科生。

复旦大学世界史学科 复旦大学世界史学科具有悠久的学术传统,1925 年历史系创建之时即成立了世界史学科,经过近半个世纪的发展,到 60 年代初已成为国内世界史研究的中心之一,著名世界史家周谷城、耿淡如、王造时、陈仁炳、朱澂、张荫桐、程博洪、靳文翰、章巽、田汝康、汪熙、姚楠、吴杰等先生曾在这里任教。在老一辈学者的开拓下,该学科也形成了基本的学科建制和学术特色。1981 年,获国内首批世界上古中古史、世界近现代史和地区国别史 3 个博士点,后于 90 年代统一归并为世界史博士点。该学科目前有 27 人,其中教授 14 人,副教授 9 人,讲师 4 人,其中具有博士学位 23 人,45 岁以下的人员占总人数的 59%。在所掌握的语言种类上,计有古代语言古希腊语、拉丁语、埃及象形文字、梵文、巴利文，现代语言则涵盖英语、法语、德语、俄语、日语、韩语。该学科近年一直与国内外学术研究机构保持密切的学术联系，如美国哈佛大学、霍普金斯大学、英国伦敦大学、曼彻斯特大学、法国巴黎一大、德国海德堡大学、奥地利萨尔茨堡大学，日本的东京大学、庆应大学、早稻田大学、京都大学，韩国高丽大学等。与中国台湾、香港地区的大学和有关机构也有着经常性交流。

经过多年来的建设与发展，复旦大学世界史学科形成了四个富有特色的研究方向，即世界古代文明研究、西方史学史、西方近现代思想文化史和东亚文明研究。世界古代文明研究：该学科的优势和已形成特色的研究方向。7位学者的研究领域涵盖了世界主要的古代文明。近年来在国内外重要学术刊物上发表多篇具有影响的学术论文（其中《历史研究》6篇），在国外用英文和德文发表9篇论文（其中国际人文与艺术索引刊物［AHCI］2篇）。为了在比较的视野下研究世界各古代文明，于2005年成立了"古代文明研究中心"。西方史学史：复旦大学历史系在国内素有西方史学史研究和教学的优良传统，近30年来，张广智等继承了耿淡如先生开创的西方史学研究传统，出版了一系列论著，如《克丽奥之路——历史长河中的西方史学》《史学，文化中的文化——文化视野中的西方史学》《西方史学散论》《现代西方史学》《西方史学史》《当代西方历史哲学读本》《西方历史叙述学》等。陈新、周兵在西方古典史学、西方近现代史学思潮与史学流派、西方史学与马克思史学、中西史学交流、西方新社会文化史、当代西方新史学等方面都做了系统地梳理和研究。西方近现代思想文化史：20世纪80年代，复旦大学世界史学科便在国内率先倡导世界文化史研究，由周谷城、田汝康先生主编出版了多达40本的"世界文化史"丛书。目前，由顾云深、顾晓鸣等继续在文化史方向进行研究，发表和出版了多种关于文化史研究方面的论文、译著。李宏图不仅展开对欧洲近代民族主义、自由主义思想的研究，还主持翻译了"剑桥学派思想史译丛"，在国内率先系统介绍与研究"剑桥学派"思想史研究的成果与方法。东亚文明研究：冯玮等7位研究者以韩、日研究为中心，以亚洲研究为依托，兼顾中国和东亚的关系研究等，已经出版的著作有《日本通史》《"封建"·"郡县"再考》《上海韩人社会史》《近代日本与西方思想的交错》等。

东北师范大学世界古典文明史研究所 1950年，在教育部直接领导下，上海大夏大学副教授林志纯调往东北师范大学，开始了我国的世界上古史学科的筹建工作。1955年到1957年，苏联世界上古史专家格拉德舍夫斯基等来华授课，在东北师范大学历史系举办了为期两年的全国性的"世界上古史研究班"，林志纯是与苏联专家合作指导研究班的中方教师。学员是来自高校从事世界上古史教学和研究工作的青年教师，如毛昭晰、刘家和、刘文鹏、周怡天、崔连仲等，成为新中国第一代世界上古史专家。

林志纯坚持用唯物史观的历史分期理论指导世界上古史研究，对世界上古史领域中的重大理论问题展开探讨，先后发表《摩尔根〈古代社会〉一书与原始社会史上一些问题》（载《东北师范大学科学集刊·历史》1956年第1期）、《我们在研究古代史中所存在的一些问题》（载《历史研究》1956年第12期）和《谈谈古代东方专制国家》（载《历史教学》1957年第9期）。林志纯还特别重视相关文献，特别是原始历史文献的收集、翻译和整理，组织力量致力于释读原始古文字文献的工作。他曾译出了亚里士多德的《雅典政制》一书，又编行《古代埃及与古代两河流域》史料集，两书皆于1957年由三联书店出版。1962年，林志纯在《关于新发现的古希腊波斯战争史的一段碑文》（载1962年5月14日《光明日报》）、《荷马史诗若干问题》（载《历史教学》1962年第9期）和《线文B的译读》（载《文史哲》1962年第5期）等文章中，介绍了西方最新的考古发现和研究成果，并在此基础上提出了自己的看法。1962年，他主编有《世界通史资料选辑·上古部分》，由商务印书馆出版，使我国读者第一次较系统地了解到世界上古文明的重要遗产，为我国的世界古典文明研究创造了有利的条件。为开展我国世界古代史教学与研究，林志纯译出了苏联学者狄雅可诺夫和尼科尔斯基1952年编写的《古代世界史》一书的原始社会、古代东方和古代希腊三编，其后林志纯又与史亚民合写《古代世界史》一书，于1958年由高等教育出版社出版。这是我国较早的一本以马克思主义为指导写成的世界古代史教科书。

1978年以来，林先生不仅为中国的世界古代史学科发展在规划设计、组织建设、人才培养、资料建设和书刊出版等方面尽心竭力，还发表了百万字的著述，建立起了古代世界从城邦到帝国发展的理论体系和具有特色的中西古典文明史比较研究，其代表作有《世界上古史纲》上、下两册①。《世界上古史纲》是第一部由中国学者独立研究撰写的世界上古史研究专著。主要以文献史料及当时最新的考古成果为基础，对世界上古史的重大理论问题与具体问题进行深入探讨，上册包括原始社会、古代西亚、古代埃及和古代南亚，下册续写了欧洲文明起源、古代希腊、古代罗马和亚细亚生产方式问题，外加一个编后记，论述西亚农业公社问题。它不像教科书那样面面俱到，而是作者就自己之所学所得，对世界上古史的若干重大问题，进行了深入而精细的研究。《世界上古史纲》率先提出，城邦并非古代希腊、罗马文明所独有；世界上最早出现的国家，不论西方还是东方，一定是小国寡民，以一个城市为中心，与周围农村公社相结合的城市国家或城邦，它是早期奴隶制国家的普遍形式和必经阶段。古代东方国家同样也经历了从城邦到帝国的发展过程，城邦—帝国是古代诸文明发展的统一规律。"从城邦到帝国"的古史发展理论，是对20世纪50年代苏联史学界关于"亚细亚生产方式"观点的批判。当时，一种有影响的观点是"亚细亚生产方式"代表原始社会，这就意味着古代东方社会发展水平落后于古希腊罗马（古典古代）社会；"亚细亚生产方式"与古希腊罗马的城邦是不同的类型，前者以水利灌溉、君主专制为特征，认为古代东方社会与古希腊罗马城邦社会相比，缺乏民主、自由。这些论点是"西方中心论"偏见的表现之一，理所当然为中国世界史学者摒弃。该书为中国世界上古史研究的一部代表性专著，先后获得国家教委高等学校优秀教材成果一等奖，国家教委全国高等学校人文社会科学研究优秀成果一等奖，吉林省首届社会科学优秀成果特别奖，全国普通高校首届人文社会科学优秀成果奖一等奖。

从20世纪80年代起，林先生开始进行中国和外国古代文明城邦政治制度的比较研究（称之为"中西古典学"），出版了《中西古典学引论》和《中西古典文明千年史》等著作。1988年，林教授与周谷城、吴于廑、

---

① 《世界上古史纲》上、下两册，人民出版社1979年、1981年版。当时署名《世界上古史纲》编写组；天津教育出版社2007年再版重印时，署名林志纯主编。

周一良、任继愈、张政烺等9位著名学者联名发起，主编出版了中英文对照的《世界古典文明丛书》系列，试图把中国的古文献介绍到世界，如《孔子的政治学——论语》《云梦竹简》《古代中国纪年》等。他在"丛书缘起"写道："为了把西方古典文明引进中国，把我国古典文化向世界传播"，"这套丛书采用中外文对照印本：近东古文献采楔形文字或象形文字的拉丁音译与中文对照方式，中国古典文献则采中国古文字（甲骨文、金文）和现行文字与英译对照方式"。

1978年，林先生开始招收"文化大革命"后第一批研究生，并设定了两河流域文明—亚述学（含小亚的赫梯学）、埃及学、希腊史和罗马史四个方向。1982年，为了开创两个国内从未有的国际古代近东新学科——亚述学、埃及学和强化国内弱势的西方古典学科，东北师范大学历史系成立了"西亚、北非、欧洲上古史研究室"，1985年，转为东北师范大学世界古典文明史研究所。研究所学生学习的基本课程是古代两河流域的楔形文字、古埃及的象形文字、古希腊文、古拉丁文。此外，林先生还建立了在亚洲为数不多的古代地中海世界的诸文明史专业化的图书馆，每年聘请2—4名外国专家来所讲学，如波兰、美国、德国、英国、荷兰、俄国、丹麦、墨西哥、加拿大、比利时、伊拉克、新西兰、澳大利亚、前南斯拉夫等国的专家，都在古典所工作过。1986年林先生创办了我国历史领域中唯一的英文国际年刊 Journal of Ancient Civilizations（中文名《世界古典文明史》杂志）。在加强中外在古典文明方面的学术交流，扩大古典所在国际学术界的影响，发挥了积极的作用。

2012年7月22日，东北师范大学与高等教育出版社举办的"《日知文集》首发式暨'日知世界史奖'"发布会在北京友谊宾馆举行。东北师范大学校长刘益春代表学校宣布，为纪念林志纯先生，表彰其对我国世界史研究与学科建设所做出的杰出贡献、为繁荣我国世界史研究，东北师范大学与中国世界古代史研究会共同设立"日知世界史奖"。教育部郝平副部长就林志纯先生在世界古代史领域所做杰出贡献以及我国世界史研究与人才培养发表重要讲话，向《日知文集》的整理出版致贺，并对东北师范大学在开展世界古代史研究与教学方面取得的成绩给予高度评价，并充分肯定了"日知世界史奖"设立的重大意义。日知先生是我国著名的历史学家、历史教育家、世界古典文明史学科和研究事业的奠基人，在中外史学界有很广泛的影响。郝平副部长说：日知先生在世界古代史学科体系的构建，马克思主义历史观研究、中国古代社会基本性质及特色的认识以及中西古典文明史研究等重大领域都有独创性的建树。《日知文集》凝聚了林先生一生治学的心血。他的论著影响了一代又一代的青年学子。《日知文集》的编纂获教育部人文社会科学后期项目支持，其发布是我国世界古典文明史研究史上的一件盛事。在林先生带领下，东北师范大学成为国际、国内公认的中国亚述学、埃及学和古典学研究基地和人才培养中心。国内绝大多数相关领域的研究人员都是东北师范大学世界古典文明史研究所的毕业生或进修生。东北师范大学拥有全国唯一、亚洲一流的专业文献资料中心。围绕中西古典学研究，东北师范大学产出一大批以《世界上古史纲》为代表的高水平研究成果，对历史学繁荣发展产生了重要作用。"日知世界史奖"的设立，体现了学校和学术界对学术英才的尊重和高度支持，也体现了学校对繁荣发展我国哲学社会科学的高度重视和积极担当，必将对我国世界史学科的建设、发展和人才培养发挥重要的推动作用。

《日知文集》共5册，高等教育出版社2012年出版。辑录了我国著名历史学家、教育家，中国世界古史及中西古典学的学科开创人和领导者，世界古史研究与教学的奠基人，林志纯先生生前公开发表的及未刊的专著、书稿和论文。《日知文集》5卷中，尤应注意的是《史纲》《千年史》与《引论》三部论著。《史纲》一书几乎涉及世界上古史一系列根本性问题，对人类上古历史阶段的具体过程进行了全面深入的研究，代表了我国学者当时在这一领域的最高水平，标志着"林先生学术思想和我国世界古代史研究发展中的一个里程碑"。《千年史》包括了林先生对古代民主政治史的研究成果，是他关于古代世界"从城邦到帝国"理论体系的阐述，是其理论创新成果中最引人注目的部分。《引论》收入作者1978—1996年有关"中西古典学"的28篇论文，与《千年史》互为补充，多是前者的深化。这些作品作为林先生晚年30年间的著作，汇集了林先生对中西古典文明研究的专论，体现了他为建立"中国古典学"所付出的巨大心血。

武汉大学世界历史研究所　武汉大学世界史学科历史悠久，早在1913年武汉大学的前身——国立武昌高等师范学校成立"历史地理部"时，即开始了从事世界史教学与研究。1930年国立武汉大学成立历史系后，世界史学科建设得到发展，雷海宗、杨人楩、吴廷璆等著名学者曾在校任教。新中国成立后，在著名史学家吴于廑先生主持下，武汉大学世界史学科建设揭开崭新一页。1980年经教育部批准成立武汉大学世界历史研究所，1981年获得国家首批博士学位授予权，2003年被评为湖北省重点学科，2007年被评为国家级重点学科。从1981年起招收世界史本科专业学生，是国内最早开办世界史本科专业的学校之一。武汉大学世界史学科点由武汉大学世界历史研究所和世界史教研室组成，有专任教师14人，其中教授10人（博士生导师7人），副教授2人，讲师2人。研究所现任所长向荣教授。武汉大学世界史研究所以吴于廑先生倡导的"整体世界史观"为指导，力图从世界全局的高度研究人类历史发展的重大问题，在国内世界史学界产生广泛影响。主要研究方向是15—18世纪世界史研究；现代国际关系与中国外交研究；地区史和国别史研究。这三个研究方向均在国内同专业领域处于领先地位。近年发表学术论文100余篇，其中在《历史研究》《世界历史》《史学理论研究》等权威刊物上发表论文30多篇，出版学术专著20余部。

武汉大学世界历史研究所与武汉大学高级研究中心合作，于2000年在全国率先开办世界历史本科试验班。试验班要求学生在学好英语的同时必修法语，选修德语、拉丁语、希腊语等。同时采取开放式和国际化办学相结合的方式，一方面聘请国内外知名专家学者来校讲学，另一方面积极和国外知名大学发展交流合作关系，选派学生前往国外学习。试验班教学成效显著。他们因知识面广、外语水平高、动手能力强深受用人单位的欢迎。该研究所十分重视国外世界史的研究和教学工作，例如向荣等撰《西方史学前沿追踪》[①]，所述内容以2005年为主，这一年是世界反法西斯战争胜利60周年，同年在澳大利亚悉尼还召开了第20届国际历史科学大

[①] 见顾海良主编《海外人文社会科学发展年度报告2006》，武汉大学出版社2007年版，第457—515页。

会。该文从"重要的英文学术期刊入手，兼顾新近几年出版的学术著作，以及 PROQUEST 博士论文数据库收录的 2005 年博士论文，以期对以英美为主的西方史学界在 2005 年的研究做一较为系统的梳理"。文章通过综述、妇女—性别史研究、历史上的贫困与慈善、历史上的战争与和平等，使人们对 2005 年西方史学发展的特点和重要成果，能有一较为系统的认识。又如，向荣主编《西方国家历史学本科教学调研——以英、法、美三国为例》，北京大学出版社 2010 年出版。编写者从高等教育最为发达的英、美、法三国各选取历史学科排名靠前的十多所一流高校，作为考察对象，重点调查了各国历史学科的沿革与概况，各校历史学专业的师资队伍、培养方案和课程设置、教学方法和手段、评估和考核体系，以及学生的就业等方方面面的情况；同时对主要高校历史系的教师与学生进行了访谈，了解他们对历史学科以及历史学本科教育的想法。以英国为例，主要内容是英国历史学教育与高校历史系发展概况；英国高校历史学本科教学概况，包括师资配置与专业分布、培养方案与课程设置、教学手段与评估体系、毕业去向与就业情况，以及教师访谈等。编写者分析了诸多值得我们参考和借鉴的地方，并在此基础上，提出改进我国高校世界史教学的若干具体建议。

浙江大学世界史研究所　成立于 2000 年 3 月，其前身是浙江大学（含原杭州大学）法国史研究室和世界历史教研室。浙江大学历史系的世界史学科点，尤其是在世界地区国别史方向，拥有雄厚的实力，其中法国史研究居全国领先地位。其主要研究方向有：法国史、美国史、英国史、日本史和中东史等。该所于 1978 年被批准为世界地区国别史硕士学位授予点，2005 年获得世界历史学科博士点。老一辈知名学者沈炼之、毛昭晰、胡玉堂、王正平、丁建弘、楼均信、戴成均等教授为本方向的研究奠定了扎实的基础。近年来，一批中青年学者已日益成为研究所的骨干力量，梯队结构合理，该所在科研上已取得很大成就，在《中国社会科学》《历史研究》《世界历史》等刊物上发表论文多篇，并出版了一批高水平的学术专著、优秀教材，与此同时，也培养出许多优秀合格的研究生。该所有沈坚、吕一民、刘国柱、计翔翔、董小燕、龚缨晏教授 6 人，王海燕、乐启良副教授 2 人；还有讲师 2 人，博士后 2 人，形成结构合理的梯队。现任所长为张杨教授；副所长为王海燕教授。

西北大学中东研究所 20世纪60年代中期，毛泽东主席做出了加强国际问题研究的批示，当时经教育部批准，在国内成立了第一批国际问题研究机构。西北大学中东研究所于1964年11月成立（原名伊斯兰教研究所，1979年改名中东研究所）。研究所的任务最初以社会经济问题的基础研究和动态研究为主，兼及历史和其他方面。中东所下设4个研究室，即中东历史研究室、中东经济研究室、中东宗教文化研究室和中东国际关系研究室。当时，所里组织翻译出版了一批有关阿以冲突、伊斯兰教和中东经济方面的重要的外文著作和文献。

1987年，历史系主任彭树智教授兼中东研究所所长。彭树智，1931年出生，1954年毕业于西北大学历史专业，1957年研究生毕业于北京大学亚洲史专业，同年进入西北大学历史系任教，在长达半个多世纪的教学和研究生涯中，对我国南亚、中东近现代史研究做出重大贡献。1986年，历史系与中东研究所联合申报博士点成功，建立了我国第一个世界地区史国别史（南亚中东史）博士点，并于1987年正式招生。从1987年到90年代后期，研究所的科学研究取得了一批重要成果，其中有：《东方民族主义思潮》（彭树智，西北大学出版社1992年版），《第三世界的历史进程》（彭树智等著，中国青年出版社1999年版），《阿拉伯国家简史》（彭树智主编，福建人民出版社1992年版），《二十世纪中东史》（彭树智主编，高等教育出版社1992年版），《中东国家和中东问题》（彭树智主编，河南大学出版社1991年版），《动荡的中东》（王铁铮等，西北大学出版社1993年版），《阿富汗史》（彭树智主编，陕西旅游出版社1993年版），《以色列政治》（阎瑞松主编，西北大学出版社1995年版），《沙特阿拉伯的国家与政治》（王铁铮主编，三秦出版社1997年版），《犹太复国主义史》（阎瑞松等译，三联书店1992年版），《中东市场的现状与前景》（张大鹏等编，西北大学出版社1989年版），《沙特阿拉伯——一个产油国人力资源的发展》（黄民兴，西北大学出版社1998年版），《伊斯兰教与中东现代化进程》（彭树智主编，西北大学出版社1997年版），《伊斯兰教史》（王怀德、郭宝华，宁夏人民出版社1992年版），《震撼世界的伊斯兰教》（阎瑞松译，陕西人民出版社1987年版），《伊斯兰文化论丛》（朱崇礼主编，宗教文化出版社 1997 年版），《伊斯兰文化论集》（朱崇礼主编，宁夏人民出版社 1998 年版），《中东画卷——阿拉伯人的社会生活》（黄运发、黄民兴，辽宁大学出版社 1996 年版），《佩雷斯——中东和平进程的推动者》（黄民兴，长春出版社 1999 年版），《世界史·现代史编》下册（彭树智主编，高等教育出版社 1994 年版），《当代世界史讲座》（彭树智主编，河南大学出版社 1988 年版），《世界古代中世纪史教程（古代部分）》（彭树智主编，西北大学出版社 1992 年版），《世界古代中世纪史教程（中世纪部分）》（彭树智主编，西北大学出版社 1993 年版），《世界古代中世纪史基本问题》（彭树智主编，西北大学出版社 1992 年版），《世界现代史教程》（彭树智主编，西北大学出版社 1994 年版）。中东所的科研成果在社会上引起了广泛的反响，个别著作多次再版。如《阿拉伯国家简史》在 1999 年由福建人民出版社再版。此外，许多研究成果获得过各类奖励，其中省部级奖励有：《东方民族主义思潮》，1995 年获国家教委人文社科优秀成果二等奖和国家大学出版社社科优秀著作奖；《世界史·现代史编》，1995 年获国家普通高校优秀教材集体一等奖；《现代民族主义运动史》，1990 年获陕西省哲学社会科学优秀成果一等奖；《阿拉伯国家简史》，1994 年获陕西省哲学社会科学优秀成果一等奖，1992 年获华东地区优秀图书二等奖；《伊斯兰教史》，1994 年获陕西省哲学社会科学优秀成果二等奖。

20 世纪 90 年代后期，中东研究所的科研工作进入了一个新的发展时期，出版了一批在国内有广泛影响的著作。中东所在"211 工程"中最重要的研究项目是 13 卷本的《中东国家通史》。该书以文明交往理论为指导，依照通史体例，来把握中东地区的整体面貌，各卷自成一体又互为联系。各卷采用历史叙述方式，由古及今地完整阐明有关国家历史变迁的过程、特征和规律；同时，注重历史与现实之间的双向考察与反思，从现实出发，追溯历史，再从历史高度审视现实。2001 年，中东所的两部专著《伊斯兰教与中东现代化进程》和《沙特阿拉伯的国家与政治》双获陕西省哲学社会科学优秀成果二等奖。2004 年，《二十世纪中东史》和《文明交往论》又分别获该奖项的一、三等奖。1995 年以来，所内研究成果还获得过省教委人文社会科学优秀成果奖总计一等奖 5 项，二等奖 3 项，三等奖 4 项。

首都师范大学全球史研究中心 2004 年成立，刘新成校长兼任中心主任，夏继果教授任副主任。该中心依托首都师范大学历史学院，成员包括世界史专业和中国史专业的教师。该中心致力于打破传统的中国史与世界史之间的学科界限，将中国史纳入世界史之中进行整体研究，研究方向包括全球史理论、世界历史进程中的文明互动、历史上的跨文化交流、全球史视野中的区域研究、世界历史中的中国等。

2008 年，在首都师范大学历史学院历史学一级学科框架下，报教育部备案，自主设立了二级学科全球史专业，招收培养全球史专业的博士生和硕士生。为了促进全球史研究与教学，中心创办学术刊物《全球史评论》。中心还与许多外国同行建立了紧密的学术联系，努力促使中心成员出国进行学术交流，同时也邀请全球史知名学者前来讲学，其中美国《世界历史杂志》主编、夏威夷大学杰里·本特利被聘为中心的讲座教授，定期来首都师范大学历史学院讲学。自 2005 年下半年起，在本科生中开设选修课"全球史导论"。自 2006 年秋起在世界史专业招收全球史方向的硕士研究生，2009 年起，全球史专业按二级学科招收硕士研究生和博士研究生。中心承担教育部哲学社会科学研究重大课题攻关项目（2009—2011 年）"世界历史进程中多元文明互动与共生研究"，刘新成为首席专家。子课题是：（1）关于世界历史上多元文明互动与共生的理论思考（刘新成）；（2）人类多元农业文明的形成及其在古典时代的区域性互动（刘文明）；（3）7—13 世纪亚欧非主要文明的互动与共生（夏继果）；（4）近代欧洲扩张背景下的世界文明互动（施诚）；（5）20 世纪国际冲突：全球化背景下的文明互动研究（梁占军）；（6）汉唐时期的中国与世界（王永平）；（7）13—18 世纪中国和欧洲在科学技术和艺术上的相互影响（何平）；（8）16—20 世纪中国与西方的冲突与融合（魏光奇）。中心同时承担北京市教委重点项目，如"全球化时代的世界通史体系研究"；"全球史与世界通史体系重构研究建设平台"；"世界历史进程中多元文明互动与共生研究平台"。

中心于 2005 年与商务印书馆签订出版"全球史译丛"的协议。目前已经出版和即将出版的作品是：1.《现代世界的起源》；2.《阳光下的新事物——20 世纪环境史》（J. McNeill，*Something New Under the Sun*）；3.《权力的追求》（William McNeill，*The Pursuit of Power*：*Technology，Armed Force，and Society since A. D. 1000*）；4.《千年史》（Felipe Fernández-Armesto，*Millennium*：*A History of the Last Thousand Years*）；5.《第一次全球化》（Geoffrey C. Gunn，*First Globalization*：*the Eurasian Exchange，1500—1800*）；6.《全球史导航》（Patrick Manning，*Navigating World History*）；7.《现代世界的诞生》（C. A. Bayly，*The Birth of the Modern World*）。由中心成员翻译、主编的由北京大学出版社出版的有：《什么是全球史》（Pamela Kyle Crossley，*What is Global History*）；《全球史读本》（Jerry Bentley，*Global History*）；《世界史》（William McNeill，*A World History*）。由刘新成教授任主编的《全球史评论》已经出版。第一辑在商务印书馆于 2008 年出版；第二辑起在中国社会科学出版社出版，至 2019 年 6 月已出版 15 辑。《全球史评论》的主要栏目是：全球史的理论与方法、全球史研究、全球史教学、学人评介、论点摘要、学术信息、全球史书评和相关重要论文索引等。

《全球史评论》作为专门为全球史研究提供交流平台的学术性论文集，对促进国内的全球史研究与教学有重要意义。首都师范大学原校长齐世荣教授，和美国世界史学会前主席、《世界历史杂志》主编杰里·本特利教授，曾任《全球史评论》学术顾问。他们均因年迈先后病逝。今天，一本本学术质量不断提高、学术影响不断扩大的《全球史评论》，则深切地表达着人们对他们的怀念。

首都师范大学教授夏继果和美国夏威夷大学教授杰里·本特利合编《全球史读本》，2010 年 9 月由北京大学出版社出版。夏继果在 2010 年第 1 期《史学理论研究》上，曾著文《理解全球史》，对即将出版的《全球史读本》有所介绍。夏继果认为，全球史是人类在顺应自然、改造自然、利用自然的过程中；在人与人、群体与群体、人与群体的互动中生存和发展的历史进程。全球史研究的价值取向是关注人类的共同命运，它告诉我们，即使在 1500 年之前，欧、亚、非就已形成一个有机联系的整体，协商合作、求同存异、互利互惠是非常重要的交往方式；全球化不可能导致西方社会模式的划一，这是客观历史进程使然；人与自然的关系史应当进入历史学家的视野。全球史研究是"大规模的互动研究"，可以从不同角度、不同层次上来揭示这些互动。

编入《全球史读本》的 17 篇论文均由英文翻译而来，这些论文从理论、方法、专题研究各个角度反映当前的学术成果，第一次以中文的形式与读者见面。文章的作者都就职于或曾就职于欧美的大学或科研机构。就文章以英文形式首发的时间来说，最早的发表于 1963 年，最晚的发表于 2007 年。从主要内容来划分，这些文章可以分成四组，即"全球史的概念""全球史的分期""全球史的主题""全球史上的中国"。各组的具体内容是：《变动中的世界历史形态》《历史上各社会之间的相互联系》《新世界史》《为"大历史"辩护》《走向世界历史——美国历史学家与世界历史课程的问世》；《跨文化互动与世界历史分期》《世界历史上的互动问题》《从早期全球化到国际网络化（约 1600—2000 年）》《全球化时代的世界历史》；《人鼠之间：太平洋群岛的简要环境史》《国际比较中的性别与民族国家》《社会史与世界史：从日常生活到变化模式》《南方化》《伊斯兰：一个独特的世界体系》；《工业化前夕的政治经济与生态：欧洲、中国与全球机遇》《从亚洲视角考察早期近代欧洲的差别之处与支配地位》《全球视野下的中国环境史》。

中心自成立后，即积极参与国际合作与交流，高度重视国际史坛的学术交流活动，如 2005 年 10 月主办"世界各国的世界通史教育"国际学术研讨会；2007 年 10 月主办"全球化背景下的知识挑战"国际学术研讨会；2009 年 9 月主办"文明的互动与共生"学术研讨会。2011 年 7 月美国"世界历史学会"年会在首都师范大学召开。会议主题是"世界历史上的中国"（China in World History）。此外，中心的"全球史研究"网站，也已开通。

首都师范大学历史系世界史专业　2001 年设立，培养高水平的从事世界历史专业教学和研究的复合型人才，要求学生不仅具有良好的历史专业素养，而且具有扎实的外语功底。在完成学校规定的学分后可获得历史学学士学位和外语专业学士学位。学生入学后，先在历史系学习一年历史专业基础课程，如中国通史、世界通史等。第二年起到本校外语学院学习外语（语种分别为：英语、日语、法语、西班牙语和俄语）；同时在历史系继续学习历史专业选修课，其中包括历史专业外语。学生毕业后除保送和报考研究生外，可从事世界历史专业的科研与教学工作，企事业单位的行政与文案工作等。在与外院学生共同学习的过程中，世界史专业的学生成绩名列前茅。2005 年第一批 21 名本科毕业生中，13 人被保送或考取研究生，1 人被法国教育部选中为汉语助教。

南开大学历史学院世界史学系　南开大学世界史学科的教学与研究，早在 1919 年南开大学创建伊始即设置历史学学科。当时一批著名历史学家如梁启超、蒋廷黻、刘崇鋐、蔡维藩等先生曾任教于南开大学历史系，其中蒋廷黻、刘崇鋐先生讲授多门世界史方面的课程。新中国成立后院系调整，清华大学历史系主任雷海宗教授调到南开大学历史系讲授世界古代史，除老学者外，新中国培养的一批年轻世界史专家陆续汇集到历史系，初步奠定了南开大学世界史学科发展的基础。1964 年经国家高教部批准，南开大学历史系成立美国史研究室、日本史研究室、拉丁美洲史研究室，它们是新中国成立后国内高校较早建立的外国问题研究机构，在吴廷璆、杨生茂、梁卓生等老一辈学者的带领下，逐渐形成了南开大学世界史研究的特色和优势，尤其是美国史、日本史、拉美史和古代中世纪史，从整体研究力量上始终居于全国领先地位。

1973 年，周恩来总理号召加强世界史教学与研究，南开大学开始招收世界史专业的本科生。1978 年，随着高考制度的恢复，该专业获得首批硕士学位授予权，1985 年设立博士点。从 1990 年起，美国史研究室承担起中国美国史研究会秘书处工作，日本史研究于 1988 年成立了日本研究中心。1993 年，经原国家教委的批准，在过去拉美史研究室的基础上建立了拉丁美洲研究中心，成为在教育部社政司指导下协调全国高校拉美问题研究的机构。近年来，古典文明和古代中世纪史研究在南开大学也逐步形成了特色，中国世界古代史研究会和若干专业性学会成为协调全国古希腊罗马和拜占庭历史文化研究的中心。

在世界历史学科人才培养方面，南开大学世界史学科长期坚持高质量的教学与人才培养模式。南开大学世界史研究，1987 年被教育部确定为国家重点学科，1999 年，南开大学"世界近现代史研究中心"成立，并于 2004 年通过专家组审核，入选教育部百所重点研究基地。同年底，南开大学世界史学科建立"世界现代化进程研究中心"，次年被批准为国家"哲学社会科学创新基地"。2002年和2007年，世界史学科两度被教育部确定为国家重点学科，成为国家一级重点学科历史学的重要二级学科。

2002年，南开大学历史学院世界史学系正式建立，成为我国高校中第一个世界史学科高等教育单位。南开大学世界史学科主要研究方向为美国历史与文化研究、日本史研究、拉丁美洲史研究、世界古典文明和中世纪历史文化研究。目前，世界史学科每年招收本科生约38人、硕士生约35人、博士生约25人，在站博士后约5人。博士研究生的主要研究方向有美国史、日本史、古希腊罗马史、拜占庭史、阿拉伯史、世界古代中世纪史、世界近现代史、国际关系史等。硕士生培养的主要方向包括世界上古史、世界现代当代史、近现代国际关系史、世界中古史、世界文明史、拉美国际关系史、世界近代史、古代世界的宗教与文化、美国社会政治史、美国经济史、加拿大史、日本史、日本经济史、日本思想文化史、中日发展道路比较、亚洲国际体系的形成、欧洲史、欧盟与欧洲统一史、美中外交关系、中日外交关系的历史与现状、美洲体系的形成与演变、东亚国家外交关系史、古希腊罗马史、拜占庭历史与文化、伊斯兰文明等。本科生招收世界史专业。

河南大学的犹太研究所 陈长琦、吴雪丽等人在20世纪80年代初就开始关注中国犹太人问题。1981年，陈长琦教授在《中国社会科学》第2期发表了《对〈关于中国境内犹太人的若干历史问题〉的几点疑问》一文，对潘光旦先生的遗作《关于中国境内犹太人的若干历史问题》提出不同的意见。1984年陈长琦教授在纽约出版的《中国学者论古代中国犹太人文集》中发表《僧人还是拉比》一文，考察了我国古典文献中关于犹太人的记载，提出了犹太人在《宋史·真宗纪》中记载的"僧你尾尼"不是僧人而是犹太拉比的观点。1993年，魏千志教授在《史学月刊》第5期发表了《中国犹太人定居开封时间考》，对犹太人来华时间、路线进行系统的考察，提出了犹太人在宋真宗咸平元年（998）定居开封的观点。张倩红教授从20世纪90年代初到2002年3月，围绕犹太大屠杀、犹太文化、中国开封古代犹太人、以色列经济等问题展开研究，先后在《世界历史》《史学月刊》《西亚非洲》等刊物发表论文多篇。

2002年，历史系张倩红教授完成了在以色列巴伊兰大学的博士后研究工作回国，同年，河南大学犹太研究所成立，张倩红教授任所长，伦敦犹太文化中心董事长克莱夫·马克斯（Clive Marks）担任名誉所长。河南大学犹太研究所宗旨是"繁荣中国犹太研究、开展中外学术交流、培养犹太研究人才、促进中犹文化理解、研究历史关注现实"。八年来，研究所逐渐形成了犹太文化现代化研究、近现代犹太史研究、中国古代开封犹太社团研究、大屠杀研究四个研究方向，出版了一批研究成果。从2002年至今，张倩红教授出版了《困顿与再生——犹太文化现代化》（江苏人民出版社2003年版）、《犹太人》（三秦出版社2003年版）、《以色列史》（人民出版社2008年版）等专著；在《历史研究》《世界历史》《世界民族》《犹太研究》（Jewish Studies，英国剑桥大学出版）、《西亚非洲》等刊物围绕犹太问题发表论文40余篇，完成或正在主持《世界文明史上的犹太人》《犹太以色列史专题研究》2项国家社科基金和《开封古代犹太社团研究》《犹太文化特征》等省部级以上项目3项；获得河南省优秀社科成果奖等省部级以上科研奖励3次。2006年4月，她在英国《犹太研究》上发表《从犹太教到儒教》（"From Judaism to Confucianism"），系统地研究了中国古代开封犹太人儒化过程，从文化的角度深入解读了犹太人在中国开封同化的原因，引起国际犹太学界广泛关注。

天津师范大学历史文化学院欧洲经济—社会史研究中心 该中心于1999年成立，其宗旨是以西欧向现代社会转型问题研究为重心，实现经济史与社会史的交融、世界史与中国史的交融，坚持人文的、大众的和整体的历史观。该中心的研究方向为：西欧经济生活与社会转型；西欧政治法律与社会转型；西欧宗教文化与社会转型；西欧与中国经济—社会史比较。经济—社会史在西方已有数十年的发展史，目前已成为西方史学界的重要新兴学科。在我国，整合经济史和社会史的研究方法和研究领域，试图从整体上探讨西欧和中国向现代社会的过渡问题，已有十几年的历史，但是正式推出该学科，较为系统和深入介绍和探讨该学科的定义、理论和方法，以及探讨如何将其本土化，则是近几年的事情。天津师范大学欧洲经济—社会史研究中心不仅在全国率先倡导经济—社会史学科，而且身体力行，推出了一系列具有较高学术水准的研究成果，其中不少作品富有学术前沿性、中外史学交融性和关注我国的现代化事业的现实性等特点，在国内史学界产生了较大的学术影响,如侯建新教授主编的《经济—社会史研究丛书》(第一辑 5 种,济南出版社 2001 年版),从不同的角度对西欧、日本和中国的社会转型的不同侧面,分专题进行了研究,中心还以西方经济—社会史学科的学术视野为基本框架,创办了一份贴近社会和生活、反映该学科国内(也包括少部分外国学者)高水平的学术刊物《经济—社会史评论》,自 2004 年上半年推出第一期,目前已经出版五辑。该刊物以中英文两个版本先后出版,使之成为推出我国该学科领域最新研究成果的平台,也成为中国学者与国外学者交流的桥梁;而英文版则成为外国学术界了解改革开放后中国史学界的一个窗口。经济—社会史研究中心有一支年富力强的学术队伍,6 名正教授、2 名副教授,其中 4 名博士生导师,4 名硕士生导师,平均年龄 46 岁,学科带头人为侯建新教授。

厦门大学美国史研究所和南洋研究院 厦门大学美国史研究所成立于 1998 年,以美国社会经济史、城市史、科技史、思想史、族裔史研究为主。有专门研究人员 5 人,博士研究生十余人,硕士研究生 20 余人。曾承担多项国家社科基金项目和教育部的研究项目,并主办多次大型国内外学术研讨会,与美国学术同行有广泛而密切的学术交流。中国美国史研究会秘书处设在该所。

厦门大学美国史研究所在美国城市史研究领域取得了显著成果。如王旭的《美国城市发展模式:从城市化到大都市区化》,清华大学出版社 2006 年版。该书共分上、下两篇,上篇题为"殖民地时期至 1920 年——美国成为城市化国家",下篇为"1920 年至今——美国成为大都市区国家",它对美国城市发展的历程进行了全面的探讨。上篇论述的是传统城市化在美国的表现及其特点,下篇则着重探讨了大都市区化这样一个 20 世纪世界范围内的新的规律性现象。该书提出大都市区化是 20 世纪美国城市发展的主导趋势的结论,对传统城市化理论提出了重大修正;在学科交叉方面进行很多尝试,如借鉴"中心地学说"和"宏观区域经济学说"等;在内容安排上也超出传统历史学科的界限,对很多最新现象进行了跟踪性考察,资料也取自互联网上最新统计和相关分析;此外,对美国城市发展历史进程中很多重大现象都有独到的梳理和分析,并揭示出一些很值得深入探讨的现象或发展趋势。韩宇著《美国高技术城市研究》，清华大学出版社2009年出版。这是国内第一部系统论述美国高技术城市的专著。作者汲取美国学术界近年来的研究成果，对美国城市高技术产业发展的整体状况进行了较为系统的考察，并在此基础上详细记述美国硅谷，波士顿128号公路区、北卡研究三角地区、奥斯汀、圣迭戈、华盛顿地区等具有代表性的高技术城市的发展道路，同时对美国高技术城市的成功因素做出总结，具体阐释了大学、风险资本，联邦政府、州政府及其他因素在高技术城市成长过程中的作用。主要内容包括：高技术城市概念的说明；美国高技术城市研究回顾；美国高技术城市的发展背景、高技术产业的概念及其与区域经济发展相关理论、美国高技术产业部门的发展状况及空间分布、美国大都市区高技术产业发展状况；美国高技术城市的成长道路，硅谷：创新和创业活动的栖息地；波士顿公路区：老工业城市的成功转型；北卡罗来纳研究三角地区："计划经济"的产物；奥斯汀：从技术分厂城市到创新中心；圣迭戈：军工城市的成功转型；华盛顿地区：从联邦之城到高技术服务中心；美国高技术城市的成功因素——大学：高技术城市的核心机构；风险资本：高技术创业的助推器、美国联邦政府在高技术城市发展中的作用、美国州政府在高技术城市发展中的作用、其他因素在高技术城市发展中的作用等。

厦门大学南洋研究院（前身为南洋研究所）成立于1956年，是我国最早设立的东南亚研究机构，也是我国最早设立的国际问题研究机构之一。在该院基础上创立的东南亚研究基地入选国家"985工程"哲学社会科学创新研究基地。在该基地，设有历史宗教文化研究室，除承担重大研究课题外，还指导专门史专业博士、硕士研究生若干人。

近年，南洋研究院在科研中取得明显成果。如陈衍德的《全球化进程中的东南亚民族问题研究——以少数民族的边缘化和分离主义运动为中心》，厦门大学出版社2008年7月出版。该书创新性地提出"经济—文化双重结构"的释义模式，认为倘若将贫困视为一个纯粹的经济因素（狭义的贫困），就不会必然导致少数民族的反叛，因为其生存安全的范围是较有弹性的。倘若综合地考虑贫困的非经济因素如文化（广义的贫困），它与反叛之间的因果关系就会大大强化，这是民族文化的敏感性所决定的。

在这个意义上，民族动乱或民族冲突并不必然基于经济利益的矛盾，只有当文化因素或民族感情因素凸显其间时，对抗才会不可避免地爆发。就东南亚现行突出的民族问题而言，在经济—文化双重结构中，是文化而不是经济居于主要矛盾方面的地位。该书提出的见解对解决民族问题有一定的参考价值。该书获首届文汇·彭心潮优秀图书出版基金资助出版。庄国土、刘文正著《东亚华人社会的形成和发展：华商网络、移民与一体化趋势》，厦门大学出版社 2009 年版。作者通过研究东亚地区华人华侨社会的形成和发展，以及与中国内地互动的历史，论证在东亚经济一体化进程中，东亚华人经济体之间进一步整合的可能性及其在东亚一体化进程中的先导作用。作者根据新发掘的资料，分析了东亚华商网络、中国海外移民与华侨社会的形成，论证了形成于 15 世纪初的华商网络与当前华商网络的历史承继关系，指出经贸和移民是华商网络的主要支柱，华商网络是当代东亚华人经济体整合的基础。作者认为，华商网络的发展历史及其原因与移民的互动而形成的东亚华人社会的变迁分为三个阶段，13—19 世纪中叶为第一阶段，这一阶段是中国海商经贸网络和华人社会形成与发展时期；19 世纪中叶至 20 世纪中叶为第二阶段，这一阶段是中国海商网络大调整和华人社会的转型时期；20 世纪 70 年代末至今为第三阶段，这一阶段中海外华商网络重新扩展到中国内地，中国内地在海外华商网络中的重要性与日俱增，海外华商网络在中国内地的覆盖范围已经远远超越传统东亚华商网络的范围。上述论述，纠正了国际学术界关于华商网络形成于欧人东来以后的观点，并明确提出闽南人主导东亚海上贸易网络长达 600 年的论断。近代以来，中国本土的衰落使东亚华商网络的中心转移到海外，但改革开放以来，这一网络又迅速以内地为核心，进行东亚乃至全球华人的资源整合，成为东亚经济一体化进程的核心力量。

天津师范大学的欧洲文明研究院 该院前身为成立于 1999 年的欧洲经济社会史研究中心，目前是天津师范大学的实体研究机构，天津市人文社会科学重点研究基地。研究院坚持人文的、大众的和整体的唯物史观，以中外文明比较和互鉴为特征展开研究。学科带头人侯建新教授为国务院学位委员会世界史学科评议组召集人，兼任全国世界中世纪史学会会长等。研究院目前承担国家重大招标项目《欧洲文明进程研究》，最终成果为 17 卷本的专题研究，已列入"十三五"国家重点图书出版规划，将由商务印书馆陆续推出。研究院主办的专业学术刊物《经济社会史评论》已走过 15 个年头，最近被列入"C 扩"。

云南大学南亚研究中心　云南省对南亚历史的教学与研究，是从 20 世纪 50 年代开始的。1955 年周恩来总理视察云南大学，针对云南大学地处祖国西南边疆、民族众多的特点，指示云南大学的教学与科研，"要根据云南的特点"。当时讲授南亚史的是武希辕先生。他还研究印度古代种姓制度、农村公社、土地制度，编写了《印度现代史》，翻译了古里的《印度种姓制度》一书。这是当时国内唯一这方面的著作和译著，但限于当时的条件，都只是油印本，未能公开出版。

20 世纪 60 年代按照教育部对在全国高等学校开展外国史研究的部署，在云南大学开展西南亚、东南亚研究和南亚研究。云南历史研究所南亚室和云南大学历史系的主要研究领域为印度民族问题、社会问题、土地问题，编写、翻译了大量有关概况、资料、文献，并主办或参加全国性的学术研讨会，探讨印度古代社会分期问题、印度民族问题等。

改革开放以后，云南省的南亚研究在坚持原有重点领域的基础上有了新的发展。主要表现在：从原来单一的政治史研究，扩大为包括政治、经济、文化、社会发展在内较为系统的历史研究；随着中印关系的改善，中印经济文化交流与合作不断扩大，对中印关系史、中印经济文化合作现实问题的研究受到重视；研究队伍从原来的学校、研究机构扩展至政府相关职能部门和民间团体。

20 世纪 80 年代末至 90 年代初，云南大学历史系派遣骨干教师到印度德里大学、尼赫鲁大学进修，回国后长期从事南亚的教学与研究，形成了一支稳定的教学、研究队伍。吕昭义教授主要从事中印关系史研究，先后承担三项国家社科课题，出版《英属印度与中国西南边疆：1774—1911》《英帝国与中国西南边疆：1911—1947》专著，在《历史研究》《世界史研究》《南亚研究》等刊物发表有关中印关系史、中印边界问题、中印经济文化合作论文。赵伯乐从事南亚国际关系研究，承担国家社科课题，出版《南亚概论》等学术著作。殷永林教授主要从事印度经济研究，出版《独立以来的印度经济》。历史系世界史博士学位点设南亚史研究方向，招收和培养南亚史博士研究生。赵伯乐教授招收和培养南亚国际关系博士生。2007年云南大学专门史经评审，列为国家级重点学科，其中与南亚东南亚关系为该重点学科的主要研究方向，吕昭义为方向学术带头人，制定中国西南边疆周边环境研究规划，列为专门史国家级重点建设规划和云南大学211三期建设工程的重点研究项目。云南省建立社会科学院后，原东南亚研究室、南亚研究室合并为东南亚研究所。20世纪90年代中后期，云南省社会科学院下设立南亚研究所，更多地关注现实问题的研究。该研究所已出版中国南亚书系多种，自2002年以来每年出《南亚报告》。2006年，云南省建立"东南亚南亚研究院"，进一步推动了包括历史研究在内的东南亚、南亚问题研究。

吉林大学国际关系研究所　当时称当代国际关系研究中心。于2001年成立，中国国际关系学会副会长刘德斌教授任研究所所长。该研究所以国际关系史研究为基础，以当代国际关系为主线，以国际关系理论研究为支点，坚持历史、现实与理论的有机结合，形成自己独特的研究视角与特色，主要研究方向有：国际关系史、英国学派理论、东亚国际关系、美国问题与软权力研究等，近年来还加强了对"中国学"问题的研究。经过十年建设，吉林大学国际关系研究所已经健康发展起来，成为我国世界史学界国际化程度较高并与国际学术前沿保持直接接触和对话的新兴学术机构之一，在国内外学术界具有一定影响，并被遴选为中国国际关系学会的副会长单位和中国世界现代史学会的副会长单位。该所刘德斌教授主编的《国际关系史》教材，为教育部面向21世纪教材，是中国大部分高校世界史和国际关系专业的通用教材。有专职研究人员11名，其中教授、副教授8名，讲师3名，均具有博士学位。校内兼职教授、副教授5名。另外还聘请英国科学院院士、伦敦经济学院教授巴里·布赞、美国弗吉尼亚大学政府与外交事务系教授布兰德利·沃麦克、当代西方国际关系领域知名学者、英国埃克赛特大学校长史蒂文·史密斯教授等为兼职教授。2002—2010年间，该所研究人员在《国际问题研究》《世界历史》《史学理论研究》《社会科学战线》《北京大学学报》《东北亚论坛》等权威刊物上发表学术论文80余篇，且出版的学术专（译）著十余部。

内蒙古民族大学世界史研究所　内蒙古民族大学世界史学科在1985

年被评选确定为内蒙古自治区级重点学科，1998 年被国务院学位委员会和内蒙古自治区学位委员会批准为硕士学位学科点。我国著名世界古代史、埃及史专家刘文鹏先生是该学科的创始人。内蒙古民族大学世界史研究所成立于 2000 年。该所是在内蒙古民族大学自治区级重点学科世界史学科的基础上成立的。所长为姚大学教授、副所长为王泰教授。世界史研究所的研究方向是中东历史与现状研究；世界现代化进程研究；国际关系史研究。其中中东历史与现状研究方向是该学科的重点和特色研究方向，它主要是结合该学科的具体特点，将在国内颇负盛名的刘文鹏教授的中东古代史（古代埃及史是中东古代史的重要组成部分）研究和姜桂石、姚大学教授的中东近现代史研究有机地结合起来，从而克服了目前国内中东史研究方面重微观、轻宏观，重现代、当代史，轻古代、近代史，因而造成了中东历史割裂，不利于揭示中东历史发展规律的不合理现象，将中东的历史与现状真正贯通、融为一体。这不仅有助于从宏观上揭示中东历史的发展规律，也有助于从历史上了解中东的现实问题。这种研究视角与方法体现出了鲜明的特色。其主要研究成果在国内中东断代史和通史研究领域具有一定的影响。世界现代化进程研究方向是该学科的前沿研究方向，它立足于世界近现代史的宏观研究基础，采用跨学科的研究方法，借鉴各种发展理论重点探讨世界现代化进程特别是中东现代化的历史经验与教训，已经取得了一定的成果。国际关系史研究方向是该学科的基础研究方向，主要研究近现代国际关系发展的历史进程，国际格局演变的来龙去脉，为人们充分理解和认识当代世界的国际形势、国际格局提供帮助。世界史研究所近年来承担国家社科基金项目多项，省部级科研项目多项，校级科学研究项目多项。共计撰写发表论著 20 余部，在国家级刊物上发表论文百余篇，在省级刊物上发表论文 100 多篇，获省部级奖励多项，获校级奖励近 30 项。代表性成果有：刘文鹏著《古代埃及史》，商务印书馆 1999 年、高等教育出版社 2003 年出版。刘文鹏主编《古代西亚北非文明》，中国社会科学出版社 1999 年出版。刘文鹏著《埃及学文集》，内蒙古大学出版社 1996 年出版。

刘文鹏著《埃及考古学》，三联书店 2008 年出版。姜桂石主编《战后中东史》，内蒙古教育出版社 1998 年出版。姜桂石、姚大学、王泰著《改革与现代化——历史经验与现实趋向的探索》，吉林人民出版社 2000 年出版。

姚大学、王泰主编《中东通史简编》，吉林人民出版社 2001 年出版。姜桂石、姚大学、王泰著《全球化与亚洲现代化》，社会科学文献出版社 2005 年出版。

辽宁大学世界史研究中心　该中心是辽宁大学所属的专门开展世界史学术研究与交流的科研机构，于 2006 年 12 月成立，历史学院院长韩毅教授任中心主任。中心下设三个研究室：经济史研究室、政治与国际关系史研究室和社会与思想文化史研究室，共有研究人员 22 人，其中教授 13 人，副教授 9 人，讲师 2 人。

辽宁大学的世界史学科，有着悠久的历史传统和雄厚的学术基础。经过几十年的发展，目前，辽宁大学的世界史学科已经在外国经济史、现代政治与国际关系史和近现代社会与思想文化史三个研究领域，形成了自己的学科优势与研究特色。外国经济史研究的重点，集中在美国、日本和俄罗斯这三个国家。美国作为资本主义发达国家的典型，日本是后起并成功实现赶超国家的典型，而俄罗斯则是正在实施转轨国家的典型。从不同发展类型的角度对这三个国家经济史进行综合的比较研究，不仅可以加深对国别经济史的认识，而且能够加深对世界各国社会经济发展的多样性、多变性和互动性的认识，进一步总结不同类型国家经济发展的特殊性和一般规律。现代政治与国际关系史研究重点：美国政治制度史研究，主要开展对美国文官制度与官僚政治的研究；冷战后中亚五国政治转型研究，以中亚五国政治民主化进程研究为主；东北亚区域安全保障研究，以东北亚地缘政治、国际政治以及国际关系研究为主。近现代社会与思想文化史研究，重点是欧美主要国家的移民史研究，以美英移民史研究为重点；英法工业革命史、社会思想文化史、英法资产阶级革命史研究，以英国工业革命的前因后果、西方思想文化研究为重点；日本政治思想史研究，以日本法西斯主义思想和日本神道教研究为重点。

南京大学欧洲研究中心　2005 年 11 月成立，世界史陈晓律教授为中心主任。2006 年 8 月，南京大学欧洲研究中心申报的主题为《欧洲一体化与欧洲认同》的中欧合作项目正式签约。项目下属"欧洲一体化背景中的身份认同问题：当代欧洲后现代语境中的主体性研究""欧洲的灵魂：欧洲认同与民族国家的重新融合""欧洲社会的整合与欧洲认同""欧洲经济一体化的基础""欧洲经济一体化的基础机制、前景""欧洲法律一体化与成员国法律欧洲化研究""欧洲认同的制度建构"六个子项目，这些项目的研究，都离不开历史的追溯，强调历史与现实结合；同时，中心还将开设"欧洲学导论""欧洲的语言政策和文化认同""欧洲种族与民族的融合问题""开放宏观经济学""当代欧洲高等教育研究""欧洲统一合同法与欧洲认同""一体化进程中的欧洲社会政策""欧洲统一性与多样性的建构与认同"等新课程。中心计划充分利用已有资源建立起欧洲政治经济研究所、欧洲社会与文化研究所、欧洲法律研究所和欧洲历史研究所等下属机构。在欧洲研究中心中，欧洲历史研究占有重要地位，除陈晓律教授外，世界史专业陈祖洲、洪霞、刘金源、刘成、闵凡祥、于文杰、张红、舒小昀诸学者，均是欧洲研究中心的主要成员，近年都有相关成果问世。

上海犹太研究中心 1988年成立，上海社会科学院研究员潘光出任主任。潘光长期从事国际关系和世界史研究，特别在犹太以色列研究方面成果丰硕，如《犹太文明》《犹太民族复兴之路》《犹太人在中国》（中、英、法、德文）、《犹太人在上海》（中、英文）、《犹太学和以色列研究在中国的发展》（英文）等。中心研究的主要问题是：犹太历史文化研究；当代以色列研究和美国犹太人研究；大屠杀难民在上海的历史（1936—1950）；中国以天津、哈尔滨及开封为主的另外犹太群体；现当代近东政治史等。自1988年以来，中心先后推出专著6部，大型画册2本，咨询研究报告10多篇，论文百余篇，举办国际国内研讨会、展览会20多次，承担并完成了国家级、省部级、横向交流合作课题多项，获上海市社会科学研究优秀成果奖两项。中心不仅协调国内学者的研究，而且与世界各国同行进行着富有成效的合作，在国际社会有良好影响。该中心还以科研促咨询开发，努力推进科研成果社会化，为国家、上海拓展对外交流做贡献。中心还举办了丰富多彩的"犹太人在上海"图片展，吸引了大批来自世界各地的访客。如以色列总理拉宾、德国总理施罗德、美国第一夫人希拉里·克林顿、以色列总理奥尔默特和奥地利总统克莱斯蒂尔等都曾到中心访问。中心编辑出版的《犹太以色列研究》《犹太人在中国》《犹太人在上海》，以及《一个半世纪以来的上海犹太人》等，在国内外有广泛影响。上海犹太研究中心已经出版《犹太·以色列研究论丛》三辑。

北京大学区域与国别研究院 该院 2018 年 4 月成立。中国正经历由一个区域性国家变成世界性国家的重大转折期，高等院校和研究机构都要为国家和世界的发展提供学术支持和人才支撑。北京大学在外国语、外国历史等区域与国别研究的基础依托学科上拥有明显的优势，但也面临着严峻的挑战，将区域与国别研究作为整合学术资源、调整学科布局的契机和平台，可更好地为国家提供战略咨询。区域与国别研究院，是一个集人才培养、学术研究、智库功能、对外学术交流四项工作为一体的建制单位。它以各院系已有相关学科的研究基础为依托，充分尊重和利用历史资源和已有条件，动员北京大学多学科力量和长期积累的国内外联系，整合和盘活各院系相关研究领域的学术梯队，充分激发不同学科的教师和学生的积极性，做到既面向国家需要，也面向学术的发展和未来人才的培养，拓展加深各学科的研究能力和潜力，构筑跨学科、全方位、多层次、有活力、协同合作、共同攻关的学科新布局。区域与国别研究院成立后应开展以下几项工作：学术研究、人才培养、智库功能、扩大国内外学术交流。研究院将坚持基础研究的思想导向，以学术为主导，开展基础性和前瞻性的研究，形成中国特色的区域与国别研究范式，为我国的区域与国别研究及国际学术交流与发展贡献力量。

华东师范大学世界历史研究院 该院 2018 年 11 月成立，沈志华教授出任院长。在中国走向大国的进程中，需要前瞻性地站在历史的高度上认清国际形势，强化国际问题研究。华东师大世界历史研究院的成立，是建设一流学科的前瞻性举措，也为我国世界史学科的进一步发展提供了新的平台。中国的世界史研究在过去的几十年取得了令人瞩目的成就，正迎来"最好的时代"，国家许多领域的发展、国民素质的提高都需要世界史知识的滋养，这都给世界史学科的发展带来了重大机遇。高校的世界史教学和研究，要正视所存在的许多问题和挑战，需要增强世界史学科体系的意识和整体观，关注世界史学科与其他学科的交叉，注重史料的发掘与利用，扩大学术交流与人才培养。华东师范大学世界历史研究院是华东师范大学

"国际+"战略目标的主要支柱,挂靠历史学系,并联合政治学系、国际关系与地区发展研究院、艺术研究所、外语学院等院系。研究院重点发展方向为:地区国别史、冷战国际史、欧美思想文化史、中国与周边国家关系史和国际历史教育比较等。研究院已在美国、日本、越南、德国、坦桑尼亚分别成立海外工作站,致力于打造一个具有国际视野的学科发展平台,有研究人员近60人。

上海师范大学 自2014年起试刊五年、出版十辑后,《世界历史评论》在2019年正式成为学术季刊,由上海人民出版社世纪文景出版。它在过去五年试刊的文章,展现了独特的思考角度和崭新的研究成果,成为全球化进程中中国人了解世界的一扇窗口。《世界历史评论》分为"专论""评论""专题论坛"和"文献与史料"等栏目。《世界历史评论》主编、上海师范大学教授陈恒表示,《世界历史评论》首先强调学术性的研究,希望不仅仅做原始文献的梳理,更重要的是要有思想的产生,这是杂志的基本出发点。其次,特别提倡跨区域、跨学科的研究。近二三十年,太平洋、大西洋、印度洋乃至两极地区已经成为学术界重要领域,我们不仅要跟潮流,更重要的是要创造自己的观点和研究方法。第三,中国史研究离不开世界史研究,世界史研究也需要借鉴中国史的研究经验,这样才能更加全面、系统、客观地展现包含中国史的世界史。《世界历史评论》将以新的文本形态、新的学术追求服务于新时代的中国世界史研究。此外,《世界历史评论》还将打造立体学术平台,通过"兆武历史思想讲坛"和"愚庵比较史学讲坛",开展高质量的外国史学理论、中外历史比较研究等方面的学术活动。同时,光启国际论坛计划邀请学界、商界、科技界等知名人士,围绕当前需要面对的重要议题,开展历史性、整体性和多维度的探讨。

(六)学术交流和国际历史科学大会

世界史学科建设离不开国际学术交流。新中国成立后,中国世界史学科的国际学术交流,主要在中国和苏联及东欧、亚洲的社会主义国家之间进行。1978年改革开放后,情况则发生了明显的变化。世界史学术交流的内容急剧扩展,既包括实证性的国别史、地区史和专门史研究,也包括史学理论及方法论,和史学史研究等。新时期中国世界史国际学术交流,扩大到西欧、北美、亚非拉美和大洋洲各地区。中国的世界史学者和世界各地重要的高等学校及研究机构，都建立了密切的学术联系，为推动中国世界史的教学和研究工作，做出了积极的贡献。

国际历史科学大会始办于1900年，第1届国际历史科学大会在法国巴黎召开。除1913—1923、1938—1950年间，因第一次世界大战、第二次世界大战爆发外，每5年举办一届，每届参会的各国历史学家都在1500—2000人之间，是世界历史学家的盛会。20世纪80年代，中国重返"国际历史科学大会"①，中国世界史学科的国际学术交流进入了新的历史发展阶段。1980年8月，由夏鼐任团长、刘思慕任副团长的中国史学家代表团，作为非会员国，列席了在布加勒斯特举行的第15届国际历史科学大会。中国史学家代表团提交了《中世纪中国和拜占庭的关系》（夏鼐）、《中国抗日战争的宣传工作》（刘思慕）、《改良还是革命：晚清中国思想界对法国大革命的反应》（张芝联）等论文，参加了古代史、中世纪史、法国革命史、第二次世界大战史、拜占庭史等专题史的讨论。第15届国际历史科学大会后，中共中央批准了中国史学会以国家会员的身份加入国际历史学会的报告。1982年9月，国际历史科学大会决定正式接纳中国为新成员。此后，中国史学会组团参加了1985年在德国斯图加特举行的第16届，及此后的历届大会。

---

① 1936年年底，时任国际历史科学大会会长、剑桥大学教授田波烈（H. Temperley，1879—1939）应上海沪江大学教授会常务委员康选宜邀请来华，其在华除讲学外，另一任务是力促在中国成立全国性的历史学会，以加强中国史学界和国际历史科学大会的联系。11月中旬，田波烈在康选宜的陪同下由日本抵达北平，并在欧美同学会发表题为"国际历史学会成立经过及组织"的演讲，与会者有北平图书馆副馆长袁同礼、清华大学校长梅贻琦、中央大学校长罗家伦、清华大学教务长潘光旦、北京大学历史系主任姚士鳌、清华大学历史系主任刘崇鋐、辅仁大学文学院院长沈兼士等40多人。田波烈在演讲中较详细地介绍了国际历史学会和国际历史科学大会的情况，指出各国欲加入国际历史学会，首先应在国内组织全国性的史学会，并由其推举最适宜的史学家组团出席国际历史科学大会。田波烈在北平期间，还与顾颉刚、陶希圣等就加入国际历史科学大会等问题进行了深谈，入会问题将在1938年8月苏黎世举行的国际历史学大会上决定。由于国际历史学会行政部将于1937年5月在巴黎召开会议，田波烈希望此前收到中国方面的申请，以便在巴黎会议讨论。中研院和教育部支持促成此事，但因抗日战争爆发未成。1933年8月，胡适以个人身份出席过大会在瑞士苏黎世展开的第8届国际历史科学大会，并提交论文《中国历史研究新进展》（纲要）。

1995年，第18届国际历史科学大会在加拿大蒙特利尔召开，经国务院批准，中国史学家代表团在会上正式提出2000年在北京举办第19届国际历史科学大会的申请，但因种种原因，这一申办议案没有被通过。2010年在荷兰阿姆斯特丹举行的第21届国际历史科学大会上，经过大会陈述、执行委员会投票等程序，最终以36票支持、8票反对、5票弃权的结果，通过了第22届国际历史科学大会将在中国济南的山东大学举行的议案，受到世界各国与会代表的热烈欢迎，这将是国际历史科学大会第一次在亚洲举办。这既反映了改革开放的中国的国际地位的提高，也反映了当代中国历史科学繁荣发展，在世界史坛的影响不断扩大。

2015年8月23日第22届国际历史科学大会在济南开幕。国家主席习近平发来贺信，向会议的召开表示热烈的祝贺，向国际历史学会主席玛丽亚塔·希耶塔拉女士等与会的历史学家表示诚挚的欢迎。习近平在贺信中说，历史研究是一切社会科学的基础，承担着"究天人之际，通古今之变"的使命。重视历史、研究历史、借鉴历史，可以给人类带来很多了解昨天、把握今天、开创明天的智慧。所以说，历史是人类最好的老师。习近平指出，中国人自古重视历史研究，历来强调以史为鉴，我们的前人留下了浩繁的历史典籍。每个国家、每个民族都有自己的发展历程，应该尊重彼此的选择，加深彼此的了解，以利于共同创造人类更加美好的未来。希望这次大会能够推动各国的历史研究，帮助人们从历史的启迪中更好地探寻前进方向。习近平强调，中国有着5000多年连续发展的文明史，观察历史上的中国是观察当代中国的一个重要角度。不了解中国历史和文化，尤其是不了解近代以来的中国历史和文化，就很难全面把握当代中国的社会状况，很难全面把握当代中国人民的抱负和梦想，很难全面把握中国人民选择的发展道路。中国人民正在为实现中华民族伟大复兴的中国梦而奋斗，需要从历史中汲取智慧，需要博采各国文明之长。[①]

国务院副总理刘延东宣读完习近平贺信后在致辞中说，中国五千多年的文明史，是自强不息的奋斗史、追求和平的发展史、互学互鉴的交流史，塑造了融入中华民族血脉的文化基因，形成了当代中国的价值理念、

[①] 《习近平致第二十二届国际历史科学大会的贺信》，《人民日报》2015年8月24日。

制度选择和发展道路。她指出，自从 1900 年创立以来，国际历史科学大会首次走进亚洲，在中国举办，这在国际历史科学发展进程中具有标志性意义，这对不同文明的交流互鉴将产生深远的影响。国际历史学会主席玛丽亚塔·希耶塔拉在致辞中回顾了中国文化与其他国家文化之间的交流与互动，指出中国政府倡导的"一带一路"建设将促进沿线国家的经济繁荣和区域经济合作。她强调本届国际历史科学大会将在促进不同文化的跨国交流中发挥重要作用。

20 世纪 80 年代以来，国际历史科学大会讨论的主要问题是：东欧——各种文明接触的地带；历史上的合约问题的形式；联邦制和多元制的国家；社会妇女；反法西斯主义、反纳粹主义、反抗日本军国主义；印度洋和世界上少数民族历史的研究；史学方法研究；马克斯·韦伯史学理论研究；全球史、世界史、普世史；革命与改革；民族、人民和国家的形式；性别史；移民的历史；全球史的前景：概念和方法论；千禧年、时间和历史；过去和现在：历史的利用和滥用与历史学家的责任；历史上的人类与自然；神话与历史；历史上的战争、和平社会和国际秩序；帝国的衰落作为文化的城市；宗教与权力；全球视野下的中国；历史化的情绪；世界史中的革命：比较与关联；以及数码技术在史学中的运用等。中国世界史学者对这些问题给予了充分的关注，积极参与了相关问题的研究和讨论，与世界各国历史学家的学术交流愈益密切，这些对中国世界史学科的发展无疑是有益的。

（七）国家社会科学基金和世界历史研究

1986 年，经国务院批准设立了国家社会科学基金，由全国哲学社会科学工作办公室负责管理，该办公室是全国哲学社会科学工作领导小组的办事机构。国家社会科学基金与 1986 年设立的国家自然科学基金一样，是我国在科学研究领域支持基础研究的主渠道。国家社科基金设有马克思主义·科学社会主义、党史·党建、哲学、理论经济、应用经济、政治学、社会学、法学、国际问题研究、中国历史、世界历史、考古学、民族问题研究、宗教学、中国文学、外国文学、语言学、新闻学与传播学、图书馆·情报与文献学、人口学、统计学、体育学、管理学 23 个学科规划评审小组以及教育学、艺术学、军事学三个单列学科,已形成包括重大项目、年度项目、特别委托项目、后期资助项目、西部项目、中华学术外译项目等六个类别的立项资助体系。

国家社会科学基金设立以来,在党中央的高度重视下,在有关方面的大力支持下,基金总量不断增加,覆盖面和影响力不断扩大,学科设置和项目设置不断拓展,推出了一大批包括世界史在内的有深度、有分量的研究成果,培养了一大批功底扎实、锐意进取的学科带头人,国家社科基金项目的导向性、权威性和示范性作用越来越明显,对中国世界史学科的建设做出不可替代的贡献。

据不完全统计,2013年以来,国家社科基金重大项目中的世界历史项目有《朝鲜半岛古代史研究》《新编日本史》《犹太通史》《中东部落社会通史研究》《东亚史上的"落差—稳定"结构与区域走向分析》《中非关系历史文献和口述史料整理与研究》《中日韩古天文图整理与研究》《前丝绸之路青铜文化的年代研究》《西沙群岛出水陶瓷器与海上丝绸之路研究》《文明交往视野下的中亚文明史研究》、多卷本《非洲经济史》《地图学史》翻译工程、《拜占庭历史与文化研究》《苏联解体过程的俄国档案文献收集整理与研究》《希腊化文明与丝绸之路》、资本主义时代欧洲农业经济组织研究、《苏联核计划档案文献资料翻译整理研究》《20世纪世界城市化转型研究》《世界反法西斯战争中的欧洲抵抗运动全史》《欧洲社会福利制度构建的历史经验及其对中国的启示》《不结盟运动文献资料的整理、翻译与研究(1961—2021)》《古代埃及新王国时期行政文献整理研究》《东亚历史海域研究》《越南汉喃文献整理与古代中越关系研究》《俄国东方学研究及其数据库建设》《冷战时期的中印关系史研究》《十九世纪美国工业化转型中的农村》《农业与农民问题研究》《英国赋税通史》《欧洲文明进程研究》《当代国际史学研究及其发展趋势》《法国大通史》编纂、《东欧各国冷战时期档案收集、整理与研究》《中英美印俄五国有关中印边界问题解密档案文献整理与研究(1950—1965年)》《剑桥古代史》和《新编剑桥中世纪史》翻译工程、《非洲阿拉伯国家通史研究》《波斯文"五族谱"整理与研究》《来华犹太难民研究1933—1945》《丝绸之路城市史研究》《域外史学在华百年传播史》《国际禁毒史》《西方政教关系核心文献整理、翻译与研究》等。这些项目是我国近年世界史学科的迅速发展的缩影，研究视野愈显开阔，代表学科发展前沿的选题明显增加，基础研究和前瞻性的对策研究并重，关注现实、服务大局在世界史研究中得到越来越多的体现。

为集中展示我国哲学社会科学研究的优秀成果，充分发挥优秀成果和优秀人才的示范带动作用，鼓励广大哲学社会科学工作者以优良学风打造更多精品力作，全国哲学社会科学工作办公室于2005年设立了《国家社科基金成果文库》，每年从已结项的国家社科基金项目优秀成果中遴选10种左右，到2009年共出版了包括世界史成果在内的37种，受到学术界好评。2010年，又将《国家社科基金成果文库》进一步拓展为《国家哲学社会科学成果文库》。自2010年始，《成果文库》每年评审一次，统一组织出版，并向作者颁发荣誉证书。

据不完全统计，已经出版的《成果文库》有：李海峰《古巴比伦时期不动产经济活动研究》，社会科学文献出版社2011年；朱孝远《宗教改革与德国近代化的道路》，人民出版社2011年；郭丹彤《埃及与东地中海世界的交往》，社会科学文献出版社2011年；王晓德《文化的帝国：20世纪全球"美国化"研究)》上下，中国社会科学出版社2011年；刘城《中世纪西欧基督教文化环境中"人"的生存状态研究》，北京师范大学出版社2012年；张建华《苏联知识分子群体转型研究（1917—1936）》，北京师范大学出版于2012年；刘家和《中西古代历史、史学与理论比较研究》，北京师范大学出版社2013年；梁志明《东南亚古代史：上古至16世纪初》，北京大学出版社2013年；李卓《"儒教国家"日本的实像——社会史视野的文化考察》，北京大学出版社2013年；王晓德《美国外交的奠基时代（1776—1860）》，中国社会科学出版社2013年；高国荣《美国环境史学研究》，中国社会科学出版社2014年；王立新《踌躇的霸权：美国崛起后的身份困惑与秩序追求（1913—1945）》，中国社会科学出版社2015年；张倩红等《犹太史研究新维度——国家形态 历史观念 集体记忆》，人民出版社2015年；顾銮斋《中西中古税制比较研究》，社会科学文献出版社2016年；苗威《乐浪研究》，高等教育出版社2016年；周钢《美国西部牛仔研究》，人民出版社2018年；付成双《美国现代化中的环境问题研究》，高等教育出版社2018年；张强《古希腊铭文辑要》，中华书局2018年等。这些著述在整体上表现出的共同特点，首先是原创性的学术精品，是中国世界史研究标志性的学术成果。这些成果不仅表现出中国世界史研究的新进展、新水平，新境界，而且指引着中国世界史研究的未来。它已经是当代中国历史科学不可或缺的重要组成部分，并在国际史坛的影响也与日俱增。

无论从"国家社科基金重大项目"的确定，还是《国家哲学社会科学成果文库》的出版，都可看到国家对世界史研究的基础理论研究的重视。"《剑桥古代史》《新编剑桥中世纪史》翻译工程"被中国社会科学院于2011年列为院重大课题；同年国家社科基金重大招标项目获准立项，由中国社科院原副院长武寅研究员主持，子课题负责人为郭小凌、侯建新教授。《剑桥古代史》和《新编剑桥中世纪史》是西方史学界著名学者通力协作的结晶，具有重要的学术价值。引进我国的与中译本的出版，对推动我国世界历史学科，特别是世界古代史和中世纪史学科的建设，着力提升中国世界史体系及世界通史研究水平等方面，具有重要的借鉴意义。

《剑桥古代史》初版于20世纪前期，出版后即被视为当时西方古代史研究的标志性成果。20世纪70年代以来，剑桥大学出版社组织英语世界以及法国、德国等国的知名学者和专家，在继承初版优点的基础上，根据最新资料和观点对全书进行重写，其出版前后耗时30年之久。《剑桥中世纪史》第1—8卷，在1911—1936年相继出版。20世纪90年代初，重编工作正式开始。时间跨度从公元500年延展至公元1500年，研究内容为以西欧为主的欧洲史。至2006年，全部出齐。由于两套丛书篇幅巨大，内容涉及史前史、古埃及史、古代近东史、古希腊史、古罗马史、基督教文明史、伊斯兰教文明史等多种历史与多种文字，其中包括大量古代文字，如埃及象形文字、西亚楔形文字、古希腊文、拉丁文等，翻译难度极大，至今尚未有中文本出版。"《剑桥古代史》《新编剑桥中世纪史》翻译工程"得到中国社会科学院和国家社科基金的支持，它的立项和完成，将弥补这一憾事。

四 丰硕的研究成果

(一) 世界文明史和世界通史研究

世界文明史和世界通史研究，在近年的中国世界史研究中占有重要地位。这是和国际学术界对"世界文明、文化"研究不断深入有直接的联系。"尽管经济全球化的趋势在加速进行，世界政治却日益向多极化的方向发展，社会文化的多元化发展也呈现出丰富多彩的局面。正是在这种情况下，不少国家的学者开始更加重视文化战略的研究，他们认为文化因素将在21世纪的世界发展进程中发挥越来越重要的作用。"① 而进行文化战略或其他文化问题的研究时，是不可能脱离具体的民族、国别或地区的文明史的研究的。没有文明史的研究，所有文明问题的研究都是难以得到科学阐释的。

周谷城、田汝康主编有《世界文化丛书》，由浙江人民出版社在20世纪80年代陆续出版，已经出版近20种，以著作为主，译著为辅，都和世界历史研究有密切的关系，从另一个侧面反映了中国世界史学科的成长和进步。丛书的主要书目有：庄锡昌等主编《多维视野中的文化理论》、顾晓鸣著《犹太——充满"悖论"的文化》、董进泉著《黑暗与愚昧的守护神——宗教裁判所》、叶书宗等著《锤子和镰刀——苏维埃文化与苏维埃人》、米尚志编译《动荡中的繁荣——魏玛时期德国文化》、本尼迪克特著《菊花与刀——日本文化的诸模式》、埃伦·G.杜布斯著《文艺复兴时期的人与自然》等。1986年10月，周谷城在《〈世界文化丛书〉序》中写道："今天我们立足于祖国的现代化，放眼世界，放眼未来，不难看出，现在世界各国彼此之间的关系，在历史发展的过程中，正日益趋于紧密，各国家或各地区之间的往来日益方便；经济的、政治的、文化的，以及其他各方面的关系日趋紧密，几乎成了不可逆转的必然趋势。但要使这些关

---

① 汝信：《世界文明大系·总序》，见于沛等著《斯拉夫文明》，中国社会科学出版社2001年版，第1页。

系发展得很好，甚至很合乎我们的理想，则研究、考察、寻找正确方向或理想前途的工夫，为不可少。着眼于文化方面的关系，组织学者、专家研究世界文化，出版世界文化丛书，已成了我们当前的迫切要求。"① 周谷城还强调，进行世界文化研究时，要重视"上下古今，前后左右"的比较，比较的范围越扩大，比较的对象越具体，对文化的研究则会越深入。

针对国际学术界的"西方中心论"和"文明冲突论"，中国学者提出自己的文明理论，将世界文明划分为12种文明体系。世纪之交，中国社会科学院的学者完成了汝信主编的12卷本《世界文明大系》，先后由中国社会科学出版社在1999—2002年出版。这是我国第一部全面系统、客观论述世界各主要文明的跨学科的研究成果，标志着中国学者对世界文明历史的研究进一步向纵深发展。例如，刘文鹏教授主编的《古代西亚北非文明》，是新中国第一部有关古代西亚北非文明发展史的著作，为我国的古代世界文明的研究增添了新的内容。《世界文明大系》包括刘文鹏主编《古代西亚北非文明》《印度文明》、秦惠彬主编《伊斯兰文明》、马振铎等著《儒家文明》、潘光等著《犹太文明》、姚介厚等著《西欧文明》、于沛等著《斯拉夫文明》、艾周昌主编《非洲黑人文明》、叶渭渠主编《日本文明》、钱满素著《美国文明》、郝名玮等著《拉丁美洲文明》、姜芃主编《加拿大文明》。《世界文明大系》以马克思主义为指导，对世界各大文明的起源、发展、演变、现状，作了详尽客观的评析，有着重要的理论和现实意义。

这些著作的共同特点是从历史与现实的结合上，努力从总体上把握世界上每一主要文明的历史发展过程，使人们对各个文明的主要特征有宏观的了解。这样做的目的，不仅是用马克思主义的观点去认识、分析世界文明发展的规律和特点，而且在弘扬中华文明优秀传统的同时，有选择地汲取和借鉴世界文明的一切积极成果，以加强当代中国的文明建设。这部著作，从整体上反映出包括世界史学者在内的中国学者的研究水平和研究能力，为今后我国学者的世界文明史研究，奠定了良好的基础。编写者认

---

① 周谷城：《〈世界文化丛书〉序》，见董进泉《黑暗与愚昧的守护神——宗教裁判所》，浙江人民出版社1988年版，第1页。

为，这样的划分只是相对的，而且并未把世界文明包举无遗，有许多问题尚待进一步研究。这样写的目的，只是打算从探讨以上这些主要的文明入手，求得从总体上把握世界文明的发展过程，并对各个文明的主要特征有宏观的了解。

编写者既反对"西方中心主义"，也反对任何形式的狭隘民族主义。对各种不同的文明，都依据丰富的史实进行系统的分析和论述，强调各个文明都是历史的产物，都有其自身的优缺点，都在不同的历史时期起过一定的作用，是推动人类历史前进的合力之一。不同的文明在历史上的作用有大有小，但并不存在一种十全十美或者一无是处的文明。而某些西方学者却着意渲染西方文明，贬低东方文明，这是由他们的立场决定的。对此，编写者把非洲文明、拉丁美洲文明等单独立卷，用事实驳斥了某些西方学者的偏见。编写者把中国的儒家文明放在世界文明发展的全局中加以论述。这不仅使我们认清了儒家文明在世界文明发展中的地位和作用，而且使我们认识到，儒家文明和其他文明之间有着割不断的联系，从而增强了我们学习和借鉴其他文明的优秀成果的自觉性。

2001年8月，齐世荣主编的两卷本《人类文明的演进》，由中国青年出版社出版，这是我国第一部以唯物史观为理论指导，深入浅出地阐释世界历史的普及性读物。该书强调，改革开放要"了解世界，既要了解世界的现状，也要了解世界的历史……希望能以不大的篇幅，对世界历史由古至今的演进作一简要的说明"[①]。《人类文明的演进》的主要特点，具体表现为坚持唯物史观为理论指导，认为世界历史是整个人类文明演进的历史，而不是"西方文明"或"以西方文明为中心"演进的历史，对欧美以外各民族和国家的文明发展，给予充分的肯定，并有详尽的阐释。作者通过具体的研究实践，自觉地抵制、批判"欧美中心论"及其各种翻版。其次，近代以来，包括新中国成立以来的世界通史性著作，大都将中国社会历史的内容排除在外。该著有针对性地将中国对人类文明发展做出的贡献，作了较准确、清晰的概述，如"中国文明与丝绸之路""中国中古文明的特色""太平天国运动""中国的维新运动""辛亥革命""五四运动

[①] 齐世荣主编：《人类文明的演进》（上），中国青年出版社2001年版，第2页。

和中国共产党的成立""中国抗日战争""冷战期间的中国对外关系""改革开放的中国与当代世界"等。作者用"世界性的眼光",站在中国的立场上,用中国人的眼光看世界,体现了中国世界史学研究的特点和气派,这在一定程度上弥补了近年中国世界历史研究的缺憾。再次,苏联解体、东欧剧变后,西方垄断资产阶级的代表宣布"历史已经终结",欢呼"资本主义已经战胜了社会主义",该书不回避当代社会发展中提出的一系列重大问题,坚信历史矛盾运动的客观规律性,对马克思主义诞生、国际工人运动、民族解放运动、俄国十月社会主义革命、苏联东欧社会主义国家建设成就和改革的曲折进程,以及东欧剧变、苏联解体等,不仅有较深的论述,而且在论述的过程中,解放思想,实事求是,并不是简单化、概念化,因此所得出的结论令人信服。

2004年初,马克垚主编的3卷本《世界文明史》,由北京大学出版社出版。这部著作是教育部委托的"高等教育面向21世纪教学内容和课程体系改革计划"的项目之一,也是北京大学文科重点研究项目。"本书是为大学历史系同学编写世界史新教材的一次尝试……作为文明史,本书只论述世界上主要文明的发展历程,而不能对各国家民族的历史过程予以叙述,这可能也是和原来流行的历史教科书不很相同的。"① 马克垚首先在"导言"中,就"文明与文明史""文明的发展和演变""文明的交流"等问题着重从理论上进行了阐释。

编者认为,"文明是人类所创造的全部物质和精神成果,从这个意义上说,文明史也就是世界通史。过去的世界通史强调的是短时段的东西,政治事件,伟大人物,后来又加上了经济形势、文化情况等比较稳定的东西。文明史不同于世界史,就是它所研究的单位是各个文明,是在历史长河中各文明的流动、发展、变化。把文明作为研究单位,我们就要区别不同的文明,要划分文明的不同类型。但这是一件十分困难的工作……我们只能根据不同的时代,各文明的不同表现和作用,来确定我们所要叙述的文明的类型划分"②。从这样的基本认识出发,编者将世界文明史划分为

---

① 马克垚主编:《世界文明史》(上),北京大学出版社2004年版,第2页。
② 同上书,第8—9页。

"农业文明时代"和"工业文明时代"两个时代；而"工业文明时代"，又分成"工业文明的兴起"和"工业文明在全球的扩张"两大阶段。这种划分，主要是依据各文明生产力的发展变化情况，这和编者所强调的，根据生产力发展变化来划分文明的发展阶段依然是比较科学合理的办法。文明性质和面貌的变化，受到许多复杂因素的影响，但最终说来和它的生产力发展状况的说法是一致的。

沈坚著《文明的历程》，浙江大学出版社2006年出版。作者以不同的文明为单位，按照世界范围内人类文明发生的先后，进行了较全面的论述。作者强调文明的多样性，并探讨了造成文明特殊性、复杂而多样的原因，认为文明之间的交流对促进文明多样性的生成具有重要的作用。作者还认为，任何历史著作，都是历史学家依据一定的历史事实，遵循一些史学理论而进行的主观创造，是一种解读。世界文明史也如是。该书的主要内容是：文明的曙光；从新月沃地到尼罗河畔：不同的河不同的人；从印度河到恒河：古代印度文明的足迹；黄土地上孕育的文明；文明的衍生和延展：从高原到海滨；希腊：爱琴海璀璨夺目的明珠；恢宏、霸气、严谨：罗马的气质；用罗马名、讲希腊话的文明：拜占庭；沙漠与驼峰托起的文明；富士山下的守恒与变革；连接古代与近代的桥梁：中世纪西方文明；从文艺复兴到宗教改革：跨过近代的门槛；大航海时代；欧洲的危机和光明；文明的重大转折：革命和火车头等。

赵立行著《世界文明史讲稿》，复旦大学出版社2007年出版。该书所述之内容上溯至史前文化，下讫现当代文明，将漫长历史进程中纷繁复杂、丰富多彩的文明内容浓缩在一个框架体系中，表现了历史的纵深感及其丰富的内涵。作者将芜杂的头绪和线索删繁就简，突出重点，该书的"编"从纵向的角度展示了文明从一个时代走向另一个时代的历史进程；"讲""目"则从横向的角度展示最能代表时代特征的文明内容。第一编人类文明初登舞台，有三讲：纷乱的两河流域；法老一统的埃及；印度：佛教的故乡。第二编西方古典文明的光荣，有两讲：希腊：欧洲文明的源头；罗马：称霸世界的帝国。第三编中世纪的"黑暗"，有三讲：诸文明的融合；信仰的时代；盛期的社会。第四编欧洲社会的转型，有两讲：人的重新发现；走出中世纪的步伐。第五编革命的年代有三讲：近代社会的创建；启蒙与革命；思想的潮流。第六编社会发展与战争来临，有两讲：社会的发展；近代的终点。第七编新秩序与新危机，有两讲：战后新秩序；不安的年代。第八编，文明经受了考验；大战与冷战下的文明；科技进步与文化反思。全书的终篇是走向多极的世界，展望了人类未来不可逆转的进步趋势。

近年继续有一些文明史研究的成果问世，张旭鹏著《西方文明简史》，四川文艺出版社 2011 年版。该书是较有特点的著作之一。作者深入浅出、简明扼要地阐释了西方文明的发展历史。作者在撰写这部著作时，广泛汲取了国内外相关研究的积极成果，在框架体系、具体内容，以及文献取舍、研究方法等方面，都力求能有新意。该书的主要内容虽然是探究西方文明发展的历史，但作者开章即明确提出要讲述西方文明的历史，我们必须从上述两个地方——古代两河流域和古代埃及开始。因为在这里，人类最早结束了游牧和渔猎的生活，进入相对稳定的农耕社会，进而掌握了基本的技术，发明了文字，创建了城市和各项制度，开创了人类最早的文明。作者强调"西方文明在很大程度上就受惠于古代近东文明"，对于正确理解西方文明是十分必要的。该书的主要内容包括古代近东文明、作为西方文明源头的希伯来文明与希腊文明、罗马文明、中世纪西欧与基督教文明、文艺复兴、宗教改革、地理大发现、科学革命、18 世纪的启蒙运动、理性的时代、工业革命与政治革命、欧洲的两次世界大战、当代西方文明等。作者最后强调西方文明的未来，是走向一种对话文明，使该书在历史感与现实感的结合上，给读者留下深刻印象。

在世界史研究中，"通史"研究是世界史研究的重要组成部分，占有重要的地位，没有"通史"研究的世界史，是不完整的世界史研究。从某种意义上可以说，世界通史的研究水平，包括理论框架设计和理论体系的构建，往往集中体现了世界史学科整体上所达到的学术水平。近年在我国世界史研究迅速发展的推动下，有多种通史性著作先后问世，其中影响较大的是吴于廑、齐世荣教授受国家教委委托主编的 6 卷本《世界史》，1994 年由高等教育出版社出版。

1997 年，人民出版社出版的《世界通史》（6 卷本），包括古代、中古、近代、现代、当代等卷，由崔连仲、刘明翰、刘祚昌、徐天新等人主编,也有一定影响。书分古代、中世纪、近代上、近代下、现代、当代6卷,所述历史始于原始社会止于1996年初。古代卷从古代世界的开端,按纵的历史发展进程依次对各国家或地区的历史分章编写;对公元前4世纪后的诸国按横的历史联系分章编写。主要内容有:原始社会、古代埃及(至公元前4世纪)、古代西亚各国(至公元前4世纪)、古代印度、古代希腊(至公元前4世纪)、马斯顿·希腊·托勒密王国和塞琉古王国、古代罗马共和国、古代罗马帝国、安息、萨珊波斯(前期)和贵霜、古代朝鲜和日本等。中世纪卷按地区和典型专题相结合的系统叙述。近代卷主要叙述英国资产阶级革命、美国独立战争、法国大革命、工业革命、法国里昂和德意志西里西亚工人起义、英国大宪章运动、马克思主义诞生、第一和第二国际、巴黎公社、19世纪晚期主要资本主义国家、19世纪晚期的亚非拉国家等内容。现代卷主要阐述人类世界进入20世纪后所经历的两次世界大战、俄国十月革命建立了第一个社会主义国家、科学技术革命改变了人类的经济和社会生活乃至思想观念等内容。当代卷以对战后世界各种基本矛盾运动的分析为依据,反映战后世界这个既相互依存又相互矛盾的统一整体的发展过程与特点,以及各类型国家的政治、经济、军事、科学技术、人民运动和对外关系的状况和发展趋势。

吴于廑、齐世荣主编《世界史》(6卷本),由高等教育出版社在1992—1994年出版。这是由国家教委委托主编的高校教学用书。这部著作集中反映了中国学者在当时的最新研究成果,涉及经济、政治、文化、社会等方面。和以前的教材相比,内容更为丰富,视野更开阔,而且在体系上、历史分期上、中国在世界的地位等问题上,都提出了编者独立的见解。古代史编的主编是刘家和、王敦书、朱寰、马克垚;近代史编的主编是刘祚昌、王觉非;现代史编的主编是齐世荣、彭树智。该著作的出版,对提高高等院校世界史教学水平做出了积极的贡献。该书自2001年开始出版修订第二版。新版本既保持了初版的基本体系,又汲取了近年我国世界史学界的研究和教学成果,弥补了初版中存在的一些缺陷,使之更趋完善。

吴于廑教授在该书的"总序"中,重申了他在《中国大百科全书·外国历史卷》"世界历史"一文的基本观点。"世界历史这门学科正在发展之中。既然历史在不断的纵向和横向发展中已经在越来越大的程度上成为世界历史,那么,研究世界历史就必须以世界为一全局,考察它怎样由相互闭塞发展为密切联系,由分散演变为整体的全部历程,这个全部历程就是世界历史。把分国、分区的历史集成汇编,或者只进行分国、分区的研究,而忽视综合的全局研究,都将不能适应世界历史这门学科发展的需要。世界从15、16世纪起就已跨进了一个崭新的阶段,以世界历史为研究对象的这门学科,也要相应地跨入一个新的阶段。"①

这部6卷本的《世界史》正是从这样的认识出发进行规划的,在体系、结构和内容等方面都有所创新和改进。如全书立足于全世界全人类,着力探讨世界各地区、各民族、各国家如何打破隔离状态,最后形成一个互相联系、互相影响的整体。又如,在编纂时采取了纵横交错的方法,既有历史的纵向演变,也重视这一历史时期各地区、民族和国家之间在经济、政治、文化等方面的横向联系。再如,充分关注了中国在世界史中的地位和影响。在世界近代史上,则就中国在近代开端时曾是世界上一个先进的国家,创造了光辉灿烂的文化,但却沦为一个落后国家的原因,进行了理论上的探讨。此外,编写者对社会史的内容也较为重视,如在"近代史编"有专章阐述"资本主义社会的物质生活和精神生活",内容包括1500—1900年欧美国家家庭生活、衣食住行、社会习俗、生活习惯等方面的历史演变。

2001年,王斯德主编《世界通史》,华东师范大学出版社出版。该书共3卷,每卷为一编:第1编《前工业文明与地域性历史:1500年以前的世界》,沈坚、金志霖著;第2编《工业文明的兴盛:16—19世纪的世界史》,李宏图等著;第3编《现代文明的发展与选择:20世纪的世界史》,余伟民、郑寅达著。编写者认为,《世界通史》,顾名思义是对世界历史的通观,它所考察的对象应当是人类社会作为一种整体性历史运动的发展进程。它之所以区别于国别史和地区史,首先就在于它以"世界"——人类社会的整体作为自己的考察对象和研究视阈;而它之所以区别于更广义的人类史或人类文明史,也在于它所确立的中心概念——"世界"具有结构

---

① 吴于廑、齐世荣主编:《世界史·近代史编》上卷,高等教育出版社2001年版,第30页。

意义上的特殊内涵,而不是一般意义的对人类社会的泛指。然而,人类社会的发展并非一开始就具有世界性,"世界史不是过去一直存在的;作为世界史的历史是结果"①。严格意义上的"世界历史"只是在最近的500年间才逐步形成,尽管在发展的速度和程度上这500年的变化是以往任何时段所不能比拟的,但毕竟只是人类历史长河中短短的一程。而且,世界历史的发生学研究也需要从人类社会的各个阶段、各个局部的发展形态中了解整体性运动得以形成的历史基因及其组合密码。

2009年,王斯德主编《世界通史》第二版,由华东师范大学出版社出版。三编的标题没有改变,但内容却有变化,特别是第3编《现代文明的发展与选择:20世纪的世界史》,内容有更多的变化。编写者在"第二版后记"中指出,在修改中,编纂体系和理论框架基本不变,指导思想和史学理念仍一以贯之。作为宏观史学的通史,其灵魂在于"通",作为由众多民族、国家组成的世界历史,其要义在"整体性"(世界性),力求上下贯通,左右融会,纵横交织,从整体上把握人类社会发展的历史进程、基本脉络和演化大势。这部《世界通史》,以人类文明的演变为线索,按照"前工业文明与地域性历史""工业文明的兴盛""现代文明的发展与选择"三大阶段,在宏观与微观、纵向与横向的结合上,勾勒出人类社会嬗变演进的总体运动,揭示世界文明发展的共同性、多样性和丰富性。在撰写《世界通史》第二版时,编写者的主旨是"努力体现科学性和时代性相结合,吸纳国内外学术界最新研究成果,充实新史料,尽力使叙述的历史更接近于历史的本相。同时,站在时代的高度,用现代的理论、方法,对历史作出客观、中肯的诠释,知往鉴今,涵养历史智慧"②。从该书的体系和实际内容来看,编写者的目的在书中基本得到了实现。

中国社会科学院副院长武寅研究员主持的多卷本《世界历史》,是中国社会科学院的重大课题,经过中国社会科学院和高校世界史学者近10

---

① 《马克思恩格斯选集》第2卷,人民出版社1995年版,第112页。
② 王斯德主编:《世界通史·现代文明的发展与选择》,华东师范大学出版社2009年第2版,第267页。

年的艰苦努力，其最终成果在 2010 年开始陆续问世。多卷本《世界历史》是我国第一部专题研究与编年相结合的通史类著作。它以马克思主义唯物史观为理论指导，通过对复杂的世界历史进程的研究，特别是通过对影响世界历史进程的若干重大问题的深入探讨，再现了人类社会丰富多彩的历史图景，科学回答了人类历史发展中的一系列重大理论问题，揭示了人类历史不可逆转的进步趋势，并在此基础上，概括了人类历史发展的一般规律和特殊规律。鉴于本课题从世界历史的广阔背景下，开拓了许多新的研究领域，无论时间跨度还是空间分布上，都是以往同类的著作无法比拟的，所以传统的史学方法已嫌不足。这套书广泛使用了跨学科的研究方法，汲取哲学社会科学相关学科的理论和方法，如社会学、人口学、人类学、心理学、政治学、宗教学的理论与方法，以及比较方法等。多卷本《世界历史》，由理论与方法、物质文明、制度模式、民族、宗教、战争、世界格局、思想文化、中国与世界等八卷组成，表现出当代中国世界史学者在马克思主义的指导下，对世界历史的独特的理解，它有助于人们更科学地了解过去，清醒地认识现实，科学地展望未来。

2012 年，中国社会科学出版社出版了《简明中国历史读本》，引起一股学习历史的热潮。2015 年中国社会科学出版社又出版了《简明世界历史读本》，两本书一个讲中国，一个讲世界，成为广大读者了解和学习历史的良师益友。该书由武寅主编，郭小凌、侯建新、刘北成、于沛等撰写。该书用六十余万字的篇幅深入浅出地介绍世界历史，是中国专业史学工作者通力完成的单卷本世界通史著作，受到史学界和社会各界读者的关注。武寅表示：目前，国内外研究世界历史的大型成果已不少见，包括"剑桥三史"（《剑桥古代史》《新编剑桥中世纪史》《新编剑桥世界近代史》），以及刚刚出版的中国人编写的大型多卷本《世界历史》。此外，较小规模的世界史著作也有不少。但为了学习的便利，人们还需要一种简明扼要同时又包含了最新成果的读本类书籍。《简明世界历史读本》正是为了满足这一需要而撰写。编写者以马克思主义唯物史观为指导，全面系统地阐述人类历史的发展进程，揭示历史矛盾运动的客观规律，以及人类社会不可逆转的进步趋势，同时准确、系统、生动地系统阐述了自史前到 21 世纪初人类社会的丰富图景，内容涵盖政治、经济、文化、科学、思想、艺术、军事、外交、社会及生态环境的历史演变等各个方面，表现了世界历史上不同国家、不同文明之间的交往与互动。这是继2012年江西人民出版社8卷39册《世界历史》（中国社会科学院世界历史研究所）出版后，我国世界通史研究的又一重要成果。

（二）世界古代中世纪史研究

史前史研究在我国的研究基础十分薄弱。这种状况在改革开放后有所改变。例如，在20世纪80年代，约有三部对原始社会进行综合研究的专著问世。这些成果是杨堃的《原始社会史》，北京师范大学出版社1986年版；蔡俊生的《人类社会的形成与原始社会形态》，中国社会科学出版社1988年版；林耀华主编的《原始社会史》，中华书局1984年版。

林耀华主编的《原始社会史》收集运用了我国民族学、考古学和古代典籍中的史料，涉及了我国十几个少数民族的材料，颇具特色。编者强调，这是一部"力图以马克思列宁主义、毛泽东思想的理论原则为指导，主要运用国内各民族包括汉族和少数民族的资料，以及世界各地区各民族一些有关的最新研究成果，来阐述原始社会发展的规律，并勾画出原始时代各个阶段的社会面貌的专著"[①]。《原始社会史》是我国第一部系统研究原始社会历史的专著。为了探讨人类社会的产生、原始公社氏族制度产生、发展、繁荣和解体，以及原始社会的精神文化。编者认真汲取了民族学、考古学和人类学的最新研究成果，广泛运用了这些学科的珍贵文献。此外，编者还以马克思主义国家学说理论为指导，从理论与实践的结合上，分析了私有制、阶级和国家的出现。在撰写这部著作时，编者进行了艰苦的理论探讨，努力回答我国原始社会史研究中的一些重大理论问题，如原始社会史如何成为一门学科，它的研究对象是什么？对马克思主义经典作家提出的两种生产说如何理解？以及如何理解原始社会史的史料及原始社会史的分期等。这些问题在该书的"导论"中，都得到了较好的回答。编者强调："原始社会史的研究具有理论和实践上的双重重要的意义。原始社会史作为一个学科，是在对资产阶级伪科学作激烈斗争中逐步建立

---

① 林耀华主编：《原始社会史》，中华书局1984年版，第1页。

起来的……原始社会是人类历史的开端，是人类历史的一部分。在这一研究领域里，民族学家必须同考古学家、人类学家以及其他有关学科的学者一起，综合研究国内外的材料，更完备地表述原始社会发展的过程，以阐明人类社会确实是按照发展规律前进的。所以，原始社会史的研究实际上是阐明历史唯物主义的基本理论的一个基础。"[①] 原始社会史研究不仅有重要的理论意义，而且有重要的现实意义。

易建平的《部落联盟与酋邦——民主·专制·国家：起源问题比较研究》，社会科学文献出版社2004年版。该书围绕民主、专制与国家起源问题，检讨了自摩尔根以来文化人类学家的十几种相关理论，探讨了古代史和民族学上的许多早期社会发展演化的具体实例，作者在评介了国外人类学家的研究成果的基础上，对部落联盟、酋邦、专制政治、早期社会和非专制政治等进行了深入研究，提出人类社会都是从平等的原始社会，经过一个不平等的等级制发展阶段，进入到以阶级为基础的国家社会的；在不平等的原始社会向国家过渡的阶段以及早期国家阶段和古代成熟的国家阶段，在新旧大陆的大多数地区，非专制政治包括民主政治都有广泛发现，而绝不是只以古希腊罗马为代表的欧洲才出现过非专制制度；人类社会权力结构的发生发展演变与人类社会规模并最终与地理环境有关。

刘文鹏的《古代埃及史》，商务印书馆2000年出版，这是我国第一部完整的古埃及史著作。该书在内容和体系上都有新的突破。2003年该书被评为第三届中国高校人文社会科学优秀成果二等奖。2005年又被教育部研究生工作办公室推荐为"研究生教学用书"。刘文鹏教授，我国著名世界史学家，中国埃及学研究的奠基人之一。1931年生于辽宁省大连市。1950年考入东北师范大学历史系，本科提前毕业并攻读研究生，师从林志纯教授，研究方向为近东古代史（西亚、埃及）。1955年研究生毕业，留东北师范大学历史系任教，同年11月，参加教育部委托东北师范大学主办的全国世界古代史专业进修班，随苏联专家格拉德舍夫斯基专修世界史，并逐渐成长为林志纯教授的得力助手。1972年，刘文鹏先生调入吉林省通辽师范学院任教35年，直至2007年病逝。

[①] 林耀华主编：《原始社会史》，中华书局1984年版，第32页。

《古代埃及史》详述了自古代埃及旧石器时代的文化起，到公元7世纪阿拉伯化之前的社会政治、经济、文化生活诸方面，内容十分丰富。它以文明的研究为主线，在揭示埃及文明起源的同时，论述了古埃及人的来源和地理环境的关系，以及古埃及人由城市国家发展到统一王国，由盛到衰的过程。作者认为，中东是人类文明的摇篮。"古埃及文明不仅以其诞生之早，而且又以其延续之久，成就之大，往往令人难以理解，甚至成为人们的难解之谜。但是，埃及文明的形成只不过是近五千多年前的事情。在古埃及文明兴起之前，还有一个数十万年、甚至数百万年的漫长的所谓史前时代。古埃及的文明必须追溯到那个遥远的、开辟了人类历史进程的最早阶段。因为古代埃及人正是由那个原始的阶段开始起步的。"① 正是从这样的基本认识出发，作者首先分析了"古代埃及的地貌、生态环境和民族"，"史前埃及与尼罗河文明的起源"，并在此基础上详尽地论述了埃及古代的历史，对我国的埃及学建设具有重要的推动作用。

作为《古代埃及史》的姊妹篇，刘文鹏先生的遗作《埃及考古学》也于2008年3月由三联书店出版。该著是刘先生在身患癌症期间，同病魔作顽强斗争，直到生命的最后一刻仍在不断完善的一部著作。刘文鹏教授坚持主张把古埃及历史的下限划到公元642年阿拉伯人征服埃及为止，意即包括希腊化和罗马—拜占庭统治下的埃及历史。这种分期法是刘先生多年来系统研究古代埃及历史，以马克思主义的社会形成学说为指导，修改、补充和完善而提出来的。

1985年9月，刘文鹏教授开创的世界上古史·埃及史学科被确立为内蒙古自治区首批重点学科，也是当时他所在的内蒙古民族师院唯一的省部级重点学科。同年10月，刘文鹏应邀出席第5届国际埃及学大会，他提交的"On the Egyptian early Cities and City States"（《古代埃及的城市和城市国家》）一文在大会上发言交流，被收入出版的大会论文集中，在国内外学术界产生广泛影响。1991年10月，经内蒙古自治区教育厅批准，内蒙古民族师范学院成立了世界上古史研究所，由刘文鹏教授任所长。这是我国成立最早的专门从事古代埃及历史研究的机构。该研究所不仅在科

---

① 刘文鹏：《古代埃及史》，商务印书馆2000年版，第29页。

学研究方面，而且在培养我国埃及学高级专门人才方面，也发挥了重要作用。

刘文鹏先生的学生和弟子们在其带动和影响下，对我国古代埃及史研究的深化，做出了积极的贡献。如郭子林的研究成果集中于托勒密埃及的历史，主要成果有《论托勒密埃及的专制主义》，《世界历史》2008年第3期；《论埃及托勒密王朝王权与神权的关系》，《古代文明》2008年第5期；《王权与专制主义——以古埃及公共权力的演变为例》，《史学理论研究》2008年第5期；《论托勒密埃及的王室婚姻》，《广西社会科学》2005年第4期。谢振玲一直致力于罗马时代的埃及历史、特别是土地制度研究，主要成果有谢振玲、刘文鹏《罗马统治时期埃及的私人土地租约》，《历史研究》2009年第1期；《古代东方社会的土地租佃制研究——以罗马时期埃及为例》，《农业考古》2008年第6期。田明博士的研究重点集中在拜占庭时代的埃及及其基督教史研究。他主持国家社科基金西部项目"古代埃及及基督教史研究"，已顺利结项。田明曾多次撰文论及古代埃及历史问题及其在早期基督教历史上的地位和作用，并出版了《罗马—拜占庭时代的埃及基督教史研究》一书（天津人民出版社2009年版）。他的成果还有《试论公元1—7世纪埃及基督教的特性》，《世界历史》2009年第3期；《埃及在基督教修道制度兴起中的作用》，《历史教学》2008年第3期；《试论古埃及文化对基督教的影响》，《内蒙古民族大学学报》2009年第1期；《古代埃及基督教的变迁》，《内蒙古民族大学学报》2006年第4期。王泰教授目前正致力于埃及现代化与埃及近现代史研究，曾完成国家社科基金项目"埃及的威权主义与政治民主化进程研究"，并发表了一系列与埃及近现代史有关的文章，如《埃及现代化进程中妇女的政治参与问题》，《西亚非洲》2007年第3期；《宪政民主下的埃及大选及其影响》，《西亚非洲》2006年第4期；《论埃及融入现代世界体系的交往性特征》，《西亚非洲》2007年第9期；《埃及经济发展战略及发展模式的历史考量》，《西亚非洲》2008年第2期；《论埃及早期现代化的道路与模式》，《中埃战略合作十周年》，《西亚非洲》2009年第11期等。

我国埃及古代史研究中一些被忽略的、薄弱的领域，也开始为学者所关注，如埃及古代的对外关系。2005年，郭丹彤著《古代埃及对外关系研究》，由黑龙江人民出版社出版，其在一定程度上弥补了这方面的不足。这本书是国内第一部研究该问题的专著。作者从物质交往、宗教交往、文化交往三方面入手，对古代埃及同埃及以外的国家或地区（东地中海世界）之间的关系进行了考察，系统地阐述了埃及文明对东地中海世界的影响，尤其是对希腊文明的影响及影响程度。这部著作的时间断限约为公元前4000年的史前文化时期到公元前332年的第三十一王朝的终结。作者认为，"古代埃及的对外关系具有偶然性、地区性、有限性和幼稚性等特点。而古代埃及的对外联系的途径有这么几个：一是贸易途径，主要体现在埃及与爱琴文明、与篷特的关系上；二是宗教途径，主要体现在埃及与努比亚的关系上；三是外交途径，主要体现在阿玛纳时代埃及与米坦尼、与巴比伦、与亚述、与赫梯、与叙利亚巴勒斯坦各国各地区的关系上……四是战争途径。战争是当时国家关系的主要表现形式之一"①。作者充分关注了埃及法老时期与周边国家几乎都发生过战争，当外交、贸易等途径都无法实现埃及的政治、经济目标时，战争是最好的解决问题的方式。该著广泛汲取了国内外学者的研究成果，重视原始的、基础性文献的收集和运用，所以书中提出的重要观点均有翔实史料支撑，得出的结论有较强的说服力。此外，书中的地图、缩写语表、英汉对译表，以及参考文献等，对读者学习或研究古代埃及的对外关系，都有不少帮助。

在我国，世界文明史研究的趋势之一，是不断细化，即通过具体的历史过程、具体的历史史实了解世界文明发展历程的片段和整体。例如刘健著《幼发拉底河、底格里斯河：探寻失落的文明》，黄河水利出版社2006年出版，即是其中之一。作者通过"不平凡的'河间之地'""站在人类文明发端之地""古代两河人的传奇与光荣""阿拉伯人的兴起与伊斯兰文明""两河流域的治与乱""两河从失落的文明中走来"等内容的阐释，可使人们深入认识到两河流域是古代人类文明发端之地。它最先经历了人类发展激动人心的历程，也见证了东西方文明、农业文明与游牧文明的交流、碰撞和融合。作者在"前言"中说，中国、印度、埃及、古巴比

---

① 郭丹彤：《古代埃及对外关系研究》，黑龙江人民出版社2005年版，第5页。

伦——举世公认的世界四大文明古国。除埃及文明发端于尼罗河一条河流外，其他三大文明古国均起源于两条河流。在黄河、长江流域，诞生了中国文明；印度河和恒河哺育了印度古代文明。幼发拉底河和底格里斯河两条河流孕育了古巴比伦文明，又称两河流域文明。幼发拉底河、底格里斯河就像一对亲密的兄弟。相互扶持着见证了中东地区7000多年的风云变幻。两河的位置是独特的，它们占据了一个咽喉之地，它们连接着东方和西方，连接着水路和陆路，连接着海洋和河流，连接着平原和山脉。站在今天的地标上，回看两河流域地区的历史，我们无法不赞叹两河人的聪明睿智。最早的文字，最早的车轮，最早的地图，最早的农业，最早的商业活动，最早的手工业作坊，最早的学校，最早的医学实践，等等。似乎我们所能想到的事物，都能在两河流域地区的浩渺历史记录中找到源头。在不断的历史变换和交替中，两河人所创造的文明奇迹般地保存流传下来。今天，在阿拉伯文明、犹太文明中，仍然可以发现古代两河流域人的智慧结晶；在中国文明、西方文明中，也可以感受到古代两河流域文明的隐约脉动，这就是两河的魅力所在。

2011—2018年，于殿利有四部古代史研究专著问世，在学界引起广泛关注。这四部著作是：《巴比伦法的人本观：一个关于人本主义思想起源的研究》，三联书店2011年；《巴比伦与亚述文明》，北京师范大学出版社2013年；《人性的启蒙时代：古代美索不达米亚的艺术与思想》，故宫出版社2016年；《美索不达米亚文明》，北京师范大学出版社2018年。

《巴比伦法的人本观：一个关于人本主义思想起源的研究》一书，根据楔形文字原始材料，对古代西亚的法律文献进行研究，这在中国学术界具有首创性。作者的着眼点不是单纯的《巴比伦法》的研究，其目的在于通过对《巴比伦法》中"人"的地位的分析，通过古巴比伦社会中"人"的地位与古代世界其他社会中"人"的地位之比较，说明公民社会的普遍性，对古史学界长期流行的观点——公民社会为古希腊罗马所特有或为地中海地区所特有——予以否定。该书的主要内容是史料、史学与研究方法；"人"及其权利等差；人本观产生的文明和文化基础；立法精神与人本主义；债务法中的人本观；刑法、尊严法及人格权；城市自治与人本主义等。

《巴比伦与亚述文明》中所论述的美索不达米亚城市文明、巴比伦与亚述文明商业文明和法律文明，以及古巴比伦社会制度及人本主义思想等特征，揭示了与国内外学术界传统完全不同的全新图景。基于此，有论者认为，这部著作是几乎改写世界文明史源头的创新之作，对于重新勾勒世界文明史的总体发展脉络具有启迪意义。作者对于古代美索不达米亚的经济体制、政治制度、社会形态与思想文化等领域的重大问题，进行了独到的探究，例如，家内奴隶制、国有封建制和私人经济资本主义生产方式的混合经济模式的提出，一方面打破了中国学术界与国外学术界一直以来关于"奴隶制说"与"封建制说"的对立，另一方面对于丰富和创新史学理论和社会科学理论的研究等，具有重要的参考价值。作者亲手拍摄的300余幅图片，作为珍贵的文物资料，大大增加著作的可读性。

《人性的启蒙时代：古代美索不达米亚的艺术与思想》，是一部综合研究古代美索不达米亚地区的文明发展史的著作。古代美索不达米亚地区是人类文明的重要发源地之一，对其进行综合研究，有助于我们理解现代文明。其中意识形态管理对于国家管理的重要性，以及意识形态管理要符合国家管理的需要，是古代美索不达米亚人在人类文明史的发端时期就已明显地表现出来的。该书包括的内容有文字：人类最伟大的发明；城市：人性在成长中撕裂；生活：因思想生为艺术活；君颜：世间一切尽写脸上；信仰：生命的依托；两性：人之根物之本；战争：人性的弱点；艺术：让人成为人等。

《美索不达米亚文明》是"一带一路"古文明书系之一。研究"一带一路"沿线且对人类历史发展有重要影响的古代文明，如古代埃及、巴比伦与亚述、印度、波斯、中国、希腊、罗马等文明，有重要的学术价值和现实意义。作者重视中西比较、中西交流；既注重宏观的理论思考与对历史的反思，从当下观察古代文明的整体性变迁，以宏大的视角展示古文明的兴衰；又注重具体问题的实证性研究，用中国人的视野来重新观察世界，架构认识世界的话语权，用实际行动彻底摒弃"西方中心论"。该书的主要内容，包括文明的诞生、文明的创造者、文明的再现、楔形文字的发明与演变、从城邦到帝国、政治制度与政府管理、军事制度与尚武精神、法律传统与立法精神、经济制度与经济发展、城市建筑与建造工程、社会结构与社会制度、宫廷与百姓的日常生活、科学精神与科学技术等。

施治生、刘欣如主编《古代王权与专制主义》；施治生、郭方主编《古代民主与共和制度》；施治生、徐建新主编《古代国家的等级制度》，是各自独立，又互有联系的三部专著，1993年至2003年由中国社会科学出版社陆续出版。前两部著作的主要内容，包括早期王权的产生和发展演变、专制主义及其性质特征、古代有关王权的思想理论；对"民主"内涵的历史考察、对"共和"概念的新的界定，以及这些概念"在不同的经济、社会、文化背景下有着不同的体现形式，代表着不同阶层和社会力量的利益，并有着不同的政治功能"①。后一部著作，则以世界古代和中古时期的等级制度为研究内容。施治生早在20世纪80年代末就对罗马财产等级的由来及其历史意义有深入研究，他认为财产等级划分始于塞尔维乌斯改革，是随着罗马国家的产生而出现的，体现着城邦国家兵民合一原则②。该书较为详尽地探讨了古代世界各个地区的社会等级制度结构特征的多样性和共同性，分析了国家、法律、宗教和等级意识形态在登记制度形成中所起的关键的、不可忽视的作用，特别是进一步探讨了罗马的贵族、平民和显贵阶层的由来、特点及其发展演变过程。这三部著作重视理论分析和理论概括，在充分的实证研究的基础上进行理论描述，往往会有更强的说服力，例如作者认为，"古代国家的等级制度在历史上曾有一定的进步作用。在等级制体制框架下……保证了社会常规运作，稳定发展。但是，这些以不平等为基础的社会等级制度，存在着严重的弊病，随着时间的推移，对社会历史的发展越来越起阻碍作用"③。应该说，这一结论是令人信服的。

希腊史研究不断深化，不断表现出中国世界史研究的特点。如祝宏俊著《古希腊节制思想》，社会科学文献出版社2009年出版。节制在古希腊的公民道德体系中具有重要的地位，被称为四大"主德"之一，但古希腊的公民道德在希腊史研究中，却没有引起人们的足够重视。作者

---

① 施治生、郭方主编：《古代民主与共和制度》，中国社会科学出版社1998年版，第39页。
② 施治生：《罗马划分财产等级的起源及其原则意义》，《世界历史》1989年第2期。
③ 施治生、徐建新主编：《古代国家的等级制度》，中国社会科学出版社2003年版，第5页。

关注现实，认为当代中国正在经历历史上最大的社会转型，这种转型不仅是政治的、经济的，更主要的是人的转型。这项艰巨的工程需要广泛吸收世界各国的优秀文化成果，尤其是要获取更多的与塑造人格直接相关的伦理资源。古希腊是古代世界文化极为发达的地区之一，它所创造的文化不仅孕育了近代资本主义文化，同时也是世界各国的共同财富，值得我们借鉴、吸收。从上述认识出发，作者充分利用了古希腊神话、文学，尤其是哲学方面的资料，全面梳理了古希腊的节制思想，将古希腊的"节制"思想置于具体的历史情境深入分析，在一定程度上弥补了这方面的缺憾。该书的主要内容是：节制和节制美德的历史回顾；古风时期的节制思想；古典时期的节制思想；希腊化时期的节制思想；城邦美德体系中的节制、道德规范体系中的节制等。郭小凌为该书撰写了序言，他说，在古代世界，希腊人是最善于思考的民族之一，他们的知识分子忧国忧民，目光长远，在美德的研究方面取得了许多成果，在美德的实践方面也做了不少工作。祝宏俊博士注意到这个重要问题，试图从古希腊节制美德的历史入手，深入具体地探讨节制在两千多年前的东地中海地区的呈现形式和演变历程，填补了我国学者在这一研究领域的空白。我为祝宏俊博士的新作感到由衷的高兴。如果人类都能像古希腊思想家所倡导的那样，努力做一个有节制的人，在情与义、家与国、私与公的矛盾中多考虑一点后者，和谐社会与和谐世界的目标也就不是宏大的梦想，而是活脱脱的现实了。

"城邦"是古希腊的一种政治共同体，城邦的出现，标志着古希腊文明的开端。所以古代城邦史的研究，历来为国内外史家重视。1989年，日知主编《古代城邦史研究》，由人民出版社出版。该书分为上下两篇：上篇《城邦史综论》，由日知先生撰写，下篇《城邦史名论》，则由诸多专家执笔。

在这部著作中，编写者进一步深化了"古代城邦普遍说"的理论，并在此基础上，对城邦与城邦的联盟、古代城邦的政治制度、古代城邦政治形式发展的主要阶段，以及古代城邦的历史人物等进行了研究。该书内容十分丰富，研究的深度和广度引人注目。该著主要内容是：城邦与城邦联盟、古代城邦的政治制度、古代城邦政治形式发展的四个阶段（神话传说时代、史诗时代、春秋时代、战国时代)、古代城邦的历史人物(改革家与独裁者)、论现代人的由来、原始时代向文明时代的过渡、希拉康坡里王国探究、苏美尔城邦联盟——尼普尔联盟、列国时代的摩羯陀城邦、荷马史诗中的阿尔哥斯简史、公元前6—前4世纪雅典民主政治的若干问题(雅典民主的产生,它的社会基础和历史特点)、关于罗马城市国家的产生问题、楚邦的发生和发展、论周邦的建立及周王与多方的关系、甲骨文土方为夏民族考等。将包括中国在内的东西方联系在一起,进行综合研究,是中国世界历史研究的优秀传统,在这部著作中,有具体的体现。

黄洋等著《希腊史研究入门》,北京大学出版社2009年出版。这是一部为有兴趣从事或者了解希腊史研究的读者提供入门指导的著作。因此,该著侧重于在对希腊史研究传统做较为全面介绍的同时,提供实用的工具性指南。这类著作看似浅显,要写好却殊为不易,因为不仅需要作者对该领域有全方位了解,而且需要很强的综合能力,要具有在千丝万缕的头绪中梳理出问题关键之所在的洞见。作者首先概述希腊历史的基本框架;其次,对可资利用的原始资料做全面介绍;再次,概述学术史,包括国外和国内的希腊史研究及其成果;最后,介绍可资利用的学术资源。此外,附录关键词和阅读文献,为读者进一步扩展阅读提供便利。该书的主要内容是:通过爱琴文明(约公元前3200—前1200年)、英雄时代(约公元前1200—前750年)、古风时代(约公元前750—约前500年)、古典时代(约公元前500—前338年)、希腊化时代(公元前338—前30年),进行希腊史概述;然后是史料概述;研究史概述。最后,重点研究了希腊城邦的兴起、荷马社会、早期希腊城邦的发展、"东方"的影响、族群认同、自我与他者、雅典民主政治、希腊化等问题。该书的"附录"也颇有特点,作者充分考虑到了"入门"的需要,在学术资源方面,提供了工具书、原始资料、主要期刊、网络资源目录,此外,还提供了关键词及推荐阅读文献。《希腊史研究入门》,以及世界史其他研究入门的出版,从一个侧面反映了当代中国世界史研究的进步。

与古希腊史研究相比,希腊化研究明显薄弱,缺少系统的更为深化的研究。

陈恒著《希腊化研究》,商务印书馆2006年版,在一定程度上弥补了这方面的不足。所谓"希腊化"是指亚历山大大帝东征后的三个世纪里，古希腊文明和小亚细亚、叙利亚、犹太、美索不达米亚、埃及以及印度的古老文明相融合的一种进程。时间范围通常认为开始于公元前323年亚历山大去世到公元前30年罗马吞并最后一个希腊化国家托勒密王朝为止。写古希腊史，一般只写到亚历山大东征或最多写到公元前146年罗马人毁灭希腊之科林斯从而在希腊确立统治为止。自19世纪中叶以后，国外史学家开始关注"希腊化"研究，有一些有影响的成果问世，但至今，国内的研究仍显薄弱。因此，该书对"希腊化"的系统研究，具有一定的开拓意义。该书的主要内容是：希腊化时代研究的历史与现状、希腊时代与希腊化时代之差异、希腊化世界的形成与发展、希腊化时代的文学与历史、希腊化时代的宗教与哲学、希腊化时代的艺术与城市建设、亚历山大里亚的科学与技术、希腊化世界的文化交流、希腊化的遗产与局限。通过上述研究，可使人们对希腊化时代有一较为清晰、具体和完整的认识。

拜占庭帝国是罗马帝国的后继者东罗马帝国的别称。公元330年罗马皇帝君士坦丁一世在古希腊移民城市拜占庭旧址定都，并改名为君士坦丁堡。395年，罗马帝国分裂为东西两部分。东罗马帝国建都君士坦丁堡，因此又称拜占庭帝国。

陈志强著《拜占庭帝国史》，商务印书馆2003年出版，是一部系统研究拜占庭帝国的专著。拜占庭帝国是中古欧洲历史上延续时间最为长久的专制君主制国家，对中世纪欧洲的政治、经济、文化与宗教等方面，都产生过重要作用，直至今日。该书是国内第一部研究拜占庭帝国史的专著，按王朝兴存顺序，全面介绍了拜占庭帝国的产生、发展与衰亡。作者既系统阐释了各个时代的政治、经济、军事活动，也描述了拜占庭的社会生活。主要内容包括君士坦丁时代、查士丁尼时代的对外战争和文化成就、伊拉克略王朝的统治和阿拉伯战争、毁坏圣像运动时代、马其顿王朝的统治、拜占庭帝国的衰落和十字军运动、尼西亚流亡政府、拜占庭末王朝统治及灭亡、拜占庭社会生活。附录中的拜占庭帝国皇帝年表、拜占庭帝国重要历史地图、拜占庭帝国疆域变化图等，这为学习和研究拜占庭帝国历史，提供了不少帮助。徐家玲著《拜占庭文明》，人民出版社2006年出版，是一部关于拜占庭帝国历史的专著，作者以独特的视角，对拜占庭文明进行了较为详尽的阐释，包括军事、政治、文化、宗教信仰等诸多方面的内容。作者认为，"所谓的拜占庭文明，是古典希腊罗马文明与近东文明及1世纪产生的基督教观念和罗马法制传统相结合的产物"。拜占庭文明是希腊、希伯来文明"融为一体并以特殊方式继承、传播，使古典文明与西方现代文明能够紧密联系的一个重要环节。拜占庭是欧洲古典世界看东方的窗口，也是东方的中国观察西方世界的平台"[1]。全书分为帝国兴衰记；国家、领土与人民；宗教、法制与社会文化三大部分，具体内容是：从古典时期到中世纪帝国（324—565年）、中世纪希腊帝国（565—1081年）、冲突着的地中海世界（1081—1453年）、国土与人民、国家机器、拜占庭稳定的因素、从行省到军区制、城乡经济生活、拜占庭的东正教会、分裂后的东正教会、罗马法的传统、中世纪的希腊化法典、社会文化与教育事业等。附件有"拜占庭皇统简表（324—1453年）"。在该书《导言：拜占庭与中国》中，作者明确指出，中国史籍中很早就注意到拜占庭在地中海文明发展中的地位，甚至远溯至汉魏时期，自"丝绸之路"开通后，对它就有相应的记载。

在古罗马史研究方面，罗马平民的起源问题是中外罗马史研究的热点问题之一，这涉及古代罗马国家的起源、等级和阶级结构的形成等重大理论问题。2002年，胡玉娟著《罗马早期平民问题研究》，由北京师范大学出版社出版。作者认为，不同时期罗马人对于被征服者的处置与奴役方式不同，这表明罗马当时处于由氏族社会向早期奴隶制社会过渡阶段，这一时期已产生剥削和奴役方式，但奴隶制生产方式尚不成熟，无法容纳大量外来被征服者，于是只有将他们变成介于自由民与奴隶之间的，集体依附于城邦的平民。宫秀华著《罗马：从共和走向帝制》，高等教育出版社2006年版。该书较系统地论述了罗马从共和走向帝制时期经济、政治、军事、文化、社会风尚和婚姻家庭等诸多问题的专门著作。该书在论述这一历史进程的基础上，对中国罗马史研究领域里存在的一些薄弱问题，例如罗马"分而治之"政策的时代特征和历史功能，行省

---

[1] 徐家玲：《拜占庭文明》，人民出版社2006年版，第2页。

制度建立的历史条件与深远影响，罗马、中国行省制度的异同，重要人物的历史作用，妇女的婚姻、家庭和社会地位的变化，人口制度和财税制度的运作，军队与远程贸易的开展，军队与道路信息网络的建设，市场体制和特殊地区经济政策的改革，地中海世界城市化的发展，希腊与罗马文明的传承与创新，东西方文明的交融等展开了比较深入地探析，提出了一些独到的见解。主要内容包括：共和政制的建立与发展、军事扩张与统治机制的调整、共和政制的裂变、共和政制的灭亡、社会风尚的变化与妇女地位的改善、帝制的建立与运作、帝国初期的繁荣：工商业的发展、城市化运动的兴起、道路和信息系统的建设、东西方贸易和文化的交流等。张晓校著《罗马军队与帝位嬗递》，中国社会科学出版社2006年版。这是一本研究罗马帝国的专著，主要包括奥古斯都时代、朱里奥—克劳狄时代、"四帝之年"时期、弗拉维王朝和安东尼王朝、3世纪危机、戴克里先与"四帝共治时代"、君士坦丁及其军事改革等。该书系统地研究了从奥古斯都到君士坦丁，罗马帝国前、中期帝位传承与军队之间的关系。主要内容是：奥古斯都时代、朱里奥—克劳狄王朝：帝位非正常嬗递的开始、"四帝之年"：一个揭秘的年份、弗拉维王朝：短暂的"家天下"、安东尼王朝——过继皇帝王朝、塞维鲁王朝一世纪危机的序幕、3世纪危机与"军营皇帝时代"、戴克里先与"四帝共治时代"、君士坦丁及其军事改革等。

1977年，齐思和在《历史研究》第3期发表的《匈奴西迁及其在欧洲的活动》，是在中外史坛都有影响的长篇论文。齐思和（1907—1980），早年先后就读于燕京大学、美国哈佛大学，1935年获哈佛大学哲学博士学位。回国后曾任北平（北京）师范大学、燕京大学、北京大学教授，在先秦史、中外关系史、世界古代中世纪史等方面造诣深厚，是学贯中西的著名历史学家。主要著作，除已经提及的《世界中世纪史讲义》（高等教育出版社1957年版）外，还有《中国史探研》（中华书局1981年版）、《史学概论讲义》（天津古籍出版社2007年版）等。

在《匈奴西迁及其在欧洲的活动》中，作者回答了史学界长期争论的问题，即公元4世纪震惊欧洲的匈人，究竟来自何处。法国学者德·揆尼、英国爱德华·吉本、德国夏德、荷兰底格柔特、日本内田吟风、德国阿尔特海姆，以及苏联学者伯恩施坦等，都对这个问题进行过较深入的研究，提出自己的观点。齐思和认为，欧洲史上的匈人即匈奴，北匈奴的活动，中国有许多记载，而匈奴进入欧洲的活动，见于罗马历史家的记载，中西文献的记载相互衔接。一些西方学者不承认匈人即匈奴，实际上割断了历史，抹杀了中西历史的相互影响。齐思和在广泛占有中外历史文献的基础上，通过悦般时期、康居时期、粟特时期、阿兰时期四个阶段，论述了北匈奴西迁的具体过程，强调匈人的主体即是匈奴。文章就匈奴在亚、欧两大洲的历史及其西迁过程，提出了不少有创见的见解，进一步深化了匈奴史研究。

杨昌栋著《基督教在中古欧洲的贡献》，社会科学文献出版社2000年出版。该书为一部研究中古欧洲的历史著作。在世界史研究上，人们对中古欧洲存有两种截然对立的观点：一种是否定的，认为中古欧洲的历史是"黑暗时代"；另一种认为是承上启下的重要历史时期。作者持第二种观点，他广泛搜集了大量史料，从以下方面论证了基督教在中古欧洲的贡献：基督教减少穷人的苦痛；基督教减少病人的苦痛；基督教对于远人之怀柔；基督教对于奴隶和农奴的态度；基督教对于妇女和婴孩的态度；基督教之提倡勤谨和有用工艺；基督教在中古欧洲之政治生活的贡献；蛮族之个人主义与基督教会自身之注重共同；基督教对于政治统一的帮忙；基督教对于废除法庭之残酷的贡献；基督教之限制打仗。该书作者杨昌栋（1897—1983），福建省平潭县苏澳梧井村人，祖辈务农，1925年入燕京大学宗教学院深造，并获神学硕士学位。1933年赴美国耶鲁大学留学，获社会学博士学位。1949年再次赴美学习。1950年秋回国定居福州后，先后当选市政协委员、市人大代表和文史馆馆员，还担任市卫理公会主席、福州基督教协进会总干事、福建基督教"三自"爱国会委员、福州"天安堂"主任等职。应该说，作者的这些经历与其学术观点不无联系，但作为一家之言，也值得介绍。

骑士制度是西欧中世纪社会的重要组成部分，对西欧的历史产生了重大影响。我国西欧中世纪史研究，以往更多是着眼于经济状况、阶级关系、政治结构等问题，而对骑士集团的研究却重视不够。朱伟奇著《中世纪骑士精神》，陕西人民出版社2003年出版①。倪世光著《中世纪骑士制度探究》，商务印书馆2007年问世，则使这种状况有所改变。在我国世界史研究中，骑士制度研究还显薄弱，但已引起越来越多学者的兴趣和关注，开始有一些成果问世，《中世纪骑士精神》《中世纪骑士制度探究》则是近年有影响的重要成果之一。骑士在西欧中世纪社会舞台上占有特殊地位，大体说来，他们集军人、贵族、官吏于一身，上自国王，下至低级骑士构成相对独立的社会集团，他们的存在形成了骑士制度。朱伟奇在《中世纪骑士精神》中，对中世纪骑士精神进行了深入系统的分析，强调西方中世纪骑士精神与西方文化之间关系密切，成为西方人精神气质的一部分。他从骑士精神与战争、骑士精神与宗教、骑士精神与文化等方面进行了论述。倪世光指出："骑士大体生活于公元8世纪前半叶至17世纪初叶，在近900年的时间里，骑士制度历经了产生、发展和衰亡的过程。骑士制度的存在以骑士的生活过程为前提，骑士的生活过程不只是这段历史过程中的横向线索，还包括骑士生活中广泛的纵向联系。关于'骑士制度'，学术界仍未形成多数人的一致结论，我们依据历史唯物主义的观点考察并总结认为：骑士制度是骑士在中世纪社会生活过程中，以军事为核心所形成的经济、相互关系、行为准则、思想观念等内容的综合体系。它涉及西欧中世纪社会的经济、政治、军事、司法、生活、思想文化等各个方面。骑士制度是我们认识西欧中世纪社会的另一条途径。"②该书除"研究概况与概念"外，主要内容是：骑士身份认定、骑士制度范畴、骑士生活方式、骑士与经济、骑士内部关系、骑士行为规则、骑士思想文化、骑士制度的衰落、骑士制度的作用等。

在我国，文艺复兴研究是一个比较旧的题目，但对它的研究却长久不衰，原因是对它的研究不断深化，不断有新的研究成果问世。朱龙华著《意大利文艺复兴的起源与模式》，人民出版社2004年出版。作者首先回顾了国际史学界关于文艺复兴及资本主义萌芽研究的概况，特别是与"文

---

① 朱伟奇，生于1965年12月，江西吉安人，郑州大学历史学院教授、博士生导师；2003年1月复旦大学世界史专业博士毕业，获博士学位，长期从事世界古代史、世界中世纪史、欧洲文化史教学与研究，是同学们最尊敬的老师之一。2009年3月4日病逝，享年43岁。

② 倪世光：《中世纪骑士制度探究》，商务印书馆2007年版，第1—2页。

艺复兴发展模式"有关的研究情况，然后以较多的笔墨探讨了这种模式的主要代表佛罗伦萨在14—16世纪政治、经济、文化的发展情况，以具体了解文艺复兴起源的历史。作者在"前言"中指出："在世界历史上，西方崛起，相对而言东方落后，这个划时代的巨变是发生在文艺复兴时代。""研究文艺复兴的起源问题，实际上就是研究意大利为何能最早产生文艺复兴的问题。在西方史学界中，这个问题虽然早就受到注意，但百年以来争论甚多……以研究中国科学技术史闻名的英国学者李约瑟博士，也曾就此进一步提出为什么近代科学最早诞生于欧洲而不是中国的问题，强调它既非常重要又非常复杂，成为中外学术界普遍关注的'李约瑟难题'。"①作者准备通过对"发展模式"的研究，探讨文艺复兴的起源问题，来回答"李约瑟难题"。作者认为，"社会发展模式"，主要指一个新社会从旧社会诞生时可能采取的形式与道路。"从文艺复兴发展模式角度考虑西方超过东方的问题，说穿了，就是指东方各国（包括中国）在封建社会后期不具备形成文艺复兴发展模式的社会条件，虽然按规律封建社会之末所有封建国家都应逐渐向资本主义的近代社会过渡，东方诸国过渡之际却迟缓不前，而西欧由于有文艺复兴的发展模式便能得风气之先，率先突破并成为全球最早实现近代化的地区。"②作者强调，正是由于有"文艺复兴发展模式"，所以西方才走到了东方的前面。该书有彩色精美版图121幅，包括佛罗伦萨及托斯卡纳地区城市的发展；文艺复兴艺术的发展等方面的内容。

刘明翰主编多卷本《欧洲文艺复兴史》，人民出版社2006—2010年出版。这部《欧洲文艺复兴史》是国家社会科学基金项目的最终成果。它深入地探究了文艺复兴成果和历史经验，是我国首次系统阐析欧洲文艺复兴思想精华的一次尝试。《欧洲文艺复兴史》分成各有主题而又互有联系的12卷，即总论卷、经济卷、政治卷、哲学卷、科学技术卷、文学卷、艺术卷、教育卷、法学卷、宗教卷、史学卷、城市与社会生活卷。编写者认为，恩格斯高屋建瓴地对欧洲文艺复兴做出了高度评价："这是人类以往

---

① 朱龙华：《意大利文艺复兴的起源与模式》，人民出版社2004年版，第1页。
② 同上书，第319页。

从来没有经历过的一次最伟大的、进步的变革,是一个需要巨人而且产生了巨人——在思维能力、激情和性格方面,在多才多艺和学识渊博方面的巨人的时代。"① 目前,我国对欧洲文艺复兴史的研究方兴未艾。全面、多角度地审视欧洲文艺复兴仍是一道难题。炎黄文化的博大精深,传承文明和借鉴中外文化精华,历来是中华民族的优良传统。我们必须坚持辩证唯物史观的指导和"国人治史"宏观和微观相结合,进一步开拓欧洲文艺复兴史研究的深度和广度。目前已经全部出版:《欧洲文艺复兴史·教育卷》,刘明翰、陈明莉著;《欧洲文艺复兴史·科学技术卷》,刘景华、张功耀著;《欧洲文艺复兴史·哲学卷》,孟广林著;《欧洲文艺复兴史·艺术卷》,朱龙华、王素色、赵立行著;《欧洲文艺复兴史·宗教卷》,刘新利、陈志强著;《欧洲文艺复兴史·城市与社会生活卷》,王挺之、刘耀春著;《欧洲文艺复兴史·总论卷》,刘明翰、朱龙华、李长林著;《欧洲文艺复兴史·文学卷》,崔莉著;《欧洲文艺复兴史·法学卷》,陈春生、徐家玲、陶勇兴著;《欧洲文艺复兴史·史学卷》,孙景权、徐波、侯树栋著;《欧洲文艺复兴史·政治卷》,朱孝远著;《欧洲文艺复兴史·经济卷》,王乃耀、申晓若著。

随着中国改革开放不断深入,社会各界对世界历史的需要越来越加迫切,除专业研究和各级学校的教学外,还出现了不少世界历史爱好者,于是出现了主要满足他们需要的各种"入门"的书籍,周春生著《文艺复兴史研究入门》(北京大学出版社2009年版)即其中较有代表性的一种。作者从文艺复兴史的概况、研究史、经典著作、基本史料、研究方法等各个方面,系统地介绍了这一专门领域的基础知识,确实是从事文艺复兴史研究必不可少的入门之作。该书除导论外,主要内容包括:文艺复兴史研究的缘起与学术发展脉络、文艺复兴时期的人文主义思想文化、文艺复兴时期的文学创作、文艺复兴时期的艺术创作、文艺复兴时期的社会经济与生活状况、文艺复兴时期的国家和政治、文艺复兴时期的教育、科技和非主流文化,结束语是"文艺复兴消退问题和人文主义精神的演变"。在介绍文艺复兴史研究的学术史时,作者注意将中国学者

---

① 《马克思恩格斯选集》第4卷,人民出版社1995年版,第261—262页。

的研究概况写入，如早期的蒋方震的《欧洲文艺复兴史》（商务印书馆1920年版）、陈衡哲的《欧洲文艺复兴史》（商务印书馆1930年版）都有介绍。新中国成立以来的朱龙华、刘明翰、周春生、张椿年、郑如霖，以及台湾地区的冯作民等人的研究也有介绍。特别值得提出的是该书的三个附录，即附录一学术资源、附录二关键词、附录三推荐阅读文献。这些附录介绍了可资利用的学术资源，以及重点的学术关键词和推荐阅读书目，为读者进一步扩展阅读提供了便利。例如所谓"学术资源"，"是指学习和研究过程中经常要使用的一些参考资料，也就是我们通常所谓放在案头随手就能拿到的工具"①。包括教材、导读、文选、评注性文献汇编、刊物和丛书，以及词典等，这些都是作者长期研究和教学工作的积累，对于文艺复兴史研究入门都是必要的，而一般读者在短时间又是很难备齐的。

新时期我国中世纪历史研究，有不少具有开拓意义的作品问世，例如彭小瑜著《教会法研究》，商务印书馆2003年出版。这是国内第一部对罗马天主教会法律制度进行系统研究的专著。作者运用历史学、宗教学、宗教社会学和法学等研究方法，对教会法的历史和理论进行了研究，追溯了其起源和发展，对教会法的性质和特点、教会法庭对异端和异教徒的处分、教会有关战争和国际法的观点、教皇制度和教会外交等进行研究，并通过大量个案分析增强了论述的说服力。作者对诸如宗教裁判所、教会法与西方近代宪政主义和资本主义商品经济等问题提出了一些独到的见解，有助于我国世界中世纪史研究的深化。作者围绕被称为教会法之父的格兰西的《教会法汇要》，以及按专题选取法律条文或理论观点，进行深入的解读和探索。该书的重要特点是为人们理解教会法开拓了一个新的视野。以往人们一般认为，既然如此多的残酷事实诸如异端问题、犹太人问题、王权与教权的争斗等都与教会相关，那么，教会理论也就自然是黑暗的。但作者通过对大量拉丁文原始材料的阅读与思考，得出教会法是"爱"的律法这一结论。该书《结语》的标题是"爱的律法"，作者强调："教会法是爱的律法，爱统和正义和仁慈。如何界定爱？在教会学和末世论的层

---

① 周春生：《文艺复兴史研究入门》，北京大学出版社2009年版，第233页。

面上，基督教之爱当然是以基督为中心的。在教会的组织和管理的层面上，教皇所象征和代表的权威似乎总是让人思考：爱的使命在教会究竟应该如何履行？"① 彭小瑜曾留学美国天主教大学，获哲学博士学位，其学位论文论述中世纪教会法在对待异教和异端方面如何体现基督之爱，受到广泛好评。

赵立行著《商人阶层的形成与西欧社会的转型》，中国社会科学出版社2004年出版。这是一部西欧中世纪社会经济史的著作。作者运用历史学、社会学和文化学的方法，考察了中世纪欧洲商人阶层的形成，以及对西欧社会转型的影响。作者在"绪论"中说："我们今天选择这样一个题目进行探讨，就是想站在巨人的肩膀上，提出自己的看法和新的见解，或以新的视角切入同样的问题，开拓一片新的领域。同时，我们看到，在过去的研究中，也确实存在着这样或那样的缺憾。人们往往把中世纪商业复兴前和商业复兴时期看做两个互相对立的阶段……只注意了它们之间的对立和矛盾，而忽略了或根本看不到它们之间的联系。"② 作者认为，中世纪的商业发展和商人的形成，不是一种突兀的现象，而是历史发展的连续过程。商人阶层的形成是社会机制、社会意识和社会经济变动的结果，它不是在与庄园制对抗和对立中完成的，而是双方势力此消彼长的结果，它的形成不但引起了经济力量的分化，而且引起了法律、道德、文化和社会意识等一系列变动，是西欧从中世纪走向近代的物质基础和思想基础。作者在论述乡村社会下的商业空间、乡村社会变动与商业复兴的基础、成熟商人阶层的兴起、商业意识与社会转型等问题时，广泛汲取了国内外最新研究成果，该书在论述商人阶层为西欧走出中世纪奠定了物质的和意识的基础，有较强的说服力。

车效梅著《中东中世纪城市的产生、发展与嬗变》，中国社会科学出版社2004年出版。这是国内第一部系统探讨中东中世纪城市史的著作。中东中世纪城市史是伊斯兰历史的重要组成部分，但对该问题国内研究薄弱，尚未引起足够的重视。《中东中世纪城市的产生、发展与嬗变》的问

---

① 彭小瑜：《教会法研究》，商务印书馆2003年版，第427页。
② 赵立行：《商人阶层的形成与西欧社会的转型》，中国社会科学出版社2004年版，第2页。

世，在一定程度上使这种状况有所改变。作者以开罗、伊斯坦布尔、德黑兰三大城市为重点，系统地论述了自7世纪伊斯兰城市创立到第一次世界大战前夕的中东城市发展历史，并对中东伊斯兰城市的起源及其类型，伊斯兰城市的结构和社会功能、社会阶层，伊斯兰城市的发展动力及其作用，西方文明冲击下伊斯兰城市的嬗变与现代化、半殖民地化，伊斯兰城市与中东资本主义起源之间关系等问题提出了自己的观点。该书的具体内容是：中东新城市文明的出现；开罗、伊斯坦布尔、德墨兰的建立与早期的发展；中世纪中东城市的社会功能；中东城市的嬗变；城市现代化与中东社会的嬗变等。作者还分析了西方国家入侵对中东城市现代化的影响，认为西方文明启动、催化了中东传统城市的现代化，推动城市经济结构和功能向现代化转轨，但西方文明是伴随着血与火强行输入的，致使中东沦为殖民地或半殖民地，从而阻碍了中东民族资本主义的发展。

许序雅著《中亚萨曼王朝史研究》，贵州教育出版社2000年出版，并于2017年由商务印书馆出版了增订本。萨曼王朝（874—999）是中亚地区存在时间最长、最后一个东伊朗语系伊斯兰王朝。作者认为，"萨曼王朝既继承了古代波斯传统，又融合了阿拉伯、突厥的特色，使自己成为中亚历史上承先启后的王朝，具有鲜明的绿洲型封建社会的特点。国际中亚学界所注目的中亚地区两大历史进程，即伊斯兰化过程和突厥化过程，也发生于萨曼王朝统治时期。在经济上，萨曼王朝与东欧、西亚地区建立了广泛的商业贸易关系。与中国西北地区也有联系。由于特殊的地理位置，萨曼王朝成为9—10世纪中西交通的担当者。在文化上，萨曼王朝创造出灿烂的伊斯兰—波斯文化，产生了诸如阿维森纳、花拉子密、纳斯尔·法拉比、阿布勒·马合木等一大批学者"。"研究萨曼王朝历史，一方面可拨开9—10世纪中亚扑朔迷离的历史浓雾，尽可能还其庐山真面目；另一方面有助于探讨绿洲型封建社会运动规律和绿洲型封建制度模式，推动中亚突厥化运动和奴隶王朝的研究。"① 该书的主要内容是：王朝的崛起及兴盛；政治制度及统治体系特点；对外关系；社会经济生活与商路的发达；中亚伊斯兰文化的兴盛与波斯文化的"复兴"；中亚突厥化运动与萨曼王

---

① 许序雅：《中亚萨曼王朝史研究》，贵州教育出版社2000年版，第1—2页。

朝的灭亡。作者有专节介绍中亚萨曼王朝史的基本史料，这些史料是：1. 纳尔沙喜的《布哈拉史》（*Tarikh-i-Bukhara*），这是一部关于7—11世纪布哈拉的基本史书。2. 伊本·胡尔达兹比赫的《道里邦国志》（*Kitab Masālik Wa'l-Mamālik*），伊本·胡尔达兹比赫（Ibn Khordādhbeh，约820年或825—912年）曾任阿拔斯王朝杰贝勒省邮驿长官，是阿拉伯古典舆地学派之一的伊拉克学派的奠基人。3. 白拉祖里的《诸国征服史》（*Kitab Futūhal-Buldān*），白拉祖里（al-Imam abu-l'Abbas Ahmad ibn Jabir al-Baladhuri，卒于公元892年），是波斯优秀的史学家。4.《黄金草原与珠玑宝藏》（*Muruj al-Dhabab wa-Ma'ādin dl-Jawhar*），此书是一部关于中亚、西亚历史、地理的百科全书式的巨著。5.《世界境域志》（*Hudūd al-'Ālam*），其作者佚名，在现有的穆斯林地理著述中，以该书介绍中亚历史地理最为详尽。6.《米撒儿行纪》，作者米撒儿（Abu Dulaf Mis'ar bin al-Mahalhil）是大食诗人。7.《诸地形胜》（*Kitāb Sūrat al-Ard*），作者伊本·豪卡勒（Zbn Hawkal）出生在美索不达米亚（贾兹拉）的纳西宾，故又名纳希比。他一生游历了中亚、西亚和北非大部分地区。8. 加尔迪齐的《记述的装饰》（*Zain al-ahhar*），作者加尔迪齐（Abu Sa'id Abd-l-Hal b. Zahhak Gardizi），波斯人，生平不详，是伽兹纳王朝（伽色尼王朝，即哥疾宁王朝）时代的大史学家之一，于1050年、1053年间写成此书。9.《治国策》（*Siyāsat-nāma*），又名《王德》（*Siyar al-Mulūk*），该书是研究中亚中世纪社会经济、政治制度以及宗教、文化、生活习惯和奴隶王朝起源的重要史料，作者阿布·哈桑·阿里·伊本·伊斯哈克（Abu Hasan ibn Ali ibn Ishak）是塞尔柱王朝的宰相。10.《居兹加尼书》（*Tabakāt-i-Nāsirī*），此书原名为《宗教保卫者一览表》，作者居兹加尼（Abu 'Omal Minhaj al-din 'Othman ibn Sirāj al-din al-Jawzjani，或Jurjani或Jūzjāni，卒于13世纪后半叶），故书以作者为名。11.《马卫集论中国、突厥和印度》，马卫集（Sharaf al-Zamān Tahi Marvazi，1046—1120年），中亚谋夫（Marv，又译木鹿）人，曾任塞尔柱王朝的宫廷医生。12. 萨马阿尼的《谱系之书》（*Kitāb al-Ansāb*），作者萨马阿尼（Abd Sa'd Abud al-Karim b. Muhammad al-Sam'ani，卒于1166年），出生于谋夫。13. 穆卡达西的《诸国知识的最好分类》（*Ahsan at-Taqasim fi Marifat al-Aqālim*），作者阿布—贝克尔·穆卡达西（al-Mukaddasī，或 Maqdīsī，卒于约 1000 年或 985 年），生于耶路撒冷，游历了除信德、塞斯坦和西班牙以外的几乎所有的伊斯兰国家。14. 雅库特的《地理辞典》（Mu'djam al-Buldan），作者（Yākūt al-Rūmī Hamawī，1179—1229 年）生于拜占庭统治下的一个非阿拉伯人家庭，其别名"鲁米"（东罗马帝国统治下的小亚地区）就是由此而来的，意思是"东罗马人"。15. 陀跋里的《先知与国王书》（Ta'rīkh. al-Rusul wa'l-Mulūk），作者陀跋里（Abu Dja'far Muhammad ibn Djarīr al-Tabarī，又译塔巴里，公元 839—923 年），出生于塔巴里斯坦省阿穆勒（Āmul）城，是波斯著名的史学家。16. 伊本·阿西尔的《全史》（al-Kāmil fi't-Ta'rīkh），作者伊本·阿西尔（Izz al-Din Abul-Hasau Ali ibn Muhammad ibn al-Athrī，1160—1234 年），阿拉伯著名的史学家。17. 乌特比的《亚米尼史》（Ta'rīkh al-Yamīnī），作者乌特比（Abu Nas Muhammad b. Abd al-Djabbār al-'Utbī，卒于 427/1036 年或 431/1039—1040 年），波斯人，出身于两代为萨曼王朝宰相的名门，他本人是伽兹纳王朝素丹马合木德（997—1030 年）的侍臣。

中国史学界近年对社会史的关注，在世界古代中世纪史的研究上，也有所反映。如贺国庆等著《欧洲中世纪大学》，人民教育出版社 2009 年出版。10 世纪，西欧封建制度确立后，农业生产持续发展。随着剩余农产品的增多，手工业和商业也同时发展。与此同时，城市兴起，在富裕的市民中，孕育着新兴资产阶级的产生。所有这一切，为欧洲中世纪大学的兴起奠定了物质基础和社会基础。贺国庆等著《欧洲中世纪大学》，是我国欧洲中世纪大学历史研究的第一部专著，作者把中世纪大学的发展同欧洲社会的政治、经济文化背景等主要社会要素密切联系在一起，全面分析了中世纪大学的起源、性质，中世纪大学的教学类型、结构，中世纪大学的课程与教学、教师与学生，学院制度的产生与发展等一些重大和基本的问题，丰富了我国关于大学发展史的研究，为我国当代高等教育的发展提供了历史借鉴。该书对中世纪大学职业性特征、中世纪大学教师终身制等问题，从新的角度做出了解读。俞金尧撰写《中世纪晚期和近代早期欧洲的寡妇改嫁》，发表在《历史研究》2000 年第 5 期。该文探讨了中世纪晚期到近代早期欧洲的寡妇再嫁问题，并通过对这一问题的讨论，观察该时代这些"特殊的"普通人的生活状况和所依存的社会。人的生物属性并不是支配寡妇的婚姻行情的唯一因素。在对近代早期英国再嫁寡妇的年龄结构的分析中,人们发现有相当一部分寡妇甚至嫁给了比自己还年轻的男人。这种情况主要与寡妇自身所具有的比较优越的经济状况有关。在传统时代的欧洲,妇女的地位十分低下。但是,一旦丧夫,她的地位却大大改变,她不仅在人格上得到独立,而且也开始拥有为中世纪社会的法律和习惯严格保护的财产权利,那就是她的寡妇产权。寡妇改嫁难与不难,很大程度上取决于她所生活的那个社会的文化和舆论环境。在西方,这方面的环境对寡妇再嫁是比较适宜的。如果说,寡妇所拥有的财产和她所处的文化和舆论环境,为她重新嫁人提供了可能,那么,她重组家庭也出于现实的需要。

我国古代中世纪史研究的重要特点之一,是重视重大理论问题研究,重视对重大历史过程、历史现象的理论分析。马克垚著《西欧封建经济形态研究》,人民出版社2001年出版,是较有代表性的一部专著。马克垚,北京大学历史系教授,该书是我国研究西欧经济史的代表性著作之一。作者深入分析了西欧从奴隶制到封建制的过渡,以及封建制度下中古西欧的封土制、封建庄园、农奴与农民、农村公社、城市、手工业和商业、人口等重要经济形态。阐述概念的同时,结合经济实质与法律形式进行探讨,然后再从动态上研究它的发展变化以及它在社会中的地位。作者还将中西封建社会进行比较,认为在前资本主义社会生产力大致相同的基础上,东西方封建社会的结构基本相同;西欧中世纪城市的独特性,以及西欧农奴与中国封建小农之间的差异性,不宜过分强调。该书的主要内容是:从奴隶制度向封建制的过渡、论封建化、封建土地所有制、封建庄园、农奴与农民、农村公社、城市、手工业和商业、中世纪的人口等。

戚国淦著《灌园集——中世纪史探究及其他》,商务印书馆2007年出版。这是作者的学术文集。主要内容包括中世纪史名著与名家;中世纪史探研;读史杂咏及其他和附录。戚国淦(1918—2010),1918年6月生于承德,原籍贵州省修文县;18岁考入国立北京大学,师从邓之诚、洪业、齐思和、翁独健等名家。北京师范学院1954年初建时,戚国淦受命筹建历史系并担任系主任之职。他对中外历史均有较深造诣,尤精于世界中世纪史和都铎王朝英国史，著述颇多。其中较为重要的论著，如自译及合译《法兰克人史》（1981）、《查理大帝传》（1979）、《西方的没落》（1963）；主编《外国历史名人传古代部分下册》（1983）、《外国历史大事集古代部分第二分册》（1986）；撰写的论文《16世纪中英政治制度比较》（1987）等。2002年10月15日，中国翻译工作者协会在北京举行"庆祝中国译协成立20周年暨资深翻译家表彰大会"，会上对176位翻译家提出表彰并授予"资深翻译家"荣誉称号，戚国淦获此殊荣。

戚国淦在《灌园集》的《自序》中写道："退休三年，文字生涯业已结束。承商务印书馆不弃，许为我出此文集，深受鼓舞。点检平生所作，仅得此寥寥数篇。对比过去近50年的高校教学经历，不无愧怍。20世纪50年代初，我的导师翁独健先生任北京市文教局局长，开始筹划创建北京师范学院。一天，他面谕我，要准备讲授世界史课程，原因是这方面的教师不易请到。我只能唯唯从命。等到历史系建立，我又承乏行政工作。聘来的教师各有专长，各就岗位，只剩下世界中世纪史无人应承，只好自己承担。从此开始直到退休，前后44年，我便一直滥竽于斯。世界中世纪史在我国当时仍属一门新设置的课程，同行前辈留下的遗产不多，外文参考书籍已被束之高阁，手边可参考者只有两三种译自俄文的书籍。凭着多年的经验，完成教学任务并无困难。但是要想写出像我的老师当年发表的那样规格的文章，却殊非易事。面临的是上下千二百年，纵横八万里，国度以十计，文献资料无数种的浩瀚领域，简直是无从着手。当时自己度德量力，只要能编写出一部教材，编辑几本参考资料，就可算是功行圆满，再要想写出论文或专著，却是难乎其难了。1961年，周一良、吴于廑两学长奉命主编部编教材《世界通史》，我应邀参加撰写《中古分册》的中编，虽然费了极大的力气，读来连自己也不满意。后来我在为吴先生祝寿的《鹧鸪天》词中有句：'君真涑水综全局，我愧刘攽只数篇'，就是指的此事。"戚国淦先生一生教书育人，著书立说，对中国世界史学科建设做出重大贡献，特别是对我国世界中世纪史研究，其筚路蓝缕之功殊不可没，然而却一贯坦荡、宽厚、谦逊，则更加令人敬仰。

（三）断代史研究

在我国的世界历史研究中，断代史主要指世界古代中世纪史、世界近代史、世界现当代史。由于我们现在生活在 21 世纪初，风云激荡的 20 世纪刚刚离开我们而去，所以有关 20 世纪的世界历史的著作时有问世，也列在断代历史的范畴之内。

上古史的主要著作有周启迪主编《世界上古史》，北京师范大学出版社 1994 年初版，2004 年再版。该书系统地阐释了上古世界的历史，内容丰富，且条理清晰，是一部较好的教材。该书的主要内容是原始社会：人类的形成、人类社会的早期发展、氏族公社的解体、原始精神文化；上古埃及：前王朝和早王朝时期的埃及、古王国时期的埃及、中王国时期的埃及、新王国时期的埃及；上古埃及文化：文字、文学、科学、建筑和艺术、宗教；上古西亚：南部两河流域国家的形成与统一、古巴比伦王国时代、古代亚述、新巴比伦王国、古代叙利亚、赫梯、腓尼基和巴基斯坦，波斯帝国；上古西亚文化：文字、文学、科学、建筑、宗教；上古印度：哈拉巴文化、吠陀时代、列国时代、孔雀帝国；上古印度文化：文字、文学、科学、建筑和艺术、哲学；上古希腊：克里特文明、古风时代、古典时代、马其顿王国与亚历山大帝国；上古希腊文化：宗教与神话、哲学、文学、建筑和美术、科学；上古罗马：从部落到国家、早期共和国、罗马对地中海地区的征服、罗马共和国的衰亡、早期罗马帝国、后期罗马帝国和西罗马帝国的灭亡；上古罗马文化：文字与文学、哲学、农学和医学、建筑、罗马法等。

田德全主编《世界古代史》（修订版），华东师范大学出版社 2000 年出版。该书的"世界古代史"包括了世界上古史、中古史，它是人类社会发展史上最初三个阶段的历史，即原始社会、奴隶社会和封建社会的历史。它是人类由原始、孤立、分散的状态发展成为一个具有密切联系的整体的历史。该书的具体内容是：原始社会人类的起源、原始公社的产生和发展、原始公社的解体与国家的产生、原始文化、上古埃及、埃及国家的形成与古王国、中王国、新王国与后期埃及、上古埃及的文化、上古西亚诸国、两河流域早期的奴隶制国家、古巴比伦王国、亚述和新巴比伦王国、腓尼基和古代巴勒斯坦、波斯帝国、上古印度、上古希腊、上古罗马、西欧封建制度的产生和发展、中古东欧诸国、中古西亚诸国、中古东亚南亚诸国、非洲和美洲、西欧封建制度的解体和资本主义的兴起等。

令狐若明的《世界上古史》，吉林大学出版社2007年出版。该书内容包括人类社会发展最初两个阶段的历史，即原始社会和奴隶制社会的历史。对于原始社会的叙述，综述全人类历史这一阶段的进程；对于奴隶制社会的阐述，主要集中在埃及、西亚、印度、古代希腊和古代罗马等上古奴隶制国家，即阐述上古时代各奴隶制国家发生、发展、繁荣和衰亡的历史。

晏绍祥著《世界上古史》，中国人民大学出版社2009年出版。该书将世界上古史划分为原始时代、青铜时代、古典时代和古代世界的转变四个阶段，深入叙述人类的起源与世界古代文明的历程，努力揭示古代世界各种文明在不同时期的特征。同时注意分析世界古代文明的"世界性"，将中国古代文明纳入世界文明潮流中去认识和分析。该书的主要内容是：人类的史前时代、西亚文明的产生和发展、青铜时代的埃及、青铜时代的亚欧大陆与早期游牧和农耕世界、公元前1千纪中前期的西亚和北非、从列国并立到统一的印度、春秋战国时代的中国、古代希腊、古代罗马共和国、帝国时代、公元3—6世纪的世界形势等。该书配置多幅插图和地图及重要史料，每章附推荐阅读书目，便于各界读者进一步深入学习和研究。晏绍祥的其他重要著作还有《古典历史研究发展史》（华中师范大学出版社1999年版）、《古代希腊历史与学术史初学集》（湖北人民出版社2003年版）、《荷马社会研究》（上海三联书店2006年版）等。这些著作的共同特点，是重视史学史的研究，例如，在《古典历史研究发展史》中，作者对文艺复兴以来西方世界尤其是英、法、德、意、美等国，以及苏联、东欧和中国对古代希腊、罗马的历史研究状况作了系统的阐述。《古代希腊历史与学术史初学集》，不仅对有关古代希腊历史的研究状况作了叙述，而且还对有关古希腊史的学术史研究作了阐释。

我国关于资本主义前的世界历史研究中，一些研究者往往将世界古代史（含史前史）、世界中世纪史合并在一起，研究成果多为"世界古代中世纪史"，但在实际研究中，古代奴隶占有制社会和中世纪封建社会之间的界限，并没有混淆在一起。例如，黄洋、赵立行，金寿福著《世界古代中世纪史》，复旦大学出版社 2005 年出版。这本书是一部颇有特点的世界古代中世纪史著作。主要内容是文明的兴起、人类的早期文明、两河流域文明、古代埃及文明；人类的轴心文明：古代印度文明、古代希腊文明、古代犹太文明、波斯文明；古代帝国：亚历山大的帝国、罗马的霸业和罗马帝国；中古文明：古典文明的挽歌、西欧基督教文明的兴起、伊斯兰阿拉伯文明；中世纪文明：庄园与封建制度、教会的扩张、社会生活：贵族制度、骑士的生活、婚姻与家庭；中世纪转折：商业与城市的兴起、十字军东征、王权与教权的盛衰等。该著在各章节或结尾，收有史前历史大事年表、两河流域文明大事年表、古代埃及文明大事年表、古代印度文明大事年表、古代希腊文明大事年表、古代犹太文明大事年表、波斯文明大事年表、希腊化时代大事年表、罗马历史大事年表、中世纪大事年表等，可视为该书的一大特色，为广大读者学习或研究世界古代中世纪史，提供了不少方便。

阎宗临著《世界古代中世纪史》，广西师范大学出版社 2007 年出版。阎宗临，著名历史学家。1904 年生于山西省五台县一个普通的农民家庭。1925 年赴法勤工俭学，1936 年获瑞士国家文学博士学位。抗战爆发后毅然回国，先后任教于山西大学、广西大学、无锡国学专修学校，1948 年任中山大学历史系主任兼历史研究所所长。新中国成立后回到故乡，任山西大学教授兼历史系主任，1978 年病故。他通晓法文、拉丁文、英文等多种语言，研究和教学方向主要为世界古代中世纪史、欧洲史、中西交通史、山西地方史。《世界古代中世纪史》是作者的世界古代史课程讲稿及相关专题研究成果结集，包括"希腊罗马史稿""世界古代史讲稿"和 12 篇"论文"三个部分，该书还较多地涉及了古代中西交流的内容。该书的主要内容是：爱琴海历史的开始、阿卡亚人与特洛伊战争、古希腊形成与社会演进、希腊向外拓殖、希腊公元前 7、前 6 两世纪之转变、波斯帝国的建立、波希战争、雅典海上帝国的称霸、希腊内战与国际纠纷、中地中海的拓殖、罗马初始、地中海文化的趋向；马其顿兴起、亚历山大帝国、亚历山大帝国瓦解后的演变、罗马海权的发轫、地中海精神的转变、罗马海权的成功、罗马侵略与社会危机、恺撒与独裁；奥古斯都、罗马帝国的裂痕、罗马开拓西方、安敦尼王朝、后期罗马帝国、基督教的创立、帝国衰落、西罗马灭亡。"世界古代史讲稿"涉及的主要问题是：原始社会、埃及古代史、古代两河流域南部的历史、古代两河流域西北部的历史、古代腓尼基和巴勒斯坦与爱琴海区域、古代的印度、古代的伊朗——古代米底与波斯简史、古代希腊、公元前后的中亚西亚、印度与埃及、古代罗马等。

《世界古代史》第二版（上下），教育部马克思主义理论研究和建设工程重点教材，《世界古代史》编写组编写，高等教育出版社 2018 年出版。这套教科书的主要特点：一是始终坚持以马克思主义为指导；二是全书主线清晰，内容充实；三是全书充分吸收了国内外学术界对世界古代史研究的新成果，体现了中国世界史学者在世界古代史研究领域取得的进展。该书"绪论"主要阐释了世界古代史的研究对象及其发展规律；以辩证唯物史观为指导学好世界古代史；正确理解世界古代史的几个理论问题。

《世界古代史》上册为世界上古史，内容是世界上人类起源和原始氏族制社会以及奴隶制社会阶段的历史，叙述了自人类起源至罗马帝国灭亡的历史，详细介绍了世界古代史的发展脉络。主要内容是原始社会、上古西亚（前 5 千纪—前 4 世纪）、上古埃及（前 6 千纪—前 1 世纪）、上古南亚（前 4 千纪—5 世纪）、上古中国（前 3 千纪—5 世纪）、古代希腊（前 2 千纪—前 2 世纪）、古代罗马（前 1 千纪—5 世纪）。该书的下册，为世界中古史，叙述了自罗马帝国灭亡至 1500 年的历史，着重研究人类封建制社会产生、发展和演变的历史。其主要内容包括文明的冲撞与融合（3—6 世纪）、东亚社会的发展（6—13 世纪）、南亚社会的变迁（6—13 世纪）、阿拉伯帝国（7—13 世纪）、拜占庭帝国（4—15 世纪）、中世纪前期的西欧（5—14 世纪）、东欧和北欧诸国（6—12 世纪）、蒙古帝国（13—14 世纪）、亚洲社会的演进（14—16 世纪）、东欧封建社会的发展（12—15 世纪）、中世纪后期的西欧（14—15 世纪）、非洲与美洲（公元前后—16 世纪）、大变革时代前夕的世界（16 世纪）。

世界中世纪史著作还有孔祥民主编的《世界中古史》，北京师范大学出版社 2006 年出版。编者认为，学习世界中古史必须以马克思列宁主义为指导，认真学习经典作家的论断，特别是学习他们的辩证唯物主义和历史唯物主义的世界观和方法论,力争完整而准确的理解;要尽可能多地掌握历史文献和资料,用马克思列宁主义的立场、观点和方法进行认真而细致的分析,然后得出自己的结论。资产阶级学者积累了大量的资料,对历史人物和事件进行了一定的研究,有些看法可能是精辟的,但因阶级的局限,整个说来不可能科学地解释封建社会。对于他们的研究成果,应当实事求是地加以分析和鉴别。该书的主要内容是:西欧封建制度的产生、西欧城市的兴起和十字军东侵、西欧封建制度的发展、东欧的封建国家、西亚的封建帝国、中古的朝鲜和日本,以及南亚次大陆、新航路的开辟和西区资本主义的兴起、西欧文化和文艺复兴、宗教改革与德国农民战争、封建制度解体时期的西欧诸国等。

近年出版有孟广林著《世界中世纪史》,中国人民大学出版社2010年出版。该书致力于描述世界历史发展的多样性与统一性。既着重梳理5世纪至17世纪欧亚大陆主要地区、主要国家的封建社会的缘起、兴盛、衰落的历史过程,也兼顾这一时期社会发展相对滞后的非洲和美洲的历史状况,并增加了中国历史的相关内容,中国与世界的联系,以及在世界历史背景下中国的发展变化。《世界中世纪史》在叙述政治、经济、军事等方面史实的同时,吸收国内外相关研究成果,加大了宗教、思想文化等方面的比重,适度增添日常生活的内容。该书的主要内容是世界中世纪史的范畴和分期、"封建制度"与封建社会、世界中世纪史教材编撰的理路和体例、西欧封建制度的构建;西罗马帝国的灭亡和日耳曼人的建国、法兰克国家的封建化、西欧封建社会发展;封建等级制度与庄园农奴制度、城市与商品经济、封建国家政治、西欧的封建教会与思想文化、中世纪西欧的社会生活;拜占庭和东欧的封建国家:拜占庭帝国、捷克与波兰、俄罗斯;西亚和南亚的封建帝国:阿拉伯帝国、奥斯曼土耳其帝国、南亚次大陆;东亚封建国家:朝鲜、日本、封建时代由盛至衰的中国;中南非洲与美洲的古文明:中南非洲古文明、美洲古文明;西欧资本主义的兴起与海外扩张:资本主义萌芽、新航路的开辟和西方的殖民掠夺;西欧的文艺复兴与宗教改革:文艺复兴、自然科学与新哲学、宗教改革;封建制度解体时期的英、法与尼德兰革命等。

世界近代史研究,在我国相对有较好的研究基础。较早问世的有林举岱、陈崇武主编《世界近代史》，上海人民出版社 1982 年出版。刘宗绪主编的《世界近代史》，高等教育出版社 1986 年出版。编写者吸收了近几年国内外研究成果，在体系和内容方面均有新意。主要内容是资本主义制度的产生、进入工业资本主义时代、资本主义制度的确立、资本主义的稳定发展和进入垄断时期。

袁征主编《世界近代史》，华东师范大学出版社 1997 年出版。编者认为，世界近代史，从社会经济形态来说，是资本主义产生、发展和走向垄断阶段的历史。依据资本主义自身发展的客观规律，世界近代史可划分为三个时期。第一个时期是资产阶级革命和资本主义制度产生时期（16 世纪至 18 世纪末）。第二时期是工业革命和资本主义制度在全世界的确立时期（18 世纪末至 19 世纪五六十年代）。第三时期是第二次技术革命和资本主义的发展并进入垄断时期（19 世纪末到 20 世纪初）。从上述基本认识出发，该书的主要内容是：17 世纪英国资产阶级革命、17 世纪至 18 世纪欧洲大陆主要国家、北美独立战争、18 世纪末法国资产阶级革命、1794—1815 年的法国与欧洲、拉丁美洲独立战争、工业革命和 19 世纪前半期的欧洲、马克思主义的诞生、1848 年欧洲革命、19 世纪中期欧洲的民族民主运动、美国内战、日本明治维新、19 世纪中叶亚洲的民族运动、第一国际和巴黎公社、19 世纪末 20 世纪初的主要资本主义国家、19 世纪晚期的国际工人运动和第二国际、亚洲、非洲、拉丁美洲的民族解放运动、第一次世界大战、近代欧美科技文化的发展等。

1999 年，北京大学出版社出版潘润涵的《世界近代史》；2001 年，北京大学出版社出版潘润涵的《简明世界近代史》。该书论述 1640 年英国资产阶级革命到 1918 年第一次世界大战结束这两百多年间的世界历史。作者不单纯以政治革命作为历史发展线索，而充分注意到各种历史因素的"合力"对社会发展的推进，注意到作为经济基础的工业革命在各国资本主义形成、发展过程中的作用。作者还关注"殖民主义的双重使命"等重大理论问题，在揭示殖民剥削与统治的历史罪恶的同时，又注意到殖民化在亚非拉美各国资本主义发展中客观上所起的社会改造作用。该书的主要内容包括：17 世纪英国革命和议会制度的胜利、巨变前夕的欧洲大陆、17—18 世纪的亚非国家和西方殖民者的侵入、美国独立战争、18 世纪末法国大革命、拿破仑帝国与欧洲、欧洲的反动和 19 世纪 20—30 年代的革命运动、拉丁美洲独立战争、工业革命，英国资本主义制度的确立和独立工人运动的兴起、美国的成长和南北战争、马克思主义诞生《共产党宣言》、1848 年欧洲革命、克里木战争，俄国 1861 年农奴制改革、意大利和德意志的统一，法兰西第三共和国的成立、自由资本主义时期西方国家对亚非侵略的加强、亚洲第一次革命风暴、日本走上独立发展资本主义道路、第一国际和巴黎公社、资本主义进入垄断阶段，变成帝国主义、亚洲（日本除外）殖民地半殖民地和反殖民地反封建斗争的新发展、欧洲列强瓜分非洲和非洲人民的反抗斗争、帝国主义重新瓜分世界的开始，欧洲两大军事集团的形成、列宁主义诞生、1905 年俄国革命、亚洲的觉醒、19 世纪末 20 世纪初拉丁美洲民族民主运动的高涨、第一次世界大战。

金卫星、刘大明主编《世界近代史》高等教育出版社 1999 年出版。编写者汲取新时期中国世界史学界的新的研究成果，按照新的历史分期，阐释了自 15 世纪末地理大发现以来，西方资本主义形成、发展，直至 19 世纪末 20 世纪初出现资本主义垄断，进入帝国主义阶段的演变历程；殖民地半殖民地民族解放运动和国际共产主义运动等内容，强调了世界近代史是世界各地区、各国从分散走向整体的历史。主要内容是资本主义曙光下的西欧与走向一体的世界、地理大发现和早期殖民掠夺、文艺复兴和近代自然科学的兴起、资产阶级革命序幕、资产阶级革命时代的东西方世界、资本主义世界体系的形成和社会主义、民族运动、进入垄断时期的资本主义的发展等。

2004 年，北京师范大学出版社出版了刘宗绪主编的《世界近代史》。该书广泛汲取了改革开放以来，我国世界近代史研究中的一些新成果，编写者在反映人类社会演进中的大事的同时，力争更为全面地阐述历史进程中社会生活的各个方面。编写者认为，近代时期应以 16 世纪为起点，以 19 世纪与 20 世纪之交作为近代史与现代史分界。其基本着眼点是欧洲资本主义萌芽、资本原始积累的兴起和资本主义的发展。世界史非将中国历史排除在外的域外史，中国历史与其他国家历史一样，是人类历史发展为世界历史全过程的组成部分。

该书的主要内容是西方的崛起、西欧资本主义的发展、启蒙时代、英国资产阶级革命、法国大革命、17世纪至19世纪初的商业战争、开明君主专制、美洲的革命、处于传统文明中的东欧与亚洲、第一次工业革命、19世纪前半期的欧洲、19世纪的资产阶级改革与革命、资本主义世界体系初步形成、19世纪前半期的欧洲社会政治思想、工人运动和社会主义运动的兴起、亚洲民族运动的高涨、第二次工业革命、各主要资本主义国家政治发展的趋势、列强瓜分世界领土、资本主义世界体系的发展和战争风云、19世纪末的西方社会政治思想、工人运动与社会主义运动的发展、第二国际、新型民族运动的兴起等。

改革开放以来,我国世界断代史研究中,成果最突出的是在"世界现代史""世界当代史"或"世界现当代史"方面,在"当代人不修当代史"的观念影响下,以前几乎是空白的世界现当代史研究,现在已经硕果累累。

世界现代史,或世界当代史已经出版的著作有:世界现代史编写组:《世界现代史》,山东人民出版社1981年版;王斯德主编《世界现代史》,高等教育出版社1988年版;徐天新等的《当代世界史》,人民出版社1989年版;王斯德主编《世界当代史1945—1991》(第二版),高等教育出版社1989年版;吴于廑、齐世荣主编《世界史·现代篇》(上下),高等教育出版社1994年版;金重远主编《战后世界史》,复旦大学出版社1995年版;林家恒主编《世界现代史》(修订版),华东师范大学出版社1997年版;李红庆主编《世界现代史》,高等教育出版社1999年版;李植枬主编《宏观世界史》,武汉大学出版社1999年版;李世安《世界现代史》,高等教育出版社2000年版;余伟民主编《世界当代史》,高等教育出版社2001年版;王斯德主编《现代文明的发展与选择——20世纪世界史》,华东师范大学出版社2001年版;齐涛主编《世界通史教程:现代卷》,山东大学出版社2004年版;金重远等的《世界现当代史》,复旦大学出版社2005年版;齐世荣的《世界史:现代卷》,高等教育出版社2006年版;齐世荣的《世界史:当代卷》,高等教育出版社2006年版;王斯德主编《世界当代史1945—2000》(第三版),高等教育出版社2008年版;张建华主编《世界现代史1900—2000》,北京师范大学出版社2008年版;王斯德主编《世界通史》(第二版)三册,华东师范大学出版社 2009 年版。

在世界当代史研究中，我国世界史学者所讨论的主要问题有划分时代的标志；如何认识十月社会主义革命的胜利、世界上第一个社会主义国家的建立和苏联解体、东欧剧变；社会主义发展进程中的挫折，为社会革命和建设留下了哪些深刻的经验教训；如何认识战后资本主义的变化；如何认识资本主义高福利政策、社会保障制度、失业保险制度……以及充分利用科技革命的成果，不断扩大资本主义生产关系对生产力的容量；在资本主义国家，是否"意识形态终结"，是否进入"人民资本主义阶段"；如何理解经济全球化是资本主义发展的一个阶段；如何理解资本主义的新变化；经济全球化的前景是否是永恒的资本主义世界统治；如何理解资本主义不自觉地充当着历史进步的工具，高度发展的社会生产力为迎接一个新的社会的到来进行着必要的物质准备，等等。

李植枬主编、17 位学者共同撰写的《20 世纪世界史》（上下），作为国家社科规划基金"八五"重点项目的最终成果，1998 年由湖北教育出版社出版，在世界现代史研究中有较大反响。《20 世纪世界史》以阐明 20 世纪世界史整体发展为主题，把"历史的纵向发展和横向发展"视为"世界历史过程中两个基本方面，也是相联系不可分割的两条途径和两条主线"，认为"它们共同的基础和最终的推动力量是物质生产的进步。物质生活资料生产的发展，是决定历史纵向和横向发展的最根本的因素，它使历史的这两个方面结合在一个统一的世界历史发展过程之中"。编者强调，国际范围内生产力与生产关系的矛盾是 20 世纪世界历史演变的经济根源；两种社会制度对立和各国政治经济根本利益冲突是贯穿 20 世纪世界历史进程的两条线索；世界各种力量的消长和大国力量对比的变化，决定世界格局的演变；各国在世界的地位和它与其他国家的关系，决定于各国自身的综合国力和对外政策；从世界全局出发，对关系世界全局具有世界历史意义的重大事件及其相互联系进行深入研究和综合考察[①]。编者在进行 20 世纪世界史的研究时，有着较为开阔的历史认识视野。我们看到，书中除了有经济、政治、军事、战争、外交、国际关系等内容外，还包括交通运

---

① 李植枬主编：《20 世纪世界史》上卷，湖北教育出版社 1998 年版，第 2 页。

输、都市发展、劳动就业、妇女地位、日常生活等各个层面的问题，使人们对20世纪的世界历史发展有一更完整的、立体的认识。

金重远主编《20世纪的世界——百年历史回溯》，复旦大学出版社2000年出版，这是一部很有特点的世界史专著。编者认为，"20世纪是人类取得伟大进步，创造无数奇迹的时代。从这个意义上说，它为第二个千年画上了一个圆满的句号，并将永远在漫长的人类文明史上闪闪发光"。为了忠实地记录下20世纪的历史，编写者努力要在自己的作品中，体现出四项原则：忠于史实，还历史本来面目，通过史实本身来勾画20世纪历史发展的道路；从整体出发进行写作，将任何一个历史事件都放到世界范围内进行考察；用动态观点审视历史的发展；改变以往把历史简化为政治史的做法，对经济、社会、文化、科技等，同样给予高度的重视①。这从全书11编的内容即可看出：世纪初的世界、探索中的世界、炮火中的世界、分裂的世界、多极的世界、矛盾的世界、冲突的世界、变化中的世界、科技革命中的世界和走向未来的世界等。这本书既是一本教科书，也是一部学术专著。每编篇首都有一个提纲式的内容简介。例如，编者在第二编"探索中的世界"的篇首写道："从1918年11月炮声的停息到1939年9月战火的重燃，人类仅过上了20多年的和平生活，便又重新卷入一场新的世界大战中去。即使在这一短暂的喘息时期，接踵而来的经济危机和连绵不断的局部战争也把整个世界搅得无法安宁。""然而这20多年的时间并没有白白浪费掉，因为人类在政治、经济、国际关系和文化等领域都进行了认真的探索，获得了不少有益的经验，从而为20世纪的历史写下了极为重要的篇章。"② 这里所说的"探索"，内容十分丰富，包括政治模式的探索（苏联模式的社会主义，德国模式的法西斯主义，法国模式的"中左主义"）、经济模式的探索（苏联模式的计划型经济，美国模式的改良型经济，德国模式的军事型经济、墨西哥模式的民族型经济）、国际关系模式的探索（欧洲模式的凡尔赛体系，亚太模式的华盛顿体系，国联，

---

① 金重远主编：《20世纪的世界——百年历史回溯》（上），复旦大学出版社2000年版，第2页。

② 同上书，第93页。

英联邦模式的新殖民体系）和文化模式的探索（欧美模式的现代主义文化，法西斯模式专制主义文化，社会主义模式的无产阶级文化）。这样，可以较为清晰地看到整体的、而不是被人为割裂的世界历史矛盾运动的场景。当人们在世界历史的范围内去考察某一具体问题时，往往比孤立地去认识这一问题有更深刻的认识。

齐世荣等主编《20世纪的历史巨变》，2005年10月由学习出版社出版。该书的主要内容是：20世纪主要资本主义国家的历史变革；社会主义制度的形成与发展；殖民体系的瓦解和发展中国家的发展；百年来国际关系的演变。编者认为，20世纪是整个人类在经济、政治、社会和文化领域发生深刻变化、取得空前进步的时期，其深层原因在于科技进步造成了生产力的极大增长，以及社会化大生产的扩展。与经济发展的需要相联系的政治、社会和文化方面的变化，又在不同程度上反过来深刻影响经济的发展。在这100年内，虽然出现过局部地区的明显而且有重大影响的倒退，但是完成了第二次科技革命，并且推进了以基础科学的重大突破和卓越的技术创新相结合的第三次科技革命。20世纪人类的历史成了真正意义上的全球史。纵观20世纪100年间人类的历史，编者强调指出，人类在各方面的进步都是空前的，全世界的发展前景是光明的。20世纪的历史表明，国内外的和平环境是保证经济、社会和文化发展的重要条件，是保证科学技术进步通过广泛的交流和合作造福于最广大群众的前提。和平与发展是全世界人民的共同需要，主要资本主义国家中富有侵略性的统治集团是世界不安宁的最重要根源，我们要与霸权主义者的侵略扩张政策做持久不懈的斗争。

世界现代史编写组撰写中央马工程重点教材《世界现代史》上下册，由高等教育出版社、人民出版社2013年出版。编写组认为：自20世纪以来的一百多年里，科学技术日新月异，生产力水平大幅提升，生产方式深刻变革，物质文明和精神文明高度发展，人类社会取得了前所未有的伟大成就，创造了令人惊叹的无数奇迹。与此同时，人类也饱经沧桑，遭受了帝国主义侵略扩张和争夺霸权造成的空前浩劫，蒙受了战乱、饥饿、疾病、社会动荡和自然灾害的种种磨难，至今仍面临着和平与发展的诸多难题。进入21世纪，世界多极化、经济全球化、社会信息化、文化多样化深入发展,全球治理体系和国际秩序变革加速推进,各国相互联系和依存日益加深,国际力量对比更趋平衡,和平发展大势不可逆转。学习世界现代史,了解一百多年来人类社会不平凡的发展历程,有助于更好地认识人类社会的发展规律,以史为鉴,开创未来,努力建设中国特色社会主义,实现中华民族伟大复兴,推动人类社会迈向更加美好的明天。

编写组认为:世界现代史的演进,应以1945年第二次世界大战结束为标志,分为上下两个时期,即世界现代史上半时期和下半时期。世界现代史上半时期的历史,是在科学技术发展,社会文明进步,同时又充满危机、战争与革命的时代大背景下展开的。这一历史时期的主要内容是:进入20世纪的世界、第一次世界大战和凡尔赛—华盛顿体系的形成、俄国十月社会主义革命、第一次世界大战后初期的资本主义世界、亚非拉地区民族解放运动的发展、苏联社会主义改造和建设、资本主义世界经济危机及其主要影响、各国反法西斯斗争与世界大战的迫近、第二次世界大战、20世纪上半期的科技与文化。

在世界现代史的下半时期,人类经历了战后重建和冷战时期,国际关系的演变曲折复杂,科学技术发展异常迅猛,社会经济变化剧烈。进入90年代后,两极格局瓦解,经济全球化深入发展,世界多极化趋势不断深化,和平发展成为时代潮流。这一历史时期的主要内容是:雅尔塔体系与冷战的开始、二战后初期至50年代中期的社会主义国家、二战后初期至50年代的主要资本主义国家、二战后民族解放运动与第三世界的兴起、冷战与两极格局的演变、20世纪60年代以来的主要资本主义国家、独立后的亚非拉发展中国家、20世纪中后期苏联东欧社会主义国家的发展与挫折、社会主义国家改革与当代社会主义发展、经济全球化和世界多极化的发展、20世纪下半期的科技与文化。

编写组还就如何学习世界现代史发表了意见,强调"要坚持以唯物史观为指导。唯物史观是学习和研究历史的根本方法,也是学习和研究世界现代史的根本方法。只有坚持唯物史观,从生产力和生产关系、经济基础和上层建筑的矛盾运动来认识历史,始终站在人民群众的立场上,用全面的、发展的、辩证的眼光来看待历史,才能认识和把握世界现代史发展的内在动因,才能透过现象认清本质,正确认识世界现代历史上的各种历史现象和基本规律，看清世界历史发展的基本趋势"①。此外，还要把握世界现代史发展的主线，掌握阶级分析的方法，和掌握历史分析的方法等。

（四）地区史研究

多年以来，亚洲史、非洲史和拉丁美洲史一直是我国世界史研究中的薄弱环节，这种状况在 20 世纪 80 年代后得到明显改观，成果数量、深度和广度令人耳目一新，从另一个侧面表现出中国世界史学者的研究水平在迅速提高。

亚洲史研究有较大的进展，如以往很少有人涉及的中亚史研究，也有较高研究水平的成果问世。王治来著《中亚史纲》，1986 年由湖南人民出版社出版。这是国内第一部系统的中亚通史。作者在其原著《中亚史》第一卷的基础上，广泛汲取国内外学者研究成果后完成。该书计 20 章，内容十分丰富，从原始文化开始，直至阿拉伯的入侵与伊斯兰教的传入，突厥化时代、蒙古的征服、帖木儿等。马大正、冯锡时主编《中亚五国史纲》，新疆人民出版社 2005 年出版。该书对哈萨克斯坦、吉尔吉斯斯坦、乌兹别克斯坦、塔吉克斯坦和土库曼斯坦中亚五国进行深入、系统的阐述。全书分古代（15 世纪初之前）、近代（15—20 世纪初）、苏维埃时期和中亚五国独立之后四篇，作者以科学、实事求是的精神，对中亚五国历史上的诸多问题提出了中国学者的观点。该书的内容十分丰富：远古至 15 世纪的中亚历史简述：中亚的远古社会，中亚土著居民，相继登上中亚舞台的波斯人、希腊人、贵霜人、嚈哒人、突厥人、阿拉伯人对中亚的征伐和统治，中亚诸民族建立的王朝，蒙古人进入中亚；15—20 世纪初的中亚：中亚各民族国家的形成，俄国占领中亚，哈萨克汗国与哈萨克斯坦，乌兹别克国家的形成和发展，吉尔吉斯人和吉尔吉斯斯坦，土库曼人和土库曼斯坦，塔吉克人和塔吉克斯坦；中亚五国加入苏维埃社会主义共和国联盟，社会主义革命和建设：哈萨克苏维埃社会主义加盟共和国的建立和发展，乌兹别克苏维埃社会主义加盟共和国的建立和发展，吉尔吉斯苏维埃社会主义加盟共和国的建立和发展，土库曼苏维埃社会主义加盟共和国

---

① 世界现代史编写组：《世界现代史》，人民出版社 2013 年版，第 9—10 页。

的建立和发展，塔吉克苏维埃社会主义加盟共和国的建立和发展；中亚五国的独立及独立后的发展走向：苏联解体后中亚五国的独立，独立后中亚五国政治、经济走向。《中亚五国史纲》后有大事简记；中亚主要王朝世系表等，为人们深入研究中亚五国历史提供了方便。

中亚地区处在欧亚大陆的腹心地带，自古以来就是各国必争之地。任何一国只要占据中亚，就可扼欧、亚、非三洲的交道咽喉，这块连接着俄罗斯、中国，以及东亚、南亚的地区，发生的重大历史事件，对亚洲和世界历史的发展，产生了重大影响。故当代美国地缘政治战略家布热津斯基把中亚称为"欧亚大陆的巴尔干"。从战略资源方面看，中亚各国有丰富的石油、天然气、煤以及各种矿藏，是能源和矿产的"聚宝盆"，中亚地区日益变成一个具有重大经济价值和战略价值的地区。20 世纪 90 年代初，随着苏联的解体、中亚五国的独立，中亚问题开始引起我国学术界的关注。虽然近年来国内也陆续出版了一些有关研究中亚政治、经济、历史、文化方面的著作，但中亚通史研究却始终是一个空白。

王治来在中亚史研究方面也有许多成果，如《中亚史》《中亚史纲》《中亚近代史》《中亚国际关系史》（合著）等，他与丁笃本合作，完成了 4 卷本《中亚通史》。《中亚通史》古代卷上、下两册，新疆人民出版社 2007 年出版，作者王治来。上卷的主要内容是东西方各个强国在中亚争霸和建立王朝进行统治的历史。如最早的波斯阿赫门王朝、亚历山大帝及希腊王朝、匈奴、贵霜、嚈哒西突厥、唐朝和大食（阿拉伯）等。在唐朝时期，中国文化对中亚的影响是相当深的。具体内容包括中亚的原始文化、波斯阿赫门王朝时期的中亚、亚历山大的东征和中亚的希腊王朝、中国同中亚建立直接联系、北匈奴与贵霜帝国、贵霜帝国的衰落与嚈哒的兴起、突厥的起源与西突厥汗国、中亚列入唐朝的版图、阿拉伯入侵中亚与伊斯兰教东传、阿拉伯统治在中亚的解体。下卷的主要内容是阿拉伯帝国解体以后，公元 9 世纪中叶至 16 世纪中叶中亚各伊斯兰王朝的分合与演变，特别是中亚的突厥化和操突厥语各族的命运。中亚多种宗教并存，各种文化互相交流和渗透。具体内容包括东伊朗和萨曼王朝、突厥化时代的中亚、花刺子模沙王朝与西辽、蒙古征服中亚、察合台汗国与蒙古统治下的中亚、元朝时期的中亚、帖木儿帝国与中亚、哈烈国同中国的关系、卜撒因、速檀·忽辛与帖木儿朝的衰落、帖木儿朝的灭亡等。

王治来著《中亚通史》近代卷，新疆人民出版社 2009 年出版。17 世纪后期，俄国通过彼得一世改革，从一个落后的封建国家，夺得出海口，成为一个能够与欧洲争霸的国家。近代卷的具体内容是：6 世纪中亚诸汗国的形成、中亚诸汗国的对外关系、中亚汗国的鼎盛时期、18 世纪前半期中亚的内外处境、中亚的相对和平安定时期、19 世纪前半期俄、英在中亚的竞争、克里米亚战争前后沙俄对中亚的侵略、征服布哈拉和希瓦、浩罕的兼并与第二次阿富汗战争、土库曼的兼并及沙俄的统治、沙皇统治下的中亚等。丁笃本著《中亚通史》现代卷，新疆人民出版社 2007 年出版。作者在撰写过程中，参阅了大量的国内外文献，特别是苏联解体后公布的文献资料，吸收了国内外学术界在中亚史研究方面的最新成果。现代卷的主要内容是：第一次世界大战对中亚的影响、1917 年俄国革命时期的中亚、中亚的内战、中亚的经济社会改造和民族国家的组建、20 世纪 30 年代和 40 年代前期的中亚、1914—1945 年苏联中亚与邻国的关系、1945—1964 年的中亚、勃列日涅夫执政时期的中亚、全面改革和苏联解体时期的中亚、战后中亚与周边国家地区的关系等。

2010 年，王治来还主编《中亚史》，由人民出版社出版。该书涉及的主要内容是：中亚的原住民阿赫门王朝的统治、希腊统治时期的中亚、贵霜、嚈哒与突厥、中亚归属于中国唐朝、阿拉伯的统治及其衰退、萨曼王朝时期的中亚、中亚诸突厥王朝与西辽、蒙古统治时期的中亚、察合台汗国的分裂与帖木儿帝国、中亚帖木儿王朝的兴亡、16—18 世纪的中亚诸汗国、英、俄两国在中亚竞争的开始、俄国征服中亚诸汗国、俄国兼并浩罕与征服土库曼、夺取谋夫后沙俄在中亚的统治、苏维埃政权的建立与巩固、苏联体制下的中亚、第二次世界大战及战后二十年中的中亚、中亚历经苏联的停滞、衰退和解体后走向独立、地缘政治角逐中的中亚等。

中东问题是当代国际政治的热点问题之一，为了深入探究中东问题的真谛，必须要追根溯源，开展历史研究。2000 年，人民出版社出版了杨灏城、朱克柔主编的《当代中东热点问题的历史探索——宗教与世俗》。从某种意义上可以说，这部著作是编者已经出版的《民族冲突和宗教争端——当代中东热点问题的历史探索》（人民出版社 1996 年版）的续篇。

作者们从中东地区的热点问题着手,选择社会各界读者和学术界共同关心的课题,结合历史进行分析和研究,并从历史与现实的结合上,力求从理论上总结某些规律性的东西。该书以沙特阿拉伯、苏丹、土耳其、伊朗和埃及五国为例,着重探讨"伊斯兰原教旨主义"与世俗主义的关系问题。"历史探索"的主要内容包括"伊斯兰原教旨主义""瓦哈比运动""瓦哈比主义""马赫迪主义""图拉比伊斯兰主义""凯末尔的世俗化改革""土耳其伊斯兰复兴运动""伊朗伊斯兰革命""哈桑·班纳与世俗思想和世俗政权""犹太教正统派与犹太复国主义运动",等等,对于这些问题的研究,有助于更全面更准确地认识当代中东热点问题。

2005年,中国社会科学出版社出版了王彤主编的《当代中东政治制度》。这部作品是上述课题研究的延续,较详尽地分析了战后中东国家政治制度的多样性,主要内容包括沙特阿拉伯的政教合一君主制、约旦王国的二元君主立宪制、伊朗巴列维王朝的君主制、伊朗伊斯兰共和国的伊斯兰共和制、战后的叙利亚政治体制、纳赛尔军人政权与埃及一党制、萨达特与穆巴拉克时代埃及政党制的演变、土耳其从一党制向多党制的演变,以及以色列多党民主制度的建立等。作者"在收集和掌握大量资料的基础上,通过对中东社会各种矛盾的综合分析,考察中东国家政治制度的演变及其走向;从所选有代表性的国家的经济、社会、文化背景以及地区、国际环境等多方面探讨不同政治体制和制度确立、演变的进程;并对中东不同类型政治体制和制度根据其是否适合于本国国情,是否有利于发展社会生产力,是否有利于满足大多数国民的物质、精神、政治需求,是否有利于国家安定之标准对其成败得失进行了评判"[①]。此外,作者还就伊斯兰教与现代化关系问题、权威主义和军人干预政治、军人政权问题、中东君主制国家的产生与发展等问题,进行了有益的探讨。

王林聪著《中东国家民主化问题研究》,中国社会科学出版社2007年版。该书通过中东历史发展进程中的重要历史事实和历史过程,探寻中东国家民主化迟缓的原因,分析中东国家民主化道路的独特性,展望中东国家民主实践的前景。在世界民主化进程中,当代中东国家的民主

[①] 王彤主编:《当代中东政治制度·前言》,中国社会科学出版社2005年版。

实践具有滞后性。但是，民主化在中东国家并非"例外"，而是呈现着积少成多、由弱趋强的趋势，在不同国家形成了不同发展水平、不同层次的民主实践类型。在中东国家民主化进程中，伊斯兰传统政治文化、社会经济发展的状况、政治权力的运作方式、外部因素等构成了影响民主化实践的几个重要变量。正是这些变量之间的相互作用，决定着中东国家民主化的起始、进程和走向。作者强调，一种适合本地区特点的民主模式和民主制度的构建正在探索之中。该书的重要特点之一，是注重理论分析和理论概括，这一特点贯穿全书始终，而非仅仅是在"绪论"中，对"民主"的界说，和对"民主"概念的考察，或在第七章有"关于中东国家民主实践的若干思考"。除上述内容外，该书的主要内容还有，中东国家民主化进程的历史考察、伊斯兰教与民主化的关系、社会经济发展与中东国家民主化问题、权威主义与中东国家民主化问题、外部因素与中东国家民主化问题。对于人们普遍关注的"中东伊斯兰国家民主化进程迟缓的原因"，也从理论与实践、历史与现实的结合上，进行了较深入的分析和论述。

彭树智主编的《中东国家通史》，计13卷，这是我国第一部多卷本《中东国家通史》著作。2000年以来，商务印书馆已经先后出版了王铁铮、林松业著《沙特阿拉伯卷》；肖宪著《以色列卷》；黄民兴著《伊拉克卷》；黄维民著《土耳其卷》；杨辉著《巴勒斯坦卷》；王新中、冀开运等著《伊朗卷》；雷钰、苏瑞林著《埃及卷》；彭树智、黄杨文著《阿富汗卷》；王新刚著《叙利亚和黎巴嫩卷》9个分卷。近年又出版了郭宝华著《也门卷》、王铁铮著《约旦卷》、何志龙著《塞浦路斯卷》、钟志成著《海湾五国卷》。编者十分重视中东国家之间的文明交往，强调"《中东国家通史》各卷内在联系的整体统一性，从理论线索上说，是文明交往论"。"《中东国家通史》就是以文明交往的历史主线来贯通中东各国的内部和外部诸多联系，来沟通中东各国社会各方面的关系，来会通各种交往方式，力图勾勒出中东各国的基本历史面貌和国情特征。"[①] 这部多卷本

---

① 彭树智：《〈中东国家通史〉卷首叙意》，见王新刚《中东国家通史·叙利亚和黎巴嫩卷》，商务印书馆2003年版，第5、9页。

《中东国家通史》的突出特点之一，是关注中国与中东各国各方面的交往活动。在每一卷的最后，都有专章集中叙述中国与该卷国家的历史和现实联系。早在汉代，中国与中东即已经开始了广泛的文化联系，16世纪以后在西方殖民势力的扩张中，中国人民与中东各国人民有着相同的遭遇和经历，这一切都有益于加深彼此之间的了解。

彭树智主编，王铁铮、黄民兴著《中东史》，人民出版社2010年3月出版。编写者首先就"中东"这一概念进行了分析。"中东"称谓虽为人们广为使用，就其具体范围的认识却不尽相同。一般都认同西亚北非广大地区为中东范围，而对它所包括的国家则因人因时而异。该书在诸多的表述中，采用了较为通用的"十八国说"：阿富汗、沙特阿拉伯、以色列、伊拉克、也门、巴勒斯坦、叙利亚、伊朗、土耳其、埃及、科威特、阿曼、阿拉伯联合酋长国、卡塔尔、巴林、黎巴嫩、约旦、塞浦路斯。"十八国说"从国家现状说明中东地区所包括的区域范围，当然这并不意味着中东史仅仅局限于这一核心地区的历史。此外，中东史是中东地区整体空间、时间和地域间之和，而不是中东地区各个国家史的简单相加。中东史的基本特征是中东地区整体性形态与结构的发展史。一区多样、同区异国、常区时变这三种一与多、同与异和常与变的文明互动因素是组成中东地区基本面貌的总括。

中东地区是连接东西方文明的金桥，西方文明的源头——"两希文明"中的"希伯来文明"产生于此，世界三大宗教犹太教、基督教、伊斯兰教均发源于这个地区。时至今日，这个地区仍然是世界关注的焦点和中心。《中东史》的主要内容是：人类早期文明在中东的生成和聚散、东西方古老帝国文明在中东的冲突和融合、阿拉伯—伊斯兰文明的形成和传播、中东伊斯兰世界的分裂和动荡、中东伊斯兰文明内外交往的历史转折、近代中东和西方的不平等交往、近代中东的经济结构、社会思潮与生态文明、现代中东文明交往的新曙光、现代中东民族独立国家的群体出现、现代中东独立国家的改革浪潮、第二次世界大战时期中东的国际交往、当代中东民族独立国家体系的形成、当代中东的现代化浪潮、大国政治与中东战争及和平交往、当代文明交往长河中的伊斯兰潮、冷战后的全球化交往与中东的回应等。

哈全安著《中东史610—2000》上下册，天津人民出版社2010年出版。作者认为，7世纪，伊斯兰教诞生在亚洲西南部的沙漠瀚海，阿拉伯人登上中东的历史舞台，创立的庞大帝国，囊括了西起大西洋、东至帕米尔高原、北迄高加索、南达阿拉伯海的辽阔土地。哈里发统治下的国家经历了六百年跌宕起伏的岁月。中东文明的传统并没有因为蒙古铁骑而销声匿迹，奥斯曼土耳其人夺取拜占庭帝国的千年古都君士坦丁堡，降服西起马格里布、东至扎格罗斯山西麓的阿拉伯人。奥斯曼帝国继阿拉伯帝国之后再度雄踞亚欧非大陆的中央地带。自15世纪开始，基督教世界迅速崛起，进入20世纪，诸多的主权国家兴起于奥斯曼帝国的废墟之上，中东的历史掀开了崭新的篇章。

彭树智主编《阿拉伯国家史》，高等教育出版社2002年出版。这是一部阐述22个阿拉伯国家从远古到20世纪末的通史性著作。作者以唯物史观为指导，以人类文明交往论和通识性综合方法构建历史叙述框架，纵向脉络为阿拉伯半岛——阿拉伯帝国——阿拉伯民族独立国家体系三个发展时期，横向脉络为经济、政治、社会、宗教、民族、文化、思想、军事和国际关系诸领域之演变。该著深入浅出，系统地向广大读者介绍了阿拉伯地区的历史与现实。该书论述的重点是阿拉伯国家、文明和文明的交往；古代的阿拉伯国家和伊斯兰文明；近代阿拉伯国家和西方文明的交往；现代阿拉伯民族独立国家体系的形成；阿拉伯世界的内部和外部交往。具体内容包括前伊斯兰时期阿拉伯半岛的国家和社会文明、伊斯兰教的产生和阿拉伯帝国的形成、伍麦叶王朝的阿拉伯帝国、阿拔斯王朝的兴衰、阿拔斯王朝时期各地出现的独立王朝、伊斯兰教、丰富多彩的阿拉伯——伊斯兰文明、16—18世纪的阿拉伯国家、近代埃及、19世纪的苏丹和马格里布诸国、19世纪的新月带诸国、瓦哈比派和19世纪的阿拉伯半岛、20世纪初的阿拉伯国家、20世纪的埃及和苏丹、20世纪的马格里布诸国、20世纪的新月带诸国、20世纪的阿拉伯半岛诸国、国际关系与地区冲突、阿拉伯国家同中国的关系。

北京大学日本研究中心编《东亚近代化历程中的杰出人物》，社会科学文献出版社2002年出版。1995年12月4日至7日，北京大学日本研究中心与日本国际日本文化研究中心在北京大学共同举办"东亚近代化历程中的杰出人物"国际学术研讨会。该书是中日两国学者围绕"近代化历程中的杰出人物"所进行的专题研讨，所收文章集中探讨了中日两国近代化过程中在政治、经济、外交、文化等领域有着突出影响和起过重要作用的杰出人物，包括岩仓具视、大久保利通、中村正直、森有礼、蔡元培、郑观应、张謇、周学熙、涩泽荣一、五代友厚、幸田露伴、鲁迅、杉田玄白等，两国学者通过对这些杰出人物的研究，进一步探讨了中日两国不同的近代化道路及不同的结局和造成这种不同结果的原因。该文集的主要内容有近代中国先驱者的世界认识与中国近代化；岩仓使节团与日本近代化；武士的儒教精神与现代化；试论中村正直的"敬天爱人"说；蔡元培与近代中国的教育改革；森有礼的议会政体论；明治维新的"公议"与"领导"；19世纪末20世纪初中国政治与思想近代化的进程；武士与工业化；略论郑观应、张謇、周学熙、周启乾；鲁迅——孤独的思想先行者；洋务运动与中国科学技术近代化；杉田玄白和日本医学的视觉革新；日本的近代化与上海；幕末、明治的"中国像"等。

纳忠著《阿拉伯通史》（上下），商务印书馆1997年、1999年出版，是一部体现了作者"视求学为天命"的著作。这部著作不仅系统阐述了阿拉伯人从氏族社会时代的游牧部落发展到封建社会时代的民族、国家，再发展成为今日20余个国家和地区的主要历程，而且探讨了阿拉伯历史发展中的一系列重大理论问题。1909年，纳忠生于云南通海县一个回族家庭，早年就读于昆明高等中阿双语学校、埃及爱资哈尔大学。1940年学成回国后，先后任中央大学（今南京大学）、云南大学、北京外交学院、北京外国语学院（今北京外国语大学）教授，为在我国高等院校讲授阿拉伯语和阿拉伯文化的第一人。除《阿拉伯通史》（上下）外，其主要著作还有《传承与交融：阿拉伯文化》《埃及近现代简史》《回教诸国文化史》《伊斯兰教的信仰》等；他还主持翻译了埃及艾哈迈德·艾敏的8卷本巨著《阿拉伯—伊斯兰文化史》，并译有《伊斯兰教与阿拉伯文明》《伊斯兰教》《伊拉克艺术》《也门社会发展一瞥》等作品。

纳忠认为，伊斯兰教的兴起，实际上是一种宗教、政治和社会的变革；是阿拉伯历史上的重大转折点。因为伊斯兰教反对多神崇拜，信仰唯一的安拉，主张一个政体，实现民族统一。作者充分重视阿拉伯国家的历史，十分关注贯穿着民族矛盾、民族混合与民族交融的复杂问题。《阿拉伯通史》（上）重点放在古代和中代（从公元前后到1517年），近现代部分仅从阿拉伯历史的连续性和统一性的角度简略叙述。作者以较多的篇幅阐述阿拉伯民族从游牧部落发展到强大的民族国家，建立了东起中国边外、西迄大西洋、横跨三大洲的阿拉伯—伊斯兰大帝国的全过程。同时阐述了16世纪以来，阿拉伯各国人民艰苦奋斗，最终赢得了独立，进入民族复兴的时代。《阿拉伯通史》（下）以较多的篇幅阐述阿拉伯民族从游牧部落发展到强大的民族国家，建立了东起中国边外、西迄大西洋边、横跨三大洲的阿拉伯—伊斯兰大帝国的全过程。除介绍历史的政治、经济、社会、宗教、文化等方面的发展外，以较大的篇幅阐述了一般阿拉伯史书涉及不多的许多重大课题。如阿拉伯人向岛外扩张的政治、经济、社会的基础：南方也门地区文化的繁荣，伊斯兰教兴起前夕阿拉伯人的国际环境，北方麦加地区经济的腾飞以及思想意识的变化（哈宜法运动）。伊斯兰教兴起后，提出了《麦地那宪章》，促进了阿拉伯半岛南北部落从孤立走向统一。阿拉伯人历次向岛外大迁移的深远影响。作者还扼要介绍了16世纪以来，阿拉伯各国人民为争取民族独立，艰苦奋斗的错综复杂的过程。

中国和亚洲、非洲和拉丁美洲国家有着类似的经历和遭遇，又多面临着共同的任务，所以中国学者对这些国家的历史研究往往从中国的实际出发，关注现实问题。20世纪80年代，中国社会科学院拉丁美洲研究所、西亚非洲研究所、南亚研究所、北京大学亚非研究所、厦门大学南洋研究所等单位的研究人员，分别就拉丁美洲、撒哈拉以南非洲、南亚国家、中东国家的经济发展战略，从历史与现实的结合上，进行了较系统的研究，多项成果由北京大学出版社出版。宦乡同志在这些成果的《前言》中写道："邓小平同志在中国共产党第十二次全国代表大会上的开幕词中指出：'我们的现代化建设，必须从中国的实际出发。无论是革命还是建设，都要注意学习和借鉴外国经验。但是，照抄照搬别国经验、别国模式，从来不能得到成功'。可见，中国的经济发展战略固然要根据中国的基本国情来制定，但是，研究外国，特别是广大发展中国家的经济发展战略，并汲取其中某些成功的经验作为借鉴,无疑也是一项十分重要的工作。"①《东南亚国家经济发展战略》,涉及新加坡、泰国、马来西亚、菲律宾和印度尼西亚五国的当代经济发展战略,但都是通过回溯历史,主要是第二次世界大战后的历史,来阐释当代的问题,该书篇幅不长,但却有较强的说服力。

其余的地区史著作,主要有梁英明的《东南亚史》,人民出版社2010年出版。东南亚为亚洲向东南的延伸部分,目前该地区包括大陆半岛部分的越南、老挝、柬埔寨、缅甸、泰国以及海岛部分的马来西亚、新加坡、印度尼西亚、菲律宾和文莱,共10个国家。从15世纪末开始,东南亚各国逐步沦为西方国家的殖民地,从此,处在西方国家的殖民统治之下长达三四百年。"二战"后,东南亚各国通过争取独立的斗争,相继摆脱了西方殖民统治,获得了政治上的独立,并逐步向民主化迈进。20世纪60年代,东南亚多国建立东南亚国家联盟(简称东盟),现已包括东南亚所有的10个国家。该书的主要内容是:东南亚史前史、东南亚古代国家、西方殖民统治前的中南半岛国家、西方殖民统治前的东南亚海岛国家、西方殖民者在东南亚早期侵略活动;荷属东印度殖民地的建立、西方殖民势力在东南亚的扩张、英法荷瓜分东南亚殖民地的争斗、缅甸沦为英国殖民地、菲律宾民族民主革命、西方列强在东南亚殖民统治的确立、东南亚民族独立运动的兴起和发展、日本南侵与东南亚人民的抗日斗争、东南亚华侨社会的形成和发展、越南八月革命及印度支那抗法战争、印度尼西亚八月革命及独立战争、战后东南亚独立国家的诞生、东南亚国家政权的巩固和加强、冷战形势下东南亚国家政局变化、印度支那三国抗美战争、东南亚国家联盟的成立和发展、印度支那战争后的形势演变、东南亚国家政局变化及经济成长、印度支那国家经济革新及政局变化、东盟扩大及在推进区域合作中的作用、走向民主政治的艰难道路、战后东南亚华人社会变化和发展等。

梁英明、梁志明著《东南亚近现代史》(上下),昆仑出版社2005年出版。该书是作者多年从事东南亚历史教学和研究的成果。作为东南亚

---

① 吴志生主编:《东南亚国家经济发展战略》,北京大学出版社1987年版,第2页。

近现代史,既反映了这一时期东南亚历史发展的全貌,也论述了该地区各国历史发展的特点,将综合论述与国别重大事件的分析相结合。该书上编论述西方殖民者入侵及东南亚各国殖民地化的进程,以及各国人民反抗殖民统治的斗争史;下编论述战后东南亚殖民地的独立与民族国家的形成,以及各国经济、政治和社会的变化发展。除"绪论"外,全书分上、下两编。上编的主要内容是:西方殖民者入侵初期的东南亚;西方殖民者在东南亚的早期侵略活动;荷属东印度殖民地的建立;西方殖民势力在东南亚的扩张;英、法、荷在东南亚的殖民统治;西方殖民侵略威胁下的暹罗;英国侵略缅甸战争与缅甸的殖民地化;1896—1902年菲律宾民族民主革命;英国、法国、荷兰在东南亚殖民统治的确立;东南亚民族的觉醒和现代民族独立运动的兴起;日本侵占东南亚与东南亚人民的抗日斗争;东南亚华侨社会的形成和发展。下编的主要内容是:战后国际形势巨变和东南亚民族独立运动的勃兴;越南八月革命和印度支那各国的抗法战争;印度尼西亚八月革命与印度尼西亚共和国的建立;菲律宾缅甸和马来亚独立及新加坡自治政府成立;万隆会议;东南亚各国民族主义政权的建立和巩固;国际冷战形势下东南亚国家政局的动荡;越南、老挝、柬埔寨人民的抗美救国战争;东南亚国家联盟的建立和发展;抗美战争结束后印度支那三国形势的变化;东南亚各国经济成长与政治变革;20世纪90年代后印支三国政治;经济与对外关系;东盟组织的扩大及在推进区域合作中的作用;金融危机后的东南亚,以及战后东南亚华人社会的变化和发展等。

杨军、张乃和的《东亚史》,长春出版社2006年出版。该书是我国第一部东亚地区的历史专著,作者深入论述了远古以来东亚如何成为一个独特的世界并不断自我完善,并从历史与现实的结合上,对当今东亚的发展趋势,进行了分析。作者认为,《东亚史》既包括东亚内部政治、经济、文化等不同层次,以及各个地区、国家、区域等不同单位,在互动和认同中走向一体的区域化过程,又包括东亚与世界的互动关系及其发展水平。无论"东亚"概念何时起源,东亚作为一个完整的区域世界早已孕育于其自身的多元一体进程中了。该书的主要内容包括:东亚文明曙光、炎黄—东夷联盟、公元前3—8世纪的中国、东亚其他国家的形成、东亚区域结构、东亚与世界关系的滥觞、8—13世纪的中国、8—13世纪的东亚其他国家、封贡关系的演进、东亚与世界关系的发展、"大一统"时代、多层环状结构形成、封贡体系内缩、封贡体系瓦解、走向条约体系、"二战"中的东亚、两极对抗下的东亚、冷战在东亚的缓和等。

地区史研究中，以往很少涉及东欧和朝鲜半岛，近年也有不少成果问世。孔寒冰著《东欧史》，上海人民出版社2010年出版。作者认为，东欧的社会发展的特点，是不同文明的融合与冲突。不同文明的融合与冲突构成东欧社会发展中的一条主线，其他方面的发展要素几乎都是附着在这条主线上的，而这种融合与冲突的外部环境则是大国及大国制定的国际体系。在国际政治舞台上，东欧既是被重视的地方，也是被轻视的地方。在世界历史发展的长河中，东欧为什么自己当家做主的时候少，而受制于人或任人宰割的时候多？东欧有没有不间断的社会发展？影响东欧社会发展的主要因素又是什么？作者试图从大国和大国关系的框架内，以及对东欧整体的社会发展过程的分析，来回答上述问题。在"导论"中，作者着重分析了东欧的内涵、研究东欧的意义，以及相关研究概述。该书的主要内容是：东欧主要民族的形成及其早期国家的建立、东欧历史上的强国、反抗异族侵略和压迫的东欧、东欧近代民族国家的出现、两次世界大战之间的东欧、东欧与第二次世界大战、人民民主制度时期的东欧、苏联模式在东欧的确立、东欧的改革年代、东欧的急剧变革、"返回欧洲"的东欧、历史仍在延续。

阚思静、刘邦义主编《东欧演变的历史思考》，当代世界出版社1997年出版。编写者论述了波兰、匈牙利、捷克斯洛伐克、罗马尼亚、民主德国、南斯拉夫等国剧变的过程和原因，同时还探讨了共产党情报局与东欧各国的转折、"二战"前后英美的东欧政策、戈尔巴乔夫的东欧政策与苏东关系、东欧民族主义崛起的原因、战后东欧多党制等。编写者强调："苏联和东欧的演变是国际社会主义事业的严重挫折，以马克思列宁主义思想为指导，认真总结当代建设社会主义国家的经验，站在历史的高度回答时代提出的问题，为建设有中国特色的社会主义提供借鉴，是史学工作者责无旁贷的职责。"① 正是从上述基本认识出发，作者从"拓宽视角的空间""历史的共性：先天不足""东欧和苏联""社会主义自我完善的改革"等方面，对东欧的演变进行历史思考，得出了一些值得重视的观点。

孟庆义、赵文静、刘会清的《朝鲜半岛：问题与出路》，人民出版社2006年出版。随着东欧剧变，以美苏对抗为标志的冷战已经结束，但是，冷战思维依然存在，冷战的阴云仍然笼罩在东北亚上空，对东北亚地区的安全形势产生了诸多影响，其中主要是朝鲜半岛问题。该书主要围绕朝鲜半岛问题的由来、地缘政治视野下的朝鲜半岛、朝鲜半岛内外环境、朝鲜和韩国的半岛统一方案、朝鲜半岛与周边相关大国、朝鲜半岛统一可借鉴的模式、冷战后朝鲜半岛面临的机遇与挑战、朝鲜半岛局势的未来走向等问题进行辩证分析。其中既有对历史的回顾，又有对现实的分析和对未来的展望。作者在对历史现实的分析以及理论解读的基础上，对解决朝鲜半岛问题进行了学术上的分析与思考。该书作者重视相关国家原始文献资料的运用，尤其是附录所列举的学术资源多为首次发表，因此该书不但有较高的学术价值，而且对于研究朝鲜半岛的学者而言，也是不多见的资料用书。

非洲史研究成果丰硕。杨人楩著《非洲通史简编——从远古至一九一八年》，1984年由人民出版社出版。这是我国第一部非洲通史性著作。1958年，杨人楩从国家和学科建设发展需要出发，将研究重点从法国史研究转向非洲学，他放下正在从事的法国革命史巴贝夫传的专题研究，开始具有填补空白意义的非洲通史的研究工作。据杨人楩先生的夫人、北京大学历史系教授张蓉初回忆，杨人楩的这种拓荒工作异常艰辛，但他"一旦承担这一写作任务，开始工作，就终日孜孜不倦，有时达到废寝忘食的地步。即使他在1973年夏季、秋季连续发病时，仍在阅读新出版的非洲史著作"②。杨人楩不幸于1973年病逝。郑家馨与陆庭恩、何芳川等协力整理杨先生的遗稿，直到十年后历经曲折方才出版。

---

① 阚思静、刘邦义主编：《东欧演变的历史思考》，当代世界出版社1997年版，第1页。
② 张蓉初：《非洲通史简编——从远古至一九一八年·前言》，见杨人楩《非洲通史简编——从远古至一九一八年》，人民出版社1984年版，第4页。

该书在写作过程中，得到北京大学向达先生、周一良先生，以及吕遵谔、周怡天、马克垚、赵思训、张广达、厉以宁，世界历史研究所彭坤元、北京图书馆黄全、外文出版局杨宪益、戴乃迭，巴黎大学左景权先生的大力支持。"作者在编写非洲史时，力图用马列主义、毛泽东思想为指导，尊重非洲学者的观点，批判地吸收当代西方学者的研究成果，对非洲历史作综合叙述和分析，也提出了自己的见解。在内容的处理上也有他自己的看法，如埃及史在世界史著作中阐述较详，所以在《非洲通史简编》中所占篇幅稍有压缩。对非洲各区的历史，尽量给予一定的地位。"① 该书计三篇十七章，主要内容有非洲古代史，包括北非古代文化、北非阿拉伯国家、东非、西非、中东和南部非洲；西方殖民主义对非洲的侵略和瓜分，包括资本主义上升时期西方殖民主义对非洲的侵略、殖民主义在非洲贩卖奴隶的罪行和帝国主义瓜分非洲；非洲各国近代史，包括近代东北非诸国、马格里布诸国、西非和东非诸国，以及南部非洲近代的历史等。作者为了追溯非洲人民的渊源和他们古代的历史，克服文献资料匮乏的困难，收集到了当时能够收集到的资料。尽管这部著作是我国非洲史研究初创阶段的作品，但至今在教学和研究中，或在非洲史学科建设中，仍有重要的意义。

1984年，我国学者集体编写的第一部《非洲通史》问世。来自15所高校从事非洲史研究和教学的十多位教师，受中国非洲史研究会的委托，辛勤耕耘历时三载完成。正式出版前，1982年10月在山西太原召开的非洲史研究会第二届学术研讨会上，曾对该书初稿进行了认真的讨论，提出修改意见，并对其早日出版寄予殷切希望。新中国成立后，我国的非洲史研究取得长足进展，已有不少成果问世。该课题组成员自觉坚持马克思主义理论指导，注意克服欧美中心论的影响，有的放矢地批判帝国主义、殖民主义非洲史研究理论体系，认真汲取以往中外研究成果的积极内容，使该著达到较高的学术水平，在我国世界史学界受到普遍好评。经我国学术界两位著名专家陈翰笙和纳忠教授推荐，在北京师范大学出版社出版。

---

① 张蓉初：《非洲通史简编——从远古至一九一八年·前言》，见杨人楩《非洲通史简编——从远古至一九一八年》，人民出版社1984年版，第3页。

《非洲通史》包括古代、近代和现代三部分，从非洲史前史到非洲现代民族解放运动，非洲大多数国家摆脱帝国主义殖民统治，建立独立的民族国家。中国人民和非洲人民的友谊源远流长，书中专章介绍了历史上的中非关系，如唐、宋、元、明时期的中国与东非的关系等。在非洲史前史中，分析了人类在非洲的出现；非洲史前史的分期；早石器、中石器、晚石器时代的非洲，以及非洲史前艺术。在古代史中，古代埃及、古代北部、东北部、西部和中南部、东部非洲，都有专章阐释。在近代部分，首先论述了西方殖民主义者对非洲的早期侵略，包括罪恶的奴隶贸易；同时对19世纪70年代前非洲各国的政治、经济发展，以及欧洲殖民主义者在非洲的侵略扩张活动，进行了分析。19世纪70年代以后，随着世界主要资本主义国家开始向帝国主义过渡，西方列强加紧了对非洲的侵略，这样，在非洲近代史中，帝国主义对非洲的侵略、掠夺和瓜分，以及彼此之间的争夺；非洲人民的反抗斗争，民族起义和民族解放运动，成为新的历史条件下非洲史的重要内容。在非洲现代史中，第一次世界大战、第二次世界大战，以及两次世界大战对非洲历史进程的影响，是这一历史时期的重要内容之一。民族解放运动高涨，一系列民族国家独立，沉重打击了帝国主义殖民体系，对现当代世界历史进程日益产生广泛影响。《非洲通史》的最后一章是"泛非主义运动"。编写者认为，"非洲的独立和统一，是泛非运动的最终目标"。泛非主义运动，从它的产生到"非洲统一组织建立"，已有几十年的历史。尽管泛非主义理论无法解决非洲独立国家所面临的政治经济等一系列复杂问题，但是，"泛非主义运动"的团结战斗精神，对维护和加强非洲各国的团结，反对帝国主义、霸权主义、殖民主义和种族主义的斗争，仍具有重大的意义[①]。

除非洲通史研究外，一些具体的非洲历史问题的研究，也有一些有影响的成果问世，反映了我国的非洲史研究在不断深化。如杨灏城、江淳著《纳赛尔和萨达特时代的埃及》，商务印书馆1999年出版，即是其中之一。作者认为，"纳赛尔和萨达特两位总统先后统治埃及达29年之久，是埃及

---

① 中国非洲史研究会《非洲通史》编写组：《非洲通史》，北京师范大学出版社1984年版，第578页。

现代史上两位举世瞩目的人物。他们执政以后，为寻觅一条适合本国国情的发展道路，曾不辞辛苦，孜孜不倦地探索。他们在政治、经济、军事、外交上采取了两种差异甚大的治国策略，不仅在一段时间内改变了埃及的历史进程，影响了中东地区的事态发展，而且至今对埃及社会的发展和中东局势的演变仍有着不小的影响。因此，研究这段历史对总结现代埃及的发展道路和了解埃及的现状具有一定的理论意义和现实意义"①。全书由两编组成。第一编的主要内容是，纳赛尔和纳吉布之争的性质、阿拉伯民族的特性、埃及和叙利亚统一后分裂的原因、纳赛尔军人政权的性质及其历史作用、纳赛尔"民主、合作的社会主义"理论的实质、埃及与1967年中东战争以及纳赛尔的功过；第二编的主要内容是，1973年十月战争、埃以媾和、埃及对苏美政策的转变、萨达特的开放政策、埃及政治体制的变化以及对萨达特的历史评价等。

李安山著《殖民主义统治与农村社会反抗——对殖民时期加纳东部省的研究》，湖南教育出版社1999年出版。该书是以黄金海岸（如加纳）东部省为基础的关于英国殖民统治和殖民地农村社会反抗的个案研究。主要内容是从黄金海岸人民与殖民政府的斗争、平民与酋长的冲突、宗教领袖与世俗权威的冲突，以及下属酋长对最高酋长的反抗这四种矛盾中，揭示了殖民统治对殖民地带来的深刻影响，以及在黄金海岸引起的强烈反应。作者通过对1904—1952年黄金海岸东部省农村社会反抗的合法性、形式和意义的分析，得出如下结论："对殖民主义的'双重作用'须做具体分析。农村社会反抗在地方政治中起到了重要作用，同时引起殖民政府的改变；在向殖民主义体制进行挑战的同时，农村社会反抗将传统的非洲平民转变为政治参与者，从而对民族独立运动的形成做出了巨大的贡献。"② 前任加纳驻中国大使科乔·阿穆-戈特弗里德、美国非洲研究学会前会长马丁·A.克莱因，分别为该书撰写了"序言"。科乔·阿穆-戈特弗里德认为，"这部著作涵盖面极宽，具有深度并富有感情；对相关问题的研究既

---

① 杨灏城、江淳：《纳赛尔和萨达特时代的埃及》，商务印书馆1999年版，第1页。
② 李安山：《殖民主义统治与农村社会反抗——对殖民时期加纳东部省的研究》，湖南教育出版社1999年版，第45页。

有广度又富有创见,因而对不断增长的文献做出了及时的贡献。所有的人都应该读一读这部著作"。马丁·A.克莱因对这部著作也给予了高度评价,他认为,"这一研究课题内涵丰富,它抓住了将普通民众推向反抗运动的涵盖面极广的各种问题,而这些问题正是加纳人所关注的问题"。他还认为,"当面临一个所研究的社区的某一种独特的历史经历时,历史学家切忌生搬硬套一种既定的模式。这一点十分重要。一种分析的构架是重要的,但它必须受到过去事实的检验。李安山在这一点上做得十分出色"①。

贺文萍著《非洲国家民主化进程研究》,时事出版社2005年版。非洲民主化浪潮,是第二次世界大战后世界民主化浪潮的重要组成部分。非洲经济、社会和文化发展的特点,决定了其民主政治发展的复杂性、艰难性和特殊性。由于非洲各国国情的千差万别,民主化进程在非洲并没有一种统一的发展模式。该书既重视理论阐释,也重视个案分析。在理论上,主要阐述民主概念的起源和界定,探究非洲民主化的发展历程,分析制约非洲民主化进程的各方面因素,并对十余年来非洲民主化的发展做出评估。具体内容是对"民主"概念的起源、西方现代民主理论的由来和发展、马克思主义的民主理论进行了阐述,并对"民主""民主化""政治发展"等相关概念进行了解释和界定,目的是为从源头上了解何为"民主"以及"民主"的发展,以此为我们理解非洲的"民主"提供理论背景框架。在此基础上,对独立以来非洲所走过的从多党制到一党制,再从一党制到多党制的马鞍形政治发展道路作一历史回顾,分析产生这一现象的背景、原因及其对非洲政治发展的影响。作者还探讨制约非洲政治发展的主要因素,即不发达的商品经济、根深蒂固的部族政治、军人干政的传统、民主政治文化的待建、对国际援助的依赖等。个案研究的主要内容是南非民主化进程、尼日利亚民主化进程、肯尼亚民主化进程、乌干达民主化进程。在上述个案研究中,作者强调在民主变革中推进非洲的政治发展。

---

① 李安山:《殖民主义统治与农村社会反抗——对殖民时期加纳东部省的研究》,湖南教育出版社1999年版,第5、8页。

吴秉真、高晋元主编的《非洲民族独立简史》，由世界知识出版社1993年出版。这是我国第一部系统研究非洲民族独立历史的专著。非洲民族独立史是世界现代史的重要内容之一，但"国内外以非洲独立为主题的图书却为数很少。在国内，由于图书资料等条件的限制，至今还没有出版过一本全面论述非洲民族独立的著作；在国外，这种书也不多。被誉为世界最大图书馆的美国国会图书馆里，有关非洲方面的藏书极为丰富。非洲的政治、经济以及非洲的奴隶贸易、部族问题等都被分科排列，设有专题的卡片目录。但有关非洲民族独立的图书却寥寥无几，这一专题只散见于非洲政治及非洲各国概况里"[①]。由此不难理解这部著作的学术价值和现实意义。该书的重点在以下三个方面："二战"后，特别是20世纪50年代末60年代初的斗争情况；在非洲民族独立斗争中影响较大、在斗争方法上具有比较典型意义的国家；老牌殖民主义国家英国、法国和葡萄牙在非洲殖民统治崩溃的过程。该书的内容十分丰富，具体是非洲民族独立运动的兴起与发展（19世纪末至20世纪初）；第二次世界大战后非洲民族独立运动的高涨；第二次世界大战后北非的民族独立运动；非洲的觉醒；葡属殖民地的反帝风暴（20世纪70年代）；南部非洲的斗争及其发展（20世纪80年代）；非洲国家为维护和巩固民族独立而斗争。为读者进一步深入学习或研究非洲民族独立运动史，书末附有《非洲国家新旧国名、地区名称对照表》《非洲民族独立斗争大事记 19世纪中期至1990年》。

张宏明著《近代非洲思想经纬》，社会科学文献出版社2008年出版，是近年我国非洲思想史研究的重要成果之一。18、19世纪，西方列强入侵非洲，掠夺资源，杀戮人民，进行血腥统治。该书系统阐释了非洲近代知识分子在遭遇西方侵略时所作出的反应，他们对种族命运和非洲前途的思考，以及对非洲社会发展的价值取向。作者以时间为"纵轴"，从对非洲近代思想萌生的历史环境回顾为切入点，探寻近代非洲思想演化的历史轨迹；同时对近代有影响的非洲思想观点进行个案剖析，深入探究近代各个时期非洲知识分子的思想内涵。在18世纪的非洲思想研究中，主要包括

[①] 吴秉真、高晋元主编：《非洲民族独立简史》，世界知识出版社1993年版，第6页。

种族主义与近代非洲思想；废奴主义与近代非洲知识分子；阿莫、伊奎亚诺、库戈亚诺的思想。在19世纪的非洲思想研究中，主要内容是殖民主义；19世纪非洲思想发展概述；19世纪非洲知识分子的价值取向；克劳瑟、克鲁梅尔、约翰逊、刘易斯的思想；非洲现代化过程的特殊性及其理论流派；阿弗里卡纳斯·霍顿的思想；爱德华·布莱登的生平与思想轨迹；爱德华·布莱登的非洲个性思想，以及爱德华·布莱登对非洲思想发展的影响等。

在亚非国家的历史研究中，殖民主义史研究是重要内容之一，虽然起步较晚，但也有一些重要成果问世。北京大学历史学系设有亚非拉教研室，该教研室申报的多卷本殖民主义史课题被列为国家"八五哲学社会科学规划"重点研究项目，同时还得到国家教委"八五专项科研基金项目"资助。梁志明主编的《殖民主义史·东南亚卷》、林承节主编的《殖民主义史·南亚卷》、郑家馨主编的《殖民主义史·非洲卷》，先后由北京大学出版社1999—2000年出版。这几本论著较系统和全面地阐述了殖民主义在东南亚和南亚和非洲的发展过程，且把殖民主义作为一个世界历史范畴，从资本主义世界体系的整体结构中，重点探讨近代殖民主义入侵的动因，以及殖民统治者和被统治者在矛盾运动中的相互作用因而具有较高的学术价值和现实意义。非洲在历史上备受西方殖民列强的侵略和压榨，至今不能彻底摆脱新殖民主义的侵扰。不深入研究非洲遭受殖民主义侵略的历史，也就无从理解当代非洲。2003年，高岱、郑家馨著《殖民主义史·总论卷》，由北京大学出版社出版。这部著作，主要探讨了殖民主义史研究中的一系列重大理论问题。在"五百年殖民主义历史进程总览"中，分析了从地域的历史到全世界的历史；自由资本主义时期的东方—商品进军和东方社会结构性震动；帝国主义时期的东方—资本输出和东方资本主义的萌生等。此外，还涉及西方学术界研究殖民主义的史学、殖民主义概念与殖民主义史的分期、殖民主义体系的形成与构成、殖民主义经济特征、非殖民化和它的影响，以及殖民主义双重使命学说及其评价等。作者认为，"殖民主义史的研究，在我国学术界基本上是一个空白"，在国际史学界也相对落后。"因此，开拓这个研究领域，是我国世界史学术界的一项迫切的重要任务。当殖民主义正作为进行中的历史（尽管已经历了数百年)时,它所呈现出来的历史面貌,往往不足以说明它的全部历史本质。而现在,殖民主义基本上已经走完了其全部历史过程,因而便可以从'完全确定的材料'、'发展的结果',从逆向考察的角度来开始研究了。"① 这样,可以通过殖民主义后的历史,为充分认识殖民主义时代的历史提供钥匙。

拉丁美洲史研究进展迅速,其成果质量不断提高,不仅在国内,而且在一些拉丁美洲国家,都产生了积极反响。李春辉著《拉丁美洲国家史稿》(上下),商务印书馆1973年初版,1983年再版,这是我国学者第一部关于拉丁美洲史的著作。该书从古代印第安人开始写起,到1956年止。全书分为两篇。第一篇主要叙述整个拉丁美洲的历史,如美洲印第安人、美洲的"发现"与被奴役、西班牙统治时期的美洲等。第二篇为"分论",分别论述拉丁美洲各个国家的历史。作者认为,"拉丁美洲这一名称并不完全切合实际情况。这块土地的原有主人是印第安人。他们在欧洲侵略者侵入前,已创造了相当高度的文明。他们今天仍然说着自己的语言,有自己的风俗习惯。黑人也与印第安人一样,在很多方面保存着非洲社会的传统"。② 书中插有较多的历史地图,书末附有大事年表和参考书目。

金计初著《美洲文明》,当代世界出版社1999年出版。美洲文明最早始于何时,我国学术界主要有三种不同的观点:美洲原住民的祖先可能是在大约2万年前从亚洲渡过白令海峡到达美洲的,或者是通过冰封的海峡陆桥过去的;最早的原住民可能是通过海路,自东南亚通过南太平洋不同的海路到达中、南美洲,然后再散布到全境;北美洲以及部分中、南美洲的原住民是通过白令海峡陆桥迁居到美洲的北亚居民后裔,而其他的中、南美洲的原住民则有可能是自太平洋诸岛迁居而来的马来人后裔。金计初在该书有专章"古代美洲文明释疑",从原始居民来源,美洲易洛魁印第安部落发现的"轩辕酋长礼天祈年图",殷人与奥尔梅克,秘鲁的华夏文化,法显与阿卡普尔科,扶桑、基瓦和龙舌兰,墨西哥的中国情结等方面进行了探讨。该书的主要内容还包括美洲的古典文

---

① 高岱等:《殖民主义史·总论卷》,北京大学出版社2003年版,第1—2页。
② 李春辉:《拉丁美洲国家史稿》(上),商务印书馆1973年版,第12页。

明、欧洲文化的延伸和发展、拉美的资本主义与文化、伊比利亚美洲文明等，使人们对古老的美洲文明的历史与现实能有较清晰的了解。作者认为，"美洲的美国、加拿大及拉丁美洲因其历史起因不同，形成历史的背景不同，所以其文化传统也不同，发展的结果当然各异"。"为此，人类必须通过交流，在发扬本国民族优秀文化的基础上，汲取各民族文化中的积极成果和精华，创造本民族新的文化传统。"① 作者强调，对南北美洲文化的发展，不仅仅是寻找它的异同，更是为了借鉴，吸取教训，学习先进的经验。

陆国俊等主编《新世界的震荡——拉丁美洲独立运动》，上海社会科学院出版社1991年出版。该书是为"纪念哥伦布发现美洲——两个世界会合500周年（1492—1992）"而作。作者认为：拉丁美洲人民在18世纪末19世纪初所发动的反对殖民主义的斗争，是一场伟大的独立革命运动。这次运动不仅改变了整个拉丁美洲（除西印度群岛个别地区以外）的面貌，推动了拉丁美洲的历史进程，而且就其波及的地区之大，斗争持续时间之长，卷入斗争的人数之多，在世界殖民地革命史上是空前的。在撰写该书前，作者广泛地汲取了国内外学者的有关拉丁美洲独立运动研究的最新成果，同时"力图以马克思列宁主义的观点，阐述拉丁美洲独立运动前夕的国际环境及拉丁美洲自身的经济状况和阶级斗争态势，具体阐述了拉丁美洲各个地区和国家（除西印度群岛个别地区外）的独立运动的起因、经过和结果，以及独立运动期间拉丁美洲为争取独立运动胜利而展开的种种外交活动，最后并对独立运动原因、领导权、性质、特点和成果进行简明总结"②。该书的主要特点是，作者将拉丁美洲独立运动作为一个不可分割的整体进行考察，除西属美洲大陆、葡属巴西外，还包括法属海地、西属古巴等。

张家唐著《拉丁美洲简史》，人民出版社2009年出版。在拉丁美洲，勤劳勇敢的印第安人创造了绚丽多彩的古代印第安文化；在近代，它遭受

---

① 金计初：《美洲文明》，当代世界出版社1999年版，第192、193页。
② 陆国俊、郝名玮主编：《新世界的震荡——拉丁美洲独立运动》，上海社会科学院出版社1991年版，第3页。

过殖民主义者的入侵和掠夺，为争取民族独立进行过浴血奋战；在现代，它在现代化进程中既有成功的经验，也有失败的严重教训，值得包括中国在内的广大发展中国家引以为戒，这些都具有重要的现实意义。该书从政治、经济、文化、社会发展等方面，将拉丁美洲的历史与现实有机地联系起来，使人们对拉丁美洲自远古以来的历史发展有较系统的了解。《拉丁美洲简史》的主要内容是：自然地理与古代印第安人；美洲的发现与新航路的开通；西班牙、葡萄牙对拉丁美洲的殖民征服战争；西班牙、葡萄牙殖民统治下的拉丁美洲；拉丁美洲殖民时期的社会与社会矛盾；英、法与荷兰对拉丁美洲殖民地的争夺；拉丁美洲的独立运动；拉丁美洲殖民地时期的文化教育；独立后拉丁美洲的迟滞发展；拉丁美洲国家之间的战争与美墨战争；拉丁美洲步入现代化发展轨道；探索民族自主的工业化道路；拉丁美洲国家的革命、改革与建设；拉丁美洲政治民主化进程与经济持续发展；实行"出口导向"的发展模式；近现代拉丁美洲的文化教育。在该书最后，作者对"拉丁美洲与中国的关系"也有阐释。

林被甸、董经胜著《拉丁美洲史》，人民出版社 2010 年出版。"拉丁美洲"一词是 19 世纪 30 年代法国学者首先使用的，指原西班牙、葡萄牙、法国等拉丁语系国家的殖民地在独立后建立的国家。20 世纪 60—70 年代后，加勒比海地区的一些英、荷殖民地获得独立后，其官方语言英语、荷兰语不属于拉丁语系，因此，国际组织和机构逐渐将"拉丁美洲"改称为"拉丁美洲和加勒比地区"。拉丁美洲和加勒比地区，目前共有 33 个国家，另有 12 个尚未独立的地区。人口 5.2 亿，约占世界人口总数的十分之一，陆地面积占世界七分之一到六分之一。拉丁美洲是第三世界最早开始现代化建设的地区，学习和研究拉丁美洲史，有重要的现实意义。该书的主要内容是：古代美洲、"发现"与征服、殖民地的经济结构、殖民地的政治、社会和文化、拉丁美洲独立运动、新兴国家的巩固、出口经济的繁荣与现代化的起步、墨西哥革命与 20 世纪拉丁美洲的重大变革、民众主义体制下的发展、威权体制下的发展、80 年代以来的改革与发展、19 世纪到 20 世纪的中美洲和加勒比地区、古代美洲与古代中国历史年代对照表等。

许海山编《美洲历史》，线装书局 2006 年出版。自发现新大陆之后，美洲文明发生了剧烈的演变，欧洲各国的殖民入侵几乎把美洲本土的玛雅文明和印加文明洗荡殆尽，到了近代文化发展时期，代之以欧洲多国混合的殖民政治和殖民经济，并且在新大陆上发展了区别欧洲的美洲文明，所以美洲文明具有巨大断裂感和跳跃性的发展特征。美洲历史起源于原生的美洲土著人类。哥伦布"发现"新大陆后，欧洲列强开始了对美洲的瓜分和殖民统治。南北美洲的殖民地时期的历史文化也有很大不同。北美的代表性文明是美国文明，南美的文明则被称为梅斯蒂索文明。"梅斯蒂索"一词在西班牙、葡萄牙语中意为"杂交的"。该书对南美和北美的历史分别叙述，上部为南美史（拉丁美洲史），下部为北美史（美国与加拿大史）。该书上部主要内容是：拉丁美洲的地理环境与文明发育、拉丁美洲古代文明、美洲的"发现"与殖民地的形成、拉美近代文明的形成（1492年至18世纪末）、拉丁美洲的独立运动。下部的主要内容是：北美的自然地理条件和早期居民、法兰西殖民统治下的北美、大英帝国殖民统治下的北美、独立战争与美利坚合众国的建立、美国西部扩张与南北战争、20世纪美帝国的崛起与全球霸权、美国的多元化移民社会与美国民主、飞速发展的美国经济、科技与文化艺术、美国的宗教信仰与科学精神、从英国殖民统治到加拿大自治、加拿大曲折的建国之路、"二战"后加拿大的飞速发展、加拿大的政治与宪法等。

冯秀文等著《拉丁美洲农业的发展》，社会科学文献出版社2002年出版。农业问题是广大第三世界国家在实现现代化过程中所面临的重大问题。自19世纪初起，拉美开始了发展民族经济的现代化历史进程，但在农业方面却走过了非常曲折的弯路，尤其是拉美的土地问题长期得不到根本解决，在很大程度上阻碍了拉美的现代化发展。该书上篇为"历史的回顾——前资本主义形态下的拉丁美洲农业"，主要考察了拉丁美洲在进入资本主义社会之前的农村状况和农业形态，主要内容包括西班牙人发现美洲前的印第安人社会和印第安人农业、殖民地时期的拉美农业、独立后至20世纪初的拉美农业。中篇为"历史的变革——拉丁美洲农业向现代化的转变"。中篇集中考察了拉丁美洲自独立以后至20世纪中期向资本主义社会过渡时期的农村状况和农业形态，主要内容包括土地改革运动、拉美土地改革的个案分析、古巴的土地改革与农业的发展等。下篇为"历史的发展——拉丁美洲农业现代化和现代化中的农业问题",集中考察了拉丁美洲各国20世纪70年代以来实现农村和农业现代化的历史进程,农业现代化进程中的种种关系,以及在这一进程中出现的问题。主要内容包括农业现代化的进程、农业现代化中的几个问题、农业问题的最新发展:墨西哥恰帕斯州农民运动的起源与启示。

《拉丁美洲农业的发展》是一部从历史和社会发展的角度考察拉丁美洲农业发展进程的专著。正如作者在"前言"中所说,该书"不同于一般的农业书籍。它不是对具体的农业技术和管理方法的微观研究,而是从历史和社会发展的角度对农业发展道路和发展规律的宏观研究;不是仅就某一个国家或某一个地区就事论事的研究,而是把拉丁美洲作为一个整体的综合研究;不是应时的、针对某一个阶段或某一项政策的研究,而是历史性的、全面的、系统的研究……这是我国学者在马克思主义学术观点指导下通过自己调查研究撰写的学术专著,在这方面,与国外卷帙浩繁的研究成果相比无论是观察问题的角度、分析问题的方法还是最终得出的结论都是具有我们自己鲜明特色的",表明改革开放以来,我国的拉丁美洲历史研究已经有了很大的进展。2002年11月21日墨西哥驻华大使馆为《拉丁美洲农业的发展》一书举办首发式,墨西哥驻华大使以及阿根廷大使、秘鲁大使、哥伦比亚大使等十余个拉美国家的驻华使节以及数十位中国的有关专家和学者近百人参加了首发式。墨西哥驻华塞尔西奥·雷伊·洛佩斯大使为该书撰写了前言,对《拉丁美洲农业的发展》一书给予了很高的评价。他认为,"本书在历史和现实方面所展开的对农业问题的讨论,有助于总结以往的观念,提出现今的解决方案,并为将来的发展奠定基础。对于不了解拉丁美洲农业问题根源和农业发展的人来说,这本书是必读作品;对于对此感兴趣的普通人和专家学者来说,《拉丁美洲农业的发展》是基本读物"[①]。

在欧洲史研究方面,钱乘旦主编的《欧洲文明:民族的融合与冲突》,贵州人民出版社1999年出版;郭华榕等主编《欧洲的分与合》,京华出版社1999年出版;朱孝远著《欧洲涅槃:过渡时期欧洲的发展概念》,学林

[①] 冯秀文等:《拉丁美洲农业的发展》,社会科学文献出版社2002年版,第2—3页。

出版社2002年出版，是三部颇有特色的著作，选题、观点和方法，以及文献资料的收集和使用，多让人耳目一新，在一定程度上反映了我国世界史学界在欧洲史研究方面所取得的新进展。

冷战结束后，欧洲并不安宁，长期存在的民族问题，成为欧洲社会动荡的重要根源之一。在《欧洲文明：民族的融合与冲突》中，编写者宏观地叙述了历史上欧洲各民族的发展经过与相互关系，分析了各种欧洲民族问题的来龙去脉，特别是欧洲民族矛盾和冲突的形成原因，及其对周围地区所产生的影响。作者力图使人们在清晰了解欧洲民族问题历史的基础上，对欧洲的现实和未来能有一理性的思考。该书的主要内容是：欧洲民族问题的历史轨迹——理论探索；古代与中世纪的欧洲民族；西欧的民族问题；东欧的民族问题；流散的民族。编写者强调，"当前欧洲民族问题的现状仍然是：东欧趋向恶化，西欧趋向缓和；东欧趋向'分'，西欧趋向'合'；东欧前途难卜，西欧则有成功的希望。如何解释这种东西两面差异鲜明的现象？这正是我们寻求欧洲民族问题的历史轨迹的目标所在"[①]。在回答上述问题时该书不仅基于具体的历史事实和历史过程，而且还就一些重大的民族理论问题进行了探讨。

《欧洲的分与合》将欧洲作为一个整体加以深入研究，着重探讨了欧洲在古代、近代、现代与当代各个时期的变迁，欧洲的共性的逐步显示与加强，欧洲各国和地区个性的存在和由此引发的冲突，欧洲往昔的分裂潮流与今日走向合作发展的趋势，欧洲人对欧洲认识的深化，以及欧洲历史的连续性和现状的可塑性之间的有机联系。该书的内容是，形成中的欧洲（1500年以前）；民族国家兴起的欧洲（1500—1800年）；分裂的欧洲（1800—1945年）；两个阵营的欧洲（1945—1958年）；走向一体化的欧洲（1958—1987年）；面对未来的欧洲（1987年以后）。意大利佛罗伦萨大学社会研究系教授萨尔沃·马斯泰罗内为该书撰写了题为《多样性的欧洲联合》的序言。他说："作为一个欧洲政治思想史学者，我不得不强调，欧洲的文化界人士，虽然很少实际参与欧共体的一体化进程，但他们却一直关注着这一进程。他们常常持之以恒地讨论有关学理问题，或者对某一

[①] 钱乘旦主编：《欧洲文明：民族的融合与冲突》，贵州人民出版社1999年版，第3页。

国家的政府类型进行理论总结，建议所有西欧国家将其作为一种欧洲的普遍政治模式予以采纳"。他还指出，"最近几十年来，许多知识分子都已宣称自己是'欧洲人'，但在阐述其思想和表明其行为态度时，他们却明显受到民族心态和政党观点的束缚。尽管欧洲共同体已经取得许多重大进展，但仍然受到一些历史——文化争端的困扰"①。这些对于深入理解该书的内容是十分有益的。

在《欧洲涅槃：过渡时期欧洲的发展概念》中，作者力图解释为何欧洲最早能够打破历史发展的束缚，进入近代社会，这与一些因素有关，例如欧洲过渡时遭遇阻力最小、主客观条件互动和彼此作用的方式、芸芸众生在过渡期中获得自身繁荣等，作为有价值的东西被认可。作者认为，一方面，世上只有旧结构自我崩溃但新结构尚未成熟时才会出现过渡期。旧的封建体系走向衰亡，将被历史淘汰；另一方面，新兴的资本主义制度尚未真正确立自己的政治、经济统治。在"过渡期"中，文艺复兴是一场深刻的政治运动，欧洲对于新体制的构建始于文艺复兴运动，这是因为文艺复兴"提出了振兴欧洲的纲领"，即"要秩序、不要紊乱；要和平，不要战争；要丰裕，不要饥饿；要文化，不要愚昧；要美德，不要腐败"。而"要秩序、不要紊乱"，则是"人文主义纲领的第一原则"②。作者通过过渡期的提法；过渡期的原理；西方封建主义的报复；作为政治理念的文艺复兴；早期革命的任务；寻找真正的国家；精神王国与世俗王国；自下而上的风暴云结；理性历史的开始；大革命的性质；人民的自我肯定；英格兰岛的风暴等的分析，得出如下结论：作为奠立，过渡在本质上是历史的，但作为历史的东西，它前进的每一步，都与人的主观能动性的发挥有关。同时，社会和人本身，也在时间的进程中一天天被这种发展所改变。

除上述各有特点的三部著作外，王觉非侧重从理论上、宏观上研究欧洲史的两部著作，也堪称近年我国欧洲史研究的重要成果。王觉非的这两部著作是《欧洲史论》（南京大学出版社 1992 年版）、《欧洲五百年史》

---

① 郭华榕等主编：《欧洲的分与合》，京华出版社 1999 年版，第 7—8 页。
② 朱孝远：《欧洲涅槃：过渡时期欧洲的发展概念》，学林出版社 2002 年版，第 133 页。

（主编，高等教育出版社 2000 年版）等。《欧洲史论》共收录了作者在数十年来结合教学和指导研究生而写作的 20 余篇论文，内容涉及英、法、德、俄和意大利等，在时间上涉及古代、近代和现代。在近代英国的政治制度、英国革命时期的平等派、英国工业革命、俄国农奴制度、俄国民粹派、1789—1830 年的法国等的研究中，王觉非都提出了不少真知灼见。作者十分重视从理论与研究实践的结合上，进行史学理论和学术史的研究，如《当代英美历史家关于 17 世纪英国革命的史学思潮》《研究克伦威尔的史学评述》《研究 17 世纪英国革命的修正派》《英国工业革命历史意义的再认识》《法国复辟时期历史家的历史观》《伊凡四世的阴魂为何不散——兼评关于历史人物的评价》《拿破仑的历史地位》等。关于近代的"中英关系"，作者也有精辟论述：殖民主义的狂风巨浪，撞击到顽固的封建的堡垒上，激起了混浊的波涛，经过一段"礼仪之争"的插曲后，接着英国便在鸦片战争中坚船利炮轰开了长期禁闭的中国大门。从此，中英关系上，开始了 100 多年的腥风血雨时期。而中国锁国闭关的藩篱，也在血与火的冲击下崩溃了。

《欧洲五百年史》是面向 21 世纪的课程教材之一，它从纵向与横向的历史发展态势，系统研究了欧洲近现代史，阐述了自"地理大发现"至 20 世纪 90 年代约 500 年间欧洲的历史演变，主要内容包括：新航路的开辟、文艺复兴运动、欧洲的宗教改革运动、16—17 世纪初的西欧和北欧、16—17 世纪初的西欧和中欧各国、16—17 世纪的欧洲关系、17 世纪英国革命和英国立宪君主制的建立、封建专制统治下的欧洲大陆各国（17—18 世纪）、18 世纪末法国资产阶级革命、欧洲的工业革命、19 世纪初期的民主运动和工人运动、1848 年的欧洲革命、19 世纪中期欧洲的工人运动、民族民主运动的兴起、19 世纪中叶的欧洲、欧洲资本主义发展的新阶段、19 世纪后半期至 20 世纪初的欧洲其他国家和地区、19 世纪以来的国际工人运动和第二国际、欧洲列强从冲突走向战争、风起云涌的欧洲、20 年代的欧洲国际关系、相对稳定时期的欧洲、风雨飘摇的欧洲、走向新的大战的欧洲、欧洲与第二次世界大战、战后初期的欧洲新格局、冷战中的欧洲、苏联的国内外政策和苏东关系、西欧各国的恢复与发展、欧洲共同体与欧洲一体化、80 年代的西欧、动荡中的欧洲政局等。

在欧洲思想史研究方面，有李宏图著《西欧近代民族主义思潮研究》，上海社会科学院出版社1997年出版。中外学者一种有影响的观点认为，在从中世纪迈向近代的历史进程中，现代民族国家也随之形成，伴随着这一历史进程，民族主义应运而生，并成为推动民族国家成长的思想动力。因此，在民族主义风起云涌的现时代，研究民族主义这一思潮就具有重要的意义。在该书中，作者首先对民族提出了新的见解。以往对民族概念的界定只注意到了民族形成的"客观"特征，而对其主体的自我意识与民族形成的相互关联没有给予关注。对此，作者在重视民族形成的一系列"客观性"条件之后，对其"自我认同"给予了充分的强调，而这样的理解具有了新的意义，突破了长期以来固定的思维模式，将主体性认同加入了民族形成的过程中。由此，作者对民族主义也得出了自己的新的理解。它是一个民族共同体所创造出来的一种思想观念。在此基础上，作者进一步在欧洲近代历史进程中来考察民族主义的形成和历史演进，重点研究了以18世纪法国为典型的政治民族主义的形成和以近代德意志为代表的文化民族主义的兴起，以及不同国家内部复杂的表达。这种研究不仅仅是对民族主义进行的思想史考察，同时关注着作为一种思想观念的民族主义又如何推动着民族国家的成长，特别是从"王朝国家"到"民族国家"的转型。同样，作者也从历史的维度对民族主义做出了反思，评判民族主义的历史发展和不同类型，以及思考民族国家的建构。

（五）国别史研究

改革开放以来，国别史研究进展非常明显，主要表现在研究视野宽广，广泛汲取国外史家研究的最新成果，重视使用新披露的原始文献，不仅在内容上，而且在方法上都有所创新，如跨学科方法的运用等。

对亚洲国家的研究，主要集中在日本和印度。祝曙光著《铁路与日本近代化——日本铁路史研究》，是一部颇有特色的日本史研究著作。在日本史学界，有关日本铁路史的研究很受重视，有不少有影响的重要成果问世，而在中国却很薄弱。在中国世界史学界，对日本史研究和其他国别史研究相比较并不落后，但对日本铁路史研究却几近空白，这可能和研究队伍的知识结构有关。"铁路史研究涉及的内容相当广泛，包括经济学、交通学、历史学、管理学、政治学、地理学、军事学、工学和法学等，因此从铁路史中生发出诸如铁路技术史、铁路法规史、铁路经营史、铁路教育史、铁路军事史、铁路与区域开发史、铁路卫生史、铁路车站史，等等。尽管铁路史研究属于历史学研究的范畴，但是铁路史研究具有特殊性，对铁路史的研究不仅需要历史学家，也需要其他方面的专家参与。"① 列宁曾指出："铁路是资本主义工业的最主要的部门即煤炭和钢铁工业的总结，是世界贸易发展与资产阶级民主文明的总结和最显著的指标。"② 1872 年，日本建成第一条铁路，到 1906 年则建成以南北干线为核心的铁路运输体系，铁路线突破 5000 英里，在日本近现代历史发展中有举足轻重的作用。《铁路与日本近代化——日本铁路史研究》详尽阐述了这一历史过程，以及日本铁路发展的某些规律性内容，主要包括日本铁路的诞生；日本私有铁路的发展；铁路国有化；铁路管理机构的演变；铁路旅游业的发展；铁路与日本近代化；铁路与日本对外扩张；日本帝国主义与殖民铁路；胶济铁路风波与中日关系；中日两国铁路发展比较研究等。作为附录，有"近代中国铁路与国防"，"近代中国铁路警务"。附录内容虽然以中国为主，但多与日本有关，如中国铁路与甲午战争、日俄战争；抗战时期的中国铁路运输、铁路警务等。附录中的《日本铁路大事年表》内容翔实，对教学和研究工作者，以及一般读者，都有帮助。

万峰著《日本近代史》，中国社会科学出版社 1978 年初版，1981 年修订再版，这是我国第一部日本断代史专著。这部著作所涉及的"日本近代"历史时期，是日本史研究学术问题争论最多、最大的一个时期。作者"不采用已有的分期法，而是从明治维新是属于近代民族民主运动范畴的资产阶级改革运动的角度出发，将明治维新划分为两大阶段。第一个阶段是倒幕维新运动阶段……第二个是明治维新的资产阶级改革阶段"。这样分期的目的，"主要是想强调：明治维新作为属于近代民族民主运动范畴的资产阶级改革运动，是一个完整的历史过程；不到它的历史任务最后完

---

① 祝曙光：《铁路与日本近代化——日本铁路史研究》，长征出版社 2004 年版，第 2—3 页。
② 《列宁全集》第 22 卷，人民出版社 1958 年版，第 182 页。

成，自然也不能结束"①。这种观点对深化研究明治维新有积极的推动作用。

1975年，吴廷璆受教育部委托，带领辽宁大学日本研究所、南开大学历史研究所日本史研究室的同仁，开始编撰《日本史》。吴廷璆（1910—2003），著名中国日本史专家，早年就读北京大学史学系、日本京都帝国大学（现京都大学）史学科，学成归国后先后在山东大学、四川大学、燕京大学成都分校、武汉大学任教；新中国成立后调入南开大学历史系，从事日本史的教学和研究工作，曾任校总务长、历史研究所所长、天津市历史学会理事长。主要代表作有《日本史》（主编），南开大学出版社1994年出版；《日本近代化研究》（主编），商务印书馆2008年出版；《吴廷璆史学论集》，人民出版社1997年版等。

编撰《日本史》历时20年，直到1994年正式出版。这是我国第一部通史性的《日本史》著作。以往一些有影响的日本史论著，如黄遵宪的《日本国志》、王芸生的《六十年来中国与日本》等，仅涉及日本史的一个方面或一段时期。该书内容丰富，逻辑结构完整，主要内容是：原始社会、奴隶社会、大化改新与封建制度的建立、奈良时代、平安时代、镰仓时代、室町时代前期（包括南北朝，1333—1477）、室町时代后期（战国时代，1467—1573）、安土、桃山时代、德川前期、中期封建社会、后期封建社会、资本主义形成时期、帝国主义时期、战后美国占领时期、独立自主时期、高速增长时期、稳定增长时期等。

吴廷璆主编《日本史》，表现出中国世界史学者强烈的责任感，《前言》中写道："日本是我们的邻国，文献可考的两国关系，至少已有21个世纪。古代日本文化的发展晚于中国，而日本民族却能在固有文化的基础上对外国文化采取选择、创造和吸收的态度，形成自己独特的文化。封建社会末期，中国和日本同受西方列强的侵略蹂躏，但两国由于内外条件和对应结果不同，各自走上不同的道路：中国封建统治者同列强勾结，使国家陷入半封建半殖民地的深渊，经过新民主主义革命，才成为社会主义国家；日本明治维新积极引进西方文明，推进了近代化，但封建专制势力把

---

① 万峰：《日本近代史》，中国社会科学出版社1981年版，第3页。

日本拉向军事封建帝国主义的歧途，法西斯侵略战争失败，日本军国主义覆灭，战后人民坚持和平民主，发展经济，使日本成为发达资本主义国家，两千余年特别是一个半世纪以来，中日人民的遭遇可歌可泣，彼此都积累了深刻的经验教训。日本学者对日中两国历史的研究成果累累，作为中国人民，借鉴前人的业绩，用我们的观点方法试写一部日本的历史，似也责无旁贷。"洋洋近百万字的《日本史》，多有创新之处，如关于明治维新的性质，依据马克思主义的国家学说和革命与改革的理论，提出了"明治维新资产阶级革命说"，在海内外史学界引起广泛重视。

熊沛彪著《近现代日本霸权战略》，社会科学文献出版社 2005 年出版。作者深入日本外交史料馆、日本防卫研究所资料馆、日本国立国会图书馆以及早稻田大学图书馆等处收集了大量珍贵的原始档案史料，广泛汲取国内外学者的最新研究成果，以及相关的理论和方法，对近现代日本的霸权战略进行了再探讨，对深化研究日本霸权战略有积极的意义。作者首先分析了日本称霸东亚战略始于何时，以及日本称霸东亚战略的展开，在此基础上，主要阐述了以下问题：东亚国际体制的动荡与日本对外侵略扩张的初步展开；九一八事变与华盛顿体制的动摇；日本东亚新秩序政策初步展开；中日战争初期日本的战争目标与东亚战略；日本的战略调整与武汉、广东会战；"东亚新秩序"与日本既定战略的进一步展开；欧洲大战的爆发与日本的战略对策，以及日本南进的战略措施等。作者认为，近现代日本的霸权战略属于区域性霸权指向，即指向东亚地区；日本的这一霸权战略与东亚国际体制的演变密切相关。近现代日本的霸权战略牵涉诸如外交、军事、经济、思想、国际关系等众多方面，中日两国学界就这些方面做了大量研究。作者在日本近现代霸权战略的框架下，就这些具体问题做了新的探索，提出了新的看法。

武寅著《近代日本政治体制研究》，中国社会科学出版社 1997 年出版。作者在"序"中述及撰写该著的缘由时指出，日本资本主义发展的速度、以战争促发展的发展方式，以及它在发展过程中留下的一个个耐人寻味的"谜"，如天皇的神秘、军部的跋扈、政党组织的松散等，而要揭开这些谜，开展对日本政治史的研究，则是必不可少的环节。从上述基本认识出发，作者运用丰富的史料，对日本明治维新后国家政治体制的建立过程及其所走的道路，进行了深入和系统的探讨。作者对近代日本政治体制的剖析不是面面俱到的泛论，而是紧紧抓住这一体制迥异于欧美议会民主制的特点，着重在体制的内部结构、运作方式、权力制衡机制以及体制内在的矛盾等重要问题上研究；作者在实证研究的基础上重视理论分析，从而在整体上加强了该著的理论深度。作者在研究明治初期的政治改革、明治宪法体制、体制运行的主要环节、体制内部自我调节机制、调节的限度等问题时，多有新意。例如，作者在分析权力的制衡机制时，提出了"复合制衡"的概念，强调"所谓复合制衡，是指各个权力系统之间同时存在着横向的与纵向的双重制衡关系"。横向制衡的存在，是由各成员之间平等的法律地位和宪法权力所决定的，而纵向制衡的作用机制则更为复杂，它包括两个层次：一个是天皇与每个成员之间的单线制衡关系；另一个是天皇与其中任何一个成员一起组成的对另一个成员的联合制衡关系。这些分析对于深化日本政治史研究无疑是有益的。

向卿著《日本近代民族主义（1868—1895）》，社会科学文献出版社2007年出版。作者认为，在近代历史上，民族主义作为面临外压时的民族或被压迫民族的一种意识形态，在抵御外来侵略和压迫、实现民族独立方面发挥了一定的积极作用，这是不可否认的。但是，民族主义的负面作用也是显而易见的，这在近代日本历史上尤为明显，形成了近代天皇制民族主义或封建制民族主义。这种负面作用的破坏性最终在20世纪充分显露出来，以致给人类带来了巨大的灾难和痛苦。基于这种认识，作者在国内首次从理论上探求了日本民族主义的文化根源；系统地运用"民众统合"的政治学理论与方法，从根源上探求了日本近代军国主义形成的历史过程；从民族主义的角度，在国内首次论述日本近世与近代之间在政治上的内在关联，即与中国的对抗及天皇权威的树立是两个时代之间的重要纽带。作者论述的具体内容是日本民族主义的文化根源；日本早期民族主义的形态及其实践；明治的官方民族主义；明治前半期的民族主义思潮；自由民权运动与民族主义；甲午战争与近代民族国家的确立。为了深化认识日本近代民族主义的历史作用，作者运用政治学、历史学的相关理论，力求做到理论分析与实证分析、历史的方法与逻辑的方法、宏观的视角与微观的视角相结合，这些都有助于揭示日本在"国民不在"的历史条件下，用封建天皇制以及对外扩张的利益诱导来统合民众的近代民族主义的实质。

在印度史方面，刘欣如和黄思骏的两部著作颇有特色。刘欣如著《印度古代社会史》，中国社会科学出版社1990年出版。作者从社会史的角度，对印度古代社会结构、政治事件、经济形态和宗教文化等，进行了较系统的考察。作者认为，"经过百余年来的资料积累和研究，印度历史学家已不再接受'东方专制主义'这个简单模式。他们注意到恒河流域的早期国家既有君主专制，又有世系共和统治形式，水利灌溉的形式和规模以气候、地理和生产技术水平而定。国家主持的大型水利工程数量很少，大部分水利灌溉设施是中小型的，由地方的权势人物、社会组织和农民个人开发和利用。大型水利工程从来没有也不可能成为专制王权的基础"①。从这部著作的内容看，该书将历史学、考古学和人类学的资料与方法有机地结合在一起，有助于提高印度古代史的科研水平。在国外，人类学家对种姓制度的机制和理论的研究促进历史学家追溯这个制度的起源；又如，体质人类学家的研究，使人们对雅利安人种的存在和婆罗门种姓的起源提出质疑。该书末附有南亚地形示意及历史重镇地图，印度古代史重要词汇、印度古代史重要纪年和印度古代史重要人物等，为各界读者学习和研究印度古代史，提供了有益的帮助。

黄思骏著《印度土地制度研究》，中国社会科学出版社1998年出版。"本书以马克思主义为指导，吸收了国内外史学界，特别是印度史学界的研究成果，较为全面、系统、深入地阐述了从公元前1000年至公元20世纪90年代前期，印度历史上的土地制度如何由原始的公有制向私有制演变及其演变的特点，以及随着土地制度的演变，在不同社会发展阶段以土地为中介的人与人之间关系的变化即阶级关系的变化"②。作者明确指出，印度土地制度研究跨度长、难点多，但有重要意义，这不仅是世界历史学科发展、深入研究印度史的需要，而且也是深入研讨"亚细亚生产方式"这一重大理论问题的需要。众所周知，印度古代土地所有制最具亚细亚所有制的特征，而我国却很少有人深入研究过印度历史上土地所有制的演

---

① 刘欣如：《印度古代社会史》，中国社会科学出版社1990年版，第3页。
② 黄思骏：《印度土地制度研究》，中国社会科学出版社1998年版，第1页。

变。在该书的第一章，作者即对马克思主义经典作家关于印度"不存在土地私有制"①的真正含义进行了探讨，认为印度不存在西方近代资产阶级的土地私有制，土地公社所有制和土地国有制还占主导地位。此外，该书所涉及的印度农村公社及其土地制度的演变、印度封建制的产生及其特点、穆斯林统治对印度土地关系结构的影响、英国殖民统治对印度农村社会发展的"双重"影响、独立后印度农村的发展，等等，都是中国学术界关注的问题。中国和印度同是以农业为国民经济基础的东方大国，对印度土地制度的研究，印度的经验和教训，都可以为我国所借鉴。

李铁匠著《伊朗古代历史与文化》，江西人民出版社1993年出版，是中国学者撰写的第一部有关伊朗古代历史的专著。季羡林、周一良和庞朴在《总序》中写道："一部人类的历史，证明了一个事实，文化交流促进了人类文化的发展，推动了人类社会前进。在整个人类历史上，国家不论大小，民族存在不论久暂，都或多或少、或前或后对人类文化宝库做出了自己的贡献。人类文化发展到了今天这个地步，是全世界已经不存在的和现在仍然存在的民族和国家共同努力的结果，而文化交流则在这其中起了关键性的作用。"②《伊朗古代历史与文化》则是对这一论述具体的历史阐释。伊朗是世界著名文明古国。这里曾经是原始人生活的摇篮之一。早在公元前3千纪初，伊朗胡泽斯坦地区就形成了由当地居民埃兰人建立的埃兰国家。它在历史上曾多次被两河流域国家（苏美尔城邦、阿卡德王国、巴比伦帝国、亚述帝国）所征服，也曾多次击败这些国家，重新获得独立。公元前7世纪初，伊朗族居民崛起于西亚。埃兰人逐渐与伊朗人融合成一体，称为胡泽人。埃兰灿烂的文化成为伊朗文化的一部分。该书的主要内容是：原始社会、埃兰王国、伊朗部落早期历史文化、阿黑门王朝、亚历山大帝国与塞琉古帝国、安息王朝、萨珊王朝、古代伊朗与中国的关系。附录有《王表》《古巴比伦、波斯历法》和《译名对照表》等。

对亚洲一些小国的历史研究，近年也有成果问世，如李谋等主编《缅甸历史论集：兼评〈琉璃宫史〉》，社会科学文献出版社2009年出版。这

---

① 参见《马克思恩格斯全集》第28卷，人民出版社1973年版，第256、260页。
② 李铁匠：《伊朗古代历史与文化》，江西人民出版社1993年版，第1页。

是一部以研究《琉璃宫史》为中心的缅甸史研究文集,作者为国内和缅甸、美国、日本、法国知名的缅甸史研究者。该书的主要内容包括缅甸史学综论:80年来(1925—2005)的缅甸史研究;缅甸历史研究与史料考辨;缅甸古代对外关系、《琉璃宫史》评析,以及《琉璃宫史》中译本出版前后的有关情况等。云南省社会科学院贺圣达研究员在《序言》中指出,这是一本很有学术水平的缅甸历史论集,也是至今国内出版的第一部《缅甸历史论集》。《琉璃宫史》集19世纪中叶之前缅甸历史、文化、宗教之大成,内容极为丰富,是东南亚(除越南)国家中罕见的一部历史巨著,具有重要的历史和文化价值。这样一部用缅文撰写的古代缅甸百科全书式的著作,翻译难度极高。李谋、姚秉彦、蔡祝生、汪大年、计莲芳、赵敬、韩学文等多位缅甸研究方面的学者,在我国研究缅甸史的前辈、著名学者陈炎先生以及任竹根先生的指导下,前后花了30多年的时间,终于译出了这部缅甸的也是东南亚南传上座部佛教国家的最重要的历史经典。这是世界上第一部《琉璃宫史》的完整的外文译本。它一出版就引起了国内外学者的关注。这部以对《琉璃宫史》的研究为中心,展示了其丰富的内容,涉及了缅甸文化、宗教、文学、历史编纂学、历史研究及对外关系等多方面的问题,对不断深化我们对缅甸历史、东南亚历史的研究,促进中外缅甸研究者的相互了解和交流,帮助读者深化对缅甸的认识做出了切实的贡献。

美国史研究,始终是国别史研究的重点。我国美国史学界老中青三代学者经过23年的努力,在2002年10月由人民出版社出版了《美国通史》。这是我国学者完成的第一部多卷本《美国通史》。全书由刘绪贻教授、杨生茂教授任总主编,李剑鸣、张友伦、丁则民、余志森、刘绪贻、韩铁、李存训等教授,和人民出版社编审邓蜀生等分别参加了撰写及编辑工作。在研究和撰写过程中,一代美国史研究学者迅速成长,逐渐形成了以武汉大学、南开大学等高校为主体的,新的、各有特色的美国历史研究中心,对我国的美国史研究的深入,以及美国史研究学科建设的发展均有重要意义。

《美国通史》共6卷。各卷的主要内容是:第1卷《美国的奠基时代,1585—1775》,主要内容是美国独立前近200年的历史;第2卷《美国的独立和初步繁荣，1775—1860》，叙述自美国 18 世纪 70 年代的反英独立战争，到 19 世纪中期南北战争前的建国初期阶段的历史；第 3 卷《美国内战与镀金时代，1861—19 世纪末》，较全面叙述了美国南北战争及战后到 19 世纪末的 40 年的美国经济迅猛发展时期；第 4 卷《崛起和扩张的年代，1898—1929》，对于 19—20 世纪之交（1898—1929 年）美国的巨大转变年代，进行了全面的论述；第 5 卷《富兰克林·D. 罗斯福时代，1929—1945》，主要是对罗斯福"新政"的论述；第 6 卷《战后美国史，1945—2000》，较全面地阐述了战后美国政治、经济、外交、军事、社会、文化教育、文学艺术各方面的发展。除有较高的学术水平外，该书各卷多有详尽注释和参考书目，而且还附有英文对照的中文主题索引，和专业术语索引，为学习和研究者提供了不少方便。

杨生茂、刘绪贻两位教授在《美国通史》总序中，分析了这部著作的五个特点：第一，既要以马克思主义为指导思想，又要克服"左"的教条主义，并结合美国历史实际进行实事求是的论述；要写出中国的美国史著作的特点，体现中国美国史研究的最新水平。第二，要理论联系实际，纠正一些流行的对美国历史的错误和模糊认识；既要借鉴美国一些对我国有益的经验，又要消除人们对美国存在的某些不切实际的幻想。第三，要冲破第二次世界大战后虽未公开宣布但实际存在的界限，不能像以往美国史出版物那样只写到第二次世界大战结束止，以帮助读者更好地了解当今的美国。第四，要全面论述美国历史，不能只写成简单而片面的美国政治、经济史。第五，要运用比较丰富而新颖的资料。要附有全面扼要的外文参考书目和便利读者的索引[①]。这些特点，表明中国学者的美国史研究已经达到了一个崭新的水平，对于推动美国史研究的深入发展，有重要的指导意义。

黄绍湘，1915 年出生在长沙一个世代书香之家。1934 年考入清华大学外语系，1935 年参加抗日救亡运动，1936 年 6 月入党，1944—1946 年获得美国哥伦比亚大学硕士学位。她的主要代表作有《美国简明史》，三联书店 1953 年版；《美国早期发展史》，人民出版社 1959 年版；《美国通

---

① 参见杨生茂、刘绪贻《〈美国通史〉总序》，《博览群书》2003 年第 1 期。

史简编》，人民出版社 1979 年版；《美国史纲（1492—1823）》，重庆出版社 1987 年版。

《美国简明史》完成于新中国成立初期，是新中国成立以来第一部称以马克思列宁主义观点系统阐述自北美"发现"到 20 世纪 50 年代初期的美国通史。该书对美国资本主义的发展和阶级斗争的展开，都有扼要的分析，明确美帝国主义必然失败和劳动人民争取和平民主的必然胜利。作者采用了美国马克思主义者和进步史学家的新论点并对资产阶级历史学者有所批判，选择材料也比较广泛而审慎。作者自己说，"是一个尝试"：尝试着运用马克思列宁主义的观点和方法，采用当时美国的一些新史学家，如威廉·福斯特、菲利浦·丰纳、詹姆斯·艾伦、赫伯特·阿普特克等人的论点来分析和阐述美国史。这本书在 20 世纪 50 年代对我国的美国史研究工作，起了积极的作用。该书计十章，第一章北美殖民地，第二章到第五章为近代美国，第六章到第九章为南北战争后到第二次世界大战期间的现代美国，第十章为第二次世界大战后的美国。附录包括美国历史大事年表，美国 48 个州加入联邦年代表，译名对照表，参考书目等。

《美国通史简编》，是将前著《美国简明史》进行全面改写之后完成的。《美国通史简编》叙述的时间起于 17 世纪北美殖民地时期，截至 1953 年，距离写作完成年代 25 年，50 年代中期到 70 年代后期没有涉及。称"本书扼要地阐述和分析了美国的诞生、成长、发展到开始衰落的历史趋势，从各个方面批判了'美国例外论'"。"本书以阶级斗争为线索，着重阐述了人民群众在创造美国历史中的巨大作用"，"充实了内容，并更正了前著《美国简明史》中存在的一些缺点、错误"。"本书依据马列主义经典著作的论述，结合有关具体史料，增添和充实了新的内容。""本书增添了美国的文化意识形态方面的部分内容。" 1982 年 6 月的修订附记中写道："《美国通史简编》于 1980 年初发行，此次重印，做了某些修订补拙工作。笔者参阅和汲取美国 60 年代至 80 年代出版的几种美国通史与专著的一些新材料以及新成果；同时，尊重国内通行以及广大读者对本书提出的一些意见，对书中某些历史事件和门罗宣言、社会主义工党、罗斯福新政等内容以及冈珀斯、罗斯福等人物评价，作了必要的修订。对书中一些论点、文字、资料、数字等，也作了必要的补正。"

《美国史纲（1492—1823）》是将前著《美国早期发展史》作了全面修改，扩充篇幅后完成的《史纲》和《美国早期发展史》相比，增加了"北美洲的原始居民——北美印第安人"专章。该书探讨了涉及美国早期发展史的若干重要问题，为推进这些问题的深入研究有积极的意义。作者对一些重要课题进行了较大补充和修订，例如对殖民地政治经济情况，英国清教的影响，美利坚民族形成的分析；对启蒙运动思想的传播和资产阶级民主派代表人物，西进运动及门罗宣言的评价等。《史纲》改正了《美国早期发展史》中一些不确切的地方有100多处，充分反映了老一辈史学家的严谨学风。此外，黄绍湘自20世纪50年代到2000年撰写的有关美国史的文章（包括叙述文体、书评、美国史学史研究、争鸣论文），已由中国社会科学院科研局以中国社会科学院学者文选《黄绍湘集》于2001年9月结集出版。

刘绪贻，1913年5月13日生于湖北省黄陂县。1940起先后就读于清华大学、芝加哥大学。1947年回国，在武汉大学讲授和研究社会学、文化人类学。1964年，武汉大学成立美国史研究室，刘绪贻开始对战后美国黑人运动史、美国现当代史及国家垄断资本主义史的宏观研究。在刘绪贻、杨生茂为总主编的6卷本《美国通史》中，刘绪贻先生亲自领衔主编、主笔第5卷《富兰克林·D.罗斯福时代，1929—1945》及第6卷《战后美国史，1945—2000》。刘绪贻的主要成果还有：刘绪贻主编并主撰的《当代美国总统与社会——现代美国社会发展简史》，湖北人民出版社1987年版；刘绪贻著《20世纪30年代以来美国史论丛》，中国社会科学出版社2001年版；刘绪贻主编《美国现代史丛书》已出版3种：时殷弘著《尼克松主义》，韩铁著《艾森豪威尔的现代共和党主义》，张红路著《麦卡锡主义》，武汉大学出版社1984—1987年版；与李世洞共同主编《美国研究词典》，中国社会科学出版社2002年版。

在美国史研究中，刘绪贻深入探究马克思主义阶级斗争原理和列宁关于垄断资本主义的理论，提出了"罗斯福'新政'式国家垄断资本主义"的新概念。他认为，罗斯福"新政"作为一种国家垄断资本主义，既不同于列宁论述的只对资本家、银行家有利，而对工人、农民有害的国家垄断资本主义，也不同于对内专制独裁、对外扩张侵略的法西斯式的军事国家垄断资本主义,而是一种西方学者称为"福利国家"的国家垄断资本主义,即罗斯福"新政"式的国家垄断资本主义。其次,刘绪贻认为20世纪30年代经济大危机以来,特别是第二次世界大战以后,虽然仍然是列宁在《帝国主义论》中说的"帝国主义和无产阶级革命的时代",但因私人垄断资本主义已转变为国家垄断资本主义,它已不是一般的帝国主义和无产阶级革命的时代,而是帝国主义时代中的国家垄断资本主义和无产阶级革命的时代。从这个时代起,世界现代史中的许多现象,如果不考虑到国家垄断资本主义引起的变化,是不可能认识和阐述清楚的。

杨生茂,1917年9月26日生于河北省涿鹿县,1938年至1946年,先后就读于燕京大学、美国加利福尼亚大学伯克利分校、斯坦福大学研究院。1946年回国,1947年9月受聘于南开大学文学院,直至1995年6月退休。1964年,我国为加强对外国问题的研究,在一些高校建立了专门的研究机构,杨生茂承担了创办美国史研究室的任务,在他的领导下,南开大学成为国内美国史研究的重镇之一,取得了一批高水平的学术成果。杨生茂长期从事美国史教学和研究工作,著述甚丰,在美国外交史和史学史方面建树尤多。他组织同事,收集外文资料,编纂了《美国南北战争资料选辑》和《美国西班牙战争资料选辑》,先后由上海人民出版社1977年和1981年出版。20世纪60年代初,商务印书馆为了普及世界历史知识,组织编写"外国历史小丛书",杨先生又和许多著名学者一起出任编委。

20世纪80年代中期,为了改变当时国内尚无一本美国外交通史的现状,杨生茂历时数年,主持完成了长达50余万言的《美国外交政策史》(1991)。该书是国内第一本全面、系统考察美国外交政策发展变化的著作。他认为,扩张是贯穿整个美国外交史的主线,也是理解美国外交政策的关键,扩张的理论核心是美国人的"使命观";美国外交政策无论以何种方式出现,无论提出什么样的口号,目的都是服务于美国的国家利益。杨生茂的著作还有《美国黑人解放斗争简史》(1977)、《美国历史学家特纳及其学派》(1983)等。

毕生从事美国史教学和研究工作的刘祚昌(1921—2006),是我国美国史专家。他早年就读于西南联合大学历史系,1956年到山东师范大学历史系任教，成绩斐然。主要著作，除 1954 年上海华东人民出版社出版《美国独立战争简史》外，还有 1978 年人民出版社出版的《美国内战史》。这部著作，在社会、政治、经济、思想等广阔的背景下，系统地阐释了美国历史上影响极为深远的内战。1986 年，他在《我是怎样研究美国史的》（《文史哲》1986 年第 2 期）中，曾谈及此书的写作特点。他说：他的写作原则是"不但写事，而且也写人，并且用大量篇幅去写一些重要历史人物"；"着重写黑人的血泪史"；"尽可能把内战史写成有血有肉的、活生生的历史"，"要写出中国的风格，尽量避免出现翻译的痕迹"；要"实事求是"。他还说，撰写《美国内战史》时，他表现出一种韧性，即"能持之以恒，做到年年如斯，月月如斯，日日如斯，顽强奋斗了 17 年之久"，"不取巧，不走捷径"。这些，在《美国内战史》中都有具体体现，给人留下深刻影响。

刘祚昌的另一代表作是《杰斐逊全传》（上下），齐鲁书社 2005 年 7 月出版。这是继他 1988 年在中国社会科学出版社出版《杰斐逊传》之后，深入研究托马斯·杰斐逊的又一力作，130 万字的巨著，也是他的封笔之作。在该书的"序"中，刘祚昌分析了杰斐逊的民主思想的突出特点：它有一种与专制独裁势不两立的激进色彩，强调"自由之树必须时时用爱国者和暴君的鲜血来灌溉"。杰斐逊的民主思想有很强的包容性（Comprehensiveness）。杰斐逊认为民主不单纯是政治上的民主（代议制、选举制、人民享受各种自由、言论、出版及信仰的自由），它也包括抑富扶贫的经济措施，并且与提倡道德相配合。杰斐逊的民主思想，是以政治民主为核心，以抑富扶贫的经济措施及弘扬道德为辅翼的意识形态的复合体。刘祚昌还认为，杰斐逊的民主思想，是他留给美国人民及全世界人类的重要的宝贵遗产。把杰斐逊和中国历史上的子产、诸葛亮、文天祥、方孝孺相比的话。可以看到：他们在表现的形式上或有所不同，但是他们的行为、思想和业绩都体现了孔子所提倡的"仁"字。

美国史研究提出了不少新的选题，是美国史研究不断进步的重要标志之一。如李世安著《美国人权政策的历史考察》，河北人民出版社 2001 年 4 月出版。该书从历史的视角，考察了美国人权政策的传统、美国人权外交出笼的历史背景、美国人权外交政策的制定和实施过程。作者既客观评价了美国人权政策在反对英国殖民统治时期的历史进步性，也揭露了美国立国后人权政策在理论与实践上脱节的矛盾性，以及美国政策在20世纪70年代后半期以后，利用人权作为外交政策工具，来实现其外交目的的反动性和局限性。该书还系统研究了美国撰写的别国人权报告产生和发展的过程，书中使用了大量外文资料。该书是国家"九五"社科基金项目，获得全国第5届"吴玉章哲学社会科学优秀成果奖"（2007）。

周钢著《牧畜王国的兴衰——美国西部开放牧区发展研究》，人民出版社2006年版。这是我国第一部关于美国"牧畜王国史"或美国西部开放牧区发展史的专著①。作者认为，"美国西部的牧业发展史一直是吸引众多美国学者研究的重要课题。百余年来，'牧畜王国'一直激发着美国历史学家的浓厚研究兴趣，成为他们著书立说的重要主题……论著浩瀚，形成独具特色的'牧畜王国'史学。牧业史在美国史学领域占有重要地位"②。中国著名美国史学家刘绪贻教授，为该书撰写了序言，充分肯定了这部著作的学术价值和现实意义。刘先生认为，这部著作填补了中国美国史研究的重要空白。原来，美国人对美国"牧畜王国"史本体和发展规律的研究是走在世界前面的、最具功底的，也就是最接近美国"牧畜王国"史实际的；周钢教授由于补充了美国"牧畜王国"史学的不足，他的研究更进一步接近了美国"牧畜王国"史的实际。作者为研究这一课题，除阅读有关我国西部牧区的材料外，还在2003年利用暑假到内蒙古呼伦贝尔牧区作了一次调查，在那里参观了农、牧场，走访

---

① 根据杨玉圣、胡玉坤编《中国美国学论文综目（1979—1989）》（辽宁大学出版社1990年版），1990年以前，也不曾见过这方面的专门论文。到目前为止，我国已出版的几本美国通史性著作中，黄绍湘的《美国简明史》（三联书店1953年版）和《美国通史简编》（人民出版社1979年版）均未涉及这方面的史实；杨生茂、陆镜生著《美国史新编》（中国人民大学出版社1990年版）和余志森编著《美国史纲：从殖民地到超级大国》（华东师范大学出版社1992年版）虽然提了一笔，但都只涉及"牧牛王国"的问题，对"牧羊帝国"与养马业均未涉及；顾学稼等编著《美国史纲要》（四川大学出版社1992年版）虽然涉及"牧牛王国"和"牧羊帝国"，但都很简略，也未涉及养马业；作为6卷本《美国通史》（刘绪贻、杨生茂任总主编，人民出版社2002年版）第3卷、由丁则民主编《美国内战与镀金时代（1861—19世纪末）》，虽然在第4章第2节中用两段文字叙述了"牧畜王国"的故事，但主要也只涉及"牧牛王国"，对"牧羊帝国"和养马业则是一笔带过。以上见刘绪贻教授撰写的序言。

② 周钢：《牧畜王国的兴衰——美国西部开放牧区发展研究》，人民出版社2006年版，第7页。

过一些牧户，到过几个放牧点，取得了一些感性知识。因而，他能结合美国西部开放牧区发展过程中的经验教训，对我国西部大开发事业的重要组成部分——牧业的开发提出一些初步的、借鉴性的意见。作为历史学工作者，周钢教授这种力图使历史学研究具有现实意义的精神，是很值得称道的。该书的主要内容是牧畜王国的兴起、独具特色的牧区社会、牧畜王国的衰落、牧畜王国的历史。通过对上述问题的研究，作者认为有一些重要启示应该汲取。其一，美国政府以开放、赠予和优惠的土地政策作为促进西部开发和加快现代化的杠杆；其二，美国西部牧牛和牧羊业能蓬勃发展起来，是因为广泛吸收了东部和外国的资金；其三，美国"牧畜王国"的繁荣得益于横贯大陆的铁路及支线所提供的便利运输条件；其四，美国西部"牧畜王国"迅速崛起的一个主要原因，是经营者具有强烈的经济头脑和市场意识；其五，加大对牧区基本建设的投入，增强抵御自然灾害的能力；其六，科学经营畜牧业，杜绝掠夺式开发，走可持续发展的道路。

金海著《尼克松与美国保守主义新权势集团的崛起》，社会科学文献出版社2007年出版。作者认为，美国保守主义新权势集团的崛起是一个漫长的过程。尽管尼克松在1968年大选中获胜是这个过程的一个重要里程碑，但是早在第二次世界大战刚刚结束之时，这个过程就已经开始了。作者没有按照年代顺序详细描述尼克松的生平，而是将其放在美国保守主义新权势集团崛起的大背景下进行考察，分析该权势集团的崛起对尼克松政治生涯及其政策的影响。尼克松是美国第37届总统，也是美国历史上唯一遭弹劾被罢免的总统，他的政治生涯，同二战后美国保守主义新权势集团的崛起联系在一起。尼克松作为这一集团的代表人物，以提倡个人主动精神和反共主义作为其施政的思想核心。该书详述以他为代表的保守主义新权势集团的崛起过程、政策思想及其与战后美国政治格局变化的关系，这些对了解当代美国历史具有重要意义。该书的主要内容是战后美国保守主义新权势集团；尼克松的早年生活及其政治思想的形成；尼克松与美国政治结构的变化；信仰与政治的平衡：尼克松的民权思想和实践；信仰与现实的妥协：尼克松的经济思想和实践；左右夹击下的中间道路：尼克松的福利思想和实践；尼克松对美国外交政策总框架的调整；走出"泥潭"：尼克松结束越战的努力；尼克松的对苏"缓和"政策；打开中美关系的努力；尼克松对欧日盟国的政策；"水门事件"与总统权力等。

西欧国家的国别史研究中，以法国史研究的成果最为显著。在法国史研究方面，李元明著《拿破仑评传》，中国社会科学出版社1984年出版；李兴耕著《拉法格传》，人民出版社1987年版；陈叔平著《巴黎公社与中国》，中国人民大学出版社1988年版；端木正主编《法国大革命史词典》，中山大学出版社1989年版；张芝联主编《法国通史》，北京大学出版社1989年版；许明龙著《孟德斯鸠与中国》，国际文化出版公司1989年版；刘宗绪主编《改变世界历史的二十五年——法国大革命探新》，河北人民出版社1989年版；陈崇武著《罗伯斯比尔评传》，华东师范大学出版社1989年版；沈炼之主编、楼均信副主编《法国通史简编》，人民出版社1990年版；郭华榕著《法兰西第二帝国史》，北京大学出版社1991年版；王铭著《法国大革命与拿破仑帝国》，辽宁教育出版社1991年版；高毅著《法兰西风格：大革命的政治文化》，浙江人民出版社1991年版；张锡昌、周剑卿著《战后法国外交史》，世界知识出版社1993年版；洪波著《法国政治制度变迁：从大革命到第五共和国》中国社会科学出版社1993年版；端木正著《法国史研究文选》，中山大学出版社1994年版；孙娴著《法兰西第二共和国史》，社会科学文献出版社1995年版；王家宝著《拿破仑三世》，四川人民出版社1996年版；马胜利著《争取社会主义和民主——饶勒斯评传》，中国社会科学出版社1996年版；楼均信主编《法兰西第三共和国兴衰史》，人民出版社1996年版；罗芃等著《法国文化史》，北京大学出版社1997年版；张锡昌著《密特朗传》，世界知识出版社1997年版；张泽乾著《法国文明史》，武汉大学出版社1997年版；许平著《法国农村社会转型研究 19世纪—20世纪初》，北京大学出版社2001年版；金重远著《20世纪的法兰西》，复旦大学出版社2004年版；吴国庆著《战后法国政治史》，社会科学文献出版社2004年版；王养冲、王令愉著《法国大革命史》，东方出版中心2007年版；沈坚著《近代法国工业化新论》，中国社会科学出版社1999年版等。

沈炼之（1904—1992），著名法国史专家。1922年入燕京大学英语系学习，1926 年赴法国留学，研读西洋史、法国文化史和法国史，1933 年获里昂大学人文博士学位。学成后回国先后在北京师范大学、暨南大学、浙江师范学院、杭州大学等校任教。在里昂学习期间，曾专程去第戎拜访在第戎大学讲学的史学大师马迪厄教授，并听完其法国大革命史讲座的全部课程。马迪厄治学中的求真求实与创新精神，对其毕生从事法国史研究产生深远影响。代表著作主要有：《法国革命史讲话》（改进出版社 1941 年版）、《简明世界近代史》（中国青年出版社 1957 年版）、《法国通史简编》（人民出版社 1990 年版）等。

沈炼之主编的《法国通史简编》，是受国家教育委员会委托而编写的高等学校历史专业教材之一，参加编写的有詹天祥、王渊明、尤天然、沈坚、郑德弟、戴成钧、吕一民等，最后由沈炼之、楼均信负责统稿、定稿。该书在编写过程中，得到了国外同行专家的多方关心、支持和帮助。法国著名马克思主义史学家、巴黎第八大学的克洛德·维拉尔教授，花了大量时间审阅该书的编写大纲，并和撰稿人一起对大纲逐章逐节进行讨论、修改。法国高等社会科学研究院主任研究员、法国人文科学之家副主任莫里斯·埃马尔，和法国国立科研中心主任研究员、法国当代史研究所所长弗朗索瓦·贝达里达两位先生，在访华期间，就如何编好该书也与编写者进行专题座谈，提出了颇有价值的建议。此外，国内著名史家陶松云、金重远、齐世荣、张芝联、端木正和王荣堂诸教授，对《法国通史简编》的编写，也从多方面给予了帮助。

《法国通史简编》的主要内容有：古代高卢、法兰克人与法兰西人、从诸侯割据到国家统一、封建君主专制时代、法国资产阶级革命第一共和国、执政府和第一帝国、波旁复辟王朝和七月王朝、第二共和国、第二帝国、第三共和国的确立、19 世纪晚期和 20 世纪初的法国、第一次世界大战期间的法国、20 世纪 20 年代的法国、20 世纪 30 年代的法国、第二次世界大战期间的法国、第四共和国、第五共和国等。特别应提及的是，编写者对"中法关系的产生、演变和发展"，给予了高度关注，不仅内容具体、丰富，而且有较多的篇幅，在一定程度上突出了这部史著历史感与现实感的结合，使该书不仅有重要的学术价值，而且也有重要的现实意义。

1789 年的法国大革命，是一场具有世界历史意义的政治大革命，马克思认为它并不是法国的革命,而是"欧洲范围的革命",历年法国和世界各国有诸多有国际影响的成果问世。

王养冲(1907—2008),著名法国史专家,20世纪三四十年代,曾留学法国十年之久,师从哲学家瓦尔、历史学家费弗尔、社会学家拉洛等名家,研读欧洲哲学史、法国革命史以及涂尔干等人的社会学思想。1947年王养冲回国后,先后任复旦大学、华东师范大学教授。主要著作有《西方近代社会学思想的演进》(华东师范大学出版社1992年版)、《法国大革命史:1789—1794》(东方出版中心2007年版,与其子王令愉合著),编译有法国大革命史论文集和资料集多种,如《拿破仑书信文件选》(上海人民出版社1986年版)、《罗伯斯比尔选集》(华东师范大学出版社1989年版)等。

王养冲晚年完成的《法国大革命史:1789—1794》,是我国近年法国史研究的重要成果之一。作者坚持唯物史观的理论指导,广泛汲取了国内外法国大革命史研究的积极成果,从旧制度末期的法国、君主立宪派统治时期、吉伦特派统治时期、雅各宾派统治时期等方面,对法国大革命史进行了深入的研究,从大革命前旧制度末期的法国写起,一直写到拿破仑帝国结束。作者着意以社会经济史为重点,重视改革在大革命过程中的地位作用,给读者留下深刻印象。王养冲认为,1789年法国大革命,是资产阶级拥有经济力量和随之成熟起来的智能力量的结果。既要重视和强调从社会的、经济的角度探究法国大革命,同时也不能忽略人的意识和意志力对革命的作用。

高毅著《法兰西风格:大革命的政治文化》对法国大革命的新阐释,却令人不得不对中国史学界在这个领域的潜力进行重新估计①。该书包括引言、绪论、第一编"决裂——在传统中挣扎"、第二编"祖国在危急中"、结语和后记六个部分。这部著作的主要内容,在于通过论述和剖析法国大革命政治文化的一些基本状况,来"揭示近代法国政治动荡和法兰西民族政治参与意识的文化心态根源",并"探寻革命运动、政治动乱

---

① 参见段德智《法国大革命的新阐释——读〈法兰西风格:大革命的政治文化〉》,《历史研究》1993年第6期。

的一般规律和实现政治稳定的途径"。"绪论"的主要内容是关于法国革命的政治文化,具体包括"政治文化与历史学""心态史与法国革命政治文化",以及"法国革命政治文化的概况"。第一编"决裂——在传统中挣扎",包括"宪法的窘迫""代议制的困境"和"平等的幻梦"3章;第二编"祖国在危急中",包括"吉凶未卜的革命""为民族'再生'而战""革命的宗教礼仪化""谣言的泛滥"和"革命政治的公开性"5章。在"结语"和"后记"中,作者阐述了群众现象与法兰西内战式政治风格的形成,以及"大革命的政治文化"的"顽强的延续力";指出它注定要长期影响后来法国乃至整个世界的政治生活。张芝联先生在该书的序言中,对其给予高度的评价,说它"堪称近年来外国史研究领域中不可多得的佳作"。在他看来,之所以"不可多得",就在于在这样一个被成百上千位中外历史学家重复阐述过的老题目上,采用新方法,使用新材料,研究新问题,"开辟了研究和思考的新径",为丰富和发展马克思主义的历史科学做出了贡献。该书的成功之处,首先在于作者把"政治文化"概念比较成功地引进了这一领域,对这一传统课题作了比较系统的政治文化学和心态史学的思考和阐释,即紧紧抓住这场革命的民族特点,即法国政治文化的特点。

法兰西第二共和国,是法国二月革命建立的资产阶级共和国。1848年11月4日到1852年12月2日间统治法国的共和政体。1848年法国二月革命爆发后,七月王朝崩溃,资产阶级取得政权,建立了法兰西第二共和国,后被法兰西第二帝国取代。在法国近代历史上,第二共和国是存在时间最短的政体,也是最后一个经暴力革命建立的政权。尽管法兰西第二共和国存在时间短,但却是近代法国历史的重要发展阶段,而对此研究在我国学术界却很薄弱。孙娴著《法兰西第二共和国史》,社会科学文献出版社1995年出版,则在一定程度上,使这种情况有所改变。该书的主要内容是:危机孕育革命、二月革命爆发、临时政府与共和国的诞生、临时政府的政策、普选和制宪议会的诞生、五月事件和六月起义、制宪议会和总统选举、立法议会、秩序党败北,总统得胜、从政变走向帝国等。1848年12月10日,路易·拿破仑·波拿巴当选总统。1849年5月13日选举立法议会,以保王派和天主教教士为核心的秩序党获多数席位。宪法规定总统不能直接连任，波拿巴要求修改宪法，遭立法议会多数反对。

波拿巴于1851年12月2日发动政变，解散议会，建立专政体制。1852年12月2日宣布成立帝国，波拿巴被封为皇帝，称拿破仑三世。如何认识路易·拿破仑·波拿巴发动政变，以及如何认识恢复帝制成功的原因，孙娴在自己的著作中，有较深入的分析：自二月革命以来，各个阶级之间进行的公开斗争使得他们精疲力竭，削弱了各个阶级的力量。一些阶级期望通过和平的合法的方式进行斗争，一些阶级期望一个强有力的政府。波拿巴政变和恢复帝制，便是适应这种需要而产生的。波拿巴获得了资产阶级和金融资产者的支持，认为波拿巴是秩序的卫士，能维护社会安宁。大多数工人在政变中持中立态度；而大多数农民则支持波拿巴政变，他们认为正是议会，才使他们负债累累，朝不保夕。因此，"路易·拿破仑·波拿巴政变取得成功，恢复帝制未遇大的阻力，不是偶然的，乃是法国历史发展的必然结果"[①]。

近年法国史研究不断深化的标志之一，是研究视野扩大，同时对一些传统观点提出商榷。如沈坚著《近代法国工业化新论》，中国社会科学出版社1999年9月出版。在西方各国的工业化中，法国的工业化往往冠之以"落后""水平低""缓慢"等评价，法国工业化长期以来被人们看作是不太成功的典型。作者在该书中，采用了新的工业化理论，通过对法国工业化道路全面分析，总结了法国工业化道路的特殊性，对"法国是工业化失败的典型"这一观点提出质疑。作者认为，法国工业化的表现是特殊性使然，而不能以此与英国和德国作简单类比。作者根据大量资料，将法国工业化的特殊性归纳为：在增长方式上，工业化无明显"起飞"阶段，呈渐进和持续的特点；在工业结构上呈二元性或多元性，大中小企业并存；在市场特征上，既依赖海外市场也依赖国内市场；在资金筹集上，企业靠自身积累发展，金融资本却外流；在政府作用上，国家干预程度较强；在劳动力供应上，外来移民弥补本国人口的缓慢增长，等等。一些论者认为，这部著作是近年我国法国史研究有代表性的成果之一。

---

① 孙娴：《法兰西第二共和国史》，社会科学文献出版社1995年版，第251页。

法国史研究不断深化的重要标志之一，是研究视野不断扩大，不断提出新的选题。如许明龙著《黄嘉略与早期法国汉学》，中华书局 2004 年 1 月版，即是在学术界产生广泛影响的一部专著。西方汉学研究始于 16 世纪末的早期来华传教士。在法国早期汉学形成的过程中，黄嘉略（本名黄日升）做出了重要贡献。1702 年，他随同法国传教士赴欧，后来长期在法国巴黎生活，直至 1716 年病逝。黄嘉略的生平，西方汉学典籍偶有提及，中国典籍则记载更少。许明龙是最早介绍和研究黄嘉略的中国学者。从 1982 年起他开始接触黄嘉略的手稿，并于 1986 年在《社会科学战线》发表了第一篇研究黄嘉略的文章《中法文化交流的先驱黄嘉略——一位被埋没二百多年的文化使者》。此后他锲而不舍，多次赴法，不辞辛苦从巴黎天文台图书馆、巴黎外方传教会档案馆和巴黎国立图书馆抄本部去搜寻资料，潜心钻研，又发表多篇论文，进一步深化了对黄嘉略的研究，《黄嘉略与早期法国汉学》即是他几十年的研究结晶。该书分两大部分：第一部分介绍黄嘉略的身世；第二部分论述他在欧洲的生活。黄嘉略在巴黎定居后，曾任法王路易十四的汉语翻译，兼管王家图书馆中文书籍的整理编目工作；他用法文编纂汉语字典，编写了第一部汉语语法书，同时也是将中文小说翻译成法文、将中国诗歌和音乐介绍给法国的第一人。该书的附录有黄嘉略罗马日记、四川教友致黄嘉略函、李若望函、四川教徒梁弘仁函、黄嘉略的《汉语语法》序、孟德斯鸠的《我与黄先生的谈话中关于中国的若干评述》、黄嘉略致奥尔良公爵函等，这些对于研究法国早期汉学形成的历史，弥足珍贵。

英国史研究的主要著作有程西筠等著《英国简史》，商务印书馆 1981 年出版；蒋孟引主编《英国史》，中国社会科学出版社 1988 年出版；王荣堂著《英国近代史纲》，辽宁大学出版社 1988 年出版；刘淑兰著《英国产业革命史》，吉林人民出版社 1982 年出版；张友伦等编著《英国工业革命》，天津人民出版社 1985 年出版；钱乘旦著《第一个工业化社会》，四川人民出版社 1988 年出版；王觉非主编《英国政治经济和社会现代化》，南京大学出版社 1989 年出版；沈汉等著《英国议会政治史》，南京大学出版社 1991 年出版；钱乘旦等著《在传统与变革之间——英国文化模式溯源》，浙江人民出版社 1991 年出版；刘景华著《城市转型与英国的勃兴》，中国纺织出版社 1994 年出版；阎照祥著《英国政党政治史》，中国社会科学出版社 1993 年出版；程汉大著《英国政治制度史》，中国社会科学出版社 1995 年出版；陈晓律著《英国福利制度的由来与发展》，南京大学出版社 1996 年出版；金志霖著《英国行会史》，上海社会科学院出版社 1996 年出版；王觉非主编《近代英国史》，南京大学出版社 1997 年出版；阎照祥著《英国政治制度史》，人民出版社 1999 年出版；阎照祥著《英国贵族史》，人民出版社 2000 年出版；孟广林著《英国封建王权论稿》，人民出版社 2002 年出版；钱乘旦等著《英国文化模式溯源》，上海社会科学院出版社 2003 年出版；岳蓉著《英国民族国家研究》，贵州人民出版社 2004 年出版；沈汉著《英国土地制度史》，学林出版社 2005 年出版；郭方著《英国近代国家的形成》，商务印书馆 2006 年出版；阎照祥著《英国近代贵族体制研究》，人民出版社 2006 年出版；陈思贤著《西洋政治思想史——近代英国篇》，吉林出版社 2008 年出版；陈晓律等著《英国发展的历史轨迹》，南京大学出版社 2009 年出版；杨杰著《从下往上看：英国农业革命》，中国社会科学出版社 2009 年出版；阎照祥著《英国政治思想史》，人民出版社 2010 年出版等。

　　蒋孟引（1907—1988）著名英国史专家。他早年就读于南京国立中央大学。英国伦敦大学历史系，1939 年获伦敦大学哲学博士学位。其博士论文《论 1856—1860 年的中英关系》，以确凿的史料揭露了英帝国主义发动侵略中国的第二次鸦片战争。1962 年，他在《南京大学学报》上发表了《驳斥英国发动第二次鸦片战争的"理由"》。1965 年，其专著《第二次鸦片战争》由三联书店出版（2009 年，中国出版集团、三联书店再版）。在这部著作中，作者针对国外依然流行种种歪曲和诬蔑，通过战争前后的大量文献，特别是英国外交部档案以及英国内阁首相、各部大臣、驻华领事、公使、特使等的私人通信，令人信服地揭示了历史真相。在此之前，他在 1964 年出版了《英国史论丛》，这是我国学者研究英国历史的第一本专集。书中收集 12 篇英国史论文，包括政治、经济、社会、外交、人物等方面内容。1979 年，上海人民出版社还出版了他撰写的《第一次世界大战》。与"第二次世界大战"研究相比，第一次世界大战研究十分薄弱，该著具有一定的开拓意义。

1986年，蒋孟引受教育部的委托，为大学历史系主编《英国史》教材。1988年，60余万字的《英国史》，由中国社会科学出版社出版。这部著作广泛汲取了国内外英国史研究的最新成果。上迄古代，下至现当代，主要内容是：史前时代和奴隶社会、英吉利国家形成和封建化开始、诺曼征服和封建制度的发展、13世纪经济的发展和议会的产生、封建社会的转折时期（14世纪）、15世纪英国的政治斗争与资本主义的迅速发展、资本主义时代的开端（16世纪）、17世纪英国资产阶级革命、18世纪的英国，工业革命开始、法国革命时期的英国（1789—1815）、阶级斗争和民族斗争的高涨（1815—1848）、自由资本主义极盛期（1848—1873）、从自由资本主义过渡到帝国主义（1873—1902）、第一次世界大战中的奋斗、内外交迫20年（1919—1939）、第二次世界大战中的挣扎、英帝国的衰落等。关于撰写该书的意义，蒋孟引在前言中写道："英国史，是广大史学领域不可缺少的一席之地应当研究；它具有许多足以借鉴的特点，也必须研究。""我们学习马克思主义，必须理解马克思主义真谛，这有不少渠道，而通晓英国历史是其中之一。因为马克思恩格斯都久居英国，深知英国历史、政治和社会情况，他们的著作有许多以英国为典型的例证。""我们希望能象英国人那样沉着努力，居然在风大浪高水深的茫茫北海中找到了充裕的油田，一举而痛快地解决了严重的能源问题。我们也能运用丰富的英国史知识，为四化建设做出贡献。"① 读到这里，老一辈史家自觉关注现实的社会责任，不能不令人肃然起敬。

1997年，王觉非主编《近代英国史》，由南京大学出版社出版。这部著作较系统地描述了近代英国发展的历史，集中体现了王觉非长期形成的关于英国近代史的基本观点：首先，近代英国一跃成为在欧洲举足轻重的强国，英国近代史也成为这时期世界历史的不可或缺的重要组成部分。在国际斗争中，它的代表纵横捭阖，折冲樽俎，各国统治者无不对之刮目相看。凭借日益富强的国力和强大的海军，英国先后在16、17、18世纪击败了西班牙、荷兰、法国，成为所向无敌的海上霸主。英国的船舰，驰骋于世界各地的海洋上，不可一世。以后它又将殖民主义的触角，伸向全世

---

① 蒋孟引主编：《英国史》，中国社会科学出版社1988年版，第1—3页。

界各个角落,逐步建立起人类有史以来最庞大的"日不落"殖民帝国。其次,英国的议会制、立宪君主制度和两党制,都有利于巩固资产阶级统治。近代英国的政治制度具有较大的民主性和较强的适应性,它可以随着环境的发展变化而不断调整。近代英国的政治民主化和社会经济的发展,就是通过不断的改革而实现的。其进程虽较为缓慢,但反复波动较少,社会因变革而受到的破坏也较轻。再次,在近代英国,政治民主化和主权在民的原则并未得到彻底实现,许多民主激进人士遭到迫害,英国殖民主义者挟其船坚炮利,以血与火的手段,在全世界到处侵略扩张,这些都是英国近代历史的阴暗之处。

钱乘旦总主编《英国通史》(6卷),江苏人民出版社2016年出版。编写者积八年之功撰著的《英国通史》,总结并充分吸收了中外英国史研究的既有成果,细致描述英国历史的轨迹,在传统的政治、经济、文化等内容之外,突出社会生活的叙述,还原历史上英国人的生活状态,是一部史料翔实、生动活泼的英国通史。英国工业革命开启的世界现代化浪潮,至今仍激荡着世界的每一个角落;英国在传统与变革之间以改良为特征的政治文化,仍然具有顽强的生命力;英国的"脱欧",给英国、欧洲乃至世界将带来怎样的影响,是时下人们饶有兴趣的话题。该书代表了中国学者英国史研究的话语方式和话语体系,有助于各界读者全面、科学地认识英国历史。《英国通史》(6卷),详细介绍了自远古至2016年英国公投的历史。6卷的具体内容是:"文明初起:远古至11世纪";"封建时代:从诺曼征服到玫瑰战争";"铸造国家:16—17世纪英国";"转型时期:18世纪英国";"光辉岁月:19世纪英国";"日落斜阳:20世纪英国"。该书对英国历史和现实中的"种族—宗教冲突",给予了充分的重视。编写者认为,英国政府在21世纪宣布"多元文化主义"在英国已经失败,因为"多元文化主义"造成的文化认同超越了国家认同,使社会与国家的撕裂几乎难以避免。由此可以看出种族—宗教冲突有多么严重的潜在破坏力,而英帝国的历史包袱所造成的多种族、多文化的人口现状,又使这种冲突已经是一个事实。加上少数族裔在经济上的劣势地位,文化差异与阶级剥削交叉在一起,问题变得更加复杂。所有这些,都使21世纪成为一个挑战的世纪,英国人不得不细心应对。该书结束时说:"机遇与挑战并存",这绝不是一句套话。作为历史,该书以此结尾;但作为未来,英国的历史却没有结束,它还要继续走下去。

20世纪90年代,随着香港回归祖国日益临近,一些研究者开始考察大英帝国从殖民地撤退的问题,包括具体的历史过程和理论探析。这方面有以下两部著作值得关注。其一,陈启能主编《大英帝国从殖民地撤退前后》,方志出版社2007年出版。该书原由香港和平图书有限公司新天出版社1993年出版。编者在"后记"中写道,该书写作的初衷是为了帮助读者看清大英帝国在被迫撤出香港这块它最后剩下的重要占领地之前所玩弄的花样的实质。毫无疑问,这些花样和它这个殖民帝国在撤出其他许多殖民地之前的种种作为是如出一辙的。自然,现在已经时过境迁。香港早已回归祖国,而且在"基本法"的指引下正在政治、经济、社会、文化等各个方面取得显著的成就。香港的欣欣向荣是有目共睹的。那么,我们今天为什么要在内地重出这本书呢?这主要是因为,该书记载的是历史事实。历史虽已逝去,但它们不会消失得无影无踪,它们与今天的生活、社会依然联系在一起。编写者强调,第一、二次世界大战后,作为战胜国的英国元气大伤,其殖民地人民掀起民族独立运动的高潮,纷纷争取主权独立。在被迫撤离殖民地的过程中,为了攫取最大限度的利润,大英帝国采取了各种手段,包括血腥镇压、分化瓦解、订立条约等形式,以达到延缓撤离、保留特权的目的。该书的主要内容有早期殖民扩张与大英帝国;日不落帝国的兴衰;被迫撤出印度;在巴勒斯坦翻云覆雨;从埃及不光彩的撤军;血雨腥风中撤离马来亚;饱尝苦果的塞浦路斯;撤出非洲大陆的前前后后等。

其二,张顺洪等著《大英帝国的瓦解:英国的非殖民化与香港问题》,社会科学文献出版社1997年出版。作者首先对"非殖民化"概念进行了理论上的阐释,强调"非殖民化"是民族主义强大而又非十分强大、殖民主义力量削弱而又非完全削弱的产物,是殖民主义力量与民族主义力量在一定的历史条件下相互较量的结果。从这一基本认识出发,作者集中考察英国在殖民撤退过程中的所作所为。该书的重点,是探究战后英国殖民撤退的原因和背景,探讨了英国殖民撤退的战略与策略以及英国殖民撤退过程中的各种手法。作者认为,面对战后蓬勃兴起的民族主义运动，英国采取了各种抑制、分化和镇压措施，但是仍然难以阻止民族主义运动的发展，不得不从一个个殖民地撤退。在殖民撤退过程中，英国面临着两个重大问题：一是权力转移问题，即如何交权并把权力交给谁的问题，英国在被迫撤出殖民地过程中，总是极力镇压和抑制"激进的"民族主义政党，尽可能把权力交给比较"温和的"亲英的民族主义政党；二是关系转变问题，即从旧的宗主国与殖民地的关系转变成一种有利于英国的新关系。在殖民撤退过程中，英国极力保持原有的各种纽带，并力图把新生国家纳入英联邦和西方国际战略体系，在实现这种新旧关系转变过程中，英国与其殖民地或前殖民地签订了一系列条约和协定。作者还分析了英国从香港的撤退过程，并对英国在香港的撤退手法和策略与其从其他殖民地撤退的手法和策略进行了对比分析。

俄罗斯（苏联），是中国北方最大的邻国，在历史上和现实生活中，都与中国有密切的联系，这是我国俄罗斯（苏联）史研究持续发展的重要原因。1986年，人民出版社出版了孙成木、刘祖熙、李建主编的《俄国通史简编》（上下）。书名虽然称之为"简编"，但实际上却是迄今为止，我国学者撰写的内容最为详尽的俄国通史性著作。这部著作，从"欧俄境内的原始公社制度，东斯拉夫人"开始写起，直到"第一次世界大战和俄国二月革命"为止，俄国十月社会主义革命以后的历史，即苏维埃俄国和苏联的历史，则不包括在内。作者认为，俄国历史发展表现出很多明显的特点，如古代罗斯在原始社会崩溃后，没有发展为奴隶制占支配地位的社会，而直接和封建社会联系在一起；农奴制延续的时间特别长，压迫特别残酷；建立在农奴制基础之上的沙皇制度是最野蛮、最反动的国家制度，还是扼杀各国人民革命的国际宪兵；俄国极力对外扩张，18世纪彼得一世后，俄国实现了从地域性的蚕食，向世界性侵略的转变；沙皇俄国是奴役各族人民的监狱；1861年改革留有严重的农奴制残余；为反对农奴制和资本主义的压迫，俄国人民进行了长期的、坚苦卓绝的斗争等。这些特点"完全是俄国社会生产力和生产关系发展的结果，是阶级斗争发展的结果，是经济基础和上层建筑互相作用的结果"[①]。作者在抓住俄国历史发展的主

[①] 孙成木等主编：《俄国通史简编》（上），人民出版社1986年版，第9页。

线的同时，认真学习马克思主义经典作家有关俄国历史发展的论述，广泛使用了他们的思想遗产。

在我国的俄国史研究中，沙皇彼得一世改革是重要内容之一，除诸多的论文外，近年也有一些专著出版，如赵世国著《彼得一世评传》，湖南师范大学出版社1996年出版；陶惠芬著《俄国彼得大帝的欧化改革》，广西师范大学出版社1996年出版；王士俊著《彼得大帝》，海天出版社1997年出版；郝振耀著《彼得大帝传》，河北人民出版社1997年出版；晓林著《彼得一世》，黑龙江人民出版社1999年出版；张秀章著《彼得大帝传》，北方妇女儿童出版社2000年出版；张建华著《红色风暴的起源：彼得大帝和他的帝国》，中国城市出版社2002年出版；徐帮学主编《强权沙皇·彼得大帝》，吉林教育出版社2010年出版。俄罗斯（苏联）等外国学者有关彼得一世的主要著作，包括阿·托尔斯泰的《彼得大帝》（上下，人民文学出版社1986年出版）等，基本都有中文版本出版，如特鲁瓦亚·亨利著《彼得大帝》，天津人民出版社1983年出版；Б. Б. 卡芬加乌兹著《彼得一世的改革》，商务印书馆1997年出版；В. В. 马夫罗金著《彼得大帝》，北方妇女儿童出版社2002年出版；尼·伊·帕甫连科著《彼得大帝》，国际文化出版公司2006年出版；凯瑟琳·麦克德莫特等著《彼得大帝》，中国工人出版社2010年出版等。上述情况在一定的程度上反映了中国史学重视"经世致用"这一优秀传统。孙成木在陶惠芬著《俄国彼得大帝的欧化改革》一书的"序言"中写道："中国和俄国地理相连，在国情上有许多共同之处。为了摆脱落后的面貌，中国有识之士从彼得的改革得到了启迪。每当中国大变动的年代，研究彼得往往成为热门的课题。清末，王树枏著的《彼得兴俄记》，详细地介绍了彼得的改革，充分肯定其积极意义。维新派为寻找救国的出路，大力宣传学习彼得改革的主张。梁启超所作《西学书目表》'史志'部分，推荐《列国变通兴盛记》，指出其中'论俄日两章颇佳'，因为这两章分别介绍并赞扬了彼得改革和明治维新。康有为写了《俄罗斯彼得变政记》，并序指出'变则兴，不变则亡'，这是研究彼得改革得出来的正确论断。20世纪80年代以来，在党的改革开放方针指引下，出现了社会主义现代化建设的新局面，人们从当前的改革想到历史上的改革，彼得改革自然引起一些学者的重视，陶惠芬同志所写《俄国彼得大帝的欧化改革》当属这种背景的产物。"① 作者在"前言"中也认为,研究彼得改革对于认识俄国历史进程,揭示改革带有规律性的历史经验,有着重要的理论意义和现实意义。作者的这一认识,至今仍带有一定的普遍性。

这些认识同样也反映在俄国史研究的其他问题上。张广翔著《18—19世纪俄国城市化》,吉林人民出版社2006年出版。该书主要研究18—19世纪俄国城市化的进程及其特点,主要内容包括俄国城市和乡村的分离过程;俄国婚姻和人口再生产模式的转型;俄国城市的人口进程;俄国的社会结构和社会流动;俄国城市人口的社会结构;俄国城市人口的社会流动;城市经济发展和市民就业结构的变化;俄国城市和非城市中心工商业状况与社会—职业结构;俄国城市的等级—阶级结构;俄国农民外出打工与城市化进程等。作者认为,"对18世纪后半期19世纪上半期俄国城市生活研究薄弱,直接影响到对这个时期城市经济生活特点、城市职能、城市类型等问题的解决"。"18—19世纪俄国研究中出现的种种争论和薄弱问题恰恰是加强这一领域研究的主攻方向和奋斗目标,这恰恰也是笔者选18—19世纪俄国城市作为研究课题的重要动机。"② 在研究方法上,作者较成功地运用宏观与微观研究相结合的方法,对深化我国的俄国近代史研究,特别是俄国社会史—城市史研究无疑有积极的作用。赵士国著《历史的选择与选择的历史——近代晚期俄国革命与改革研究》,人民出版社2006年出版。作者通过19世纪以来俄国社会发展广阔的历史场景的描述,明确指出十月革命是在俄国社会发展特定的历史条件下,唯一正确的历史选择;正是十月革命开创了俄国历史的新时代。由于这一结论建立在19世纪以来俄国历史发展实证研究的基础上,同时又没有停留在仅仅是历史的"考实"上,而是进行了深入的理论探讨,从事实出发进行历史的价值判断,所以作者的结论有较强的说服力。该书用历史事实告诉人们,十月革命的发生绝非偶然,而是俄国资本主义内在矛盾发展的必然结果,是近代以来俄国历史矛盾运动的产物。联系

---

① 陶惠芬:《俄国彼得大帝的欧化改革》,广西师范大学出版社1996年版,第1—2页。
② 张广翔:《18—19世纪俄国城市化》,吉林人民出版社2006年版,第7页。

到十月革命的胜利和苏共垮台、苏联的解体,使人们进一步从理论上认识到,社会主义同任何新生事物一样,在其成长的过程中不可能一帆风顺,总会遇到这样或那样的挫折。

刘显忠著《近代俄国国家杜马》,社会科学文献出版社2007年出版。此系近年我国俄国史研究的重要成果之一。在该书的封底,中国俄罗斯东欧中亚学会秘书长郑羽教授有如下评语:该书是我国学术界第一部系统研究沙皇俄国时期国家杜马的建立及其政治功能的专著,史料丰富翔实,观点客观深刻,富有时代感。该书在俄国十月革命90周年之际付梓出版,不仅能够使读者深入了解这一具有划时代意义的伟大革命的社会历史环境和国际背景,而且对于了解俄罗斯立宪政治的历史传统、理解当代俄罗斯的政治改革之路,都具有重要的现实意义和学术意义。该书是作者在北京大学历史系撰写的博士论文的基础上修改、补充而成的,内容十分丰富。其主要内容有农奴制改革后的俄国:困境与选择、从咨议性的布里根杜马到立法的国家杜马、法律文件对国家杜马的定位、世纪初俄国政治舞台上的主要政党与国家杜马、第一次俄国革命时期的国家杜马、第三届国家杜马与沙皇政府、第四届国家杜马与沙皇政府的垮台等。在实证研究的基础上,作者就"国家杜马在俄国政治现代化进程中的地位和作用""国家杜马为什么最终为革命所埋葬""帝俄时代国家杜马与当今国家杜马的关系"等问题,进行了理论上的探讨。该书的主要特点是以马克思主义为理论指导,史料翔实,广泛利用了俄罗斯原始文献资料,在"为国家杜马正名""对设立国家杜马后的俄国君主制度性质的评估""帝俄国家杜马和当今俄罗斯国家杜马的比较"等方面,多有新意,可谓是三个创新点,具有较高的学术价值[①]。作为"附录",书末收有《1906年4月23日颁布的新版〈国家根本法〉(节录)》《1916年11月1日米留可夫在国家杜马会议上的讲话(节选)》《临时政府关于解散第四届国家杜马的决议(1917年10月6日)》《国家杜马设置前后俄罗斯帝国最高中央管理系统图》《第一、第二届国家杜马时期权力机关的选举和任命方式》《第三、第四届国家杜马时期权

[①] 参见刘祖熙为该书撰写的《序》,见刘显忠《近代俄国国家杜马》,社会科学文献出版社2007年版,第3—4页。

力机关的选举和任命方式》《历届国家杜马的构成》等。这些文献资料对于进一步学习或研究沙皇俄国时期国家杜马的历史,是十分重要的。

俄国疆域跨越欧亚两洲,俄国史研究以欧俄为主,但对亚洲部分有关的重要内容也不应忽略,西伯利亚史研究是俄国史研究的重要内容之一。王晓菊著《俄国东部移民开发问题研究(1861—1917)》,中国社会科学出版社2003年出版,这是国内第一部资本主义时期俄国东部移民开发问题的史学著作。1861年农奴制改革后,东部边疆开始成为俄国的重点移民开发区,西伯利亚大铁路的敷设掀起俄国东部移民开发的热潮。20世纪初,斯托雷平土地改革将东部移民运动推向高潮,也是中国移民的高潮时期。对中国人具有吸引力的是该地区拥有丰富的、尚未开发的自然资源;同时,沙皇政府出于开发远东经济的目的,对于中国、朝鲜和日本等周边国家的移民采取了较为宽松的政策。当时吸引大批华人赴俄的主要原因是经济利益,而非像某些俄国学者所说是出于政治目的。该书阐述了1861—1917年俄国东部移民政策的演化及东部移民开发历程、作用和特点。其主要内容是:俄国东部移民开发之缘起;俄国边疆移民政策的演化(1861—1917);俄国东部移民开发的主要领导机构;俄国东部的移民浪潮;俄国远东移民运动60年;俄国东部边疆的经济开发;俄国东部边疆的社会变迁;俄国现代化与东部移民开发;俄国东部与周边区域开发之比较等。

侯艾君著《车臣始末》,世界知识出版社2005年出版。车臣战争爆发虽已十多年,但至今也并没有完全结束。该书对该问题的历史与现状进行了探讨,对车臣危机进行了较深入的分析,是国内第一部相关的学术著作。作者认为,在任何地方,自然地理条件都决定着人们的经济活动的方式和面貌,而对于车臣先民们的经济或社会活动来说,地理因素几乎起了决定性的作用①。该书的主要内容,包括车臣人的起源与早期俄罗斯—车臣关系;沙米尔伊玛玛特(имамат)与车臣归并俄罗斯;十月革命后车臣的政治法律地位;流放车臣人:原因、历史事实与后果;车臣危机中的现实因素;车臣危机:阶段、特点;车臣危机中的伊斯兰因素;俄罗斯人眼中的车臣人:文化差异与政治学;车臣危机与外部因素;车臣危机的后

---

① 侯艾君:《车臣始末》,世界知识出版社2005年版,第9页。

果；车臣的现状与前景；大国在高加索的争夺：现状与前景；高加索统一：构想、实践及前景等。在探讨上述问题时，作者力图运用历史学、社会学、政治学、民族学的基本理论以及国际政治理论、地缘政治学等学科的理论进行阐释，这些对于深入理解车臣危机的根源、实质，以及认识车臣危机对车臣与俄罗斯的社会政治所导致的后果等都是有益的。

1980年，孙成木、李显荣、康春林著《十月革命史》，由三联书店出版。这是由我国学者撰写的第一部关于十月革命史研究的学术专著。该书对十月革命发生的社会历史背景、革命的经过以及革命的影响，都有较为详尽的阐释。书中涉及的主要内容包括世界革命中心转移到俄国，二月资产阶级民主革命的胜利；民主革命向社会主义革命转变；武装起义方针的确定和起义时机的成熟；列宁的社会主义革命论和武装起义的准备；十月武装起义的胜利和克伦斯基的反扑；莫斯科武装起义和各地苏维埃政权的建立；为建立和巩固无产阶级政权而斗争；三年国内战争——十月革命的继续；各国人民对十月革命的援助。作者认为，"十月革命开辟了世界无产阶级革命的新时代"。"在十月革命旗帜的指引下，各国无产阶级革命和被压迫人民、被压迫民族争取解放的斗争蓬勃高涨，成为世界历史发展的主流。""中国革命直接受到十月革命的鼓舞，从一九一九年'五四'运动起，就作为世界无产阶级革命斗争的一部分出现。"[①] 中国革命的胜利，是十月革命后世界无产阶级又一次伟大的胜利。

20世纪20年代后期以来，苏联一直把托洛茨基看作是一个反面政治人物。我国沿袭苏联的说法，对托洛茨基只有政治性的批判，从不进行学术上的研究，实际上形成了禁区。李显荣著《托洛茨基评传》，是我国学术界全面评价托洛茨基的开创性著作，中国社会科学出版社1986年出版。该书依据翔实的史料，实事求是地评述托洛茨基的一生，肯定了他在十月革命和国内战争时期所做的贡献，分析和批评他在一些重大问题上的严重错误，对他在后期拼凑的第四国际的活动则予以否定和谴责。作者在研究、撰写托洛茨基评传时，得到时任世界历史研究所所长朱庭光研究员的全力支持。他在该书的《读〈托洛茨基评传〉所想到的（代序言）》中写

[①] 孙成木、李显荣、康春林：《十月革命史》，三联书店1980年版，第330—331页。

道:"如果说'文革'时期根据某一政治需要可以任意歪曲编造历史的实用主义和影射史学早已声名狼藉而为正直的人们所不齿,那么,从书本出发,从概念出发,故步自封,抱残守缺,似乎仍然有必要引起注意。只有进一步地解放思想,在一切方面都贯彻实事求是的精神,继续清理和清除'左'的思想影响,才能在世界史领域,包括对历史人物的研究评述方面,以比前较快一些的速度取得更大的成果。"他在充分肯定我国世界史工作者"不甘处于落后状态,力图有所作为,锐意进取"的同时,语重心长地指出:"植树成林需要多年辛勤栽培抚育,毁坏幼苗新株却易如反掌。我衷心地希望,对于现在初步的收获,不要挑剔,而应该给予支持、鼓励。"[1] 李显荣著《托洛茨基评传》问世后,在中国史学界产生广泛反响,《世界历史》《世界历史研究动态》《文摘报》《参考资料》《参考消息》等国内报刊和中国香港《争鸣》杂志及日本共同社等国内外媒体相继对《托洛茨基评传》进行了评介。日本共同社则认为,《托洛茨基评传》的问世,反映了中国共产党强调实事求是的政策意向。李显荣还著有《巴枯宁评传》,中国社会科学出版社1982年出版,这是我国第一部对巴枯宁的研究性专著。该书因史料翔实、内容丰富而受到好评。李显荣研究员早年就读于苏联列宁格勒大学历史系,20世纪60年代回国后,即在世界历史研究所从事苏联史研究工作,辛勤耕耘,不问收获;对广大青年学子来说,更是良师益友。1986年9月,李显荣因病去世,享年52岁。至今,人们仍在怀念他,痛惜他英年早逝,不然他定会对我国的世界史研究做出更多的贡献。

20世纪80年代初,世界历史研究所重点研究方向之一是苏联史研究,目的是总结苏联社会主义建设的历史经验和教训,为我国的改革开放和社会主义现代化建设提供借鉴。陈之骅作为该研究所研究室主任,还作为副所长,始终没有脱离苏联史研究。陈之骅主编的两卷本专著《苏联史纲(1917—1937)》(上下),人民出版社1991年出版。它是集体劳动的一个重要成果。当时苏联史研究比较敏感,禁区很多,人们还不同程度地受着

---

[1] 朱庭光:《读〈托洛茨基评传〉所想到的(代序言)》,见李显荣《托洛茨基评传》,中国社会科学出版社1986年版,第5、6页。

教条主义的束缚。尽管如此，编写者还是作了一些重要的突破。该书从1917年二月革命，彼得堡工兵代表苏维埃成立、六月危机、十月革命开始写起，直至1936年苏联通过新宪法、1937年人民委员会通过《关于苏联发展国民经济第三个五年计划》的决议、苏联最高苏维埃第一次选举。该书对"新反对派"和托季联盟、布哈林和联共（布）反"右倾"运动、农业集体化运动、国家工业化、个人崇拜盛行和大清洗运动等，有较详尽论述。勃列日涅夫是苏联历史上一位重要政治人物。自1991年底苏联发生剧变以来，我国学术界对勃列日涅夫时期与苏联兴亡关系的研究，远不如像研究斯大林、赫鲁晓夫与戈尔巴乔夫时期那么重视和深入。事实上，勃列日涅夫时期是苏联兴亡史中的一个重要转折期，应重视对其进行深入研究。陈之骅还主编有《勃列日涅夫时期的苏联》，中国社会科学出版社1998年出版，这是中国社会科学院世界社会主义研究中心专项课题的最终研究成果。编写者认为，勃列日涅夫统治的18年是很重要的时期，是苏联发展的关键时刻，持不同政见者、党内特权阶层和少数民族精英阶层三个社会群体都是在这个时期形成；同美国对抗和争霸也主要发生在这个时期。对于这一很重要的时期，至今我们的研究相对来说还比较弱。

20世纪90年代，陈之骅开始研究苏联解体问题。苏联解体意味着世界上第一个社会主义国家，在实行了70多年的社会主义制度后，重新退回到资本主义时代。苏联解体后新独立的国家无一例外。从性质上讲，苏联解体是一种以和平方式实现了资本主义制度的复辟的历史事件。中国社会科学院江流副院长主持《苏联演变的历史思考》课题时，陈之骅作为第二主持人参加了这个课题组。《苏联演变的历史思考》，中国社会科学出版社1994年出版。这大概是苏联解体以后我国出版的最初研究这一问题的专著，颇受学术界的注目。陈之骅、吴恩远、马龙闪等主编的《苏联兴亡史》，中国社会科学出版社2004年出版。苏联兴亡是20世纪人类历史上最重大的事件之一，在国内众多探讨苏联兴亡的著作中，该书反映了中国学者的最新研究成果。编写者运用历史学、经济学、政治学、民族学等学科的研究方法，广泛汲取了国内外学者研究的积极内容，尽可能地使用了最新的历史文献资料，从列宁斯大林时期、赫鲁晓夫勃列日涅夫时期、戈尔巴乔夫时期揭示了苏联兴亡的过程，并分析了历史和现实的原因。该书的主要内容是：十月革命前的俄国；俄国人民的必然选择——走十月革命开辟的道路；列宁和布尔什维克党伟大的探索和实践；党内的变化和国家的转折；工业化、农业集体化和社会主义经济制度的建立；斯大林时期确立的政治制度；战争的考验和战后的恢复；从斯大林逝世到苏共第二十次代表大会；苏共第二十次、第二十二次代表大会及其影响；50年代中期至60年代初期的政策调整和改革；60年代中期至80年代初期的经济；60年代中期至80年代初期的国内政治；60年代中期至80年代初期的对外政策；50年代中期至80年代初期的民族关系和民族问题；"加速发展战略"目标的演变；"人道的、民主的社会主义"总路线的全面推行；戈尔巴乔夫时期外交与苏联演变；苏联的解体。这部著作以史为鉴，对于更好地建设有中国特色的社会主义，具有重要的理论意义和现实意义。

关于苏联解体，各个学科都从自己的学科特征出发进行研究，成果十分显著，历史学也不例外，限于篇幅不能一一列举[①]。鉴于苏联解体这一问题的复杂性，也有一些历史研究的成果采取了跨学科的方法。如黄立茀著《苏联社会阶层与苏联剧变研究》，社会科学文献出版社2006年出版。该书对1917—1991年苏联社会史进行了新的社会学阐释——苏联社会划分为拥有职位权力资源的管理者集团与拥有知识或劳动技能的劳动者集团，在两个社会集团内部，依据权力规模和知识、劳动技能水平，划分为十一个社会阶层。该书分析了各个社会阶层与经济、政治体制的利益关系、矛盾与冲突，并从社会阶层行为与制度变迁互动的视角，探讨了苏联

---

① 这方面的成果，除以上提及的著作和诸多的学术论文外，主要的著作还有江流、徐葵、单天伦主编《苏联剧变研究》，社会科学文献出版社1994年版；宫达非主编《中国著名学者苏联剧变新探》，世界知识出版社1998年版；李振城著《苏联兴亡的沉思》，改革出版社1998年版；陆南泉、姜长斌主编《苏联剧变深层次原因研究》，中国社会科学出版社1999年版；周尚文、叶书宗、王斯德著《苏联兴亡史》，上海人民出版社2002年版；姜长斌、徐葵、李静杰主编《苏联兴亡史论》（修订版），人民出版社2004年版；谭索著《戈尔巴乔夫的改革与苏联的毁灭》，社会科学文献出版社2006年版；李慎明主编《历史的风：中国学者论苏联解体和对苏联历史的评价》，人民出版社2007年版；蓝英年、朱正著《从苏联到俄罗斯》，东方出版社2007年版；肖德甫著《世纪悲歌——苏联共产党执政失败的前前后后》，中共党史出版社2008年版；周新城、张旭著《苏联演变的原因与教训》，社会科学文献出版社2008年版；沈志华主编《一个大国的崛起与崩溃：苏联历史专题研究（1917—1991）》（三册），社会科学文献出版社2009年版等。

社会结构嬗变以及苏联的剧变。该书为国内第一部系统研究苏联社会史的学术专著,主要内容是苏联社会结构的理论;十月革命后第一、二次社会资源再分配;苏联社会结构的形成与发展;苏联社会分层、社会结构及其与集权体制关系的分析;苏联的社会流动;苏联社会结构与集权体制;苏联社会结构对戈尔巴乔夫改革方针选择的影响与制约;经济改革与社会阶层的经济分化;政治改革、政治资源再分配与政治边缘阶层萌芽;新社会群体的发展、搏击与自下而上进行的社会资源再分配;集权体制的终结与苏联社会结构的嬗变;私有化法令的颁布与苏联社会结构的瓦解;《私有化法》:彻底砸碎苏联社会结构经济基础的历史性文件;自发私有化的疯狂发展与生产资料关系的新格局;苏联社会结构的瓦解:新社会结构雏形出现在俄罗斯的地平线上。

2005年,安徽大学出版社出版"中国史家论苏联"四种丛书。这四册书分别是叶书宗著《俄国社会主义实践研究》,主要内容是还布哈林以清白;苏联的土地、庄稼、人;斯大林模式探究;赫鲁晓夫:振聋发聩;对勃列日涅夫时期的认识;对苏联剧变的反思等专题。郑异凡著《史海探索》,主要内容是俄国革命与苏联共产党;斯大林与苏联社会主义;不安分的布哈林;托洛茨基的是是非非;戈尔巴乔夫与苏联等专题。徐天新著《平等强国的理想与苏联的实践》,主要内容是农民问题与"平等王国"理想的实施;外交政策与军事强国的追求;苏维埃政权七十四年等。柳植(杨存堂)著《世纪性的实践》,主要内容是:十月革命;列宁对俄国社会主义道路的探索;斯大林社会主义体制的形成与实质;军事强国主义——斯大林建国思想的灵魂;赫鲁晓夫执政及其改革;20世纪俄国历史曲折发展的启示等。虽然四位作者的研究方向不同,文章发表的时间早晚不一,但这四部文集在一定程度上反映了中国苏联史研究的进展、特点和趋势。

中国社会科学院世界历史研究所研究员朱庭光抱病为这套丛书写了序言,他说,我国对苏联历史进行独立的、科学的研究是"文化大革命"结束以后的事。坏事变好事,正是"文化大革命"的教训,促使我国的史学工作者认真反思和研究斯大林模式的弊病和诸多问题。错误是我们自己犯的,但从源头考察却是同斯大林模式分不开的。这样,从20世纪70年代末开始，我国一些学者开始了对苏联历史的艰难而富有开创性的研究。本丛书的作者郑异凡、徐天新、叶书宗和杨存堂（笔名柳植）四位教授就是其中较有代表性的学者。他们有大体相同的特点：受过正规的史学教育，有比较扎实的基本功，能较为熟练地使用俄语，勤于思考，勇于探索，有献身于这一学科、甘坐冷板凳的精神。正因为这样，在我国改革开放起步的时候，在三中全会的鼓舞下，他们对苏联历史上的一系列问题进行了重新审视，在报刊上、学术会议上，就苏联历史上的各种问题，诸如列宁晚期思想、斯大林模式、十月革命、军事共产主义、新经济政策、农民和农业集体化、工业化、现代化、对外政策、卫国战争、大清洗及布哈林、托洛茨基、赫鲁晓夫、勃列日涅夫等历史人物评价诸问题提出不少颇有价值的新见解。朱庭光还说，对历史的认识、对问题的探讨永无止境。这四位学者的文集所反映的是我国对苏联历史探讨研究的一个阶段的历程，许多问题还有待深入，相信随着新档案资料的发表，随着认识的加深，在俄国和苏联历史的研究领域还会有更多的史学作品问世。文化需要积累，史学研究成果也需要积累。该丛书的出版，使著者的研究成果得以保存，为使后来的学者能看到他们的成果，保持史学研究的继承性，无疑是有意义的。

俄罗斯领土跨越欧亚两大洲，自然而然地融合了东西方两种文化。无论是苏联，还是苏联解体后的俄罗斯，文化史都是其研究的重要内容之一，这对我国的世界历史研究，特别是对我国的苏联—俄罗斯史研究，产生了直接的影响。俄罗斯是一个有丰富文化遗产的国家之一。近年不仅有多部苏联（俄罗斯）学者有影响的俄罗斯文化史著作译成中文出版[①]，而且我国学者在这方面的著作，也陆续问世。自然，这也不能忽略另外一个重要的因素，即在经济全球化的背景下，文化的功能急剧膨胀，"文化史"研究成为有广泛影响的史学思潮之一，世界各国的文化史研究都有了长足的发展。

[①] 这些著作主要有：苏联科学院历史所列宁格勒分所编《俄国文化史纲：从远古至1917年》，商务印书馆1994年版；М. Р. 泽齐娜等《俄罗斯文化史》，上海译文出版社1999年、2005年版；米哈伊诺夫娜《文化理论与俄罗斯文化史》，敦煌文艺出版社2003年版；格奥尔吉耶娃《俄罗斯文化史——历史与现代》，商务印书馆2006年版；尤里·谢尔盖耶维奇·里亚布采夫《千年俄罗斯：10至20世纪的艺术生活与风情习俗》，三联书店2007年版。

孙成木著《俄罗斯文化1000年》，东方出版社1995年出版。作者指出，现在俄罗斯可以追溯到一千多年以前。从基辅罗斯到俄罗斯统一国家，到俄罗斯帝国，到苏维埃联邦，到现在俄罗斯，是一个连续的过程。俄罗斯文化史是整个俄罗斯历史的重要组成部分。俄罗斯与中国是近邻，两国的文化联系有很长的历史。在当前国际交往十分频繁的情况下，我们应加强对俄罗斯在文化方面的成就的了解和研究。该书的出版，将有助于我国读者对绚丽多彩、令人仰慕的俄罗斯文化的了解。该书的主要内容是古代罗斯时期的文化，诸如从口头文学到书面文学；教堂建筑；教育和科学知识的传播；学校的创立和西欧科学知识的传播；彼得一世的文化改革及其影响；璀璨的文坛巨星；跻身于世界科学之列；批判现实主义文学的繁荣；科学技术的新成就；从民主主义向社会主义演变的文学；苏维埃俄罗斯文化的形成；征服宇宙空间的胜利；艺术的成功与探索；中俄两国的文化交流等。

姚海著《俄罗斯文化》，上海社会科学院出版社2005年出版。该书共分七章，分别是东斯拉夫人与瓦里亚基人；罗斯与拜占庭；蒙古征服与罗斯的东方化；改革与启蒙：面向西方；西方文化影响下的发展道路选择；改革年代的社会和文化；世纪之交的文化冲突等。作者在"前言"中简明扼要地介绍了俄罗斯文化在各不同历史时期发展的主要特点，如"13世纪蒙古的征服开始了罗斯的社会和文化的东方化时期，征服者不仅以东方习俗影响了罗斯的表层生活，还以自己的一套制度改变了罗斯的内部秩序"。"在17世纪俄罗斯开始面向西方时，构成俄罗斯传统文化的基本要素是源于拜占庭的精神和艺术，以及源于蒙古征服者的结构和制度。在基辅罗斯形成时期，来自斯堪的纳维亚的诺曼人曾对罗斯产生过一定影响，但罗斯同时也通过商业与战争同拜占庭帝国发生联系。988年，尚处于封建社会早期、仍保留着许多原始公社制残余的罗斯接受了基督教。随着大批希腊籍的拜占庭神父的到来，以教堂建筑、圣像画等宗教艺术为先导，拜占庭的神学思想、宗教文学、政治和法律观念以及历史、地理等专门知识源源不断地传入罗斯。"① 作者强调，俄罗斯独特的地理条件和历史造成了俄罗

---

① 姚海：《俄罗斯文化》，上海社会科学院出版社2005年版，第3页。

斯文化来源成分的多样性，而这种多元构成的文化的逐渐形成，则是已经成为传统的民族文化与外来的异质文化相互矛盾和相互渗透的。这些通过该书的实证研究，给人留下了较为深刻的印象。

任光宣著《俄罗斯艺术史》，北京大学出版社2000年出版。作者论述了从10世纪到20世纪末俄罗斯艺术的几个主要种类，如建筑、绘画、音乐、雕塑，以及20世纪电影艺术的历史发展过程。作者从中古世纪、18世纪、19世纪上半叶、19世纪下半叶、19—20世纪之交、20世纪这样几个历史阶段，探讨了俄罗斯艺术家的创作道路及其作品的内容和特征。"俄罗斯民族在自己千年的历史发展过程中，创造了灿烂的文化和文明，也创造了杰出的艺术……俄罗斯艺术不但是俄罗斯人民宝贵的文化财富，而且也丰富了世界的艺术宝库，成为世界文化的宝贵财富。俄罗斯艺术为人类的文明做出了重大贡献。"[①] 作者认为，俄罗斯艺术的主要特征，表现在以下三个方面：人道主义精神；继承本民族文化艺术的优良传统；善于借鉴学习、消化吸收其他民族艺术的成果。俄罗斯联邦共和国驻华大使罗高寿曾为该书作序，高度评价《俄罗斯艺术史》。他认为这是"一部严肃的学术研究著作，是作者对俄罗斯文化艺术的历史和命运进行多年思考慎究后结成的硕果"。"应当说，作者对俄罗斯文化及其各种艺术种类的历史沿革的分析鞭辟入里。"由于作者同时也是自己祖国文化领域的行家，因此"他才能独具慧眼，对俄罗斯文化提出独到的见解"。朱达秋等著《俄罗斯文化论》，重庆出版社2004年出版。作者从俄罗斯文化的深层结构和特征、作为一种文化现象的俄罗斯专制制度、彼得改革和启蒙运动再认识、19世纪俄罗斯文化新论、俄罗斯知识分子现象的文化透视、白银时代的文化诠释、20世纪俄国革命与俄罗斯知识分子的命运、俄罗斯侨民文化现象的悬想、苏联模式的主要弊端及其文化透视等方面，分析了俄罗斯文化发展历史进程中的若干重大问题，或有争议的问题。作者认为，这些问题与"俄罗斯和俄罗斯文化处在东方和西方、欧洲和亚洲之间的结合部位置，由此引起的俄罗斯民族性格的内在矛盾，生活方式和生活习惯、社会文化制度的内在矛盾、社会心理和意识形态的内在矛盾，科学、艺术、哲

---

① 任光宣：《俄罗斯艺术史》，北京大学出版社2000年版，第1—2页。

学和宗教等文化的专门领域的内在矛盾，社会文化历史的不可预见性"等有关①。总之，学习或研究俄罗斯文化史，不能脱离俄罗斯文化深层结构中的那种既非东方，又非西方，既是东方，又是西方的独特的二元性这一特点。

文驰主编的《在北大听讲座：俄罗斯文化之旅》，新世界出版社 2002 年出版。这是一部关于俄罗斯文化史的文集，内容涉及社会文化思潮、宗教、民族性、文学、哲学和艺术等。如该书的前言所言，这些演讲者都是各自研究领域的专家，学识丰富，思想活跃，该讲座系列汇集了这些学者们的最新研究成果，具有相当的学术高度，同时，由于采取讲座的形式，又避免了一般学术著作的晦涩艰深，具有很强的可读性。这该著从多侧面阐释了俄罗斯文化的要义，基本上能使读者一窥俄罗斯文化的全豹。关于俄罗斯文化史方面的著作，还有杨可等著《现代俄罗斯大众文化》，中国经济出版社 2000 年出版；张月明等主编《世界文化史故事大系：俄罗斯卷》，上海外语教育出版社 2003 年出版；胡建成编著《俄罗斯艺术》，河北教育出版社 2003 年出版；丁少伦主编《俄罗斯文化解读》，济南出版社 2006 年出版；陈建华等著《走过风雨：转型中的俄罗斯文化》，重庆出版集团/重庆出版社 2007 年出版；任光宣著《俄罗斯文化十五讲》，北京大学出版社 2007 年出版；朱达秋、周力、吴克礼著《俄罗斯文化概论》，上海外语教育出版社 2010 年出版等。此外，在刘祖熙主编的《斯拉夫文化》（浙江人民出版社 1993 年出版）中，也有较多的篇幅论述俄罗斯文化的历史，自 9 世纪基辅罗斯时期，直至 20 世纪中叶的苏维埃时期。于沛、戴桂菊、李锐著的《斯拉夫文明》，中国社会科学出版社 2005 年出版，亦如是，只是下限推延到 20 世纪末。

马龙闪著《苏联文化体制沿革史》，中国社会科学出版社 1996 年出版。著者在界定文化体制概念和内涵的基础上，提出了研究文化体制的理论框架。所谓文化体制，就是依据有关文化理论和发展文化的指导原则，通过党和国家一系列决策机制和程序，制定文化建设的大政方针和具体政策，再由党和国家各级权能机构和社会团体加以贯彻；这一整个体系及其

---

① 朱达秋等：《俄罗斯文化论》，重庆出版社 2004 年版，第 4 页。

所遵循的法规即称之为文化体制。该著依据这一理论框架,对苏联文化体制的形成、确立、发展、沿革和僵化的历史过程,按历史分期作了系统的阐述。在对苏联文化体制沿革的历史进行阐述的同时,通过翔实的资料和搜罗到的第一手档案,揭示了斯大林时期管理思想文化的机制和领导意识形态斗争的方式方法,系统地梳理了苏联一系列的意识形态批判运动,阐述了苏联从十月革命到20世纪80年代初意识形态演化的脉络和轨迹,深入地总结了苏联党和国家领导思想文化的正面经验和反面教训,为我国的社会主义文化建设提供了借鉴。马龙闪的另一部著作是《苏联剧变的文化透视》,中国社会科学出版社2005年版。作者运用马克思主义的唯物史观,分析、透视了苏联剧变的思想文化原因。沙俄原是一个通过专制农奴制度鱼肉农民和小生产者,并将其压榨到发狂地步的社会。下层人民对此表现出了一种狂烈的反抗情绪。这些情绪反映在俄国知识分子中,早在1905年革命前,就存在一股"越左越革命"的潮流。十月革命后,以波格丹诺夫为首的前进派集团又推波助澜,煽起了以"无产阶级文化派"和"拉普"为代表的极"左"文化思潮。以列宁为首的布尔什维克党曾同这一思潮几经博弈,但因列宁早逝和布哈林倒台而硕果所留无几。苏联极"左"文化思潮又加剧、助长了极"左"政治思潮;这两股思潮互相作用,推动苏联社会主义体制模式的形成、确立、发展、演变和僵化,最终影响到苏联社会主义的命运,使其走向挫折和败亡。这就是该专著对苏联剧变原因所做的思想文化透视和解析。在阐述苏联剧变的思想文化原因时,专著还对苏联各个时期的意识形态斗争和哲学社会科学的演化作了概括的阐述,并论析了苏联党和国家领导文化和意识形态的历史经验教训。

东正教对俄罗斯和东欧地区的政治、经济、历史、文化等领域,有着广泛的影响,欲研究俄罗斯和东欧地区的历史,不能不研究东正教。但我国世界史学界对东正教的研究却显得薄弱,这种情况近年才开始改变。

乐峰著《东正教史》,中国社会科学出版社1999年出版,并于2005年由该社出版修订本。这是我国第一部关于东正教史的专著。作者依据翔实文献,较系统地阐释了东正教的起源、形成和在世界各地的传播;介绍了东正教的主要内容和特点,以及它与天主教和基督教的异同;分析了东正教的意识形态,如哲学、神学、伦理学和艺术等;叙述了俄罗斯东正教的历史和现状,及东正教与拜占庭帝国、与俄罗斯帝国在历史上的政教合一关系;作者还介绍了近代以来东正教在中国的传播情况。该书的主要内容是:东正教的起源和形成;东正教的基本内容;东正教的基本特点;东正教哲学;东正教神学;东正教伦理学;东正教教堂艺术;东正教会举要;东正教在古罗斯的传播;东正教在俄罗斯的传播与发展;苏联时代的东正教;俄罗斯东正教的现状;俄罗斯东正教与现代化;东正教会在俄罗斯历史上的地位和作用;俄罗斯学界的东正教研究;东正教在中国的兴盛与衰落;东正教在中国的主要教会;20 世纪中国学界的东正教研究。戴桂菊著《俄国东正教会改革(1861—1917)》,社会科学文献出版社2002 年出版。在撰写此书时,作者广泛汲取国内外学者的研究成果,深入研究了俄罗斯不同时期的教会通史,参考了大量的历史档案资料。这部著作不仅对读者了解东正教会在俄国的整体发展轮廓有所帮助,而且对推动我国的俄国史研究也有积极意义。该书的主要内容是历史的遗产,东正教的传播及其文化影响;彼得一世教会改革:教会管理的世俗化;"大改革"时期的教会改革;亚历山大三世时期的教会政策;教会革新运动;教会改革的性质,教会改革的历史影响,教会改革的历史思考。该书的附录有《百章决议目录》、东正教会教阶、莫斯科及全罗斯历届东正教牧首任职期限表、圣主教公会时期(1721—1917)、历届总监任职期限表、俄国教会管理体制表(1824—1917)、圣主教公会时期俄国东正教主教区数量比较表、俄国旧礼仪派和教派分支表(17—19 世纪)。这些多与东正教会有关,内容丰富,且在一般的历史学著作中不易见到,有较高的参考价值。傅树政、雷丽平著《俄国东正教会与国家(1917—1945)》,社会科学文献出版社2001 年出版。该书是在大量的文献资料的基础上写成的,其中包括西方学者及俄罗斯学者近些年来发表的文章和著作。一些学者认为,这是我国研究俄国东正教会的一部力作。该书的主要内容是东正教与俄罗斯;东正教会与1917 年革命;俄国东正教会与早期苏维埃国家;早期苏维埃政权下的俄国东正教会;战前斯大林时期的俄国东正教会与国家;卫国战争时期政教关系和俄国东正教会。作者在"前言"中指出,西方学者认为,俄罗斯民族的统一体,就是由早期出现的宗教统一体发展而来,是东正教使俄罗斯保持着统一思想,俄罗斯的民族意识也是东正教思想发展的结果。当然，东正教对俄罗斯民族整个发展过程所起的积极作用还远不止如此，但是，东正教会对俄罗斯的影响也不都是积极的、进步的，宗教本身也存在它固有的落后性和反动性。在苏联 74 年的历史中，从宗教与国家关系这个角度看，它大致可以划分为 5 个时期：从革命后开始的宗教被剥夺、被镇压时期（1917—1941）；政教关系转入正常化时期（1941—1945）；宗教由潜在复苏到萌发繁荣时期（1946—1958）；赫鲁晓夫新一轮镇压宗教时期（1958—1966）；由宗教复兴逐步走向宗教热时期（1967—1991），该书的内容是前两个时期。

东欧国家的历史研究，在我国较为薄弱，但近年也有一些成果问世。如刘祖熙著《波兰通史》，商务印书馆 2006 年 12 月出版。这是中国学者撰写的首部波兰史。该书作者刘祖熙的波兰史研究，不仅在我国世界史研究中占有重要的地位，而且在国外也产生了广泛的影响，特别是赢得了波兰政府和人民的尊重和好评。为了表彰他的突出贡献，在 2001 年和 2005 年，波兰总统和波兰政府先后授予他"波兰共和国骑士十字贡献勋章"，和"波兰独立纪念章"。该书是作者在 1988 年人民出版社出版的《波兰通史简编》的基础上修改、补充而成，为国内第一部波兰通史专著。该书内容丰富，自 10 世纪初波兰国家的建立，一直叙述至 21 世纪初，填补了国内波兰通史研究的空白。波兰特定的地缘政治环境决定了其历史发展的特点。无论是在"二战"中还是在战后，波兰的历史都是在曲折中前进。该书的主要内容是：波兰国家的建立和早期封建社会（从远古到 1138 年）；封建割据时期的波兰（1138—1333）；波兰的等级君主制（1333—1505）；波兰贵族共和国（1505—1618）；大贵族统治下的波兰贵族共和国（1618—1733）；启蒙和改革时期的波兰（1733—1795）；拿破仑时期的波兰（1795—1815）；波兰王国和 1830 年十一月起义（1815—1831）；革命年代（1832—1849）；1863 年起义时期（1850—1864）；资本主义的发展和工人运动的兴起（1864—1900）；帝国主义时期的经济和政治。1905—1907 年革命和第一次世界大战（1901—1918）；波兰第二共和国（1918—1926）；波兰第二共和国（1926—1939）；波兰人民反对法西斯德国占领者的民族解放战争（1939—1945）；波兰人民共和国（1945—1955）；波兰人民共和国（1956—1970）；波兰人民共和国（1971—1989）；波兰第三共和国（1989—2001）。书末附有波兰历史大事年表；彼雅斯特王朝世系表；雅盖洛王朝世系表；自由选王名单；波兰第二共和国国家元首；总统和总理名单（1918—1939）；波兰第二共和国流亡政府总统和总理名单（1939—1945—1990）；波兰人民共和国总统、国务委员会主席和总理名单（1944—1989）；波兰第三共和国总统和总理名单（1989—2001），以及人名译名对照表，这些都为教学、科研人员和一般读者深入学习波兰历史提供了极大的便利。

马细谱著《南斯拉夫兴亡》，社会科学文献出版社 2010 年出版。这是中国学者撰写的首部南斯拉夫通史。南斯拉夫地处"欧洲火药桶"的巴尔干半岛，这一地区最大的特点，是在相对小的面积上，居住着众多的人口。世世代代，这里居住着希腊人、塞尔维亚人、保加利亚人、马其顿人、克罗地亚人、斯洛文尼亚人、黑山人、罗马尼亚人、阿尔巴尼亚人、土耳其人以及穆斯林和吉卜赛人等。20 世纪初以来是欧美大国激烈争夺的热点地区。一战后，建立了南斯拉夫王国。第二次世界大战中，南斯拉夫各族人民取得了反对德、意法西斯战争的伟大胜利。二战后，建立了南斯拉夫联邦共和国，走上了独立自主建设社会主义的道路。在 20 世纪 90 年代初东欧剧变的国际大环境下，南斯拉夫联邦解体。该书叙述了南斯拉夫国家从兴起至瓦解，迄今形成六个独立的共和国的演变过程。主要内容是南斯拉夫人走向联合的历史；南斯拉夫王国；南斯拉夫与第二次世界大战，南斯拉夫王国的崩溃和开始游击战争；南斯拉夫人民解放战争；南斯拉夫人民解放战争胜利结束；社会主义时期的南斯拉夫，南斯拉夫联邦人民共和国；南斯拉夫社会主义联邦共和国；铁托之后的南斯拉夫联邦；南斯拉夫联邦解体，南斯拉夫联邦的民族问题与民族政策和宗教政策；南斯拉夫联邦解体；后南斯拉夫：斯洛文尼亚共和国；克罗地亚共和国；马其顿共和国；波斯尼亚—黑塞哥维那共和国；黑山共和国；塞尔维亚共和国；科索沃战争和科索沃谋求"独立"等。

刘邦义著《哥穆尔卡评传》，中共中央党校出版社 1995 年出版。哥穆尔卡当政的 20 世纪 60 年代，作者在华沙大学历史系读书，亲睹当时他的政绩，萌发了写作该书的意愿，并开始积累资料。1987 年 12 月至 1988 年 4 月，作者作为中国访波学者前去进行学术考察时，访问了哥穆尔卡的故乡，会晤了他的亲属、秘书、翻译及其他同事，并同专门研究哥穆尔卡的波兰史学家进行了座谈。还拜访了波兰前驻苏大使、驻华大使以及前政治局委员安·维尔布兰，同曾与哥穆尔卡共过患难的前政治局委员洛加—索文斯基纵谈达三个半天。作者还到图书馆和波兰中央档案馆查阅了哥穆尔卡的档案及未发表的他给波党中央的信件，取得了大量口头、书面的珍贵而丰富的资料。该书就是在这些原始文件的基础上写成的，其中披露了许多鲜为人知的史实，包括哥穆尔卡同斯大林、季米特洛夫、铁托、贝鲁特、赫鲁晓夫等人的往来，还有他同毛泽东、周恩来等中国党和国家领导人的会谈情况。这在国内公开出版物中尚属首次，对读者了解哥穆尔卡本人及国际社会主义运动的历史，会有所帮助。这本评传的主要内容包括：最初的道路；在反希特勒抵抗运动的道路上；从全国人民代表会议到波兰民族解放委员会；从卢布林政府到民族团结政府；在波兰工人党"一大"上；关于右倾民族主义问题——第一次转折；被捕入狱；在复归的道路上；重返政坛——第二次转折；党和人民的领袖；哥穆尔卡当政后期的政治危机；1970年十二月事件——第三次转折；退休生活；最后岁月等。

胡舶著《冷战背景下东欧国家曲折发展道路研究——以波兰和匈牙利为例（1945—1956）》，中国社会科学出版社2012年出版。作者探讨了从二战结束到匈牙利事件发生这一历史时期，波兰和匈牙利的社会历史发展的曲折道路。作者认为，战后东欧社会主义国家发展道路，是在二战后冷战爆发的特殊背景下苏联强加给东欧国家的一种选择，是一种历史的"被选择"。社会主义既不是东欧社会发展的自然产物，也不是东欧人民做出的主动选择。1956年波兰事件和匈牙利事件是斯大林去世后东欧国家反苏控制的一次高潮。匈牙利事件既是苏联社会主义制度的产物，也是两极格局下大国利益平衡的结果。冷战背景下大国的争霸决定了东欧弱小民族的历史命运，影响了东欧国家的现代化发展历程。该书的主要内容包括战后波兰"苏联化"的开始，波兰工人党、社会党、农民党的斗争与兼并；战后匈牙利"苏联化"的开始，匈牙利政局发展及一党制的形成；苏南冲突后美国对东欧政策的变化；苏联对东欧政策的调整及匈牙利的"新方针"改革；苏联与1956年波兰十月事件；美国对匈牙利事件的反应与政策；苏联对匈牙利事件的"政治干预"；苏联对匈牙利事件的"军事干涉"；

苏伊士危机与苏联再次出兵匈牙利；匈牙利的"中立"进程及其悲剧结局；东欧国家发展道路的曲折性与特殊性等。

人民出版社出版的国别史系列丛书，在国内有较大影响。这种影响已经超出了史学界，在一定程度上满足了当代中国社会发展对世界历史知识的需求。

这几部国别史主要是：阎照祥的《英国史》，人民出版社 2003 年出版，主要内容是：史前时期和罗马统治（远古至公元 5 世纪中叶）；盎格鲁—撒克逊时期（5 世纪中叶—1066 年）；诺曼—安茹时期（1066—1216 年）；贵族和骑士、战争和危机（14 世纪初—1485 年）；都铎王朝（1485—1603 年）；革命世纪（1603—1688 年）；工业革命前的英国（1688—18 世纪中叶）；走向工业社会（18 世纪后期—19 世纪中期）；自由主义时代（19 世纪 30 年代—1900 年）；衰落和磨难（1900—1945 年）；战后发展（1945 年至今）；英国历代君主及在位时间。

陈文海著《法国史》，人民出版社 2004 年出版，主要内容是：史前时期与古代高卢（远古—公元 5 世纪）；法兰克人的统治及衰变（5 世纪晚期—10 世纪末）；领土聚合与民族国家的初造（10 世纪末—15 世纪中叶）；君主制的绝对与相对（15 世纪中叶—1789 年）；大革命与拿破仑时代（1789—1815 年）；政体轮回与社会进步（1814—1870 年）；再建共和与复仇情结（1870—1914 年）；战争与危机的交织（1914—1959 年）新体制的调适与完善（1959—2004 年）。

林承节著《印度史》，人民出版社 2004 年出版，主要内容是：印度河流域文明；雅利安人入主印度；孔雀帝国；南北诸王朝割据时期；笈多帝国；戒日帝国及其后的地区性王国；德里苏丹国时期；莫卧儿帝国；印度沦为英国殖民地；英国东印度公司的统治；民族大起义和英王接管印度；大工业的出现和资产阶级民族运动的初步发展；英国剥削加强和 1905—1908 年民族运动高潮；甘地领导权的建立和第一次不合作运动；30 年代初文明不服从运动和省自治；第二次世界大战中和战后的经济政治发展；从自治领到共和国成立；尼赫鲁执政时期；夏斯特里执政和英·甘地第一次执政；人民党短期执政和英·甘地第二次执政；拉吉夫·甘地执政时期；90 年代的印度。

张建华著《俄国史》，人民出版社 2004 年出版，主要内容是：民族和国家的起源（公元 8 世纪至 17 世纪中叶）；专制制度的黄金时代（17 世纪末至 18 世纪末）；思想启蒙与文化教育（19 世纪初至 19 世纪末）；现代化的艰难启动（19 世纪初至 20 世纪初）；专制制度的覆亡（1905 年至 1917 年）；十月革命的胜利（1917 年至 1924 年）；社会主义建设成就与斯大林模式（1924 年至 1953 年）；发展与停滞时期（1964 年至 1985 年）；走向解体的苏联（1985 年至 1991 年）；跨世纪的俄罗斯（1992 年至 2000 年）。

王仲涛、汤重南的《日本史》，人民出版社 2008 年出版，主要内容是日本历史演进的自然环境、古代社会的形成、天皇集权时期、武家政治时期、近代国家建立、战争风云和争霸东亚、站在十字路口的日本、法西斯政权的形成、对外侵略战争、战后初期的日本、经济复兴和高速发展、经济大国的日本、冷战后的日本。

英国、法国、德国、日本、印度等国，是怎样走向世界大国的？这些问题的答案离不开历史的回溯。上海社会科学院出版社出版"大国通史"丛书，用现代的眼光重新审视了世界主要国家政治、经济、外交、军事和思想的历史变迁，追踪了它们走向大国的足迹。各分册多始于史前，终于 20 世纪末。该丛书的主要特点之一，是各章结束时，都有一"作者评曰"或"作者点评"，给人以有益的知识和启迪。

钱乘旦、许洁明著《英国通史》，上海社会科学院出版社 2007 年出版。英国曾经进行了具有重要历史意义的资产阶级革命，是世界上第一个进行工业革命的国家；英国所建立起来的现代议会制度、殖民帝国，对近代以来的世界历史进程产生了深远的影响。从远古到罗马占领、盎格鲁—撒克逊时期的不列颠、诺曼底征服和封建制度的发展、大宪章和议会的起源、英法百年战争和红白玫瑰战争、中世纪的经济、社会和文化、都铎王朝与宗教改革、伊丽莎白女王时代、早期斯图亚特王朝、英国革命、复辟与光荣革命、贵族的优势、工业革命与拿破仑战争、第一次议会改革、维多利亚时代、工会运动与工人政党、争夺世界帝国、从"一战"到"二战"、走向福利国家、英王世系简表、英国历届首相表、英联邦成员国一览表。

吕一民的《法国通史》，上海社会科学院出版社 2007 年出版。该书的主要内容是：史前与高卢时期、法兰克人国家、法兰西独立国家的产生、君主专制制度的确立与发展、君主专制制度的没落与启蒙运动的兴起、法国大革命、拿破仑的崛起与第一帝国的兴亡、波旁复辟王朝、七月王朝、从第二共和国到第二帝国、在战火中诞生的第三共和国、19—20世纪之交的法国、法国与第一次世界大战、20年代的法国、危机笼罩下的30年代、再次经受世界大战的考验、第四共和国、"戴高乐的共和国"——第五共和国的早期史、从左右对立到左右共治——密特朗时代的第五共和国、处在新的"世纪末"的法国社会与文化。

冯玮著《日本通史》，上海社会科学院出版社2008年出版。介绍了日本自远古以来历史发展中政治、经济、外交、军事、文化的变迁。具体内容涉及史前时代、古坟·大和时代、奈良时代、平安时代、镰仓时代、室町时代、战国时代、江户时代、明治时代、大正时代、昭和时代、昭和时代（战后）、平成时代等。

丁建弘著《德国通史》，上海社会科学院出版社2008年出版。该书的主要内容是：立国时代：日耳曼人与德意志人；封建时代：民族国家的被延误；宗教改革时代：民族运动的发端；普鲁士崛起时代：对德意志民族是祸是福、普鲁士精神和普奥争霸；"启蒙"时代：从文化民族主义到政治民族主义；改革时代：民族统一运动的初霞；复辟时代：民族统一道路上进步与反动的较量；统一时代："白色革命"与民族统一的完成；工业化时代：民族国家的现代发展；"英雄时代"：从民族工运到国际工运；强权时代：民族沙文主义的膨胀；魏玛时代：共和时期的民族运动；纳粹统治时代：极端民族主义发了狂；盟国管制时代：夹缝中的德意志民族；重新崛起时代：一个民族两个国家；再统一时代：一曲德意志民族的《欢乐颂》；龙与鹰：历史上中德民族的文化关系等。

刘文龙著《墨西哥通史》，上海社会科学院出版社2009年出版。墨西哥合众国，位于北美洲西南部，拥有多种多样的自然条件和丰富多彩的历史文化。在其悠久的历史中，印第安人早在5000多年前就进行农耕活动，且逐步发展了璀璨的古代文明。该书对墨西哥自古以来的阐释，包括墨西哥的经济、政治、文化、种族、社会发展等，对从历史与现实的结合上学习、研究墨西哥的历史有积极帮助。主要内容是：墨西哥人的起源及其早期文明的形成与发展、西班牙对墨西哥的征服与拓殖、殖民地社会与文化、独立运动、建国初期的内忧外患、改革战争与法国的干涉、波菲利奥·迪亚斯政权的兴衰、墨西哥革命：从武装斗争到国家的政治稳定、1940—1970年：国家的稳定发展、20世纪末期：发展模式的危机与转换、21世纪初政权更迭与历史传承、2006年大选及其纷争等。

林太著《印度通史》，上海社会科学院出版社2009年出版。该书从印度文明的孕育形成到发展、发扬光大，论述了印度文明的发展历程，及其对亚洲和世界历史的影响。该书的主要内容是：印度远古文明、雅利安文化的冲击、摩揭陀王国的兴起、孔雀王朝的统一、贵霜王国、从笈多王朝到戒日王时期、印度与外部世界的交流、古典时期的印度文化概述：文学、艺术、哲学、科学，以及宗教的演化、德里苏丹、莫卧儿帝国、欧洲人东来及印度沦为英国殖民地、英属东印度公司的统治及印度社会向近代转型、殖民地化与印度近代化初型、第一次民族运动高潮及第一次世界大战的影响、甘地与民族运动第二次高潮、国民不服从运动与艰难的自治之路、自由与分治、从自治领到共和国、尼赫鲁执政时期的印度、英迪拉·甘地执政时期的印度、从拉吉夫·甘地政府到拉奥政府、全国阵线与全国民主联盟等。

除上述"国别史""大国通史"两套丛书外，北京大学出版社也编辑出版大国通史系列丛书，如张芝联主编《法国通史》，北京大学出版社2009年出版。该书是一部由众多法国史专家合力撰写，全面、翔实的法国通史。对上起史前时代，下迄当代的法国历史进行了系统完备、论述详明的介绍。主要内容是：史前与高卢时期、封建社会的形成、从分裂到统一（9世纪—15世纪）、从国土统一到专制王权的确立（1461—1610）、专制王权的巩固和发展（1610—1715）、旧制度的没落与启蒙运动（1715—1789）、大革命（1789—1799）、执政府与第一帝国（1799—1815）、复辟王朝（1814—1830）、七月王朝（1830—1848）、第二共和国（1848—1852）、第二帝国（1852—1870）、巴黎公社（1871年3月18日—5月28日）、第三共和国初期（1881—1898）、帝国主义的法国（1899—1914）、第一次世界大战与战后法国（1914—1929）、经济危机和第二次世界大战（1930—1945）、第四共和国（1946—1958）、第五共和国（1958—　）。

北京大学历史系教授、中国法国史学会前会长张芝联先生病逝前，三联书店于2007年出版了他的《法国史论集》。张芝联先生的论文集，部分文章曾刊载于《从高卢到戴高乐》（三联书店1988年版）一书，三分之一篇幅系1989年以后新撰论文，内容涉及法国史、史学史、中国法国学等各个方面。张芝联，1918年11月7日生，浙江鄞县人。北京大学历史系教授，曾任中国社会科学院世界历史研究所学术委员、中国史学会理事、中国法国史研究会会长、北京外国问题研究会会长、中国18世纪研究会会长，北京大学欧洲研究中心主任等职。1986年至1998年，连续当选全国人民政治协商会议委员、外事委员会委员。2002年被任命为华东师范大学光华学院名誉院长。1983年当选国际法国革命史委员会理事。1985年荣获法兰西共和国荣誉军团骑士勋章。1990年当选为美国国家人文研究中心研究员。主要著作还有：《我的学术道路》（三联书店2007年版）、《二十年来演讲录（1986—2006）》（三联书店2007年版）、《中国面向世界：中法友谊的历史文化见证》（与佘敷华合著，三联书店2007年版）等。

张芝联《法国史论集》的主要内容是：我与法兰西、从高卢到戴高乐、《法国通史》序言、法国大革命对马克思革命理论形成的作用、略论丹东、拿破仑与法国革命、对拿破仑的历史作用的不同解释与方法论问题、清末民初政论界对法国大革命的评议、近百年来中国的法国革命史学、法国大革命在中国激起的浪潮、相互了解无止境、索布尔在中国、悼念阿兰·佩雷菲特、当代法国史学与历史学家、阿尔贝·索布尔对法国革命史研究的贡献、法国年鉴派史学、费尔南·布罗代尔的史学方法、法国革命史学三十五家、评瑟诺博斯《法国史》、皮埃尔·米盖尔著《法国史》汉译本序言、索布尔《法国大革命》汉译本序言、西耶斯《论特权》《第三等级是什么？》汉译本序言、托克维尔的《旧制度与大革命》《法兰西风格：大革命的政治文化》序言、《法国大革命二百周年纪念论文集》序言、纪念公社——几点感想、人心思变——今日法国、法兰西共和国建立200周年讨论会开幕词、法国"全民皆兵法令"，附：全国总动员法令、托克维尔与法兰西第二共和国、法国史研究的途径、漫谈法国当代史研究、巴黎公社120周年纪念大会上的发言、公社因缘等。《我的学术道路》文集，涉及世界历史方面的主要著述有：《什么是古典主义：读柏拉图〈理想国〉后言》

《资产阶级历史主义的形成及其特征》《历史学与社会学》《第二次世界大战以来的西欧史学》《西方史学发展的新趋向》《西方研究史学史的方法对我们的启示》《古老的欧洲能否应付当代世界的挑战》《为什么要学习世界近代史?——〈外国历史常识·近代部分〉序言》《把文科各门学科真正建立起来——以法国史为例》《关于编写世界通史新教材的几点意见》《人权研究应成为当前重点课题之一——在北京外国问题研究会成立大会上的讲话》《〈世界历史地图集〉前言》《〈世界文明通史〉序言》《评彭慕兰、王国斌、弗兰克对中、欧发展道路的看法》《〈世界文明史〉总序》等。

近年世界史研究成果的一种新形式,是"专题讲座",较之一般的通史或断代史研究,在取材选择上更为灵活,在国别史研究中也不乏这类著作。如李工真著《德国现代史专题十三讲:从魏玛共和国到第三帝国》,湖南教育出版社2010年出版。该书主要内容是20世纪前半期的德国现代史。作者认为,在从第一次世界大战结束到第二次世界大战结束(1918—1945)的这段德国现代史中,德国经历了最为复杂多变的历史时代,即"魏玛共和国时代"与"第三帝国时代"。前者是德国历史上的第一个民主共和国时代(1918—1933),而后者则是德国历史上最野蛮、最恐怖、最具有侵略性的纳粹统治时代(1933—1945)。在如此之短的不足27年的时间里,为什么德国历史会发生如此翻天覆地的变化?这个问题显然是世界现代史上必须加以澄清的重大问题。《德国现代史专题》课程从现代化发展的观点出发,多角度审视了这段德国现代化进程。该书的具体内容是:几代人的经历与妇女的解放斗争;病态经济结构与"合理化运动";"社会福利国家"的扩展与危机;社会环境的碎片化与政治组织的新集合化;"美国主义"与文化批评;对魏玛时代现代化进程的总结;希特勒的纳粹主义思想体系;德意志中间等级与纳粹主义;德意志现代反犹主义与纳粹主义;寻求"卡里斯玛式"领袖人物的社会心理;新宗教的现代化宣传;暴力的现代化;对纳粹运动的总结。

(六)国际关系史研究

国际关系史是我国世界历史学科的分支之一,与世界历史学科同步发展;一般认为,它萌生于20世纪初,在20年代有较快的发展,这和当时半封建半殖民地的中国所面临的历史任务密切联系在一起，为了中国的自由独立解放，迫切需要研究国际关系的历史。中国共产党成立后，马克思主义历史学派继承发扬中国传统史学经世致用的优秀传统，坚持唯物史观的理论指导，有力地推动了我国国际关系史的研究。改革开放以来，国际关系史研究获得了历史性的发展。无论是国际关系史的宏观体系阐释，还是微观个案研究；无论是国际关系史的理论探索，还是档案材料的发掘和解读，对比改革开放之前，都有了一个质的飞跃和提升。自然，学术研究不能脱离具体的社会历史背景，风云变幻的国际形势、中国与世界关系的深刻变化，是繁荣我国国际关系史研究的动因之一。国际关系史研究的发展进步，不仅丰富和拓展了世界历史学学科的内容和范围，而且对国际关系学等学科的发展和进步也产生了重要影响。

在我国的国际关系史研究中，通史性的研究是重要内容之一。鉴于17世纪中叶的《威斯特伐利亚和约》标志着国际法的诞生，揭开了国际关系史上一个崭新的时代，所以国际关系史研究的起点，多从《威斯特伐利亚和约》开始。1983年，王绳祖主编《国际关系史》（2卷），由法律出版社出版。这是新中国第一部比较全面系统的国际关系史教材，对当时高等学校和科研单位国际关系史教学和研究的发展产生了深远的影响。

我国国际关系史研究的标志性作品，是王绳祖主编，光仁洪、蒋相泽、周纪荣、卫林、石磊、鲁毅为副主编的《国际关系史》（10卷本），世界知识出版社于1995年出版。在主编、副主编的统一协调下，37名编委协作，近百名专家学者参加编写，经过近十年的集体努力而成。该书从1648年的《威斯特伐利亚和约》写起，到20世纪70年代末止，涵盖了300多年全球国际关系发展的历史，按照国际关系体系与格局的演变，以及历史进程中主要转折性变化，全书10卷，分为三个时期，即第一个时期：从《威斯特伐利亚和约》至第一次世界大战结束，包括第一卷（1648—1814）；第二卷（1814—1871）；第三卷（1871—1918）；第二个时期：从十月社会主义革命至第二次世界大战结束，包括第四卷（1917—1929）；第五卷（1929—1939）；第六卷（1939—1945）；第三个时期：从第二次世界大战结束至20世纪70年代末，包括第七卷（1945—1949）；第八卷（1949—1959）；第九卷（1960—1969）；第十卷

(1970—1979)。

10卷本《国际关系史》反映了我国国际关系史研究的最高水平。该书1996年获"第十届中国图书奖"。2004年和2006年，又分别出版了由国际关系学会主编和方连庆、刘金质主编的《国际关系史》的第11卷和第12卷，阐释了20世纪80年代和90年代国际关系史的发展变化。与国际上影响较大的法国学者勒努万主编的8卷本《国际关系史》和苏联葛罗米柯、赫沃斯托夫等主编的5卷本《外交史》相比，该书既克服了欧美中心论的影响，也克服了片面突出苏联外交影响的倾向。编写者以马克思主义基本理论为指导，坚持唯物史观，致力于构建中国国际关系史学学科的新体系。该书十分重视世界经济关系，在此基础上，努力探究国际政治关系的发展过程与前因后果，并注意其相互作用与影响。运用马克思主义历史"合力"的原理剖析国际斗争的诸多因素与表现，避免把问题简单化。

刘德斌主编《国际关系史》，2003年高等教育出版社出版。该书以国际关系与世界格局的演变为主线，把国际关系的阶段性变化有机地串联起来，使读者对16世纪以来的国际关系史，包括20世纪90年代以来国际关系的转型，有概括的了解。全书分四编：现代国际关系的缘起；"均势"格局的兴衰；美苏主导下的两极世界；转型中的国际关系。2006年，刘德斌主编《国际关系史》，高等教育出版社出版，这是为教育部面向21世纪课程教材，《国际关系史》在编写体例上进行了大胆创新。主要特色是线索清楚，文字流畅，信息含量高。该书的主要内容包括：现代世界的历史背景，威斯特伐利亚体系、维也纳体系、俾斯麦大陆联盟，从多极均势到两极对抗、凡尔赛—华盛顿体系、雅尔塔体系的建立，冷战：两极对抗下的国际关系，缓和：由两极到多元化时期的国际关系，冷战的终结与全球化时代的来临，美国霸权与后冷战时代的国际关系等。作者将经济全球化作为专节阐述，主要内容是：全球化时代的来临，经济全球化的深入发展、经济全球化的历史追溯、经济全球化的现实图景、经济全球化的双重效应；反全球化运动，非国家行为体的增多、90年代跨国公司的新发展、政府间国际组织、非政府间国际组织；全球性问题，恐怖主义问题、民族主义问题、人口问题、生态环境问题、贫困问题、毒品问题等。2005

年，北京大学出版社出版了袁明主编的《国际关系史》。袁明的《国际关系史》，记载了自17世纪中期以来的整个国际关系史，涉及国际关系史上的几乎所有重大事件。作者把对历史的陈述与对历史的评价结合起来，突出了重要的历史事件和历史过程。全书线索清晰、重点突出、语言流畅，堪为学习国际关系史的优秀教材。主要内容包括：威斯特伐利亚体系和欧洲五强的崛起、19世纪的欧洲国际关系、19世纪后期至20世纪初的帝国主义列强与世界、第一次世界大战的爆发和战时国际关系、凡尔赛—华盛顿体系的建立和对它的最初冲击、凡尔赛—华盛顿体系的解体和第二次世界大战的爆发、世界反法西斯战争的胜利和雅尔塔体系的建立、两大阵营的形成与激烈对抗、两大阵营的分化与第三世界的崛起、两极体系的瓦解和走向多极化的世界等。

中国传统史学"经世致用"的优秀传统，在国际关系史研究中有充分的体现。国际关系的动荡、分化，以及一系列尖锐问题的产生，迫切要求从历史与现实的结合上做出回答，现当代国际关系史研究成为热点问题之一。

石磊、鲁毅主编《现代国际关系史辞典》，河南人民出版社1988年出版。该辞典收录从十月社会主义革命和第一次世界大战结束到80年代初现代国际关系史条目达1000余条，约70万字。包括重大国际事件、国际会议、国际组织及机构、多边条约、重要的双边条约、国际活动家、我国外交政策以及少量的世界经济等条目。该辞典是一本内容丰富、资料翔实、言简意赅、政治性和知识性强、具有较高理论水平的工具书，为日后编撰现代国际关系史进行了必要的准备。石磊主编《现代国际关系史》（上下），北京燕山出版社1995年出版。该书对两次世界大战之间的国际关系发展的历史及其规律进行了全面的概括和阐述，内容涉及国际关系中的重大事件、重要国际会议、国际谈判和国际条约等；对主要的双边或多边关系，以及重要国家的对外政策等，有较系统的介绍和分析。作者对主权国家间的政治关系、经济关系、军事关系给予了充分重视，特别是经济因素在国际关系中的作用，着笔更多。为了克服"欧洲中心论"的影响，作者努力从世界全局考察国际关系的历史发展；同时作者也注意克服苏联国际关系史研究著作中，以苏联外交为主线的"框架"的片面性。亚洲、非洲、拉丁美洲和中国在国际关系历史发展中的作用和影响，多有专门章节论述。这些对于中国国际关系史理论建设和学科体系建设，都具有重要的现实意义。

该书第一编的主要内容是十月社会主义革命对国际关系的影响，苏联建国初期的对外关系；帝国主义反苏武装干涉时期苏俄对外关系；巴黎和会和凡尔赛体系的建立；华盛顿会议和华盛顿体系；20年代苏联和资本主义国家间的关系；德国赔偿问题，欧洲安全保障问题和小协约国的组建；20年代远东的国际关系；十月革命后至20年代中东、非洲国际关系；20年代拉丁美洲国际关系；20年代的国际联盟的裁军问题和非战公约。第二编的主要内容是20世纪30年代的国际关系，主要内容有1929—1933年经济危机时期的国际关系；九一八事变与远东战争策源地的形成；德意志"第三帝国"的建立，欧洲战争策源地的形成；德国、意大利公开侵略和英法美不干涉政策；抗日战争爆发至第二次世界大战爆发时期的远东国际关系；20世纪30年代中东国际关系；20世纪30年代拉丁美洲国际关系；德国侵略中欧，慕尼黑阴谋；第二次世界大战爆发前夕的欧洲国际关系。第三编，即最后一编的主要内容有第二次世界大战期间的国际关系，主要内容有第二次世界大战爆发，战争初期的欧洲局势；第二次世界大战初期至太平洋战争爆发期间的远东国际关系；苏德战争爆发，国际反法西斯联盟的建立；太平洋战争爆发和远东国际关系；第二次世界大战的根本转折，莫斯科外长会议和德黑兰会议；欧洲法西斯集团崩溃，雅尔塔会议和波茨坦会议；第二次世界大战期间的中东国际关系；第二次世界大战期间拉丁美洲国际关系；日本投降，世界反法西斯战争的胜利结束。

张宏毅的《现代国际关系发展史1917—1993年》，北京师范大学出版社1993年出版。该书简明扼要、深入浅出、文笔生动、可读性强，主要内容除绪论外，第一编为1917年至1945年的国际关系；第二编为1945年以来的国际关系等。该书出版后产生较好社会反响，普遍反映这是一本实用性强且有多处创新的著作。2002年，北京师范大学出版社出版张宏毅著《现代国际关系发展史（1917—2000）》。这部著作将下限延长了7年，既保留了1993年版《现代国际关系发展史1917—1993年》的优点，同时又有新的发展。作者广泛采用了大量中外文献，包括马克思主义经典作家著作、原始历史文件、历史人物的回忆录、重要的学术论著中的相关内容。作者将该书的下限确定为2000年有重要意义，最后一章为"新旧格局交替时期的国际关系（1989—2000）"，对这一时期国际关系的特点进行了深入的分析，提出了一些能给人以启迪的新观点。此外，在对苏联早期外交政策的分析中，也表现出作者实事求是的学术精神，作者既指出苏维埃俄国与沙皇俄国外交政策的本质区别，也不回避苏维埃俄国外交政策中的错误。此外，作者对"雅尔塔会议"和《苏德互不侵犯条约》等的分析，也不依旧说，提出了令人信服的结论。在对现代国际关系发展历史进行阐述之前，作者从理论与实践相结合上，对"国际关系史"的学科性质、研究对象、研究方法等进行了概述，有助于人们对现代国际关系发展史的深入理解。

肖月、朱立群主编《简明国际关系史（1945—2002）》，世界知识出版社2003年出版。如何认识和分析第二次世界大战后的国际关系，国际学术界有不同的看法。作者从战后国际形势与国际力量对比、冷战的形成、战后初期亚洲和中东地区的国际关系；苏联对外战略调整及其对国际格局的影响、西方阵营的变化、第三世界的崛起、美国对外战略调整与东西方关系缓和、美苏争霸新态势；走向多极世界、苏联外交政策的高速与美苏关系、雅尔塔体系的崩溃；冷战后美国的全球政策、欧洲格局的重建、冷战后的亚太地区形势、冷战后的中东和非洲局势、联合国任重道远等方面进行了探讨。作者认为，国际格局的演变集中体现了当代国际关系的基本特征。国际格局是国际关系的核心问题，是在一定时期内主要国际力量对比、互动、组合而形成的。多数国家认为世界多极化是一个趋势，即主张世界应当由多种力量、多种社会制度、多种发展模式和多种价值观构成，形成平衡与制约，才能维护世界和平。但美国作为冷战后唯一的超级大国，加紧推行独霸全球的战略，企图建立以美国为主导的单极世界，这就造成大国关系的不稳定，世界形势的不安定。

方连庆、王炳元、刘金质著《战后国际关系史（1945—1995）》（上下），北京大学出版社2005年出版。该书从战后初期的国际关系（1945—1949）、50年代的国际关系、60年代的国际关系、70年代的国际关系、

80年代的国际关系、90年代前半期的国际关系等方面，对第二次世界大战后的国际关系史，进行了较系统的探讨。作者认为，从严格的世界史的角度来说，战后国际关系史或当代国际关系是现代国际关系史的一部分，是现代国际关系史在第二次世界大战后的延续和发展。该书的宗旨是在马克思主义唯物史观的指导下，实事求是地分析20世纪下半叶国际关系格局的新变化和新特点，力求准确、科学地揭示这一时期风云变幻、扣人心弦的历史进程。该书在体例上主要按编年系统撰写，既反映战后国际关系史的连续性，也呈现一定的阶段性。书中依据的材料有很大一部分来自原始文件，特别是第二次世界大战后一些国家陆续公布的解密档案材料，同时也利用国内外公开发表的一些新材料，并参阅了大量中外书刊。为了方便读者，书后附有1945—1995年苏联、俄罗斯、美国、英国、法国、德国、日本历届政府更迭表、大事年表、外国人名译名对照表和外国地名译名对照表等。该书内容丰富，主要是盟国在处理战败国问题上的矛盾和斗争；美国霸权地位的确立及其对西欧的控制；苏联成为世界大国及其同东欧和南斯拉夫的关系；亚洲各国争取民族独立斗争的胜利；美国对华政策的破产和中华人民共和国的成立；美国推行敌视中国的政策及其在亚洲的侵略扩张活动；西欧联合趋势的发展和欧洲经济共同体的建立；苏联对外政策的新变化；亚非会议和亚非国家反帝斗争的高涨；美苏争霸格局的形成；西欧、日本对外政策的调整；苏联恶化中苏国家关系；第三世界的兴起；美苏在缓和中的争夺；西欧联合趋势的加强和日本的"多边自主外交"；第三世界联合反帝反殖反霸斗争的新局面；美苏争夺的新态势和世界多极化趋势的发展；第三世界争取和平与发展的斗争；中国对外关系的发展和变化；转换中的世界格局；第三世界的动荡与发展；90年代前半期中国的对外关系等。

时殷弘著《现当代国际关系史（从16世纪到20世纪末）》，中国人民大学出版社2006年出版。该书首先分析了"现当代国际关系史的思想方法和研究方法"，内容包括"历史研究的若干基本问题""历史方法的价值与'科学方法'的弊端""国际关系的历史理解""国际关系史学根本方法与国际关系史料"等。通过对大量著名史学家和论著的介绍，就国际关系史研究的脉络提供了清晰的线索。在此基础上，作者以对从16世纪初至 19 世纪初现代国际权势斗争和现代国际体系演变的阐释，在论述了 19 世纪孕育的 20 世纪基本趋势之后，分别以传统中心的衰落和侧翼大国的兴盛、超级强国的对抗和竞争、超级强国以外的主要新力量、大众政治、新技术/新国际规范为四大分支性主题，论述了 20 世纪全球性国际政治的历史。值得提出的是，该书有专节论述"时代特征和中国崛起"。作者认为，"世界基本格局主要指国家间实力和权势的基本分布状况。这方面二十余年来尤为突出的大致是这么一个事实：美国及其主导的西方发达国家共同体在大部分功能领域（即政治、军事、外交、经济、技术、财政、思想文化影响和国际规则体系等）占有非常显著的优势"，苏联瓦解、美国成功发动和展开信息技术革命、大力进行"新军事革命"以及美国经济在 20 世纪 90 年代的调整和发展，使美国的优势有了跃进式的扩展，但是，"它决不是唯一基本的事实。20 世纪 90 年代初期开始，中国经济腾飞变得非常显著并且持续不断，中国成为世界强国的初始前景由此开始浮现"①。总之，中国的迅速崛起和美国的优势衰减，是一个不争的事实。此外，每页附的脚注展示了在研习现当代国际关系史方面可资利用的大量文献，包括多种精粹的经典文献。该著是一部有一定研究深度，重视理论描述的国际关系史。

"冷战"，通常指 1947—1991 年间美国为首的西方资本主义国家和苏联为首社会主义国家两个阵营在经济、政治、军事、外交、文化、意识形态等各方面都处于对抗状态的时期。冷战结束后，国际关系进入了一个新的发展时期，宫少朋等主编《冷战后国际关系》，世界知识出版社 1999 年出版；作者从雅尔塔体系的瓦解、作为唯一超级大国的美国、欧洲一体化与欧洲格局重建、稳定发展下的亚太地区、海湾战争后的中东局势、任重道远的联合国、国际格局大变动时期的中国外交等方面，对如何看待冷战结束前后国际关系的发展演变，及对今后世界的影响进行了详尽的阐述。作者认为，从 80 年代后期开始，国际关系发生了十分显著的变化。两极体制伴随着东欧剧变、德国统一和苏联瓦解的脚步迅速走向崩溃；国际力量在

---

① 时殷弘：《现当代国际关系史（从 16 世纪到 20 世纪末）》，中国人民大学出版社 2006 年版，第 373 页。

动荡和变化中重新分化组合，构筑新的多极化的力量格局；各国在新形势下纷纷调整战略，力争抢占 21 世纪的优势地位；各种形式的外交，诸如首脑外交、大国外交、经济外交、多边外交等空前活跃；经济全球化、区域化、集团化以前所未有的速度迅速发展，带动国际政治经济化和国际经济政治化倾向不断加强，各国面对着一个日益充满机会和风险的世界；高科技对国际关系的影响日渐加深，知识经济的降临导致各国之间综合国力的竞争更加激烈；尽管"冷战"结束并没有减少地区冲突，但军控机制、安全合作机制有所加强，和平的力量在不断增长，世界大战爆发的可能性进一步减小；可持续发展越来越成为时代的主题，各国在加强自身经济建设的同时，对全球变暖、环境恶化、国际犯罪、毒品走私等全球性问题增进了共识，加强了合作；所有这些构成了 90 年代国际关系的总体特征。这些新特征揭示了一个新时代的发展时期，并在新的科技革命中进一步演变。社会主义虽经历了较大的挫折，但并未衰亡，而进入了新的力量积聚和理论反思的时期。两制的竞争代替了两制的根本对抗，世界要和平，国家要发展，经济要繁荣，社会要进步，已经成为各国人民的普遍要求，这正是和平与历史的发展，也表明国际关系正在日趋复杂化。

在世界国际关系发展的历史中，西欧和美国的国际关系占有举足轻重的地位。

陈乐民著《战后西欧国际关系：1945—1984》，中国社会科学出版社 1987 年出版。该书对第二次世界大战至 1984 年西欧国际关系和国际政治的发展、演变作了详细探讨，对其间发生的重大事件进行了着重分析。作者涉及的主要问题是第二次世界大战后期欧洲战局和东西欧的形成；战后德国；欧洲的"集团化"和所谓"冷战"；欧洲"集团化"和北大西洋公约组织的诞生；印度支那问题和苏伊士运河危机——英法殖民体系的衰落；从战后欧洲一体化思潮到"小欧洲"共同市场的诞生；"大国交易"——西欧国际关系的时代背景之一；非洲大陆的变革与传统殖民体系的终结——西欧国际关系时代背景之二；核武器与大国地位；法国向"美国治下的和平"的挑战；联邦德国的"新东方政策"；"六国欧洲"——欧洲共同体的成长和问题；70 年代上半期的欧美关系；所谓"缓和势头"；多种矛盾的并发——大西洋两岸的新一轮论战；欧洲共同体在发展中的特点；80 年代的美苏争霸与西欧；战后西欧国际关系的演变等。作者选材详略得当，在详尽的史实叙述的同时，注意理论分析和概括，在此基础上提出的一些结论，能给人以深刻的启迪，有较强的说服力。

张锡昌、周剑卿著《战后法国外交史 1944—1992》，世界知识出版社 1993 年出版。作者长期从事外交工作，与法国结下不解之缘，经历了法国外交的风云变幻，与法国社会各界人士，包括戴高乐、蓬皮杜和密特朗等都有接触。作者在撰写该书的过程中，得到华盛顿"威尔逊国际学者研究中心"、哈佛大学"欧洲问题研究中心"、巴黎"戴高乐研究中心"的支持和帮助。该书的主要内容是：戴高乐初次执政，法国跻身于大国之林；第四共和国外交，冷战中的法国；对德政策变化与西欧联合；戴高乐东山再起，戴高乐的外交思想和外交风格；蓬皮杜：现实的戴高乐主义；吉斯卡尔—德斯坦：新潮的戴高乐主义；密特朗：社会党色彩的戴高乐主义；密特朗与中国；超越戴高乐主义等。该书阐述法国的外交史时，没有脱离法国的内政，例如，在论述法国的重大外交政策时，都重视分析法国国内政治气候、政府更迭、党派斗争、阶级矛盾和国内政治形势等。作者认为，维护民族独立，以及在此基础上的独立外交，争取大国地位，是战后法国外交史的主线，这不仅是因为"大国观念"深深扎根于法国的历史传统之中，同时彻底改变"二战"后法国沦为二等国家这一事实，恢复法国的大国地位，也是法国举国上下的共同愿望，这些成为战后法国外交的基本出发点，对此，作者在书中有较完整、系统的论述。作者还将法国的外交活动，放在宏观的世界格局中去认识，将各个时期法国的外交活动，与变化着的世界格局联系在一起进行分析，这样可得出更加符合实际的结论。例如，在分析法国与美国、德国、苏联、东欧、北约、华约、欧安会、欧洲经济共同体的关系时，都是这样。戴高乐为法国外交在世界上独树一帜，做出了积极的贡献，"戴高乐 1958 年重新执政后最重大的成就，乃是实现了法国外交对战后世界的适应，制定了在两极格局中维护民族独立和国家主权的一整套方针政策，使法国外交具有一定的驾驭国际事态的能力，才从被动转入主动"[①]。在法国从阿尔及利亚脱身，向美国的金融霸

[①] 张锡昌、周剑卿：《战后法国外交史 1944—1992》，世界知识出版社 1993 年版，第 19 页。

权挑战,倡导"法国的欧洲",实施缓和、谅解、合作的"东方政策",中法建交等事件中,都可清晰地看到戴高乐的贡献。

李庆余著《美国外交:从孤立主义到全球主义》是我国学者撰写的全面论述美国外交政策的通史性专著;南京大学出版社 1990 年出版。主要内容是:革命与扩张(从独立战争到 1914 年);谋求国际新秩序(1914—1945 年);冷战与遏制(1945—1969 年);多极世界中的美国外交(1969—1988 年)。在论述上述问题时,涉及了美国外交的一些基本问题,如美国霸权主义的兴起、美国式的集体安全体系、冷战和遏制战略、多极世界与美国外交新布局、美国与西欧、日本的伙伴关系等。2008 年,李庆余著《美国外交史:从独立战争至 2004 年》,由山东画报出版社出版,该书是《美国外交:从孤立主义到全球主义》一书的修订本。《美国外交》于 1990 年出版以来,世界发生了巨大的变化。冷战解体了,世界进入后冷战时代,美国开始谋求后冷战的外交理念与政策。修订本在第四编中补写"冷战的解体"这一节,并增加第五编——后冷战美国外交。这一编一直写到 2004 年 11 月美国总统选举。增补的主要内容是:后冷战美国外交(1989—2004 年),包括布什政府:重建"世界新秩序";克林顿政府与"扩展"外交;小布什政府与"反恐"外交等。该书附录内容丰富,包括参考书目、图表、地图等。

杨生茂主编《美国外交政策史,1775—1989》,人民出版社 1991 年出版。该书是我国有关美国外交政策史的第一部专著,全书上溯美国建国初期,下迄布什上台。书末附有大事年表、参考书目举要、美国领土扩展简表、美国外交主要决策人物表、美国驻中国及中国驻美国历任外交使节表、索引等。编写者认为:如今国内尚无一本较系统、较完整的有关美国外交政策史的专著。写作该书的目的在于填补这个空白,以期能产生一些抛砖引玉的效果。更重要的还在于应答时势的需要,为有志于研究美国外交政策的读者服务。撰写和学习美国外交政策史,还有一个更深层次的意义,即了解美国在对外政策中是如何实现其国家利益的。外交是内政的延续,美国的外交政策总是反映其决策人所持的国家利益观。利己是资产阶级世界观的基本核心。在外交活动中,资本主义美国的对外政策完全以本国国家利益为至上的、唯一的圭臬,从没有真正的利他主义,更不可能有真正的国际主义。关于该书的基本构思，编写者认为，一国外交政策的制定，基本上是由其国内和国外政治、经济和思想意识诸因素所制约的。一国外交政策正是这些国内外诸因素的合力。不过外交政策具有复杂的易变因素，如意识形态的作用，舆论媒介的作用，决策过程中人的作用，实施外交政策的时、空选择等等。因此这种合力不同于物理合力，不能由一条单一的直线来表述。由于外交是内政的延续，在国内外因素中，国内因素是基本的、主导的、决定性的。国外因素只是外部条件，同国内因素相比，其在政策形成中所起的作用是次要的。在国内外诸因素中，起决定作用的是经济因素，但这不等于说，其他因素不能起决定作用。编写者对美国的扩张政策给予了充分重视，强调扩张是贯穿整个美国外交政策史的主线，也是理解美国外交史发展的关键。美国外交政策的发展历程三个时期：大陆扩张（1775—1897）的四个阶段、海外扩展（1898—1945）的三个阶段、全球称霸（1945年至今）的四次大调整，构成了美国外交政策的主线。

王玮、戴超武著《美国外交思想史，1775—2005年》，人民出版社2007年出版。该书从思想的角度分析和探讨了美国外交的起源、形成、发展演变和未来走向的历史过程，并对美国自建国以来到2002年的外交做出了恰如其分的历史定位，并对美国各届政府外交的特点、性质及面临的困境进行了深入分析。作者对美国外交史学史的发展过程没有停留在一般性的评述，而是从思想的深度去研究美国外交最为本质的内容，具体包括遏制战略的继续与代价：肯尼迪—约翰逊的外交思想和美国外交的悲剧、伦敦世界经济会议和罗斯福的民族主义外交思想、卡特政府的人权外交等方面的内容。作者认为，作为一个历史短暂的移民国家，美国的历史资源相当短缺，它只能依靠其所谓"美国理想""美国梦"的意识形态，来强化国民的民族认同感，并支撑它的外交体系。按特纳的"边疆"假说，美利坚民族所拥有的一切，包括民族特性、民主理想、自由制度、教育、宗教、文化等，均来自西部开发的历史进程。边疆史学家们从中得出结论：美利坚民族是在西部边疆移动过程中发展起来的民族，美国是崛起于西部荒野的世界强国。但是，这种论断只说对了一半。此外，作者对冷战的历史根源和实质、"人权外交""超级遏制"和"新帝国论"，以及美国外交思想中的对世界霸权的追求等也有分析，该著具有重要的学术价值，也有一定的现实意义。

就中国学者而言，国际关系史研究中的中外关系，自然是研究的重点之一。1987年，周一良主编《中外文化交流史》，由河南人民出版社出版。这是改革开放初期中国学者的集体著作，参与撰写的有丁建弘、戈宝权、朱龙华、何芳川、张芝联、周南京、季羡林、罗荣渠等19人。这部著作编写的宗旨是力求以马克思主义为指导，根据确切可靠的材料，实事求是地叙述1949年中华人民共和国成立以前中国与外国的文化交流。因受当时研究状况的限制，只包括了二十几个国家，有些只能以区域或洲为单位而未能按国叙述。事物的发展是不平衡的，中国与外国的文化交流，也不排除中外的某一方、某一时期中，某一领域内单方面影响较大或较深。但千百年来中外文化交流的总趋势是互相影响、互相促进，总的成果是共同提高。一个国家，一个民族，只有与外界交流，从各方面汲取营养，以丰富充实自己，才能在政治、经济、文化各方面辉煌发展①。这部著作的主要特点，是十分重视中国与周边国家，与发展中国家的外文化交流，而不是仅把视线停留在西方。如中国与缅甸、印度、印度尼西亚、伊朗、朝鲜、马来西亚、尼泊尔、斯里兰卡、泰国、菲律宾、越南、柬埔寨等国的友好交往，以及中国与阿拉伯国家、非洲国家，与拉丁美洲国家的历史文化联系，在书中都有具体的论述。周扬曾多次提出撰写《中外文化交流史》，而且这部著作，也是在他的亲自关怀下组织编写的，所以周一良在《前言》中提出，将此著作奉献给他。

随着中国改革开放的不断深入，中外文化交流的范围和规模不断扩大，近年有关中外文化交流史的著作有多种问世，何芳川主编的《中外文化交流史》，国际文化出版公司2008年出版，是一部有较突出特点的著作。季羡林为该书题字："在中西文化交流史上要研究西学东渐，更不可忽视东学西渐，因为中西文化是在东化和西化的双向互动中发扬光大的。"应该说，该书的编写者对这个问题给予充分的重视，该书在论

---

① 周一良主编：《中外文化交流史》，河南人民出版社1987年版，第7页。

述中国文化的世界影响时，更多地汲取了中外学者的最新成果，弥补了以往一些著作的不足。该书内容十分丰富，从时间上讲，自两汉直至20世纪，从交流地域上讲，包括东北亚、东南亚、南亚、西亚、非洲、欧洲、美洲等。在"导论"中，编者通过文化与文明、文化交流与文明交汇、文化交流的特殊状态：暴力与战争、文化交流中的"作伪"与"误读"、和平交流：全球化中的中国文化旗帜等，探讨了"文明、文化与文化交流"中的一些重大理论问题。编者认为：文化交流的历史图像，是极难把握的。首先，它是动态的，而非静态的。自古以来人类社会发展不平衡的规律性现象，也是文化交流的基本背景。其次，它是立体的，而非平面的。人类在不同地区，不同国家、民族创造的文明与文化，都同人类社会本身一样，是一种立体网络式的结构。正因为如此，诸文明与文化之间的交流，自然也是立体网络式的。最后，它是双向与多向的，而非单向的。文化交流的双向性，其实也是一种多向性互动。这也从另一侧面，证明文化交流的立体网络模式。中华民族对外文化交流时，其璀璨辉煌的物质文化出超现象常常令人眼花缭乱。当人们集中注视中外文化交流的这一现象时，其实有许多值得重视的事物往往被掩盖了。发掘并探究这些容易被掩盖的比较陌生的领域，尤具重要的价值。[①] 所有这些，对于深入理解这部《中外文化交流史》，无疑是有益的。

近年来，中美、中英、中苏、中日、中国和拉美关系研究，中国和墨西哥关系，以及中国与东盟国家关系等，有不少有影响的成果问世，在国内外学术界产生积极反响。陶文钊主编的《中美关系史（1911—2000）》，分上、中、下三册，共150万字，由上海人民出版社2004年出版。上卷自1911年至1949年新中国成立前；中卷从1949年新中国成立至1972年尼克松访华；下卷为尼克松访华至2000年中美"入世"谈判。通过对这三个时期两国间重大事件的叙述，论述了中美两国外交政策的决策过程，以及影响双方决策的各种复杂因素，不仅梳理了双方多年的磨合、碰撞，从对抗走向和解的历史过程，而且分析了两国外交政策对两国和世界的深刻影响。作者参考美国国务院出版的《美国外交文件》，同时广泛利用了在美国国家档案

---

① 参见何芳川主编《中外文化交流史》上卷，国际文化出版公司2008年版，第3—4页。

馆、罗斯福图书馆、杜鲁门图书馆、斯坦福大学胡佛图书馆等处搜集到的大量有价值的宝贵资料。作者还利用在美国做访问学者的机会，寻访多位美国政府卸任官员，探讨中美关系史中种种未解之"谜"，发挥了"活材料"不可替代的积极作用，在一定程度上弥补了"死材料"不足的缺陷，是我国中美关系史的力作。该书虽是一部编年史著作，但作者在叙事的同时也做了理论分析。该书以两国的政治关系为主，但也兼及其他。以第三卷为例，可清楚地看出这一特点。该卷的主要内容是：停滞不前、走向正常化、《八·一七公报》产生前后、稳定大局、平衡发展、疾风骤雨、新的冲击、首脑互访（江泽民访美和克林顿访华）、柳暗花明、人权、西藏和香港问题、在颠簸中前进。在实证研究的基础上，作者强调，鉴于两国存在的分歧，中美关系过去不是一帆风顺的，以后也不会一帆风顺，但由于两国间的共同利益，两国关系还会继续向前发展，两国关系可以是而且应该是一种双赢的关系。应该说，作者的见解符合冷战结束后中美关系的现状和走势的实际。

姜长斌、罗伯特·罗斯主编《从对峙走向缓和——冷战时期中美关系再探讨》，世界知识出版社 2000 年出版。该书收录了中外学者 16 篇文章，文章涉及的主要问题有 50 年代两次台湾海峡危机、中美大使级会谈、越战与中美关系、大国关系变动与中美关系、美国内政局与中美关系。姜长斌在"写给读者"中说："这本书是中美学者合作研究奉献给读者的一项成果。这项研究始于 1995 年春。""1998 年春出版了《1955—1971 年的中美关系——缓和之前：冷战冲突与克制的再探讨》一书。""现在奉献给读者的，不仅有提交给第二次研讨会的论文，而且还包括《1955—1971 年的中美关系》一书中经过补充和修改的文章。也就是说，该书囊括了除朝鲜战争之外的冷战时期从 1955 年到 1979 年初的中美关系的方方面面。"美方项目主持人罗伯特·罗斯教授对两次研讨会的论文写的两篇评论，也收集于此。这两篇评论见序言一、二。陶文钊研究员在《美国研究》2001年第 1 期上发表的文章《读〈从对峙走向缓和——冷战时期中美关系再探讨〉》，他认为书中所收论文的主要特点是，对从 20 世纪 50 年代中期到 70 年代中期的中国对美政策作了系统的回顾；对各个时期中国的对美政策作了比较全面、均衡的分析，避免了简单化的结论，如在第二次台海危机中，毛泽东确定了避免与美国发生直接的军事冲突的原则，用战争边缘政策对付美国的战争边缘政策。面对越南战争的迅速升级，中国领导人决定支持越南把战争打下去，直到取得彻底胜利；比较全面地剖析和揭示了中国对美政策演变的原因，中国决策者在第一阶段主要有三方面考虑：抓住时机，争取缓和同美国的关系；分化美国与其盟国，探索同英、法的关系；防止台湾问题固定化；对中国国内政治与对美政策的关系做了深入探讨，在"十年对抗"时期，中国对外政策的发展是与中国国内政治中的"左"倾发展相平行的；十分重视中美关系中的苏联因素，在该书论述的时期，中国的外交主要是处理对美国和苏联的关系，而这两者又是互相联系、互相影响的；对毛泽东的外交思想作了比较全面、深入的探讨。毛泽东是中国外交的最高决策者，他的思想指导了中国从50年代到70年代中期的外交。

在中英关系中，有萨本仁、潘兴明著《20世纪的中英关系》，上海人民出版社1996年出版。20世纪是人类历史上急剧变化的时期，中国和英国的社会发展，都处于重大转折之中。20世纪初，随着西方列强侵华的加剧，中国现代民族主义急剧兴起，中国开始谋求成为自由、独立和现代主权民族国家，并努力改变在国际社会中的弱势地位，中英关系出现了许多新的问题。中英关系源远流长，20世纪中英关系的发展变化，对中国社会历史发展产生重要影响。20世纪中国经历了历史巨变，中英关系也几经转折。中英关系的转变向世人昭示，只要双方竭诚合作、求同存异，通过和平谈判完全可以改善国家间关系，圆满解决历史遗留问题。全面发展两国关系符合两国人民的根本利益，也完全顺应世界和平与发展的总趋势。该书的特点之一，是作者在尽力掌握、研究英国各种档案资料的同时，十分重视中国的史料。在20世纪的中英关系研究中，并不局限于政治、经济方面，同时也包括文化方面的联系等，如"近代中英文化科学交流""中国早期留英学人与英国教会在华办学""文化巨匠罗素来华讲学与中国地质力学奠基人李四光三赴英伦""20世纪上半叶中英文化科学交流""英国文化科学界对中国抗战的声援"等。其他的主要内容是：中华民国成立前的中英关系概述、英国对中国辛亥革命的态度和政策、第一次世界大战前后的中英关系、英国对中国大革命的镇压和软化、九一八事变后英国对华基本政策、抗日战争时期的中英关系、战后初期的中英关系、新中国成立初期的中英关系、中英关系从低潮走向正常化、中英关系的发展与香港问题的解决等。书末的"中英关系大事年表",对于了解20世纪的中英关系,也提供了不少帮助。

国际关史研究并非限于双边关系研究。20世纪90年代初,华庆昭分别以中文和英文在中国和美国出版关于战后初期大国关系的力作《从雅尔塔到板门店:中、美、苏、英 1945—1953》(中文版:中国社会科学出版社1992年初版,2006年再版),在国内外广大读者中和学术界引起强烈反响。美国著名历史学家约翰·托兰在该书写的前言中指出:该书是一部杰出的历史著作。它讲述一双中国人的眼睛所看到的、从1945年春到1953年初的战后世界。同时,它也是在经过深入研究之后,对于杜鲁门外交的一番呕心沥血的记述,极有教益。就我所知,还没有一部历史包含着这么丰富的以大量文件和事实为根据的新信息,使得该书成为每一个认真的外交史学者的必读著作。该书内容十分丰富,举凡罗斯福外交的影响,冷战的起源、酝酿和爆发,原子弹及原子外交,丘吉尔的铁幕演说,杜鲁门主义,马歇尔计划,捷克二月事件,柏林危机,等等,均有详尽的叙述,结论部分对影响杜鲁门外交的诸种因素作了分析。徐友珍著《分歧与协调:美英关系中的承认新中国问题(1949—1951年)》,武汉大学出版社2007年出版。1949—1951年正是中国革命胜利、新中国对亚洲局势产生决定性影响的关键时期,美英如何应对新中国的建立,是这一时期东西方冷战的焦点问题,始终吸引着国际国内学术界的研究兴趣。该书将中国在联合国的代表权问题、中国对台湾岛的领土主权问题和中国对日和约签约权问题纳入对新中国承认问题的研究范畴,对美英在承认新中国问题上的分歧与协调进行全方位的动态分析,凸显美英政策的互动。作者的基本观点是:美国对新中国的不承认立场基本贯穿始终,也体现在对新中国承认问题的各个方面,尽管朝鲜战争爆发前后,美国在这些问题上的立场有些区别;英国希望通过与新政权的和解来维持英国在华利益和影响的目标贯穿始终,事实上也为承认中华人民共和国、维护中华人民共和国作为中国唯一合法政府的正当权益做了不少努力,基本坚持了承认中华人民共和国的原则立场;与美英在欧洲问题上相对协调一致的英美特殊关系模式明显不同的是，不仅美英在对中华人民共和国的承认问题上存在实质性的分歧和重大冲突，而且其分歧的表现形式、分歧与协调的发展轨迹与结局也各不相同，很难一言以蔽之；导致美英对华政策分歧的深层原因体现在三大基本方面：一是美英基于不同的国家利益而形成的相互冲突的远东及对华政策目标是导致美英分歧的根本原因；二是美英基于不同的外交传统与对现实问题的不同估计所形成的对华决策理念和思路的差异在一定程度上导致了美英分歧；三是美英对华政策国内外制约因素的差异也影响了美英对新中国的决策取向。英国与美国在承认新中国问题上分歧与协调的影响，主要体现在：它在一定程度上缓解了中美对抗升级的紧张局势，也在一定程度上提高了新中国的国际地位和影响力，并为新中国在与美国的较量中提供了一个重要的砝码。

近年中苏关系史的著作有多部出版①，沈志华主编的《中苏关系史纲（1917—1991）》，新华出版社2007年出版，是有代表性的作品之一。中苏关系是20世纪最重要的双边国际关系之一，编写者利用大量史料，包括大量解密资料，探讨了1917—1991年中苏关系的曲折历史。与以往的中苏关系史著作不同的是，作者在收集、整理大量丰富的中国与苏联历史档案的基础上，对中苏关系进行了全面和系统的梳理和分析，特别

---

① 林军：《中苏关系（1969—1989）》，黑龙江教育出版社1989年版；胡礼忠等：《从尼布楚条约到叶利钦访华——中俄中苏关系300年》，福建人民出版社1994年版；中国中俄关系史研究会编：《战后中苏关系走向》，社会科学文献出版社1997年版；刘志青：《恩怨历尽后的反思：中苏关系70年》，黄河出版社1998年版；罗时叙：《由蜜月到反目》，世界知识出版社1999年版；杨奎松：《毛泽东与莫斯科的恩恩怨怨》，江西人民出版社1999年版；吴冷西：《十年论战：1956—1966中苏关系回忆录》，中央文献出版社1999年版；蒲国良：《走向冰点——中苏大论战与1956—1965年的中苏关系》，国际文化出版公司2000年版；李越然：《中苏外交亲历记》，世界知识出版社2001年版；李丹慧：《北京与莫斯科：从联盟走向对抗》，广西师范大学出版社2002年版；章百家、牛军：《冷战与中国》，世界知识出版社2002年版；栾景河主编：《中俄关系的历史与现实》，河南大学出版社2004年版；刘德喜：《从同盟到伙伴——中俄（苏）关系50年》，中共党史出版社2005年版；徐晓天、李春隆、徐振泽：《新中国与苏联的高层往来》，吉林人民出版社2001年版；杨闯、高飞、冯玉军：《百年中俄关系》，世界知识出版社2006年版；薛衔天：《中苏关系史》，四川人民出版社2003年版；薛衔天、金东吉：《民国时期中苏关系史（1917—1949）》，中共党史出版社2009年版。

是对中苏关系的许多重大事件进行了深入的分析，内容包括苏联与中国革命、中苏同盟建立、中苏分裂与对抗、中苏关系正常化，以及分析中苏同盟破裂的内在原因等，是一部完整反映中苏关系历史的著作。《中苏关系史纲（1917—1991）》（增订版），2011年由社会科学文献出版社出版。此次编写者作了比较多的修订，除了根据新公布的档案修正部分阐述外，原来较为薄弱的第四篇完全重写。第四篇的主要内容是：走向"正常化"（1979—1991），包括"正常化"问题的缘起、开启"正常化"进程、双边关系逐步改善、走向"正常化"的转折、实现中苏关系正常化等。

原中国驻苏联大使李凤林为该书写有序言："中苏关系的历史与中俄关系的未来"。他说，作为中苏关系和中俄关系发展的亲历者，我认为，"以史解史"终归是回顾和缕析中苏（俄）关系发展史的一个比较客观的方法。按照历史的推演顺序和发展框架，中苏关系可以循着一些具有代表性的重大历史事件和关键性问题把握其发展的历史轨迹。中国同苏联的关系，无疑是世界上最为重要的双边关系之一，其重要性主要体现在以下三个方面。第一，中苏关系的广度、深度和复杂程度要超过很多其他大国关系。第二，中苏关系的进程对中苏两国的内政和外交曾有着巨大的影响。第三，中苏关系的历史轨迹与当代国际关系史的发展和演变具有很强的关联性。对比中苏和中俄关系史的发展历程，我认为可以得出以下基本启示：国家关系必须遵循平等的原则；国家关系中应该相互尊重，不干涉内政，不强加于人；不能以意识形态划分来确定国家关系；维护国家利益应该成为发展国与国之间关系的重要原则；正确对待历史问题。李凤林最后强调，目前，中俄关系处于新的历史起点上。形势的发展和两国的需要要求我们必须进一步加强战略协作。无论国际风云如何变化，双方都要坚持从维护中俄关系大局的高度处理遇到的问题，牢记中苏关系的经验教训，坚持从战略和全局的高度推动中俄关系发展。

王芸生著《六十年来中国与日本》（8卷本），三联书店1979—1982年出版，是一部有特色的中日关系史著作，除此之外，近年还有多种中日关系史方面的著作问世①。1931年，日本侵略者发动侵占我国东北的九一八事变，3个多月后，王芸生在天津《大公报》开始连载长文《六十年来中国与日本》，首篇文前冠以"前事不忘，后事之师！国耻认明，国难可救"！这是一部集中日关系史料与学术研究于一体的史论专著。王芸生在首篇前还写了"前言"，指出，吾人试考六十年来之中日外交关系，当可了然于强弱进退之所由来。语云："前事不忘，后事之师。爰自同治十年中日订约，以迄最近之日本侵华经过，搜辑政书，分纪始末，使一般国民，咸知国耻断非突发，自反乃能自强，明耻教战，或非无裨……迨甲午一战，中国遂大暴露，赔款割地，自是日本渐为强国，中国则日衰。庚子后，日人在华之势力，亦日益伸张。迄今又三十余年，日本著著进步，窥伺之计无穷，而中国则积弱之势，每况愈下，迄今东北三省复又不战而失守，谁实为之，孰令致之，览兹篇者，庶知耻而怀奋焉。"

这篇长文连载经过一段后，1932年开始由《大公报》陆续结集成七册，仍定名为《六十年来中国与日本》。该书直接征引历史档案和外交文书资料超过四分之三的篇幅，疏证和史论的部分不足四分之一，清晰地勾勒出19世纪末20世纪初纷繁复杂世界格局下，中日关系60年来的历史演进脉络。《六十年来中国与日本》的写作跨度，原为1871年中日两国签订《中日修好条规》至1931年九一八事变的中日关系史料。第七卷只写到1919年，还有12年未及写作。因时局动荡等原因王芸生就此放下，直至新中国成立后他几经磨难，才在20世纪70年代末，将1920年至1931年中日关系史用大事记的形式续上，在新版《六十年来中国与日本》一书即

---

① 杨正光：《中日关系简史》，湖北人民出版社1984年版；汪向荣：《中日关系史文献论考》，岳麓书社1985年版；张声振：《中日关系史》，吉林文史出版社1986年版；汪向荣：《古代中日关系史话》，时事出版社1986年版；王晓秋：《近代中日启示录》，北京出版社1987年版；杨孝臣：《中日关系史纲》，上海外语教育出版社1987年版；杨正光主编：《当代中日关系四十年（1949—1989）》，时事出版社1993年版；张暄编：《当代中日关系四十年（1949—1989）》，时事出版社1993年版；吴学文等：《当代中日关系（1945—1994）》，时事出版社1995年版；宋成有等：《战后日本外交史（1945—1994）》，世界知识出版社1995年版；李玉等主编：《中国的中日关系史研究》，世界知识出版社2000年版；田桓主编：《战后中日关系史（1945—1995）》，中国社会科学出版社2002年版；徐之先主编：《中日关系三十年（1972—2002）》，时事出版社2002年版；张声振、郭洪茂：《中日关系史》第1卷，社会科学文献出版社2006年版等。

将付梓之时，王芸生带病撰写了一篇 8000 字的"修订导言"，向相关专家征求意见。1980 年 3 月，王芸生在病榻上见到了由赵朴初先生题写书名的新版《六十年来中国与日本》8 卷本的第一卷样书。1980 年 5 月 30 日，王芸生在北京病逝。在王芸生逝世两年后，《六十年来中国与日本》（8 卷本）全部再版出齐。

关于我国的中日关系史研究，李玉等主编《中国的中日关系史研究》，世界知识出版社 2000 年出版。这部著作问世前，已经有多部中国学者对日本研究的学术史著作问世[①]。该书探讨的是中国学者对中日关系史研究的历史。叙述的时限是上至古代，下至 1996 年。全书分为两编。第一编是总论：对中国日本研究的发展过程和各阶段的概况以及总的特点加以简要的说明；并结合中国中日关系史研究论著的数量统计，对中国的中日关系史研究的历史做一概括性的叙述。第二编是分论，按历史发展顺序，重点评介 20 世纪 80 年代以后，中国学者对各个历史时期重要问题的研究，即围绕一个问题，介绍和评述与此问题有关的代表性论著以及代表性的观点。需要说明的是，因篇幅所限，在分论中只能就一些重要问题做评述。这些重要问题的确定，是以中国学者对中日关系史研究的实际状况为依据，且多为学术界所认同的[②]。不难看出，该书的内容十分丰富，编撰的态度也十分认真。对系统了解我国中日关系史研究的历史和现实，有重要的参考价值。该书是"中国的日本研究史丛书"中的一种，其余分别是《中国的日本史研究》《中国的日本研究杂志史》。

中国与朝鲜半岛关系史研究，一度停滞不前，近年有所改变。杨军、王秋彬著《中国与朝鲜半岛关系史论》，社会科学文献出版社 2006 年出版。该书从前国际体系、郡县体系、羁縻体系、宗藩朝贡体系、"平等"关系的确立与断裂、冷战期间泾渭分明的"一对二"关系、后冷战时代

[①] 这些著作主要有：《中国日本学论著索引 1949—1989》，北京大学出版社 1991 年版；《中国日本学文献总目录》，中国人事出版社 1995 年版；《中国日本学年鉴 1949—1990》《中国日本学年鉴 1992》，科学技术文献出版社 1991 年版、1992 年版；《中国的日本研究》，社会科学文献出版社 1997 年版。

[②] 李玉等主编：《中国的中日关系史研究》，世界知识出版社 2000 年版，第 3 页。

中朝中韩关系的良性发展等方面，系统分析了中国与朝鲜半岛关系的发展演变过程及其特点。作者还从历史与现实的结合上，分析中国与朝鲜半岛关系的未来走向。在绪论中，介绍了中国史学界与朝、韩史学界在中国与朝鲜半岛关系史研究中存在分歧的几个问题，并在结语"构建中国与朝鲜半岛关系的新形态"中，分析了造成这些问题分歧的原因，以及对这些问题的看法。作者认为，中国与朝鲜半岛山水相连，鸡犬相闻，有数千年的交往史。只有把中国与朝鲜半岛的关系放在历史发展的宏观背景中，理清朝鲜半岛古代历史发展的脉络，确定中国与朝鲜半岛关系史的基本框架，分析不同时期中国与朝鲜半岛关系的不同特点，并以此去理解相关的历史问题，才能得出更符合历史事实、更具有说服力的结论。而中国与朝鲜半岛关系新形态的构建将根植于中国与朝鲜半岛数千年的友好交往史。魏志江著《中韩关系史研究》，中山大学出版社2006年出版。这是一部着重从理论上探讨中韩关系史的专著。作者并不是按照历史顺序全面阐述中韩关系，而是选择了辽金帝国与高丽之关系和大清帝国与朝鲜之关系两个部分，详细探讨了相关内容。关于辽金帝国与高丽的关系，主要涉及辽丽关系的展开与辽圣宗对高丽的征伐；1020—1125年的辽丽关系；辽宋丽三国关系与东亚国际秩序；金建国前东、西女真及其与高丽的关系；女真与高丽曷懒甸之战考略；12世纪初金国与高丽的外交；13世纪初金、蒙古、东夏及其与高丽的多边关系；辽金与高丽的经济文化交流。大清帝国与朝鲜的关系，侧重于1619—1795年间，主要内容是：萨尔浒之役后金鲜国交的展开；清鲜宗藩关系的成立及其演进；清入关初期清鲜关系的发展——以顺治、康熙朝为中心。作为附录，书末附有《试论国立中山大学与韩国独立运动》。

刘少华著《中国与东盟国家关系》，湖南人民出版社2001年出版，研究了自秦汉以来的中国与东盟国家的关系，重点则是新中国成立后，中国与东南亚各国之间的关系。为此，必须进行历史考察，否则，这一研究将成为无源之水、无本之木。"同时，从史学的社会功能出发，了解历史，才能更好地把握现在，预测未来。特别是新世纪来临之际，中国与东盟国家关系在新世纪未来走向如何，更是政界、学术界关心的问题……从时间的跨度来看，本书研究内容较为完整，线索分明，即沿着历史—现在—未来这一主轴进行。"① 该著的主要内容有古代时期中国与东南亚国家关系；近现代殖民体系内中国与东南亚国家关系；冷战时期、冷战结束后中国与东盟国家关系；中国与东盟国家的经济关系、安全关系、文化关系；中国与东盟组织的关系；21世纪中国与东盟国家关系探析等，有助于读者从历史与现实的结合上系统了解中国与东盟国家关系。

近年中国周边国家的历史研究，包括中国与这些国家双边关系的历史研究，受到普遍重视，陆续有一些成果问世。除已经提及的之外，还有余定邦、陈树森著《中泰关系史》，中华书局2009年出版等。中泰两国有着悠久的友好交往的历史。作者在序言中指出：早在汉代，"汉之译使"就途经湄南河流域、马来半岛北部前往南印度的黄支国。从汉代至三国时代，中国人已经知道湄南河流域有一个古国称为金邻国。到南北朝时，位于马来半岛北端和湄南河流域的古国，如狼牙修、盘盘、投和（堕罗钵底）等，已开始遣使入访中国。隋代有赤土、唐代有哥罗、哥罗舍分、参半等国遣使入访中国。到了宋代，湄南河流域的古国多为真腊的属国，如丹流眉（登流眉）、罗斛、真里富等，也派遣使者到中国进行友好访问。中国古籍对这些古国的记述，可以弥补泰国史料记载的不足。该书的主要内容包括元代以前、元、明、清各代的中泰交往，以及1949—1975年的中泰关系、1975—1989年的中泰关系、20世纪90年代以后中泰关系的发展等。作者在撰写过程中，得到中国第一历史档案馆、北京图书馆、北京大学图书馆、中山大学图书馆、中山大学东南亚研究所资料室、中山大学历史系资料室的大力协助，大量珍贵的古籍的使用，为该书增色不少，使深入研究中泰关系有了必要的保证。

沙丁、杨典求等著《中国和拉丁美洲关系简史》，河南人民出版社1986年出版，这是我国研究中国与拉丁美洲国家之间关系发展史的第一本学术著作，既丰富了我国的国际关系史研究，也填补了中国与拉丁美洲关系史研究的空白。该书依据历史发展的顺序，叙述了5世纪中叶时，中国和拉丁美洲从远古时期的文化接触；始于16世纪的早期贸易往来；清末中国和拉丁美洲国家正式建交；民国时期的经济和文化交流；直到中华人

---

① 刘少华：《中国与东盟国家关系》，湖南人民出版社2001年版，第2页。

民共和国成立后双方关系发展的历史过程。该书的具体内容是：对中拉古代文化接触的探索；中拉早期贸易往来及其影响；中国人侨居拉丁美洲的开端；契约华工在拉丁美洲；清末中拉外交关系的建立；民国时期的中拉关系；中华人民共和国和拉丁美洲国家的关系；在共同斗争中的相互支持和友好合作关系的发展前景等。书末附录有史料翔实的《中拉关系大事年表1575—1984》，有助于深入研究或学习中国和拉丁美洲关系。作者认为，中国和拉丁美洲关系史的分期，为以下五个阶段："一、古代信息探索时期（大约二三千年前至十五世纪）；二、早期贸易与交往时期（十六世纪至十九世纪初期）；三、契约华工与近代建交时期（十九世纪中叶至二十世纪初期）；四、中拉关系发展迟滞时期（1911年辛亥革命至1949年中华人民共和国成立）；五、新的友好合作关系发展时期（新中国成立后至今）。"① 这一分期是否恰当自然还可以进行讨论，但依据现存的史料就中国和拉丁美洲关系史进行历史分期十分必要，这对于正确认识和理解中国和拉丁美洲国家友好的历史传统，无疑是有益的。该书在编撰过程中，得到中山大学图书馆，北京、南京历史档案馆的大力支持，这可能也是该书能做到史料丰富的重要原因之一。

冯秀文著《中墨关系：历史与现实》，社会科学文献出版社2007年出版。该书是研究中墨关系的奠基性著作。作者从政治、经济、社会、文化等方面，勾勒出近代以来中墨两国关系发展的清晰脉络，较系统地阐述了两国关系发展的历史与现实。中墨两国人民用自己的心灵和血肉构建起来的中墨友谊，有悠久的历史传统和重要的现实意义。该书由历史与发展、经济合作与文化交流、友谊之树常青三部分组成，具体内容是：远古时期的中墨联系、近代前后的中墨联系、墨西哥独立后的中墨关系、现代中墨关系、中国与墨西哥的经济交往、中国与墨西哥的科技交往、中国与墨西哥的文化交流、中国与墨西哥的文艺和体育交流、中国与墨西哥的旅游业、中国人眼中的墨西哥、墨西哥人眼中的中国、中墨友谊、希望与未来——中墨关系的发展前景等。书末附有《有关墨西哥和中墨关系的基本资料》和《1972年建交以来中墨关系大事记》，为读者学习和研究中墨关

---

① 沙丁、杨典求等：《中国和拉丁美洲关系简史》，河南人民出版社1986年版，第4—5页。

系提供了必要的文献资料。中国驻墨西哥大使鲍景玉、墨西哥驻华大使李子文,分别为该书撰写了序言,对作者的创造性工作和该书的意义给予高度评价。鲍大使认为:"墨西哥是拉丁美洲的大国,有着悠久的历史和文化。历史上,墨西哥曾是拉美著名的玛雅文明和阿兹特克文明的故乡。19世纪初,墨西哥是拉丁美洲最早爆发独立战争和取得民族独立的国家之一。此后,无论是维护民族独立、反抗外来侵略的斗争中,还是在清除殖民地遗患、重建民族国家的事业中,在我们这个世界大家庭里,墨西哥都占有重要的地位。在和中国的关系上,墨西哥是拉丁美洲诸国中与我国联系最早、交往最密切的国家。因此,把墨西哥这一极具代表性的国家作为了解拉丁美洲的窗口是十分明智的选择。"李子文先生说,"虽然关于两国关系的学术研究越来越专业化,但是当前,我们更需要的是一部既不失精确,又贴近大众,而且能够在不熟悉墨中两国历史概况的大众之间流传的著作,而这恰恰是本书的主要贡献。因此,有必要尽快把该书译成西班牙文"①。不难看出,《中墨关系:历史与现实》无疑有重要的学术价值和重要的现实意义。

中国是亚洲发展中的一个社会主义大国,中国学者对亚洲各国家或地区的国际关系研究给予了充分的重视,近年也有一些重要的成果问世。此外,对欧美地区以外的地区或国家的国际关系史,如拉丁美洲国际关系史的研究,也有成果问世。

如崔丕著《近代东北亚国际关系史研究》,东北师范大学出版社1992年出版,在当时是国内外第一部系统研究近代东北亚国际关系史的专著。在"绪论"部分,作者就近代东北亚国际关系史研究的对象、研究方法、近代东北亚国际关系史发展进程的基本线索,以及有关近代东北亚国际关系史研究的史料与史学等进行了阐释,上述内容是十分必要的,它首先对科学认识和分析近代东北亚国际关系的历史奠定了"理论与方法"的基础。该书的主要内容是:俄国向东北亚的扩张与近代东北亚国际关系的发生;日本向朝鲜、中国东北的进逼与中日、日俄关系的逆转;日俄争夺中国东北和朝鲜的帝国主义战争;帝国主义列强在中国东北的新角逐和东北

---

① 冯秀文:《中墨关系:历史与现实》,社会科学文献出版社2007年版,第2页。

亚国际关系的重新组合；日本独霸中国的企图与东北亚国际关系的重大转变。作为结束语，作者就帝国主义列强的殖民政策对中国东北社会变迁的影响进行了分析。赵伯乐著《当代南亚国际关系》，中国社会科学出版社 2003 年出版。该书主要探讨"二战"结束后到 20 世纪末、21 世纪初南亚国家国际关系的变化与发展，具体分析了由于国际大背景、南亚区域的政治格局、民族因素和宗教因素所造成的区域内各国关系，以及南亚国家与世界其他国家的关系。这些关系因历史的、经济的和文化的联系而表现出各自的特点。该书内容包括：现代南亚国家格局的形成；20 世纪 50 年代的南亚国际关系；印巴关系：难解的结；冷战期间南亚与东、西方两大集团；冷战期间南亚与发展中国家；冷战结束后南亚国际关系格局的变化；冷战结束后南亚与西方、东欧关系；南亚与发展中国家关系的发展等。鉴于南亚各国与中国的关系是南亚国际关系中的重要内容之一，也是中国学者关注的一个重点，所以该书有专章"南亚与中国"，作者认为，研究中国与南亚各国关系是该书的最终落脚点。

马晋强著《当代东南亚国际关系》，世界知识出版社 2000 年出版。该书对第二次世界大战以后东南亚诸国之间，以及东南亚国家与世界大国之间的政治、经济、军事、文化和意识形态等领域相互关系及发展变化；这些关系的本质和特征；冲突与合作的基础、形式，相互影响、消长和调节的规律；走向 21 世纪的东南亚国家对外目标、对外政策调整、对国际安全新概念的认知等进行了较深入的探讨。该书的具体内容是东南亚古代和近代国际关系；第二次世界大战对东南亚国际关系的冲击；冷战的开始与东南亚国际关系的重新调整；战后初期殖民体系的崩溃和东南亚国家关系的调整；战后初期东南亚国家间关系的分化、对垒与美国的东南亚政策；印支战争与大国在东南亚的争夺；越南战争的冲击与东南亚国家政治、经济关系的对立发展；东盟的崛起与东南亚政治格局的变化，柬埔寨问题对两大潮流的挑战；20 世纪 90 年代东南亚地区内国家关系的变革与调整；20 世纪 90 年代东南亚与大国关系的调整；走向一体化时代的东南亚；东南亚金融危机与东南亚政治经济和国际关系的动荡；走向 21 世纪的东南亚等。李一平、庄国土主编《冷战以来的东南亚国际关系》，厦门大学出版社 2005 年出版。2004 年厦门大学东南亚研究中心，与中国社会科学院

《世界历史》编辑部联合主办"冷战以来的东南亚国际关系学术研讨会",主要围绕冷战以来东盟与大国关系、东盟与中国关系和东盟与地区安全三个方面展开讨论,该书即这次研讨会提交的部分论文汇集。该书的具体内容是和平协商与平等对话——从日内瓦会议到亚欧会议;论"9·11"之后美国与东南亚国家关系的变化;美国对东盟经贸政策新动向及其对中国的影响;论冷战后东盟与印度关系的发展;中、日与东盟关系互动中的竞争与合作;冷战时期日本与东南亚国家关系的探索;菲律宾对外经济关系发展现状与前景;从马来西亚联邦的建立及分裂看战后初期英国对新加坡的殖民统治。半个世纪以来中国对东南亚外交之检讨;试析冷战后中国与东盟国家关系;冷战后中国对东南亚国际政治行为的基本特征;中国与东盟经济的互补和竞争及其发展趋势;中国入世和"10+1"背景下中国菲律宾经济政治关系研究;试析中新建交后中国对新加坡的认知变化;20世纪80年代中期以来中国人向马来西亚的人口迁移;从冲突与合作理论看中马邦交关系;论中国与东南亚国家教育交流存在的问题及建议;冷战时期东南亚地区主义的特征;当今东南亚地区反恐态势及发展趋势;菲美军事与安全关系发展现状与展望;冷战后东南亚国家在南海的军事活动;从"历史性水域"来看中国对南沙群岛的主权;东南亚与中东的伊斯兰教联系;区域合作背景下的东南亚华人结构性权力。上述研究反映了我国学者近年在"冷战以来东南亚国际关系"研究中所取得的重要成果,这对科学认识和理解冷战后东南亚地区和各国的变化,无疑有积极的意义。

洪育沂等编撰的《拉美国际关系史纲》,1996年由外语教学与研究出版社出版。这是我国唯一一部论述拉美全方位国际关系史的专著。作者对拉美国家从独立战争到20世纪90年代国际关系在全球形势的变迁,以及它们在国际关系总格局演变中的发展态势进行了考察、阐述。编写者认为,从拉丁美洲多数国家获得独立到今天,100多年来,拉美国际关系史的基本线索有4条:1.拉美国家为维护独立主权和发展民族经济,反对殖民主义、帝国主义和霸权主义的侵略、奴役和干涉的斗争;2.殖民主义、帝国主义和霸权主义在拉丁美洲的勾结和倾轧;3.拉丁美洲国家之间以及它们与其他地区的民族独立国家之间的合作和分歧;4.俄国十月社会主义革命后，拉丁美洲国家与社会主义国家之间的关系。作者围绕上述线索，通过对各国间的一系列谈判、交涉、会议、条约、战争和其他重大国际事件的梳理，较系统地勾勒出拉美国际关系史的轮廓。该书的主要内容是：从独立战争到第一次世界大战的拉美国际关系；拉丁美洲国家与英国、法国、美国、德国等帝国主义列强的关系；帝国主义、殖民主义在拉丁美洲的称霸、掠夺和彼此之间的争斗；拉丁美洲国家为捍卫国家主权和民族独立所进行的英勇斗争；16世纪70年代以来中国和拉美国家的政治、经济、文化关系。国内一些从事拉丁美洲史研究的学者认为，该书在编纂方法、内容、观点和资料方面，都有创新之处。如该书突破了国际关系史即政治外交史的模式，在内容上增加了非政治关系的经济、社会、军事、文化、思想和意识形态等方面的内容；突出了拉美国家在全球国际关系、美洲国际关系发展中的重大贡献和深远影响。

改革开放以来，我国国际关系史研究不仅在研究深度上，而且在研究广度上所取得的成绩都是有目共睹的，历史视野的开阔，有力地扩大了历史研究的选题。如徐蓝著《英国与中日战争：1931—1941》，首都师范大学出版社1991年初版，2010年修订再版。作者从不列颠帝国日趋没落这一总的历史背景出发，探究了英国对日绥靖政策产生的根源，并分析了绥靖外交同英国的经济、军事力量之间的相互关系。作者认为，英国统治阶级在实力日渐衰弱的情况下，妄图用对日妥协退让的办法，保住自己在中国和远东的利益。作者在修订版"序言"中指出，该书初版于1991年，距今已有19年。它从20世纪80年代中期开始确立主题，查找资料，完成初稿，以及最后成书的整个过程中，无不得益于我国的改革开放政策。它使我能够师从齐世荣先生在国内攻读博士学位，在完成教学工作的同时静心学术研究；它使我能够获得英国、日本、美国、中国（包括台湾地区）等国家出版的原始档案文件和学术专著，以及一些尚未正式出版但已经制成缩微胶卷的原始文档，从而使本课题的研究建立在比较坚实的资料基础之上；它使我能够在书稿完成后获得当时极为珍贵的校长出版基金，使该书得以顺利出版。自那时以来，我国国际关系史领域的研究已经有了长足的进展，新人辈出，硕果累累。具体到20世纪30年代的英国外交政策的研究，包括在日本发动侵华战争过程中的英国、中国和日本之间的关系的研究，也有不少新的成果问世。但该书的一些基本资料和观点，仍然得到学界的认可，认为值得再版。经过认真考虑，作者决定接受一些学者、包括日本奈良大学教授明石岩雄先生的建议，保持了该书初版时的内容，只对一些印刷错误做了订正。该书的主要内容是：英国极盛时代的尾声；第一次世界大战后面对日本挑战的英国；华盛顿会议——英国从远东撤退的序幕；英国在远东势力的进一步衰落；英国与1931—1933年的远东危机；英国"政治绥靖"日本政策的初步形成；英国与中国的币制改革；英日谈判——缔结"远东霍尔—赖伐尔协定"的尝试；从卢沟桥事变到国联大会；布鲁塞尔会议；面对东西方的英国；英日关于中国海关的非法协定；克莱琪—宇垣会谈；英国对援助中国和制裁日本的态度（1937年7月—1939年3月）；天津租界危机；滇缅公路危机；远东危机和英、美、中的初步合作；走向对日战争等。

又如赵军秀著《英国对土耳其海峡政策的演变》，中国社会科学出版社2007年出版。作者广泛汲取、借鉴国内外相关研究成果，参阅了大量外交文件、档案资料、书信集和回忆录等原始资料，通过对1875年近东危机至1923年洛桑会议召开这一历史时期为研究重点，对英国土耳其海峡政策的演变及其动因作了深入详细阐释和分析。这一研究，对于"东方问题"研究和近代国际关系史学科发展，具有积极的促进作用。"作者首先在搜集材料上下了很大工夫，力图从原始资料入手，并参阅了大量的外国学者的有关著作。在此基础上，作者提出自己的研究论点，其中如对英帝国'欧洲均势'政策和'帝国防御'政策；欧洲列强的'均势原则'和'补偿原则'的分析，都是颇见功力的。"① 该书的主要内容是：英国对土耳其海峡政策的缘起和形成（18世纪末叶至19世纪三四十年代）；近东危机与英国对土耳其海峡政策的演变（1875—1878）；从平狄危机到《地中海协定》：英国从孤立走向合作（1885—1887）；英国与《地中海协定》的终结（1887—1897）；土耳其海峡与《1907年英俄协约》（1900—1907）；从1907年英俄协约到1915年《君士坦丁堡—波斯协定》（1907—

---

① 赵军秀：《英国对土耳其海峡政策的演变》，齐世荣撰写的《序言》，中国社会科学出版社2007年版。

1915）；麦克马洪—侯赛因通信与《赛克斯—皮科协定》（1915—1918）；《色佛尔条约》的艰难出台（1918—1920）；洛桑会议与《洛桑条约》（1920—1923）。附录中，除有地名译名对照表、人名译名对照表、参考文献外，还有 10 幅颇有参考价值的地图。

马瑞映著《疏离与合作：英国与欧共体关系研究》，是一部研究英国现代外交史的著作，2007 年由中国社会科学出版社出版。作者认为，英国与欧共体关系是英国自身衰落下的转型与大陆欧洲跨国联合两种现象的奇妙结合。英国与欧共体的关系反映了一个没落帝国如何企图挽住落日余晖，一个主权国家如何在联合体中维护主权又不离散，一个实力下降的传统大国如何以平等身份融入国际社会的发展历程。传统与环境构成英国对欧共体关系的思想基础和文化背景，观望、徘徊表达了英国对欧洲一体化的最初态度。但欧共体的成功和英国自身的经济困境以及政治考虑，英国经过三次申请最终在 1973 年 1 月成为欧共体成员国。可是，英国加入欧共体后，两者关系一直不和谐，英国扮演了欧共体内尴尬伙伴的角色。英欧关系的阶段变化一方面反映了英国现实主义的政策路线，另一方面也体现出国家利益优先和主权让渡的原则。

徐世澄主编《美国和拉丁美洲关系史》，社会科学文献出版社 1995 年出版。这是我国第一部美拉关系史专著。主要内容包括阐述了美国独立后对拉丁美洲的政策和拉丁美洲国家独立后美国与之外交关系的建立和发展；"门罗宣言"和"天定命运"的实质及其影响；美国对拉丁美洲的政治、经济扩张和军事干预以及拉美国家和人民反对美国扩张和干涉的斗争；"睦邻政策"产生的时代背景及其实质，第二次世界大战中美拉"伙伴关系"的建立；"二战"后"冷战"初期美国对拉美的全面扩张和控制，以及拉美国家对美政策的独立倾向和拉美人民反美反独裁的斗争；古巴革命及其对美拉关系的影响，美国肯尼迪政府对拉美政策的调整；70 年代拉美国家的国有化运动、维护海洋权的斗争、尼加拉瓜革命的胜利及美国对拉美的"新方针"；里根政府的中美洲和加勒比政策、美国—墨西哥的关系和美国与南美洲国家的关系以及债务危机问题上美拉之间的矛盾；布什政府的拉美政策和克林顿执政后的拉美政策。该书的主要特点，是突破了传统的政治关系编纂法，对美拉关系进行了"全景式"的阐述，即对其政治、经济、军事、意识形态、文化等方面的关系均有较深入的阐释。作者认为，影响美国对拉美政策嬗变的国内因素是意识形态、国家安全和经济发展。美国对拉美的政策同美国不同时期的外交总政策紧密关联，美国对拉美的政策有其"延续性"，又在"不断变化"；美拉关系史走过了从合作到对抗到相互依存的历程。这些结论对于深化认识美国对拉美政策的实质，是有积极意义的。

王宏波著《第一次世界大战后美国对德国的政策（1918—1929）》社会科学文献出版社2008年出版。这是国内首部研究第一次世界大战后美国对德国政策的专著。其研究重点是"一战"后美国坚持对欧洲事务采取孤立主义立场的同时，如何以经济的、非官方的方式，参与解决德国问题为核心的错综复杂的欧洲地区的国际政治。作者强调，"一战"后美国对欧洲的战略是通过恢复并保持欧洲持久的和平、稳定，促进战后美国的经济扩张和持续发展。这一战略的形成，与第一次世界大战后期美国经济发展的状况以及美国与欧洲之间经济关系发生的巨大变化密切相关。该著的主要内容是"一战"后美国对德政策原则的提出与初步落实；巴黎和会与美国对德政策的受挫；哈定政府初期的美国对德政策；鲁尔危机与美国介入德国赔偿问题；道威斯计划；美国与《洛迦诺公约》；杨格计划——美国主导的德国赔偿问题的最终解决方案。作者对哈定政府初期对德政策行为和美国支持缔结《洛迦诺公约》的论述；对美国干预鲁尔危机和主持形成道威斯计划的论述以及基本结论等都有新意，对深化国际关系史和美国外交史研究，有重要的学术意义。

2016年，何志龙在科学出版社出版《中东历史与国际关系》，该书分为五编，主要围绕中东研究概况、塞浦路斯历史与加入欧盟问题、中东国家关系、大国与中东关系、中国与中东国家关系五个方面进行专题论述。作者通过对犹太人与基督教在塞浦路斯的传播及其影响、外来移民与塞浦路斯的民族形成——兼述塞浦路斯历史上希腊族人与土耳其族人的关系、伊朗视野中的以色列、20世纪伊朗与以色列关系评析、奥斯曼帝国时期的科威特、普什图尼斯坦问题历史探源、美国新保守主义与"大中东计划"、后冷战时代叙利亚与美国关系、冷战结束后伊朗与美国关系、美国从阿富汗撤军的"退"与"进"等的研究，拓展了中东地区历史及政治形势研究的视角，能够促进中东史研究的发展。还对中东国家社会、政治、经济对中国的启示和影响进行了探讨，如中国与塞浦路斯关系、以色列农业现代化成功经验及其对陕西农业发展的启示、以色列农业教育对陕西农业发展的启示、当代"伊斯兰原教旨主义"的崛起及其对我国安全的影响、中亚"颜色革命"的根源及其对中国的影响，作者希望中国国家安全和社会发展，能从中有借鉴作用。

综上所述，即便不包括学术论文，仅从学术专著看，我国在国际关系史研究中的成绩也是十分显著的。除了上面已经提及的成果，还有一些重要的成果，限于篇幅有待日后评价。如王绳祖著《中英关系史论丛》，人民出版社1981年出版；彭铁生著《欧洲近代国际关系史》，黑龙江人民出版社1989年出版；曹中屏著《东亚与太平洋国际关系——东西方文化的撞击（1500—1923年）》，天津大学出版社1992年出版；宫力著《跨越鸿沟：1969—1979年中美关系的演变》，河南人民出版社1992年出版；李世安著《太平洋战争时期的中英关系》，中国社会科学出版社1994年出版；资中筠主编《战后美国外交史——从杜鲁门到里根》（上下），世界知识出版社1994年出版；王玮主编《美国对亚太政策的演变（1776—1995）》，山东人民出版社1995年出版；时殷弘著《敌对和冲突的由来——美国对新中国的政策和中美关系》，南京大学出版社1995年出版；朱瀛泉著《近东危机与柏林会议》，南京大学出版社1995年出版；任东来著《争吵不休的伙伴——美援与中美抗日同盟》，广西师范大学出版社1995年出版；黄定天著《东北亚国际关系史》，黑龙江教育出版社1999年出版；蔡佳禾著《双重的遏制——艾森豪威尔政府的东亚政策》，南京大学出版社1999年出版；左文华、肖宪主编《当代中东国际关系》，世界知识出版社1999年出版；潘琪昌主编《欧洲国际关系》，经济科学出版社2001年出版；李春放著《伊朗危机与冷战的起源（1941—1947年）》，社会科学文献出版社2001年出版；陈峰君、王传剑著《亚太大国与朝鲜半岛》，北京大学出版社2002年出版；刘德喜的《从同盟到伙伴——中俄（苏）关系50年》；中共党史出版社2005年出版；杨军、王秋彬著《中国与朝鲜半岛关系史论》，社会科学文献出版社2006年出版等。

（七）第二次世界大战史研究

第二次世界大战结束已经七十余年，但第二次世界大战史的相关研究至今仍是国际史学界的热点。据不完全统计，这方面的著作约有3万种。在我国，早在世界反法西斯战争胜利结束前夜，就已有这方面的著作问世。1944年6月，湖南群社出版了文元钰编著的《第二次世界大战史》。新中国成立后特别是20世纪80年代以来，第二次世界大战史研究受到了我国学术界的空前关注，相关研究成果百花竞放。

半个多世纪以来，我国第二次世界大战史研究的重大成就，首先是建立了自己的理论体系和话语系统，表现出了鲜明的中国特色。1982年，人民出版社出版了朱贵生、王振德、张椿年等编著《第二次世界大战史》，这是我国学者撰写的第一部有关第二次世界大战历史的学术专著。这部著作的特点主要表现在以下四个方面[①]：首先，在纵的方面，比较系统地阐明这场大战的来龙去脉，前因后果，对于它的序幕、起点、性质、转折点等问题也有所论述。其次，在横的方面，该书对于欧洲、非洲和亚洲及太平洋战场的叙述详略得当，恰如其分。中国抗日战争是世界人民反法西斯战争的重要组成部分，但是在国外大多数的第二次世界大战史著作中，没有受到应有的重视。该书作为中国学者撰写的第二次世界大战史，对于中国抗日战争在"二战"中的地位和作用，给予充分的肯定。再次，战争首先是军事行动，但战争力量是由政治、经济、军事、文化、思想等因素互相结合构成的，战争的发生和发展，有它的政治、经济、文化、思想和意识形态等原因，因此，该书把第二次世界大战作为综合性的历史来写，而不是仅仅作为军事史来写。最后，正确评价第二次世界大战中的历史人物，包括反面人物，同时坚持人民群众是历史的主人，充分重视世界各国人民反法西斯抵抗运动。在充分掌握和分析研究历史文献资料的基础上，对第二次世界大战史研究中的一系列重大理论问题，也进行了认真的理论探讨，提出了有别于传统认识的一些观点：战争开始阶段的帝国主义战争

---

① 参见刘思慕《第二次世界大战史·序言》，见朱贵生等《第二次世界大战史》，人民出版社1982年版，第1页。

为时很短，只是在苏德战争爆发前，1940年4月德国进犯丹麦、挪威时期；到了6月，戴高乐领导的"自由法国"开始活动，这时战争已具有了反法西斯战争的性质。

1995年，为纪念世界反法西斯战争和中国抗日战争胜利50周年，《第二次世界大战史》出版修订版。万峰为第二章增加了"惨绝人寰的侵华日军南京大屠杀"；王振德为第五章补充了"中国正面战场"；陶惠芬对第六章"苏德战争"作了较大的修改，朱贵生则利用该著作初版问世后10多年间新发现的史料，对全书进行了相应的修订和补充。2005年8月，《第二次世界大战史》第三版问世，新增加了100多幅插图，在内容、版式进行修订的同时，中国社会科学院原院长、全国人大常委会副委员长李铁映为第三版新写了题为《纪念世界反法西斯战争胜利60周年》的序言。

继朱贵生等著《第二次世界大战史》后，还有多种第二次世界大战史著作问世，如黄玉章、唐志纲等著《第二次世界大战1939—1945》，世界知识出版社1984年出版。在这部著作中，中国抗日战场被作为第二次世界大战东方反法西斯的主要战场描述。该书的特点在于对军事方面的重视，包括战前准备、战略企图、战争进程，以及战场战役的主要经验教训，等等。张继平、胡德坤等编著《第二次世界大战史》，甘肃人民出版社1984年出版，作者在阐述战争具体进程的同时，着重分析了第二次世界大战期间的国际关系，同时突出论述了中国抗日战争在世界反法西斯战争中的地位和作用。韩永利著《战时美国大战略与中国抗日战场》，武汉大学出版社2003年出版。该书重点探讨了第二次世界大战期间的中美关系，这种关系是第二次世界大战中反法西斯盟国合作的重要组成部分。作者通过研究中国抗日战争对战时美国大战略产生的作用与影响，从理论上充分论证了中国战场在世界反法西斯战争中的地位与作用。"战时美国大战略成功实施的前提条件，就是建立在中国抗日战场所付出的战略代价和贡献基础上的。美国大战略对中国战场的战略需求的基本面就是中国战场的战略牵制，中国战场对这一基本战略需求不仅做出了杰出贡献，同时也承担了其他重大战略责任，有效地支持了其他各大反法西斯战场。作者特别强调第二次世界大战期间中美战略关系是一种相互支持的互动关系，而不是美国的单项支持。"① 该书对于深入研究第二次世界大战期间的中美关系和中国抗日战争在"二战"中的战略地位，做出了积极的贡献。2010年，韩永利著《第二次世界大战与中国抗战地位研究》，由商务印书馆出版，该文集内收有作者22篇论文，主要内容有六个方面：对第二次世界大战起源，从世界整体发展层面进行深入思考；集中考察中国抗日战争在世界反法西斯战争中的战略地位；战时中美战略关系；太平洋战争爆发前美国东亚政策的演变；战时中外关系的发展变化；中国抗日战争的胜利与法国败降的原因和启示。

胡德坤、罗志刚主编《第二次世界大战史纲》，武汉大学出版社 2005 年出版。作者努力吸收国内外史学界研究的新成果，力图准确、完整地揭示第二次世界大战发生、发展、结局及其影响的内在规律性。作者专章阐述"中国开辟了世界上第一个反法西斯战场"，正如毛泽东指出的那样："我们的敌人是世界性的敌人，中国的抗日战争是世界性的抗战。""伟大的中国抗战，不但是中国的事，东方的事，也是世界的事。"② "以'九一八'事变为起点的中国抗日战争，揭开了世界反法西斯战争的序幕，以'七七'事变为起点的中国全面抗战开辟了世界反法西斯战争的第一个战场。第二次世界大战是一场伟大的反法西斯战争，中国的抗日战争则是世界反法西斯战争的重要组成部分。中国是世界上最早拿起武器同法西斯战斗的国家，中国的抗战代表了这一时期人类历史发展的方向，对世界反法西斯战争有着不可估量的作用。"③ 中国抗日战争的国际意义，为越来越多的人所认识。

本着"博采众长，刻意求真"的精神，对于一些重大理论问题做出自己的判断。军事科学院军事历史研究部编 5 卷本《第二次世界大战史》，由军事科学出版社 1995—1999 年出版。这部著作的 1—4 卷为文字卷，计 18 编，71 章。该书各卷主要内容分别是大战的起源、酝酿与爆发；大战的全面展开；大战的相持与转折；大战的最后较量、结局与总结等。第 5 卷为图

---

① 胡德坤：《战时美国大战略与中国抗日战争·序》，见韩永利《战时美国大战略与中国抗日战场》，武汉大学出版社 2003 年版，第 4 页。
② 《毛泽东同志国际问题言论选录》，世界知识出版社 1959 年版，第 59—60 页。
③ 胡德坤、罗志刚主编：《第二次世界大战史纲》，武汉大学出版社 2005 年版，第 88 页。

志，通过1000余幅（张）照片、图表，从走向战争之路、战火遍及全球、展开艰苦较量、正义战胜邪恶等方面，对第二次世界大战进行了全景式的反映。

这部著作由军内外专家学者辛勤耕耘，历经14年完成，作者"力求运用历史唯物主义的观点和方法，科学地阐述第二次世界大战的起源、进程和结局，探索战争的发展规律，总结历史经验教训，为防止新的世界大战、维护世界和平提供启迪和借鉴"①。这部著作极大地拓宽了我国第二次世界大战史研究领域，较全面地体现出我国学者二战史的研究水平，标志着我国第二次世界大战史研究进入了一个新的发展阶段。

该书对于第二次世界大战史研究中的一些重大理论问题，作者在进行了艰苦的理论探讨的基础上提出自己的观点。例如，关于第二次世界大战的起源问题，作者强调"帝国主义制度全面危机的加剧，是第二次世界大战爆发的根本原因"；"法西斯主义国家的崛起，是第二次世界大战的直接根源"；"西方民主制国家的绥靖政策，是促使第二次世界大战到来的加速剂"。关于第二次世界大战的起点，这是我国二战史研究中引起广泛关注和争鸣的问题。针对"1931年说""1937年说""1939年说"和"1940年说"等多种说法，作者基于当时世界主要矛盾，战争发动者不同的情况和战争发展轨迹的差异提出："第二次世界大战是分别在东方和西方先后爆发的。1931年9月，日本在中国挑起'九一八'事变，在东方揭开大战序幕后，又于1937年7月发动了全面侵华战争，大战由此在东方爆发。1935年10月，意大利在西方最早挑起入侵阿比西尼亚的战争。以后，又经过德意联合武装干涉西班牙和德国对奥地利和捷克斯洛伐克的不流血的征服，到1939年9月德国大举进攻波兰，大战由此在西方爆发。"②应该说，这些分析多有新意，更加符合历史事实，更加接近客观的历史真理。

自觉坚持以唯物史观为指导。这是我国从事第二次世界大战史研究的大多数学者的共同特点。具体来说就是，尊重历史，一切从实际出发；从

---

① 军事科学院军事历史研究部：《第二次世界大战史》第1卷，军事科学出版社1995年版，第1页。

② 同上书，第17页。

政治、经济、军事、外交等方面对第二次世界大战史进行综合研究，而不是仅仅作为军事史来写；在实证研究的基础上，自觉清除"欧洲中心论的影响"，重视探求和揭示大战发生和发展的规律，从理论与实践的结合上总结第二次世界大战的经验教训和世界影响。例如，将中华民族抗日战争纳入第二次世界大战史研究，肯定中国共产党是抗日战争的中流砥柱，阐述抗日战争的世界影响和国际意义。经过我国学者的多年研究，中国抗日战场是第二次世界大战东方反法西斯的主要战场，抗日战争极大地推动了世界反法西斯战争胜利的进程；中国共产党是抗日战争的中流砥柱；抗日战争具有重大的世界影响和国际意义，已经为越来越多的人所认识和接受。

1980年，中国社会科学院世界历史研究所所长刘思慕，以中国史学家代表团副团长的身份，出席了在布加勒斯特举行的第15届国际历史科学大会，提交论文《中国抗日战争的特点及其国际意义》，论文首次向国际史学界表明，中国战场开辟最早，持续最长，牺牲最大，对于第二次世界大战的进程和战后历史的发展，起了深远的影响和做出了巨大的贡献。中国抗日战争对第二次世界大战最终取得胜利发挥了重要作用，在3000多名与会代表中，引起广泛影响。2005年9月2日，在纪念抗日战争暨世界反法西斯战争胜利60周年之际，《解放日报》发表的《中国抗日战争的国际意义》，即节选于此文。刘思慕认为，中国在第二次世界大战中走过了一个漫长而特殊的战斗历程，中国以弱兵抗强敌，鏖战8年，中国不但没有被灭亡，而且在艰苦战斗中，消耗了敌人大量的有生力量和军事资源，顶住了敌人陆军的主力，打乱了敌人的战略部署，有力地配合了盟军，终于取得了最后的共同胜利。在大战中，中国也付出了巨大的牺牲。可是，在国际上，中国抗击日本法西斯的战争却没有受到普遍的重视和应有的评价。所以如此，寻究起来，除了同某些政治成见、偏见有关之外，还有如下原因：1. 西方一般不大了解地广人众而经济、军事都落后的中国以弱抗强的战争的特点；2. 蒋介石政府自1939年以后，基本上消极抗战以及避战，台儿庄战役以后，在国民党战场上实际上没有重要的战争，从而失去了我国大片领土，而"海外有很多人错误地认为，国民党就是中国"，把蒋介石抗战不力、"打得很糟"一笔不光彩的账，记在全体"中国人"的头上；

3. 在解放区战场和敌后坚持战斗的中国共产党领导的人民武装,实际上是"配合同盟国作战、驱逐日本侵略者、解放中国人民的主要力量"。但由于延安一直到抗战胜利前夕都缺乏向国外广播消息的电台,又遭受国民党政府的严密新闻封锁,国外很多人不明白中国抗日战争的具体情况。

中国是世界上最早拿起武器同法西斯战斗的国家。比如,王振德著的《第二次世界大战中的中国战场》(社会科学文献出版社1995年版)一书指出,中国6年的局部战争、8年的长期抗战,迫使日本的一切军政施策均以解决侵华战争为中心,无力与德军呼应,致使德意日三国军事条约形同废纸。这样,同盟国无后顾之忧,才顺利执行了"先欧后亚"的战略方针,取得大战的完全胜利。如果低估了中国战场在大战中的战略地位,就不可能写出科学的第二次世界大战史。以中国共产党为中流砥柱的抗日战争极大地推动了世界反法西斯战争胜利的进程。比如,韩永利著的《战时美国大战略与中国抗日战场》(武汉大学出版社2003年版)一书,通过对抗日战争对战时美国大战略的作用与影响的研究,论证了中国战场承担了世界反法西斯战争的重大战略责任,有效地支持了世界反法西斯其他主要战场。第二次世界大战期间,中美战略关系是一种相互支持的互动关系,而非美国的单向支持。

我国第二次世界大战史研究的不断深入的重要标志之一,是一系列有影响的学术成果问世。这些成果共同特点是在学科发展、学科建设上,具有一定的开拓意义。1995年,武寅著《从协调外交到自主外交——日本在推行对华政策中与西方列强的关系》,由中国社会科学出版社出版。这部著作从一个新的视角探讨了日本侵华战争时期的外交政策,即"从日本帝国主义如何利用西方列强的绥靖政策这一角度,把问题的研究引向了一个新的方面。这样的题材不仅在我国史学界,而且在国际史学界都是少见的,本书的价值首先在于此"①。显然,这对深入研究第二次世界大战期间的国际关系是有益的。马细谱著《巴尔干人民反法西斯战争史》,海南出版社1993年出版。作者较为详尽地探讨了1941—1945年南斯拉夫人民解放

---

① 齐世荣:《从协调外交到自主外交·序》,见武寅《从协调外交到自主外交——日本在推行对华政策中与西方列强的关系》,中国社会科学出版社1995年版,第2页。

战争的历史，以及如何创造性地将人民解放战争转变为社会主义革命。作者强调，"1941年夏，在希特勒的'欧洲堡垒'，第一个群众性武装起义就是在南斯拉夫爆发的……南斯拉夫人民的壮烈斗争为欧洲被占领国家的人民树立了敢于斗争和善于斗争的榜样，为社会主义革命提供了独特的经验"[①]。刘邦义、刘洁著《二战中的波兰》，江西人民出版社2005年出版。作者在马克思主义的唯物史观指导下，以史实为依据，力求对一些重大历史问题做出实事求是的论述和评价。全书主要根据波兰文献资料和波兰史学家近50年来，特别是20世纪70—90年代的研究成果，并参阅了苏联和西方学者的有关著作写成。主要内容包括对"二战"前的波兰简要的历史回顾、对战争前夕波兰的经济政治局势及其对外政策的分析和评价、波兰人民的反法西斯战争三个部分。"二战"爆发后，中国进步报刊对波兰人民反法西斯战争的有关论述，在该书也有专章论述。作者指出："中国的抗战与全世界反法西斯斗争是联系在一起的，各国人民反侵略、争取独立的斗争，都是世界反法西斯战争不可分割的一部分，因而密切关注着遭受侵略的各国人民的英勇斗争。""中波两国人民的友谊源远流长。两国人民有着共同的遭遇，都同时受过外来侵略和占领。在第二次世界大战期间，两国人民互相同情，互相支持，互相鼓舞"[②]，仅从中国共产党领导下的《解放日报》《新华日报》的有关报道中，即可清晰地看出[③]。

第二次世界大战史研究，离不开对"法西斯主义"的研究。国际学术界把法西斯主义和法西斯运动作为20世纪上半叶国际范围的一种历史社会现象，在其历史背景、思想渊源、理论基础、基本特征、阶级关系、外交政策以及内部极权体制等一系列问题上进行多视角、多层面的探讨，半个多世纪以来，有多种成果问世。中国史学界从20世纪80年代起开始把法西斯主义作为一个重要的研究课题，先后有朱庭光主编的三部专著问世，即《法西斯主义与第二次世界大战》，华夏出版社1988年版；《法西斯新论》，重庆出版社1991年版；《法西斯体制研究》，上海人民出版社

[①] 马细谱：《巴尔干人民反法西斯战争史》，海南出版社1993年版，第2页。
[②] 刘邦义、刘洁：《二战中的波兰》，江西人民出版社2005年版，第164页。
[③] 马细谱：《巴尔干人民反法西斯战争史》，海南出版社1993年版，第2页。

1995年版。

在上述著作中，朱庭光等学者论述了法西斯主义的兴起以及法西斯政权在德、意、日三国的确立，揭示了德意日法西斯实行极权主义国家体制的特点以及与第二次世界大战的密切关系。《法西斯新论》是我国关于法西斯主义研究的第一部学术著作。该书分析了种种法西斯主义现象，并揭示了隐蔽于其后的法西斯主义本质。该书针对国内外学术界关于法西斯主义的主要争论，给予了比较系统的回答，对若干现象进行了新的理论解释，反映了我国学者在法西斯主义研究中达到的新水平。《法西斯体制研究》全书共三编十二章，先后探讨了德国、意大利、日本的法西斯体制。这些研究在一定程度上揭示了法西斯专政和二战期间许多历史现象的本质及其规律，有助于推进我国第二次世界大战史研究，在一定程度上改变了我国学者在法西斯体制上研究相对薄弱的状况，具有一定的开拓意义。第二次世界大战史研究的重要社会功能之一，是致力于防止法西斯势力再起，维护世界和平。在现实生活中，法西斯政权虽然早已覆灭，但法西斯思想并未根除。半个多世纪以来，新老法西斯分子一直企图卷土重来。在日本，军国主义思想尚未肃清，军国主义分子依然在活动。他们公然篡改历史，美化侵略战争，试图为日本军国主义翻案。这在历史研究中也有突出表现，出现了以为日本法西斯主义翻案为主要目的的"修正学派"，即"翻案学派"。我国学者对法西斯主义的研究，对于防止法西斯势力再起，维护世界和平，具有重要的理论意义和现实意义。

第二次世界大战史研究重视理论探讨，如对战争起源的研究。2002年，吴友法在《德国法西斯的兴起——第二次世界大战起源研究》中指出："第二次世界大战起源问题并非以往史学界所言是由于30年代经济危机引起的，起源的根本原因是由于德意日法西斯的兴起，30年代经济危机只是加速了德国法西斯的兴起并最后夺取政权……德国法西斯兴起原因十分复杂，是多种因素合力作用的结果。"[①] 2003年，康春林著《世界战争起源新论——东欧与两次世界大战》，在分析帝国主义列强垄断资本的扩

---

① 吴友法：《德国法西斯的兴起——第二次世界大战起源研究》，湖北教育出版社2002年版，第340页。

张和竞争是世界大战爆发的主要原因时，强调民族主义也是第二次世界大战的根源之一。

在世界反法西斯战争胜利60周年前夕，陈祥超著《墨索里尼与意大利法西斯》，2004年由中国华侨出版社出版。法西斯主义源于意大利，研究意大利法西斯主义的历史与现状，有助于揭示法西斯专政和二战期间许多历史现象的本质及其规律。"在当今现实生活中，墨索里尼的法西斯政权虽然早已覆灭，但在意大利法西斯余孽和法西斯思想并未被根除。半个多世纪以来，新老法西斯分子一直企图借尸还魂，卷土重来。进入20世纪90年代后，在意大利，法西斯幽灵更有死灰复燃，日趋猖獗之势。当前带有新时期特征的新法西斯组织在意大利已形成一股很强的政治势力，并已堂而皇之地进入本国和欧洲议会。该组织如今已拥有成员40多万人，成为意大利政坛上最有实力的政党之一。"① 不难看出，在这样的背景下，该书问世对于当今防止法西斯势力再起，维护世界和平，具有重要的理论意义和现实意义。该书的重要特点之一是史料十分丰富，在研究和撰写过程中，作者广泛使用了大量意大利文文献资料，其中不少鲜为人知，有助于在考实的基础上全面阐释意大利法西斯的崛起和灭亡，增强了该专著所持的各种观点的说服力。

自20世纪70年代末以来，我国学者在第二次世界大战研究领域出版了诸多学术专著、译著和文献资料集，但却缺少一部百科全书式的大型工具书。2003年，华夏出版社出版了王捷、杨玉文主编的《第二次世界大战大词典》，则弥补了这方面的不足。这部词典是由北京大学、中国人民大学、中国社会科学院及军事科学院等单位近百名中青年学者，花费十余年时间撰写编纂而成的，是我国近年第二次世界大战史研究的重要成果之一。这部词典坚持唯物史观的理论指导，注重大型工具书内容的全面性和覆盖性，所收词条相当广泛。全书共收集涉及第二次世界大战及与之密切相关，并有重要影响的国际关系、外交事件、战略战役、军事组织、军队编制、武器装备和历史人物等计1万余条。这部词典由于注意发掘一些较为偏僻的词条，所以增加了该书的权威性和使用功能。例如，法西斯德国

---

① 陈祥超：《墨索里尼与意大利法西斯》，中国华侨出版社2004年版，第2页。

元首、第二次世界大战头号战犯希特勒在战争期间共建有 13 个战时指挥部，除了人所共知的"狼穴""鹰巢"，以及在柏林帝国总理府地下室的指挥部之外，其余多是鲜为人知的，但是在这部词典中对这 13 个指挥部都有专门的词条介绍。

赵文亮著《二战研究在中国》，武汉大学出版社 2006 年出版。这是一部对进入 21 世纪后中国的第二次世界大战史研究进行较为全面、系统的总结和介绍，兼有研究性质的工具书。全书由四篇构成：第一篇，"研究历程和研究成果分析"，对六十余年来中国二战史研究的方方面面进行了比较全面的回顾和分析，主要内容是中国第二次世界大战史研究的历史回顾、祖国大陆第二次世界大战史研究定量分析；第二篇，"若干重大学术问题研究综述"，选取了 15 个对二战全局具有重大影响的热点问题予以综述，便于读者对这些热点问题研究现状有较为全面的了解，主要内容是：第二次世界大战起源问题研究综述、第二次世界大战起点问题研究综述、绥靖政策研究综述、《苏德互不侵犯条约》研究综述、"奇怪战争"研究综述、苏联卫国战争前的外交政策研究综述、1940 年法国败降原因及其影响研究综述、苏德战争初期苏军严重失利原因研究综述、珍珠港事件研究综述、原子弹轰炸及其作用和后果研究综述——兼及日本投降的决定因素、日本投降方式问题研究综述、"冷战"起源及其相关问题研究综述、中国抗战在二战中的地位和作用研究综述、第二次世界大战对战后世界的影响研究综述等；第三篇，"论著目录索引"，将中国出版、印刷的二战著作 2529 种，按照以下分类进行编排：1949 年以前中国学者著作目录索引、1950 年以来大陆学者二战史著作目录索引、1950 年以来港台学者二战史著作目录索引、1949 年以前国外学者译著目录索引、1950 年以来大陆出版国外学者译著目录索引、1950 年以来港台出版国外学者译著目录索引；第四篇，将发表的文章 8863 篇分门别类地进行编排，以方便读者的检索。分类的主要内容是：总论、第二次世界大战起源与性质、法西斯主义与德意日走上战争之路、民主国家和苏联的绥靖政策与应战策略、法西斯发动全面侵略及其暴行、世界人民的反法西斯战争、第二次世界大战各战场重大问题探讨、欧洲战场爆发后的大国外交与国际关系的互动、中国抗日战争与大国关系的互动、第二次世界大战中的军事学术研究、盟国反攻与法西斯的失败和投降、大国安排与战后国际关系格局的形成、罪行清算与战争反省、第二次世界大战的总结、二战人物研究、第二次世界大战与文学艺术。

2005年，在纪念世界反法西斯战争胜利60周年之际，一些出版社也出版或修订再版了一批著作。除上述已经提及的之外，主要的还有《中国抗日战争纪实丛书》22种（解放军文艺出版社2005年第2版）、军事科学院外国军事研究部编著的《日本侵略军在中国的暴行》（解放军出版社2005年第4版）、军事科学院军事历史研究部著的《中国抗日战争史》（解放军出版社2005年第2版）、刘启安著的《叫魂——侵华日军常德细菌战首次独家揭秘》（二十一世纪出版社2005年版）和李蓉著的《中华民族抗日战争史》（中央文献出版社2005年版）等，这些都推动了第二次世界大战史的研究和学科建设。在诸多的二战史著作中，沈永兴等主编的《第二次世界大战实录》，是一部有独特特点的著作，这是一部摄影集，是编写者经过数年努力而编成，由重庆出版社在2005年出版。这部书搜集和精选了660余幅照片，真实、生动地记录了这段历史。其中不少图片颇为珍贵，是国内第一次发表。该书不是简单的相关历史照片的集成，而是将这些照片纳入第二次世界大战研究的体系中，配以史料翔实、有重要学术价值的文字说明。该书逻辑结构完整，研究思路清晰，内容十分丰富，始于凡尔赛—华盛顿体系的建立，帝国主义发展不平衡的加剧，止于攻克柏林德国投降，日本法西斯的覆灭，正义的审判；图文并茂，有助于人们更加形象、深刻地认识第二次世界大战史。

2006年3月，武汉大学国际问题研究院成立，该研究院是武汉大学跨学科的国际问题研究平台，整合了武汉大学国际法、世界经济、世界史、国际关系、西方哲学、外国文化等学科的研究力量，对国际问题进行多学科的综合研究，研究重点是中国和平发展中的国际问题和世界热点问题。第二次世界大战史研究是其中之一，近期重要成果是《反法西斯战争时期的中国与世界研究》。

9卷本《反法西斯战争时期的中国与世界研究》2010年出版，参与编纂的人员先后达30余人，历时4年。这是国内外第一部全面系统论证中国抗日战争在世界反法西斯战争中地位与作用的著作，该书由中国第二次世界大战史研究会会长、武汉大学教授胡德坤主编。

第1卷：《中国抗日战争与日本世界战略的演变》，作者胡德坤。该卷系统探讨了中国抗日战争对日本世界战略制定与实施的影响。主要内容是：中国抗战开辟了世界上最早、持续时间最长的反法西斯战场；中国战场打破了日本对华速战速决战略，使日本陷入中日持久战泥潭，最终失败；中国抗战阻止了日本北进战略的实施，使苏联避免了同德日法西斯两线作战的困境，有利于集中力量打败德国法西斯；中国抗战对日本南进战略的影响，使日本错过千载难逢的最佳南进时机，一再推迟发动太平洋战争的时间。在太平洋战争期间，由于中国的持久抗战，使日本被迫进行两线作战，从而加快了日本失败的步伐，有力地支援了美英盟军在太平洋战场的作战；中国抗战牵制了日本攻占印度和印度洋与德意在中东会师的西进战略；中国抗战制约着日本外交战略的展开，使日本与德意结盟有名无实，对苏美外交未能奏效。

第2卷：《中国抗战与美英东亚战略的演变（1931—1945）》，作者韩永利。该卷论述了第二次世界大战中中国抗战对美英东亚战略的影响。主要内容包括：中国抵制美英奉行的对日绥靖妥协政策，促使美英改变东亚战略；中国全面抗战推动了美英东亚战略朝着援助中国、制约日本侵略的方向发展；中国抗战推动了美英确立制衡日本的战略，中国抗战是美英制定欧亚战争战略的前提条件；中国抗战为美英摆脱太平洋战争初期的战略危机做出贡献，稳定了世界反法西斯战略局面；中国抗战支持美英成功地实施了首先战胜德国的战略；中国抗战为盟国对日最后反攻创造了条件。

第3卷：《中国与世界反法西斯联盟》，作者关培凤。该卷的主要内容是：中国积极倡导建立世界反法西斯联盟；中国与反法西斯联盟其他三大盟国之间的密切合作与利益纷争并存的复杂关系；中国与世界反法西斯联盟的巩固。

第4卷：《太平洋战争爆发前国民政府外交战略与对外政策》，作者彭敦文。该卷分析了九一八事变至太平洋战争爆发期间，国民政府外交战略和对外政策。作者认为，这一时期国民政府的外交战略和对外政策，以民族自存与国家之间平等的共存为基点，以争取大国援助和建立国际反日阵线、最大限度地孤立日本为目标。在外交的具体运筹中，国民政府能够坚持对日基本立场，坚决站在民主阵线一边，并依据国际形势的变化适时调整对外政策。主要内容是：九一八事变时期外交政策及其困境的形成、国民政府摆脱对日外交困境所采取的各种政策、遏制日本进一步分裂中国的外交措施、和战转换与国民政府抗战初期的外交政策、走向长期抗战的外交战略与对外政策、苦撑待变与欧战爆发后国民政府的外交政策等。

第5卷：《太平洋战争爆发后国民政府外交战略与对外政策》，作者王建朗。该卷的主要内容是：珍珠港事件后，中国积极推动反法西斯军事同盟的建立，并派遣远征军出国作战。中国还积极扶助周边国家的抗日活动。中国顺应形势变化，适时提出废除不平等条约的要求，此后，历经签署莫斯科宣言、参加开罗峰会、创建联合国等重大国际活动，中国进入四强之列，逐步成为政治大国，并最终成为联合国安理会常任理事国。抗战后期，美国积极扶植中国进入四强，但在若干问题上与国民政府也发生了冲突。中苏关系则经历了曲折的发展过程。这一时期，中国共产党的外交正式成型，中共试图改善与美国的关系，但美国最终仍选择了扶蒋政策，错失了机会。战争结束后，盟国间关系迅速发生变化，受降权之争，便反映了盟国在战后远东的利益冲突。

第6卷：《战时美国对华政策》，作者陶文钊。该卷系统地阐述了从九一八事变到反法西斯战争胜利的美国对华政策，以太平洋战争爆发为标志，分为两段。在太平洋战争爆发前，美国对中日战争的政策由最初的置身事外逐渐向着援华制日转变。这一时期的美国对华政策受到国内国际多种因素的牵制，如美国的大萧条、西方世界普遍的对法西斯绥靖等。太平洋战争爆发后，美中成为盟国，美国对华政策发生了根本性的变化。罗斯福从战后国际格局和美国在这个格局中的领导地位的长远考虑出发，认定对华关系将是美国亚洲政策的基石，努力构建与中国的特殊关系。但在军事方面，美国又不能给予中国所需要的援助，使太平洋战争期间的两国关系变得十分错综复杂。

第7卷：《战时英国对华政策》，作者李世安。该卷论述第二次世界大战中的英国对华政策，包括制定过程、实施过程，及其对战后英国对华政策的影响,反映了英国如何从牺牲中国、执行对日绥靖政策,到援华抗日,最后与中国结成盟国的对华政策的曲折变化。战时英国与中国是盟国,英国的对华政策总体上是支持中国的,同中国的合作是有一定成效的。但是,中英双方的合作却充满着矛盾与斗争。英国坚持消极抗日的政策,以及在抗战中仍然坚持执行殖民主义的不合时宜的对华政策,引起了中国人民的强烈反对,并且激化了与中国的矛盾。本卷还论述了英国与国民政府的关系、与中国共产党的关系。作者在肯定英国对中国抗日战争贡献的同时,揭示了战时英国对华机会主义政策、实用主义政策以及殖民主义政策。

第 8 卷:《战时苏联对华政策》,作者汪金国。反法西斯战争时期的苏联对华政策,同美国、日本、中国国民政府和中国共产党等问题相互交织,构成了多国多方关系;在中苏关系中,新疆问题、外蒙古问题和东北问题上错综复杂。本卷以反法西斯战争时期的中国与世界为背景,分析了苏联在此期间对华政策,就上述纷繁复杂的问题进行了深入的分析,有助于人们正确地了解这段历史。

第 9 卷:《战时德国对华政策》,马振犊主编。德国与中华民国的关系,是第二次世界大战前后的中外关系中的重要内容。第一次世界大战后,德国为改变战败国的屈辱地位,对中国采取了比较友好的外交政策,而中国国民党政府一向持"联德"方针。中德外交的重要内容之一,是德国人参与了中国的内战及后来的抗战。第二次世界大战爆发后,纳粹德国因全球战略的需要,逐渐弃华联日,而中国则最终加入了世界反法西斯同盟。本卷的主要内容是:南京国民政府成立初期的德国对华政策与德中关系、德国与伪满洲国、九一八事变后的德国对华关系、德国与中国对日抗战准备、抗战爆发后的德国对华政策、德中断交及德国与汪伪政权的关系等。

(八) 国际共产主义运动史研究

国际共产主义运动史(国际共运史),是各国无产阶级在马克思主义指导下,在共产主义政党领导下,为推翻资本主义,实现社会主义、共产主义而斗争的历史,也是世界近现代历史的重要内容之一。在我国,国际共产主义运动史研究的主要内容是：马克思恩格斯的两大发现，共产党宣言的问世，马克思主义的诞生，国际共产主义运动的兴起；第一国际的活动；巴黎公社革命过程、措施、性质、意义；欧美各国社会主义政党的建立，第二国际的前期活动；世界进入帝国主义和无产阶级革命时代马克思主义发展到列宁主义阶段，新型无产阶级政党在俄国建立，列宁的帝国主义理论；第一次世界大战爆发后的无产阶级革命运动，马克思主义者反对第二国际修正主义的斗争，俄国十月社会主义革命的胜利；十月革命影响下欧亚革命运动的高涨，第三国际前期活动；亚洲与欧洲民族民主革命运动的发展；德国与匈牙利等国的无产阶级革命；各国共产党领导的反法西斯战争，欧亚人民民主国家的建立，中华人民共和国成立；资本主义国家的共产主义运动和工人运动；国际共运史人物研究；社会主义运动的曲折发展，东欧剧变的经验教训，社会主义运动的前景。

国际共运史的重要成果，是多种国际共产主义运动史的著作出版。这些著作主要有北京大学国际政治系编《国际共产主义运动史》上册，商务印书馆1976年出版；《国际共产主义运动史》编写组：《国际共产主义运动史：从马克思主义诞生至十月革命的胜利》2卷，人民出版社1977年出版；编写组：《国际共产主义运动史》上册，吉林人民出版社1978年出版；吉林师范大学等高校编写组：《国际共产主义运动史》，辽宁人民出版社1980年出版；王礼训等编《国际共产主义运动史》上、下册，山东人民出版社1983年出版；上海、四川编写组：《国际共产主义运动史》，新疆人民出版社1985年出版；中国人民大学科学社会主义系国际共产主义史教研室编《国际共产主义运动史：从十月社会主义革命胜利到社会主义阵营形成》，中国人民大学出版社1983年出版；胡瑾：《国际共产主义运动史》，山东大学出版社1986年出版；中央党校国际工人运动史教研室编《国际工人运动史》，中央党校出版社1988年出版；周作翰等主编《国际共产主义运动史》，高等教育出版社1992年出版；杜康传、李景治主编《国际共产主义运动概论》，中国人民大学出版社2002年出版；周作翰等主编《国际共产主义运动史》（修订版），高等教育出版社2003年出版；曹长盛著《世界社会主义共产主义运动》，东北师范大学出版社 1995 年出版；李景治著《社会主义发展历程》，辽宁人民出版社 2001 年出版；高放著《社会主义在中国与世界》，云南人民出版社 1998 年出版；高放著《国际共产主义运动别史》，中国书籍出版社 2002 年出版等。

　　苏联解体，东欧剧变，国际共产主义运动经历了严重的挫折，共产党人执政的社会主义国家所剩无几，发达资本主义国家有许多共产党改名易帜，鉴于此，一些人提出，今天的世界上还有没有国际共产主义运动？显然，在新的历史条件下，学习和研究国际共产主义运动史有着重要意义。杜康传、李景治主编《国际共产主义运动概论》，系统讲述了国际共产主义运动兴起及其在全世界的发展状况，以及对人类历史进程的影响。该书的主要内容是：国际共产主义运动的兴起及其在 19 世纪 50—70 年代的发展；第二国际的建立及其主要活动；列宁主义的诞生和俄国十月社会主义革命的胜利；列宁和斯大林时期苏联的社会主义建设和苏联模式的形成；共产国际与各国革命；欧亚人民民主国家的诞生，社会主义和民族独立运动的发展；国际共产主义运动内部的分歧与争论；抵制苏共大党主义、大国沙文主义的独立自主潮流；20 世纪 50 年代至 80 年代社会主义国家的改革；苏联东欧国家剧变及其历史教训；20 世纪 90 年代以来国际共产主义运动在曲折中的探索与发展；国际共产主义运动的反思与展望。从上述内容中不难看出，该书从变化着的世情、国情出发，不断丰富国际共产主义运动史的研究内容，不回避现实生活提出的一些重大的、尖锐的理论问题，有很强的现实针对性。

　　近些年来，国际共运史教材尽管已出版过多种，在体系结构、内容等方面各有千秋，但对当代国际共运的历史发展进程和社会主义国家改革的阐述和评价不够系统、完整；对一些重大历史事件和历史人物的评价，个别的失之偏颇。周作翰等主编《国际共产主义运动史》（修订版），既汲取了以往国际共运史研究的重要成果，又有新的时代特色。编写者以国际共产主义运动的发展为主线，以无产阶级政党领导人民群众为实现社会主义而斗争的活动为主要内容，系统阐释了国际共产主义运动一百多年来的历史进程及其经验教训，同时还从理论与实践的结合上，简明扼要地介绍了科学社会主义理论的基本知识。编写者没有回避 20 世纪90年代到现在,是国际社会主义运动在低谷中奋斗图存和在改革中复兴发展,指出国际共运虽然从低潮走到低谷,但在低谷中,中国改革开放和现代化建设所取得的巨大成功,表明社会主义正在从传统模式向现代模式转变。

2012年,国际共产主义运动史编写组编写的《国际共产主义运动史》,由人民出版社、高等教育出版社出版。在马克思主义指导下,国际共产主义运动已经改变了,并继续深刻改变着人类社会的历史发展。这一人类最伟大的事业在其发展过程中既取得了伟大的成就,也遭受了严重的挫折。编写组对世界各国共产党(工人党)领导的工人运动和社会主义革命、建设做了介绍和分析,回顾了国际共产主义运动的历史,深刻总结了国际共产主义运动中的经验和教训,对世界各主要国家共产党(工人党)的发展历程、功过得失做了客观评价。该书可视为我国国际共产主义运动史研究的最新成果,其主要内容是:国际共产主义运动的兴起、第一国际与巴黎公社革命、第二国际的建立及其演变、俄国新型无产阶级政党的建立与十月革命的胜利、共产国际与各国革命、20世纪20—30年代苏联的社会主义建设、第二次世界大战与战后初期国际共产主义运动的新发展、20世纪50—80年代社会主义国家对社会主义建设道路的探索、二战后至20世纪80年代发达资本主义国家和发展中国家的共产主义运动、苏联东欧剧变及其对世界社会主义的影响、中国特色社会主义的形成和发展。该书还在在时代主题发生重大变化的背景下,对国际共产主义运动的前景做了展望,论述了坚持马克思主义、发展马克思主义的必要性。

国际共产主义运动发展历史中的一系列重要的、具有世界历史意义的历史事件,是国际共运史的重要内容之一。这方面的主要著作有殷叙彝的《第二国际研究》,中央编译出版社1998年出版;张汉清的《马克思恩格斯与第一国际》,东北师范大学出版社1996年出版;林建华的《世界工人运动中的国际性组织史纲》,中央编译出版社1995年出版;姜琦、张月明的《国际共产主义运动中的党际关系史》,华东师范大学出版社1991年出版;黄修荣的《共产国际与中国革命关系史》,中共中央党校出版社1989年出版;黄宗良的《共产党和社会党百年关系史》,北京大学出版社2002年出版;王兴斌的《战后世界共产主义运动1945—1985》,广西人民出版社 1987 年出版等。

除上述著作外，还有一些重要的成果。外国学者关于巴黎公社史研究的重要成果，多有中文本，如法国利沙加勒著《一八七一年公社史》，三联书店 1962 年出版；苏联科学院世界历史研究所著《一八七一年巴黎公社史》，重庆出版社 1982 年出版。在我国，有朱庭光主编《巴黎公社史》，中国社会科学出版社 1982 年出版。这是我国学者编写的第一部巴黎公社史专著。作者广泛占有大量原始文献资料，其中不少鲜为人知，十分珍贵，同时在认真汲取国内外学者最新研究成果的基础上撰写而成，以作为中国史学工作者对马克思逝世 100 周年即将到来的纪念。作者详细阐述了巴黎公社运动的历史背景、酝酿和爆发，胜利进展和惨烈失败等。编者以马克思主义为理论指导，在考实研究的基础上，系统分析了巴黎公社的伟大意义和失败的历史经验与教训。巴黎公社史被列为中国社会科学院世界历史研究所 1979 年重点科研项目，当时党的十一届三中全会刚刚结束不久，"巴黎公社的研究，如同其他各个领域、各门学科一样，负有拨乱反正、正本清源的任务"①。这对于澄清在"左"倾错误思想影响下对巴黎公社历史经验的歪曲，有重要的意义。这一时期，还有一些研究巴黎公社的论文发表②，对于发展我国的国际共运史研究，有积极的促进作用。

周海乐著《第二国际史》，上海社会科学院出版社 1989 年出版。这部作品是为纪念第二国际成立 100 周年而作。高放为该书撰写了序言，认为这部作品"自成一家，特点鲜明"，是"独树一帜的丰硕成果，深入研究的良好开端"。

与传统的第二国际史研究相比较，该书"自成一家"，主要表现在以下四个方面：第二国际史的下限，以往的国际共运史教材或第二国际史专著，通常将第二国际的下限定于 1914 年 8 月。理由是：第一次世界大战爆发后，参加第二国际的大多数党公开背叛无产阶级，支持本国资

---

① 朱庭光主编：《巴黎公社史》，中国社会科学出版社 1982 年版，第 2 页。
② 这些论文主要有陈汉楚《巴黎公社和无产阶级民主》，《历史研究》1979 年第 1 期；曹特金等《巴黎公社的民主选举制》，《世界历史》1979 年第 1 期；洪韵珊《正确理解巴黎公社的原则，发展社会主义的民主》，《社会科学研究》1980 年第 6 期。

产阶级政府,堕落成为社会沙文主义政党。该书将第二国际的下限定在1923年5月社会主义工人国际建立。作者认为,把第二国际的下限断在1914年第一次世界大战爆发是不妥的,因为第二国际在1914年发生思想政治方面分裂之后,左派仍继续保持第二国际的革命性质,大部分中派也力图维持第二国际的革命性质,只有右翼机会主义集团才篡改了第二国际的革命性质。战后恢复原来意义上的第二国际曾一度出现转机,由于来自"右"和"左"的方面的阻力,使其终于破产,后形成了以社会民主主义为旗帜的社会主义工人国际和以共产主义为旗帜的共产国际,至此原来意义上的第二国际才宣告终结。有关第二国际的分期这一问题,国内外史学界多年来存有不同意见。一种意见把第二国际分为前、后两个时期;另一种意见是把第二国际史分为三个时期,即凯旋行进时期(1889—1896)、激烈冲突时期(1896—1912)、公开破产时期(1912—1914)。该书把第二国际史分为四个时期:始初奠基和凯旋行进时期(1889—1896);深入发展和内部论争时期(1896—1914);危机加剧和公开分裂时期(1914—1920),内部分化和重新组合时期(1920—1923)。如何评价巴黎代表大会上的斗争。传统的观点认为,在1900年第二国际巴黎代表大会上,围绕着"米勒兰入阁"事件展开了激烈的争论,由此形成了左、中、右三派;最后通过的由考茨基起草的"橡胶性"(原译"橡皮性")决议,调和折中,袒护了米勒兰的背叛行为。对上述观点,该书提出了异议,在米勒兰入阁问题上,考茨基确曾动摇过,但是他所采取的并不是饶勒斯等人所采取的支持、纵容、包庇的立场,而是持谴责、反对的态度,只不过反对不那么坚决,谴责不那么明朗罢了。所以很难从中得出考茨基的橡胶性决议的弹性已弹向机会主义一边,甚至包庇机会主义,为右派作掩护的结论。有关恩格斯去世后的第二国际的功过。在我国史学界,一般对恩格斯在世时第二国际的活动予以肯定的评价,但是对恩格斯去世后的第二国际的历史功过则有多种不同的看法。该书认为,第二国际整个来说都是"革命的国际"。斯大林在《论列宁主义基础》一书中对第二国际的评价不合实际,连时间都对不上号。作者强调,第一次世界大战爆发前,原来意义上的第二国际基本上是一个革命的国际,其间机会主义的影响确实存在,有时甚至很嚣张,但是它并未成为一股足以左右国际前进方向的思潮,也没有在国际大会上占上风,更未使第二国际蜕变为机会主义的国际。

周海乐著《第二国际史》的附录,内容丰富,主要内容有《第二国际历史大事纪要》《第二国际历次代表大会概况》《社会党国际局会议概况》《工会组织一览表》《社会主义政党和团体一览表》《文献论著目录》等。这些都是深入学习或研究第二国际史所必需的。

在马克思主义发展的历史上,1848年欧洲革命具有重要意义。马克思、恩格斯通过对1848年欧洲革命的总结,将无产阶级专政和民族解放运动的理论,推进到一个新的阶段。韩承文主编《1848年欧洲革命史》,是我国第一部系统论述这场革命的学术著作。作者全面研究了1848年前欧洲各国的社会状况,及1848年欧洲革命中各国独具特点的艰苦曲折的斗争道路。有关马克思和恩格斯在1848年的革命活动及其理论总结、资产阶级历史学家对欧洲革命的研究,1848年欧洲革命在中国的反响等,均作了详细的阐述。同时,对欧洲革命在整个世界革命中的地位,对整个世界历史进程的影响,作者也有深入的论述和探讨。该书的具体内容是:1848年法国革命;1848年德国革命;1848年奥地利革命;1848年意大利革命;1848年罗马尼亚革命;1848年捷克、斯洛伐克革命和民族解放运动;1848年波兰革命和民族解放运动;1848年匈牙利革命和民族解放运动;沙皇俄国与1848年欧洲革命;马克思、恩格斯在1848年欧洲革命中的活动及其理论总结;1848年欧洲革命与民族解放运动的历史编纂学;1848年欧洲革命在中国的晚清时期、新民主主义革命时期、新中国成立以来各历史阶段的反响。

作者认为,马克思和恩格斯参加1848年的革命,是他们生平事业的突出中心点。在这次革命实践中,第一次检验了他们共同创造的理论,并把这次革命运动的经验教训加以总结和概括,丰富和发展了马克思主义。他们完成的主要著作有《1848至1850年的法兰西阶级斗争》《中央委员会告共产主义者同盟书》《路易·波拿巴的雾月十八日》《德国革命和反革命》《维护帝国宪法运动》等。他们强调,无产阶级"要在资产阶级共和国范围内稍微改善一下自己的处境只是一种空想,这种空想在一开始企图加以实现的时候就会成为罪行。于是,原先无产阶级想要强迫二月共和国予以满足的那些要求，就由一个大胆的革命战斗口号取而代之，这个口号就是：推翻资产阶级！工人阶级专政"①！

在这部著作中，编写者将"1848年欧洲革命与民族解放运动的历史编纂学"列为单独的一章，颇有必要，也有新意。这一章的主要内容是：马克思、恩格斯研究1848年革命的历史编纂学；1848年法国、德国、奥地利、意大利、捷克、波兰、罗马尼亚、匈牙利等国的历史编纂学；苏联关于1848年欧洲革命的历史编纂学，其中即包括列宁、斯大林对1848年革命的研究，也包括赫尔岑、车尔尼雪夫斯基等革命民主主义者关于1848年革命的研究，以及苏联史学家关于1848年欧洲革命的历史编纂学。作为一部历史学的著作，这些内容无疑会给人们，特别是广大世界史学工作者以有益的启迪。

《世界历史》杂志曾发表孙耀文的论文《论共产党情报局的成立》，作者指出，共产党和工人党情报局（简称共产党情报局或情报局）是共产国际之后的重要国际组织。直到20世纪80年代，苏联、东欧（南斯拉夫除外）的学术界大都对它作肯定评价，西方政界和学者则持否定态度，称它是"莫斯科的工具"。其实，东西方的学者对这个组织的研究尚不深入，对档案文献接触不够。成立情报局的真实目的与经过，实际上是长期被当做秘密掩盖着。

近年来，俄罗斯公布了部分有关档案资料，俄罗斯学者也依据档案文件对一些问题开始研究。这就使我们有可能对这个国际机构的真实历史进行深入探索，做出新的实事求是的评价。作者强调，共产党情报局成立于1947年9月，离各国共产党原先的国际领导中心共产国际解散仅仅四年多时间，为什么又要成立新的国际组织？其真正的原因就在于苏联领导人不愿意抛弃居于国际领导地位的想法。

2000年11月孙耀文的专著《共产党情报局：一个特殊的国际机构》，由社会科学文献出版社出版。诚如作者在《前言》中所述，这是"国内第一部全面评述情报局的专著"。该书的主要内容是：在冷战气氛中成立；统一步调惩戒"异端"；加紧推行全面对抗西方的方针；由延

---

① 《马克思恩格斯选集》第1卷，人民出版社1995年版，第417页。

续到结束。全书对内容的叙述，大体以时间先后为序，以使读者对国际事件、情报局活动的进展有较为清晰的了解。作者为完成这部著作"奋斗数年"，除引证有关档案资料，还利用了俄罗斯学者近年有关情报局和情报局期间东欧情况的著作和论文。在这部著作中，作者"对共产党情报局及其全部活动作了新的评价"。作者认为，"虽然用了'情报局'这样的名称，但这个机构实际上依然是国际共产主义的领导中心"。苏联领导人"要通过情报局动员力量同西方大国坚决对抗，同时也用它来加强对各国共产党的影响和控制"。"情报局是受苏联外交政策左右的。"[①] 作者认为，研究共产党情报局的历史，有重要的现实意义，丰富的历史经验，是我们宝贵的精神财富。在世界进入21世纪的时候，人们可以预期，尽管道路曲折，然而只要认真吸取以往经验，正确面对世界新形势，坚持从实际出发，社会主义将克服各种艰难险阻，迈步前进，开拓未来。

孙耀文还著有《风雨五载：莫斯科中山大学始末》，中央编译出版社1996年出版。这部著作是作者安装心脏起搏器之后，多年刻苦研究的成果。该书的价值，如郑惠在出版推荐意见书中所言：该书以当时国内外多变的形势为背景，叙述了莫斯科中山大学的曲折历史，并以中山大学为典型，深入分析了共产国际、苏联同中国革命的复杂关系，阐述了该校在中国革命中所起的历史作用。这本书填补了这一方面研究的空白。殷叙彝则认为该书比较深刻地揭示了苏联共产党党内斗争对于中山大学和中国革命、中共党内斗争的影响，对一些重要史实做了说明，对一些史实错误做了纠正，是一部有相当深度的研究著作[②]。该书的主要内容是：一所名校的诞生；伏尔洪卡十六号，新的活动天地；国内形势剧变激起校内大波澜；改称中国劳动者共产主义大学；陈绍禹宗派在校内的活动；从"清党"到学校停办；归国以后，走在不同的政治道路上等。作者认为，莫斯科中山大学这所著名学校，是在当时的历史条件下

---

① 孙耀文：《共产党情报局：一个特殊的国际机构》，社会科学文献出版社2000年版，第3页。
② 郑惠、殷叙彝关于该书出版的推荐意见，见孙耀文《风雨五载：莫斯科中山大学始末》，中央编译出版社1996年版，卷首。

创办和结束的。他在中国第一次国共合作时期产生，也是苏联和共产国际当时政策的产物。因而，它的发展、变化，甚至它的功与过，都与这两个条件密切相关。可以说，它的发展过程既反映了中国革命的进程，又在很多方面反映了世界上第一个社会主义国家苏联的发展进程，它甚至在很大程度上也是整个国际共产主义运动发展到一定阶段的一个重要侧面。学校中诸多矛盾、冲突、问题、错误等，都是那个时代的产物和表象，而不仅仅是学校本身的问题和缺陷。

1983年3月14日，是马克思逝世100周年。1981年冬，在北京举行的中国国际共产主义运动史学会的筹备会上做出决定，在1982年召开一次学术研讨会，会议以准备纪念马克思逝世100周年为中心，研讨的主题是马克思主义和国际共产主义运动的发展。1982年8月，中国国际共产主义运动史学会、中国社会科学院马列主义研究所、中央编译局、北京市国际共产主义运动史学会，在北京联合举办了这次学术研讨会，这次会议同时也是中国国际共产主义运动史学会成立大会。会议历时7天，收到学术论文120多篇，后编辑有《国际共运史论文集：纪念马克思逝世100周年》，由王惠德主编，人民出版社1983年出版。这部论文集由三部分内容组成，分别是马克思主义与中国革命、马克思在国际共运史各个时期的实践活动、马克思的理论贡献。王惠德在"关于加强国际共运史研究的几个问题"（代序）中，就开展国际共运史问题，提出了具体的意见，那就是"首先要加强资料建设，把资料工作搞起来。详细地、周密地占有材料，是一切研究工作的出发点"；"国际共产主义运动史方面的研究工作需要加强……对我们读懂马恩列斯的著作很有必要。马克思主义是指导我们国家思想、政策的理论基础，对马恩列斯提出的理论、观点，他们的论断，他们的分析，应该尽可能弄懂、弄清楚"；"有些历史经验要注意研究。举例来说，社会主义国家，矛盾激化，出乱子，从一般矛盾变成对抗，弄得国家大乱。从1956年匈牙利事件，到中国的文化大革命，到现在的波兰事件，不断提出这些问题，这些历史经验都值得我们很好去研究"。最后，王惠德在"代序"中，还谈到了"四项基本原则和国际共产主义运动史研究的关系"问题，他认为，"四项基本原则是国际共运本身固有的原则，不只是当前我党坚持的原则,它是国际共运共同的政治基础"①。他以上所言极是,不仅为当时也为以后的实践所证实。

会议期间,与会代表就如何进一步加强国际共产主义运动史研究,发表了不少意见。"国际共产主义运动已经有了一百多年的历史,建立一门学科系统地科学地反映这一历史,在我国从五十年代就开始了。二十多年中取得了很好的进展。但是我们党和国家在国际共运中所处的地位和作用,应当说还是不相称的。"关于今后如何开展研究,有论者提出"纵横交错、内外有别、以史为干、论寓于史"十六个字。纵横交错,"就是既要从纵的方面进行断代研究、分期研究,又要从横的方面进行地区研究、国别研究、类别研究"。内外有别,"就是公开讨论和发表论述与专家、实际工作者内部讨论的问题要分别进行,有所区别"。以史为干,"就是我们对国际共运的研究要着重于史,而相对区别于科学社会主义着重于论……我们说明问题或争论问题都应当以史实为据,而不应以推论为据,史应是这一学科的躯干"。论寓于史,"就是我们研究史是以马列主义、毛泽东思想为指导,而又要从历史发展中总结经验。这些经验在不同程度上都是理论,但是这些理论是通过史来证明的"②。这些意见,对于健康地开展国际共产主义运动史研究,具有积极的建设作用。

1983年3月13日,中共中央在人民大会堂隆重举行万人大会,纪念世界无产阶级和被剥削被压迫群众的伟大导师,科学共产主义的奠基人马克思逝世100周年。中共中央总书记胡耀邦在会上作了题为《马克思主义伟大真理的光芒照耀我们前进》的长篇重要报告。为纪念马克思逝世100周年,在国际共产主义运动史研究方面,还出版了一些专门学术著作。如,中国人民大学马列主义发展史研究所撰写的《马克思恩格斯思想史》,上海人民出版社1982年出版。这部著作按照历史发展的顺序,综合地研究马克思恩格斯的哲学、政治经济学、科学社会主义思想,

---

① 王惠德主编:《国际共运史论文集:纪念马克思逝世100周年》,人民出版社1983年版,第1—5页。

② 巩重起:《组织起来,加强国际共产主义运动史的研究》,载王惠德主编《国际共运史论文集:纪念马克思逝世100周年》,人民出版社1983年版,第466、468—469页。

应是一种崭新的尝试。该书的主要内容是：马克思、恩格斯转向唯物主义和共产主义；创立马克思主义的开端，第一个伟大发现的初步完成；马克思主义的诞生；马克思、恩格斯对1848年革命经验的总结；马克思的第二个伟大发现：剩余价值理论的形成；19世纪五六十年代和第一国际时期马克思、恩格斯的政治思想；19世纪60年代前半期马克思的经济思想；《资本论》第1卷出版，马克思理论体系的全面论证；巴黎公社和欧美群众性工人政党创立时期马克思主义的发展；批判杜林主义，进一步全面系统地阐述马克思主义三个组成部分；总结自然科学新成就，系统论述辩证唯物主义自然观；恩格斯在马克思逝世以后保卫无产阶级世界观，发展马克思的经济理论；19世纪90年代恩格斯对科学社会主义和唯物史观的新贡献。编写者认为，"任何一种新的社会思想和理论，只有当社会物质生活发展提出新任务时才能产生出来"。"马克思主义是当时西欧几个主要资本主义国家所固有的内在矛盾——社会化生产和资本主义占有制的矛盾，以及无产阶级和资产阶级矛盾激化的产物。"19世纪上半叶，"无产阶级作为独立的政治力量登上历史舞台，工人运动的兴起。要求把社会主义由空想变成科学。这是时代提出的伟大任务"。"无产阶级伟大导师马克思逝世已经一百年了。在他逝世后的一个世纪中，马克思主义跨出了欧美，传到亚洲、非洲、拉丁美洲，遍及全世界。毫无疑问，马克思和恩格斯并没有结束真理，但重要的是为我们继续认识真理指明了方向。"[1] 这些认识，无论对当时的，还是以后的国际共运史研究，都有重要的现实意义。

2018年5月4日，纪念马克思200周年诞辰大会在北京人民大会堂举行。中共中央总书记、国家主席、中央军委主席习近平出席大会并发表重要讲话。习近平说：马克思是全世界无产阶级和劳动人民的革命导师，是马克思主义的主要创始人，是马克思主义政党的缔造者和国际共产主义的开创者，是近代以来最伟大的思想家。两个世纪过去了，人类社会发生了巨大而深刻的变化，但马克思的名字依然在世界各地受到人们的尊敬，马

---

[1] 中国人民大学马列主义发展史研究所：《马克思恩格斯思想史》，上海人民出版社1982年版，第1—23页。

克思的学说依然闪烁着耀眼的真理光芒!

习近平指出:马克思给我们留下的最有价值、最具影响力的精神财富,就是以他名字命名的科学理论——马克思主义。这一理论犹如壮丽的日出,照亮了人类探索历史规律和寻求自身解放的道路。只有在整个人类发展的历史长河中,才能透视出历史运动的本质和时代发展的方向。马克思的科学研究,就像列宁所说的那样,"凡是人类社会所创造的一切,他都有批判地重新加以探讨,任何一点也没有忽略过去。凡是人类思想所建树的一切,他都放在工人运动中检验过,重新加以探讨,加以批判,从而得出了那些被资产阶级狭隘性所限制或被资产阶级偏见束缚住的人所不能得出的结论"①。马克思的思想理论源于那个时代又超越了那个时代,既是那个时代精神的精华又是整个人类精神的精华。实践证明,马克思主义的命运早已同中国共产党的命运、中国人民的命运、中华民族的命运紧紧连在一起,它的科学性和真理性在中国得到了充分检验,它的人民性和实践性在中国得到了充分贯彻,它的开放性和时代性在中国得到了充分彰显!习近平的重要讲话,站在新的历史时代回顾了马克思的一生,在全国掀起了学习马克思主义的热潮,并对我国的国际共产主义运动史研究有重要的指导意义。

国际共产主义运动史研究,离不开"两个主义",即离不开对近代以来的资本主义和社会主义研究。这方面的主要研究成果有:钱俊瑞主编《资本主义与社会主义纵横谈》,世界知识出版社1983年出版;肖枫著《两个主义一百年:社会主义和资本主义》,当代世界出版社2000年出版;刘士尧著《社会主义:在历史与未来之间》,红旗出版社2001年出版;黄宗良、孔寒冰著《社会主义与资本主义:理论、历史和评价》,北京大学出版社2002年出版;李崇富著《较量——关于社会主义历史命运的战略沉思》,方志出版社2007年出版等。

钱俊瑞主编《资本主义与社会主义纵横谈》的初衷,是针对"文化大革命"结束后,一时出现的"信仰危机"和"信任危机"。"十年大动乱,彻底搞乱了人们的思想,搞乱了人们对各种事物的认识。人们,

---

① 《列宁选集》第4卷,人民出版社1995年版,第284—285页。

特别是许多青年,迷信个人,怀疑一切,张冠李戴,指鹿为马,是非混淆,黑白颠倒。粉碎'四人帮'以后的两年多内,'左'的错误指导思想以新的形式持续,另一方面,作为'左'倾错误思潮的一种反拨,加上一些别的原因,资产阶级自由化思潮乘机侵入。这两种'左'和右的错误思潮结合起来,相辅相成,便在一部分群众中,特别是在一部分青年中,产生了所谓信仰危机和信任危机。他们之中的大部分人是不分姓'社'姓'资',只要求自己和家庭生活过得好一些。但有极少一部分人,硬说姓'资'的比姓'社'的好,因此,他们不相信甚至讨厌马克思主义,不相信甚至反对共产党的领导。在社会主义的中国,竟存在这种脱离社会主义的轨道、脱离党的领导的倾向,当然是一个极其严重的事实。"[①] 针对这些问题,该书编写者确定了这该著的主要内容。关于资本主义,其内容是:资本主义是怎样起家和发迹的;第二次世界大战后资本主义发生的新变化;资本主义必然为社会主义所代替。关于社会主义,其内容是:科学社会主义从理论变为现实;社会主义制度的基本特征;多样化的社会主义道路;成就是伟大的,道路是曲折的;社会主义事业胜利发展的基本保证。此外,编写者还从经济制度、政治制度、精神文明等方面,将社会主义和资本主义进行了比较。编写者强调,社会主义制度比资本主义制度先进、优越,它具有不可比拟的强大生命力。而它的这种先进性、优越性和强大生命力,在过去 60 多年中,已经得到了初步的证实和发挥,但还远远没有充分地实现。社会主义必然代替资本主义,社会主义和共产主义必然在全世界范围取得胜利,这是历史发展的必然趋势,是没有任何力量可以阻挡的历史潮流,这是肯定无疑的。但是,从资本主义过渡到社会主义、共产主义是一个长期的曲折的过程。这在一个国家内是如此,在全世界范围内更是如此。

在肖枫的《两个主义一百年:社会主义和资本主义》中,作者就百年的社会主义和资本主义,从理论与实践、历史与现实的结合上,对其发展中的一些重大理论问题,进行了探讨。该书的主要内容是百年简要的历史回顾;社会主义近百年实践的曲折历程;如何认识社会主义发展

[①] 钱俊瑞主编:《资本主义与社会主义纵横谈》,世界知识出版社 1983 年版,第 1—2 页。

的历史进程;资本主义跌宕起伏一百年;后发资本主义的坎坷道路;当代资本主义与列宁的《帝国主义论》;霸权主义与帝国主义;经济全球化与世界格局多极化;两个主义面临的全球性共同问题与对策;当今的时代与中国对外战略的调整与发展等。在致力于探讨上述问题时,作者对一些热点问题进行了分析,如社会主义是否搞早了?为什么会发生苏联解体、东欧剧变?如何认识社会主义的历史地位、前途和命运?资本主义曾风雨飘摇,为何后来有很大发展?当代资本主义发生了哪些变化?如何认识列宁的《帝国主义论》?战后,一些新独立的国家为何选择"非资本主义道路"?各种民族"社会主义"后来为何大多走上了资本主义道路?它们的发展道路为何是坎坷曲折的?如何认识我们当今所处的时代?作者认为,"20世纪最大的特点是社会主义打破了资本主义的一统天下,开创了人类历史的新纪元。社会主义同资本主义经过了激烈的生死搏斗,终于站住了脚。尽管这一斗争远未完结,但可以肯定,社会主义决不会消亡,它将进入同资本主义竞争并存、斗争合作的新阶段……在新的情况下,如何认识社会主义和资本主义在这一百年中的发展和较量,如何认识它们的前途和命运,是摆在马克思主义者面前的重大理论和现实课题"①。在探讨上述问题时,作者关注现实,努力做到"论从史出",这给人们留下较深刻的印象。

李崇富著《较量——关于社会主义历史命运的战略沉思》,方志出版社2007年出版。该书的主题是,在社会主义逐步代替资本主义的整个历史时代,和平演变与反和平演变的斗争,是社会主义与资本主义两种社会制度之间长期较量的基本形式之一。20世纪80年代末90年代初,东欧剧变、苏联解体,社会主义的历史命运引起了人们的思考,和平演变与反和平演变的斗争既是人们普遍关注的研究课题,更是严峻的现实问题。作者从变化着的世情、国情出发,深入阐述及分析了事关整个社会主义历史命运的国际战略态势,对我国社会主义事业的长远发展和反和平演变的战略应对力图做出理性的总结和前瞻性的思考。该书的主要内容有历史的主潮和时代走向;和平演变战略的由来和实质;反和平演变先驱的理论与实

---

① 肖枫:《两个主义一百年:社会主义和资本主义》,当代世界出版社2000年版,第1—2页。

践；中国反对"自由化"的历史经验；历史主潮中的几个"旋涡"；当代"一球两制"的战略态势；中国反和平演变的战略应对等内容。书中列宁关于反"复辟"的科学预见；斯大林反"倾向"斗争的经验与教训；关于毛泽东反和平演变理论的反思；邓小平反对"自由化"的理论与实践；"社会主义阵营"的若干弱点和隐患；"民主社会主义"：和平演变的策略模式等，对科学认识和平演变是社会主义与资本主义两种社会制度之间长期较量，有重要的意义。

在国际共产主义运动史研究中，对历史人物的评价多有歧见，这是很正常的，在这方面尤以对布哈林的评价最为突出。布哈林是苏联共产党和共产国际著名活动家，1888年出生在莫斯科，他在中学时代就参加了革命组织。他是十月革命的主要领导人之一，曾任俄共（布）中央政治局委员职务，《真理报》主编，还曾主持共产国际工作。1937年被指控充当外国间谍被捕，1938年3月被处决。1988年2月4日，布哈林冤案终于获得平反；1998年6月布哈林的党籍和苏联科学院院士称号得到恢复。改革开放以来，布哈林的著作，开始陆续出版了中文本，西方学者研究布哈林的著作，也有中文本出版①，这都为我国学者研究布哈林提供了有利的条件。

从20世纪70年代末，郑异凡开始从事布哈林问题研究，曾在《世界历史》杂志上发表《有关布哈林的若干问题》（1981年第1期）；《列宁和布哈林在国家问题上的分歧及其消除》（1983年第4期）；《论布哈林社会主义经济建设思想》（1984年第4期）等文章。这些文章是国内比较早的

---

① 布哈林著作的中文版有：《过渡时期经济学》，余大章等译，三联书店1981年版；《历史唯物主义理论》，李光谟等译，人民出版社1983年版；《布哈林文选》上、中、下三卷，中央编译局国际共运史研究室译，人民出版社1981年版/东方出版社1988年版；《共产主义ABC》（与叶·普列奥布拉任斯基合著），中央编译局国际共运史研究室译，东方出版社1988年版。西方学者关于布哈林著作的中文本有：[英]肯·科茨：《布哈林案件》，王德树译，人民出版社1981年版；[美]斯蒂芬·F.科恩：《布哈林与布尔什维克革命》，徐葵等译，人民出版社1982年版；《布哈林思想研究译文集》，苏绍智等译，人民出版社1983年版；[苏]罗伊·麦德维杰夫：《布哈林的最后岁月》，段稚荃等译，世界知识出版社1988年版；[苏]安·米·拉林娜：《血泪难忘——布哈林夫人回忆录》，舒仲译，社会科学文献出版社1989年版。

重新评论布哈林的论文，肯定了他的历史地位①。1997年，郑异凡著《布哈林论稿》在中央编译出版社出版。该书按照历史顺序对布哈林的帝国主义理论、国家理论、过渡时期经济学、新经济政策：辩证唯物主义、社会主义文化政策等问题上的基本观点，进行了系统考察。作者认为，尼·伊·布哈林是杰出的马克思主义理论家，他的著述涉及马克思主义哲学、政治经济学、历史学以至文化和文学艺术等多种学科，他在每一个学科都做出了自己的贡献，对社会主义建设问题的探索尤其值得注意。

2006年，郑异凡著《布哈林论》作为"苏俄回眸系列丛书"之一，由中央编译出版社出版。作者在"后记"中写道：该书完成于20世纪90年代中期，由中央编译出版社于1997年出版，至今已近10年。原书名为《布哈林论稿》，之所以叫"稿"，是想在听取读者的批评意见的基础上，自己再下点功夫，使书中的内容得到进一步充实和完善。在这期间陆续发现一些新的重要资料，如布哈林的三本狱中遗著：《社会主义及其文化》《哲学短篇集》和自传体小说《时代》；我党早期领导人瞿秋白从莫斯科发给党中央的关于1928—1929年联共（布）党内争论情况的报告。这些资料对研究布哈林具有重要价值。针对这些资料，书中加写了一些介绍。"论稿"排版中有一些错误，现在作了修订。趁此机会，把书名改为《布哈林论》，意思是对作者来说此书已成定稿。不过学无止境，还是希望读者能够不吝指教。作者从布哈林在世界经济和帝国主义理论上的创新、"炸毁"国家和"无政府主义"公案、战争与和平——关于《布列斯特和约》的争论、过渡时期经济的最初探索、哲学上的"新东西"、布哈林和文化、布哈林和新经济政策、社会主义原始积累规律和劳动消耗规律之争、重评"阶级斗争熄灭论"、决定苏联命运的一场斗争——布哈林和斯

---

① 20世纪80年代初关于评价布哈林的文章还有：孙振远：《苏联20年代关于工业化问题方针的争论与布哈林的经济观点》，《世界经济》增刊1980年第1期；叶书宗、傅俊荣：《布哈林不是"三仙巷事件"的策划者》，《世界史研究动态》1980年第10期；叶书宗：《让历史来公正地裁决》，《世界史研究动态》1980年第12期；周耀明：《布哈林的"和平长入社会主义"决不是马克思主义理论》，《世界历史》1981年第6期；张镇强：《布哈林的"和平长入社会主义"符合马克思主义理论》，《世界历史》1981年第6期；王炳煜、陈凤荣：《关于列宁和布哈林在国家问题上的争论》，《世界历史》1981年第6期；李振海：《实事求是地评述列宁和布哈林在国家问题上的争论》，《世界历史》1983年第4期。

大林的争论（1928—1929）、布哈林之死、漫漫平反路——兼谈国外布哈林研究、文献举要等方面，对布哈林何以"是马克思主义发展史上不多的几个百科全书式的人物之一"，进行了较为充分的论述。

1988年，吉林教育出版社出版了闻一、叶书宗的《布哈林传》。该书封面最上端印有"一个布尔什维克革命家的悲惨结局"，集中反映了该书的主题。朱庭光为这本传记写有"序言"（该"序言"在《世界历史》1988年第6期单独发表，题为"布哈林研究与对社会主义的再认识"）。他写道："现在，对布哈林，在政治上初步恢复了名誉，而对他在理论上和实践上的贡献，他的历史地位，仍有待于做出公允的符合历史实际的全面评价。他所遗留的理论财富，很值得认真地研究和汲取。尤其是布哈林当年与斯大林之间的政治理论分歧及其后果，与现今社会主义国家的建设和改革又有何种关联，更为世人所关注。在这方面，闻一、叶书宗两位苏联史研究者做了很有益的工作。他们的新著《布哈林传》以大量史料为依据，以富有启发性的笔调，详尽地评述了布哈林的一生，贯穿了实事求是的历史唯物主义的分析，提出了不少深刻的，有些是独到的见解。"[①] 序言中的这些话，大体反映了当时学术界对布哈林以及对布哈林研究的代表性认识。尽管如此，作者仍指出，他们所撰写的这部著作，并不是他们对布哈林的最终看法，当更多有关布哈林的档案资料公开时，他们将根据事实来修正自己的观点。他们虽然提供给同行和广大读者的是一个分歧的状态，是一种争论，但希望不同意见的争论和交流，能有助于推动布哈林研究和整个苏联史的研究。

国际共产主义运动史研究，是世界近现代、当代史研究的重要内容之一，往往更直接面对现实，回答现实生活中提出的尖锐问题。例如，究竟是只有民主社会主义才能救中国[②]，还是只有中国特色社会主义才能救中国？民主社会主义就其实质来说是资产阶级、小资产阶级政治思潮，是以唯心主义和实用主义的方法论为指导、为改良资本主义制度服务的。民主社会主义没有根本改变资本主义的权力结构和阶级差别，没有改变和消除

[①] 闻一、叶书宗：《布哈林传》，吉林教育出版社1988年版，第1—2页。
[②] 参见谢韬《只有民主社会主义才能救中国》，《炎黄春秋》2007年第2期。

资本主义所固有的各种弊端。所以，绝不能把民主社会主义同科学社会主义相提并论。

徐崇温著《民主社会主义评析》，重庆出版社1995年初版，2007年增订再版。《民主社会主义评析》一书是作者1995年出版的一本专著。该书从评析民主社会主义的演变入手，分别剖析了它的政治、经济和思想纲领，它的样板和橱窗——瑞典模式，一直写到它在东欧剧变、苏联解体中所起的作用。希望通过这些评析，帮助人们澄清模糊认识，划清科学社会主义与民主社会主义之间的原则界限。而当近来有人提出"只有民主社会主义才能救中国"的说法时，作者又有针对性地撰写了《中国特色社会主义与民主社会主义的不同含义和原则界限》等6篇文章，作为最后一章列入该书2007年增订版中，希望以此帮助人们认识中国特色社会主义和民主社会主义的本质区别，从而进一步认清民主社会主义的真实面目，坚定走中国特色社会主义道路的决心和信心。该书的主要内容是：民主社会主义的来龙去脉；民主社会主义的政治纲领；民主社会主义的经济纲领；民主社会主义的思想纲领；民主社会主义的样板和橱窗——瑞典模式；民主社会主义与东欧剧变、苏联解体；澄清民主社会主义问题上的理论是非。

张传鹤著《全球视野下的民主社会主义研究》，中共中央党校出版社2009年出版。作者首先对民主社会主义起源、思想来源、性质、发展阶段等基本问题进行研究。这是科学认识民主社会主义的前提。在此基础上，作者较深入地剖析了民主社会主义的主要思想观点。因为研究民主社会主义，其中最核心的内容，是研究民主社会主义的主要思想观点。而这一研究并不是从概念到概念的空泛叙述，而是从实际出发，通过实证研究加强基本观点表述的说服力。该书的主要内容是：民主社会主义的起源、思想来源及其发展阶段；民主社会主义的性质及其产生、传播的原因；民主社会主义主要观点再认识；民主社会主义历史地位评析；世界各地民主社会主义扫视；福利国家"橱窗"——瑞典的民主社会主义；苏联及其主要继承者——俄罗斯的民主社会主义；与中国可比性最大的国家——印度的民主社会主义；非洲"旗手"——塞内加尔的民主社会主义；拉丁美洲"样板"——智利的民主社会主义；积极应对民主对我国主流意识形态的挑战等。

殷叙彝著《民主社会主义论》，中央编译出版社 2007 年出版。该书汇集了作者近 20 年来，在民主社会主义理论和欧洲社会民主党研究方面的学术成果。这些成果分别涉及不同历史时期，欧洲各国社会民主党在理论和组织方面的发展变动，从基本价值观念的发展到基本政策的变化，以至于具体历史人物的评价，作者都严格遵循马克思主义的理论原则和方法，实事求是。这本论文集选编了作者从 1979 年到 2001 年写的文章共 23 篇，根据内容分成四个部分。分别是关于社会民主主义理论和历史的论文；关于伯恩施坦及其修正主义的论文；关于第二国际的论文；最后一部分收入其他文章，包括论文、传记等。2001 年发表的《社会民主主义和民主社会主义——概念的起源和历史演变》，对近现代社会主义史研究中经常遇到的这两个概念的关系及其演变做历史性的叙述。通过对一百多年来的演变进程做了系统的追溯。通过对大量史料的梳理、考察和比较，将历史发展过程的来龙去脉及其内在原因叙述得十分清晰。2007 年以来，民主社会主义问题成了一个不小的"热点"。殷叙彝的研究成果，对于有学术追求的人们在"热闹"中冷静地寻求问题的答案，是十分有益的。

自 20 世纪 80 年代起，中央编译局主办的一些文献资料性的研究性刊物，虽然没有刊号，但都是正式出版物，由人民出版社出版，内容十分丰富，一些资料也多有保留价值，对深入研究国际共运史有不少帮助。这些刊物是"马列主义研究资料编辑部"编《马列主义研究资料》；中央编译局资料室编《马列著作编译资料》；中央编译局国际共运史研究室编《国际共运史研究资料》等，在我国的国际共运史研究中，发挥了不可替代的重要作用。如 1981 年，人民出版社出版了《国际共运史研究资料·布哈林专辑》，作为"增刊"发行。该增刊收有研究布哈林理论观点的论文 4 篇：宋洪训《布哈林和苏联社会主义建设》；蔡恺民《布哈林的经济平衡发展观点初探》；夏道源《1918 年列宁与"左派共产主义者"在国家资本主义问题上的争论》；郑异凡《试评布哈林的"阶级斗争熄灭论"》。此外，在"文献和资料"栏目中，有《布哈林和加米涅夫会谈纪要》（1928 年 7 月 11 日）；《对布哈林的审讯》（1938 年 3 月 5 日和 7 日）；《布哈林在法庭上的最后陈述》（1938 年 3 月 12 日）。除上述外，在"外论连载""历史事件评介""传记资料"等栏目，对于研究布哈林，也都提供了不少弥足珍贵的文献。2004年，中央编译出版社开始不定期出版《马克思主义研究论丛》，由俞可平、李慎明、王伟光主编，到2009年，已经出版了10辑。在该论丛中，也有一些与国际共运史研究有直接联系的问题。

在国际共运史研究中，一些辅助性的、资料性的、兼有工具书性质的著作，对于开展研究工作是十分有益的，这些作品除了大量译成中文的国外文献资料汇编外，还有我们自己编辑或撰写的著作。例如，周尚文主编的《国际共运史事件人物录》，上海人民出版社1984年出版。该书收录国际共运史上事件565条，人物558条，所有的条目以编年排列，从1847年共产主义者同盟建立时起，至1956年止。此外，还附有第一、二、三国际历次会议等历史资料。1982年底，为纪念马克思逝世一百周年，中国人民大学马列主义发展史研究所资料室编有《马列主义发展史》资料专辑，编者从俄、德、法、日等文种的论著中，翻译了马克思主义哲学、经济学和科学社会主义发展史的有关资料，还选编了新中国成立以来有关马克思、恩格斯著作、生平、事业的研究论文和参考资料的目录汇编。这些对于开展国际共运史研究都是十分有益的。

（九）专门史研究

专门史研究所涉及的内容较为宽泛，特别是第二次世界大战后，由于世界史研究的视野不断扩大，选题日渐丰富，以往和历史研究似乎没有关联，或关联不多的问题逐渐进入历史研究领域，更使得专门史研究的内容急剧膨胀。如果说当代历史研究的重要趋势之一，是历史学的界限变得越来越模糊了，那么这个趋势首先在专门史中表现得更为具体，更为明显。例如，从冷战史研究、世界现代化进程研究等方面，可清楚地看到这点。

冷战史研究 冷战发端于第二次世界大战之后，直至20世纪90年代初苏联解体后结束。在将近半个世纪的时间里，冷战不仅深刻影响着国际关系的演进，而且对包括中国在内的许多国家的发展道路也产生深刻的影响。近十余年来，冷战史研究作为一个多视角的综合性研究领域，成为中外历史学界的热门课题。华东师范大学国际冷战史研究中心成立于2001年，是中国目前唯一专门进行冷战史研究的学术机构。该中心以华东师大历史系为依托,致力于建立冷战史研究中心以及冷战史档案资料的收藏与检索中心,从中国的视角对冷战史进行高水准的学术研究,以促进中国冷战史学科的发展,加强中外学者在冷战史研究领域中的交流与合作。《国际冷战史研究》由华东师范大学国际冷战史研究中心主办。该刊的宗旨在于,为中国的国际冷战史研究提供平台,推介国外新解密的档案文献资料、研究著述,发掘并公布中国的档案材料,发表国内外学者高水平的研究论文,扶植国内青年学者,作为学科研究的窗口,集中反映中国国际冷战史研究的状况,等等。该刊内容主要分为专题研究、书评和国内外档案三部分,这些对于推动我国的冷战史研究,无疑是有益的。

王帆撰文《关于冷战起源的几种解释》,载《外交学院学报》2000年第2期。文章指出,什么是冷战?学术界有不同的解释。苏联认为,冷战是第二次世界大战后,美国和其他帝国主义国家对社会主义国家,首先是对苏联所采取的政策,其目的在于断送第二次世界大战的胜利成果,剥夺苏联人民和世界和平与民主力量的胜利果实。冷战反映了西方垄断资产阶级,尤其是美国垄断资产阶级的利益。冷战"主要是两大军事—政治集团地缘政治利益的对抗。它们之间的矛盾最突出地表现在西方集团在经济、贸易和科技领域歧视苏联及其盟国并且企图控制这些国家"①。美国学者认为,冷战是利益冲突国家之间除直接军事冲突以外的全面对抗,东西方处于一种对立的状态。中国有学者认为,冷战是指以第二次世界大战之后苏联为首的社会主义阵营和以美国为首的西方阵营全面对抗的一种现象。这种对抗除了直接的大规模的军事冲突外,还涉及政治、军事、经济和意识形态等一切领域,是一种埋藏战争危机的和平状态,也是一种以和平形态表现的战争。

冷战史研究是一个相对年轻的研究领域,不少重要成果刊载在一些重要的学术刊物上。陈兼、余伟民撰写了《"冷战史新研究":源起、学术特征及其批判》,载《历史研究》2003年第3期。作者认为,冷战史研究,是后冷战时期受到国际学术界高度重视的课题。自20世纪90年代初以

---

① [俄]尼·雷日科夫:《大动荡的十年》,王攀等译,中央编译出版社1998年版,第268页。

来，在一些新成立的国际学术机构，如华盛顿威尔逊中心国际冷战史项目、哈佛大学国际冷战史研究中心、乔治·华盛顿大学冷战研究小组、伦敦国际经济政治学院冷战研究项目、挪威诺贝尔研究所等这些机构的推动下，各国学者以冷战历史为研究对象的成果大量涌现。同冷战尚未结束时的情况相比较，这些新成果在充分利用西方国家有关档案资料的同时，也抓住了苏联及一些东欧国家档案解密及中国伴随改革开放而来的资料开放的历史机遇，在研究方法、范畴、视角以及在研究对象的认识上均有很大突破，从而产生了被美国著名学者约翰·路易斯·盖迪斯称之为"冷战史新研究"（The New Cold War History）的学术新潮流。

20世纪80年代末90年代初，全球范围内的冷战随着苏联及其阵营的解体而走向结束，这使许多知名国际关系理论专家感到困窘。因为几乎无人曾预料到全球范围内的冷战，会以苏联解体、东欧剧变而结束。这种情况为学者们在不同程度上利用苏联及东欧社会主义国家的档案创造了有利的条件。与此同时，美国及一些西欧国家的档案资料也进一步开放。从20世纪90年代初开始，"冷战史研究"在国内外迅速发展，尽管冷战史研究在外延与内涵上歧义甚多，研究者在概念、理论与方法、史料阐述以及史实释义上，都存在着不同的意见。那种认为只有待上述问题解决，或基本解决，才有可能开展冷战史研究是不现实的。实际上，这些问题"完全彻底"解决是不可能的，学术研究中产生不同的意见不可避免，即使有些问题可能达成"共识"，但也只能在研究实践中逐渐形成，而不是在空泛的议论中。在我国的冷战史研究中，同样要避免"美国中心论"，或"欧美中心论"的影响。

近年冷战史研究的成果，以论文为多，但也有专著。如刘金质著《冷战史》上、中、下三册，世界知识出版社2003年出版。该书运用较翔实的史料，系统地阐释了美苏两个超级大国绵延45年的对抗。全书分五编，第一编，冷战的开始（1945—1949），内容包括美苏两极的形成与对立、冷战的开始、两大集团的形成、美国组建军事集团；第二编，冷战的扩展（1950—1962），内容有美苏外交政策的调整与变化、冷战在欧洲的加剧、冷战扩展到亚洲、冷战在中东的扩大、古巴导弹危机、核军备竞赛与军备控制；第三编，冷战中的缓和（1963—1979），内容包括美苏走向缓和，缓和的进程，中、美、苏三角关系，缓和下的争夺，缓和的结束；第四编，冷战再现（1980—1984），主要介绍了20世纪80年代初期的国际局势、遏制与反遏制的斗争、新一轮军备竞赛；第五编，冷战的结束（1985—1991），内容有冷战结束的序幕、冷战的结束。研究冷战史，冷战的起因是关键。中外学者进行了多方面的分析，众说纷纭，莫衷一是。该书设附录进行评介和论述。

该书写作过程中，注意到以下几个方面：第一，史论结合，以史为主，论在其中。研究冷战史，冷战的起因是关键。第二，注意历史文件的调查与论证。特别注重美国和苏联的官方文件，包括外交战略、政策。第三，国家内政与外交的关系。国内社会政治和经济发展是推行外交政策的基础。外交是国内政治和政策的延续。同时注意国际环境的变化与发展对美苏外交的影响，把美苏和两个军事政治集团的关系置于国际政治格局之中。第四，对比分析。冷战主要在美国和苏联、北约和华约之间进行，双方都有自己的战略与政策。注意它们之间的差别，并进行实事求是的分析，以加深对冷战的认识。第五，突出重点，个案剖析。冷战涉及面广，内容极为丰富。一个研究项目不可能把冷战的方方面面都搞清楚，一本冷战史也不可能面面俱到，只能选择一些具有特别意义和带有决定性作用的问题与事件进行分析和阐述，力图做到点面结合、重点和一般结合。关注美苏两极、北约华约的对抗，重点是意识形态的对立、经济竞争、高科技发展带来的军备竞赛以及地缘政治利益的争夺。欧洲和中东地区是关注的焦点。柏林危机、古巴导弹危机和连绵不断的中东战争作为重点进行阐述，因为它们险些把人类带进核战争的深渊。第六，在广泛研究与吸收国内外学者成果的基础上，力求从新的视角进行探索、对冷战做出较为准确、令人信服的分析和结论。总之，该书试图从多层次、多角度、多领域来阐述与分析冷战的产生、发展和结束。

许海云著《北约简史》，中国人民大学出版社2005年出版。大西洋联盟是第二次世界大战后美苏冷战的直接产物，是战后国际关系冲突和合作理论与实践交互作用的结果。在半个多世纪的冷战历史中，伴随着冷战进程的起落，北约组织作为西方国家战后推行其冷战政策的军事—政治工具，其发展历程深深地打上了这一时代的烙印。该书叙述了自1949年4

月《北大西洋公约》订立后，北约组织半个多世纪的发展历程。北约组织产生于第二次世界大战以后美苏的冷战斗争，作为西方国家战后最大的军事—政治冷战工具，北约在贯彻西方国家的冷战政策、实施冷战实践的过程，发挥了一定的作用，对两极冷战格局的形成有着重大的影响。在冷战过程中，北约组织自身也发展并形成了一整套组织机制、对外决策与实践的程序，形成了独有的军事—政治行为方式。该书的主要内容是美苏冷战格局与欧洲联合；《北大西洋公约》的诞生与大西洋联盟；北约创建时期的组织机构及其发展；冷战对抗中的北约；北约的危机与发展低潮；20世纪70年代国际缓和与北约新态势；美苏对峙加剧与强势北约；雅尔塔体系结束后北约及其变化；北约东扩的现实及其存在；北约的发展与未来。作者认为，"北约在后冷战时期所体现出的社会特征与国际影响，不仅对现行的国际关系体系具有重大影响，对于未来国际格局的发展走势意义同样重大。因为在北约整合和重塑国际新秩序的外交政策与军事实践中，它提出了大量'北约版'国际行为标准语和行为规范，与国际社会现行的权利运作机制产生了严重冲突。而且鉴于北约在当前国际力量格局中的优势地位，其所言所行已经深深影响到了未来国际格局的重组，这和世界人民长期以来所致力的公正、合理的世界新秩序建设，是有相当大距离的，对此，我们必须要加以警惕"①。该书的附录有北约大事记、北约理事会历任秘书长、北约欧洲盟军最高司令部历任司令、《北大西洋公约》文本等文献资料，有助于深入了解和研究北约的历史与现实。

许海云还著有《锻造冷战联盟——美国大西洋联盟政策研究》，中国人民大学出版社2007年出版。该书通过对1945—1955年间美国"大西洋联盟政策"的研究，对战后初期美国外交政策转变、美欧关系格局及其变化、大西洋联盟的起源及早期发展等问题都进行了阐述。上述问题尽管都是历史问题，但对这些问题的系统研究和深入探讨，却具有重大的理论与现实意义。作者认为，第二次世界大战后，欧洲在战争的废墟上旋即陷入美苏冷战的旋涡而无法自拔。"大西洋联盟政策"作为美国冷战政策的一

---

① 许海云：《北约简史》，中国人民大学出版社2005年版，第3页。

部分，集中反映了美国自第二次世界大战后期起一直处心积虑，积极谋求在欧洲实施政治、经济与军事扩张的政策实质。就"大西洋联盟政策"的酝酿及其实践而言，美国既是始作俑者，又是政策主导者；西欧国家不仅主动参与其中，而且也发挥了拾遗补阙的重要作用。双方相辅相成，互相影响。"大西洋联盟政策"所形成的这一政治格局，在相当长一段时间内确定了战后美国与欧洲关系的基本走势，进而影响到美苏冷战的全局，这种影响甚至一直延伸到后冷战时代。该书较全面阐述了从美欧联合思想到战后初期的美苏对抗；美国、西欧区域性安全联合与冷战；美国与"大西洋联盟政策"的酝酿；"大西洋联盟政策"的展开与深入；冷战的加剧与"大西洋联盟政策"的延续；"大西洋联盟政策"的结局与欧洲分裂等内容。这部著作的主要特点之一，如作者在"前言"中所言，该书以丰富的史料为研究基础，作者利用在德国和美国做访问学者的便利条件，广泛收集并整理了"大西洋联盟政策"所涉及的大部分历史档案、政府文献和学者论述，充分借鉴了国外学术界对该领域的研究方法与成果，在写作中大量运用了美国外交文件集、国务院政策设计委员会文件集、美国国会对《北大西洋公约》听证会议记录、参议院关于北大西洋安全与美国军事援助系列文件、国家安全委员会分析报告汇编等美国的档案文献。还利用了《英帝国海外文件集》《苏联历史档案汇编》等外交档案，并对各种档案以及相关史料进行了细致的比较和分析。因此，该书的资料基础具有普遍性，写作具有一定的原创性特色。

冷战的起源问题，是冷战史研究的重要问题之一。霜木撰《冷战起源刍议》，载《历史研究》1999年第4期。作者指出，世界各国都公认所谓的冷战已经结束，但是冷战思维及氛围至今仍未彻底消散，并且争论半个世纪的所谓冷战问题再度沸沸扬扬，以往对冷战起源的研究往往追究冷战对峙双方的责任。半个世纪以来，曾经相互指责的双方先后改变了自己所指责的对象，而且，大有自我反思甚至异化逆反的趋势：西方在冷战起源问题上不断自责，西方从系统的修正学派开始，经温和修正学派、后修正学派到苏维埃史学派，都把挑起冷战的责任归到美国方面。而苏联尤其是独立之初的俄罗斯则批判揭露苏联的对外政策。这是不可避免的认识过程。不过，研究冷战起源问题，不宜从某一当事国角度出发，更多地纠缠于某方的责任，而应从人类社会发展的角度着重分析这种历史现象的原因。

作者还认为，冷战起源问题，是二战后国际关系中的重要问题，特别是大国关系问题。二战的胜利，使苏美英三大国由热战中的盟友转变为冷战中的对手。这一转变并非单独某一方或某个人的作用或过错，而是由诸多因素和条件所促成的，具有某种历史的必然性。冷战之所以冷而不战，即对峙的双方主力没有发生大规模的武装冲突，其中一个重要原因是核武器的威慑作用。这是典型的异化现象。发明和生产这种可怕武器原本是为了战胜对方，结果事与愿违，成为相互震慑、无法动手的制约因素。从这个角度讲，原子武器这种热战武器是制造冷战的促进剂，也成为抑制冷战转变为热战的阻断器。若没有核武器的这种强大威慑及其所逼出的人们的冷静与理智，很难想象如何在对峙中维持长达半个多世纪的世界和平。此外，还应该看到，这种威胁人类生存的核竞赛除了给人类带来恶果外，也促进了20世纪科学技术的飞速发展，改变了人类的生活方式。回顾冷战起源，它不是某国某人的过错，而是当时各种因素及各种力量共同推转了历史车轮，而后者的走向未必符合所有推动人的初衷。反思冷战的过程，应该庆幸当事者的节制，没有酿成世界大战。这是人类社会在空前的战争之后维护世界和平的探索中不可或缺的一步。从这个角度讲，所谓冷战史是一段人类在危险中追求和维护世界和平的和平史。

叶江撰《斯大林的战后世界体系观与冷战起源的关系》，载《历史研究》1999年第4期。作者认为，在中外学术界对战后斯大林外交政策的林林总总的研究中，学者们几乎不是把它归结为推行世界革命，就是视之为保卫本国的安全，或者将两者机械地结合起来加以讨论，认为斯大林的战后外交政策在某个时期是推行世界革命，而在另一个时期则是保家卫国。但是，这些看法似乎都忽视了一个十分重要的方面，就是缺乏研究分析斯大林的战后世界体系观，因此没有注意到战后斯大林外交政策的指导思想既不是单纯的世界革命，也不是简单的安全至上。事实上，斯大林在第二次世界大战后期和战后初期所形成的对世界体系的看法，以及与之紧密相关的一系列理论，是不能简单地用世界革命或国家安全来做概括的，而是必须从一个新的视角对之进行分析和综合的世界体系观。由于斯大林的战后世界体系观是他本人制定战后苏联内外政策的基础，因此它的形成、发展与战后的冷战起源有直接的联系。

作者认为，斯大林的战后世界体系观的基本内容为：第一，第二次世界大战的经济影响（在很大程度上也是政治影响）将导致统一的无所不包的资本主义世界市场的瓦解。这种情况决定了世界资本主义体系总危机的进一步加深。第二，苏联在第二次世界大战中的决定性作用是导致无所不包的资本主义世界市场瓦解的直接原因，因为是苏联在二战中通过消灭法西斯侵略者而极大地改变了社会主义和资本主义两大体系的力量对比，并使之向有利于社会主义的方向发展。第三，之所以说二战后的世界局势是向着有利于社会主义的方向发展，是因为社会主义开始从苏联一国向数国发展，并由此形成与资本主义世界市场平行的社会主义世界市场，以及与资本主义阵营对立的社会主义阵营，也就是说，战后的世界体系将从经济到政治一分为二，形成对立的社会主义和资本主义两大体系。第四，随着战后两大体系的出现，斯大林本人在第二次世界大战以前所提出的资本主义总危机时期世界市场相对固定，并且只存在一个资本主义世界市场的论点，以及列宁在 1916 年春天所提出的资本主义虽然腐朽，但整个说来，资本主义的发展比从前要快得多的论点都已经失效。

冷战的爆发在相当程度上源自于超级大国决策者们对战后世界形势和对方行为的误判。如果当年美苏双方都能比较客观地分析战后的世界政治经济形势，比如对战后世界体系的认识更为客观一些，或比较接近一些；如果美苏都能够比较冷静地判断对方的行动目标，比如不要把对方有限的目标视为无限的目标，那么几度将人类推入热核战争边缘的冷战也许是可以避免的。历史不可以重写，但是人类可以创造未来的历史，因此，牢记冷战起源的历史教训对于进入后冷战时期的人类是至关重要的。

李世安撰《英国与冷战的起源》，载《历史研究》1999 年第 4 期。作者指出，在研究冷战起源的问题上，许多研究者认为英国是冷战的"始作俑者"。近年来有的学者断言"英国绝不是盲目追随美国政策的'小伙伴'"，有着"独立的冷战政策"；还有的人强调英国并非扮演消极被动的美国追随者角色，而是采取一种"主动积极的对抗性政策"。但是国内外最新的研究成果表明上述评价并不正确，英国在冷战起源中的作用被夸大了。英国不是冷战的始作俑者。在冷战开始前，英国并没有独立的冷战政策，也没有采取主动积极的对抗性政策。

冷战实际上是美苏两极格局的斗争，是二战后两个超级大国为争夺世界霸权而进行的斗争。纵观从1945年至1948年前的世界形势，由于英国的衰落，特别是艾德礼政府实行非殖民化政策，英国不仅没有实力，而且也不愿卷入与苏联的对抗之中。因此不能片面夸大英国在冷战起源中的作用。

丘吉尔在1946年3月发表了"富尔顿讲演"，但他的讲话只代表他个人和美国政府的观点。而且1948年前丘吉尔的主导思想并不是反对与苏联合作，相反他主张三大国合作。战时他就曾两次使用"铁幕"一词来描述苏联控制的国家和地区，但他仍然主张英苏合作。他的这种思想在冷战开始前一直没有改变。1948年12月10日，冷战已经开始，但丘吉尔在下院发表讲话时，仍否认他提倡反苏政策。丘吉尔说：我常常提出忠告说，"在俄国像美国一样也拥有原子弹以前，我们应当尽力跟它就一些尚未解决的问题达成协议……我从未试图为这样一种重大而严肃的谈判提出过什么预定时间。"丘吉尔坚决反驳议员齐利亚克斯的指责，即说和俄国打仗的政策就是丘吉尔的政策。丘吉尔驳斥道："我想就这点说说清楚，这根本不是我提出来的政策——完全不是那么一回事。我一直热切地希望，而我至今尚未放弃这种希望。如果可能的话，我们和苏俄还可以达成一个和平的协议。"至于冷战问题，丘吉尔甚至推卸责任说："由于我已卸任，没有能保持这种友谊的气氛，也没有能达成愉快而友好的协议，这不是我的过错。"为了证实他主张与苏联合作，还引用了1945年4月29日他写给斯大林的信的内容。在信中，他强调要同苏联友好合作。丘吉尔说不仅在他的任上，他忠实地为英苏合作而工作，而且今后愿尽其权限所及而继续这样做。在波兰问题上，丘吉尔还向斯大林保证，英国绝对不支持一个对苏联不友好的波兰政府。他重申要遵守雅尔塔协议。由此观之，丘吉尔不可能是美苏冷战的始作俑者，他顶多只是一个美国冷战政策的传声筒或敲边鼓者。

至于英国政府在1947年2月宣布放弃希腊，正如英国将巴勒斯坦问题提交联合国一样,只是英国被迫实行非殖民化政策的一个部分,是英国被迫放弃在地中海势力范围的一种无可奈何的选择。英国的主要考虑并非为了冷战,而是从不堪经济重负的角度出发。可以说丘吉尔的"富尔顿讲演"和英国政府放弃希腊的做法是冷战史中重大历史事件,它为美国公开其冷战政策提供了机会。但英国并不是冷战的始作俑者,也不是冷战形成的推动者,更不能就此说英国有积极的促成冷战形成的政策。

徐蓝撰《从两极格局到多极化趋势的发展》,载《浙江学刊》2005年第2期,探讨了20世纪70—90年代冷战态势的演变。作者认为,20世纪70—90年代初,面对不断变化的国际形势和多个新的力量中心的出现,美国在坚持其全球扩张、遏制苏联的总体战略目标的同时,从尼克松到布什的历届政府不断调整对苏政策,而从勃列日涅夫到戈尔巴乔夫的苏联对外政策则从利用东西方关系的缓和继续向全球的势力扩张转向全面收缩。在以美苏为主要对手的冷战从缓和与紧张并存走向冷战结束的过程中,世界多极化趋势也在不断发展。冷战结束后,美国作为世界上唯一的超级大国,认为由美国领导的国际关系体系的"单极阶段"终于到来了,于是依靠美国的权势和价值观来建立"世界新秩序"的主张频频出现在美国领导人的讲话中。另外,根据白宫自己的统计,1990—1991年期间,美国领导人在各种讲话中有42处提到"世界新秩序"。但是,继承了苏联主要遗产的俄罗斯仍然是唯一拥有能够与美国相抗衡的核武器的国家,作为联合国的常任理事国,俄罗斯在世界事务中的作用仍然不可低估。与此同时,欧共体向欧盟的成功发展有力地表明了西欧是国际政治中的一极重要力量。以中国、韩国和东盟成员国为代表的亚洲的崛起,同样显示出该地区除了日本以外的其他国家正在确立和发挥它们在世界事务中的重要作用。占有联合国多数席位的第三世界国家作为一个整体对国际事务的影响也不容忽视。因此,到冷战结束之时,自20世纪60年代末就已经开始出现的世界多极化的发展趋势是一个不争的现实,它并不以人们的意志为转移。

作者强调,与冷战结束几乎同步出现的是经济全球化的浪潮,正如前世贸组织总干事鲁杰罗所说:"以要素自由流动为基础的经济全球化趋势不可逆转,正在加速。在全球范围内,经济力量和技术力量为依托的经济外交正在拆除各种围墙樊篱，跨越各国国界，编织一个统一的世界经济。一个以经济全球化为基础的'无国界经济'正在全球范围内形成。"自二战结束以来人类社会就向往的世界和平与社会发展，在冷战结束之后，终于更为突出地成为时代的主题和世界人民的共同追求。

时殷弘撰《美苏冷战史：机理、特征和意义》，载《南开学报》2005年第3期。作者提出，从一定意义上说，美苏两个超级大国的兴起和它们之间的冷战是现代世界历史的必然。在这历史演进过程中，就国际体系构造而言，冷战来自19世纪期间开始的、并且愈益加速的国际权势分布的极化趋势。人口、经济技术、自然资源和地缘政治等几大方面的要素作为深层原因，两次世界大战作为极其有力和急剧的催化剂，造就了几个世纪里世界政治的头等重大事态之一，那就是现代国际体系传统中心欧洲的权势迅速衰落，"侧翼大国"美苏的权势勃然兴盛。另一方面，美苏冷战还在相当大程度上孕育于十月革命到第二次世界大战的美苏关系史：从列宁对威尔逊，到斯大林对罗斯福，日后美苏冷战的一个基本动因——社会制度和意识形态（包括国际政治观）的摩擦、抵触和对立都显得至关紧要，尽管它们并非唯一的动因，而且并不总是排斥两国在一些具体问题上达成妥协和进行协调，甚至形成对世界命运头等重要的战时同盟。然而，意识形态对立与基本地缘政治环境中的超级大国利益竞争等因素结合在一起，决定性地促成了美苏冷战。冷战史的基本问题在于冷战的起源、冷战的地缘政治特征和强烈意识形态性质、美苏军备竞赛、冷战的自我控制机制、冷战的全球化、冷战紧张程度的起伏变化、冷战终结和苏联瓦解的基本原因以及冷战的世界历史意义。

冷战的主要世界历史意义似乎在于，它是20世纪下半叶的一场有世界范围巨大影响的美苏政治、经济和意识形态"决赛"。在其中，苏联式社会主义及其国际关系模式彻底失败，而且大概是永久性的。这一结局证明杜鲁门在卸任前夕以政客的夸张语言和强烈的美国意识形态倾向表述的一种信心，那是美式资本主义及其世界秩序观念最后赢得美苏冷战的一个不可缺少的原因："随自由世界愈益强大，愈益团结，并且对铁幕两边的人们愈益具有吸引力……苏联世界发生变革的时候定会到来。"这一结局更证明，原先的社会主义体制如果没有既积极又稳妥、既足够深入又不过头的改革,就无法经久生存下去直至其光辉的未来。实际上早从威尔逊和列宁起,这场多半取决于能否赢得人心的竞赛就已开始,然而二战结束后它是在总的来说对苏联不利的基本环境中进行。美国领导的西方经济、政治、社会和国际体系拥有综合优势,而且到80年代已变得相当悬殊。在一个历史时期里,发达的资本主义的经济技术活力和巨大财富,在此基础上强大的军事力量,较为开放和较为多样的政治文化,越来越突出并传播得越来越广泛的西方人权价值观,大致基于互利和协商、因而较有凝聚力的西方发达国家共同体——所有这些挫败或遏阻了苏联势力的扩展,同时又相对于苏联制度"表示了一种吸引人的替代"。

在很大程度上,冷战是19世纪初以来现代国际体系内力量分布格局越来越趋于极化的结果;反过来,冷战又作为基本原因,使这种极化趋势在一些重要方面有了进一步的发展,即在世界政治的多个重大问题领域和多个重要地理区域,形成了显著的美国霸权。不过,冷战对美国国际地位的影响还有另一方面:多半出于冷战的需要,美国在战后初期宽待德国和日本,助其复兴,以后又长期在安全、贸易和金融方面予以照顾和特殊优惠,从而有力地帮助了它们成为世界一流经济强国,或者说成为美国比较强劲的经济竞争对手。同样首先出于冷战需要而由美国促其起步的中西欧一体化,也产生了类似的结果。还有,从安全和战略上考虑,源自冷战军备竞赛并且扩散开来的远程战略武器,加上一定程度上源自冷战时期中近东问题的反美恐怖主义势力,实际上结束了两个世纪里得天独厚的地理位置给予美国的、由来已久的高度不易受伤害性。而且,用一位大战略史家的话说,由于承担了保护许多盟国的义务,美国就由二战前的一个"后方"强国,变成了代价高得多、风险也大得多的一个"前线"强国。历史有可能最终证明,冷战的真正结果并非美国的真正胜利。

2012年,白建才的专著《"第三种选择"——冷战期间美国对外隐蔽行动战略研究》由人民出版社出版。该书从国家战略的视角,采取理论分析与实证研究、宏观概括与个案解剖相结合的方法,以美国解密档案等资料为依据,借鉴国内外学界成果,对冷战期间美国的隐蔽行动战略进行了比较全面系统深入的研究,探讨了其内涵、渊源,与遏制战略的关系,美国历届政府对该战略的制定、实施、传承，其功效与弊端，揭示了其在促使东欧剧变、冷战结束中的作用，深化了对美国冷战战略及冷战国际史的研究。其主要内容是隐蔽行动战略及相关概念辨析、冷战初期美国对外隐蔽行动战略的确立、隐蔽行动战略的传承、隐蔽行动战略的实施（20世纪40年代末—50年代中）、隐蔽行动战略的实施（50年代后期—70年代初）、隐蔽行动战略的实施（70年代初—70年代末）、隐蔽行动战略的实施（80年代—90年代初）、美国对外隐蔽行动战略的得失。附录有"美国政府关于隐蔽行动的几份重要文件"。这些有助于读者深刻认识冷战的实质及美国的对外战略。该书出版后产生较大反响。

世界现代化进程研究 第二次世界大战后世界政治经济形势的发展，特别是在经济全球化的背景下，有力地推动了现代化研究。各国不同专业的学者多从本专业的特点出发去研究现代化问题，而史学家追本溯源，则表现出明显的学科优势。在我国，改革开放，走中国特色社会主义道路成为不可逆转的历史潮流，这成为我国史学界现代化研究的基本动因之一。学者们通过对世界不同类型国家的现代化研究，努力从历史与现实的结合上，为中国的现代化提供历史的借鉴。

世界上任何一个国家要走上现代化的发展道路，不可或缺的条件是实现民族独立、国家统一，创造政治稳定的局面；全面发展经济，奠定国家强盛的基础；放弃闭关自守，坚持对外开放；重视改革，不断创新；抓住机遇，及时决策。毫无疑问，这些都十分必要，但不能忽略现代化进程中厚重的文化因素。文化是一个国家综合国力的具体体现，文化因素在社会发展中的重要性不断得到提升。任何一个经济上贫穷、政治上分裂的国家都不可能实现现代化；同样，任何一个充斥着文盲、文化贫乏、落后的国家，也不可能实现现代化。

罗荣渠（1927—1996），著名历史学家，北京大学历史系教授。率先在我国从事世界历史进程中的现代化理论性研究，在学术界有广泛影响。罗荣渠强调，现代化是一个世界历史范畴。广义指18世纪后期工业革命以来现代生产力引发的社会生产方式与人类生活方式大变革，是以现代工业、科学和技术革命为动力，从传统农业社会向现代工业社会的大转变。狭义指第三世界经济落后国家和地区，通过广泛的经济技术改造与社会改革,迅速赶上先进工业国的过程。现代化的核心内容是工业革命或工业化,但现代化不等同于工业化,也不等于"西化""资本主义化",追求工业文明是世界现代历史进程的共同特征,并非仅仅与资本主义相联系。

罗荣渠著作颇丰,主要代表作有以下两部:其一,《现代化新论——世界与中国的现代化进程》,北京大学出版社1993年出版。该书分三编,第一编"大转变时代的新历史观",是用马克思主义评介西方现代化理论,并就建立马克思主义的现代化理论做了探索。主要内容是:现代化理论与历史研究、西方现代化思潮的演变和得失、一元多线历史发展观、马克思主义与新的现代化理论。第二编"现代世界发展趋势通论",对近两百年来现代化的世界历史进程进行了考察,在三个不同层次上,探讨了各种发展模式及其特征。第三编"转型期中国发展趋势通论",是对新中国成立前近百年来中国现代化的历史趋势和特点的考察。作者论述上述问题时,重视理论与实践的结合,广泛运用了历史学、经济学、社会学与政治学的理论、原则和方法。

另一部是《现代化新论续篇——东亚与中国的现代化进程》,北京大学出版社1997年出版。作者强调:"大转变时代需要新的发展观",在进一步阐发《现代化新论——世界与中国的现代化进程》所提出的重要理论的基础上,从政治、经济和文化等角度对东亚与中国的现代化进程进行了较深入的探讨。两书结构和内容有密切的联系,可视为姊妹篇。该书也分三编。第一编"世界现代化进程与东亚的崛起",主要内容包括:现代世界发展新论、跨世纪的大变革与二十一世纪现代化前瞻、一元多线历史发展观与东亚现代化进程、东亚跨世纪的变革与重新崛起。第二编是"中国的现代化道路",主要内容包括:走向现代化的中国道路、中国经济增长的历史经验(1949—1989)、传统文化与中国现代化、中国传统文化研究的时代课题、中西文化交流与中国现代化、人文忧思的盛世危言。第三编"现代化:历史研究的新视角",主要内容包括:历史学要关心民族和人类的命运、人类历史发展的伟大动力与终极原因、积极推进中国的世界史研究、开创世界史研究的新局面。从历史学角度探讨世界和中国现代化进程。

1999—2000年,辽海出版社出版"西方国家的民族文化与现代化丛书",共九册(卷),分别是《英国文化与现代化》(王章辉著)、《德国文化与现代化》(陆世澄著)、《美国文化与现代化》(顾宁著)、《加拿大文化与现代化》(高鉴国著)、《法国文化与现代化》(张丽、冯棠著)、《拉美文化与现代化》(钱明德、金计初著)、《意大利文化与现代化》(黄昌瑞著)、《瑞士文化与现代化》(端木美著)、《日本文化与现代化》(汤重南等著)。

  这套丛书在实证研究的基础上,阐释了在现代化的进程中,各个民族的传统文化不可替代的内在作用。世界各国的现代化进程中,毫无疑问会有不少共同之处,但同时也会表现出各自独特的特点。这些特点多表现为民族性,而这些民族性又都是和各民族的传统文化联系在一起的。在这九该著中,较好地体现了这一点。例如,在英国卷中,主要内容是思想解放的曙光;新时代的晨曦;新旧制度的生死较量;蒸汽机的铁路时代;自由放任主义和改革的年代;劳工的呼声;新自由主义和社会改革;落日余晖;福利国家;撒切尔夫人和新保守主义等。在德国卷中,探讨了德意志民族的特性和文化传统;第一帝国瓦解前后文化与现代化的启动;第二帝国俾斯麦时期文化与现代化的进展;第二帝国威廉二世时期文化与现代化进程的中断;魏玛共和国时期文化与现代化进程的恢复等。在美国卷中,作者探讨了移民国家与多元文化;本土哲学与反主流文化;科技走向高精的历程;现代军事技术的发展;适应社会需求的教育;四通八达的交通运输;好莱坞和消费文化等。在加拿大卷中,作者阐述了从新法兰西到英属北美"第二帝国";加拿大知识经济;多元文化主义;文凭社会和教育立国;城市国家等。法国卷的主要内容是启蒙运动;法国大革命的文化遗产;拿破仑时期的文化;空想社会主义等思想观念的更新;现代化道路和社会阶级结构的变化;戴高乐主义;萨特与存在主义、结构主义思潮等社会文化新景观等。在拉美文化卷中,作者对拉美文化的演变、绚烂多彩的古代美洲、殖民地时期的美洲文化等,给予了充分的关注;此外,还就资本主义文化与拉美现代化;传统、外资与社会发展;社会发展中的民主主义等社会思潮;现代化进程中的福利制度;艰难的禁毒斗争等进行了分析。在意大利卷中,作者回溯了作为资产阶级文化摇篮的意大利,如城市国家的兴起、文艺复兴的由来等。该卷的其他主要内容是:国家学说和现代科学的崛起;国家统一后的民主化与工业化;法西斯统治与民族文化;

战后的经济"奇迹"与文化；现代化的孪生姐妹；贫穷、落后、黑手党；旅游文化与现代化等。在瑞士卷中，作者认为瑞士是永远的世界花园，阿尔卑斯山是瑞士联邦的摇篮，所以首先从这里开始谈起，相继分析了瑞士政体、政治、经济的特点，并在此基础上从不同语言的历史性、文化多元的宽容性、本土文化的欧洲性、民族意识的局限性等方面，阐释了瑞士文化的特点；此外，作者对瑞士走向工业化社会、现代与传统的碰撞、世界潮流中的瑞士等也有介绍。本丛书所包括的九个国家中，唯一的亚洲国家是日本。在该卷中作者首先分析了日本的传统文化及其特点，接着论述了西学的早期传入与日本的对应；日西文化的交汇与融合；中日传统文化的现代作用；日本现代化进程；传统文化与经济现代化；传统文化与近代国家的建立；家族国家与权威政治；传统文化与政治民主化的曲折进程；日本现代化的扭曲及根源等。

多卷本《世界现代化历程》（江苏人民出版社2010年版），是钱乘旦主持的教育部哲学社会科学研究重大课题攻关项目的最终成果。本成果既是改革开放以来，我国世界史学者对"世界现代化"研究的系统总结，也是在此基础上对中外学术界有关"世界现代化"研究中的前沿问题和重大理论问题的深入阐释，是我国"世界现代化"研究的标志性成果之一。全书10卷，目前已经出版6卷。钱乘旦是《世界现代化历程》的总主编，也是总论卷的主编。东亚卷的主编是董正华（北京大学）；北美卷的策划是李剑鸣（北京大学）；拉美卷的主编是韩琦（南开大学）；中东卷的主编是王铁铮（西北大学）；西欧卷的主编是陈晓律（南京大学）。非洲、南亚、苏东、澳洲等卷有待日后出版。

《世界现代化历程》的"总序"指出，《世界现代化历程》把着眼点放在"模式"上。10卷的分工，"总论卷"提供讨论的框架，对现代化研究的理论、学术演变过程进行梳理，回顾世界现代化的总体过程，并提出一些共同问题。其余9卷按地域分工，分别讨论一个地域的现代化"模式"问题。在一个地域中，可能因为存在着某些比较明显的共同性特征而生成一种地域性"模式"；但也可能存在着几种不同的"模式"，分别由若干不同国家为代表。必须说明，"模式"与地域可以没有直接的相关性，处于不同地域、具有不同文化背景的国家也可以形成类同的"模式"。对

"模式"的探讨使我们对世界现代化进程中地区与国家的情况有更深刻、更具体的理解;而通过对不同的"模式"进行分析和比较,又使我们对世界现代化的整体过程有更好的把握①。从已经出版的6册书看,编写者的目的基本是达到了。

现代化是世界历史进程的一个重要阶段;"现代化"研究,是世界历史研究的一个重要内容。世界各个国家的历史学家,尽管文化背景不同,历史观、价值观不同,但都无一例外地将"现代化"研究摆在一个十分重要的地位②。第二次世界大战后,特别是20世纪80年代以来,历年都有一些重要的成果问世。在我国,"世界现代化研究"的兴起与发展,与"文化大革命"结束后,改革开放成为不可逆转的历史潮流同步,不是偶然的。三十余年的研究成果,特别是多卷本《世界现代化历程》的问世足以证明,"世界现代化研究"的动因首先是时代的呼唤使然。中国的前途命运已紧密地同世界的前途命运联系在一起。改革开放、建设中国特色社会主义的伟大事业需要广阔的世界眼光。他山之石,可以攻玉,这部著作不仅有重要的学术价值,而且有重要的现实意义。

西方国家现代化研究的重要特征之一,是根深蒂固的"欧美中心论"自觉、不自觉地渗透其间。一些西方学者认为,现代化就是"西方化"或"资本主义化";西方国家的现代化道路,是世界各国走向现代化的普遍道路;西方国家的现代化模式,是世界各国都应选择的模式。多卷本《世界

---

① 钱乘旦主编:《世界现代化历程·总论卷》,江苏人民出版社2010年版,第3页。
② 在我国历史研究中,一些学者对"现代化理论"提出不同的意见。一些论者认为:"现代化理论作为历史认识的工具有力地推动了史学的发展,但是将现代化作为价值评价尺度却造成了种种混乱。现代化在政府树立目标、学术界塑造必然趋势、社会幻想理想王国的作用下,被动充当衡量一切价值的尺度。然而,广义现代化价值尺度无法确定合理的内涵以及合适的外延;狭义现代化价值尺度忽视现代化道路的多样性和现代社会的复杂性,人为将现代与传统、西方与东方对立,都不具备价值尺度的资格"。这种观点还认为,"现代化"是最为含混的概念之一,广义现代化理论"具有超时空的特征","内涵过于含混"。"作为衡量主体与客体关系的价值尺度应该具有明确的内涵,或者稳定的本质属性,或是反映本质的明显特征。然而,在广义'现代化'体系中,两者都没有清晰的表述。"狭义的现代化内涵日趋清晰,"却依然不具备价值尺度的资格",诸如"以偏概全,抹杀文化差异";"价值'整齐划一',违背人类意愿";"一叶障目,忽视'现代'的复杂";"人为对立,忽视传统的价值"。参见姜新《历史事实判断工具还是价值评价尺度》,《安徽史学》2010年第2期。

现代化历程》，则从当代中国社会发展，与当代中国史学发展的实际出发，在唯物史观的理论指导下，自觉克服"欧美中心论"长期以来的消极影响，对世界主要国家和地区的现代化历程进行系统的研究。编写者努力做到史论结合，论从史出；在重视文献资料积累、选择和应用的同时，重视现代化研究的理论概括和理论分析。

艾周昌编著《南非现代化研究》，华东师范大学出版社2000年出版。作者认为，现代化是一个世界历史范畴。从宏观历史学的角度来看，现代化是一个全球性的互相关联的大转变过程。这是现代化的本质所决定的。因此，研究南非的现代化历程，需要从世界现代化的历程说起，要先从世界看南非。南非是非洲大陆经济实力最强、工业化水平最高的国家，它的国民生产总值约占整个非洲大陆的三分之一，是周边十个国家总和的三倍多。研究南非的现代化，在非洲大陆具有一定的代表意义。该书的内容是：从世界看南非——世界现代化的浪潮与南非、起飞前的南非、两种传统文化、南非现代化的催生剂——矿业革命、矿业革命在南非的历史地位、向工业化国家迈进、经济迅速发展的动因、现代化的受挫、经济衰退的原因、南非种族主义制度与现代化、南非的种族隔离制度、种族主义对现代化的影响、反种族主义斗争与政治现代化、反种族主义制度斗争的兴起和发展、南非政治现代化、南非对外关系与现代化、逆历史潮流与身陷"独立"、重返国际社会、从南非看世界——新南非展望、南非与澳大利亚、新西兰现代化进程之比较、新南非、新政策、新面貌、中南关系展望等。

艾周昌还主编了《亚非发展中国家和地区现代化研究》，上海辞书出版社2009年出版，该著作是上海市哲学社会科学"十五"规划立项课题的最终成果。一些西方学者认为，发展中国家的现代化是"后进的、追赶型"的现代化，是西方国家影响下启动的"外源型"现代化。这种观点不能说没有一点道理，但却忽视了广大发展中国家各自不可替代的独特的文化背景及社会经济发展特点。在这部著作中，编写者从发展中国家的历史与现实出发，提出了模式的现代化，如"石油矿产资源启动型"的现代化；"农业资源促动型"现代化；"出口加工促动型"现代化；"大国综合发展型"现代化，以及走"科技强国之路"的现代化，等等。这样，《亚非发展中国家和地区现代化研究》彻底抛弃了"发展中国家的现代化是西方模式的外源性"的错误观点。该书在论述发展中国家现代化各种模式的同时，专章分析了"东方落后于西方的历史运动轨迹"。作者明确指出，"资本原始积累的另一重要方式则是对海外的殖民掠夺，也即对东方国家的掠夺"。"新航路的开辟和新大陆的发现，使欧洲资产阶级的活动范围极大扩展，除亚洲外，撒哈拉以南非洲和拉丁美洲也被包括其中。"由以上可见，"自 15 世纪起，由于资本主义在东方的扩张，东西方的历史运动失衡开始加速"①。该书强调，以马克思主义发展观指导亚非发展中国家和地区现代化研究，既不是要重复马克思在《给〈祖国记事〉杂志编辑部的信》中所批判的把关于西欧资本主义起源的历史概述变成"一般发展道路的哲学"的宿命历史观，也不提倡和支持单元文明观和发展观，而是坚持亚非各国和地区现代化有多种发展道路。作者还强调，亚非各国和地区的现代化启动之后，实际上从来就没有停留在一种模式上，而是不断调整，使之更趋合理，效率更高。

毕健康著《埃及现代化与政治稳定》，社会科学文献出版社 2005 年出版。这是系统研究当代埃及政治问题的一本专著。作者大量使用了中、英、阿文文献资料，广泛汲取了国内外学者的最新研究成果，并在此基础上进行了艰苦的理论探讨，提出了许多新的学术见解。主要内容包括 1805—1952 年间埃及现代化与政治稳定问题；纳赛尔时代一党制军人政权与政治稳定问题；当代埃及的总统独大制与政治稳定问题；当代埃及的政治参与、政党制度与政治稳定；当代埃及的伊斯兰、政治暴力与政治稳定问题；当代埃及的城市化、城市边缘区与政治稳定；艾斯尤特的发展与稳定；90 年代的埃及经济改革与政治稳定；当代埃及的失业与政治稳定问题；当代埃及的贫困与政治稳定问题；影响埃及政治稳定的外部因素。在结束语中，作者就当代埃及政治稳定问题进行了理论上的分析，涉及的主要问题是：当代埃及政治稳定问题的阶段性特征、当代埃及政治稳定问题的政治因素、宗教因素、经济和社会因素等。

---

① 艾周昌主编：《亚非发展中国家和地区现代化研究》，上海辞书出版社 2009 年版，第 13、15 页。

周世秀主编《巴西历史与现代化研究》，河北人民出版社2001年出版。全书由有关巴西各个历史阶段研究的28篇论文组成。巴西驻华大使阿丰索·塞尔索·德·欧罗普雷托为该书撰写的"序言"指出："本书题材多样，范围广泛，从巴西的被发现、国家的形成，直到当代巴西反映出中国学者观察巴西发展的精细目光。呈现在这些学者面前、迥异于中国的巴西历史经验，不只是一般的历史兴趣所在，而且是引发思索的素材。中巴两个伟大的国家，虽然分处不同的地区，但都具有内部巨大的复杂性并面临相同的挑战。因此，中国和巴西可供交流的东西很多。"大使希望《巴西历史与现代化研究》在中国能够产生更广泛的影响，因为它"不仅反映了中国学者的努力，也表现出巴西政府对增进相互了解所做的努力"。周世秀，湖北大学教授，中国拉丁美洲历史研究会副理事长、巴西里约热内卢门德斯大学亚非中心外籍研究员，曾任中国驻巴西大使馆一等秘书。他的代表作有《巴西独立运动》，其撰写的《中国美洲历史文化联系》，是中国学者用葡萄牙文在巴西出版的第一部著作。《巴西历史与现代化研究》内容丰富，所探讨的问题自16世纪葡萄牙的殖民统治时期始，直至20世纪末的巴西现代化进程，除政治、经济、文化、军事等内容外，还包括民族、教育和若干重要历史人物评价等。编写者在进行巴西历史一般概述的同时，对影响巴西历史发展的重大理论问题，如巴西种族的构成、巴西奴隶制度、巴西军人和巴西现代化进程、巴西印第安人的历史和现状，以及巴西的腐败与反腐败的斗争等，从理论与实践的结合上，进行了较为深入的探讨。这部文集虽然篇幅不大，却集中反映了改革开放以来我国世界史学者在巴西历史研究中所取得的最新成果。

刘祖熙著《改革和革命——俄国现代化研究（1861—1917）》，北京大学出版社2001年出版。该书从政治、经济、文化三部分，系统、全面地阐述了俄国现代化进程的历史，揭示了俄国赶超型工业化的特点。在经济上论述了俄国从自然经济向市场经济过渡的历史过程。主要内容包括1861年农奴制改革；改革后，农业的资本主义演进；工业革命和现代工业的崛起。在19世纪60—80年代，俄国的工业有了迅速的发展，在90年代出现了工业的高涨。到1913年，俄国的工业总产值在美国、德国和英国、法国之后，位居世界第五。作者认为，大规模的铁路建设是推进和加速俄国工业革命的重要因素。1901年，俄国的铁路增至5.6万俄里，全俄完整的铁路网基本建成。在政治方面，主要论述了从封建君主制向资产阶级君主制的过渡，以及沙皇专制制度的覆亡。这方面的主要内容是19世纪60—70年代的"大改革"；1905年革命和1907年革命的必然性。作者强调，现代化在政治领域的表现是民主化，即由传统的、君权神授的君主专制国家向现代代议制国家转变。由于沙皇专制制度的阻碍，俄国政治上的现代化明显滞后。作者认为，在这种情况下，地方自治运动功不可没，应该充分肯定地方自治运动在推进俄国政治现代化过程中所做出的贡献，同时也应明确地指出，20世纪初俄国的政治改革，是在革命运动的推动下进行的。在文化方面，主要是围绕着传统和现代融合与碰撞展开的。主要内容包括俄罗斯传统文化——东正教；西方文化的传入与传统文化的碰撞，如西方派与斯拉夫派的争论等；世纪之交的多元文化，包括列宁主义、泛斯拉夫主义和自由主义等。作者认为，如果说俄国工业化的特点是"赶超型"的，那么，这一模式则有着深刻的历史文化根源，它深深根植于东正教的救世主义。在东正教看来，俄罗斯民族是上帝的选民，是最忠诚的基督徒；俄罗斯民族靠自我牺牲精神，致力于拯救其他民族的豪情，培育了民族自豪感和大俄罗斯民族主义，创建了泛斯拉夫主义。作者就俄国现代化问题提出了不少新的见解，这不仅对于深化俄国近代历史研究有积极的意义，而且对于丰富我国的世界现代化研究也是十分有益的。

马生祥著《法国现代化》（上下），河北人民出版社2004年出版。这是国内第一部全面阐述法国现代化历史过程的专著。作者认为，"现代化是由传统的自给自足的农业社会向现代工业社会的全球性大转变过程"①。从这一基本认识出发，该书研究的主要内容是自查理曼帝国建立及其分裂起至今法国版图形成过程中的法国传统社会的特点；法国传统文化的主要特点：多元性、开放性和延续性；君权神授原则是法国传统社会政治文化的特点；法国传统社会结构的权利与义务的不平衡；非个人统治的绝

---

① 马生祥：《法国现代化》上、下册，河北人民出版社2004年版，第2页。

对君主专制是法国传统社会的政治制度特点；自给自足农业经济中的对外贸易活跃是法国传统社会的经济特点；法国传统社会结构中的城市自治；资产阶级贵族化大于贵族资产阶级化；法国现代化进程中的认知现代化与人的现代化；法国的政治现代化；法国的经济现代化；法国社会的现代化等。在对原始社会到20世纪70年代中期法国社会上述内容的分析上，作者强调以工业化为核心，以认知和人的现代化为重点，突出意识形态现代化促成政治现代化。政治现代化带动了全面的现代化，这是法国现代化的特点。庞卓恒为该书写有序言，他认为，近年来我国学者关于法国现代化的著作，多从经济或政治制度某一方面论述，该书则是全面阐释法国现代化的著作。"迄今未曾见过全面地阐述法国现代化的专著。马生祥教授这部著作第一次从精神文化、政治、经济和社会各个方面全面地阐述法国现代化的历史过程，在这方面堪称首创之功"。作者撰写该书时，广泛汲取了国内外相关学者的最新研究成果，如该书第一章即是"法国的自然环境"，对法国自然环境的优缺点有具体分析。作者强调，要研究法国现代化进程以吸取真实的经验教训，不能不探讨法国的自然环境和历史发展，看它的传统性和现代性是如何互动的。此外，该书对法国传统文化的分析也多有新意，从旧石器时代的法兰西文化开始谈起，直至路易十四时代的文化，包括路易十四对法兰西文化的双重影响、古典主义文学与艺术、巴洛克文化等。这些内容与那些研究现代化只突出经济的写法显然不同，而这恰恰是该书的优点和特点。

丁建弘主编《发达国家的现代化道路：一种历史社会学研究》，北京大学出版社1999年出版。在探索具有中国特色的现代化道路及其面临的诸多问题过程中，中国一些世界史学者将世界各国的现代化道路，纳入自己的研究视野。丁建弘主编的这部著作，由王渊明、杨杰、计翔翔、沈坚等10余名世界史学者共同完成，是北京大学"世界现代化进程研究丛书"之一。该书的主要内容是西欧现代化的曙光、英国现代化的初级阶段：工业革命、19世纪中期以后的英国现代化；法国大革命与法国现代化、19世纪法国的现代化；德国现代化的普鲁士道路、德国统一与德国现代化；美国内战前的现代化进程、美国内战后的现代化进程；现代化强国的后进者——意大利；改革与俄国现代化；日本的历史传统与现代化变革。"本书独辟蹊径，采用一种历史社会学的研究方法，即对现代化道路既做历史学的纵向研究，又做社会学的横向研究，从一个新的视角来考察发达国家现代化的进程和特点，以及发达国家的发展趋势和世界发展的大趋势。"这些研究，有助于回答，为什么西方某些国家首先自主地走上现代化—工业化的道路，成为"发达国家"？为什么发达国家从工业革命开始以来直至今天会成为"世界历史"的导向力量？为什么发达国家的现代化各有自己的模式，而各不相同的模式最终都通向现代化？发达国家的现代化对世界现代化进程，特别是对后进国家和地区有何作用和影响？为什么说现代化是时代概念，又是一种时代趋势，无论是先进国或后进国都必须争取走前沿现代化的道路，否则就会被时代所淘汰？该书努力从理论实践的结合上，通过实证的研究，集中表述了编写者的如下观点："在18世纪后期工业革命创造的现代生产力的推动下，人类社会进入从传统农业社会向现代工业社会大转变的新历史时代，发达国家是带头羊；发展道路是多样的，每个国家都通过探索适合自身的发展模式而通向现代化；二百多年来世界各国和各地区在众多内外因素的影响下，先后被卷入现代发展的世界大浪潮之中，这正是现代世界的大趋势。"①

世界现代化进程研究，并不仅仅局限于实证研究，也包括理论研究，自然，这里所说的"理论研究"，是"论从史出"的理论研究，是不脱离历史学科特点的理论研究。如王家丰著《扩张体制与世界市场的开辟——地理大发现新论》，北京大学出版社1999年出版。该书是北京大学世界现代化进程研究中心编辑的"世界现代化进程研究丛书"之一。作者在"前言"中写道：地理大发现"这样一场伟大的运动，有很多人作过很多的论述，探讨它的原因与意义，提出了各种各样的看法和解释。本书企图从一种新的角度重新审视这场运动，并就许多重大问题提出自己的看法"。"所谓新的角度，是由以下这个令人深思的现象引起的：哥伦布到达美洲前的大半个世纪，中国已有郑和七下西洋的壮举，但在1433年郑和最后一次下西洋后，中国的远洋事业从此戛然而止，在世界

---

① 参见林被甸《发达国家的现代化道路：一种历史社会学研究·前言》，见丁建弘主编《发达国家的现代化道路：一种历史社会学研究》，北京大学出版社1999年版，第1—2页。

历史上似乎没有留下什么痕迹；而15世纪末哥伦布的航行却成了人类进入一个新时代的标志。这里提出的问题是：为什么类似的远航事件会有如此截然不同的结果？""为什么西欧在中世纪中期就建立起了这种关系（如所谓的'国王与城市联盟'），从而不久后就实现了封建主义向资本主义的过渡，而农业文明高度发达的中国到本世纪初还建立不起这样的联盟？这正是本书探讨的基本出发点。当然，我们在本书中只研究发端于西欧封建社会的地理大发现，一般不涉及中国封建社会的情况，不涉及郑和的七下西洋，但我们正是从这个问题的角度来探讨大发现的前因后果的。从这个新的角度，我们发现了一系列尚未得到充分说明的重大问题，并试图作出自己的解释，供对该问题有兴趣的人们思索、参考。""本书把地理大发现作为一个整体、作为一场统一的运动来讨论，把它看成是西欧封建社会内部某种扩张性体制形成的产物，并把它的结果，即世界市场的开辟，看成是这种扩张性体制的进一步发展和扩大。"为了阐释上述问题，作者从地理"大发现"与研究概况与该书的论题、扩张体制的形成、扩张体制的形成的基础、扩张体制的扩张——世界市场的初步建立等方面，进行了深入的理论分析。

再如董正华著《世界现代化进程十五讲》，北京大学出版社2009年出版。该书是"名家通识讲座书系"之一，作者分析了先后卷入世界现代化浪潮的不同国家和地区的经济、政治、文化、社会发展道路或发展模式，总结他们的成功经验与失败的教训；也注意到了现代化进程中的思想争鸣，科学技术进步，世俗化与宗教复兴，农业、农民与乡村社会的转型以及全球化的由来与新趋势等问题。作者强调，人类社会已经进入一个加速交往与相互依赖的高科技时代，同时也进入一个前所未有的高风险时代。全世界几十个国家、几十亿人口一齐涌上现代发展的快车道，光明与黑暗俱在，希望与失望并存。这势必影响到对既有世界现代化进程各个面相的分析与评价。现代化的这一性质使得对它的研究很难"盖棺论定"，而有待于不断地跟踪探讨。该书的主要内容是：现代化：观察现代世界发展变化的新视野；世界现代化的历史与若干相关理论概说；17世纪的荷兰与西欧"早期现代化"；英国工业革命与第一次世界现代化浪潮；科技进步与持续的工业革命；卷入第二次现代化大浪潮的德国与俄罗斯；美国道路与

"美国世纪";拉丁美洲现代化的曲折道路;日本的崛起与沉沦;东亚跨世纪变革与重新崛起;从奥斯曼帝国到现代土耳其;伊斯兰复兴运动的来龙去脉;作为一种现代景象的思想争鸣;现代化进程中的农民与农业;全球化的由来与当代发展的新趋势。作者指出,该书没有涉及非洲和大洋洲国家,对南亚次大陆各国丰富多彩的现代变革,也基本没有评述,这些都是明显的缺憾,有待今后进一步深入研究。

以往没有研究过,或很少涉及的内容,在新时期又有新的成果问世,这也是我国世界历史研究繁荣发展的标志之一。如卫安主编的《外国情报史》,1993年由时事出版社出版。这部著作的特点是"坚持写'史',而不是在讲间谍故事,书中提到的一些案例,要么是具有重大影响的历史事件,要么是为了说明某个时期,某个组织或某项工作的特点"①。该书对苏联、东欧国家、美国、加拿大、古巴、英国、法国、德国、意大利、日本、韩国、印度、以色列等国情报工作的历史沿革,以及各历史时期的主要活动等进行了较系统的阐释。作者认为,"情报工作的起源与阶级和国家的形成,和不同民族之间的战争的发展有着密切的关系。情报间谍活动可谓历史悠久,早在公元前12世纪的口头流传的《荷马史诗》中所叙述的'特洛伊木马计'之前数百年,即已有情报间谍活动的传说"②。在"绪论"中,编者就外国情报工作的起源、性质、作用及历史发展有概括说明。

王章辉、孙娴主编《工业社会的勃兴:欧美五国工业革命比较研究》,人民出版社1995年出版。这是中国社会科学院世界历史研究所的9位学者集体研究的成果。工业革命最早在英国发生,迄今已有200多年的历史;对工业革命的研究从汤因比算起,也有100多年的历史。研究著作不计其数,但学者和政治家们对此问题的兴趣仍然不减,对许多问题仍持不同看法。"本世纪60年代,对工业革命的研究热情再度高涨起来。随着亚非拉发展中国家工业化的进展,一些历史学家、经济学家和行政官员企图从欧美国家的工业革命中进行对比,寻找借鉴,这些研究者试图把研究历

---

① 卫安主编:《外国情报史·前言》,时事出版社1993年版。
② 卫安主编:《外国情报史》,时事出版社1993年版,第1页。

史和解决现实问题结合起来。"① 该书的主要内容是工业革命的社会经济条件；农业革命与工业革命的关系；开放体制对实现工业革命的意义；工业革命时期机器的发明和技术革新；工业革命中的交通运输；工业革命对人口再生产方式的影响；欧美五国的城市化及其特点；科学和教育与工业革命；欧美主要资本主义国家工业化道路比较；工业革命与各国社会阶级结构的变化；欧美大国工业革命对世界历史进程的影响。此外，编写者就"工业化"与"工业革命"两个概念的含义进行了分析，认为这两个概念有区别，但这种区别并非本质上的，只是质量上的。可以说，工业革命是工业化的第一阶段，主要是经济的技术变革和生产组织形式的变化，而工业化是机器大工业在国民经济中取得优势地位的过程，显然后者经历的时间比前者长，它是工业革命的必然结果。编写者对英国、法国、德国、美国和俄国工业革命进行比较研究时，广泛汲取了国内外相关研究的最新成果，提出了一些富有启迪性的学术观点，不仅有重要的学术价值，而且有一定的现实意义。

吴必康著《权力与知识：英美科技政策史》，福建人民出版社1998年出版。这是一部从社会历史研究视角研究英美科技政策史的著作。随着历史研究视野的开拓，出现了不少新的选题，人们越来越清楚地看到科学与政府之间相互参与的复杂性与多样性。研究科技政策历史演变，具有学术的与现实的双重意义。从英美科技政策史研究，可具体认识到科技政策的制定、实施和演变，与国家政治经济的发展息息相关。

王旭东和孟庆龙著《世界瘟疫史》，中国社会科学出版社2005年出版。21世纪初，"非典""禽流感"等世界性的重大瘟疫，特别是2003年"非典"在中国肆虐一时，瘟疫在中国社会生活中引起人们越来越多的关注。应该说，这部作品就是在这样背景下的产物。作者认为，今天的人们"有必要站在世界历史的高度，从人类发展的角度重新审视古往今来全人类所经历的疫病。通过对一些重大疫病发生、蔓延或演变的过程，人类抵御疾病灾害的经历，疾病和抗疫这一对矛盾相互作用，对社会进程及历史

---

① 王章辉、孙娴主编：《工业社会的勃兴：欧美五国工业革命比较研究》，人民出版社1995年版，第1—2页。

发展的各种影响的了解，来加深对善待自然、爱护环境、尊重生态，协调社会的重要性的认识。因为只有这样，人类相互之间才有可能在真正实现珍惜生命前提下的共同生存和发展"①。该书内容主要包括以下三个方面：人类历史上的重大瘟疫，疾病与自然环境、人类行为之间的关系；自古至今，人类与疾病的生死较量；疾病在历史进程中所产生的影响。作者强调，以往的历史著作多使读者产生一种错觉，似乎"疾病是属于大夫的事情"，同人类历史没有任何关系。该书的撰写，意在改变这个错误的观念方面做出具体的努力。

王晓明著《世界贸易史》，中国人民大学出版社 2009 年出版。该书分上古商业与贸易、古代至中古时代的商业与贸易、中古至近世的商业与贸易三篇。主要内容包括：远古中国的商业与贸易；夏商周时期的商业与贸易；春秋战国时代商业与贸易的发展；上古埃及的商业与贸易；两河流域的商业与贸易；上古印度的商业与贸易；上古波斯的商业与贸易；上古希腊的商业与贸易；地中海商圈的历史变迁；上古世界商业与贸易综述；汉的商业与贸易；唐宋的商业与贸易；罗马帝国的商业与贸易；阿拉伯帝国的商业与贸易；5—15 世纪欧洲的商业与贸易；古代至中古世界贸易综述；明王朝的商业与贸易；清王朝的商业与贸易；土耳其奥斯曼帝国的商业与贸易；东西方航路与印第安美洲的拓殖；16—18 世纪英国的商业与贸易；中古至近世世界贸易综述等。作者在"自序"中论及撰写这部著作的宗旨时说："其一是立足中国看世界。近现代以来，由于西方强势的影响，我们做一切事情，甚至思索一切事情都习惯于'西方化'了"；"其二是立足整体看局部。世界贸易史是专业史，以往的专业史往往由专业的角度出发搜罗些历史素材和组织历史逻辑。这在分工日益精微和深化的学术界达到了过犹不及之地……专业化的精深解读使人和世界都失去了完全性"；"其三是立足人生和现实看历史。任何人从任何角度看待历史，都是与他的人生要求有关，而立足自己的人生经历去解读历史更有说服力"②。从全书的结构和近百万字篇幅的内容来看，上述三项原则在书中基本得到了体现。

---

① 王旭东、孟庆龙：《世界瘟疫史》，中国社会科学出版社 2005 年版，第 1—2 页。
② 王晓明：《世界贸易史》，中国人民大学出版社 2009 年版，第 2 页。

中国人民大学校长纪宝成教授在该书的封底上写道："世界贸易史是对人类贸易活动展开的宏大描绘,该书以中国古代价值观为本体,纵横捭阖,贯通中西,摆脱了19世纪以来西方化诠释的局限性。"在世界通史性的著作中,如何处理好中国和"世界"的关系,该书可以给人们一定的启迪。

雷海宗撰《西洋文化史纲要》,由其弟子王敦书整理、导读,上海古籍出版社2001年出版,是一部颇有特色的著作。1931年,雷海宗在武汉大学讲授《欧洲通史》(二),当时授课用的详细的铅印提纲,现保存在武汉大学图书馆;20世纪30年代前后,雷海宗讲授西洋史时的部分手抄提纲,保存在上海师范大学历史系季平子教授处。这两份提纲基本上能反映出雷海宗在西洋史研究方面所取得的成就。《西洋文化史纲要》就是根据这两份提纲编辑而成。该纲要涉及的时间为5世纪到20世纪初。除"绪论"外,共分5编51章,每章末开列外文参考书目,合计约300种。《西洋文化史纲要》的主要特点是:其一,"全部提纲体系完整,层次鲜明,子目详尽细致……言简意赅,精辟透彻。一语中的"。其二,"打破国别界限和王朝体系,以全局的眼光将西洋(欧西)文化作为一个有机整体,抓住重大的社会政治变革和文化思想变迁,从各个方面来考察论述欧西文化的酝酿、形成、成长和发展的各个阶段与变化"。其三,"着重探讨阐发西洋宗教、哲学、科学和社会科学的嬗变发展及各个流派的兴替,19世纪尤详,颇能补充半个世纪以来我国缺乏西洋文化史佳作的不足,适合当前的需要"①。这部著作虽然是80年前雷海宗的讲课提纲,但无论是整体框架的结构,还是对具体历史问题的叙述上,至今仍有重要的学术价值。2002年,雷海宗的学术文集——《伯伦史学集》,作为"南开史学家论丛"中的一册,由中华书局出版。该文集收有雷海宗的四篇世界史方面的论文②和《世界上古史讲义》选录,这些都是当代中国世界史研究的宝

---

① 王敦书:《〈西洋文化史纲要〉导读》,见雷海宗撰《西洋文化史纲要》,上海古籍出版社2001年版,第14页。
② 这四篇世界史论文是:《世界史上一些论断与概念的商榷》(1954年)、《上古中晚期亚欧大草原的游牧世界与土著世界 公元前1000—公元570》(1956年)、《对世界上古史改分区教学法为分段教学法的体会》(1956年)、《世界史分期与上古中古史上的一些问题》(1957年)。

贵遗产。

舒运国、刘伟才著《20世纪非洲经济史》，浙江人民出版社2013年出版，这是国内第一部系统阐述20世纪非洲经济历史发展的专门著作，"非洲研究"，被称为中国学术的"新边疆"，该著作在一定程度上反映了进入21世纪后，中非关系愈益密切，以及中国对非洲问题研究的成果明显增加的新趋势。作者以非洲大陆在20世纪的两次社会经济形态转型为主线，阐述了传统的非洲经济、非洲殖民地经济的形成与发展、非洲国家独立后建立民族经济的尝试、80年代非洲国家的结构调整、非洲国家经济一体化进程中的探索等20世纪非洲经济发展中的重大事件和过程。此外，作者对南非种族主义经济、非洲大陆的对外经贸关系等，也进行了探讨。

（十）中外历史比较研究

改革开放以来，外国史学中的比较方法，或比较史学的理论、原则和方法，较多地介绍到中国来，引起中国史学工作者的广泛关注。一些人潜心研究比较方法自身的理论与方法问题，有不少有影响的成果的问世，成为我国史学理论研究中的一个重要领域；还有一些人则从理论与实践的结合上，开展中外历史比较研究。运用比较方法进行实证性的研究，不仅对研究客体的认识可以从新的视角，进一步深化，而且对推动比较方法自身的理论研究，也有积极的推动作用。通过中外历史比较研究，我国一些著名的历史学者为世界历史学科的建设做出了积极的贡献。

周谷城撰写的《中外历史的比较研究》，发表在《光明日报》1981年3月24日。周谷城认为，运用历史的比较研究，对于深化、丰富中外历史认识，有不可替代的积极作用。首先，可以使我们易于看出一些不应有的偏见。例如，"古典时期"一词，原来本是适用于希腊、罗马。但学者们为了要完成一个以欧洲为中心的历史体系，便不得不把印度、中国、波斯等，也纳入古典时期之下。如果不采取比较研究的方法，或者自始即读世界史，换句话说，即不拿中外历史对照着看，就很不容易看得清，就很不容易做进一步的考虑，或更切合现实的考虑。其次，用比较研究，可以使我们较易看出：由古代到中世纪时，亚欧非三洲有些政治势力的发展，有由分区并立，倾向于往来交叉的趋势。我们研究世界古代史，如果自始就有一个什么什么为中心或为开端，例如以埃及或巴比伦为开端，就不易看出有并立的诸种政治势力。反之却很容易看出许多政治势力的分区并立。周谷城在其代表作《世界通史》第一篇里，曾列举了六个古文化区：即尼罗河流域、西亚文化区、爱琴文化区、中国文化区、印度河流域、中美文化区。周谷城认为，分区并立仅是一个方面，其反面必然是往来交叉，古代到中世纪时，亚欧非三洲各种政治势力的往来交叉是明显的。如果不用比较研究或对照看的方法，则不易看出其重要性，即使看到了，也不易从正面突出，给予应有的叙述。

周谷城认为，在古代的世界历史进程中，分区并立往来交叉是表面的外在情况；与此同时，又有里面的内在的情况与它相应，即由大体相似到极不相同。公元四五世纪之时，东西两方，尤其是中国和罗马，出现了民族大迁徙运动。迁徙的原因，迁徙的事实，以及迁徙的年代，都很相似，然而发展的结果却极不相同。"五胡"十六国的继起者仍未统一帝国，而罗马方面则完全不同，出现了许多民族国家。中世纪世界史上这一不同情况凭比较研究可以看得很清，且可引起我们的考虑；若只注意一方，而不拿另一方对照着看，则不容易看出。周谷城指出，有大体相似发展到极不相同的事例，在世界历史上并不是孤立的，如中世纪后期中国与欧洲的海外活动。关于重商主义，在中国，一点点重商主义刚刚萌芽，即被从欧洲发展、弥漫全世界的重商主义所压倒；中外历史分期的比较，有两个较大的分期问题，一是古代的，即奴隶制时期与封建时期的分界线，究竟应该划在什么时候；二是近代的，即封建时代与资本主义时代的分界线究竟应该划在什么时候？等等，通过比较的方法进行研究，可以使结论更加符合历史事实。

马克垚在《罗马和汉代奴隶制比较研究》(《历史研究》1981年第3期)中，从奴隶来源、从事农业生产的奴隶、奴隶制占主导、奴隶的法律地位四个方面进行了比较。作者认为，公元前后的各两个世纪，东、西对立的汉帝国和罗马帝国是当时文明世界的核心。通过对罗马和汉代奴隶制的研究，发现在很多方面二者有惊人的相似之处，当然也都有各自的特点。通过对"罗马和汉代奴隶制比较"，有助于进一步认识奴隶制社会形态。作者进一步指出，通过比较，双方在奴隶的定义上是一致的。奴隶是被剥夺到一无所有，连同本身也是别人的财产这个概念，是奴隶的共性，是其本质特征，是不容动摇的。通过比较也证明，奴隶制经济是能够独立存在的。它能够自己进行物质资料的再生产和劳动力的再生产，使社会生产能够延续下去。此外，汉代和罗马的奴隶制都表明，在奴隶社会中，奴隶制经济只是其经济成分之一。奴隶社会和其他社会一样，必然是多种经济成分并存，而绝不只是一种成分。

如何认识"中西封建专制制度"，是我国世界史研究中的热点问题之一，鉴于对"封建"概念的歧义理解，直接影响到讨论的进展。1981年，庞卓恒发表《中西封建专制制度的比较研究》（《历史研究》1981年第2期），是诸多文章中较有代表性的一篇。庞卓恒认为，封建专制制度在中国和西欧都曾存在过。中国的中央集权封建专制制度是在封建社会趋于定型和巩固时期确立起来的，如果从公元前221年秦始皇确立对全国的统治算起，到1911年辛亥革命为止，共存在了两千一百多年；西欧封建专制制度则是在封建社会走向崩溃和资本主义社会正在形成的时期才确立起来的，存在时间短得多。以英国而论，从1485年都铎王朝的建立开始，到1640年英国资产阶级革命爆发为止，比较完整的封建专制制度只存在了一百五十多年。以法国而论，从1589年波旁王朝的建立开始，到1789年法国资产阶级革命爆发为止，比较完整的封建专制制度也只存在了二百年。德国、西班牙等国时间长一些，但也比中国短得多。

为什么中国封建专制制度比西欧早得多而延存的时间又长得多呢？这是由于两者之间在形成的历史背景方面，赖以生存的经济基础、阶级结构和政体形式、意识形态方面，以及专制政权的历史作用方面，都有一系列互不相同的特点的缘故。作者强调，不能把中国封建专制制度的长期存在，单纯地归因于专制统治者的"远见卓识"和权力意志。从根本上说，这是由于在中国特定的历史条件下形成了一种特有的小农自然经济基础同专制的上层建筑相结合的社会结构，这种结构具有极其顽强的生存力和再生力。因此，马克思才把这古老的中国社会结构称为一块"活的化石"①，也正因为如此，从经济、政治、思想等领域清除这块

---

① 《马克思恩格斯全集》第15卷，人民出版社1963年版，第545页。

"化石"的遗臭，根除它重新复活的可能性，就成了今天中国人民必须完成的一项艰巨任务。

在中外历史比较研究中，刘家和的两部代表作是《古代中国与世界——一个古史研究者的思考》，武汉出版社1995年出版；《史学、经学与思想——在世界史背景下对中国古代历史文化的思考》，北京师范大学出版社2005年出版。"古代中国与世界"可以说是贯穿在刘家和先生的中外古史比较研究中的一个主题。把古代中国放在世界古代文明发展的大背景下去认识，从而给予它一个应有的地位。该书是一部论文集，共收21篇论文，前4篇是20世纪50年代到60年代初期的作品，其余的论文是在20世纪70年代末至90年代写就的。该书内容丰富，涉及社会经济史、政治制度史、学术史研究。从研究的角度说，很多是中外古史比较的探讨。该书的特色之一是视野开阔，作者将所研究的对象放在世界历史广阔的背景之下进行思考，这样就能从世界历史发展的一般规律中，揭示和把握所研究的对象的本质内容。如作者将中国古代文明放在埃及和两河流域文明、腓尼基文明、印度河及恒河流域文明、爱琴文明、赫梯文明、巴勒斯坦文明、古希腊文明和罗马文明等诸文明的比较与联系中进行研究，强调中国古代文明能够长期连续存在的原因，就是因为它在沿袭中保持了变革，在变革中保持了沿袭。

1986年，刘家和先后撰写了《古代中国在世界上的地位》（《文史知识》1986年第1期）和《中国历史对世界史的意义》（《史学史研究》1986年第2期），强调如果忽视了幅员辽阔、历史悠久的中国，那么任何以世界历史命名的著作都将不成其为世界史。以后又发表《论古代的人类精神觉醒》（《北京师范大学学报》1989年第5期）、《历史的比较研究与世界历史》（《北京师范大学学报》1996年第5期）和《论历史理性在古代中国的发生》（《史学理论研究》2003年第2期）、《关于历史发展的连续性与统一性的问题——对黑格尔曲解中国历史特点的驳论》（《北京师范大学学报》2009年第1期）。在《历史的比较研究与世界历史》中，作者详细论证了国别史与世界史之间的同与异的辩证关系，以及比较研究在形成真正的有机的世界历史中的地位。刘家和认为，从现代史学比较而言，比较可分为两个认识阶段，其一，为同中求异。如果我们不从事物的不同性出发，以探讨其所具有的共同点，我们就无法认识历史事物，所以，史学比较的第一步就是要从不同中寻找其共同；其二，异中求同，比较史学的第二阶段的任务，也是最重要的任务就是在共性的基础上，进一步研究，以探求历史现象的个性，而要达到这一目的，就必须把历史的共性看成有机的"一"。显然，刘家和认为，"同中求异"和"异中有同"，不过是一个完整比较过程的前后组成部分。刘家和先生的突出的成就表现在，它不是将两个阶段的简单相加，而是将两者有机结合起来，"那也就是从同中再看出异来，看出那些各异的部分是怎么样既互相拒斥又互相渗透地构成为有机的一体的"。刘家和先生的这一观点对于现代中西史学比较的研究具有重要意义。

2013年，刘家和主编的《中西古代历史、史学与理论比较研究》，由北京师范大学出版。此书系"国家哲学社会科学成果文库"之一。编写者在"绪论"中论述"关于历史发展的连续性与统一性问题"时，对黑格尔曲解中国历史特点进行了有力的驳论。黑格尔对中国历史连续性与统一性的曲解在东西方都有较为广泛的影响。"黑氏承认中国历史的非他国可比的长久连续性，但是他又把这种连续的历史说成非历史的历史；他承认中国历史的统一性，可是他又把这种统一性说成抽象的统一性；他承认中国历史著作或史学源远流长，但是他又把中国的史书或史学说成只重事实而'毫不寓有历史的判断和理性'（ohne alle historische Urteil und Rasonnement）。总之，在黑氏眼中，作为事实过程的中国历史不过是一大块内部没有矛盾、没有理性，从而结构单一，久经岁月而不变的顽石，而作为文字叙述的中国历史也不过是一大堆不含历史判断与理性的、冗长的事件的流水账而已。"[①] 该书的主要任务，是在马克思主义唯物史观的指引下，对黑格尔的谬误进行分析和批判，同时提出自己的观点。

基于上述基本认识，该书研究的基本内容有：在亚里士多德相关思想的基础上，对"连续"和"断裂"这两个概念进行了深入的分析，并用以研究中西文明发展的连续性问题，对西方文明发展以断裂为特征，中国文

---

① 刘家和主编：《中西古代历史、史学与理论比较研究》，北京师范大学出版社2013年版，第3页。

明发展具有连续性的特点做了理论上的说明。在悉心研读理解黑格尔原著的基础上，揭示了黑格尔历史哲学以自由为内容的精神发展观，与真实历史发展过程的背离。以马克思主义学说为理论指导，深入理解社会交往与历史发展之间的辩证关系，指出人类社会横向之间的交往决定了纵向的历史发展，而纵向历史发展又成为横向的每一个社会的前提，在此基础上，对中国历史的连续性与统一性的辩证关系做了具有创新意义的理论阐述。综合以上认识，对黑格尔关于中国历史的曲解及其"欧洲中心论"进行深入批判。

对上述问题的研究，涉及的主要内容是：古代中国与西方的历史比较研究、古代中国与西方的历史概论、一种规则·两种模式——古代中国郡县制与罗马行省制形成的异同、本与末——古代中国与古代希腊农工商业观念的比较研究；古代中国与西方的史学概论、中西古代史学概论、司马迁和波利比乌斯的历史思想、古代的史料和世界古代史、被误读的希罗多德、古代中国与西方历史理论的比较研究、史学在中国传统学术中的地位——与古代印度、古代希腊的比较思考、魏晋南北朝时期的中国与西罗马灭亡后欧洲历史发展的异同、魏晋南北朝时期的中国与西罗马灭亡后欧洲文明断续的异同等。这些问题的研究多通过中西历史比较展开，重视"论从史出"，编写者提出的一些结论令人耳目一新，且有较强的说服力。

侯建新著《现代化第一基石：农民个人力量与中世纪晚期社会变迁》，天津社会科学院出版社1991年出版。这是一部详细讨论英国现代化在农村发生过程并与中国相关历史进行比较研究的专著。它从农民个体研究出发，考察现代化在中世纪晚期英国农村发生过程，并与中国明清农村社会做了比较。该书的主要内容是关于西欧各国向近代社会过渡问题的提出，和经久不衰的大论战；英国农业生产力的考察；历史遗产的效应；英国农民的"自由劳动"问题；英国农民社会生活与交往；英国农村社会结构的创新；中国农业生产力考察及其与英国的比较；中国农民社会生活与社会组织及其与英国的比较；中国农村社会结构变化及其与英国的比较等。作者撰写该书的目的，是致力于回答英国工业革命发生的基础是什么？与中世纪、与农村农业的发展有无必然联系？英国及西欧是如何从农奴制过渡到现代民主制度的？内在依据是什么？英国封建制度也有数百年历史，为什么能够率先确立起市场经济，进入近代社会等。陈翰笙教授为该书写的"序"中指出："他的这部著作使我不禁想起1929年我在进行全国农村经济抽样调查之前所做的工作。当时，为了在实地调查前有个理论上的了解，我曾经把封建社会的农村生产关系总结为赋税制、强役制、工偿制……到现在，半个多世纪过去了，这几十年来，关于自然经济如何解体，近代生产方式如何兴起的课题，不断有新观点新材料涌现于学术界，真是山阴道上，美不胜收。该著第一章就系统地分析了这几十年的论战。特别可喜的是，各国学者都能从实际出发从事调查研究，提出了不少崭新观点。""我国青年学者侯建新从农民问题入手探讨现代生产方式起源的这部著作，正标志我国历史学界在这方面的新贡献。"① 该书的重要特点之一，是比较详细地探讨了中国封建社会晚期农民与社会的发展，与对英国的研究一样，始终以最基本的生产者——农民为考察对象，较深入地研究了劳动者个人物质和精神力量的发展与社会结构演变的关系，在开拓我国比较史学和比较现代化的研究领域方面，进行了有益的探索。

1996年，中国社会科学出版社出版了胡庆钧主编、廖学盛副主编的《早期奴隶制社会比较研究》。胡庆钧在该书的《前言》中，概述了该著的编撰缘由及主要内容：这部著作"包括四个专题：中国商代、希腊荷马时代，罗马王政时代，恺撒与塔西佗时代的日耳曼人，此外还有一些与此有关或范围更加广阔的综合性的论述。人们知道，撇开一个多世纪以前美国民族学家摩尔根不可能接触上世纪末才开始发现的甲骨卜辞不谈，其余希腊、罗马包括日耳曼人的上述三个时代，摩尔根是将其划入氏族社会后期的'英雄时代'的。然而，当我们对上述各该地区进行认真研究，并以本世纪50年代民主改革前凉山彝族奴隶制的丰富民族学资料进行比较之后，认为摩尔根的论断不符合实际，上述各该地区均已进入早期奴隶制社会，因而名之为早期奴隶制社会的比较研究"②。编写者用中国凉山彝族奴隶制的大量调查材料，比较研究历史上的中外奴隶制，有助于深入认识人

---

① 侯建新：《现代化第一基石：农民个人力量与中世纪晚期社会变迁》，天津社会科学院出版社1991年版，第1—2页。
② 胡庆钧主编：《早期奴隶制社会比较研究》，中国社会科学出版社1996年版，第1页。

类社会发展的统一性与多样性。该书综合研究的主要内容是：奴隶占有制是人类社会历史发展的必然；从古希腊罗马史看奴隶占有制社会的若干问题；阐释"亚细亚生产方式"；早期奴隶占有制下的等级结构；奴隶与农奴纠葛的由来与发展。商人奴隶制专题研究的主要内容是商人的早期史迹和反映的社会状况；商人国家的诞生和巩固；商王国的奴隶主统治阶级与奴隶；商王国中的众人；商王国的土地关系；商王国的国土经纬；商代"邑"制；商代法律制度；商代军事制度。希腊荷马时代专题研究，主要内容是：等级关系；政治组织；部落战争；婚姻与家庭；意识形态；社会生产力。罗马王政时代及专题研究，主要内容是：地理历史背景与人口的增长；三个主要民族；社会生产力的发展；贵族与平民的分化及其源起；贵族与平民之间的保护关系与通婚问题；政治组织的基本形式；社会动乱、社会改革与政治斗争；劫掠战争；婚姻与家庭；政法思想；哲学、道德规范和文学；宗教信仰。恺撒与塔西佗时代的日耳曼人的专题研究，主要围绕被统治等级、统治等级、向往高卢社会的发展方向、政治制度、军事组织、婚姻与家庭、宗教信仰及其他、部落组织、社会生产力等问题展开。

何平在《全球视野下的中国与欧洲的比较研究》（《史学理论研究》2006年第4期）一文中，从全球史的视角对中国和欧洲两千年来的历史发展脉络进行了对比探讨。作者注意到在前工业化时期欧洲历史表现出某种周期性循环的特征。地理大发现后，陆上和海上远程贸易帮助欧洲打破了经济发展的马尔萨斯式生态资源瓶颈。中国历史发展显现出以朝代为单位的短时段的周期性循环和跨越数个朝代的长时段的周期性历史变迁。明以来中国社会文化心态的"内卷化"，清中叶后的人口剧增，形成中国人文和经济地理环境的总体恶化态势，再加上中国未能及时大规模参与当时正形成的全球性生产与贸易体系的经济活动，终酿成19世纪末叶的贫弱落后状况。全球史为中国"封建社会"长期停滞问题提供了一条新的解释路径。

李伯重撰有《英国模式、江南道路与资本主义萌芽》，发表在《历史研究》2001年第1期。在以往关于中国资本主义萌芽问题的研究中，大多数学者坚信明清中国经济的发展走的是一条与近代早期西欧相似的发展道路，并且最终将要发展为资本主义近代工业。资本主义萌芽研究的这个立论表明：它对明清中国经济发展的总体看法，是以英国模式为代表的西欧道路具有无可置疑的普遍性为默认前提的。然而，李伯重认为，以往所认为的西欧道路对中国历史的普遍意义，却并未经过验证。因此以之作为研究的默认前提，其实只是盲目套用英国模式。从方法上来说，这是一种预设结论的先验性研究方法，其实质是想要证明西欧道路在中国土地上的重现，而不是发现中国经济发展的真正特点。再次，作为一种经济成长理论，资本主义萌芽理论自身也有着严重的缺陷。资本主义萌芽理论虽然也谈生产力，但其研究的主要着眼点是生产关系，生产力只不过是被作为生产关系变化的一个条件而已。这导致了一个与马克思的生产力与生产关系理论相矛盾的结论：尽管明清中国生产力发展未出现突破（不少学者甚至认为停滞或下降），但是资本主义萌芽依然能够出现和发展，而且将必定会发展为资本主义近代工业化。由此可见，在这种研究中，生产力实际上是没有多大地位的，而生产关系则被视为推动社会生产发展的决定因素。似乎只要生产关系的变化不断发展，"萌芽状态的资本主义"，就可以发展成为"成熟的资本主义"。最后，以往国际学界把英国模式普遍化，一个重要原因是西方中心主义史观的支配。时至今日，西方中心论者依然坚信西方所走过的道路是世界其他地区的历史必然之路。典型的例子如福山在其名噪一时的《历史的终结和最后的人》一书中，依然坚定不移地宣称西方走完了一个历史过程，从而成为现代（与近代同义）；而目前世界其他地区则正朝着这个方向，迈向历史共同的终点。

李伯重认为，中国资本主义萌芽研究已经进行了半个多世纪，也取得了巨大的成就，但是到了今天，它却日渐衰落，乃至面临着逐渐消亡的前景。为了挽救这一在现代中国史学的发展史上起过重要作用的研究，我们必须对以往的研究进行认真的总结，并且用新的眼光、新的方法和新的成果，来重新讨论以往研究中的那些重要问题。明清中国是否出现了资本主义萌芽是值得继续深入研究的重大问题，但是进行这种研究却不能再完全沿袭以往的做法。

在吴于廑和齐世荣两位先生总主编、刘家和先生和王敦书先生分卷主编高教版教材《世界史·古代史编》（高等教育出版社1994年版）中，在分别叙述处于相同发展阶段各大外国古代文明发展状况的同时，都专门辟有一个小节叙述同时期中国文明的发展,这一部分再次由刘先生亲自撰写。这种新的世界历史的叙述方式初步实现了刘先生多年来的"把中国史放到世界史中去研究"的想法,一方面直观地体现了古代中国在世界中的地位,另一方面也使中国历史成为世界历史的一个有机组成部分。这一部分既成为这部教材的一个亮点,也是特色之一。

进行中国历史和世界历史的比较研究,其目的在于他们明确而坚定的史学宗旨和目的:"为本民族史学传统之改造与发扬光大","中国是世界文明古国之一,可是在外国人写的世界古代史里没有得到应有的地位。要改变祖国历史在世界史上不合理的地位,不能依赖别人,只有靠我们自己把中国史放到世界史中去研究"。对于我们坚持正确的史学理论和方法以从事史学研究无疑具有重要的指导意义。

五　世界历史译著

新中国成立后,特别是20世纪70年代末实行改革开放后,为中外世界史学者更深入、更广泛的学术交流开辟了更为宽广的道路。译介外国历史学家有影响的作品,是这种交流的重要内容之一。在新的历史条件下,这对世界史学科建设有着积极的促进作用。新时期的中国史家,与国际史学界有着广泛的学术联系。实践表明,开展世界历史研究,加强世界史学学科建设,必须重视中外学术交流,以开放的胸襟、宽容的态度和科学的精神对待国外世界史研究的成果,充分吸收它们的一切有益内容。三十余年来,有计划、有选择地将西方史学的重要作品,即那些能反映世界史研究前沿问题、热点问题和重大理论问题的学术专著,及时地介绍给中国史学界,始终不曾中断。

这些译成中文的外国史学著作,除了上面已经提及的苏联史学家的著作外,主要包括以下四类:

其一,收入商务印书馆"汉译世界学术名著丛书"中的一批经典名著,例如希罗多德著《历史》,修昔底德著《伯罗奔尼撒战争史》,色诺芬著《长征记》,撒路斯提乌斯著《喀提林阴谋:朱古达战争》,苏维托尼乌斯著《罗马十二帝王传》，恺撒著《高卢战记》，尼克洛·马基雅维里著《佛罗伦萨史》，爱德华·吉本著《罗马帝国衰亡史》，R. G. 甘米奇著《宪章运动史》，基佐著《欧洲文明史》，托马斯·林赛著《宗教改革史》（上下），戚美尔曼著《伟大的德国农民战争》，瓦·奥·克柳切夫斯基著《俄国史教程》（5卷），普雷斯科特著《秘鲁征服史》，伏尔泰著《路易十四时代》，托克维尔著《旧制度与大革命》，雷纳·格鲁塞著《蒙古帝国史》，马克·布洛赫著《封建社会》（上下），古朗治著《古代城邦》，埃马纽埃尔·勒华拉杜里著《蒙塔尤》，约翰·赫伊津加著《中世纪之秋》等①。

其二，在国际史坛有重大影响的史学流派的代表性作品。这些作品，有些已经收入商务印书馆"汉译世界学术名著丛书"，有些没有收入的则另行出版。如法国年鉴学派第二代代表人物费尔南·布罗代尔的主要作品，几乎都有中文本出版：《15至18世纪的物质文明、经济和资本主义》（3卷），三联书店1992年出版；《法兰西的特性》（2卷），商务印书馆1994年出版；《菲利普二世时代的地中海和地中海世界》（2卷），商务印书馆1996年出版；《文明史纲》，广西师范大学出版社2003年出版。又如英国新社会史学派代表人物埃里克·霍布斯鲍姆的著作也大多译成中文出

---

① 2009年，中华人民共和国成立60周年时，商务印书馆已编辑出版《汉译世界学术名著丛书珍藏本》400余种，史学名著中，除上述已经提到的外，还有：塔西佗《编年史》、格雷戈里《法兰克人传》、米涅《法国革命史》、雅各布·布克哈特《意大利文艺复兴时期的文化》、路易斯·亨利·摩尔根《古代社会》、阿里安《亚历山大远征记》、阿庇安《罗马史》（上下）、塔西佗《历史》、塔西佗《阿古利可拉传·日尔曼尼亚志》、圣高尔修道院僧侣《查理大帝传》、罗·哥泽来滋·克拉维约《克拉维约东使记》、乔治·勒菲弗尔《拿破仑时代》《摩奴法典》、恺撒《内战记》、拉施特《史集》3卷、基佐《一六四〇年英国革命史》、贝奈戴托·克罗齐《历史学的理论与实际》、维柯《新科学》、G. P. 古奇《十九世纪历史学与历史学家》、詹姆斯·哈威·鲁滨逊《新史学》、赫西俄德《工作日与时日·神谱》、巴托洛梅·德拉斯·卡萨斯《西印度毁灭述论》、比德《英吉利教会史》、贝尔纳尔·迪亚斯·德尔卡斯蒂略《征服新西班牙信史》（上下）、J. W. 汤普森《历史著作史》（上下）、柯林武德《历史的观念》、巴布尔《巴布尔回忆录》、印卡·加西拉索·德拉维加《印卡王室述评》、伏尔泰《风俗论》3卷、基佐《法国文明史》4卷、勒内·格鲁赛《草原帝国》、费尔南·布罗代尔《菲利普二世时代的地中海和地中海世界》（上下）、志费尼《世界征服者史》《盎格鲁—撒克逊编年史》、亨利·皮雷纳《中世纪的城市》、E. H. 卡尔《历史是什么》《琉璃宫史》、托马斯·卡莱尔《论历史上的英雄、英雄崇拜和英雄业绩》、席勒《三十年战争史》等。

版，如《革命的年代：1789—1848》《资本的年代：1848—1875》《极端的年代：1914—1991》，江苏人民出版社 1998—1999 年出版；《民族与民族主义》，上海人民出版社 2000 年出版；《霍布斯鲍姆新千年访谈录》，新华出版社 2001 年出版；《史学家——历史神话的终结者》，上海人民出版社 2002 年出版。新社会史学派另一位代表人物 E.P. 汤普森的《英国工人阶级的形成》的中文本，2001 年由译林出版社出版，该书是研究工业革命时期英国工人阶级状况的奠基性著作之一，在中外史学界都有广泛影响。

其三，在国际史坛享有盛誉，引起广泛关注的著作，如莫尔顿著《人民的英国史》，三联书店 1958 年出版；菲利浦·方纳著《美国工人运动史》第 1 卷，三联书店 1956 年出版；菲利浦·方纳著《美国工人运动史》第 2 卷，三联书店 1963 年出版；利沙加勒著《一八七一年公社史》，三联书店 1962 年出版；弗兰茨·梅林著《中世纪末期以来的德国史》，三联书店 1980 年出版；克拉克主编《新编剑桥世界近代史》（14 卷，已出版 8 卷），中国社会科学出版社 1999 年出版；L.S. 斯塔夫里阿诺斯著《全球通史——1500 年以前的世界》（上下），上海社会科学院出版社 1988 年出版；A.G. 弗兰克著《白银资本：重视经济全球化中的东方》，中央编译出版社 2000 年出版；I. 沃勒斯坦著《现代世界体系》（4 卷，已出版 3 卷），高等教育出版社 1998 年出版。"法国大革命史"研究的几部世界名著，几乎都有中文本，除马迪厄著《法国革命史》，商务印书馆 1963 年、1973 年两个版本外，还有米涅著《法国革命简史》，商务印书馆 1977 年出版；乔治·勒费弗尔著《法国革命史》，商务印书馆 1989 年出版；柏克著《法国革命论》，商务印书馆 1998 年出版；威廉·多伊尔著《法国大革命的起源》，上海人民出版社 2009 年出版。但是，也有很重要，或很有特点的著作至今尚无中文译本，如英国历史学家诺曼·汉普森（Norman Hampson，1922—2004）的代表作《法国大革命的社会史》（*A Social History of the French Revolution*, London 1963），在西方史学界享有盛誉："作为一本解释大革命危机的最详尽、最透彻的且最精确的著作，在很长的一段时间中这一地位可能是不会动摇的。"① 在二战后英语世界关于法国大革命研究的最

---

① ［英］威廉·多伊尔：《法国大革命的起源》，张弛译，上海人民出版社 2009 年版，第 2 页。

优秀的著作中，诺曼·汉普森的著作榜上有名，希望在不久的将来，能见到该书的中文版。

其四，反映了国外世界史研究新动向、新成果或前沿问题、热点问题的著作，如谢·亚·托卡列夫著《世界各民族历史上的宗教》，中国社会科学出版社 1985 年出版；诺贝特·埃利亚斯著《文明的进程》（2 卷），三联书店 1998 年出版；罗兰·斯特龙伯格著《西方现代思想史》，中央编译出版社 2005 年出版；杰弗里·帕克等著《剑桥战争史》，吉林人民出版社 1999 年出版；菲利普·李·拉尔夫等《世界文明史》，商务印书馆 2001 年出版；埃利奥特·史密斯著《人类史》，社会科学文献出版社 2002 年出版；詹姆斯·洛温著《老师的谎言：美国历史教科书中的错误》，中央编译出版社 2009 年出版；尼·米·尼科利斯基著《俄国教会史》，商务印书馆 2000 年出版；尼·伊·雷日科夫著《大国悲剧：苏联解体的前因后果》，新华出版社 2008 年出版；梅森：《自然科学史》，上海译文出版社 1980 年出版；科恩著《科学革命史》，军事科学出版社 1992 年出版；约翰·O. E. 克拉克等著《世界科学史》，黑龙江科学技术出版社 2009 年出版；科林·A. 罗南著《剑桥插图世界科学史》，山东画报出版社 2009 年出版；W. C. 丹皮尔著《科学史》，广西师范大学出版社 2009 年出版等。

除以上四个方面外，以往在中国世界史研究一些被忽略的领域，如一些国别史与专门史、地区史、断代史和通俗性的通史性著作，也都有相关的中文译本出版，对于扩大和丰富中国世界历史研究的视野，无疑有重要的参考意义。例如德国文化史家施赖贝尔著《羞耻心的文化史》，三联书店 1988 年出版。作者以裸体和衣服的出现为线索，通过具体的史实，探讨了人对裸体的羞耻是天生具有的，还是一种非自然的心态等问题。美国学者布瑞安·伊恩斯著《人类酷刑史》，时代文艺出版社 2000 年出版。作者强调，在人类历史辉煌的进程中，人们不应忘记人类历史另一幅悲惨的画卷，"酷刑是对个人权利和尊严的可耻而邪恶的践踏，是违反人类本性的罪孽"，"而一个令人悲哀的事实是酷刑仍在世界上的许多地方，至少是以半合法的形式存在着"①。英国医学史专家弗雷德里克·F. 卡特赖特等

---

① ［美］瑞安·伊恩斯：《人类酷刑史》，李晓东译，时代文艺出版社 2000 年版，第 2 页。

著《疾病改变历史》，山东画报出版社2004年出版。这是作者继《医学社会史》（1977）之后，又一部重要的著作。作者通过大量鲜为人知的史料，分析了疾病与人类历史的相互关系，内容涉及古代世界的疾病，直至今天肆虐全球的艾滋病。英国史学家恩·贡布里希著《写给大家的简明世界史：从远古到现在》，广西师范大学出版社2003年出版，威廉·麦戈伊著《文明的五个世纪——以五个文明划分世界历史》，山东画报出版社2004年出版，是两部有特色的世界通史性著作。前者深入浅出、简明扼要地叙述了人类5000年风云变化的文明史；后者提出了自己的历史文明分类方法，作者将世界历史按时间顺序分为不同的五个纪元，并将每个纪元与一个有着不同特征及主题的文明联系起来。

以往较少涉及的国别史方面的著作，包括非洲、拉丁美洲、大洋洲、北欧等国的历史著作，在改革开放的新时期翻译颇多，其中不少是出自名家之手。例如西班牙学者萨尔瓦多·德·马达里达加著《西班牙现代史论》（第11版），中国社会科学出版社1998年出版。作者萨尔瓦多·德·马达里达加生于1886年，西班牙皇家学院语言学院士，曾任牛津大学教授、西班牙驻美大使，及驻国际联盟代表。该书1931年初版，1978年第11版。该书虽然名为"现代史"，但却是从西班牙人的领土与起源开始写起，包括"土地、人民、历史，西班牙帝国及帝国的兴衰"；"王朝时期，教会与教权主义"，"军队与军国主义"；"阿方索十三世王朝"等，以上为上卷。下卷则为"共和时期"，"内战"，"从内战到世界大战"等。

苏联历史学家斯·尤·阿勃拉莫娃1978年在莫斯科科学出版社出版的《非洲——四百年的奴隶贸易》的中文译本，于1983年由商务印书馆出版。这部著作较系统地论述了非洲奴隶贸易问题，一个研究非洲史和世界近代史不可回避的问题。该书的主要内容包括大西洋上欧美奴隶贸易的开端、发展和终结；奴隶贸易对美洲和欧洲各国发展所产生的影响；奴隶贸易给非洲各族人民所带来的灾难后果。斯·尤·阿勃拉莫娃是著名的非洲史专家，其代表作还有《上几内亚沿岸奴隶贸易史（15世纪下半期至19世纪初期）》（1966）。《非洲——四百年的奴隶贸易》这部著作的主要特点，是作者使用了大量鲜为人知的西方国家的历史档案资料，以及奴隶贩子当时记述的相关史料。全书的最后一章（第十一章）是"关于资料文献",作者对写作这部书时所使用的文献资料和一些著作,进行了简要的评述。作者完全赞同非洲历史学家迪克的观点:"在非洲的历史上,任何问题的论著都没有像大西洋奴隶贸易问题那样卷帙浩繁,也没有一个问题像大西洋奴隶贸易问题那样含混不清。"①

澳大利亚史学家杰弗里·博尔顿著《澳大利亚历史:1942—1988》,北京出版社1993年出版。杰弗里·博尔顿是澳大利亚当代著名历史学家,该书不仅具有重要的学术价值,而且还具有重要的现实意义。作者从政治、经济、文化诸方面介绍了澳大利亚近半个世纪的历史进程,使人们对现代澳大利亚能有深切的了解。

J. H. 萨拉依瓦著《葡萄牙简史》(第9版),澳门文化司署与花山文艺出版社1994年出版。作者 J. H. 萨拉依瓦生于1919年,早年就读法律系和历史哲学系,曾出任葡萄牙教育部部长。该书1978年初版,较为详尽地阐述了自葡萄牙民族的起源至1974年革命的葡萄牙历史,在欧洲史坛有广泛影响。该书内容十分丰富,包括史前状况,国家独立和国家组织、社会进步与社会冲突、大西洋问题的解决、对东方的垄断、菲利普统治及光复运动、君主专制制度、古代政权的结束、君主立宪和共和运动及共和国等。

法国阿尔德伯特等14位欧洲历史学家共同撰写了《欧洲史》,2000年由海南出版社出版。这部著作以15种以上的语言出版,作者认为这是一本必读的教科书,它强调的是在各国历史之外,还有一幅更为全面的欧洲历史嬗变的图景。"这本书不是大肆宣传欧洲的作品。我们只是力求抛开各种偏见,去了解、去解释历史事实。"② 它不仅仅有学术价值,而且还有重要的现实意义,可以使人们更好地了解"欧洲"这个词的意义,不仅是回顾过去,而且也使人们思考现实,进而思考未来。

在译介的各种外国史学著作中,一些著名马克思主义革命家兼学者的著作,对于中国的世界史学科的建设有更直接的学习和借鉴意义。例如弗

---

① 参见[苏]斯·尤·阿勃拉莫娃《非洲——四百年的奴隶贸易》,陈士林、马惠平译,商务印书馆1983年版,第285页。
② [法]阿尔德伯特等:《欧洲史》,蔡鸿滨、桂裕芳译,海南出版社出版2000年版,第2—3页。

兰茨·梅林著《中世纪末期以来的德国史》，三联书店1980年出版。弗兰茨·梅林（1846—1919）是德国共产党创始人之一，工人运动杰出的活动家、著名历史学家和政论家。他撰写的《中世纪末期以来的德国史》，是其在德国社会民主党中央党校讲稿的基础上整理而成，所述内容从中世纪末期直至俾斯麦垮台为止。这部著作同其所著《德国社会民主党史》《卡尔·马克思》一样，在德国内外有广泛影响。梅林以马克思主义为理论指导，阐释了德国历史进程中的一系列重大理论问题。他强调讲授历史的重点"不应该是单纯的日期和人名或历史事件的扼要介绍……必须根据历史的内在联系来阐明历史的发展，哪怕只是最一般的基本要点和十分有限的范围。这样才能使更详细的讲述在这个基础上扎实地深入下去"[①]。应该说，梅林的上述认识是很有见地的，不仅对当时在党校讲授德国历史，而且作为马克思主义史学理论的一般原则，至今仍有重要的现实意义。中文本《中世纪末期以来的德国史》，系根据柏林狄兹出版社1947年第4版译出。出版社在"前言"中明确指出了当时出版这部著作的现实意义："第二次世界大战期间惊心动魄的事件和由于纳粹统治所造成的灾难的悲惨后果，使今天广大的人民群众，特别是劳动人民和青年，已经认识到反动派和纳粹匪徒有意识地歪曲德国历史所造成的严重的危害性，因而要求对德国历史作深入而如实的阐述。"[②] 这部著作至今对正确阐释德国的历史，仍有重要的现实意义。

帕尔默等著《现代世界史》，1987年被《纽约时报》评为"所有时代所有学科中的19部经典教科书之一"，1996年被《华盛顿邮报》誉为"第一部晋身教科书荣誉殿堂的作品"，2002年被美国历史学会（AHA）评为"教科书的黄金标本"。七种文字的译本风行全球，2002年第9版仅在美国销量便已突破200万大关；被1000多所大学、高中采用。该书内容丰富、领域宽广。2009年，世界图书出版公司出版了该书的中文本。《现代世界史》是一部将传统叙事与结构分析相结合的作品，作者对于社

[①] [德] 弗兰茨·梅林：《中世纪末期以来的德国史》，张才尧译，三联书店1980年版，第1页。

[②] 同上书，第5页。

会史、文化史、宗教史诸方面也作了简洁而生动的阐释。该书的主要内容是：欧洲的兴起、西方基督教世界的动乱；1300—1560年、经济重建和宗教战争、1560—1648年、西欧日益强大、1640—1715年、东欧的变化；1648—1740年、科学的世界观、争夺财富和争夺帝国的斗争、启蒙时代、法国革命、拿破仑时代的欧洲、工业、思想与争取改革的斗争；1815—1848年、革命和秩序重建；1848—1870年、大民族国家在全球范围的强化；1859—1871年、欧洲文明；1871—1914年：经济与政治、欧洲文明；1871—1914年、欧洲的世界优势地位；1871—1914年、第一次世界大战、俄国革命和苏联、第一次世界大战后的民主政治；反帝国主义以及经济危机、20世纪30年代的民主与独裁、第二次世界大战；冷战和第二次世界大战后的重建、亚洲和拉丁美洲的后殖民国家；从帝国到民族国家："二战"后的非洲与中东、共存、对抗和新的全球经济、对苏联式共产主义的国际反叛；变动中的现代世界统治者与统治年代。作为出版后记，作者探讨了"我们需要一部什么样的现代世界史"？

2009年开始出版的《世界历史文库》是一套重要世界史译著。中国出版集团公司总裁聂震宁在《世界历史文库》出版前言中指出，在全球化时代，关注世界各国各地区文明发展的源流、现实和未来，不仅仅是新世纪人文学科的一个重点课题，也是许多当代中国知识分子热切关注的对象。甚至，关注别国热点，不亚于关注自身状况，也已经成为心态开放、视野开阔的许许多多当代中国人的一种精神生活方式。然而，至今我国尚未出版过一套相对完备的世界国别史及地区史丛书，这不能不说是一个很大的缺憾。改革开放以来，我国出版业虽然陆续推出过一些国别史、地区史，但既无规划，也很分散，而且主要集中在英、法、美、俄、日、德等大国，覆盖面过于狭小，更遑论完备与权威了。为此，中国出版集团公司通过深入调研，邀约史学界专家进行多方论证，精心策划组织出版这套《世界历史文库》。

《世界历史文库》主要选收国别史、地区史的通史性著作，以国别史为主体，适当辅以地区史。计划共出版80种，两年内出齐。文库编辑委员会特邀我国世界史学界著名学者专家担任学术顾问，精心遴选著作。编选者和学术顾问一致认为，每个国家、地区的历史只选一种著作，这部著作应是上乘之作。学术性、权威性、完备性、可资借鉴性以及可读性，是《世界历史文库》编选的主要标准。《世界历史文库》由东方出版中心牵头，东方出版中心、商务印书馆、中国大百科全书出版社3家单位共同出版。2009年9月已经陆续面世，目前已经出版的有《以色列史》（阿伦·布雷格曼著）、《荷兰史》（马克·T. 胡克著）、《波罗的海三国史》（凯文·奥康纳著）、《西班牙史》（雷蒙德·卡尔著）、《奥地利史》（史蒂芬·贝莱尔著）、《德国史》（史蒂文·奥茨门特著）、《沙特阿拉伯史》（詹姆斯·温布兰特著）、《澳大利亚史》（斯图亚特·麦金泰尔著）、《爱尔兰史》（罗伯特·基著）、《保加利亚史》（R.J. 克兰普顿著）、《乌克兰史》（保罗·库比塞克著）、《阿根廷史》（乔纳森·C. 布朗著）、《泰国史》（戴维·K. 怀亚特著）、《智利史》（约翰·L. 雷克特著）、《尼日利亚史》（托因·法洛拉著）、《瑞典史》（尼尔·肯特著）、《马来西亚史》（芭芭拉·沃森·安达娅、伦纳德·安达娅著）、《苏丹史》（罗伯特·柯林斯著）、《阿富汗史》（沙伊斯塔·瓦哈卜、巴里·扬格曼著）、《巴基斯坦史》（伊夫提哈尔·H. 马里克著）、《印度尼西亚史》（史蒂文·德拉克雷著）、《法国史》（乔治·杜比著）、《中东史》（小阿瑟·戈尔德施密特等著）、《地中海史》（约翰·朱利叶斯·诺威奇著）、《伊朗史》（埃尔顿·丹尼尔著）、《波兰史》（耶日·卢克瓦斯基著）、《太平洋史》（唐纳德·B. 弗里曼著）、《利比亚史》（罗纳德·布鲁斯·圣约翰著）、《黑海史》（查尔斯著）、《大西洋史》（保罗·布特尔著）、《秘鲁史》（克里斯蒂娜·胡恩菲尔特著）、《中美洲史》（林恩·福斯特著）、《加勒比海地区史》（D. H. 菲格雷多著）、《委内瑞拉史》（迈克尔·塔弗等著）、《加纳史》（罗杰·S. 戈京著）等。

　　一般认为，文明是指人类所创造的财富的总和，首先是精神财富，如文学、艺术、教育、科学等，也指社会发展到某一阶段表现出来的形态。公元前3500年到公元前1000年这段时期，就称作是古代文明时期。文明是怎样出现的？这对于中外学者来说，都是很吸引人的课题，学者们提出了很多的理论来阐述各自的观点，在不断深入探讨这个问题时，有力地推动了对世界古典文明的研究。2007—2010年，商务印书馆出版译著"探寻古文明丛书"。丛书包括《探寻美索不达米亚文明》《探寻史前欧洲文明》

《探寻古埃及文明》《探寻玛雅文明》《探寻古希腊文明》《探寻古罗马文明》《探寻欧洲文艺复兴文明》《探寻中世和近世日本文明》等，著者为美国、英国学者。这套丛书较系统地介绍了古文明史的各学科、各研究领域，以及相关的研究成果，信息量大。丰富的图片、线图和地图展示了这些古文明的发展脉络，特别是举世闻名的历史性的建筑物、纪念物。此外，翔实的原文参考书目和词汇译名对照，为深入学习或研究古文明，提供不少方便。这套丛书反映了西方文明史研究的最新进展，体现了西方史学文明—文化史的基本理论、原则和方法，这些对中国的世界史学者研究世界古文明，有积极的借鉴作用。

《探寻美索不达米亚文明》，伯特曼著，秋叶译，商务印书馆2009年出版。美索不达米亚人主要由苏美尔人、巴比伦人和亚述人组成。公元前4000年开始，那里出现了文明，有了楔形文字、陶器、拱形建筑、车轮以及制砖技术和水利设施；有了六十进位制；有了城市、商业贸易及其契约；有了铜器、冶炼术。该书的主要内容是：美索不达米亚的地理状况，考古与历史，政府与社会，宗教与神话，语言、文字与文学，建筑与工程、雕刻及其他艺术，经济、交通与贸易，军事事件，日常生活，美索不达米亚与经书，美索不达米亚的遗产等。

《探寻史前欧洲文明》，麦金托什著，刘衍钢等译，商务印书馆2010年出版。该书与传统的欧洲史不同，而是基于生活史的文明史。作者根据大量考古学和人类学的知识和方法，详细并系统地说明了欧洲文明的起源和发展。该书的主要内容是：古代欧洲的地理、欧洲的发展、经济、聚落、贸易和运输工具、手工业与工艺、宗教、丧葬、战争、语言、文学和艺术、社会与生活等。

《探寻玛雅文明》，福斯特著，王春侠等译，商务印书馆2007年出版。玛雅文明从最早出现到16世纪西班牙人占领有近4000年的历史。在世界古文明中，玛雅文明无疑最有神秘特色，它在热带雨林环境中萌芽、兴盛，然后消亡。玛雅文明是中美洲印第安人在与亚、非、欧古代文明相互隔绝的条件下，独自创造出的伟大文明，在科学、农业、文化和艺术等方面，为人类文明的发展做出了巨大贡献。该书的主要内容是：玛雅文明与考古，玛雅文明的演进，哥伦布发现美洲大陆前的玛雅地理，社会与政府、战争、玛雅宗教、宇宙观和艺术、丧葬信仰与习俗、建筑与建筑物、算术、天文学与历法、玛雅语言与象形文字、经济、产业与贸易、日常生活等。

《探寻古埃及文明》，戴维著，李晓东译，商务印书馆2007年出版。古埃及文明是五千多年以前在尼罗河谷由人类创造的一个古文明，内容为王朝统治前到旧王国时期、新王国时期到托勒密王朝和罗马帝国入侵时期。古埃及文明包括艺术、建筑、宗教和医学，以及人们的日常生活、风俗等。这些都对人类文明的发展产生了重要的影响。该书的主要内容是：埃及学、考古学与埃及的科学木乃伊研究；古埃及文明产生和发展的历史背景，包括托勒密时期和罗马统治时期；古埃及的地理，土地与气候对文明的影响；社会与政府；生命的宗教；丧葬信仰与习俗；建筑与建筑物；文字；陆军与水军；对外贸易与运输；经济与工业等。

《探寻古希腊文明》，阿德金斯著，张强译，商务印书馆2010年出版。该书概述了古希腊青铜器时代、黑暗时代、古风时代、古典时代以及希腊化时代近3000年的文明史，充分展示了古希腊文明所取得的辉煌成就，作者在历史叙述的基础上，探究了古希腊文明的发生、发展和衰落。该书的主要内容是：城邦及帝国；统治者与领袖；军事，包括军队、兵种、军事训练、战术、武器和装备、防御工事、围城、战利品、水军等；希腊世界的地理；经济、贸易与交通；城市与乡村；文化教育，包括希腊语、文字、图书、铭文、教育、文学、音乐、舞蹈、作家等；宗教与神话，包括男神与女神、圣地、宗教仪式、节庆、东方神秘宗教、巫术与迷信、仪式用品等；艺术、科学与哲学；日常生活，包括日历、家庭、奴隶、食物与饮品、个人仪表、娱乐、死亡与来世观念等。

《探寻古罗马文明》，阿德金斯著，张楠等译，商务印书馆2008年出版。该书阐释了公元前8世纪到公元5世纪的古罗马文明的各个方面，包括政治、军事、宗教、建筑、文字、艺术等。书中有十余幅古罗马地图，有助于读者直观地了解罗马帝国的兴衰。古罗马文明对中世纪、文艺复兴及其以后的欧洲文明的发展产生了深刻的影响，是世界文明发展进程中的重要内容之一。该书的主要内容是：共和国和帝国；军事，包括军团沿革、军团编号和驻地、军团建制、同盟翼军、罗马驻军、辅军、水师、服役情况、实战、武器和装备、荣誉、营盘、堡垒和要塞、边境等；罗马世界的地理、罗马世界的版图变迁；城镇和村庄，包括城镇规划、百分田划分、城镇类型、城镇设施、庄园、花园、建筑技术、装饰和艺术、农业；旅行和贸易；文献史料；宗教；经济和手工业；日常生活等。

《探寻欧洲文艺复兴文明》，塞德尔著，徐波译，商务印书馆2009年出版。欧洲文艺复兴最光辉之处在于弘扬人的价值，强调人的尊严，挖掘出被宗教神学所扼杀的人性。文艺复兴时期，表现人的思想和行为的诗歌、绘画以及其他文学艺术作品广为流行。欧洲文艺复兴对近代早期欧洲的学术生活造成了深刻的影响。它从意大利兴起，在16世纪时已扩大至欧洲各国，其影响遍及文学、哲学、艺术、政治、科学、宗教等知识探索的各个方面，欧洲文艺复兴文明，是人类文明历史上的光彩一页。该书的主要内容是：文艺复兴的起源；历史、政府和社会；宗教，内容涉及罗马教皇、天主教会、新教的宗教改革、犹太教、伊斯兰教等；艺术和视觉文化，包括绘画、挂毯、雕塑、版画、装饰艺术、主要艺术家等；建筑和城市规划，包括建筑师的兴起、罗马的影响、教会建筑、从要塞和城堡到文艺复兴宫殿、山庄别墅、意大利城市建筑中的赞助、意大利和法国之外的建筑、主要建筑师等；文学和语言、人文主义、音乐、战争、商业、旅行和探险、科学和医学、教育、日常生活、文艺复兴的遗产等。

《探寻中世和近世日本文明》，迪尔著，刘曙野等译，商务印书馆2010年出版。该书较系统地介绍了日本自1185年的镰仓时代开始，到1868年江户时代结束期间的文化、政治和历史，以及日常生活、教育、文学、科学和其他各方面的情况。这七百余年的历史，被称为日本的中世和近世时期，是日本文明发展的重要阶段。探寻这一历史阶段的日本文明，有助于人们了解日本文明发展的特点及具体历史进程。该书的主要内容是：历史概述、历史人物志；土地、环境与人口；天皇统治和武家统治、皇室朝廷的结构、幕府的结构、法律、犯罪和刑罚；社会和经济；武士与战争、武士历史、武士道德、武艺和兵器、铠甲、头盔和盾、防御工事、武士官阶和等级、战术、战争和战役；神道教、佛教、基督教等宗教；哲学、教育与科学；语言与文学；表演艺术，乐器、音乐和舞蹈、宗教表演艺术、戏剧、街头艺人和说书人；艺术与建筑，艺术、茶道及相关艺术、建筑；旅行与通信；日常生活，包括家庭、家居、结婚与离婚、性、怀孕与分娩、食物与饮料、衣着打扮、运动与娱乐、日历、节日与年度仪式，以及生老病死等。

自 2005 年始，"上海三联人文经典书库"中的世界历史译著开始陆续出版，至今已经有 40 余种面世，可视为近年较大规模的世界历史译著丛书之一。这些著作合在一起，从整体上反映了西方史学在专题研究中的主要成果和学术水平，其主要价值并非在具体的研究结论上，而在于其著述选题的扩大，历史视野的拓展，以及和研究方法的丰富和完善，这些著作大体反映了近年西方史学发展的主要趋势和特点，对我国的世界历史研究有积极的借鉴意义。目前已经出版的著作有：林恩·桑戴克著《世界文化史》（上下）、威廉·弗格森著《希腊帝国主义》、亨利·富兰克弗特著《古代埃及宗教》、约翰·伯瑞著《进步的观念》、维克多·李·伯克著《文明的冲突：战争与欧洲国家体制的形成》、雅各布·布克哈特著《君士坦丁大帝时代》、科列索夫著《语言与心智》、弗朗西斯·康福德著《修昔底德：神化与历史之间》、曼弗雷德·弗林斯著《舍勒的心灵》、汉斯·约纳斯著《诺斯替宗教：异乡神的信息与基督教的开端》、于尔根·莫尔特曼著《来临中的上帝：基督教的终末论》、约翰·麦奎利著《基督教神学原理》、阿尔弗雷德·马汉著《亚洲问题及其对国际政治的影响》、亨利·富兰克弗特《王权与神祇：作为自然与社会结合体的古代近东宗教研究》（上下）、查尔斯·哈斯金斯著《大学的兴起》、罗杰·巴格诺尔著《阅读纸草，书写历史》、普罗柯比著《秘史》、西塞罗著《论神性》、德尔图良著《护教篇》、大卫·弗格森著《宇宙与创造主：创造神学引论》、弗里德里希·梅尼克著《世界主义与民族国家》、菲迪南·罗特著《古代世界的终结》、G. 勒纳尔和 G. 乌勒西著《近代欧洲的生活与劳作（从 15—18 世纪）》、查尔斯·哈斯金斯著《十二世纪文艺复兴》、德瑞克·李波厄特著《五十年伤痕：美国的冷战历史观与世界》（上下）、戈登·柴尔德著《欧洲文明的曙光》、戈登·柴尔德著《考古学导论》、戈登·柴尔德著《历史发生了什么》、戈登·柴尔德著《人类创造了自身》、戈登·柴尔德著《历史的重建：考古材料的阐释》、徐国琦著《中国与大战：寻求新的国家认同与国际化》、腾尼·弗兰克著《罗马帝国主义》、路易斯·宾福德著《追寻人类的过去》、文德尔班著《古代哲学史》、尼古拉·别尔嘉耶夫著《自由精神哲学》、A. T. 奥姆斯特德著《波斯帝国史》、马基雅维里著《战争的技艺》、里亚·格林菲尔德著《民族主义：走向现代的五条道路》、白壁德著《性格与文化：论东方与西方》、普雷斯蒂奇编《骑士制度》等。

在已出版的诸多译著中，值得一提的是张闻天译《西洋史大纲》，中文手稿影印本，2003年由上海辞书出版社出版。1924年，张闻天留学美国归国后在上海中国书局任编辑，将美国历史学家房龙的代表作之一《人类的故事》（The Story of Mankind）译成中文，但一直没有出版，存放在上海辞书出版社图书馆（其前身为上海中华书局图书馆）。房龙的《人类的故事》，初版于1921年，因内容简约，文笔生动，很快在世界各国引起反响，有20余种文字的译本问世。房龙在该书的《序言》中说："历史是'时光老人'，在过去年代的无数领域中间修筑起来的巨大的'经验之塔'。要爬上这座古老建筑结构的顶端以便一窥全豹确非易事……在这里，我把打开历史之门的钥匙交给你们。等你们回来的时候也就会明白我何以如此热心。"① 但是，张闻天却对此提出严厉的批判。他认为房龙的这部著作远远不能被认为是一部"人类的历史"，他说："对于有数千年文化史的中国与印度，只在原书第四十二章内略略说了一点，敷衍了事。不幸就是这一点也已经犯了许多错误！我觉得删去这一章对于读者即没有损失，而且他所说的既以欧美人为中心，倒不如把原书的书名改为《西洋史大纲》，较为近于实际。"② 这种对"西欧中心论"的深刻批判，至今仍然有重要的现实意义。张闻天是无产阶级革命家，中国共产党的重要领导人之一。他的革命精神，在其译著《西洋史大纲》中也有所表现，例如，在原书第五十八章"解放运动"中，只写有法国大革命、工业革命、1848年欧洲革命，而张闻天却在这一章的后面，补写了俄国十月社会主义革命的胜利，热情地歌颂了无产阶级政党领导的社会主义革命。

自21世纪初以来，剑桥大学出版社将一系列在学术界影响深远的巨

---

① ［美］房龙：《人类的故事》，刘缘子译，三联书店1988年版，第5页。
② 参见《张闻天手稿〈西洋史大纲〉出版》，《光明日报》2003年8月7日。

著修订再版,《剑桥世界古代史》(第二版)(14卷)、《新编剑桥中世纪史》(7卷)是其中之一。《剑桥世界古代史》系列初版于20世纪30年代,70年代初开始大规模修订,于2006年完成再版发行。《新编剑桥中世纪史》系列初版于20世纪20—30年代,中间有过一些修订本,自80年代后期始,西方史学界开始讨论重编事宜,90年代初开始正式重编,1995—2005年出版。2008年9月,中国社会科学出版社向剑桥大学出版社购买了《剑桥世界古代史》和《新编剑桥中世纪史》两套书的版权,并表示将加紧组织专家翻译,尽快将这两部史学精品著作高水平地奉献给中国学术界。

2009年4月,由中国社会科学院科研局与中国社会科学出版社主办、中国世界古代中世纪史研究会协办的"《剑桥世界古代史》《新编剑桥中世纪史》翻译工程专家座谈会"在京举行。这一翻译工程标志着我国剑桥史系列引进和出版工作的全面推进。中国社会科学院副院长武寅在座谈会上指出,《剑桥世界古代史》和《新编剑桥中世纪史》翻译工程有助于加强世界历史学科的建设,加强基础研究,有助于为国家实施素质教育提供支撑。她说,现在国家对于社会科学的发展越来越重视,投入逐年增多,中国社科院也在积极推动"以科研为中心"的管理体制机制改革,实施"科研强院"战略,并提出要按照基础研究与应用研究并重的原则,在原有基础上加大对基础研究的扶持力度,这些都有助于翻译工程的实施。该翻译工程由4个子课题和31个子项目组成,预计中文总字数将达到3000万字左右,来自中国社会科学院、北京师范大学、天津师范大学、北京大学、中国人民大学、南开大学、苏州科技学院、首都师范大学、东北师范大学、上海师范大学、复旦大学、山东大学、南京师范大学等单位的世界史学者参加此书的翻译工作。

目前,该工程已经先后被批准为中国社会科学院重点科研项目和国家社科基金重大招标项目,以及"国家'十二五'规划重点出版项目"。武寅为翻译工程的主持人和首席专家;朱寰、刘家和、王敦书、庞卓恒四位教授担任顾问。中国世界古代中世纪史研究会郭小凌、侯建新两位会长为该书的翻译工作做了大量的协调组织工作。

外国史学理论研究

一 新时期史学发展规划和外国史学理论研究

"文化大革命"结束后,党的十一届三中全会重新确立了解放思想、实事求是的思想路线,对史学理论(包括外国史学理论)问题的高度关注和深入系统的研究,成为"文化大革命"后中国史学摆脱极"左"思潮影响,突破人为的精神枷锁和研究"禁区",走向复兴的重要标志之一。历史唯物主义是中国马克思主义史学理论的基础、灵魂或核心,但不等于是史学理论的全部内容。历史学有自己的理论体系,就如文学有自己的理论体系一样,如"文学概论""文艺学概论"等,就是文学理论体系的具体表现。那种认为历史唯物主义是史学理论的全部内容,如果提"史学理论"就是在否认历史唯物主义,否认历史唯物主义的指导作用的认识,是一种片面的认识,在 20 世纪 80 年代初,就已经成为广大史学工作者的共识。这种共识,有助于推动我国史学理论研究,包括外国史学理论研究的开展。

1979 年 3 月,在成都召开的全国历史学规划会议上,明确提出在马克思主义理论指导下,加强中外史学理论研究的问题,立即得到广大史学工作者的积极赞同。大家从自身的研究实践中,特别是从近代以来中国史学发展的曲折道路中,深深感到加强史学理论研究的重要性和必要性。1983 年 5 月,在全国哲学社会科学规划会议上,外国史学理论研究受到了前所未有的重视,会议做出了加强外国史学理论的介绍和研究,组织力量,译介出版有代表性的外国史学理论名著，定期召开全国性的史学理论研讨会的决定，外国史学理论，将是研讨的重要内容之一。这样，以此为契机，在"文化大革命"前几乎没有人涉及的外国史学理论和方法研究，在"文化大革命"后开始得到发展。开展外国史学理论和方法的研究，与建设中国马克思主义史学，不断丰富和完善马克思主义史学理论方法论联系在一起。批判地汲取外国史学理论的有益内容，取其精华，弃其糟粕的过程，也是间接地或直接地加强世界史学科理论建设的过程。有选择地汲取外国史学的积极成分为我所用，在20世纪80年代初，已成为越来越多的史学工作者的共识。

中国世界史学的理论和方法建设，是中国史学理论建设的重要组成部分。这种建设包括两方面的内容，一是加强作为指导思想的唯物史观的基础理论作用，包括唯物史观的宣传、普及；对唯物史观自身理论问题的研究，以及反对世界历史研究中的指导思想多元化等。这种建设对"世界历史"这一学科来说，并非什么特殊的要求，因为世界历史学科和历史学的其他学科一样，都面临着这样共同的任务。另一是"世界历史"这一学科自身特点所决定的理论与方法建设。这主要是从中国世界史研究的现实出发，在继承中国史学、特别是中国马克思主义史学优秀传统的同时，有选择地汲取外国史学理论的有益内容，以丰富和完善中国世界史研究的理论与方法。而要做到这一点，必须深入开展外国史学理论与方法的研究，对其所涉及的一系列重大理论问题进行科学探究，做出马克思主义的回答。这就是说，中国世界史学的理论建设，既要有指导思想方面的理论建设，也要有世界史学学科自身理论的建设。只有这样，才是完整意义的中国世界史学的理论与方法建设。这种认识具体反映在我国的外国史学理论研究的各类成果中。需要指出的是，无论在当代中国整体的历史科学中，还是仅在世界历史研究中，外国史学理论研究都显得薄弱，是一个十分年轻的史学研究分支。这一事实也具体反映在研究成果的形式上，明显地以学术论文为主。当然，这并不排除有学术专著问世，只是说学术专著的数量尚少，系统的外国史学理论研究成果，需要不断地积累才能问世，这种状况的改变，还有待外国史学理论研究整体上的进步与发展。

"文化大革命"后，高等院校历史系为了在教学中拨乱反正，全面贯彻"解放思想,实事求是"的思想路线,自20世纪80年代中期起,普遍开设了"史学概论"课。1983年,葛懋春、谢本书主编的《历史科学概论》;白寿彝主编的《史学概论》出版。以后又有姜义华、瞿林东、赵吉惠、马雪萍合著的《史学导论》(陕西人民教育出版社1989年出版)等近20种著作问世。一些《史学概论》不同程度地涉及外国史学史或外国史学理论,对于推动我国的外国史学理论研究产生了积极的影响。例如,葛懋春等主编的《历史科学概论》(山东教育出版社1983年出版),撰写有"欧美史学发展概述",具体内容是:古代希腊的史学、古代罗马的史学、5—13世纪欧洲的史学、文艺复兴时期西欧的史学、17世纪中期至18世纪末欧洲的史学、18世纪末至19世纪中期欧洲各国和美国的史学、19世纪后期至20世纪初期欧洲各国和美国的史学。

吴泽主编的《史学概论》(安徽教育出版社1985年出版),有"现代国外史学述评"一节,主要内容是美国的计量历史学派和心理历史学派、法国的年鉴学派和历史批判哲学学派、历史形态学派(文化形态史观)、英国的修正派史学(纳米叶学派和克莱彭学派)、拉丁美洲的修正派史学。

姚太中、程汉大主编的《史学概论》(东方出版社1991年出版),在简单介绍外国史学的历史与现状的基础上,有专篇评述"西方马克思主义史学"。"西方马克思主义史学发展概述"一章中的主要内容是:西方马克思主义史学的兴起、西方马克思主义史学的早期发展、"西方马克思主义"的历史观、当代西方的马克思主义史学。此外,还有专节介绍英国马克思主义史学发展概况、当代英国著名马克思主义史学家、当代法国的马克思主义史学、当代美国的马克思主义史学、当代联邦德国和意大利的马克思主义史学等。

庞卓恒主编《史学概论》(高等教育出版社1995年出版),有古代、中世纪和近代西方史学史的简要介绍。在"马克思主义史学的创立与早期发展"一节中,介绍了马克思、恩格斯创立唯物史观,唯物史观的基本原理,以及唯物史观的发展。在"当代西方史学"一节中,介绍了19世纪末以来西方史学的主要流派,包括美国"新史学"、法国"年鉴学派""分析和批判的历史哲学"和"二战后西方史学的新发展"等。在"历史研究的新方法"一节中,具体介绍了西方史学中的比较史学方法、计量史学方法、心理史学方法和口述史学方法等。

姜义华等著的《史学导论》（复旦大学出版社2003年出版），在"历史实际的本体论探源"一章中，先后涉及古代希腊罗马时期、文艺复兴时期、启蒙运动时期、近代以来的西方史学思想。对近代以来的康德、黑格尔、霍尔巴赫、孔德和克罗齐、波普尔等的历史哲学思想有较多的介绍。在"马克思主义对历史本质的追寻"一节中，分析了对历史本质的认识。在"史学理论多元发展中历史全面本质认识的深化"中，着重分析了"马克斯·韦伯的宗教社会学研究""汤因比的文明史研究""年鉴学派的'三时段'理论与实践""西方马克思主义的历史理论""后现代主义思潮的当代挑战"等。

一些史学概论方面的著作虽然没有涉及外国史学，或外国史学理论，但并不是说编著者认为这方面的内容不重要，而是限于研究条件暂时不写。例如，白寿彝在其主编《史学概论》的"题记"中说："这书本来也想论述一下国外的史学，因为所知太少，也就不写了。希望对外国史学有研究的同志，分别写出一些关于外国史学的专书。如果有条件，我们也希望在这本书里，逐渐得到这方面的充实。"① 总之，包括外国史学理论在内的史学理论的介绍、学习和研究，在中国史学界日益产生广泛的影响。"史学理论研究是历史研究的重要组成部分"成为广大史学工作者的共识，这种氛围有力地推动了中国世界史学科的理论建设。

二　外国史学理论研究的主要成果

（一）马克思主义唯物史观与历史研究

马克思主义唯物史观，既是史学理论研究的基础、指导思想，也是史学理论研究的内容。因为只有在唯物史观的理论指导下，我们的外国史学理论研究才能保持正确的方向，才能对当代中国历史科学的理论建设做出有益的贡献。同时，唯物史观作为马克思主义学说的重要组成部分，是发

---

① 白寿彝主编：《史学概论》，宁夏人民出版社1983年版，第2页。

展的科学，与时俱进，随着科学的进步，社会实践的发展而发展，需要我们不断研究新问题，在坚持唯物史观基本原理的同时，不断推进唯物史观的新发展。

不断深化认识马克思主义唯物史观与历史研究的关系，始终是史学理论研究的重要内容。无论在中国史学理论研究，还是在外国史学理论研究中，都是这样。2004年，庞卓恒著《唯物史观与历史科学》，由高等教育出版社出版。该书是经国务院学位委员会学科评议组审定通过的研究生教学用书，是国家哲学社会科学规划"八五"重点项目的最终成果。作者通过马克思主义史学理论与非马克思主义史学理论的对比分析，以正本清源的方式重新认识、探索了马克思主义唯物史观，并探讨了在新形势下如何坚持和发展马克思主义的唯物史观与史学理论。作者强调，唯物史观，按恩格斯的定义，是"关于现实的人及其历史发展的科学"。它证明，人类自身谋求生存和发展的实践活动，必然要推动自身的物质生产力和精神生产力从低级向高级发展，从而也就必然要推动人们相互之间的社会交往方式和社会组织形态从低级向高级发展，而且都必然要发展到社会主义和共产主义的社会形态。这是全人类历史的普遍规律。它的这一基本内核决定了它是指引全人类走向真正的自由和解放的科学，同时也是指引历史学乃至一切社会科学成为真正科学的指针。

《唯物史观与历史科学》共三编，分别为"唯物史观的再认识""唯物史观与中国史研究"和"唯物史观与西方史学的理论和实际"。具体内容包括：唯物史观是关于现实的人及其历史发展的科学；历史发展规律的再认识；殊途同归的东西方历史路向的求索——马克思的亚细亚生产方式的理论意义；从多样性探寻规律——马克思的人类学笔记和《历史学笔记》的启示；历史发展动力的再认识；唯物史观与中国古史分期问题；中国封建社会长期延续和资本主义萌芽滞缓原因的探索；中西历史文化比较及其理论与方法的探讨；唯物史观与西方史学的危机和变迁；面临两难抉择的历史哲学等。

张艳国著《史学理论：唯物史观的视域和尺度》，2009年由华中科技大学出版社出版。该书是作者追踪改革开放以来我国史学理论研究进展的结晶。由"唯物史观的理论反思""唯物史观与史学理论""历史学的理论观照"三个方面内容组成，作者以唯物史观的理论与方法为指导，借鉴现代西方史学理论的有益成果，运用多学科的综合知识，对史学理论的学科建设进行了深入思考，比较系统地提出了自己的见解。作者认为，在 21 世纪，我们依然肩负着建构中国马克思主义史学理论的重任。这个命题包含以下内容。第一，在 20 世纪，中国马克思主义史学 80 年，从李大钊、郭沫若、范文澜、翦伯赞、侯外庐、吕振羽到时下诸贤，为中国特色的马克思主义史学辛勤耕耘，做出了巨大贡献，罗列十条百条，亦难彰显其功。概言之，中国流派的马克思主义史学学科理论建设（史学理论研究）成绩斐然。第二，由于主客观原因，如极"左"思潮对史学学科建设的长期破坏，甚至将史学研究引入"影射史学""斗争史学"的歧途，将唯物史观等同于史学理论，对史学学科理论研究缺乏主体自觉，等等，因而史学学科理论建设起步晚、发展慢，值得总结的经验教训很多。第三，20 世纪没有建立起中国特色与中国流派的马克思主义史学理论体系，需要在 21 世纪里继续努力。

该书的具体内容包括：马克思主义唯物史观与历史科学；人类社会的发展是一个自然历史过程考察；马克思主义世界历史理论探析；革命、改革与社会历史进程；马克思主义是如何看待社会历史进程中的代价问题的；历史的创造者、创造力与创造条件；恩格斯与唯物史观命题；坚持走马克思主义史学理论中国化之路；马克思主义唯物史观与史学理论；"史学概论"的学科体系究竟应该如何确定；历史学需要哲学思辨；论历史学的学科个性及其相关问题；历史学家的社会责任感与历史使命感；论史学思维模式的演变；论史学思维模式的转换；历史的整体运动与史学的总体研究；东方地理环境与中国历史发展；论历史评价与道德评价；关于编写历史人物传记的一些意见；略论中国史学的流变；论中国近代的历史哲学研究；地理史观与中国近代史学的历史考察；李大钊的唯物史观评析；李大钊的史学理论研究论析；近代西方历史哲学述评；评"一切历史都是思想史"等。

除上述专著外，一些学者的相关文章也有不少真知灼见，有重要的学术价值和现实意义。田居俭结合马克思主义经典作家的有关论述，撰写《唯物史观是唯一科学的历史观》（《中国社会科学院院报》2007 年 4 月

26日)。他说:唯物史观是马克思运用辩证唯物主义研究人类社会历史的伟大发现,开辟了历史研究新纪元。马克思关于唯物史观的最初表述,见于《黑格尔法哲学批判》。马克思关于唯物史观的系统概括,见于他与恩格斯合著的《德意志意识形态》。唯物史观揭示的关于生产方式(生产力与生产关系)、社会存在与社会意识、经济基础与上层建筑、社会经济形态、阶级社会与阶级斗争等基本原理的运用,消除了以往历史研究中的两个致命弱点:只是考察"人们历史活动的思想动机"和"忽视居民群众的活动",改变了过去"至多是积累了零星收集来的未加分析的事实,描述了历史过程的个别方面"的研究状态,为历史研究指明了一条"对各种社会经济形态的产生、发展和衰落过程进行全面而周密的研究的途径"①,破天荒第一次把历史研究引上真正的科学轨道,开辟了历史研究新纪元。吴英分析了《唯物史观的现实生命力》(《中国社会科学院院报》2009年5月12日),他认为,唯物史观经常会面临转型社会的巨大挑战。因此,坚持和发展马克思主义不能流于空谈,必须根据唯物史观的基本原理,对现实提出的问题做出科学的解释。唯物史观不仅提供了科学的研究方法,而且它的理论能够科学地解释许多令人困惑的当代变迁,至今仍然具有合理性和生命力,只是需要我们去做充分的研究和发掘工作。

侯树栋在《唯物史观的历史规律学说再思考》(《社会科学》2005年第9期)中指出,唯物史观揭示的历史普遍规律,并非是若干个在时序上前后相继的具体历史阶段构成的某种固定的历史演进图式,而是历史运动的内在的、本质上的因果必然联系。在唯物史观的体系中,普遍规律是一种科学抽象,它在具体的历史环境中只能表现为特殊规律。因此,决不应把唯物史观揭示的历史普遍规律释读成适用于一切民族、一切时代的历史发展模式。曹守亮撰文《唯物史观与历史理论研究的新成就》(《上海大学学报》2006年第3期),认为中国马克思主义史学在历史理论领域的贡献,主要反映在唯物史观与中国历史研究相结合,阐述了人们所关注的重要理论问题。社会形态理论、人民群众的历史作用以及阶级和阶级斗争的历史地位等问题的讨论,历来为史学界所重视,具有重要的学术意义。中

---

① 《列宁选集》第2卷,人民出版社1995年版,第425页。

国马克思主义史学关于历史理论的观点和著作已经成为宝贵的史学遗产，对于阐发马克思主义史学的基本理论，推动马克思主义史学的发展有着不可忽视的作用。

2006年第3期的《史学理论研究》杂志，刊发了题为《唯物史观与历史研究》的一组笔谈，由五篇文章组成。这些文章是：《关于马克思对东方社会性质及发展道路研究的再思考》（于沛）；《唯物史观史学方法论的中国化问题》（李杰）；《马克思政治经济学批判的史学意蕴》（隽鸿飞）；《当代英国马克思主义史学：注重理论渊源和文化研究传统的双重考察》（梁民愫）；《霍布斯鲍姆和佩里·安德森对唯物史观的理解》（姜芃）。加强马克思主义史学理论研究，具有重要的理论意义和现实意义。结合史学理论研究中的重大理论问题，从理论与实践的结合上去学习和研究马克思主义史学理论，有助于我们在实践中分清哪些是必须长期坚持的马克思主义基本原理，哪些是需要结合新的实际加以丰富发展的具体判断，哪些是必须破除的对马克思主义的教条式的理解，哪些是必须澄清的附加在马克思主义名义下的歪曲，从而在新的历史条件下构建马克思主义史学理论的新形态，阐释马克思主义史学原理的新体系、新发展。这组文章在这方面进行了积极的努力。

陈立新撰文《从存在根基看唯物史观与史学的内在会通》（《史学理论研究》2006年第4期），探究唯物史观和史学在存在论根基处的内在会通，借以澄明史学研究的原始开端及其应有的成长道路，并点破实证主义理念的偏颇，探讨史学研究迈向生活世界的理论前提。史学应该扬弃实证主义的学术理念，回归自己的原始扎根处。唯物史观和史学的关联是不可割断的。作者强调，史学研究的存在之基不在"过去"而在"现在"，史学家当下生存的时代境遇乃是史学研究不可移易的基础。在这种情形下，史学研究就不可能掠过与唯物史观的内在关联、放弃对这种关联的深思，因为唯物史观是马克思深入现实生活过程中形成的"关于现实的人及其历史发展的科学"。

王德峰撰写《唯物史观在史学研究中的祛蔽作用》（《中国社会科学》2008年第1期）。他认为，在当代学术史中，唯物史观与史学研究彼此隔阂，不独国内学界如此，在西方学界也是一个普遍的现象，所以，就有了福柯对此的感慨。在《〈知识考古学〉引言》中，他指出，当今史学的新趋向是历史认识论上的变化，而这种变化"并不是从昨天才开始，因为我们肯定能把它的最初阶段上溯到马克思"，然而，由马克思所发起的这种变化，其"收效却姗姗来迟"。当代史学基础的重建，要求正确地理解唯物史观的革命意义，理解由它所打开的历史存在论视阈。从这一视阈看历史、史学家以及史学研究，能够看到现今的科学的史学并未真正地进入历史事物的历史性。执着于科学路径的历史研究，在对历史事物的抽象规定中遮蔽了史学的真实根基和目标。唯物史观对历史哲学的扬弃，同时包含了对科学的抽象态度的扬弃，这对于史学研究有重要的祛蔽作用，它提出了新的历史解释原则，也开启了历史研究的新方法。从感性意识的时间角度看历史，是唯物史观的真实内涵。

庞卓恒、刘方现、王京春著文《真理、规律与历史研究——兼论历史学是科学还是艺术之争》（《江海学刊》2008 年第 2 期），对后现代主义思潮在史学领域反映出的一些观点提出批评。他们认为，后现代主义信奉者断言，世间本无真理，由此断言历史研究者也不可能找到真理，并进而否定唯物史观揭示的真理。对此，作者认为必须明确真理本是对事物本身具有的内在规律的认识，人们认识的规律实际上有两类：一类是"单层面"实证归纳性的"重现律"，另一类是把"因"和"果"两个层面的事实联系起来归纳得出的"因果律"。前者只具有或然性，后者才具有普遍有效的因果必然性。马克思揭示的人类社会历史发展规律是普遍有效的因果必然性规律，但长期被误解为仅仅是某几种社会形态递进规律，实际上就是把只具有或然性的"重现律"误认为普遍有效的"因果律"；当人们以那种被误解的"普遍规律"去同具体的历史事实比对，一旦不能完全对上号，就否定唯物史观揭示的普遍规律。实际上，这并不是唯物史观的错，而是误解者和否定者的错。

李杰在《马克思主义史学思想史研究——唯物史观史学方法三论》（《江海学刊》2008 年第 4 期）中，从三个方面分析了历史研究中轻视唯物史观的表现。他认为，当前历史评价中一定范围内存在的历史认识论问题，同忽视唯物史观的史学方法论有关。这表现在三个方面：一是认为用唯物史观研究历史容易产生大而空的问题，实证研究才是历史学的正宗做派；二是认为用文化人类学、社会学、现代化理论等现代社会科学方法研究历史，较之运用唯物史观更能够得到科学结论，因为唯物史观毕竟已经是100多年前的理论了；三是以分析历史哲学、后现代主义历史观念"建构"历史，主张历史本身不存在客观性。这些问题的存在说明，重新认识唯物史观史学方法论和历史认识论，有重要的理论意义和现实意义。吴英在《对唯物史观几个基本概念的再认识》（《史学理论研究》2007年第4期）一文中说，在我国史学界，对生产力和生产关系这些唯物史观基本概念的解释似乎已经约定俗成，很难再有进一步的解释空间。但在今天，唯物史观对历史学的指导地位面临巨大挑战，而其中认识上的原因恰恰是由于对它的一些基本概念和理论的现行解释遭遇了质疑。因此，有必要进行一番再认识，以增强其科学说服力。

陈峰在《超越决定论：改革开放以来马克思主义历史观的重大变革》（《东岳论丛》2009年第1期）中，提出关于"历史决定论或经济决定论"的问题，并认为这是一种"片面的、极端的决定论"。他说，新中国成立后至"文化大革命"前，一种片面的、极端的决定论的历史观，长期被当作马克思主义历史学的主旨和核心。1978年开始启动的史学领域的思想解放，其中最关键的一点就是突破和超越决定论历史观的支配，不但使马克思主义历史观呈现出一种与以往不同的新面目，还对具体的史学研究产生了积极效果。1949年以后，中国史学的发展进入了一个改天换地的新时代，唯物史观、马克思主义史学成为主流和正统。对于作为理论学派的马克思主义史学而言，历史观问题是首当其冲的。自1949年后的20多年中，马克思主义史学的确形成了一种与传统史学迥异、与近代其他流派相区隔而自成体系的新型历史观。不难发现，这种历史观实际是一种历史决定论或经济决定论。就是这样一种片面的、极端的决定论的历史观，长期被当作马克思主义历史学的核心和主旨，一直流行到"文化大革命"结束。

马克思社会经济形态理论，是马克思主义史学理论研究的热点问题之一，也是世界历史研究的基本问题之一，我国史学界对这个问题进行了长期的讨论，不同观点的交锋始终存在。胡钟达发表《再评五种生产方式说》（《历史研究》1986年第1期），作者写道，所谓五种生产方式说，就是认为人类社会共有原始社会、奴隶社会、封建社会、资本主义社会和以社会主义为其低级阶段的共产主义社会五种社会经济形态。据信五种生产方式说是马克思主义的创始人马克思和恩格斯确定的。马克思和恩格斯对人类历史上社会经济形态的发展和更替做过种种论述。但是，作者认为，他们从来没有对此做过集中的全面系统的论述。他们关于人类历史上社会经济形态的发展和更替的学说，是包含着几个不同层次的。

作者认为，人类社会的发展由原始共产主义社会进入阶级社会，再由阶级社会进入共产主义社会，这是社会经济形态发展的第一个层次。它是历史唯物主义的基本原理，是历史唯物主义同形形色色的历史唯心主义学说相区别的最重要的标志之一。五种生产方式说把马克思主义关于社会经济形态发展学说中的三个层次的划分不分主次地混淆在一起，其中既有遗漏（未将原始共产主义和共产主义社会再作第二个层次的划分），又未能对前资本主义阶级社会所做的第三个层次的划分做出令人信服的论证。不能认为这是对马克思主义关于社会经济形态发展学说的一种全面的科学的概括。从新中国成立初起，一直到20世纪70年代末，同我国古史学界的绝大多数同志一样，作者也认同五种生产方式说，并对其中的某些问题做过一些认真的探索。但是从70年代末、特别是从80年代初起，经过反复的思考，作者否定了过去的信念，形成了在该文中阐述的观点。

项观奇在《论五种生产方式理论的形成》（《历史研究》1987年第6期）中，对胡钟达的观点提出质疑。他说，五种生产方式理论，亦可称为五种社会经济形态理论，或五种社会形态理论。这一理论认为，人类社会的历史发展，一般说来会经历原始公社制、奴隶制、封建制、资本主义、共产主义五种循序演进的生产方式。它的形成表现了唯物主义历史观和人类社会历史实际相结合的认识过程。这一认识过程至今没有完结。自唯物史观作为一种科学历史观确立以后，马克思主义创始人就运用它去分析人类社会历史中生产方式演进的实际情景，最早的尝试当推《德意志意识形态》。在马克思、恩格斯逝世之后，以更加明确的语言阐明五种生产方式理论并使之产生了广泛影响的是列宁。列宁在著名的演说《论国家》中曾经这样论述五种生产方式理论。斯大林关于五种生产方式理论的意见，发表在1938年出版的《论辩证唯物主义和历史唯物主义》一书中。斯大林写道:"随着社会生产力在历史上的变化和发展,人们的生产关系、人们的经济关系也相应地变化和发展。历史上有五种基本类型的生产关系:原始公社制的、奴隶占有制的、封建制的、资本主义的、社会主义的。"斯大林关于五种生产方式的理论在苏联和国际上,包括在中国,基本上为马克思主义史学家所熟知,并奉为经典,长期以此来指导历史研究。像中国古史分期的讨论,在相当长的一段时期内,在理论方面大体就是以斯大林关于五种生产方式的意见为指导的。这种状况甚至使人们发生误解,以为五种生产方式理论是斯大林提出来的。

项观奇强调指出,今天,重新评价斯大林的意见,以及马克思、恩格斯、列宁或其他人的意见,是完全应该的,因为关于这一问题的认识理应发展。但是轻易否定某种意见,包括轻易否定五种生产方式的理论,在现在还不合适。因为目前整个学术发展水平似乎尚未达到能够对这一问题做出新的结论的程度。

朱本源在1989年第1期《历史研究》发表《马克思的社会形态更替理论是科学假说》。他指出,自从20世纪30年代初以来,苏联的历史学界就把五种社会经济形态——原始公社制形态、奴隶占有制形态、封建制形态、资本主义形态、社会主义(共产主义形态)——的演进和更替看成历史科学的基本规律,并且以之作为通史(世界的和国别的)分期法的唯一标准。他认为,"五项公式"并不是马克思所拟定的,而是苏联理论界在20世纪30年代制定的。在1925—1931年期间,苏联的政治家和学者展开了关于"亚细亚生产方式"的讨论,这个漫长的讨论和争议最后在政治压力下结束,并将"亚细亚生产方式"这个本来是马克思主义的一个历史范畴视为异端。这就为"五项公式"的制定扫清了道路。"五项公式"的权威性根据,是斯大林的《辩证唯物主义与历史唯物主义》一文。

朱本源认为,马克思的社会经济形态的理论,简言之,就是以社会的变化说明社会历史运动的轨迹。首先把处在一定历史阶段的整个社会作为一个"机体",即作为一个相对稳定的系统。它由两个部分组成:一部分是基础,另一部分是竖立在基础之上并与之相"适应"的上层建筑。基础与上层建筑之间的关系是结构性的因果关系。马克思在研究社会机体的结构时,不像结构主义者那样去探讨"同时态的"社会结构的不变模式,而是把一个社会机体看成一个过程。马克思断定"现在的社会不是坚实的结晶体，而是一个能够变化并且经常处于变化过程中的机体"①。他并且从方法论上认为："辩证法对每一种既成的形式都是从不断的运动中，因而也是从它的暂时性方面去理解。"② 这样看来，马克思是从一个社会形态（资本主义）的结构中去探求它的运动的内在的动力——生产力的发展达到一定阶段就与一直在其中活动的生产关系发生矛盾以及由此而引起阶级矛盾。这个矛盾导致了该社会形态向更高的形态的过渡。马克思否认有支配一切社会形态演进更替的普遍规律。

朱本源说：根据以上我们所论证的各点，我们有理由断定：马克思在1859年"序言"所提出的"大体说来，亚细亚的、古代的、封建的和现代资产阶级的生产方式可以看作是社会经济形态演进的几个时代"这一命题，是一种科学理论（假说），而不是完全用经验的历史证明了的普遍的发展规律。当然，我们并不因此而认为马克思所拟定的社会形态交替的理论是形而上学的、思辨的，因为它是从资本主义的经验历史出发，而做出的半先验的推导。这也就是说，把资本主义生产方式的特殊运动规律作为"一般类型"来推导人类历史发展的一般趋势。

罗荣渠发表《论一元多线历史发展观》（《历史研究》1989年第1期）。他认为，把马克思主义创始人的著作中关于某一历史问题或某一历史进程的观点奉为一般发展道路的哲学图式，是后来的马克思主义研究者附加上去的。同样，把马克思主义创始人关于社会及其发展规律的一般学说与他们关于世界历史发展的具体规律混为一谈，用历史唯物主义学说代替马克思主义的史学理论，也并非马克思主义创始人的本意。关于五种生产方式单线演进的历史观，就是源于这些认识偏向。作者还认为，对历史发展单线论的最尖锐的挑战是现实的挑战。既然资本主义创造了历史上最强大的生产力，而这种生产力又是迈向社会主义的必要物质条件，为什么远没有具备这一物质条件的国家首先跃入社会主义？如果历史单线发展论是正确的，现实的社会主义就是错误的或反常的；如果现实的社会主义是

---

① 《马克思恩格斯选集》第2卷，人民出版社1972年版，第208页。
② 同上书，第218页。

真实的，历史单线发展论就是错误的。现行的世界通史是按五种社会经济形态的理论排列的。各种形态之间相互衔接，给人造成一种错觉，似乎按生产力与生产关系的内在矛盾的运动规律，前一种社会形态崩溃，随之而来的必然是一种新形态的统治。在两种社会形态交替之间有一个过渡时期。这一过渡是如何实现的呢？按现今流行的马克思主义解释是，强调内因即通过内在矛盾的迸发引起革命（突变）而完成过渡。过渡的公式大致如下：新生产力→革命→生产关系变革→上层建筑变革→生产力大发展。这样，按单线发展论的逻辑，既然每种社会经济形态只有一种生产方式，每种生产方式又只同一种生产关系相结合，受同一种规律的支配，那么，世界上所有国家自然都会或迟或早地要经历同样的历史发展梯级了。但这套理论是很难经得起现实历史实践检验的。

作者写道，当前在重新研究五种生产方式论的讨论中，有人提出用所谓三大社会形态的新说来代替五种生产方式论。论者从马克思的《经济学手稿》中找出一段话作为依据，试图构筑一个三大社会形态论（参见《马克思恩格斯全集》第46卷上册，第194页）。社会形态共有几种？这个问题完全可以研究。但是作者认为引用马克思的《手稿》来解决这个问题，恐怕只能给马克思主义的历史发展理论帮倒忙。作者认为抛弃马克思的生产方式理论用任何别的标准来构筑社会和历史发展的理论，都是从马克思主义唯物史观倒退，而不是前进。三大社会形态论是对历史发展规律的简单化，无助于解决非常复杂的世界历史进程问题。

魏光奇在《承继黑格尔：马克思社会经济形态演进理论的深层结构》（《河北大学学报》2003年第1期）中指出，马克思关于社会经济形态演进理论的深层结构，是黑格尔"历史与逻辑统一"的思想。从这种思想出发，马克思将"社会经济形态"设定为一个超验的、超民族的主体，将"生产资料与劳动者的分离"视为它的进化目标，据此认为人类社会的经济形态存在从亚细亚生产方式到现代资产阶级生产方式的"单线"演进。同时，马克思在看待各民族经验性历史的发展时持"多线论"立场，认为世界各种社会文明分别具有自己独特的民族特点和历史发展道路。作者认为，马克思的社会经济形态演进理论，既非"单线论"，也非"多线论"，而是两者的统一。它一方面将"社会经济形态"

作为一个主体，认为它在逻辑上存在着"单线"的演进规律，另一方面又认为这种演进的不同阶段系由不同社会文明的生产方式为代表，而这些社会文明分别有着自己独特的历史发展道路；或者说，他一方面认为历史上的各个社会文明全都具有自己独特的生产方式，另一方面又认为这些生产方式在逻辑上存在着"演进"关系。马克思的这样一种历史观，其深层理论结构是一种黑格尔式的辩证观念——"历史与逻辑的统一"。王和撰文《实事求是是唯物史观的基本原则——以"五种社会形态理论"为中心的探讨》（《史学月刊》2008 年第 11 期），他认为，是否遵循实事求是的方法论原则，是判定唯物史观还是唯心史观的根本标志，也是二者判然有别的分水岭。因生产力不断发展而导致五种社会形态依次演进更替的例子，在人类历史上并不存在。五种社会形态问题看起来是个理论问题，实际上说到底是个事实问题，或至少首先是个事实问题，即我们首先必须判定人类发展史上究竟是否普遍存在过从原始社会到奴隶社会到封建社会到资本主义社会再到社会主义社会这一依次演进发展的事实，才能够进而判定五种社会形态的理论是否正确。倘若人类发展史上的确普遍存在这样一种事实而我们硬说没有，这当然是违反唯物史观的。但是，如果并不存在这一事实却闭着眼睛硬说存在，恐怕也并不是什么唯物史观。

马克思的世界历史理论，是唯物史观的重要内容之一，但长期被忽略。在经济全球化的背景下，西方风靡全球史，一些学者认为，"全球史"研究正在取代"世界史"的研究。如果说"世界史"研究是以国家、民族、国别为研究单位，那么，"全球史"研究则以整个人类、以全球为研究单位。我国学者在探讨全球史时，马克思世界历史理论则受到广大史学工作者，特别是世界史学者的广泛重视。

仲崇东在《马克思的世界历史理论与当代世界重大问题》（《学海》2003 年第 1 期）中指出，马克思的"世界历史理论"是一个内容十分丰富的科学理论体系。从概念上讲，马克思所说的世界历史与历史学学科意义上的世界历史概念含义不同，它是特指 16 世纪资产阶级登上历史舞台以来世界作为一个整体所形成的历史。"世界史不是过去一直存在的；作为世界史的历史是结果"①。面对新世纪的国际形势和重要任务，必须对社会主义和当今世界重大现实问题进行重新认识、思考和审视。马克思的"世界历史理论"既看到资本主义在推动世界历史进步中的作用，又把共产主义作为"世界历史性"的事业，指明了世界历史发展的方向。这一理论把交往实践作为世界历史发展的基础，特别强调交往实践的扩大在推动世界历史发展中的作用，从而为重新认识社会主义和当今世界重大现实问题提供了理论和方法论依据。马克思的"世界历史理论"实际上提供了一种解释世界的方式，也是对现代化发展模式的一种重新设定。工业文明的扩张，推动资本主义率先完成现代化，也给世界不同发展水平的发展中国家造成了巨大的影响。马克思的"世界历史理论"同以"西化论"为核心的"现代化理论"、发展中国家的"依附论""世界体系论"等对历史发展的解释和现代化道路的设计之间有根本的区别。张爱武在《马克思恩格斯关于历史向世界历史转变机制的理论及方法论启示》（《毛泽东邓小平理论研究》2003年第2期）中，分析了经典作家"世界历史"意义的真谛，他指出，马克思恩格斯的世界历史范畴是指人类社会在横向上产生世界性的普遍交往和联系以后在纵向上的发展进程和最终指向。它涵盖资本主义和社会主义（共产主义）的世界历史时代，最终指向是社会主义（共产主义）社会。全球市场和国际交往是历史向世界历史转变的中介。在全球市场形成后产生的国际交往包括世界经济、政治、文化等方面的普遍的全方位的交往与联系。全球市场和国际交往的形成造成了世界性的阶级对抗和冲突。全球市场和国际交往的形成构成了社会主义（共产主义）产生的重要前提。世界历史的形成机制蕴涵着重要的方法论启示。

丰子义撰写的《"世界历史"与资本主义——〈资本论〉语境中的"世界历史"思想》（《学术研究》2005年第8期），以《资本论》为例，探析了马克思这一理论的真谛。其中认为，马克思早期对世界历史的研究主要是同唯物史观的创立交织在一起的，而从19世纪50年代起，则是同资本主义社会的解剖紧紧联系在一起的。一方面，马克思从世界历史的观点出发深刻阐明了资本主义的起源、兴起和发展的动力、生存和发展的基

---

① 《马克思恩格斯选集》第2卷，人民出版社1972年版，第112页。

本条件、国际矛盾、对外贸易政策以及资本主义的危机与极限等；另一方面又具体揭示了资本主义对世界历史发展的重大影响，即对世界历史关联程度，世界历史发展进程，世界经济、政治、文化一体化趋势的巨大作用。世界历史与资本主义就是在这种同生共长、相互促进的关系中向前推进的。张文喜撰写的《历史向世界历史转变的基础和前提——超越特殊的西方历史概念》（《贵州社会科学》2009年第6期），指出，随着世界进入全球化阶段，"人类"这个词不再是从西方传统哲学曾经设想为历史统一体中抽象出来的一般观念。任何单一的民族文化，甚至希腊—欧洲的精神性的文化本身在其有限的经验统一性中也不足以建立世界历史统一性。相反，标志世界历史形成之现实基础的总体事实，会遇到理论家们在纯粹精神领域的认识中的成就将其遮蔽起来的危险。而且，真正能够引起这种一般化哲学抽象活动以及被科学和文化所覆盖的世界历史统一性，恰恰是奠定在历史唯物主义奥义所揭示的生产的历史统一方式之上的。生产方式是我们共同人类性的最终基础。马克思充分揭穿了那种欧洲人的精神必然会成为普遍的文化精神这样一种信念的脆弱性。李立家发表了《马克思"世界历史"思想的历史观底蕴》（《经济研究导刊》2009年第1期），其中说，作为马克思主义哲学的重要组成部分，马克思的"世界历史"思想过去并没有引起人们的足够重视。直到20世纪末，世界范围的市场逐步形成和全球化浪潮的涌动才使得学者们开始关注这一宝贵的理论资源。不过，与实践提出的迫切需要相比，研究仍处于起步阶段。其中，贯穿马克思一生思想探索历程的"世界历史"思想尚缺少深入的系统考察。

除上述论文外，近年研究马克思世界历史理论的专著也有出版，这些著作并不是单纯讨论文本上的"世界历史理论"的内容或意义，而多是从历史与现实的结合上，探讨这一理论学术的和现实的意义。在探讨全球史和全球历史观时，马克思世界历史理论则成为不可或缺的理论基础。曹荣湘著《马克思世界历史理论与当代全球化》，中央编译出版社2006年出版。作者从以下六个方面论述了马克思世界历史理论的最大贡献：一、从生产和交往出发，系统地探讨了历史向世界历史转变的动力问题；二、研究了现代国家职能与世界历史的关系问题；三、阐述了资本主义条件下世界历史发展的地区不平衡性；四、创立了世界历史背景下社会发展的跨越性理论，他的有关俄国农村公社有可能跨越资本主义卡夫丁峡谷的论断，是与其世界历史理论一脉相承的；五、揭示了世界文化与世界历史的辩证关系，认为世界文化的发展是一个矛盾的过程，最终结果将是各民族文化走向统一和融合，民族性和地域性日益消失；六、深刻揭示了世界历史对人的发展的影响，并把个人与历史的关系当作历史研究的出发点，从而得出了世界历史发展的最后结果将是自由人的联合体即共产主义的结论。

这方面的专著，还有黄皖毅著《马克思世界史观：文本、前沿与反思》、向延仲著《马克思世界历史理论研究》。黄皖毅著《马克思世界史观：文本、前沿与反思》，知识产权出版社2008年出版。作者论述的主要内容包括，理论起点：《德意志意识形态》；理论雏形：《共产党宣言》；潜在整体：《资本论》及其手稿；历史溯源：《历史学笔记》；东方前景：《俄国和东方社会道路笔记》，以及从马克思世界史观到当代全球化理论；当代全球化理论的经济维度；当代全球化理论的政治维度；当代全球化理论的文化维度；文化全球化研究主题之一——文化单质化还是文化多元化；文化全球化研究主题之二——文明的冲突还是文明的和平；马克思主义文化综合创新理论：一个新形态等。作者强调，马克思的"世界历史"术语有两层含义："第一层含义是指人类诞生以来的整个历史、总体历史；第二层含义是指相对于狭隘的民族地域性而言的，16世纪以来，资本主义打破不同地域狭隘、孤立发展的状态，使全世界各民族、国家首先在经济领域，随后在政治、文化等领域相互依存、相互作用、相互影响、相互渗透，从而获得整体发展的历史。"[①] 作者正是从第二层含义使用马克思"世界历史"的含义，以在此基础上论述全球化的相关问题。向延仲著《马克思世界历史理论研究》，湖南大学出版社2010年出版。作者以马克思的经典文本为依据，深入地研究了马克思世界历史理论中的科学内涵、马克思研究世界历史理论的动因、马克思世界历史理论中的核心，以及世界历史理论在唯物史观中的地位和影响等问题。作者广泛汲取学术界的最新研究成果，着重分析了马克思世界历史理论的核心——人的解放学说、世界历史与各民族的发展道路，和马克思世界历史理论的现代价值。该书的主要

---

① 黄皖毅：《马克思世界史观：文本、前沿与反思》，知识产权出版社2008年版，第5页。

内容有：马克思世界历史理论产生的思想渊源、黑格尔的世界历史思想，以及马克思对黑格尔"世界历史"观念的超越、马克思世界历史思想形成的理论探索、马克思世界历史理论的核心内容、马克思的世界历史理论与各民族的发展道路、世界历史与共产主义、马克思世界历史理论的当代价值、马克思世界历史理论的方法论启示等。

2013年，由关立新等编著的《马克思"世界历史"理论与经济全球化》，由中央编译出版社出版。编写者认为："马克思的'世界历史'理论基本上是在创立唯物史观的过程中形成的，就其内容来说，主要是和新的历史观的阐发紧密结合在一起。"[①] 围绕着这一基本认识，该书的第三章"马克思'世界历史'理论与全球化"，对马克思理论的形成，它的深化和发展，以及这一理论的方法论意义，有较系统的阐述。主要内容包括：马克思探索"世界历史"理论的深刻动因、早期的理论准备、"世界历史"思想的革命变革；"世界历史"理论研究与资本主义社会剖析、"世界历史"理论研究与东西方社会比较、"世界历史"理论研究与未来社会主义道路探索；马克思"世界历史"理论的方法论意义：研究世界历史的新特点、探索世界历史的新境界、观察社会历史的新视野、推进社会发展的新要求，以及从马克思"世界历史"理论看全球化等。

2018年是马克思200周年诞辰。5月4日，习近平主席在纪念马克思200周年诞辰大会上发表讲话，缅怀马克思的伟大人格和历史功绩，重温马克思的崇高精神和光辉思想。他说：学习马克思，就要学习和实践马克思主义关于世界历史的思想。马克思、恩格斯说："各民族的原始封闭状态由于日益完善的生产方式、交往以及因交往而自然形成的不同民族之间的分工消灭得越是彻底，历史也就越是成为世界历史。"马克思、恩格斯当年的这个预言，现在已经成为现实，历史和现实日益证明这个预言的科学价值。今天，人类交往的世界性比过去任何时候都更深入、更广泛，各国相互联系和彼此依存比过去任何时候都更频繁、更紧密。一体化的世界就在那儿，谁拒绝这个世界，这个世界也会拒绝他。万物并育而不相害，

[①] 关立新等编：《马克思"世界历史"理论与经济全球化》，中央编译出版社2013年版，第102页。

道并行而不相悖。我们要站在世界历史的高度审视当今世界发展趋势和面临的重大问题……同各国人民一道努力构建人类命运共同体，把世界建设得更加美好。① 这一从历史与现实相结合的精辟论述，进一步加深了人们对马克思"世界历史"理论科学内涵和深远影响的认识，必将推动中国世界史学界对这一问题的深化研究，使世界历史研究更好地关注现实、服务大局。

改革开放以来，中外马克思主义史学理论研究的立项，受到空前的重视。例如，2001年教育部社会科学重大项目《中国马克思主义史学的理论成就》（陈其泰主持），首次对中国马克思主义史学的理论成就作系统总结，内容包括"五四"以来马克思主义史学家在中国古代社会性质、古史分期、中国历史规律探索、中国近代社会性质和历史进程基本线索、民族问题、历史评价问题，以及关于文化遗产和史学遗产的批判继承、历史认识方法论等问题的探索。国家社科基金也十分重视马克思主义史学理论相关项目的立项，如西方马克思主义史学理论研究、唯物史观基本原理的现代意义研究，以及全球化和马克思的"世界历史理论"研究等等。

2011年，张广智主编的《史学之魂：当代西方马克思主义史学研究》，由复旦大学出版社出版。这是国内第一部系统研究当代西方马克思主义史学的专著。编写者集中探讨了二战后西方马克思主义史学的崛起、特征及其发展变化，主要涉及的是西欧和北美地区，如英国、法国、德国、意大利、美国、加拿大等国家。通过国别的具体叙述，可对西方马克思主义的历史理论、史学观念等有更为具体的了解。对于西方马克思主义的历史理论，主要是从历史过程理论、"经济基础与上层建筑"的模式、历史发展的普遍规律三方面进行了介绍。第一章主要阐述了马克思主义史学的诞生（19世纪40年代前后）、马克思主义史学的最初实践与传播（19世纪下半期至20世纪初），以及苏联马克思主义史学的沉浮（俄国十月革命至20世纪90年代初）。关于西方马克思主义史学的勃兴，编写者主要从新流派勃兴的双重原因、时代变革与史学发展的脉络、西方社会思潮与马克思主义史学、社会政治变革、学术文化传统与马克思主义史学、

---

① 习近平：《在纪念马克思诞辰200周年大会上的讲话》，《人民日报》2019年5月5日。

西方学术新潮与马克思主义史学、传统史学资源与马克思主义史学等方面进行了分析。英国马克思主义史学是该著的重点之一。编写者通过对爱德华·汤普森、埃里克·霍布斯鲍姆、克里斯托弗·希尔、罗德尼·希尔顿、雷蒙德·威廉斯等享誉国际史坛的著名史家的分析后指出，"在中西史学界，英国马克思主义历史学派被等同英国新社会史学派，这主要是强调老一代英国马克思主义史学家在新社会史研究领域里做出的独特贡献和取得的巨大成就"①。关于法国马克思主义史学，主要介绍了饶勒斯、马迪厄、勒费弗尔、索布尔，以及二战后马克思主义史学的新变化。此外，书中对联邦德国、意大利、美国和加拿大的马克思主义史学也有介绍。如美国和加拿大的新马克思主义史学家、工人阶级史和黑人奴隶制史研究等。

2007年中国社会科学院重大课题《马克思主义史学思想史》（于沛主持）启动，内容包括唯物史观的创立和发展：唯物史观的新内容、新范畴、新方法；中国马克思主义史学的产生和发展；改革开放和中国马克思主义史学的繁荣；外国马克思主义史学思想的演变：包括原苏联东欧国家马克思主义史学；西欧国家和日本的马克思主义史学等。作为这项课题的最终成果，于沛主编的《马克思主义史学思想史》6卷本，是国内第一部以马克思主义学说为理论指导，系统阐释中外马克思主义史学理论与研究实践的多卷该著，被列为中国社会科学院发布的2015年度创新工程基础研究重大成果之一，同年由中国社会科学出版社出版，在我国学术界受到好评。《人民日报》《光明日报》《中国社会科学报》《中国社会科学网》都有介绍，认为这是一部有关世界范围内的马克思主义史学思想史的奠基之作，是一项具有明显原创性和参鉴性的学术成果。编写者对一个半世纪以来国际马克思主义史学的发展历程做了细致的梳理，考察了马克思主义史学思想的渊源、发展与演变，总结概括了马克思主义史学在不同时代、不同国家的理论成就、学术特点、历史启示和经验教训。该书先后获得第六届中华优秀出版物图书提名奖（2017）、第四届中国出版政府奖提名奖（2018）。

---

① 张广智主编：《史学之魂：当代西方马克思主义史学研究》，复旦大学出版社2011年版，第74页。

（二）外国马克思主义史学理论研究

外国马克思主义史学理论，在外国史学理论中占有重要地位，是外国史学理论的重要组成部分。对这个问题的研究，近些年明显地得到加强，每年都有一些较有影响的成果问世，除论文外，也包括学术专著；研究的内容，则主要是对西方马克思主义史学家的代表作、理论成就及影响的研究。

张广智在《马克思主义史学的诞生（19世纪40年代前后）》（《历史教学问题》2006年第1期）中，阐述了马克思主义史学产生的时代条件与思想渊源，以及马克思主义史学的诞生给世界史学带来的深刻变革与重大贡献。作者认为，由马克思所奠立的马克思主义史学，其史学遗产包括两个方面：一是它的历史理论（或历史观），这里主要说的是唯物史观；二是它的史学理论。这也是时下所说的马克思主义史学思想的基本内容。马克思主义与马克思主义史学不仅是历史发展与时代进步的产物，亦即世界历史发展到19世纪的产物，而且这种存在反映到思想上，也是马克思主义世界历史理论发展到19世纪中叶的产物，亦即马克思批判地继承了近代西方资产阶级的世界观，尤其是马克思批判地继承了黑格尔世界历史理论的合理内核，并对其进行了革命性变革的产物。

梁民愫的主要研究方向，是英国马克思主义史学，他在《中国史学界关于西方马克思主义史学研究的回顾与前瞻》（《史学理论研究》2001年第4期）中，首先概述了国内西方马克思主义史学研究的现状。作者认为，国内对西方马克思主义史学研究主要以英国为主，因为英国马克思主义史学阵容强大引人注目。它以理论见解独到、学术成果卓著和不忽视历史学的现实关怀而蜚声于世。对英国马克思主义史学研究的一些基本看法，大体能说明国内西方马克思主义史学研究的现状。国内学者认为英国马克思主义史学在史学理论方面有四点贡献：第一，系统地创立和运用"从底层向上看"的理论方法。第二，学者们认为西方马克思主义史学家既重视又发展了阶级关系和阶级斗争理论，但又并非阶级斗争决定论者。第三，西方马克思主义史家在探讨历史运动内在规律性的过程中，不单纯地反对经济基础—上层建筑结构模式决定论，还提出了反对粗俗的物质基础决定论的新见解。第四，英国马克思主义史学派一定程度上又可称为新社会史学派，他们创立了一整套新社会史的相关理论。在此基础上，作者分析了中国学者在西方马克思主义史学的研究中主要关注的几个理论问题，主要是：西方马克思主义史学的历史理论渊源和形成条件；关于西方马克思主义史学流派的界定标准；关于包含西方马克思主义史学在内的马克思主义史学与当代西方非马克思主义史学的关系问题；关于西方马克思主义思潮与西方马克思主义史学的关系。作者强调，在我国继续深入探讨西方马克思主义史学理论，不但十分必要，而且是十分紧迫和亟待全面展开的现实问题。作者认为，目前学术界所拥有的研究成果，还不能反映西方马克思主义史学全貌。今后应多角度、全方位地剖析西方马克思主义史学理论和史学实践；发掘新史料，运用新方法，努力探寻西方马克思主义史学研究的新路径；在研究实践中培养和建立一支训练有素的研究队伍等方面做出努力。

在《历史学、社会科学与历史证据：霍布斯鲍姆史学方法论思想述论》（《江西师范大学学报》2003 年第 3 期）中，梁民愫具体探讨了霍布斯鲍姆的史学思想。作者认为，霍布斯鲍姆史学方法论的基础是马克思主义的科学方法论，即历史唯物主义方法。从此核心问题着手，就他关于历史研究方法的价值及其对社会科学意义问题展开论述，探讨了他从方法论角度对以下问题的思考：历史学与社会科学的关系、历史的证据和历史学研究方法对社会科学的方法论意义、历史学和社会科学与历史证据的关系等。作者由此得出如下结论：霍布斯鲍姆提倡历史学家要具有敏锐的史学研究的批判精神与史料鉴别能力，捍卫历史证据的权威性。面对浩如烟海的文献材料与其他史料，虽不能说他始终主张一种明察秋毫的编纂历史与历史著述的眼光，但他呼吁拥有一套自成体系的驾驭史料的方式方法。他在强调史料的选择和鉴别、分析与运用及建构历史研究成果时，无不体现出一位史家对史学价值的追求，他关于历史学、社会科学与历史证据之间关系的史学观念，本质上与我国史学传统所追求的史料与对史实的认识的统一是一致的，对中国史学研究具有指导意义。关于外国马克思主义史学的发展背景和理论渊源，梁民愫以英国霍布斯鲍姆和汤普森等为例，进行了分析。他在《社会变革与学术流派：当代英国马克思主义史学渊源综论》（《史学月刊》2003年第12期）中认为：以霍布斯鲍姆和汤普森等人为代表的英国马克思主义史学派，是20世纪国际史学中重要的一个史学派别。作为一个群体，它拥有十余位颇具成就的历史学家，诸如 M. 多布、R. 希尔顿、E. J. 霍布斯鲍姆、E. P. 汤普森、R. 威廉斯和 R. 萨缪尔等。更重要的是，这些史学家逐渐改变英国传统史学界对思辨、概括和理论结构的怀疑态度，在历史反思和史学研究中充分重视马克思主义理论和方法，把理论与具体事实及其在过去或现在发展和未来前景结合起来。在社会变革与学术流派间相互关系的总体框架下，从学派形成的历史条件及学派发展的国际思潮背景着眼，可以清楚地看到英国马克思主义史学渊源的大体脉络。该学派形成与发展的重要学术前提，在于西方新史学与马克思主义史学之间的交互作用和互动机制，而学派奠立及其学术创新的背景层级，则依赖于当时国内外的社会政治、社会心理思潮和学术文化机制等重要社会环境资源。另外，英国传统史学理论与方法论体系对英国马克思主义历史学产生了至关重要的影响。综上所述，英国马克思主义史学派产生的时代条件不但与19世纪末20世纪初世界政治风云和经济变革形势息息相关，更与国际社会主义运动活跃时期马克思主义理论的广泛传播及其实践蓬勃发展的历史趋势密切关联。从20世纪四五十年代起，马克思主义革命与思想运动日渐成为时代潮流。在接受和传播马克思主义思想理论的历程中，西方社会的知识分子逐渐成为一股重要力量，人数众多的具有马克思主义思想倾向的史学家作为其重要成员更是毫不犹豫地投入这场运动。当代英国一批新生代历史学家本着马克思主义是解释社会历史与改造现实社会的最好思想武器这个宗旨，从事历史研究。时代政治氛围的缔结和西方学术环境的影响，经典马克思主义和英国传统史学的结合，逐渐造就了英国马克思主义史学派。此外，梁民愫还撰有《英国新社会史思潮的兴起及其整体社会史研究的国际反响》（《史学月刊》2006年第2期），论述了英国马克思主义史学与社会史研究的内在联系。他认为，"新社会史研究"作为一种史学新思潮，与西方史学的整体化趋势，几乎同时出现于现代国际史学舞台。英国新社会史思潮具有广泛和深刻的国内外史学渊源。英国新社会史学派宣扬的核心问题是坚持"自下而上"史学观念，它彰显了由此观念指导下的整体社会史取向和研究实践。从较广泛的分析角度看，在国际史学发展格局重新调整的现时背景下,英国马克思主义新社会史学派引起国内外史学界的广泛注意和效仿。它对国际史学发展的推动性作用是不可忽视的,这集中体现了该学派及其整体史学研究的国际反响。

梁民愫在长期研究的基础上,完成了《马克思主义理论与实践——霍布斯鲍姆的史学研究》,社会科学文献出版社2009年出版,这是国家社科基金项目的最终成果,迄今为止,也是我国唯一系统研究霍布斯鲍姆的史学思想的专著。该著作的出版,对推动对霍布斯鲍姆的史学思想,以至整个外国马克思主义史学思想研究,具有重要的开拓意义。全书除绪论和附录外共八章,分别探讨了霍布斯鲍姆的史学渊源、历史本体论、历史认识论、历史方法论、整体社会史的理论方法及其实践、史学思想的现实性及其马克思主义史学的理论创新等。通过上述内容,作者为我们展现出20世纪中期,西方历史和社会发生的剧烈变化,以及在此基础上形成的种种社会思潮,并进一步阐明了英国马克思主义史学产生的内外部原因,这为我们理解包括霍布斯鲍姆在内的英国马克思主义史学提供了广阔的学术背景。该书的特点是,作者在系统地探讨霍布斯鲍姆的史学思想和史学活动时,不是就事论事,不是一般过程的描述,而是将其放在广阔的背景下进行多层次、多视角的分析,力求揭示视觉印象之外所蕴含的更丰富、更深刻的内容。

关于英国马克思主义史学,张文涛研究了该学派的另一位代表人物E. P. 汤普森。他在《E. P. 汤普森视野下的马克思主义》(《史学理论研究》2006年第2期)中指出,汤普森不愿意别人把自己称为马克思主义者,更愿意称自己按照马克思主义传统写作。汤普森认为:"历史唯物主义区别于其他解释体系,就在于阐述这些类型的固有一致性,就在于在一个概念总体中加以表达。这个总体性不是一个完成的理论真理,也不是虚构的模式;它是一个发展着的知识,尽管只是一个带有许多局限和杂质的临时性的近似的知识。这种知识在理论和实践中的发展同时发生:它来源于对话——在历史的逻辑限定内经营证据的话语。"不难发现,汤普森视野下的马克思主义传统很松散或者说具有很大的开放性。他并未给予历史唯物主义充分的界定,也没有将一些具体的"规律"或者"原理"提炼出来,视为唯物主义者区别于其他人的标志。

关于农奴的基本特征,我国史学界自 20 世纪 50 年代以来,主要是从生产关系、财产关系、法权关系、家庭和人身关系等多方面进行研究,使我们对农奴的基本特征有了比较全面的认识。张世满在《马克思恩格斯农奴制理论的再认识》(《史学理论研究》2006 年第 3 期)中,从农奴制生产方式不仅存在于封建社会、欧洲农奴制的起源、特点、解体和东欧的"二次农奴制"等五个方面对马克思和恩格斯的论述加以综合和分析。指出农奴制问题既是政治经济学研究的重要课题,又是历史学需要解决的重大理论和实际问题。对农奴制的研究不仅关系到对社会经济形态理论的认识,而且直接影响到对中世纪封建社会乃至古代和近代社会历史的研究。

张世均在《日本现代史学中的马克思主义史学》(《史学史研究》2002 年第 3 期)中指出,随着日本资本主义的发展,无产阶级队伍的壮大和马克思主义思想的广泛传播,资产阶级史学的发展和无产阶级斗争的需要,成为日本马克思主义史学产生的历史背景。从 20 世纪 20 年代后半期到 30 年代后半期,马克思主义史学在日本经历了产生、发展和完善以及被日本法西斯政府彻底封杀的三个阶段。日本的马克思主义史学和资产阶级史学派别不仅有本质的区别,而且还有许多新的特点。这些特点主要表现为:第一,承认人类社会是按照马克思指出的五种社会形态有规律地向前发展的,日本历史的发展,也不会例外;第二,承认经济基础决定上层建筑,上层建筑对经济基础具有反作用的原理;第三,承认人民群众是历史发展的动力和历史创造者的基本原则;第四,资产阶级史学的发展为日本马克思主义史学的产生提供了史学条件;第五,带有较强烈的移植性。

关于马克思主义史学理论的基础研究,近年也取得较大进展。李永铭在《历史研究的符号学解读——恩格斯〈家庭、私有制和国家的起源〉的方法论问题》(《马克思主义与现实》2003 年第 2 期)中指出,恩格斯借助摩尔根及当时人们研究远古历史提供的材料,运用符号学方法,从易洛魁人的亲属关系与亲属制度的矛盾中发现了符号的能指与所指的分裂,并利用符号的互补功能,推演出古代历史的发展过程,从而还原了历史,揭示了历史发展的规律,恩格斯的分析与叙述展示了历史研究的符号学方法的意义。在恩格斯的《起源》中,历史资料的充分占有是不言而喻的。但更重要的是，符号学方法在其中的杰出运用。这给我们今天的历史学研究提供了良好的范式。通过对文献资料与人类学、民族学、民俗学提供的资料作符号学的分析与推演，使遥远的历史得以复原，从而解读一个个历史之谜，这对于新世纪的现代文化建设将起到非常重要的作用。于沛撰有《关于马克思〈历史学笔记〉的理论思考》（《中国社会科学院院报》2006 年 5 月 30 日）。作者指出，马克思自大学时代直至逝世前的最后几天，始终坚持对世界历史的研究。他的研究始终和他毕生所献身的争取人类解放的伟大斗争联系在一起。《历史学笔记》不是作为文献积累简单地摘抄或复述，它是马克思世界历史研究的一部分，具体反映了马克思的历史观点、历史理论及方法。在《历史学笔记》中，马克思通过实证性的历史研究，从理论与历史研究实践相结合的基础上，对唯物史观的基本原理进行了阐释和验证。如果说在《德意志意识形态》等著作对社会形态的论述，主要是通过哲学意义上的阐释，针对费尔巴哈的哲学人本主义、黑格尔的思辨哲学和青年黑格尔派的英雄史观，做出历史唯物主义的回答，那么，在马克思晚年的《历史学笔记》中，则主要是通过实证的形式深化社会形态理论的研究，使其得到更完整、更准确、更科学的表述。

2015 年，于沛又在《马克思的〈历史学笔记〉：文本、前沿和现代意义》一文中指出：马克思的《历史学笔记》表明，历史研究在马克思的科学研究工作中占有重要的地位。唯物史观是一个系统的科学整体，马克思的史学方法，是辩证的逻辑分析与实证的历史分析相结合的方法。马克思无论在创立唯物史观之前，还是在创立唯物史观的过程中，都没有离开实证分析的历史研究方法。例如，1842 年马克思写道，"世界史本身，除了通过提出新问题来解答和处理老问题之外，没有别的方法。因此，每个历史时期的谜是容易找到的。这些谜反映了时代所提出的问题"[①]。在这里可以看出马克思是通过实证的研究，而不是通过逻辑分析来探究如何回答每个历史时期的"谜"。明确这些，对于澄清种种反马克思主义思想造成的思想混乱，全面、准确地理解唯物史观基本原理，坚持历史研究中的马克

[①] 《马克思恩格斯全集》第 40 卷，人民出版社 1982 年版，第 289 页。

思主义的理论指导,具有重要的理论意义和现实意义。①

(三) 历史哲学和历史认识理论研究

第二次世界大战后,西方史学理论发展的重要内容之一,是重视历史哲学和历史认识理论的研究,这和西方史学发展中的重要特点之一,即重视对历史现象和历史过程的理论描述密切联系在一起。改革开放以来,中国学者在研究外国、特别是西方史学理论时,也开始关注这方面的问题,并从中国史学实际出发,不断取得新的进展。

何兆武等主编的《当代西方史学理论》,中国社会科学出版社1996年出版。这是国内第一部比较系统地评价西方史学理论一百年来发展史的专著,可使读者较全面地了解西方史学理论发展的历史与现状。何兆武,原籍湖南,1921年出生,1939年考入西南联大。1956年到1986年任中国社会科学院历史研究所研究员,兼美国哥伦比亚大学和德国马堡大学客座教授。1986年以后,任清华大学思想文化研究所教授。商务印书馆《汉译世界学术名著丛书》曾收录他的译作八种。该书主要内容包括历史哲学方面的重要流派和主要代表人物,如新康德主义、新黑格尔主义、西方马克思主义、文化形态史观、自由主义、生命派的历史理论、分析的历史哲学等,还包括当代西方重要的史学流派的理论,如比较史学、计量史学、心理史学、法国年鉴学派、英国马克思主义学派,美国新科学史派等。此外还有当代自然科学与史学、苏联及中国对西方史学理论的研究,内容十分广泛,以此书的内容来看,它包含了历史哲学和史学流派两个层次。在历史哲学方面,该书对各种主要学说的代表人物和著作都有评述。在史学流派方面,同样包含了各重要流派、国家和代表人物。全书开篇有一长篇绪论,综论西方史学理论的发展和状况。该书的具体内容是:世纪之交的西方史学、新康德主义的史学理论、文化形态史观、新黑格尔主义的史学理论、自由主义的史学理论、分析的历史哲学、生命派的史学理论——奥特迦·伽赛特的历史体系观、当代西方的比较史学、西方计量史学的发展、

---

① 于沛:《马克思的〈历史学笔记〉:文本、前沿和现代意义》,载《世界历史评论》第3辑,上海人民出版社2015年版。

心理学理论在当代西方史学中的应用、法国年鉴学派、当代英国马克思主义史学——汤普森与霍布斯鲍姆的史学研究、当代美国史学理论等。该书内容十分丰富，在某种意义上，反映了当时中国学者对当代西方史学理论研究所达到的最高水平。

何兆武著有《历史理性批判论集》，清华大学出版社2001年出版。该书收录了作者历年发表的有关历史哲学以及思想史研究的学术论文（或为译序），集中展现了作者多年思考历史哲学问题的思想成果、对历史与历史学的本性有深刻的反思。从某种意义上也可以说，这部著作在一定程度上反映了我国在西方历史哲学研究中所取得的主要成就。《历史理性批判论集》的主要内容是：对历史学的若干反思；历史学两重性片论；历史两重性片论；"普遍的历史观念"如何可能？——评康德的历史哲学；"普遍的历史观念"是怎样成为可能的？——重评康德的历史哲学；一个世界公民的历史哲学——读康德《历史理性批判》；论克罗齐的史学思想；论柯林武德的史学理论；历史理性的重建——奥特迦·伽赛特历史体系观散论；评波普尔《历史主义贫困论》；反思的历史哲学——评罗素的历史观；从思辨的到分析的历史哲学；沃尔什和历史哲学；沃尔什和历史哲学补论；历史和历史解释——从德雷的新探索谈起；"从身份到契约"——重评梅茵的公式；自然权利的观念与文化传统；卢梭和他的《社会契约论》；评柏克的《法国革命论》——两百年后的再思考；天赋人权与人赋人权——卢梭与柏克等。2007年，湖北人民出版社出版了何兆武著《历史与历史学》。该书汇集了作者历年发表的有关历史、历史学、历史观念和历史哲学的学术文章，集中体现了作者多年对历史哲学问题的思考，特别是作者对这一领域的著名学者，如康德、克罗齐、柯林武德、伽赛特、波普尔、罗素、沃尔什、德雷、梅茵以及卢梭、柏克等人的学术研究成果，对历史与历史学的本性进行了深入的反思和探讨。

庄国雄在《历史哲学的学科性质和定位》（《吉首大学学报》2003年第10期）中，通过对"历史哲学的双重视域""从历史意识到历史哲学""历史本体论的学科基点""历史哲学的学科定位""历史本体论与历史认识论的关系"等的分析，认为人的存在在时间中的展开就是历史。人对自身历史的自我意识经历了"历史观—历史理论—历史哲学"的发展过程。

历史哲学具有自己独立的学科基点，是介于哲学与史学之间的一门特殊的中介学科。历史哲学的两个分支——思辨历史哲学与批判历史哲学——在理论形态方面是前后相继的关系，在问题域方面则是作为历史本体论与历史认识论而互补的。唯物史观为历史哲学这两个分支的辩证统一奠定了基础。作者特别强调，马克思的历史理论——历史唯物主义——也是一种历史本体论，是在对思辨历史哲学理论的批判中创立的崭新的历史哲学。马克思的历史哲学，为"历史的哲学"和"历史学的哲学"统一为"历史哲学"奠定了基础。

韩震、董立河著《历史学研究的语言学转向——西方后现代历史哲学研究》，北京师范大学出版社2008年出版。该书以历史学研究中的语言学转向为视角，就西方后现代历史哲学的研究现状做了梳理。该书内容包括历史哲学中的后现代主义趋势、分析的历史哲学的兴衰、从结构主义到解构主义的历史哲学、欧美后现代历史哲学的发展与现状、历史哲学的语言学转向、后现代历史叙事理论、历史叙事的诠释性、后现代历史隐喻理论、后现代语境中的历史客观性问题、作为本体认识和语言的历史。作者还以附录的形式就国内外后现代历史哲学的研究做了一个综述。作者认为，后现代主义作为一种思潮，其影响巨大，面对后现代主义的冲击，历史学、哲学都要做出回应。历史哲学也不例外，甚至在某些方面更为突出，该书可以看作历史哲学对后现代主义的一些建构原则的回应。

王晴佳在《从历史思辨、历史认识到历史再现——当代西方历史哲学的转向与趋向》（《山东社会科学》2008年第4期）中，以历史哲学为切入点，论述了"后现代主义的观点"如何向历史研究提出挑战。他认为，20世纪初期以来，历史哲学研究的主流趋向已从历史规律论（"大写历史"）转到了历史认识论（"小写历史"），也即从思辨的历史哲学，转向了分析的历史哲学。20世纪后期，后现代主义的观点慢慢侵入历史研究领域，虽然没有被全盘接受，但其对历史认识论的影响巨大。如果说当代哲学界和史学界的历史哲学研究，已经放弃了对"大写历史"的探讨，那么这一转向，其实也与怀疑"小写历史"的科学性和客观性有所关联。人们对史学到底是科学还是艺术、史学是否等同于文学、美学等问题展开了争论。由于"语言学的转向"，使得史学家们感到要想在历史叙述中排除主观的意见，几乎根本不可能。史家治史，在追求真实性以外，似乎还有文学性等其他的东西需要考量。以西方文化为基础的"大写历史"和"小写历史"之走向没落，反映的是当代世界历史的重大变迁。虽然西方的历史哲学已经转向、甚至走向没落，但对人类历史的进程和远景进行思考、判断和预测仍有其价值。

刘家和著《关于历史发展的连续性与统一性问题——对黑格尔曲解中国历史特点的驳论》（《北京师范大学学报》2009年第1期），是近年研究黑格尔历史哲学方面的一篇颇有特点的论文，在研究抽象的历史哲学理论问题时，努力结合历史事实，特别是中国的历史事实来阐发，令人耳目一新。刘家和认为，中国历史的发展具有连续性与统一性，这是大家都能公认的。黑格尔也承认此点。可是，他否认中国历史有发展，从而说中国的历史是"非历史的历史"；又否认中国的统一是多元一体的统一，从而说中国的历史是"抽象的统一"。这样就严重曲解了中国的历史。首先，黑格尔的偏见是出于他的世界历史的观念体系，即人类历史从东方起到西方止，经过东方世界（以中国为代表）的幼年时代，到希腊世界的青年时代，到罗马世界的壮年时代，最后到日耳曼世界的老年时代，即最成熟的时代。他给中国派定了幼年的角色，因而永远不能有所发展。这无疑是一种曲解。再则，须明确"连续"与"发展"两个概念的定义及相互关系，在肯定黑格尔的发展包含自我否定论点的前提下，辨明社会的质变与文明断裂的不同；黑格尔之所以不顾希腊、罗马与日耳曼之间的文明断裂而高论世界历史的发展，那只不过是他的世界"精神"在不同时间和空间的连续发展。最后，按照马克思主义的观点，社会和历史是在人们多重的交往（或关系）中形成的，正是横向的共时性的交往与矛盾推动了纵向的历时性连续发展，而这样的发展的结果也正是每一个社会交往的既定前提。世界历史的形成以及中国文明发展的连续性与统一性就是在这种纵横关系中形成的。

与西方历史哲学研究密切联系在一起的，是历史认识理论的研究。何平在《20世纪下半叶西方史学认识论的发展》（《史学理论研究》2001年第1期）中，通过对20世纪下半叶西方史学"历史客观性的再认识""历史解释的性质和模式的探讨""历史话语的解构"的分析，认为在这一阶段，西方史学理论出现了重要的发展。20世纪上半叶相对论者对历史客观性观念的猛烈抨击推动了西方历史学家们对历史客观性重新定位，并深入研究历史解释的性质和方式。从20世纪60年代起，在西方人文社会科学中出现的"语言学转向"和结构主义的影响，一些历史学家转向历史认识论研究的更深层次，即历史分析和解释借以进行的那个历史文本产生的过程、性质及其模式的探讨。到20世纪末叶，后现代主义开始了对历史学的全面挑战。不仅历史学的科学地位，而且历史学本体论的基本范畴都受到了质疑。美国史学家乔治·伊格尔斯在他那本描述20世纪史学的书中，使用了"从科学客观性到后现代主义的挑战"的副标题。这个副标题恰当地勾勒了20世纪下半叶西方史学理论的发展趋向。在20世纪下半叶，没有任何一门人文科学像历史学那样在其本身方法论方面进行了如此彻底的再思考。由于这种再思考，西方史学已成为一门具有高度理论复杂性的学科。了解和借鉴西方理论的新成果，从而推进我国历史科学，特别是历史思维的现代化，应当说仍旧是我们的一项重要任务。

梁民愫撰《埃里克·霍布斯鲍姆的历史认识论探析》（《史学理论研究》2009年第2期），主要集中于霍布斯鲍姆史学思想的中心问题展开分析，探讨和揭示霍布斯鲍姆在历史认识论上的主要观点和原则设定。有关论述包括两个方面：其一，霍布斯鲍姆对过去的意义与历史的客观存在、过去与现在关系问题的深入思考；其二，霍布斯鲍姆深切关注历史认识、预测未来和历史学社会功能之间的内在关系。关于过去、现在和未来之间关系问题的理论认知，集中体现了霍布斯鲍姆在历史认识论方面的思想，呈现其史学思想的认识论特色。在某种程度上，这些认识论上的基本理念体现了历史学家的独特史学思想内涵。

陈新在《论历史经验与历史思维》（《文史哲》2002年第1期）中，分析了历史认识中的"历史"等基本理论问题。作者通过对"进入历史思维的经验""历史思维与经验编织""概念化的多样性可能"等问题的分析认为，人们在日常意识中理解的"历史"，并非原始的历史实在，而是经过思维加工的产物。人类的行为产生了原始经验，极少一部分原始经验通过思维进入历史。这一过程不仅使原始经验转变成历史经验，也使思维本身成为历史思维。由于我们的认识只能意识到被思维加工的经验，因此原始经验的存在只是一个逻辑预设，它使描述历史经验与历史思维的共生状态成为可能。原始经验进入历史思维的过程，也是历史经验的概念化过程，即历史经验在历史思维编织下的生成过程。由于历史思维能够按不同的结构与技巧来编织历史经验，从而使历史经验的概念化具有多种可能性。因此，被人们认可的历史本体，实际上是历史思维活动存在的概念化多样性可能中某一种可能性的实现。

陈新在《我们为什么要叙述历史》（《史学理论研究》2002 年第 3 期）中，论述了在西方有一定研究基础的广义的历史叙述问题。他认为，历史研究、认识与叙述的内涵便都可纳入广义的"历史叙述"一词中。人们为什么要叙述历史？叙述历史是叙述者的一种行为，或者说他的一种实践方式。询问为什么要叙述历史无非是想知道这种实践能给叙述者带来怎样的效果，具有什么价值，实现何种意义。历史发生在过去，却存在于现在，指引着未来。因此，不同的人叙述历史尽管可能有不同的目的和意图，但他们在总的方向上都内在地指向认识现在，筹划未来，这是历史叙述具有个人价值与社会价值的基点，也是不同时代的历史叙述中超时代的共性。人们通过历史叙述认识到自己或社会的存在，获得不同层面的解释权。如果从历史认识论的角度来说，我们还应知道历史叙述并非叙述所谓的独立于现实的客观存在，它在很大程度上依赖于人们的价值观念与心理意识，因而历史学与价值学、心理学之间的紧密关系不容忽视，而这恰恰是我们过去曾经为了实践实证主义史学摒弃的。陈新著《西方历史叙述学》，社会科学文献出版社 2005 年出版。历史叙述在国外有较多的研究，是西方史学理论研究的一个重要方面。该书作者从历史和哲学两方面深入探讨了历史学或历史知识的本性究竟是什么，以及西方各家历史哲学贡献的得失。该著对我国史学理论研究有积极的借鉴意义，有助于我国学者更为深入地研究史学理论和历史哲学。该书的主要内容是：传统历史叙述：叙事的历史学、古代西方历史叙述类型、动机与历史意识的萌生、欧洲中世纪宗教意识对历史叙述的影响、西方近代历史叙述与理性意义体系；现代历史叙述：从叙事到叙述、西方现代历史叙述范式的形成与嬗变；叙述主义：当代西方历史哲学的转机；叙述与表现：当代西方历史哲学的新进展、西方历史叙述实践的理论基础、历史叙述与历史学实践、历史、历学与历史意识、历史叙述在历史学实践中的地位及功能、历史性与历史叙述者、历史叙述者的理解、历史叙述者的解释与主体间性、历史叙述中的客观与主观、叙述研究中的历史事实概念、历史叙述中的主观性与历史评价；西方历史叙述实践的个案分析：希罗多德与修昔底德、斯宾格勒、布罗代尔等。

在外国历史认识或历史哲学的研究中，也包括对一些具体的外国学者的学术思想的研究。例如，吴道如著《重评贝克尔的相对主义史学》（《史学理论研究》2006年第1期），贝克尔是美国著名历史学家，其史学思想体现着实用主义、主观主义和现在主义的特点。20世纪80年代以来，我国学者对贝克尔的介绍和研究取得不少成绩。随着资料的不断丰富，研究观念的不断变化，开拓新的研究空间成为可能，一些前辈学者们思考过的问题在新的研究情境下也值得再思索。分析贝克尔的相对主义史学应在其批判科学历史学的旨意下进行，如果脱离了贝克尔所要批判的对象，我们很容易误解贝克尔的史学思想。研究贝克尔的相对主义史学思想应该同其批判科学历史学的目的相联系起来，不指出贝克尔在何种前提下，而只是从表面上指出他"否定历史事实的客观性进而否定历史认识的客观性"，无助于我们对这一思想的理解。要理清贝克尔的相对主义史学思想还有很多工作要做。又如彭刚撰《叙事、虚构与历史——海登·怀特与当代西方历史哲学的转型》（《历史研究》2006年第3期）。彭刚认为，20世纪70年代以来，当代西方历史哲学领域内发生了重要的学术转型，"修辞的（或语言学的）转向"导致历史叙事成为历史哲学领域内新的核心议题。海登·怀特是引导实现这一学术转型的最重要人物，其所进行的理论探索使叙事成为历史哲学思考的焦点，叙事主义历史哲学因而得以产生。海登·怀特从对历史文本的叙事特性的考察出发而推演出的一些理论立场，其中既有值得我们思考的合理成分，也存在明显的局限和矛盾。不可否认的是，由于海登·怀特的挑战，通过建立历史叙事与历史实在之间的关联以重建历史认识和历史解释的客观性的任务，比之人们以往所设想的要更为严峻。王京春撰写《福柯心中的历史：一种非科学、非理性的历史哲学》（《高校理论战线》2008年第4期）。作者通过对福柯的几部历史学论著的解读，剖析他的史学本体论、方法论和认识论，进而揭示出他的历史哲学以及直接受其影响的当代西方后现代历史哲学是非科学、非理性的历史哲学，是一种"抽去了科学和现代主义的根基"的非科学、非理性的历史哲学。当然，这种历史哲学在批判当代资本主义制度及其意识形态方面有一定的合理性因素，但同时我们也必须清醒地认识到这种历史哲学的破坏性，那就是它把一切已有的人文社会科学的一切有科学价值的成果，包括马克思主义学说，统统加以否定，从而否定一切科学理性，否认历史学揭示历史真相和科学真理的可能性和必要性，并最终否认历史学作为一门社会科学的品格和存在价值，这是一切有志于追求历史真理的人们所不能赞同的。

2009年彭刚著《叙述的转向：当代西方史学理论的考察》及2011年陈新著《历史的认识：从现代到后现代》，这两部著作先后由北京大学出版社出版，反映了中国史学界对历史哲学相关问题研究的新进展，及其达到的新水平。彭刚对其专著的主题"叙事的转向"的基本观点是：20世纪70年代，西方史学理论领域发生了学术范式的转型。第二次世界大战之后兴盛一时的分析的历史哲学逐渐被叙事主义的历史哲学所取代，后者至今仍是当代西方史学理论中重要的理论形态。这一转型通常被称之为叙事的转向。作者集中考察了这一转向的主要代表人物海登·怀特和安克斯密特的理论取向，由剑桥学派主将斯金纳的个案出发分析了思想史研究领域所呈现的理论问题，并结合20世纪史学理论的发展史，探讨了在史学理论新前沿的背景下重新思考历史事实与历史解释、历史学的客观性等问题的思路。作者强调："20世纪之初，西方历史哲学的领域中发生了从思辨的历史哲学到分析的（或批判的）历史哲学的转型……分析的历史哲学在20世纪60、70年代之前，由附庸而蔚为大观，成为历史哲学和史学理论研究的主流，在对历史解释的特性、历史研究的客观性等问题的探索的方面取得了长足的进展。然而，在不同的学科领域，我们经常会看到这样的情形：某一种理论范式之下对该领域的理论探讨，往往会因为该范式所提供的核心问题在一定阶段内可被深入的程度，以及思考问题的角度的各种可能性被大量消耗之后而陷入僵局。""20世纪60、70年代，分析的历史哲学在经历了第二次世界大战以来的迅速发展之后所面临的局面。而此时历史哲学领域内再次发生了重大的理论转型，此种叙事的转向（narrative turn，又有人称之为修辞的转向［rhetoric turn］或语言学的转向［linguistic turn］）使得叙事主义的历史哲学浮出水面，取代分析的历史哲学而成为当代历史哲学的主流形态，使得历史哲学这一学术领域在危机中又重新焕发出勃勃生机。"① 对中国史学界来说，这首先使我们深入思考，历史学不是史料学，而更加重视如何对历史进行科学的"阐释"。

陈新著《历史的认识：从现代到后现代》，认为史学的发展，在很大的程度上，是建立在认识论发展的基础上。该书的主要内容是历史思维、西方现代历史认识、西方后现代主义历史认识、观念的历史性——认识与反思等。作者认为：西方人对于历史的反思，从古希腊开始就有较为系统的体现。这一传统一直延续到18世纪末历史主义思想的兴起。之后，西方历史认识才得以突破传统，进入一个反思更为深入、研究更为系统的时代。作者通过对于历史认识核心要素的认知，对西方现代历史认识中的科学主义和符合论真理观加以批判，进而阐述后现代主义给当代历史编纂和观念上带来的变化，如福柯、德里达、海登·怀特等人对于时间、变化，历史性等主题所进行的批判与反思。作者将后现代主义将历史认识引入更为复杂、更为多元的系统之中，有助于史学家更加自知、自律、自尊，对自己的研究对象乃至研究行为本身进行历史的思考。在"结语：态度决定历史——后现代状况下的历史学"中，作者写道："我们必须在思想和社会现实的互动中去理解一种认识世界方式的变革。""后现代状况之下，历史学的根本目的显然不是为了过去而研究过去。历史研究作为一种参与社会实践的独特方式有其现实的意义。即便传统的历史考据，其现实意义也将通过考据成果的应用而得到体现。"② 这些观点，和上述彭刚的著作有异曲同工之妙，启迪人们去思考如何科学地认识历史的本质内容。

2013年，《历史研究》第5期刊发《当代史学思潮与流派系列反思·后现代主义与当代中国史学》一组五篇论文。这五篇论文依次是：《后现代主义和历史认识理论》（中国社会科学院于沛）、《夸张与融贯：后现代主义与历史学》（美国莱斯大学约翰·扎米托）、《后现代主义与中国"新

---

① 彭刚：《叙事的转向：当代西方史学理论的考察》，北京大学出版社2009年版，第1—2页。
② 陈新：《历史的认识：从现代到后现代》，北京大学出版社2011年版，第250、258页。

史学"的碰撞》（中研院历史语言研究所黄进兴）、《叙事主义史学理论概说》（清华大学彭刚）、《后现代主义之后的历史理性与史学实践》（北京师范大学董立河）。刊发这组论文的同时，《历史研究》编辑部写有《编者按》："当代史学新思潮、新学派风起云涌，既有各个国家和地区的研究者学术自觉的推动，也有国际学术协作团队的努力。这一波新史学潮流的出现，尽管在20世纪90年代以后不断得到推介，但并未形成清晰的画面，个中原因恐怕还在于对话与交锋不够，互动太少，因此不免自说自话。新说的创见如不能内化为历史研究过程中的学术自觉，其影响也就日渐减于无形。有感于中国学界学术反思之不足，本刊特组织相关学者，趁各种新兴思潮、流派有一定经验和实证研究基础但尚在成长之际，截断众流，形成代际，对其聚集，着重反思，推动中国学界的反思与前瞻，推动中国史学之知识创见汇入人类整体知识洪流。系列反思第三辑以'史学中的后现代主义'为主题，邀请多位专家就有关问题发表高论，期望以此引导学界正确认识后现代主义对当下史学研究的影响，增强中国学者的学术辨别能力，准确把握当前中国史学的发展方向。"《编者按》和这组文章发表后，在学界产生了较好的反响，对深化认识后现代主义对史学的"挑战"，有积极的促进作用。

（四）外国史学史研究

在新时期的外国史学理论研究中，有关"外国史学史"的研究占的比重很大，就研究成果来说，也更充分、更有深度，特别是以往很少涉及，或几乎没有涉及的问题，现在也都有成果问世，呈现出持续发展的趋势，预期我国的西方史学史研究，将不断取得更大的成绩。

郭圣铭编著《西方史学史概要》，上海人民出版社1983年出版。这是新时期出版的第一部西方史学史著作。在我国，"文化大革命"前，西方史学史的研究相当薄弱，新中国成立以来，我们对西方文学史、哲学史乃至美学史的研究，在20世纪60年代前后，都曾取得可观的进展，并出版了一些专著或教材。令人遗憾的是，唯独西方史学史的著作没有面世。该著的出版则在一定程度上弥补了这方面的不足。该书虽然篇幅不大，内容简明扼要，却是新中国成立后，中国学者所写的有关西方史学发展的开山之作。郭圣铭为西方史学史的研究，做出了开拓性的贡献。该书的主要内容是古代希腊、古代罗马的史学；5—13 世纪的欧洲史学；文艺复兴时期的欧洲史学；17 世纪中期至 18 世纪末叶欧洲史学；18 世纪末叶至 19 世纪中期欧洲各国和美国的史学；19 世纪后期至 20 世纪初欧洲各国和美国的史学。作者认为，"史学史"作为史学的一个分支，可以上溯到古代。在中国，唐代已经出现了我国最早的史学史。在国外，西方资产阶级在 19 世纪中期也开始了史学史的研究。"史学史是历史科学发生、发展的历史。要辨明史学史的研究对象，首先必须理解历史科学的性质和特征。"① 史学史的任务主要在以下几个方面：介绍史料存在的情况，总结史料学的研究成果；给历代的史学家及其著作做出科学的鉴定；校订史籍中的错误；揭示历史科学的发展规律。

这方面的主要著作还有孙秉莹编著《欧洲近代史学史》（湖南出版社1984 年版）。作者阐述了从文艺复兴到十月革命前后 600 多年间欧洲资产阶级史学发生发展的历史。作者力图以马克思主义观点为指导，系统研究欧洲近代史学思想的源流、各种史学流派的演变、有代表性的历史著作，以及编纂历史的方法等。作者认为，史学史属于社会思想史的一部分，"马克思主义史学史的主要任务就在于，以历史唯物主义观点为指导，研究历史著作和史料，探索史学思想的源流、派别和史学本身的发展规律，尤其是马克思主义史学同资产阶级史学的斗争历史，并且考察历史知识积累的过程和历史编纂方法的演变等，用以为人民服务，为社会主义服务"②。此书充分肯定了欧洲资产阶级史学在史学发展中所取得的成就，但也指出因时代和阶级的局限，它未能揭示历史发展的规律。该书的主要内容是文艺复兴时代西欧新兴资产阶级史学；宗教改革和近代博学派史学；理性时代西欧的史学；17—18 世纪的德国史学；近代德国史学的创立；19 世纪的法国史学；19 世纪的英国史学；19 世纪欧洲的制度史学家；19 世纪欧洲的经济史学家；实证主义历史学派；近代俄国史学；欧洲近代史学家对古代东方、古典古代和拜占庭历史的研究；欧洲近代史学的发展和马

---

① 郭圣铭：《西方史学史概要》，上海人民出版社 1983 年版，第 2 页。
② 孙秉莹编：《欧洲近代史学史》，湖南出版社 1984 年版，第 1—2 页。

克思主义历史学科的诞生等。

宋瑞芝等主编的《西方史学史纲》，河南大学出版社1989年出版。这部著作所述内容，始自西方史学的萌芽，神话与诗，古希腊史学的摇篮，止于第二次世界大战后西方史学的新发展。具体内容包括，希腊古典史学、罗马古典史学、"上帝"的史学、拜占庭史学、近代史学的开端、博学派史学、理性主义史学、历史哲学、国家政治的折光镜、历史学的文学倾向、客观主义史学、走向科学的史学、探索历史根本动因的经济史学派、揭开历史面纱的马克思主义史学、新史学的兴起，对人类历史的新探索，以及当代西方史学的回顾与展望。刘家和为该书撰写了"序言"，他认为该书有以下四个方面的特点：在说明西方史学发展大体的同时，并不求面面俱到，而着力说明各时期或各国史学发展的特点；在介绍史学家与历史编纂发展的同时，力求说明西方史学思想与历史哲学的发展；在统观古今之变的同时，更多注意晚近各史学流派及史学新分支学科的介绍，注意展望史学发展的趋势；征引不少有关的外文论著，其中一些比较重要的新著，在国内许多地方恐不易见到，对于已经译为汉文的外国论著和国内学者作品，参考殊为周详，亦极便于读者①。

徐正、侯振彤主编有《西方史学的源流与现状》，东方出版社1991年出版。这是一部简明的西方史学史，从西方史学的起源——古希腊史学直至当代西方新史学。与一般的西方史学史相比，该书更重视史学发展中的社会因素，以及史学发展的社会历史背景。例如，在第八章"19世纪后期的西方史学"中，有专节论述"马克思主义历史观的形成"，包括唯物史观形成的历史条件；历史观的革命；马克思恩格斯对历史研究的贡献；革命史和工人运动史的研究等。在第九章"帝国主义形成时期的西方史学"中，论述了"19世纪末20世纪初的资本主义社会与历史学"，在第十章"帝国主义形成时期西方史学中唯物主义史学阵营的壮大"中，论述了"唯物主义历史观的新总结"，内容包括恩格斯、列宁和普列汉诺夫等在捍卫、发展唯物史观的理论贡献；在唯物史观影响下，英国、法国、德国、意大利、美国等国的史学发展；俄国马克思主义史学队伍的成长，以及十

---

① 参见宋瑞芝等主编《西方史学史纲》，河南大学出版社1989年版，第3页。

月革命后，沙皇俄国史学队伍的改造，苏联史学的创始等。编写者对二战后西方史学方法，也给予了充分的关注，对历史比较方法、历史计量方法、历史心理分析方法、口述史学方法等有专门的介绍和分析。

杨豫著《西方史学史》，江西人民出版社1993年出版。这是一部较系统叙述自古希腊罗马至20世纪90年代西方史学发展史的著作。全书分"古代—中世纪篇""近代篇"和"新史学篇"。作者在"绪论"中，就西方史学史的研究对象和内容、若干基本概念、西方史学的发展阶段、马克思主义史学在西方史学中的地位和影响进行了分析；在"跋"中，则论述了西方新史学的发展趋势，包括叙事史的复兴等。

陈勇等编著《西方史学思想导论》，武汉大学出版社1995年出版。编者认为，史学史应当包括史学思想、历史编纂学和史料学。其中，史学思想无疑处于核心地位。因为无论是历史著作的编撰，还是史料的收集、整理和鉴别，都是在一定的史学思想指导下进行的。从上述认识出发，编写者在"导言"中，就"西方史学的内涵和外延""治史学史与治史的关系""如何看待西方史学思想"等进行了论述，他们通过教学和研究的实践，提出自己的观点，往往能给人较多的启迪。他们认为，有些史家的历史观尽管在本质上属唯心主义，但却包含着某些唯物主义或辩证法的因素；有不少西方史家的唯心史观是适应时代需要，为历史上的进步阶级服务的；同一历史观在不同的历史时期可以有不同的政治倾向和不同的社会作用；某些带片面性、甚至是歪曲和颠倒了的历史认识，至今仍有一定的参考价值，值得人们在史学研究中予以注意；要注意政治立场观点与史学思想、学术成就的联系和区别。"从事历史学习和研究的人应当特别注重掌握马克思主义的辩证唯物论和历史唯物论，以科学的态度对待历史上一切人类文明成果，包括西方史学遗产……认真学习和吸收作为外来文化之一的西方史学中有价值的成分，必然有益于我国历史学学科的现实和长远发展。"[①] 顾名思义，该书侧重于"史学思想"的研究，全书四编分别是古代希腊罗马的史学思想、中世纪西方的史学思想、近代西方的史学思想、现代西方的史学思想。维科的历史哲学；思辨的历史哲学；批判的、

[①] 陈勇、罗通秀编：《西方史学思想导论》，武汉大学出版社1995年版，第9页。

分析的历史哲学，以及各历史时期有影响的历史学派，在书中占有较多篇幅。

张广智、张广勇著《史学：文化中的文化》，上海社会科学院出版社2003年出版。作者从广义文化的背景考察了西方史学发展的历史，探究了文化与史学的辩证关系，以及所表现出的某些规律性的内容。该书的主要内容是：史学：文化中的文化、时空观念的拓展——世界史编纂的历史考察、研究领域的扩充——从传统史学到新史学、思想的历程（古代篇）、思想的历程（近代篇）、思想的历程（现代篇）、文化的视野（上篇）、文化的视野（下篇）、经济社会文明——年鉴学派及其史学范型、西方史学的新方向，以及余论：超越时空的对话等。这不是一部一般意义的史学发展历史，作者从文化的视角，对史学的萌生、发展，以及发展过程所留下的痕迹及影响，进行了深入浅出的分析。张广智、张广勇还著有《西方现代史学》，复旦大学出版社1996年出版。该书系统论述20世纪初以来西方史学的发展过程，涉及当代西方史学研究中的各种热点问题和前沿问题等。作者还分析了现代西方史学在我国的传入和回响，提出一些值得思考的问题。主要内容是：西方史学的演化与转折、新史学的发展及其前景、马克思主义与现代西方史学、现代英国史学、马克思主义史学派、现代法国史学、年鉴学派、拉布卢斯学派、马迪厄学派、勒努万学派、现代德国史学、菲舍尔大辩论、现代意大利和比利时、荷兰史史学、现代美国史学、历史的文化说、文化形态学派、批判的历史哲学派、分析的历史哲学派、存在主义历史哲学派、结构主义历史哲学派、心理历史学派、计量历史学派、宏观的世界史新学派、世界通史体系的重建、现代西方史学在中国等。

章士嵘著《西方历史理论的进化》，山西教育出版社2004年出版。作者长期从事外国哲学研究，决定了该书与一般西方史学史研究的区别，即更重视史学发展的内在联系，以及对这一联系的理论描述。作者从哲学、文化的高度，系统地展示了西方历史理论从古希腊到后现代的绚丽多彩的发展历程，既有对思潮、学派的分析，也有对重要思想家的介绍。其中，理性主义和科学主义的思潮在西方的历史理论中占有核心地位，呈现出多样的特点。关于史学之学科性质，既存在着史学究竟是艺术还是科学的争论，也存在着其究竟是精神科学还是实证科学的争论，关于历史知识本身，既有客观主义的主张，也有怀疑主义的和相对主义的主张，关于历史的动力，既有唯心主义的英雄史观，也有唯物主义的人民史观，关于历史发展的模式，存在着循环论和臻善论之争，关于历史解释的方法，存在着目的论和决定论之争、偶然论和必然论的对立等。该书不仅能使读者了解西方上下几千年间众多思想家对历史的多样化思考，而且这些思考可为我国史学研究提供新的视角及方法论。该书的主要内容是：西方历史理论的思想源头；基督教对西方历史观的影响；西方历史观念的成就；西方历史科学的理论追求；现代西方理论的多样性；当代西方历史理论的新动向等。

张广智、陈新著《西方史学史》，复旦大学出版社 2005 年出版。该书是教育部规划的面向 21 世纪课程教材和普通高等教育"十五"国家级规划教材。它系统阐释了起自古希腊迄至现当代的西方史学，包括古代希腊罗马史学及其对后世的深刻影响；欧洲文艺复兴以前的基督教神学史观；近代西方各国史学的发展与演变，涉及各种史学流派；20 世纪的西方史学，特别是西方新史学的发展过程及其在当代的新趋势。该书的主要内容包括古典史学：城邦社会与城邦文明、西方史学的创立、一种传统史学范型的确立、公元前 4 世纪至前 3 世纪时的史学、广采博收的罗马文化、李维与塔西佗的史学思想、西方古典史学的传统、注重历史对现实的借鉴作用；中世纪史学：早期教会史学的兴起、欧洲各国史学、拜占庭史学、中世纪史学的历史地位；近代史学：意大利史学和近代史学的发端、法国人文主义史学、宗教战争及其后的西欧国家史学、博学时代的兴起及其特点；近代史学：科学进步与思想文化领域的变革、英法和德国的理性主义史学、历史哲学的发展；近代史学和"历史学的世纪"、德国学术复兴与史学繁荣、法国政治史家的理性分析、牛津学派与英国史学的专业化、美国史学边疆学派的兴起、近代西方的浪漫主义史学、客观主义史学、实证主义史学、历史主义史学、西方学者对古代东方文明的研究、马克思主义史学、马克思主义历史理论形成、马克思主义历史理论的方法论意义；现代史学：从传统史学走向新史学、美国史学新潮流、法国年鉴学派的崛起、英国汤因比与文化形态学派、德国历史主义传统的终结；战后西方史学的重新定向、年鉴学派的演进、马克思主义史学发展的新取向、社会科学新史学派、历史学的新领域和新方法、比较史学、计量史学、心理史学、口述史学、影视史学、世界史重构的新潮流、"全球历史观"、历史哲学发展的新走向；现代史学：新史学新变化："叙事史复兴"、微观史学、新文化史、后现代主义与西方史学等。

何平著《西方历史编纂学史》，商务印书馆2010年出版，这是最新出版的一部西方史学史专著。作者认为，史学史作为一个研究领域形成于19世纪末和20世纪初，据认为是在三个学派的影响下诞生的，即意大利克罗齐学派、马克思主义和新史学学派。克罗齐的"一切历史都是当代史"的观点使历史学家们去思考史学研究的历史发展。马克思主义和新史学学派都看到历史上的历史著述是以这种或那种方式对当代社会问题做出回答，历史探讨和历史写作表现的是一个不断变化的体系。20世纪初兴起的"批判历史哲学流派"突出地表现了西方历史意识的高涨和思想界对历史作为一门知识领域的发展形态的高度关注。早期几本重要的通史性史学史著作都出现在20世纪上半叶，如福特的《近代史学史》（1911）、古奇的《19世纪的历史和历史学家》（1913）、里特尔的《历史科学的发展》（1919）、班兹的《历史著作史》（1937）、邵特维尔的《史学史》（1939）和汤普森的《历史著作史》（1942）。20世纪下半叶，历史学普遍成为各国高等学校人文社会科学的主要学科，历史理论和历史意识对社会发展的影响日益显著。《西方历史编纂学史》的主要内容是：古希腊罗马的史学、中世纪的历史编纂、文艺复兴时期的史学、16和17世纪的史学、18世纪：史学观念的更新、18世纪的历史哲学、19世纪史学：民族主义、浪漫主义和政治革命、19世纪：实证主义与客观史学、19世纪史学：专门史研究、19世纪以来的经济史编纂、马克思的唯物主义历史观念的形成、美国史学的发展、批判历史哲学：历史事实、历史知识和历史客观性的限度、20世纪：历史观念和写作范式的变迁、分析历史哲学：对历史解释的探讨、20世纪下半叶：史学理论的后现代化、新的历史编纂理论和方法、全球化时代的新历史编纂模式。

陈启能主编《二战后欧美史学的新发展》，山东大学出版社2005年出版。这是一部以世界历史研究所研究人员为主的集体著作。作者对欧美国家近50多年来,特别是最近二三十年来历史学的发展进行综合的深入研究。20世纪是人类历史上发展迅猛、变化空前的一个世纪,尤其是战后的半个世纪。在这个变化多端的世界里,欧美的历史学也经历了巨大变化。这种变化在第二次世界大战后尤为明显,特别是在最近二三十年。历史学的变化,不仅表现在史学性质的层面上,而且涉及的面相当广泛。长期以来,特别是19世纪以来形成的传统的历史写作和研究的观念、方法、习惯都遭到了根本性的挑战,一些问题迄今仍在激烈的讨论中。该书着重探讨的是20世纪70年代以来欧美史学的发展。其中涉及的许多问题,是国际史坛的热点问题、前沿问题或重大理论问题。

《二战后欧美史学的新发展》的主要内容是:战后西方史学理论的变化;20世纪70年代末以后西方的历史哲学;后现代主义与当代西方史学;福柯后现代主义历史观;德里达思想对历史学的可能效应;新文化史学;吉尔兹的"深度描述"理论;历史人类学;城市史学的新发展;儿童史研究四十年;沃勒斯坦的"现代世界体系";当代美国的历史研究;20世纪70年代以来的美国政治史学研究;20世纪70年代以来英国史学研究中的新情况和新问题;20世纪70年代末以来的年鉴学派和法国史学;战后德国史学的发展;联邦德国20世纪八九十年代的史学流派争论;20世纪四五十年代的苏联史学;20世纪60年代后的苏联史学;苏联历史学中的"新流派"及其遭遇。诚如该书《后记》所言,"本书集中了二十多位国内外学有专长的学者",这些学者都是该书的作者,但不知何故,统统在书中都变成了"参编人员"。毋庸讳言,"参编人员"与"作者"是截然不同的两个概念。这本书不会没有作者,那么谁又是作者呢?《二战后欧美史学的新发展》已经问世多年,看不到出版社有要更正的任何迹象。借此机会恢复众作者的署名权,也是笔者为作者们做的一大乐事。

在外国史学史研究中,西方古代或近代史学发展中的一些重大问题,或重要代表人物,也被纳入研究范畴,研究者提出了一些新的选题。如梁洁著《撒路斯特史学思想研究》,中国社会科学出版社2009年出版。古代希腊、罗马文明是西方文明的渊源。罗马同古希腊一样,也不乏出类拔萃的历史学家,如恺撒、撒路斯特、塔西佗和李维等。《撒路斯特史学思想研究》论述的是罗马共和时期的一位史家——撒路斯特和他的两部作品

《喀提林阴谋》《朱古达战争》。虽然他的著作只是记录了罗马历史上似乎并不重要的两个事件，但是在撒路斯特看来，透过这两个事件，足以让人们意识到罗马道德的败坏已使罗马共和制处于崩溃的边缘。撒路斯特以小见大的选材、客观的写作特点和朴实的文风，对西方史学发展产生了久远的影响，使其在西方史学发展史上占有重要地位。该书的主要内容包括：撒路斯特与他所处的时代；撒路斯特的生平和著作；阴谋与战争——撒路斯特著作的立足点；撒路斯特的创作方法；撒路斯特的史学思想和史学地位等。

褚新国著《帝国的沉沦与救赎——塔西佗和他的历史世界》，人民出版社2008年出版。作者强调，撰写这部著作"所要提出和回答的首要问题在于，塔西佗史学思想的核心究竟是什么。进而试图阐明两个相对次要的问题，即是否如此以及何以如此。一言以蔽之，乃是道德史观与道德目的：在历史观的意义上，塔西佗强调突出道德因素对于历史人事因果关系及其兴衰存亡的决定性影响；在史学观的意义上，塔西佗强调突出历史撰述的道德目的。如此一来，笔者谋求在两个层面上明确其史学思想的'道德'实质，即道德史观与道德目的究竟是如何可能与实现的"①。张广智为该书撰写了序言，对这部著作给予高度评价。他说，该书从罗马大史学家塔西佗的史学著作谈起。一方面，塔西佗的著作笔端直指暴政，揭露帝制，鞭挞暴君。另一方面，塔西佗歌颂共和政体，赞美昔日的世风淳朴，留恋旧贵族共和派人士的自由生活。在历史写作上，塔西佗传承了古典史学中的求真探索精神，并且有所弘扬，形成了他自身的特点。作者论及塔西佗的史学，从他的历史观和史学观着墨，在论证中，辅之以翔实的中外文献资料，因而言之有据，疏远空议，令人信服。该书完全可以说是国内塔西佗史学研究的新突破，也是对西方古典史学和西方史学史研究的一个新贡献。褚著的主要内容是塔西佗史学的生成背景；塔西佗的循环史观；塔西佗的天命观；塔西佗的历史叙事；塔西佗历史写作的特征等，这些有助于人们对作为历史学家的塔西佗有一较全面的认识。

易兰著《兰克史学研究》，复旦大学出版社2006年出版，这是我国学

---

① 褚新国：《帝国的沉沦与救赎——塔西佗和他的历史世界》，人民出版社2008年版，第42页。

者专门研究德国著名史学家兰克的第一本专著。该书在详尽梳理国内外研究兰克史学成果的基础上，深入论述了兰克史学产生的社会文化背景，兰克史学的"如实直书""上帝之手"，以及兰克史学的政治性的真正内涵，并阐释了兰克史学的世界影响及其中国回响。作者认为，兰克作为19世纪西方史学最高成就的代表，其创立的史学流派对后世的影响是深远的。即使在新史学、后现代史学勃兴的今天，兰克史学的功绩仍不可回避。全文由导论、正文五章、结语共计七个部分组成。主要内容是兰克史学产生的社会文化背景；兰克史学的"如实直书"；兰克史学与"上帝之手"；兰克史学与政治；兰克史学的世界影响及其中国回响等。作者在结语中概述了兰克史学的主要贡献，即作为"科学历史学之父"的兰克；作为"客观主义史学之父"的兰克，以及兰克的主观性和倾向性等。

李勇著《鲁滨逊新史学派研究》，安徽人民出版社2004年出版。该书是我国学者系统研究美国鲁滨逊新史学派的第一部著作。詹姆斯·哈威·鲁滨逊（1863—1936），美国新史学一代宗师，1929年当选为美国历史学协会主席。1912年，他发表《新史学》论著、提出较为系统的历史新理论，成为该学派的创始人。该学派主张把历史的范围扩大到包括人类既往的全部活动；用综合的观点来解释和分析历史事实；用进化的眼光考察历史变化；研究历史的功用在于帮助人们了解现状和推测未来；充分发挥历史知识的教育功能。新史学派对美国史学发展有深刻影响。20世纪初，鲁滨逊新史学传入中国，大批留学欧美的知识分子先后归国，执教于各地大学，其中不少人出自这一学派门下，纷纷采用鲁滨逊新史学派编著的教材，积极传播该派的学说。鲁滨逊新史学派对20世纪前半期的中国史学理论和史学史学科建设产生了广泛的影响。《鲁滨逊新史学派研究》内容包括19和20世纪之交的美国社会与学术；鲁滨逊新史学派的形成；历史学的现实与科学性；史料与历史真实；历史的进步与广泛性；史学方法的多样性；鲁滨逊新史学派对美国史学的影响；鲁滨逊新史学派在中国的回响。

王利红著《诗与真：近代欧洲浪漫主义史学思想研究》，上海三联书店2009年出版。这是我国第一部系统研究近代欧洲浪漫主义史学的专著。浪漫主义史学是西方史学发展史上一个承前启后的史学流派，在西方史学史界占有重要地位。它的产生与浪漫主义运动的特定的社会历史氛围有关，即浪漫主义运动是浪漫主义史学产生的时代背景。该书通过论述浪漫主义史学的产生、发展和浪漫主义主要史家的观点，全面阐述浪漫主义史学思想的基本内涵，以及它对西方整个史学发展进程的深远影响。该书的主要内容包括近代欧洲浪漫主义运动、浪漫主义史学观、浪漫主义与民族主义史学、浪漫主义主要史家及史著，如赫尔德、米什莱、卡莱尔等。作者强调，只有厘清和浪漫主义相关的各种概念、思想和理论问题，方能对浪漫主义史学进行深入的研究和探讨。故在讲述浪漫主义史学之前，专辟一章用于讲述浪漫主义运动。

我国的外国史学史研究，明显以西方史学史研究为主，这既有历史上已经形成的研究成果、研究条件等因素的影响，同时也反映出在今天的国际文化格局中，西方文化至今仍是主流文化这一事实。这种情况近年在我国史学界开始有所改变，如刘爽著《苏联解体的史学阐释——兼论俄罗斯史学的功能与特征》，中国社会科学出版社2009年出版。该书以马克思主义唯物史观为指导，从历史学这一意识形态的重要领域入手，对苏联解体的原因进行了深入探讨。全书以苏联"史学"曲折的发展过程为主线，分析了苏共败亡的思想理论根源，揭示了苏联解体前后"历史热"的原因和后果，剖析了历史学在苏联演变和苏共失败过程中的"历史责任"。在苏联解体的过程中，可以清晰地看到苏联政治意识、经济理论和文学、哲学等哲学社会科学领域的演变，历史学也包含其中。这种"演变"的实质，实际上是在进行一场没有硝烟的战争。历史科学从来就不是脱离于意识形态之外的"纯"学术，苏联史学不仅产生和服务于苏联的社会政治制度，同时，对于苏联国家的兴衰及至解体都产生了重要影响。戈尔巴乔夫在改革遇到重重困难时，提出"民主社会主义"理论，走全盘西化的改革路线，从意识形态入手，宣扬历史虚无主义，歪曲本国历史，造成了严重的思想混乱，成为苏联解体从量变到质变的主要因素之一。

西方垄断资产阶级对社会主义国家实行"和平演变"战略，是他们始终不变的政策，直到今天依然如此。该书不仅有着重要的学术价值、理论意义，而且还具有重要的现实意义。其主要内容是：俄国传统史学的功能及其特点；近代俄国史学概观；俄国马克思主义史学的产生；斯大林时代的历史科学；战后苏联的意识形态转变与史学发展；戈尔巴乔夫改革与苏联意识形态的重大转折；"填补历史空白点"：从历史上否定苏联；"冷战"——西方和平演变策略与苏联解体；"史学危机"与苏联解体的意识形态原因；世纪之交的俄罗斯社会状况与史学研究；当代俄罗斯史学进展评析；米罗诺夫的《俄国社会史》：成就及争议；史学重建与俄罗斯的复兴等。刘爽还撰有论文《当代俄罗斯社会史研究的特点及趋向》（《北方论丛》2004年第6期），作者认为，苏联解体后，俄罗斯史学经历了从危机迷惘到理性反思的转折，其中社会史研究的兴起引人注目。当代俄罗斯的社会史研究既是对俄传统史学和苏联史学的批判、继承和发展，同时也反映了历史学家面对俄罗斯社会转型艰难性与复杂性的深刻的历史思考。在社会史研究逐步发展的过程中，大多数俄罗斯学者仍以历史唯物主义为指导，在批判地吸收现代西方史学思想与方法的基础上，为建构具有俄罗斯民族精神和时代特征的新史学而努力。当代俄罗斯社会史所取得的成就，对于俄罗斯史学融入世界史学的主潮，对于从历史和文化层面探索俄罗斯复兴的道路都具有积极的意义。

近30年来，高校普遍开设的西方史学史课程，也催生了一批质量优秀的教材。例如，郭小凌著《西方史学史》，北京师范大学出版社2009年出版。该书是新世纪高等学校教材，普通高等教育"十一五"国家级规划教材，历史学基础课系列教材之一。该书初版于1994年，当时作者在后记中写道，"《西方史学史》是个不容易对付的挑战。坦率地说，在应承下这个任务时我心里是没底气的，因为我虽然对西方史学史有浓厚兴趣，也教过这方面的课程，并写了本关于古典史学的书以及个别文章，但对于进入这本书中的史学大家们，除了少数人我较为熟悉之外，多数并不真正了解，原因是没有认真、投入地研读过他们的原著，害怕出海客谈瀛洲、误人子弟的笑话。刘家和先生的一席话给了我迎战的勇气。他举罗素在其《西方哲学史》序中的一段诚恳的交代：'我毫不怀疑，很多人对于我所述及的任何一个哲学家，——除了莱布尼兹之外——都比我知道得多，然而，如果这就成为应该谨守缄默的充分理由，那么结果就会没有人可以论述某一狭隘的历史片段范围以外的东西了。'我当然远没有罗素的渊博和睿智，但罗素的求实态度却使我感动，给我启发：天下没有在一门学科里能无所不窥、无所不精的超人，特别是在科学深入析分化的当代。西方史学史在我国还是块刚开发的土地，需要有人做'引资'和初步论个性的工作。"该书经过十多年的使用，在内容和体系上都有较大的提高。其主要内容包括：史学的起源；古希腊史学的形成与发展；古罗马史学；中世纪史学；古典史学的复归——文艺复兴时期的史学；启蒙时代的理性主义史学（17—18世纪）；法国大革命至19世纪中叶的西方史学；马克思唯物主义历史观的产生与马克思主义史学的早期发展；19世纪后半叶和第一次世界大战之前的西方史学；现代西方史学鸟瞰（自第一次世界大战至今）。

2011年，张广智主编的多卷本《西方史学通史》，由复旦大学出版社出版。这是国内第一部多卷本的西方史学史著作。全书6卷，首卷为全书之"导论"，余五卷依次为古代时期、中世纪时期、近代时期（上）、近代时期（下）、现当代时期的史学史。"六卷本《西方史学通史》时贯古今，从西方邈远的'荷马时代'迄至现当代，倘若从历史发展的层面上而言，我们力图于纵向上揭示在历史演变进程中西方史学的发展变化及其规律，于横向上阐明时代与社会的进步与史学发展变化之联系；倘若从史学史的结构层面上而言，即把史学发展进程中的历时性考察与共时性探索（即'纵通'与'横通'）有机联系起来，也就是对中外（西）史学进行交流与比较。不管是前者还是后者，都是我们今后要努力实施与弥补的一项工作。'往来不穷谓之通'，唯有把历时性的考察与共时性的探索结合起来，才能写出真正的西方史学通史。"《西方史学通史》，是在长期研究的基础上完成的。"六卷本《西方史学通史》，执笔各位作者都施尽其才，做出了各自的奉献。为贯彻通史之旨趣，各卷的写作大纲都经大家讨论，各抒己见，充分显示了集体的力量。但在写作时，从立论、选材、结构、表述等，均充分发挥各卷作者个人的智慧，显示其'个性特色'。六卷组合，首卷为全书之'导论'；余五卷，以时间序列书写，构成了一部西方史学发展的历史长篇。各卷自可独立成篇，自成一统；但各卷之间，又力求上下衔接，相互贯通。"[①] 20世纪60年代，耿淡如先生受命准备编写《外国

---

① 陈香：《中国人在西方史学史领域有了自己的话语权50年完成〈西方史学通史〉》，《中华读书报》2012年4月19日。

史学史》教材，1961年写了《什么是史学史》这篇文章，1964年招了研究生，但因"文化大革命"而中断。1975年，先生怀着遗憾与世长辞。张广智主编多卷本《西方史学通史》问世，则在半个多世纪后弥补了这个缺憾。张广智在该书"总序"中说："逝者如斯，风华不再，后来者唯有在这人生的旅途上，不断进取，继续耕耘，才能不致愧对先人，不致愧对中国的西方史学史事业的前程。"① 他所言极是，这部著作即是生动体现。

2019年，《外国史学史》课题组编写的作为教育部马克思主义理论研究和建设工程重点教材之一的《外国史学史》，由高等教育出版社出版。该书以马克思主义理论为指导，运用唯物史观的观点和方法，全面考察与系统研究国外历史学及其史学思想的起源、发展和演变的历史，同时论述了国外一些重要国家的代表性史家、史学流派和史学思潮的史学观念与理论观点，充分反映了中国学者视野中的外国历史学的学术史，也客观体现和全面总结了国外历史学的理论方法、史学成就和实践意义。它既适应我国史学理论和史学学科建设的需求，切合我国高校历史学专业理论人才培养的需要，同时反映了鲜明的中国本土特色与国际史坛发展趋势。编写组加强了对唯物史观基本原理的阐述；在《叙论：史学、史学史与史学思想》部分，有专节阐述"以唯物史观为指南的史学史研究"，明确指出马克思主义学说对于外国史学史学习和研究的指导意义；对马克思、恩格斯和列宁史学思想及影响的关注；对外国马克思主义史学的关注等。在"近代史学"和"现代史学"都有这方面的内容，有专节分析"马克思主义与当代西方史学"，以及对史学发展与社会发展关系的关注等。本书的另一特点，是对非西欧北美国家（亚非拉美国家）史学发展的充分关注。编写者认为："民族主义具有创立民族国家，维护提高民族国家的声望，及对外扩张三种取向。民族主义史学是一个国家的近代化事业中的一个组成部分，并且扮演着重要的角色……（近代）专业史学逐渐形成，这些专业的史学家虽然注重档案文献的考据，强调客观公正，但是往往带有强烈的民族主义色彩。'二战'之后，受西方史学范式转换的影响，这些地区的史

---

① 张广智主编：《西方史学通史》第1卷，复旦大学出版社2011年版，第6页。

学也开始出现社会科学化趋势。"① 伊斯兰史学、非洲史学、印度史学和拉丁美洲史学阐述，是该书的一大亮点。

上海师范大学张忠祥在《20世纪非洲史学的复兴》（《史学理论研究》2012年第4期）中指出：缺乏对非洲史学的发展过程和史学流派的了解，不利于全面把握全球史学发展的全貌。非洲史学有着悠久的历史和传统，殖民入侵和殖民统治给非洲传统史学造成严重的冲击。20世纪中叶非洲国家独立后，非洲涌现出一批本土史学家，他们要求清除史学研究领域的殖民主义影响，建立了民族主义历史学派，如伊巴丹学派和达累斯萨拉姆学派等，出版了一批有影响的历史著作，标志着非洲史学的复兴。非洲第一代本土史学家都毕业于伦敦大学东方和非洲研究院，后来的非洲史学家也是大多数在西方国家获得硕士和博士学位，他们容易走精英化的道路，为普通民众服务不够。此外，20世纪非洲史学发展存在不平衡性，总的看来，非洲史学的发展尽管取得了一定的成绩，但是与世界水平相比还有较大的差距，因此非洲史学的发展潜力依然很大。张忠祥在《口头传说在非洲史研究中的地位和作用》（《史学理论研究》2015年第2期）中提出：口头传说对非洲历史的研究有着特别重要的意义。非洲国家独立后，在非洲本土历史学家的努力下，口头传说的价值得以重新发现。口头传说不仅是研究非洲历史的重要资料，而且提供了从内部解读非洲的钥匙。与欧美口述史研究的重点放在社会史领域所不同，非洲口述史研究重点遍及政治史、民族史和文化史等领域。非洲口述史不只是对文献档案历史的拾遗补阙，而是历史研究的主体，并且已经成为非洲史研究的亮点和特色。张忠祥在《20世纪70年代以来非洲史学的新进展——以医疗史研究为个案》（《史学集刊》2015年第4期）中指出，自20世纪70年代以来，在全球史学转向的影响下，非洲史学向纵深发展，其史学流派更加精彩纷呈，如口述史、医疗史、环境史、经济史和妇女史等都取得不同程度的进展，从非洲医疗史的研究中，可见非洲史学的新进展。到了20世纪七八十年代，以非洲医疗史和非洲环境史为代表的新社会史在非洲兴起，就是非洲史学研究向纵深发展的内在要求。20世纪80年代初在非洲最早发现的艾滋病

---

① 《外国史学史》课题组编写：《外国史学史》，高等教育出版社2019年版，第318—319页。

现在已经成为全球性的疾病，近年在西非利比里亚、塞拉利昂和几内亚肆虐的埃博拉病毒再次拉起全球公共安全的警报。这一切都说明，对非洲疾病的研究具有世界范围的现实意义。在上述研究的基础上，张忠祥承担了国家社科基金重点项目《20世纪非洲史学与史学家研究》，目前，该项目已申请结项。该成果的出版将是我国第一部非洲史学专著。

2015年，于沛主编《西方史学思想史》在湖南教育出版社出版。与一般的西方史学史相比较，该著更重视西方"史学思想"发展的介绍和阐释，重点讲述了西方史学在不同历史时期的思想发展演变和历程。全书以唯物史观为指导，从历史环境中考察各个时期的史家、史学思潮和流派等，主要选取了每个历史阶段在西方国家中有影响力的史学思想进行阐述，揭示西方理论的演进和变革，阐明西方史学思想的发展概貌，从而取其精华、去其糟粕，为我国学者建构新史学的理论体系和话语系统提供借鉴。西方的史学思想内容十分庞杂，在其发展历程中，形成了诸多的理论、方法和流派，产生了许多的史家和有影响的作品。这部著作虽然篇幅不大，但就其内容来说，则较完整地包含了西方史学发展的主要阶段，并对第二次世界大战以后，特别是近二三十年西方史学思想发展的主要内容、主要特点，以及深刻而广泛的学术和社会影响等，都有较系统地阐述。该著是在广泛汲取西方史学思想研究新成果的基础上完成的，反映了我国史学工作者在西方史学思想方面研究的新进展。该著在对西方史学思想史进行线性梳理的同时，还撰写了"西方马克思主义史学""后现代思潮对现代西方史学的挑战"等专题，深化了人们对西方史学复杂性和创新性的认识，也拉近了与中国语境和中国现代史学视域的距离。《西方史学思想史》的最后一章，也是该书的"结语"中写道："在历史认识问题上，'后现代史学'轻率地颠覆传统的进步历史观，否定历史的客观实在性，否定历史矛盾运动的客观规律性，随心所欲地去解读历史，这对实证主义史学而言，无疑是一种倒退。""结语"同时还指出，"后现代史学也给人以有益的启示，它强调认知差异性，认为历史生成以及对其意义的阐释，不能脱离历史存在与认识者存在着双重具体情境；它反对以单一的叙事模式来描述世界历史，主张对文本的理解和叙述的多元化，这使得批判

'西方中心论'成为可能"①。这些对于科学评析当代西方史学思想,加强当代中国历史科学的理论建设,是有积极作用的。

一些学者注重理论与实际、历史与现实的结合,使外国史学理论研究体现出鲜明的时代精神,对世界史学科的理论建设有直接意义。如对美国历史学家魏特夫的代表作《东方专制主义》的批判。《东方专制主义》在1957年出版(1989年中文版)。魏特夫在该书中提出"治水社会"的理论,杜撰出所谓的"东方专制主义"概念,他不仅攻击马克思主义基本理论,歪曲古代中国、古代希腊、古代印度和古埃及的历史,而且诬蔑社会主义国家是"东方专制主义的变种"。这部著作是魏特夫"为自由世界而斗争","献给自由世界的贡物",在西方有广泛的、超出学术界以外的影响。为了揭露这部"学术著作"的欺骗性和反动性,1995年,《史学理论研究》杂志开辟专栏,组织国内知名学者撰写多篇学术论文,摆事实,讲道理,对其进行了深入的有说服力的批判。1997年,由李祖德主编的《评魏特夫的〈东方专制主义〉》,中国社会科学出版社1997年出版,林志纯、林甘泉、刘文鹏、施治生等学者,从东方社会的特点和性质、东西方专制制度比较、水利在东方社会发展中的作用、"亚细亚生产方式""'东方专制主义'概念的历史考察"等方面,系统地揭露了魏特夫《东方专制主义》在理论上史实上的原则性错误,以及政治上的反动政治意图。

当前中国史学界面前的一个重要任务,是以唯物史观为理论指导,对西方史学理论与方法,特别是20世纪以来的西方史学理论进行认真研究,做出马克思主义的回答,对其中一些有益内容有选择地批判地汲取,为我所用。对我们来说,西方史学、特别是西方史学理论的价值在于提出了什么问题,而不在于它们是怎样回答这些问题。例如,西方史学强调理论分析、理论概括,对历史过程也强调理论描述,尽管这样或那样的理论都是建立在唯心史观的理论基础上,但却同样给我们以启示,使我们也应该重视历史研究中的理论问题,只不过我们的史学理论是建立在唯物史观基础上的理论,而不是不加分析地照抄照搬西方的理论。

为了有针对性地解决上述问题,在西方史学史的研究中自觉坚持马克

---

① 于沛主编:《西方史学思想史》,湖南教育出版社2015年版,第470页。

思主义的理论指导，于沛主编有《20世纪西方史学》一书，2009年8月由武汉大学出版社出版。该书的主要内容是：处于变动世界中的历史学，概括20世纪西方史学发展变化的基本特点；传承与变革，探究20世纪西方史学的渊源；悠远的撰史传统，从古典史学、中世纪史学到近代史学、现当代史学；风云变幻的欧洲史学；历史主义传统的变迁，阐述20世纪的德国史学；史学范型独领风骚；20世纪法国史学发展的国际背景以及社会历史环境；经验主义史学传统的活力，20世纪的英国史学；从欧洲传统到自身传承，阐述20世纪的美国史学；反叛传统与史学变革，阐述20世纪后现代主义史学与新文化史。西方史学观念的更替，阐述20世纪的西方历史理论。主要内容是对20世纪历史理论的概括，以及这些理论的渊源；历史真实性问题；分析、批判的历史哲学；历史主义、相对主义；历史中的隐喻问题等。在对上述问题的研究中，编者强调马克思主义的理论指导，以及中国学者的理论体系和话语系统。

在西方史学史的研究中，还有一些值得重视的论文。这方面的论文数量很大，无论怎样选择，也只能挂一漏万。易宁、李永明撰《修昔底德的人性说及其历史观》（《北京师范大学学报》2005年第6期），作者认为，修昔底德的《伯罗奔尼撒战争史》中人性一词有较为广泛的含义，包括天生的、自然而来的个体的人、群体的人以及人类所共有的品性、能力、生理特征等。修氏特别关注的是与重大历史事件有关的人类所共有的本性，即人追求权力、财富和荣誉的欲望、好斗性以及人的情绪等。欲望、好斗性和情绪等人类非理性的本性是永恒不变的，然而它们又通过具体变化着的人的行为表现出来，以不同的方式表现出结合或冲突，从而形成人类的活动。修氏以人性说为基础建构自己的历史观。他揭示了客观历史自身存在的理性：历史以社会经济发展和人类联系不断加强的方式表现其发展的理路。人性是推动历史发展的动因。历史的本质就是人性。历史理性与自然理性无关，与道德理性背离。修氏的历史观反映了希罗多德之后古希腊史学观念的重大变化。对古希腊史学观念的发展产生了重要的影响。

张广智、易宁、侯树栋等发表了《西方古代中世纪历史理论》笔谈（《史学史研究》2007年第4期）。此组笔谈的三篇文章是：张广智：《古代西方历史理论三题》；易宁：《波利比乌斯的普世史观念》；侯树栋：《西欧中世纪早期的史学观念》。张广智教授的文章对西方古代历史理论中的三个重要问题，即历史进程中的神人关系、历史进程中的古今关系和历史盛衰中经济因素的作用进行了深入的分析。易宁教授的文章从历史变化、时间和空间及其联系等方面分析波利比乌斯普世史观念的内涵，并且指出了波利比乌斯历史思维的特点以及他的历史理论在西方古代史学中的价值。侯树栋教授的文章讨论基督教神学的历史解释和对现实社会的关怀等问题，分析了西欧中世纪早期史学观念中的神性与理性及其关系。这三篇文章注意到将西方古代中世纪历史理论问题与中国古代历史理论的相关问题联系起来思考。张井梅撰有《浅论西方史学史上的"博学时代"》（《史学史研究》2008年第3期）。作者认为，在理性主义史学诞生前，人文主义史学盛期后，尚有一个"博学时代"史学，时间上涵盖16世纪后期至整个17世纪，它对后世历史编纂、历史意识的转变，毫无疑问地发挥了实质性的重要作用。"博学时代"处于近代西方史学的发轫成长阶段，上承人文主义史学之遗产，下启理性主义史学之坦途。它突出的成就在于，史学家开始重视史料的收集、整理、校订和考证，形成最初的历史批判意识，并尝试对历史发展进行规律性的解释。其中，尤以法国取得的成果最为显著。"博学时代"强化了历史学成为一门真正的科学。

在诸多的论文中，有关主要的史学流派的研究，占有重要比例。梅棹忠夫是日本享有盛誉的民族学和文化人类学家，他在1957年发表的《文明的生态史观序说》中，首次提出"文明的生态史观"，被认为是"世界史理论的创新"。1964年，《中央公论》曾将该文列为"创造战后日本的代表性论文"。杨宁一、郑丽平在《评梅棹忠夫"文明的生态史观"》（《史学月刊》2005年第8期）中指出，日本著名学者梅棹忠夫提出的"文明的生态史观"影响巨大，为认识和研究人类文明的演进，特别是现代化的进程，提供了一个新的视角。日本学术界对该观点评价甚高，称其为独特的世界史观，是"给予迄今为止的世界史理论以冲击的崭新的世界史理论"，是"战后提出的关于世界史理论的最重要的模式之一"。但是，从历史学的角度加以检证，"文明的生态史观"存在许多漏洞，作为现代化的一种模式不能成立，作为一种代表性的日本文化论也具有过分拔高日本文化的倾向，这是我们所不能苟同的。赖国栋在《试论布罗代尔的历史比较思想——以初版〈菲利普二世时代的地中海与地中海世界〉为讨论中心》(《史学集刊》2008年第1期)中，以布罗代尔的代表作为例，论析了他的史学思想中的比较思想。《菲利普二世时代的地中海与地中海世界》是布罗代尔的代表作之一。布罗代尔几次修改这部著作，改动最大的当属1966年第2版，其中删除了1949年初版时带有地理决定论的内容。对比法文1949年与1966年版，特别是从删除的"结论：地理史与决定论"中，我们可以看出，布罗代尔不仅表达了历史学是一项科学的事业的理念，而且从四个方面即不同时间和空间、不同时间相同空间、相同时间不同空间以及唤起回忆等阐释了一种历史比较思想。这种历史比较思想为其后来的整个史学思想搭建了一种带有社会决定论的框架。

西方史学史研究的目的和当代中国史学的发展联系在一起，在西方史学史研究中，学者们高度关注中国史学发展中所面临的实际问题。任东波在《"欧洲中心论"与世界史研究——兼论世界史研究的"中国学派"问题》(《史学理论研究》2006年第1期)中指出，在世界史研究中，存在着"假定前提的欧洲中心论""文化传播的欧洲中心论"以及"反欧洲中心论的欧洲中心论"三种"欧洲中心论"。它们是一种同构关系。替代论、调和论和修正论是对"欧洲中心论"的三种批判形式。批判"欧洲中心论"不仅是创建"中国学派"的理论前提和实践路径，而且有助于中国世界史学界健康积极的心态和生态的生成。拒绝任何形式的普遍主义、培养理论与方法上的自觉意识和批判精神以及将本土学术资源与西方的学术成就结合起来，是创建健康的、自觉的、开放的"中国学派"必须跨越的路径。就中国世界史学界而言，最关键的是寻求和建构一种"中介"即对话和争论。只有构建世界史阐释的"多元主义"视角，非西方学术界（包括中国世界史学界）才能在世界范围内确立自己的学术话语体系并搭建起相对公允的学术对话平台，才能完成学术文化上的"解殖"任务。

外国史学史研究不断深化的重要标志之一，是西方思想史研究，或史学思想史研究的开展。张文杰、李宏图、周兵、于文杰等发表的《西方思想史研究笔谈》(《史学月刊》2006年第7期)，讨论了西方思想史研究中的若干理论问题。张文杰谈的问题是《"历史会重演论"新说》；李宏图为《修辞视野下的思想史研究》；周兵为《"自下而上"：当代西方新文化史与思想史研究》；于文杰探讨的是《西方思想史研究在中国的本土化问题》。论者认为，或通过历史重演论之本真诠释，欲令世人于重温历史中获得新启示；或通过修辞视野下思想史研究中语境与修辞战略之研究，以冀于思想史方法论方面有所创获，并能与国际学术进行一定形式的对话；或通过业已成形的新文化史研究，尤其是自下而上的品质及其与思想史研究之内在关联的分析，召唤思想史研究超越精英阶层、迎接大众时代之到来；或通过对思想史研究之伟大传统、意识形态特征以及研究方法和价值取向的多元性的探讨，寻求西方思想史研究本土化进程多元均衡、和谐发展之可能性。

李宏图撰写的《改革开放以来的西方思想史研究》（《史学月刊》2009年第5期）认为，1978年改革开放以来的30年间，在一批学人的共同努力下，西方思想史研究取得了快速进步。从以前少数人默默无闻的耕耘，到现在已经成为历史研究领域中重要的一个分支，无论在理论与方法方面，还是在内容和研究范式方面，都取得了长足的进展和丰硕的成果。更令人欣喜的是，这些成果不仅推进了学术的进步，而且更新和重塑了我们这个民族的思想观念，因此，思想史研究对推进中国的现代化建设也起到了积极作用。可以相信，随着中国日益融入世界，今后西方思想史研究将会迎来更大的进步。

谈丽的论文《在反思与批判中彰显史学理性之光——小阿瑟·施莱辛格史学观述评》（《复旦学报》2007年第6期），以美国史学家小阿瑟·施莱辛格为例，探讨了史学的社会功能问题。美国当代著名史学家小阿瑟·施莱辛格对政治的积极参与常使他遭学界指责，认为他有将史学研究政治化、简单化的倾向。该文通过追溯其学术取向的形成过程及其史学思想的解剖指出，施莱辛格深知参与政治实践可能影响学术研究的立场，因而在长期的学术生涯中不断自觉地加以反思，形成了强调历史的学术功能，追求客观主义理想的史学观，形成了对历史与政治关系的独到见解。这使他较好地处理了治学与从政的关系。许海云在《西方史学的历史反思》（《中国社会科学院院报》2008年3月27日）中，也谈到西方史学的社会功能问题。他说，在西方史学潺潺流动的历史长河中，曾经历了古朴的古典史学、晦暗的中世纪史学以及波澜壮阔的近代史学阶段，涌现出众多纷繁复杂的史学流派与理论，令人眼花缭乱、目不暇接。然而，纵观西方史学发展之始终，其变化当属从传统史学到新史学的飞跃，这一转变体现了精深博大的思想内容与特点。从古希腊史学时代开始，西方史学就确立了追求信史的求真意识，扬善抑恶一直就是历史研究的一个重要目标。历史学的这一社会功用以及由此形成的基本学术规范，贯穿了西方史学发展之始终。自20世纪以来，西方史学出现了新变化，即新史学以其全新面貌登上了历史舞台。就历史研究的对象、史料、方法、领域等问题，提出了一系列新理论、新方法和新思维，全面深化了西方史学研究，而且这种趋势在20世纪七八十年代以后的当代西方史学中不断加强。

（五）跨学科方法和历史学分支学科研究

改革开放以来，中国世界史学学科的理论建设已经表现出，并将继续表现出鲜明的"世界眼光"。这就是说，这种理论建设，既要着眼中国世界史学科发展的历史与现实，又要联系国外史学发展的进程，自觉排除闭关自守的文化排外主义的干扰，破除中西对立的僵化思维方式，认真研究外国史学新的学术思潮、前沿问题、热点问题和重要成果，博采众长，以为借鉴，为中国世界史学科的理论建设服务。

第二次世界大战后，外国史学发展的重要特点之一，是整体化趋势不断加强。历史学家在面临宏观问题研究急剧增加的同时，微研究中的理论、原则和方法又不断细化，史学与其他学科的联系越来越加密切，这样，在历史研究实践中，就催生了不少历史学分支学科。与此同时，原有的一些分支学科也被赋予了崭新的内容。1988年夏，中国社会科学院世界历史研究所外国史学理论室在京举办"史学新学科与史学理论基础讲座"，主讲教师来自中国社会科学院、中国科学院相关研究所，学员则来自全国各地的高校和研究机构。1998年，于沛主编的《现代史学分支学科概论》，由中国社会科学出版社出版。该著作就社会史学、文化史学、心理史学、城市史学、家庭史学、政治史学、口述史学、计量史学和比较史学的产生、发展、主要代表人物、代表作,以及主要的理论、方法及原则等进行了概括性的介绍和分析。此外,徐浩、侯建新在《当代西方史学流派》(中国人民大学出版社1996年出版)中,对新社会史、妇女史、家庭史、两性关系史、计量史学和新经济史学、新政治史学、比较史学、心理史学等进行了分析。杨豫在《西方史学史》(江西人民出版社1993年出版)的"新史学篇"中,对西方新史学及其主要流派、历史研究的新领域、自下而上的历史学、新史学的基本方法有较全面的论述,内容较为丰富,主要包括新史学的主要特征、法国年鉴学派、英国马克思主义历史学派、美国的克莱奥学派;经济史、社会史、人口史、家庭史、心理史、新政治史、劳工史、妇女史、心态史、心智史、口述史;跨学科的历史学、比较史学、历史研究的计量化、计算机技术在历史研究中的应用。所有这些,对推动我国历史学分支学科的发展,都有积极的意义。

心理史学 罗凤礼著《历史与心灵——西方心理史学的理论与实践》,1998年由中央编译出版社出版,对在西方史学中占有重要地位的心理史学进行了评介。该书的主要内容是弗洛伊德的精神分析学说及弗氏对历史的探索、从封闭到开放的西方历史学、心理史学的崛起与发展、非精神分析心理学在史学研究中的应用、心理史学与一般史学。作者专节探讨了"心理史学与马克思主义史学"。作者认为,"联系具体环境来分析研究人员的心态情感和心理动机,对于理解历史事件与进程是极端重要的,只有分析了解人的心态情感才能理解他的行为和历史活动……这就提示我们,在作历史研究的时候,不能只见物不见人,而必须对不同人的主观世界作全面细致的分析了解。马克思主义认为,不是'经济状况自动发生作用',而是'人们自己创造自己的历史',这个论述自应包含上述道理"①。

张广智在《心理史学在东西方的双向互动与回响》(《学术月刊》2002年第12期)中,通过"西书中译:西方心理史学之东传——心理学所发生的影响""东方回应:国人对心理史学的评价""东学西渐:中国文化对西方心理学的影响"等的分析,论述了现代西方心理史学在20世

---

① 罗凤礼:《历史与心灵——西方心理史学的理论与实践》,中央编译出版社1998年版,第127页。

纪中国学界所激起的回响，同时也涉及中国文化对西方史学所发生的影响。在中国史学界，心理史学的学科地位、理论架构与发展前景，心理史学与马克思主义的唯物史观的关系，个体心理（如帝王心理）与群体心理（如商人阶层），社会心理、民族意识与文化心理，心理史学与心态史学之异同，西方心理史学的演变与现状，弗洛伊德的精神分析学说与历史研究，当代美国心理史学的发展等，日益引起学者们的广泛关注。现代西方心理史学的发展同现代西方史学的历程一样，有繁荣，也有式微，有高潮，也有低潮，坎坷曲折，不一而足。现代西方史学在发展，现代西方心理史学也要前行，那么这种外来史学对中国的影响就不可能终止，反之中国文化对前者的影响也会日益强烈。因此，这种史学文化之间的双向互动的研究也就大有作为。

口述史 20世纪中叶，口述史学产生于美国。半个多世纪以来，取得重大进展，引起越来越多的中国学者的重视，以2003年的成果为例，可清楚地看到这点。杨祥银著《与历史对话：口述史学的理论与实践》，中国社会科学出版社2003年出版。该书具有一定的开拓意义，它是我国第一部由中国人完成的系统地阐述口述史学理论和方法问题，以及介绍和评价中国和外国口述史学发展状况的专著。它有助于我国口述史学的发展，使更多的人关注、认识和理解口述史学。该书内容丰富，文献资料翔实，广泛地、有选择地汲取了当前国际口述史学发展的最新研究成果。这一点与作者为美国口述历史教育家协会的成员，多年来一直与10多个国家和地区的100多位口述历史学家保持紧密的联系和交流有关。其三，论述全面且简洁。作者提出了涉及口述史学的大部分问题，并加以简洁的论述和分析。作者认为，口述史学作为一门新的史学分支学科，很多问题尚待进一步研究，因此有时提出问题比回答问题更为重要，一些问题往往引发更大范围的争论，有助于口述史学研究的深入发展。最后，对于初学者来说，此书堪称"入门指南"。

2016年，杨祥银著《美国现代口述史学研究》，由中国社会科学出版社出版。鉴于美国是现代口述史学的发源地，该书对美国现代口述史学的起源、发展历程、国际背景、基本特征、理论研究、跨学科应用、口述历史教育与面临的主要挑战等问题，做了较为全面而系统的梳理与研究，并希望为方兴未艾的中国口述史学的发展与建设提供某些借鉴与参考。

该书的"导论"从口述史学简史、基本概念界定、美国口述史学研究的学术史回顾，以及该课题研究的基本思路与框架等，做一简要的梳理与分析。其余各章的主要内容是："美国现代口述史学的起源与诞生"，追溯了1948年以前"oral history"这个术语在美国的起源与早期使用，并以个案分析美国学者和机构早期对于口述访谈方法的倡导与实践。"精英主义、档案实践与美国口述史学"指出，到20世纪60年代中期，哥伦比亚大学口述历史研究室所开创的，以精英访谈为主的口述史学试验已经演变成为一场席卷美国各地和不同领域的口述史学运动（oral history movement）。基于精英人物的口述历史访谈模式，在于强调口述史学的档案功能与史料价值。"美国口述史学与新社会史转向"指出，受到20世纪60年代以来美国新社会史思潮以及一系列社会激进运动的冲击与影响，美国口述史学出现了"新社会史转向"。美国口述史学界开始超越第一代口述史学家所主导的精英访谈模式，扩展口述历史的搜集范围与视野。正因如此，口述史学被广泛应用于少数族裔史、女性史、劳工史、同性恋史、家庭（家族）史与社区（社群）史等新社会史领域。"美国口述史学的理论转向与反思"，则从"记忆转向""叙事转向"与"共享（的）权威：口述历史关系反思"三个角度来分析和论述美国口述史学的理论转向与反思。"数字化革命与美国口述史学"，将从数字化记录、数字化管理以及数字化传播与交流等三个方面来分别阐述数字化革命与美国口述史学之间的紧密关系。"美国口述历史教育的兴起与发展"，在考察美国口述历史教育兴起与发展过程的基础上，对主要是20世纪90年代以来，美国口述历史教育发展的基本特征进行概括性的总结与评价。"美国口述史学的法律与伦理问题"以分别发生于1986年和2011年的两个涉及法律与伦理纠纷的美国口述历史案件为例来分析美国口述史学的法律与伦理问题。作为全书的"结语"，则以时间跨度长达将近100年的两个经典口号——"我们时代的口述历史"（An Oral History of Our Time）和"口述历史的时代"（The Age of Oral Histories），总结美国口述史学发展过程所体现的时代与历史的互动关系。

张广智在《论口述史学的传统及其前景》（《江西师范大学学报》2003

年第3期）中，从历史与现实的结合上，对口述史学进行了回顾和展望。作者认为，口述史学有悠久的发展历史。文字发明前，世界各地的历史是借助于诗歌和神话等口述历史的形式传承下来的。早期历史学家著史时兼用口述史资料，是历史学对远古传统的一种回应与延伸。随着人类文明的发展，文化渐启，文字既出，各种文献资料也纷纷出现，这就开始了用文字记载历史。然而，此后的古代历史学家，由于文献资料的匮乏，在历史著述中，口述历史仍是记述历史的重要方法，时愈古而愈显其重要性。中世纪以降，口述史历经曲折，迎来现代的复兴。口述史学，作为历史学的一种新领域与新方法，它在现代西方新史学思潮的推动下，是20世纪40年代末以来，西方（主要在美国）口述史学复兴运动的产物。然而，口述史学的发展既面临着困难，又充满了希望。其困难主要在于口述史学没有受到应有重视，相关研究所需人才匮乏，以及口述史学的可信度受到质疑。口述史学的发展不仅是"中国的难题"，而且也是"世界的难题"。

邬倩在《口述历史与历史的重建》（《学术月刊》2003年第6期）中指出：1948年哥伦比亚大学设立口述历史研究室，标志着口述史的诞生。今天，口述历史研究室已经遍布世界各国，口述史学蓬勃发展。与此同时，对口述史学的批判却不绝于耳。作者通过分析"主体意识的独特性""叙述方式的特殊性""口述史料的可靠性"，试图重新审视口述历史的价值，指出在史学整体化和大众化发展趋势的浪潮中，口述史学的主体性特点并未损伤其价值，而是在新的理论和视角的基础上实现了对历史客体的重新诠释和解读。在口述史中，历史主体已不再只是历史学家，而且还应该包括受访者。口述史料则是口述历史学家主体选择与口述者主体认识、主体阐述范畴内的历史过程，相应地，口述历史的客观性也体现在口述史学家与受访者历史认识领域之内。口述历史"可以用来改变历史本身的重点，开辟新的探索领域"，也能"通过曾经创造过和经历过历史的人们自己的语言，重新赋予他们在历史中的中心地位"。从某种意义来说是实现了对历史的重建，从而肯定了口述史学在深入探索历史真实面貌过程中不可替代的地位。

妇女史 在传统史学中，男性一直占据着世界历史的中心地位，广大女性则处于"边缘"，成为历史叙述的"失语者"。人口占半数的女性在人类历史中的作用和影响，在相当长的时间内被忽视。第二次世界大战后，这些问题日益引起史学家的重视。没有妇女的历史是不完整的历史，越来越成为广大史学工作者的共识。20世纪六七十年代，国外妇女史研究得到较快的发展，这和西方第二次女权主义运动兴起于20世纪六七十年代有直接联系。当时，广大女性在新的历史条件下提出了一系列诉求和主张，要求摆脱作为"第二性""他者"的屈从和被动地位，实现充分的、全面的公民权和真正的两性平等。这次运动涉及婚姻、就业、参政、生育、社会福利等各方面的权益；这次运动推动了妇女史研究。但是，妇女史研究的发展毕竟时日尚短，其所涉及的不少问题，在某种意义上是当代史学研究的一些前沿问题。

妇女史研究的发展也与当代理论思潮的变迁密切相关。妇女史最重要成就之一是把社会性别概念引入历史研究之中，并将其用作历史分析的一个基本范畴。"社会性别"概念产生于20世纪70年代，指的是社会文化形成的对男女两性差异和行为特征的理解。20世纪八九十年代以来，西方妇女史家注意到了不同妇女群体之间历史经验的差别和妇女主体身份的多元性。与此同时，他们还对生理性别与社会性别的二元对立思维模式提出了挑战，认为男女两性之间生物学上的差别也会随着社会实践的变化而发生变化。总的说来，社会性别概念深刻地揭示了男女两性不平等的社会文化根源，由此引起了历史学家的重视，促使他们去探索隐藏在社会制度之中的两性关系，撰写包括男女两性历史经验在内的全新的人类发展史。

在我国，自20世纪八九十年代起，妇女史研究日益繁荣。《历史研究》《世界历史》《史学理论研究》等专业刊物刊登的这方面论文逐渐增加。在妇女史研究不断深入发展的基础上，一些有较高学术水平的专著也相继问世。如裔昭印等著《西方妇女史》，商务印书馆2009年出版。这是国内第一本系统研究西方妇女史的学术著作。作者运用历史学、文化学和社会性别的理论和方法，结合历史演进和男性的状况，对西方妇女自古至今的发展历程作了较系统全面的阐述，并对涉及女性的若干问题进行了深入的专题探讨。全书共分十章。主要内容为从爱琴文明至今的西方妇女发展史，具体包括古代希腊和罗马、中古时代、转型时期、近现代西方各主要国家的不同阶层女性的经济、政治、法律、工作、宗教、家庭婚姻、文化教育等方面的状况。该书研究视阈广阔，研究客体涵盖西方不同时期的不同女性群体。例如，上层社会女性、中产阶级女性、下层劳动女性，修女、女巫、寡妇和妓女等；探讨了女性与政治、经济、文化、教育、宗教、战争、家庭、身体等；以及不同时代的家庭、婚姻和性别观念、传统的男权主义及新兴的女权主义等。该著从一新的历史视角，展现出一幅幅多姿多彩的西方妇女生活经验的图景，既深化了史学研究的内涵，亦丰富了人们对于生动、复杂的世界历史的认识。《西方妇女史》的主要特点表现在以下五个方面：第一，强调从文化与社会性别的视角来阐述与分析妇女境况和两性关系的变迁，并将其贯穿于全书的始终。第二，汲取西方学者的公共领域与私人领域之理论，深入研究了家庭劳动与社会性劳动之区分对于女性地位的影响与作用。第三，在研究西方妇女总体状况时，也注意到了她们之间的差异，并尽力关注下层女性。第四，在研究的领域方面也有所拓展。第五，从妇女史角度的探索，使我们注意到不少被传统的历史研究所忽略的问题，促使学者们对这些重要历史问题的反思。

裔昭印还著有《古希腊的妇女——文化视域中的研究》，商务印书馆 2001 年出版。作者运用社会学、宗教学和心理学等相关学科的理论和方法来研究古希腊妇女史。主要内容包括：古希腊妇女观的演变；雅典妇女与城邦、雅典妇女的家庭和私人生活；军事化社会中的斯巴达妇女；希腊化时代的妇女；古希腊妇女与宗教。这些问题国内世界史学界较少涉及，特别是古希腊妇女与宗教问题在国内几近空白。作者把妇女的地位看作社会文化的产物，从两性关系的演变中揭示了所研究的社会文化传统和特征。该书强调从文化的视阈研究古希腊妇女的地位，说明古希腊妇女的地位是古希腊社会多种文化因素相互作用的结果。这里的"文化"是一个广义的范畴，它包括物质、精神、行为和制度等不同层面的内容。该书阐述了雅典城邦所具有的男性公民集体和宗教祭祀团体的特征以及斯巴达城邦所具有的军事共同体和平等形式下的不平等公社的特征（对于城邦作为宗教祭祀团体的特征，国内学者很少予以注意），说明了这些特征对妇女地位的影响。该书作者以开阔的视野，对于导致雅典和斯巴达妇女不同地位的经济、政治、法律、教育、意识、习惯、风尚等各种社会文化因素作了全面而透彻的分析，得出了一些颇有启发性的结论。如在整个国际史学界，历史学家一直对雅典的民主政治津津乐道，而该书则告诉我们，雅典城邦是一个逐渐实现了民主制的男性公民团体，因而在城邦的舞台上，雅典公民妇女的权利遭到全面的剥夺，并处于受男性支配的屈从地位。如果从这一角度来看，雅典城邦的民主制是极其有限的。

近年来国内出版的西方妇女史研究的主要著作还有闵冬潮的《国际妇女运动——1789—1989》，河南人民出版社1991年出版；马嫚的《工业革命与英国妇女》，上海社会科学院出版社1993年出版；李平的《世界妇女史》，香港书环出版社1993年出版；王政的《女性的崛起——当代美国的女权运动》，当代中国出版社1995年出版；李雪季主编的《世界女性历程图说》，中国文联出版社1999年出版；刘文明的《文化变迁中的罗马女性》，湖南人民出版社2001年出版；《上帝与女性——传统基督教文化视野中的西方女性》，武汉大学出版社2003年出版；陆伟芳的《英国妇女选举权运动》，中国社会科学出版社2004年出版；贺璋瑢的《神光下的西方女性》，中国青年出版社2007年出版；王赳的《激进的女权主义——英国妇女社会政治同盟参政运动研究》，上海三联书店2008年出版等。这些著作分别从不同的角度或方面对西方妇女的状况进行了专题研究。此外，端木美、周以光、张丽合著的《法国现代化进程中的社会问题：农民·妇女·教育》，中国社会科学出版社2001年出版；邢来顺的《德国工业化经济——社会史》，湖北人民出版社2003年出版；薄洁萍的《上帝作证——中世纪基督教文化中的婚姻》，学林出版社2005年出版；晏绍祥的《荷马社会研究》，上海三联文化传播有限公司2006年出版；黄虚锋的《美国南方转型时期社会生活研究》，上海人民出版社2007年出版。这些著作也以一定的篇幅探讨了有关妇女与性别的问题。

在进行实证研究的同时，西方妇女史也比较重视理论和方法的研究。如杜芳琴在《历史研究的性别维度与视角——兼谈妇女史、社会性别史与经济—社会史的关系》（《山西师大学报》2003年第4期）中，通过对"经济—社会史、社会史、妇女—社会性别史"异同进行比较研究，认为妇女史、社会性别史与经济—社会史既相互联系，又相互区别；并指出，从国内外近一个世纪学术与社会发展的历史看，社会史、经济史虽然都十分关注与妇女相关的各种社会问题，但它们并不能代替妇女—社会性别史。三者之间是一种交叉、互补的关系，而不是包容的关系。妇女—社会性别史作为历史学的一个新的生长点，它不止关注妇女的生活与命运，以及历史上两性之间的关系，同时还担负着对以往历史知识建构的全面审视和包括两性经验在内的新的历史知识建构的任务。因此，它应该成为整个历史研究中观察、分析、阐释的一个新视角和新方法，进一步拓展延伸历史研究的视野与空间，为历史研究注入新的活力。社会性别不但是妇女史研究的核心概念和基本范畴，而且应该成为整个历史研究的一个观察、分析、阐释的新视角、新方法。也就是说，社会性别的维度和视角一旦进入传统史学，就会为史学研究注入新的活力，使其视野、空间、深度大大延伸拓展。

生态—环境史研究 在20世纪70年代以来，生态—环境史研究在国外得到迅速发展。这和20世纪中叶以来，人类生态环境的不断恶化，引起人们对历史的反思有关，也是生态史、环境史研究兴起和发展的直接动因。英国历史学家克莱夫·庞廷著有《绿色的世界历史——环境与伟大文明的衰落》。2002年，中文版由上海人民出版社出版。作者认为，在以往的历史研究中，最为活跃的，并且充满戏剧性的，似乎只是政治史、军事史、外交史和思想史、文化史、社会史等。人类200万年的历史，这些方面并不是真正基础性的。作者强调，他所撰写的是"人类及其创造的各种社会与之存在于其中的环境、生态系统之间的演变及其后果"的人类史。美国历史学家唐纳德·沃斯特著《自然的经济体系——生态思想史》，中文版于1999年由商务印书馆出版。作者认为，"通过对不断变化的过去的认识，即对一个人类和自然总是相互联系为一个整体的历史的认识，我们能够在并不十全十美的人类理性帮助下，发现我们珍惜和正在保卫的一切"。环境和生态危机是当今世界突出的热点问题之一。它不但促成了全球性的环保运动，还引起哲学、经济学、政治学、法学、社会学、人类学、伦理学等学科的广泛关注，历史学也不例外。在社会实践中，人们愈来愈认识到环境与人类活动有着密切的关系，对人类活动有着巨大的制约作用。近年来，随着环境问题的凸显，与之相关的边缘学科不断涌现，人们在思考当今环境问题的同时，试图通过对历史时期环境状况的研究来探寻环境变迁的规律，进而服务于当今社会。在这种情况下，环境史学在原有研究的基础上有了长足的发展。

20 世纪 80 年代中期，环境史学的理论、方法和实证性的研究成果开始陆续介绍到中国来，推动了中国史学的发展。包茂宏在《环境史：历史、理论和方法》（《史学理论研究》2000 年第 4 期）中，分析了"环境史的定义及其兴起的原因""环境史的发展和理论建设""环境史研究的方法及其挑战"等问题。作者认为，环境和生态危机是当今世界最让人关注的突出问题之一。它不但促成了席卷全球的环保运动，还引起哲学、经济学、政治学、法学、社会学、人类学、伦理学等学科的广泛兴趣，历史学也不例外。不同的环境史学家对"环境史"有不同的理解和界定。20 世纪 60 年代，美国学者 R. 纳什第一次使用了环境史这个术语。他认为，环境史是"人类与其居住环境的历史联系，是包括过去与现在的连续统一体"，因而，环境史"不是人类历史事件的总和，而是一个综合的整体。环境史研究需要诸多学科的合作"。环境史是一个仍在发展变化中的概念，其研究范围不断扩大。作者认为，环境史就是以建立在环境科学和生态学基础上的当代环境主义为指导，利用跨学科的方法，研究历史上人类及其社会与环境之相互作用的关系；通过反对环境决定论、反思人类中心主义文明观来为濒临失衡的地球和人类文明寻找一条新路，即生态中心主义文明观。环境史的形成和发展已成为国际史学界 70 年代以来最引人关注的新领域之一。研究外国的环境史不仅仅是为了人类的知识积累、为我国的发展提供经验教训，还有一个重要的目的就是建立我国的环境史学派。包茂宏还在《海洋亚洲：环境史研究的新开拓》（《学术研究》2008 年第 6 期）中，分析了环境史研究的前沿问题。他认为，海洋亚洲环境史无论是从海洋史还是从环境史的视角来看都是一个亟待开拓的新领域。该文梳理了海洋亚洲研究的学术谱系，提出了海洋亚洲环境史研究的基本框架。从纵向看，可以分为公元 1500 年以前、公元 1500 年到第二次世界大战结束和殖民地半殖民地获得独立以及独立后三个时期；从横向看，需要研究历史上海洋环境的变迁、海洋环境与经济发展的关系史、海洋环境与国内和国际政治的关系史以及历史上海洋环境文化的演变四方面内容。最后，在初步总结海洋亚洲环境史的阶段性特点的基础上，指出了海洋亚洲环境史研究的现实意义以及推进海洋亚洲环境史研究的具体设想。

高国荣在《环境史学与跨学科研究》（《世界历史》2005 年第 5 期）

中，分析了环境史学的产生，以及与其相适应的研究方法。环境史是在战后现代环保运动推动下所产生的历史学的一个新的次分支学科，其研究对象是历史上人与自然之间的关系，以及以自然为中介的各种社会关系。由于研究对象非常复杂，环境史的兴起，就为从事跨学科研究提供了重要契机。传统上，人文社会科学以人和社会为研究对象，而自然科学则以自然为研究对象。环境史的出现，则为人文社会科学之间的融合，也为人文社会科学与自然科学之间的合作搭建了桥梁。跨学科研究方法，也就成为环境史最重要的研究方法。对环境史这一领域而言，跨学科研究不是一种奢侈，而是一种必需。之所以如此，主要是由于人与自然本身及其相互关系的复杂性，以及环境问题本身的复杂性。高国荣还撰文《20世纪90年代以前美国环境史研究的特点》(《史学月刊》2006年第2期)，以美国环境史研究的个案为例，分析环境史研究的理论与方法。在20世纪90年代以前，美国环境史研究具有以下三个特点：就研究范围而言，研究的主要问题都属于自然保护和资源保护的范畴，荒野研究成为美国环境史研究最鲜明的特色，而城市及人工环境则未受到应有的重视。其次，从价值取向上说，环境史研究具有显著的环境保护主义的道德和政治诉求。环境保护主义既使环境史受益，使环境史具有鲜明的文化批评意识，同时，它也限制了环境史的未来发展。最后，环境史研究具有比较明显的时空特点：就时间而言，它研究的主要是近现代；就空间而言，美国环境史优先研究的地域首先是西部，其次是东北部，最后是南部。总的来看，宏观研究仍然是美国环境史研究的一个薄弱环节。美国既是生态环境存在问题较严重的国家，也是环境史研究较发达的国家。滕海键撰写《略论美国现代史上的三次环保运动》(《赤峰学院学报》2006年第1期)指出，环保运动属于环境史研究的范畴。环境史是继政治军事史、经济社会史和文化史之后的历史学新的研究领域，它以人类社会和所面临的自然环境之间的关系为研究对象，探究人与环境之间是如何相互影响和相互作用的。20世纪的美国经历了三次环保运动的高涨期：20世纪初主要由西奥多·罗斯福和吉福德·平肖自上而下推动的以功利主义为主要信条的资源保护运动；20世纪30年代由富兰克林·罗斯福领导的以民间资源保护队为重要力量的具有应急性的资源保护运动；二战后60—70年代主要由知识分子推动的大众广泛参与的具有更为深刻内涵的环境运动。每一次环保运动的高涨都有其特殊的历史背景和原因，同时也不同程度地推动了美国公众环境意识的觉醒和环保实践的发展。

2014 年，高国荣著《美国环境史学研究》，由中国社会科学出版社出版。该书入选"国家哲学社会科学成果文库"，是近年我国美国环境史学研究的集大成之作。作者认为，环境史一词最早是由美国学者纳什在《美国环境史：一个新的教学领域》中提出的，纳什认为，环境史是"对环境责任的呼声的回应"，研究历史上人类及其全部栖息地（活动范围）的关系，其显著特点便是跨学科研究，环境史学家应该像生态学那样有平衡、共同体和相互联系的观念。美国环境史学者在建构环境史理论体系、梳理该学科发展历程方面进行了许多有益的探索。这些探讨大致可以分为如下四类：什么是环境史；为什么要研究环境史；如何研究环境史；环境史在美国的发展历程。这些在《美国环境史学研究》中，都有较清晰的阐述，其主要内容包括：美国环境史学研究的学术史回顾、什么是环境史、美国现代环保运动的兴起及其影响、年鉴学派与环境史学、来自年鉴学派的启示、西部史学与环境史学、美国环境史学会和著名环境史学家、美国环境史早期研究主题、20 世纪 90 年代以前美国环境史研究的特点、美国环保运动的新发展、环境史研究在美国的发展轨迹（以 20 世纪 90 年代以来为重点）、城市环境史的缘起及其发展动向、环境史研究的文化转向、全球环境史的兴起及其意义、环境史及其对自然的重新书写、环境史学与跨学科研究、环境史学的文化批判意识等。

中国学者环境史研究的第一部专著，是梅雪芹撰写的《环境史学与环境问题》（人民出版社 2004 年出版）。作者从"环境史学""英国环境问题""世界环境问题"三方面，对环境问题和环境史学进行了分析，并对 18 世纪工业革命以来，西方大国的环境问题进行了历史考察。作者强调：环境史研究的目的，从根本上说，是要在新的时代对"人是什么""人存在的意义是什么""人与自然的关系是什么"等古老的哲学、科学和伦理命题，从历史学的角度做出思考与回答，以便人类认清自己在自然系统中的身份，更准确地找到自己的"生态位"，进而控制并重新规划自身的行为。

除上述专著外,梅雪芹还发表了多篇有关环境史学的论文。在《从"人"的角度看环境史家与年鉴学派的异同》(《安徽师范大学学报》2006年第1期)中,她指出,环境史是多学科交叉的产物。作为一个新兴的研究领域,要想顺利地发展,就必须引起足够的重视。

如何在开展跨学科综合研究的同时做到本学科自觉?这是我们不得不正视的重要问题。环境史家与年鉴学派的共同点在于,对"人"的角色及其活动的更新和丰富。在他们那里,历史文本不再单单凸显"大人物"的卓越贡献及其活动的恢宏场面,还将传统史学遗弃的"小人物"由历史的他者还原为主体。但是,在对人与环境之关系的认识、对历史创造者的认知、对人的活动范围及其影响的自然要素的涉及,以及对人的活动的记述或再现等方面,二者则各具特色。到目前为止,人类活动的形式无非表现为生产活动、生活活动和社会活动,人类活动的范围和场所则因时而变、因人而异。那么,循着上述的问题思路,全面考察人与环境互动的种种后果,合理地选择研究方向,我们就可以深入挖掘环境史所要研究的问题。梅雪芹在《论环境史对人的存在的认识及其意义》(《世界历史》2006年第6期)中,较深入地探讨了人与环境的关系。人及其活动依然是环境史研究的主题,不过,环境史对人的存在及其活动的认识,不是排斥或远离自然而是融入或回归自然而产生的。环境史的创见主要在于更新了认识人及其活动的视角,因而突破了"人类唯一"的狭隘意识以及"精英主义"的英雄史观。环境史不仅不反人类,相反,它倡导和实践的是一种更宽泛、更真实的人道主义,因为它既关注抽象的人类,也关注具体的人群和个人,还关注与人的生存息息相关的环境。环境史作为解读人类文明的新范式,其研究将直接影响着人们对待自然和他人的态度与行为,有助于人们反思"我们应该怎样生活?我们应该为什么生活"?以便挖掘人存在的丰富意义,从而使史学在新时代更好地发挥其社会功能。

在《环境史:一种新的历史叙述》(《历史教学问题》2007年第3期)中,梅雪芹更多地探讨了环境史研究的史学方法问题。她认为,环境史所构建的,是人与自然和自然史与社会的历史相关联的历史叙述的新模式。环境史的叙述对象,是在时间流变中存在着的人与自然之关系,因这对关系一再演绎的故事则是叙述的重点。环境史的叙述并非只能由职业史家来承担，其他学科的学者以及业余爱好者在此亦可大显身手。环境史的叙述凸显了生态灾难或环境问题，从而带有强烈的忧患意识，并含有重估人类行为的重大寓意，其目的之一，是为了促使人们更好地关心被叙述的对象。环境史的叙述因对人类如何创造历史的考量以及对人类行为的重新评价，而具有了正当性和意义。关于历史研究的社会功能问题，梅雪芹通过环境问题研究进一步作了探求。她在《历史学与环境问题研究》（《北京师范大学学报》2008年第3期）中提出，在环境问题的研究中，历史学有着怎样的价值？这是关系到历史学研究环境问题之合法性的问题。回答这个问题的关键，在于环境问题本身的特点与历史研究的一致性上。环境问题关乎自然，但实质上却是一个社会历史问题，它具有性质复杂、责任具体、影响持久、治理艰难等特点，这些都可纳入历史学的研究视野。在以往的环境问题研究中，历史学已经显露出自己的特色，那就是关注多重社会因素间的联系，挖掘深层次的文化根源，细腻而生动地描述事件原委，旗帜鲜明地宣扬价值取向，为现实的环境治理提供借鉴。历史学在政府环境决策和大众环境教育中具有重要意义。此外，梅雪芹在《世界史视野下环境史研究的重要意义》（《社会科学战线》2008年第6期）中，从世界历史的背景下论述了这个问题。在国际环境史学界，环境史研究的主题和内容不断得到拓展和深入，新作迭出，其中世界史视野下的环境史研究成果尤其值得我们重视。这是因为它能够充分地揭示人类史与自然史之联结的史实，从而大大突破以往历史研究聚焦于人类社会的传统，更新了对于世界历史上许多事物的认识。它可以将其对象置于时间的长河之中，从而能深入认识环境问题及相关内容的历史特殊性，避免时代误置。它还可以将对象置于广阔的空间视阈，从而能全面展现环境问题及相关内容的地区差异性，避免泛泛而论。这样，中国的环境史研究走向世界，就是世界环境史和中国环境史健康发展的必然要求。

徐再荣著《全球环境问题与国际回应》，中国环境科学出版社2007年出版。作者从全球环境变化的经济和社会根源、国际社会对全球环境问题的回应进程、国际组织和非政府组织在全球环境保护中的作用、个案研究四部分，将纵向考察和横向分析，综合研究和个案探讨结合起来，对全球环境问题进行了研究。该著的主要内容是：从世界经济、全球化和南北经济关系等方面分析全球环境问题产生的经济动因；从消费方式和人口增长等方面探讨全球环境变化的社会根源；1972年联合国人类环境会议的背景、会议进程中的南北分歧、会议的成果及其对国际环境合作的影响；1992年联合国环境与发展会议的背景和筹备过程、南北在可持续发展问题上的谈判进程和会议的主要成果；2002年可持续发展世界首脑会议的有关情况，国际社会在可持续发展问题上面临的挑战以及在此问题上所采取的具体行动；联合国环境规划署在全球环境保护中的作用；全球环境基金在全球环境保护中的作用，同时分析了世界银行在环境政策方面的改革；环境非政府组织的发展及其影响国际环境保护机制的方式等。个案研究包括臭氧层损耗问题与国际回应、生物多样性保护问题与国际回应、气候变化问题与国际回应三方面的内容。上述研究，有助于人们深入思考国际环境保护机制形成和发展的复杂性和曲折性，以及国家主权与环境问题的跨国性、全球性之间的矛盾；各国对国家利益的维护与环境保护的国际公益性之间的矛盾等。

在我国，生态环境史研究方兴未艾，研究视野不断扩大，研究选题呈多元化。邢来顺在《生态主义与德国"绿色政治"》（《浙江学刊》2006年第1期）中指出，20世纪六七十年代以来，随着社会生产和生活的迅猛扩张，"生态"一词有了新的特定含义。在这一时期，一方面人类社会开始迈入新的发展阶段，欧美等先进国家和地区进入社会发展水平更高的后工业社会；另一方面也面临着新的问题：由于能源消耗越来越大，森林遭到严重破坏，空气、河流、湖泊受污染的程度日益严重，人类社会面临着前所未有的恶劣生存环境。正是在这种背景下，生态主义理念在联邦德国等西方发达国家悄然萌生。生态主义理念在联邦德国的萌生和扩散有其社会背景和现实动因：向后工业社会的转型、中产阶级的壮大、价值取向的变化以及生态环境的恶化是造成这种理念的扩散的背景因素。同时必须看到，在联邦德国，这种理念在70年代以后外化成一股强大的绿色政治潮流，对德国政坛产生了巨大的影响。美国著名环境史学家马丁·麦乐西在北京大学就公共史和环境史作了精彩的演讲（见格非《公共史与环境史》，《学术研究》2006年第10期）。他结合自己的研究经历介绍了公共史在美国的兴起、发展及其与学院派历史的异同。在谈到环境史时，他主要介绍了两个内容：一是汽车在美国历史上的作用，认为汽车不但塑造了美国城市，还改变了美国的景观；二是美国环境正义运动，认为从民权运动借鉴的权利观念为环境主义运动吸引了新的支持力量，扩大了它的社会基础，同时也改变了美国环境史研究的发展方向。作者认为，环境史研究与社会史的结合已经成为主要趋势，但必须在人类中心主义和生态中心主义之间取得平衡。中国的环境史研究虽然在起步阶段，但从美国的经验来看，随着环境友好型社会建设的深入开展，一定会有更为迅速的发展。

在非洲环境史方面，北京大学包茂宏教授发表了《非洲的环境危机和可持续发展》（《北京大学学报》（哲学社会科学版）2001年第3期），作者认为，非洲确已出现严重的环境危机，但不同于工业化国家的环境公害。环境退化与贫困化、经济危机和社会政治不稳定共同作用，使非洲陷入以欠发展为特征的"发展陷阱"。只有实施以反贫困为突破口，把环境保护、经济发展、社会稳定和政治变革结合起来的可持续发展战略，非洲才能遏止其被边缘化的趋势。包茂红在《非洲史研究的新视野——环境史》（《史学理论研究》2002年第1期）中指出，与世界其他国家和地区的历史研究相比，非洲史研究起步晚、难度大。但是即便如此，20世纪的非洲史研究还是取得了长足进步，尤其是在民族解放运动取得胜利之后。非洲史研究不但成为世界史研究中一道亮丽的风景，而且为冲破历史研究中的"西方话语霸权"贡献出了自己的地方性知识，丰富了世界史研究的史料学、理论观点、方法论。环境史是继传统史学、殖民主义史学和民族主义史学之后的另一重要流派。2012年，包茂红著《环境史学的起源和发展》，由北京大学出版社出版。该书第一次按国家和地区分章来叙述世界环境史兴起的原因、发展的历程、主要学术观点和流派、存在的问题以及未来发展趋势；第一次让世界最著名的环境史学家用口述史学的方法，就自己的环境史研究发表真知灼见。这有助于读者认识世界环境史学发展的完整图景。

包茂红指出在环境史学界，一般认为，环境史学的兴起是20世纪60年代的反主流文化运动和历史学内部的创新冲动相互作用的结果。从美国、德国等国家的环境史的兴起来看，这个结论大体上反映了环境史学兴起时的现实社会背景和学术界的内部动力。但是，如果放眼世界，就会发现，这个结论是有局限的，甚至是以偏概全的，或者是把美、德等国的经验过度普遍化的。一方面，在非洲，环境史学的兴起主要是非洲民族主义史学寻找非洲人的历史首创精神的结果；在俄国和苏联，尽管环境问题已很突出，也曾经发生了声势浩大的环境主义运动，但是，环境史学并没有在俄国蓬勃兴起；在广大的工业化国家和地区，尽管自罗纳德·里根在美国执政后，西方环境主义运动逐渐陷入低潮甚至出现衰退，但是这些国家的环境史学的发展势头依然强劲。另一方面，在史学传统深厚、创新能力突出的法国，环境史学不但兴起较晚，而且发展速度缓慢；在具有独特史学传统的阿拉伯世界，直到现在也没有出现环境史学的萌芽。这些史实充分说明，环境史学在世界不同国家和地区的兴起都是当地不同因素凑合在一起并相互作用的结果。作者所言极是，即使在"环境史"的研究中，也存在着自觉摒弃"欧洲中心论"的影响的任务。实事求是，反对用任何公式去剪裁史实，才是获得正确的历史认识的正确途径。

毛达在《垃圾：城市环境史研究的一个重要主题》（《北京师范大学学报》2008年第3期）中，从一个新的视角切入，指出城市环境史是环境史研究的新领域，它是环境史、城市史、技术史及公共工程史各自发展并有机融合的产物。它的成熟也有赖于对城市及城市环境的深入理解。垃圾问题是城市环境史的一个重要主题，其原因在于：垃圾问题是城市发展的产物，也是重要的城市环境问题；对垃圾进行历史研究既有助于理解人与社会的发展，也有助于现实城市环境问题的解决。尽管国外关于垃圾问题的历史研究已取得丰硕成果，但是相对于城市环境史的其他课题而言还显得比较薄弱，中国学界的相关研究更是欠缺。参考已有的成果，开展垃圾的历史研究应特别注意完善相关知识体系，拓展研究思路，借鉴其他学科领域的研究方法。对垃圾的城市环境史研究，有重要的学术价值和更为重要的现实意义。王玉在《岛屿太平洋环境史研究概述》（《学术研究》2008年第6期）中，阐述了环境史研究的一个新领域。他认为，岛屿太平洋环境史尚处于初创阶段，相关研究主要从西方"他者研究"、殖民扩张需求及"二战"后本土学者对西方"发展战略"反思的知识与现实基础上产生。20世纪90年代后，西方学者逐渐摆脱"他者研究"倾向。随着二战后太平洋研究机构的建立，本土学者异军突起，在发觉自身历史独特性的同时，深刻反思西方"进步观念""发展战略"等，并为岛屿未来的可持续发展提供借鉴。然而，初创中的研究仍存在"零散混乱"、欠缺对现实社会环境的关注等问题。未来的岛屿太平洋环境史有必要向中观综合区域性研究发展。

王敦书在《雷海宗的环境史观和环境史学》（《史学理论研究》2009年第2期）中，发掘并介绍了已故著名历史学家雷海宗先生的环境史观。在新中国成立前，雷海宗的历史观以接受和发展斯宾格勒"文化形态史观"著称。然而，他对环境与人类历史之间的关系也有自己的看法和研究，姑且称之为雷海宗的环境史观和环境史学。他在这方面的代表作包括《无兵的文化》和《古今华北的气候与农事》两篇论文和《世界上古史讲义》一书。作者对雷海宗的环境史研究有两点体会：一是需要大量开展生态环境史的研究。这种研究一度为学术界所忽视，20世纪90年代以来已经重新开展，因为有所中断，今日研究者容易忽略先行者的研究成果，这是我们极应注意避免的。同文化的连续性和继承性一样，历史研究，特别是生态环境史研究也是这样；另一个是感到雷海宗史学研究中的时代关怀和社会关怀，他绝对不是为史学而治学，他是为改善人们的生存环境而治学，是真正有社会责任感的知识分子。

除上述已经提及的诸历史学分支学科外，我国学者广泛汲取国外相关研究的最新成果，在其他分支学科的研究方面，也相继有一些成果问世，如张冠增撰写的《城市史的研究——21世纪历史学的重要使命》。作者说，提起城市史的研究，则不能不首先提到一些主要的欧洲国家，比如德国、法国和英国等。20世纪50年代中期，在罗马召开了第十次国际历史学会，开始提出促进城市史研究的问题；60年代是德、法等国城市史理论的更新和确立的时期。现在，国外的城市史研究已经越来越成为社会学、经济学、历史学等学科中不可分割的一部分。历史学以外的许多学科的理论和方法，如地理学、政治学、考古学、人类学等，现在也都被介绍到城市史的研究之中。特别是由于现代科学技术的发达和各种边缘学科的诞生，在城市史的研究中应用统计学、计量学等手段，从以往的静态分析发展到动态分析，通过电子计算机来处理大量的史料，从而达到对某个城市在一定历史阶段的经济、制度及人口状况的了解，已经不再是天方夜谭。

深入理解人类在城市文明方面的智慧和才能，制订我国城市史研究的长期计划，进行广泛的多学科合作，才能真正为城市化的飞跃发展做好准备，并发挥积极的指导和参考作用。从某种意义上来说，这也是今后我国的历史学所应该担负的使命之一①。1992 年，皮明庥在《历史研究》第 3 期发表《城市史研究略论》，作者认为，在改革开放的态势下，国际史学信息和成果的交流，也给城市史的建构提供参照系。20 世纪 20 年代城市史学科首建于美国，六七十年代欧美的城市史研究取得长足进展。"据统计，国外有关城市史著作在 20 世纪 60 年代按年度平均计算突破了 500 种，70 年代中期为 1000 种，1982 年已达到 1400 种，中国城市的研究也日益受到各国汉学家的重视。"如罗兹·墨菲的《上海——现代中国的钥匙》、罗威的《汉口：一个中国城市的商业与社会》，都是引人注目之作。最近，英国组织 30 余名英美专家学者，准备用 12 年的时间，编写一部英国北部历史名城格拉斯哥的史卷。英国还专门设立"格拉斯哥史"学会，召开主题学术讨论会。"这项研究工作受到柏林、芝加哥等世界著名城市的专家的重视。专家们认为，该书将成为欧洲城市研究著作中的精辟之作。"

黄柯可撰文《美国城市史学的产生与发展》。作者介绍了美国城市史研究的产生与发展。产生于 20 世纪 60 年代的美国城市史研究，以历史学为基础，综合经济学、社会学、人口学、统计学、民族学等多种学科的知识，解释城市发展的历史，尤其是城市化进程中产生的正负两方面的问题。城市史学家在自己的研究实践中，逐渐建立了自己的学术体系。美国的城市史研究既不同于以往纯粹的社会学，又有别于偏重记载的地方志。二战后，美国进入城市化高速发展时期，随之而来的是城市生活中呈现出越来越多的复杂问题需要研究和解决，催生了城市史研究的热潮。正是在这样的学术和社会背景下，各地的史学研究会、历史博物馆、城市档案馆、城市遗址保护协会等社会组织应运而生，有力地推动城市史研究的深入发展②。

又如新文化史研究。张旭曙撰《思想史和社会史的沟通与整合——略

---

① 参见张冠增《城市史的研究——21 世纪历史学的重要使命》，《神州学人》1994 年第 12 期。
② 参见黄柯可《美国城市史学的产生与发展》，《史学理论研究》1997 年第 4 期。

谈艾尔曼"新文化史"研究的方法论意义》(《中国典籍与文化》2002年第1期),作者认为,艾尔曼的"新文化史"研究力图融通整合被传统研究割裂的思想史和政治史、社会史,这种方法对人文科学中的思想观念史研究具有普遍的方法论意义。周兵在《精彩纷呈的新文化史》(《历史教学问题》2007年第1期)中,分析了新文化史的主要内容。"新文化史热"是最近30年里西方史学最显著的新趋势,大量视角独特、内容新颖且雅俗共赏的文化史论著层出不穷。从喜怒哀乐、身体发肤,到衣食住行、生老病死,都可以被作为一种文化的符号和象征展开历史的演绎,新文化史呈现出一派精彩纷呈的盛况。各类新文化史论著的层出不穷,既体现了学术的活跃,也反映了出版的繁荣。作者从数量众多、内容纷杂的新文化史论著着手,讨论和分析新文化史的多样性特征,这在史学研究领域和研究方法上有所创新与开拓。王笛在《新文化史、微观史和大众文化史——西方有关成果及其对中国史研究的影响》(《近代史研究》2009年第1期)中指出:西方史学界正在发生着一个转向,新文化史、微观史、大众文化史研究的发展便是这个转向的重要标志之一。新文化史从20世纪80年代以来渐成气候,加入这个阵营的学者们把普通人作为研究的主要对象,同时也从过去现代化理论流行时代的社会科学和科学方法,转向运用叙事和细节的方法来研究历史学。虽然大事件的研究仍然是许多历史学家的研究中心,但在此大背景下,一些新课题如日常生活、物质文化、性别、身体、形象、记忆、语言、大众文化等日益成为历史研究课题。新文化史的取向使历史学家对政治运动进行文化的阐释。例如新文化史研究的重要人物之一、研究法国革命的亨特(Lynn Hunt),观察了法国大革命中的服装、帽徽和旗帜等文化的"标志",从标志来分析政治和文化的关系。如其《法国革命中的家庭罗曼史》,以家庭秩序来对法国革命的政治文化进行解读。1999年9月,倡导新文化史运动的英国历史学家彼得·伯克来华讲学,先后在北京、南京、上海等地举办专题讲座,介绍西方新文化史,多次将"新文化史"这一概念介绍到中国学术界,阐释了新文化史的理论、方法及研究实践。伯克在华期间在南京大学接受的访谈和为《历史教学问题》所撰的文章更将新文化史进一步传播开来,由杨豫等采访、整理,题为《新文化史学的兴起:与剑桥大学彼得·伯克教授座谈侧记》

的访谈纪要和伯克提供的《西方新社会文化史》一文，分别发表在《史学理论研究》2000年第1期和《历史教学问题》2000年第4期。

2012年，周兵的专著《新文化史：历史学的"文化转向"》，由复旦大学出版社出版。这本书由"新文化史的理论与方法""新文化史家与新文化史"两部分组成。主要内容包括：三个维度的转向；转向：20世纪80年代；新文化史的三个理论来源；微观史学与新文化史；精彩纷呈的文化史；彼得·伯克与新文化史；林·亨特与新文化史；娜塔莉·泽蒙·戴维斯与新文化史；罗伯特·达恩顿与新文化史；罗杰·夏蒂埃与新文化史等。作者认为："新文化史得名于1987年在美国加州大学伯克利分校召开的一次法国史学术研讨会，两年后会议的部分论文结集出版，便被定名为《新文化史》，这也同时为70年代以后在西方史学中出现的这一股新的研究取向正式定下了名称，从此原本各家纷纭自说的诸如社会文化史、历史人类学、人类学史学等名目，都统一在了新文化史的大旗下。"鉴于新文化史的兴起，与"语言学转向""文化转向"为标志的整个西方社会思潮和人文社会科学研究风气转变的一致性，所以"新文化史"往往不被看成有独立取向的历史研究，这样就增加了"新文化史"研究的复杂性。不过作者认为，新文化史毕竟是西方史学发展史中的重要篇章，"抑或只是昙花一现，现在要做一个明确的结论也许还为时尚早。不论如何，新文化史四十年来已经大大开阔和丰富了我们对历史的认知和认知方式，不论未来前景如何，不论新文化史的命运如何，今天的历史学已经较四十年前有了更大的进步，我们也相信，历史学前进的脚步不会就此停止"[①]。周兵的专著《新文化史：历史学的"文化转向"》，不仅使人们对"精彩纷呈的新文化史"，而且对20世纪70年代之后30年的西方文化思潮，都有了比较具体的认识。

再如计量史学。计量史学是较早介绍到国内的史学分支学科之一，20世纪80年代计量史学得到迅速发展，其重要标志是一些有较大影响的论文问世，如霍俊江撰《数学方法在历史研究中的作用和地位》(《学习与探索》1983年第3期)，续建宜等撰《历史研究中的数学方法》(《史学史

---

① 周兵：《新文化史：历史学的"文化转向"》，复旦大学出版社2012年版，第2、259页。

研究》1985年第4期），吴奎田撰《略论数量分析在史料研究中的运用》（《福州师专学报》1985年第1、2期），胡凯等撰《数学方法应进入史学研究》（《自然信息》1987年第4期），项观奇撰《试论历史数量研究法》（《学术研究》1987年第4期）等。除上述论文外，1987年，苏联史学家科瓦利琴科的专著《计量历史学》中文本，由四川人民出版社出版；1991年，英国历史学家罗德里克·弗拉德著《计量史学》中文本，由上海译文出版社出版。1991年，中国学者霍俊江的专著《计量史学的基础——理论与方法》，由中国社会科学出版社出版。自20世纪80年代起，计量史学在我国稳步发展，理论方法论研究也不断深化。孙圣民在《历史计量学五十年——经济学和史学范式的冲突、融合与发展》（《中国社会科学》2009年第4期）中，分析了历史计量学的基本特征。历史计量学是一门将经济理论和定量分析方法运用于历史研究，特别是经济史研究的交叉学科。它在50年来的发展历程可划分为三个阶段，即历史计量学的萌芽及在历史科学中的发展，与新制度经济学结合的历史计量学，超越新制度经济学的历史计量学。历史计量学的基本特征是将经济理论和定量分析方法运用到经济史研究中，其主要特征是可以促进经济理论和经济史料的互动发展。这些特征在历史计量学发展的三个方面表现形式各不相同。在过去50年中，历史计量学的研究范式经历了冲突和裂变，实现了从史学范式为主向经济学范式为主的转变，并孕育了经济学研究范式的创新。加强中国历史计量学研究，有助于中国经济理论的发展。

俞金尧著《西欧婚姻、家庭与人口史研究》，现代出版社2014年出版。这本书是围绕西欧历史上的婚姻、家庭、人口主题而展开历史社会学的研究，也可视为新文化史的研究内容。作者把研究的重点放在西欧从中世纪晚期到近代早期的社会转型时期，力图通过观察那个时期欧洲人的日常生活和基本的社会关系及其变迁，来理解它们与西欧社会发生转变的关系。作者认为，历史上欧洲人独特的婚姻形成途径、个人成长经历、家庭财产的分配和继承方式、老年人的赡养习惯等婚姻和家庭生活，与欧洲更广泛的社会经济生活紧密相关，与现实社会息息相关，在受制于客观的社会经济条件的同时，也对宏观的欧洲社会及其变迁产生直接的影响。作者还认为，在人们的日常生活中养成的个人权利观念、独立和自主的意识、积累财产的愿望、生儿育女的策略、人口流动的习惯等等，与欧洲近代社会的起源和形成相适应。该书的主题虽然集中于欧洲的历史，但作者在论述过程中时常采用中国历史的视角，甚至做一些简要的比较，这将有助于读者对中西方历史社会及其不同发展路径的理解和认识。

（六）现代西方史学思潮研究

2004年1月，中共中央在《关于进一步繁荣和发展哲学社会科学的意见》中，具体提出了"实施马克思主义理论研究和建设工程"的问题，指出这是繁荣发展哲学社会科学的一项极为重要的工作。同年五一前夕，中央实施马克思主义理论研究和建设工程正式启动。2005年年初在撰写"工程"历史学科重要内容之一的《史学概论》时，将"二十世纪西方史学评析"列为专节阐释。主要内容包括思辨的历史哲学、分析与批判的历史哲学、美国新史学派、法国年鉴学派、西方马克思主义历史学派、全球史、环境史、微观史学和后现代主义史学等。所谓"评析"，就是在系统研究西方史学的基础上，做出马克思主义的回答，要坚持马克思主义的历史观和价值观，有针对性地澄清糊涂认识，消除消极影响，而不是一般性的介绍。2010年，《史学概论》已经正式出版。

世界史学科理论建设，要旗帜鲜明地坚持马克思主义的理论指导，但要"分清哪些是必须长期坚持的马克思主义基本原理，哪些是需要结合新的实际加以丰富发展的理论判断，哪些是必须破除的对马克思主义的教条式的理解，哪些是必须澄清的、附加在马克思主义名下的错误观点"。这为中国世界史学科的理论建设指明了进一步前进的方向。我们既要反对西化，同时也要反对僵化。在外国史学理论研究中，有些人不加分析地将西方史学理论奉为至宝，盲目崇拜，甚至视为指导思想，在史学界已经造成了一定的思想混乱。针对这种情况，对现代西方史学思潮的评析不断加强，已经成为外国史学理论研究的重要内容。批判有代表性的资产阶级史学理论，仍然是当代中国世界史学理论建设的重要任务之一。

例如，卡尔·波普尔在《历史主义的贫困》一书的题词中写道：这本书"纪念各种信仰的或各个国家或各种族的无数男女，他们在历史定命的无情规律之下沦为法西斯主义和共产主义的受难者"①。卡尔·波普尔，英籍分析历史哲学家，在《历史决定论的贫困》《开放社会及其敌人》等著作中，攻击马克思主义关于历史规律性的论述是"形而上学的教条或宗教式的信念"，是"难以置信的智力狂妄"；历史决定论是一种"古老迷信的残余"，而不是一种新颖、进步、革命和科学的理论，没有一种科学的历史发展理论能作为预测历史的根据；攻击马克思主义是构成"现代极权主义"的思想来源之一。近年尽管对波普尔的历史哲学思想进行评析，但并非一劳永逸。2004年，波普尔访谈演讲录《二十世纪的教训》由广西师范大学出版社出版。中译本导言写道："卡尔·波普尔是一位极为卓越而独特的思想家""卓越的哲学家"。"从对绝对真理（以及各种决定论）的普遍至信，到对其根本性的质疑和警惕，这是20世纪人类思想史上一个最为重大的事件。而波普尔的学说，特别是他在《开放社会及其敌人》等著作中阐发的观点，对这一历史性的转折做出了无可替代的重要贡献。"《开放社会及其敌人》一书是"从批判理性主义的角度，对马克思主义的理论与实践做出的分析性批判"。"但他所倡导的'渐进社会工程理念'，主张一种在不断尝试中修正错误的社会演进模式，对今天的社会主义实践并不是没有启迪意义的"。但正是在《二十世纪的教训》这部访谈演讲录中，波普尔继续攻击马克思主义。他说："共产革命一定会发生，革命成功之后，我们就会享受完美的生活，拥有崭新的社会：人人互信互爱，世上永远没有战争。这就是共产主义的主要诉求。所以，我把这种主义称作是'陷阱'、'捕鼠器'，而我就是那只老鼠"。"马克思书中的资本主义，根本是不存在的，这是想象的产物和噩梦"。"马克思主义需要一种反马克思主义的意识形态，所以我们看到两种意识形态的激烈斗争，两边都是疯子"。"马克思主义一开头就错了，因为马克思主义一直在找敌人，不是在找朋友……找出必须清除的敌人，结果找上了资本主义……从马克思到赫鲁晓夫，一路下来，大错特错"②。如此等等，还可以举出不少实例。在一

---

① ［英］波普尔：《历史主义的贫困》，何林、赵平译，社会科学文献出版社1987年版，第39页。

② ［英］波普尔：《二十世纪的教训》，王凌霄译，广西师范大学出版社2004年版，第9、15、42、59页。

些人的心目中，波普尔至今仍被认为是"卓越而独特的思想家""卓越的哲学家"，由此不难看到客观存在的思想混乱。事实表明，破除对西方史学理论的迷信，对其进行深入的研究和批判，应是世界史学科理论建设中的一件长期工作。在这方面，我们还有许多艰苦的工作要做。

大量西方史学理论介绍到中国史学界的同时，需要对其内容进行深入研究，对其基本理论、原则和方法的本质内容，做出马克思主义的回答。庞卓恒主编《西方新史学述评》，高等教育出版社1992年出版，该书在这方面进行了积极的努力。编者认为，"必须引起注意的是，确有极少数主张'全盘西化'的人，趁着西方学术大量引进而人们还来不及咀嚼和鉴别的时机，专门热衷于从其中挑选那些最集中地宣扬资产阶级世界观、社会历史观和价值观的糟粕来大肆褒扬，借以否定马克思主义的世界观、社会历史观和价值观在各门社会科学中的指导地位，引起人们的思想混乱，从而动摇马克思主义的社会科学的根基。历史学也是他们进行这种破坏活动的领域之一。对此，我们决不能置若罔闻"①。

1996年，罗凤礼主编《现代西方史学思潮评析》，由中央编译出版社出版。这部著作是中国社会科学院重点研究项目的最终成果。该书的主要内容，"是以20世纪西方新史学的兴起及其不同于传统史学的特点为中心线索，选择七位最有影响的西方学者和法国年鉴学派来加以评析，希望借以揭示西方现代史学思潮的轮廓"②。鉴于书中所涉及的几位西方史家的代表作都有中文本，在中国史学界有较大的影响，因而以马克思主义为理论指导对其进行科学评析，就更具有重要的理论意义和现实意义，取其精华，弃其糟粕，这对于反对史学研究中指导思想多元化，克服对西方史学理论方法论的滥用和误用，是有积极作用的。类似的著作还有姜芃主编的《西方史学的理论和流派》，中国社会科学出版社2007年出版。该书是"中国社会科学院研究生重点教材"之一。编写者认为，历史总是要随着时代的变化、随着人类认识能力的提高和观察问题的角度的变化不断地重

---

① 庞卓恒主编：《西方新史学述评》，高等教育出版社1992年版，第1页。
② 罗凤礼：《现代西方史学思潮评析·序》，见罗凤礼《现代西方史学思潮评析》，中央编译出版社1996年版。

写。该书反映了给人类带来空前剧变的20世纪的西方在历史学上所发生的变化。这些讲义不但描述了20世纪不同阶段历史学的发展趋势，涉及了丰富多样的历史学分支学科，而且还从历史学与社会和学术思想的关系上进行了较为全面的分析。20世纪在历史学上所发生的这些最根本的变化，在该书所收集的文章中都有具体和生动的反映。它们不仅讲述了20世纪西方的史学史，而且对影响西方史学的那些最重要的理论、方法、史学家和流派进行了集中和深入的刻画。该书的主要内容是：现代西方史学的演变；马克思主义历史观的形成；马克思"世界历史"理论；西方思辨的历史哲学；西方分析的历史哲学；法国年鉴学派；西方的马克思主义史学；美国新政治史；西方心理史学；西方城市史学；西方妇女史学；西方家庭史学；西方儿童史学；后现代主义对历史学的挑战。徐浩、侯建新著《当代西方史学流派》（第二版，初版1996年），中国人民大学出版社2009年出版。该书涵盖了20世纪特别是第二次世界大战结束以来西方史学的两大写作范式，以年鉴学派为代表的社会科学范式和以后现代主义为代表的叙事范式。为此，该书主要从两个维度进行研究：一是纵向的历史维度，考察兰克学派的"旧史学"如何转变为年鉴学派的"新史学"，新史学如何在欧美产生、传播，如何沦为"旧的新史学"，"新的新史学"即后现代主义史学等流派又如何应运而生；二是横向的流派维度，探讨年鉴学派、新社会史、计量史学、西方马克思主义史学、比较史学、心理史学、经济—社会史、医学社会史、环境史、后现代主义史学和性别史等史学流派的理论诉求，关注其异彩纷呈的历史写作实践。该书的主要内容包括传统史学的代表：兰克学派；传统史学的危机与史学转型；异军突起的年鉴学派及其开创的新史学；新社会史概说；新社会史分论；计量史学及其引发的新经济史学、新政治史学；独树一帜的西方马克思主义史学；比较史学的中兴；医学社会史研究的兴起；方兴未艾的环境史研究；后现代主义史学；开放包容的性别史等。

王晓升著《为个性自由而斗争：法兰克福学派社会历史理论评述》，社会科学文献出版社2009年出版。法兰克福学派的主要代表人物从不同侧面提出了各自的社会历史理论，这些理论在揭露现代资本主义社会矛盾的同时，又都围绕着如何实现人的个性自由而提出自己的构想。作者围绕这个主题，深入浅出地论述了法兰克福学派主要代表人物的理论体系，以及这些理论体系所代表的不同的批判模式和这些不同的批判模式的内在联系。作者首先分析了法兰克福学派的发展历程；中国学者对法兰克福学派的三种解释模式；法兰克福学派的三个批判模式。在此基础上，作者分析了法兰克福学派的思想，与其他类似著作相比，该书阐述明了易懂，可谓一大特色。该书的主要内容包括：霍克海默：批判理论的形成与批判理论的第一个模式；阿多诺：非同一性的拯救方案；魏特夫：东方社会研究；马尔库塞：实证主义的意识形态批判与社会辩证法；弗罗姆：走向幻想锁链的彼岸；罗文塔尔：通俗文学的社会分析；瑙曼：法西斯主义产生的政治和社会根源分析；基希海默：民主法治国家的期盼；哈贝马斯：系统对生活世界的殖民化与批判理论的第二个模式；施密特：在超越自然中实现自由；维尔默：马克思历史观中的矛盾和现代社会中的政治变革；霍耐特：为承认而斗争与批判理论的第三个模式。

徐良著《美国"新左派"史学研究》，中国社会科学出版社2014年出版。第二次大战后，欧美一些国家几乎同时经历了一系列政治和社会运动，其中以"新左派"运动最为突出。美国的"新左派"深受50年代"垮掉的一代"的反社会、古巴革命、民权运动，以及欧洲左派思潮的影响。但是它正式出现于60年代，成为美国60年代的主要政治和文化特征。"新左派"史学代表了美国激进主义史学的传统。具有强烈的史学批判精神，和"自下而上"的研究取向。美国"新左派"史学家们，以变革美国社会、促进美国社会进步为旨志，对美国内政与外交均提出了猛烈了批评，对美国史学及社会产生了深刻的影响。《美国"新左派"史学研究》的主要内容是："新左派"史学兴起的社会背景和学科背景及其史学特征，即：激进主义、现代理念和下层意识；"新左派"史学特征之所以形成的理论渊源，首先与同时期发生的美国新左派青年政治运动之间有着千丝万缕的联系；从"新左派"史学家们对美国国内若干重要历史问题的批判性分析中，探寻"新左派"史学的成就与缺陷；分析"新左派"史学家们在美国扩张主义外交政策的形成、发展及其悲剧性后果等问题上的观点，揭示其史学批判精神，考察其对美国史学（特别是美国外交史学）的贡献；探讨美国"新左派"史学的衰落原因及其对美国史学和社会所产生的影响。作者认为:"'新左派'史学存在着这样或那样的缺陷的同时,其史学成就不能彻底否定,'实用主义'或'工具主义'的指责并不能完全掩盖其所具有的史学光辉。"① 如何评价美国"新左派"史学,学术界有不同的声音实属正常,不同观点的交流交锋,有助于学术讨论的不断深化。

西方史学思潮在中国有较大影响的是全球史和所谓"后现代史学",即后现代思潮对历史研究的挑战。这种情况决定了我国对西方史学思潮研究的基本内容和主要特点。

全球史研究。首先是关于"全球历史观"的探讨。西方历史学家阐述"全球史观"的主要著作,大多在国内有中文本。英国史学家G.巴勒克拉夫在其论文集《处于变动世界中的史学》(英国剑桥大学出版社1955年出版)中,最先明确提出这个问题,以后又在《当代史导论》(1967年初版,中文本1996年由上海社会科学院出版社出版)、《当代史学主要趋势》(1978年初版,中文本1987年由上海译文出版社出版)、《泰晤士世界历史地图集》(1978年初版,中文本1985年由三联书店出版)等著述中对其作了进一步阐释。他认为,主要从西欧观点来解释历史已经不够了,因此西方史学需要"重新定向",史学家应该"从欧洲和西方跳出,将视线投射到所有的地区和时代"。他认为,"今天历史学著作的本质特征就在于它的全球性",世界史研究的重要任务之一是"建立全球的历史观——即超越民族和地区的界限,理解整个世界的历史观"②。这样才能抛弃西欧中心论的偏见,公正地评价各个时代和世界各地区一切民族的建树。美国历史学家L.S.斯塔夫里阿诺斯的两卷本《全球通史》(1970—1982年),一改以西欧和北美为中心的传统取向,从"全球历史观"出发,描述了公元1500年以前和公元1500年以后的全球文明,就建立一种崭新的世界史体系进行了有益的尝试。作者在第一章首先强调"本书是一部世界史,其主要特点就在于:研究的是全球而不是某一国家或地区的历史;关注的是整

---

① 徐良:《美国"新左派"史学研究》,中国社会科学出版社2014年版,第195页。
② [英]G.巴勒克拉夫:《当代史学主要趋势》,杨豫译,上海译文出版社1987年版,第1、242页。

个人类，而不是局限于西方人或非西方人"。近年美国历史学家 I. 沃勒斯坦的多卷该著《现代世界体系》在国际学术界引起人们的广泛关注，他计划将此专著分为4卷，从15世纪中叶直至当代。目前已出版3卷，并已译成法、德、意、西、葡、挪、匈、罗、塞尔维亚和日文、中文等10余种文字出版。其中第1—3卷，已经由高等教育出版社在1998年陆续出版，并在我国世界史学界引起广泛反响。

对包括"全球史观"在内的任何一种外国史学的理论和方法，都不能简单地照抄照搬，不加分析地简单套用，而是要从中国史学的传统和现实出发，有选择地、批判地借鉴和吸收。对当代中国史学来说，所谓"全球史观"，对我们来说更重要的是一种历史思维、一种历史认识的"方法"，而非理论基础。只有坚持历史唯物主义关于人类社会基本矛盾的理论，才能科学地理解"全球史观"。当代中国历史科学的指导思想和理论基础，只能是唯物史观。如果认为"全球史观"是全球化时代"最先进"的历史观，可以代替唯物史观，或者可以和唯物史观"相提并论"，那这种认识就完全脱离事实，是不可取的。随着全球化进程的日益发展，我国学者对全球化和全球史的研究也不断深化。全球化对国家主权和国际关系的影响、全球化与反全球化运动的实质等重大历史和现实问题，都受到了研究者的重视。相应地，史学工作者对全球史或世界史研究及编纂的认识也更加全面、深入，同时注重对国外相关研究成果、动向的分析和总结，从而推动了中国的世界史研究进一步发展。

刘新成在《全球史观与近代早期世界史编纂》(《世界历史》2006年第1期)中指出，全球史是20世纪下半叶在美国兴起的一个史学流派，目前在西方乃至世界正在产生越来越大的影响。当今世界的全球化趋势、后现代学术的发展、东西方之间日益紧密的学术交流，是全球史产生的国际环境和学术背景。全球史以人类社会整体发展进程为叙述对象，超越西方史学以国家为单位的叙事传统，从学术发生学的角度颠覆"欧洲中心论"，以不同人群、社会、民族、国家之间的互动为切入点，开辟了考察世界历史的新视角，建立了编纂世界通史的新框架，具有鲜明的时代特点和理论启发。但全球史忽视对各个社会内部发展动力的考察，表现出理论欠缺。"世界横向联系"历来是我国世界通史研究的薄弱环节，而全球史正好弥补了我们的不足，因此在我国有重要的借鉴意义。刘新成还撰文《从怀特透视全球史》(《史学理论研究》2006 年第 2 期) 指出，目前我国虽已有一些介绍全球史的文章发表，但对全球史理论和方法的认识还有待深入。作者结合美国当代全球史学者怀特的治学道路，通过个案研究，透视美国全球史的产生背景以及当前教学与研究状况，作为第一代全球史学者，怀特教授几乎每年都要给学生讲授全球史课程，已坚持近三十年。他的全球史课程是学年课，以公元 1500 年为界，分两个学期讲授。在长期的教学实践中，怀特教授积累了丰富的经验，教学效果显著。与此同时，他在科研方面也取得了突出成就。怀特教授在这方面的科研实践颇为典型，他没有像麦克尼尔或斯塔夫里阿诺斯那样撰写通史，而是在全球视野下研究具体的问题，既深化对全球史的解释，又细化全球史的描述。

于沛在《全球史：民族历史记忆中的全球史》(《史学理论研究》2006 年第 1 期) 中提出，全球化呼唤着全球史。但是，就如同不存在"文化全球化"一样，也不存在"全球化"的全球史。文化的多样性决定了全球史的多样性，即每个国家和民族都有自己心灵中的全球史。历史是一种记忆的形式，在任何一个国家或民族中，历史研究和历史著述的基本功能是保存和传承自己的历史记忆。全球化和"全球史"并没有中断每一个民族自己的历史记忆的延续。任何一个独立的民族，都有自己独立的历史记忆。这种记忆既包括对本民族历史，也包括对其他民族及整个世界历史——全球史的认知和判断。当前，"全球性"已经成为史学发展的一个重要特征，世界史研究的重要任务之一就是要建立全球史的历史观，从全人类发展的角度来理解整个世界发展的趋势和进程。于沛还在《世界文明进程中的全球史——对"历史"何以成为"全球史"的思考》(《光明日报》2007 年 6 月 8 日) 中提出了区分"全球史"的两层含义：其一指人类历史发展到一定的阶段，个别国家、民族或地区的历史成为具有"全球性"的历史，这种意义上的"全球史"和"世界历史"意义相近；其二指具有"全球观念"的一种历史认识、历史思维或史学方法。15、16 世纪资本主义文明的产生和发展，逐渐打破了人类社会长期以来的孤立封闭和自给自足状态，导致人类的交往发生"革命"性的变化。正是在不同文明之间的"交流""交融"过程中，人类社会的历史开始从民族史向世界史转变，并在此基础上向"全球史"迈进。

2006年3月18日，《光明日报》以《全球史：世界通史研究与教学的新启示》为题，发表一组文章。编者认为，20世纪60年代，美国史学界兴起了全球史（国内史学界一般仍称之为"世界历史"）研究，它以全球视野、跨学科、跨领域和比较的方法研究人类历史上各个国家、地区之间的政治、经济和文化的交流与碰撞。在近年召开的第19届和第20届国际历史科学大会上，全球史研究的理论和方法都是重要的主题之一，它们推动了全球史的研究热潮，使全球史研究成为当今国际史坛发展的一个重要趋势。开放的中国正在走向世界，中国政治和经济发展是全球历史发展的一个重要组成部分。我国学者紧跟国际史学发展的步伐，翻译了许多有关全球史的著作，撰写了有关全球史的论著，并在把全球史的一些观念引入到我国的世界历史教学方面取得了可喜的成绩。这组文章包括：杰瑞·H. 本特利：《什么是当今的世界历史》；齐世荣：《20世纪中国大学世界历史教学概况》；拉尔夫·克劳伊泽尔：《艺术史与世界历史》；马克垚：《编写世界史的困境》；刘新成：《全球史：独特的视角》；黄洋：《全球史的陷阱》；徐蓝：《20世纪世界历史体系的多样性与编纂实践》；韩莉：《全球史体系下的生态环境史研究》等。

全球史观是在全球化作为客观现实的基础上形成的一种超地区、超民族的史学观念，是研究历史的宏观视角和方法。姜桂石、卢少志撰文《全球史观与世界史研究的几个问题》（《内蒙古民族大学学报》2006年第5期）指出，运用全球史观研究世界史应该在研究世界"多样性"的基础上，重在"多样性"之间联系与互动的研究，这样才能从整体上阐述世界史，以揭示人类的整体历史发展过程和规律。用全球史观研究世界史，就是在纵观世界共性的基础上，研究世界的多样性，特别是各地区、各国家的特殊性。运用全球史观研究世界史还要注意摒弃"一个中心观"，但应注重对"中心"的研究，注意到"中心"对整个世界发展的影响。作为20世纪中期全球史观的首倡者，巴勒克拉夫曾对全球史研究涉及的理论和方法问题进行了有价值的探索。董欣洁撰文分析了《巴勒克拉夫对欧洲历史的解读》（《史学理论研究》2006年第2期），她认为，通过对世界形势和欧洲形势变化的敏锐把握和深刻理解，在自身对欧洲中世纪史的深入研究和借鉴其他学者研究成果的基础上，巴勒克拉夫在20世纪中叶，较系统地阐明了自己对欧洲历史的看法和认识。通过对欧洲历史进程的深入解读，巴勒克拉夫从理论前提上完成了对"欧洲中心论"的反思和批判，同时为全球历史观的提出奠定了理论基础。作者认为，批判"欧洲中心论"是巴勒克拉夫全球历史观的鲜明特征，今日世界的迫切需要之一就是关于现代历史进程的新视野，在世界事务的新形势中，以西欧为中心的历史和几乎排外性的从西欧的观点出发而做出的解释，很难回答人们遇到的问题。历史学家被一种不确定的感觉困扰，因为感觉自己站在一个新时代的开端，从前的经验无法提供确切的指导。这种新情况的结果之一就是历史学本身在迷失，西方史学必须"重新定向"。董欣洁还在《杰弗里·巴勒克拉夫对全球史理论与方法的探索》（《史学理论研究》2007年第3期）中指出，在历史认识论方面，巴勒克拉夫强调在历史研究中要超越民族和地区的界限，公正地评价各个时代和世界各地区各民族的建树。在研究方法方面，巴勒克拉夫认为全球史观应当通过对一切时代和地区的人类制度、习俗、思想等进行比较研究来实现。全球史不仅具有破除"欧洲中心论"的积极意义，而且也是对战后新时代即全球化时代中历史学发展的理论探索和有益尝试，能够满足人们探寻历史学实质性意义的目的。巴勒克拉夫的全球史研究为中国的世界史研究提供了积极的参照，具有借鉴意义。中国世界史学界应当不断发展自身世界历史理论化的道路和方式，达到自身话语权在全球化时代的实现。

美国乔治·梅森大学教授皮特·N. 斯特恩斯等主编的《全球文明史》是20世纪末以来北美各大学普遍使用的世界历史教材，赵轶峰在《〈全球文明史〉与"世界史"概念的再思考》（《东北师范大学学报》2006年第5期）中认为，该书展现了最近西方学术界关于世界历史的一套系统观念，体现了更为清晰的全球历史观念和更具有实践参考价值的世界史编纂学思想。结合该书，作者对"世界史"的概念进行了再思考。"世界史"不仅有一个空间的维度，而且还有一个研究方式的维度。它很大程度上是理论性和编纂学性质的研究，其本质是全球历史的概述和通论。以全球历史演变及其互动、整体关系为主题的世界史可以用多种概念框架来研究和表述，但其研究的"单位"必须放大，否则无法驾驭。在可能的方式中，从文明的角度来展开世界历史的叙述,应是比较有效的。徐洛撰《从全球视角观察人类的过去——杰里·本特利的全球史思想和治史实践》(《首都师范大学学报》2008年第3期),作者从三个方面评介美国历史学家杰里·本特利的全球史思想和治史实践,即他如何以历史上不同地区和不同人群之间的相互作用和影响作为标准来划分世界历史的各个时期,他对1500—1900年间早期近代世界演变的理论构思,以及他怎样把上述理论思考应用到世界通史教材的编写实践中。文章认为,本特利近年来的一系列学术成果,尤其是他对跨文化交流及其在世界历史一体化进程中的作用的分析,为在世界史研究和教学领域进一步超越"欧洲中心主义"史观,建立真正意义上的全球视角,作出了重要贡献。

在经济全球化的背景下,我国近年对全球史的研究日渐深化,一些著述开始从更广阔的视角去探求全球史的理论问题,并努力从历史与现实的结合上去解读。如徐波撰有《从"整体史"到"全球史"——西方史学史的一条线索》(《四川师范大学学报》2008年第4期),作者认为,全球史的观念可以追溯到文艺复兴时期的整体史、18—19世纪的普世史和文明史以及20世纪的总体史。换句话说,我们可以从西方史学中识别出一个历史悠久的传统,它有其古典基础,经历了从整体史、文明史和总体史到全球史的发展过程。同时,我们应该注意到"全球史"是一个可以带来认识论创新的、有活力的概念,它开辟了历史探究的新维度和历史编纂的新方法,为历史研究指出了一个有重要意义的新方向。施诚在《全球史中的"早期近代"》(《史学理论研究》2009年第4期)中指出,"早期近代"(Early Modern)是当今西方史学界广泛使用的一个术语。它最初是指西欧从中世纪到近代的过渡时期,后来逐渐用于指同时期的欧洲。今天冠以"早期近代"的大学课程和论著不胜枚举。20世纪下半期,随着全球史的兴起,"早期近代"逐渐延伸至指同一个时期的世界。因此,追溯"早期近代"内涵和外延的变化,有助于我们了解西方史学界对欧洲历史和世界历史分期标准和方法的演变。以全球视野全面总结"早期近代世界"的内容和特点的学者,当首推美国世界历史协会前主席、夏威夷大学历史系教授杰里·本特利。他认为从世界历史来看,虽然跨文化交流起源于古代,东半球、西半球、大洋洲各民族自从人类诞生之日起,就已经穿越了政治和文化边界而进行着文化交流,但是世界几大文明区域之间的交流程度是有限的。而1500—1800年左右的确是一个空前跨文化交流的时代,它越来越多地影响世界各民族的生活方式和社会组织。早期近代几乎把世界各个民族都纳入彼此经常的、紧密的、持续的联系之中,跨文化交流延伸到东半球、西半球和大洋洲之外,包括了全世界。在西方传统史学中,"早期近代"只是用来指代欧洲历史,无论史学家是否意识到,它的"欧洲中心论"色彩都是显而易见的。全球史把"早期近代"当作世界历史上的一个独特时代,这种历史分期方法虽然沿袭了20世纪以来西方史学的传统,但是它把"早期近代"概念从欧洲延伸到世界,扩大了世界历史研究的视野,有助于打破世界历史研究中的"欧洲中心论"。

2007年,社会科学文献出版社出版于沛主编《全球化和全球史》文集。该文集汇集了国内学术界近年来研究"全球化与全球史"的代表性文章41篇,并按研究专题分为三大部分。该书所选的文章具有很强的理论性与现实感,它表明中国学者的全球化与全球史研究既有与西方历史学家相通的内容,也体现出自己明显的特点。第三部分以"全球史"为主,主要内容包括《全球化和"全球历史观"》(于沛)、《略论"全球历史观"》(王林聪)、《小议全球化与历史研究的多样性》(陈志强)、《"全球历史观"的困境与机遇》(刘德斌)、《全球化与全球史观》(李世安)、《从全球史观及其影响所想到的》(郭小凌)、《全球视野下的世界文化史编纂》(裔昭印)、《历史中心与历史联系——对全球史观的冷思考》(林中泽)、《全球化、全球史与中国史学》(程美宝)、《我们真的需要"全球史观"吗?》(吴晓群)、《全球化时代世界历史的重构》(陈新)、《"全球史观"和世界史学的重建》(王玮)、《20世纪以来世界历史体系的多样性与编纂实践》(徐蓝)、《全球史观与近代早期世界史编纂》(刘新成)、《巴勒克拉夫对欧洲历史的解读》(董欣洁)、《从怀特透视全球史》(刘新成)等。

近年中国学者在"全球史"研究方面取得的新进展,主要表现在研究成果质量的提升,和研究领域的不断扩大和日趋深入。例如,刘文明著《全球史理论与文明互动研究》,中国社会科学出版社2015年出版。作者认为:全球史在西方普世史和文明史的史学传统下,于20世纪下半叶兴起于美国,当从整体观出发来探讨世界历史时,不同文明、国家或社会之间的互动成了全球史研究中的一条主线。文明互动这一宏大主题，涵盖了不同文明在政治、经济、文化、观念、生态等各个领域中的相互联系和相互影响，这本书则主要探讨了"文明"观念在欧洲和中国的形成发展及其传播，以及全球视野下的疾病传播等问题。书的上编是"全球史理论"，具体内容是："全球史"与"世界史"的关系："全球史"是什么；20世纪以前欧洲的普世史理论；马克思的"世界历史"理论；美国的西方文明史和宏观世界史教学；全球史在美国的兴起及其多元性；《人类之网》：全球史建构的网络化想象；本特利的"新世界史"与"跨文化互动"；马兹利什的"新全球史"探索；文明互动和"文明"观念；多元文明与文明互动的历史书写；社会学视野中的符号互动与文明际相遇；18—19世纪欧洲的"文明"观念和"文明"话语；19世纪末欧洲国际法中的"文明"标准；中国传统的"文明"概念及其在晚清的嬗变；欧洲"文明"观念的传播：基佐、福泽谕吉和梁启超；西方模式与社会发展：全球史视野下的反思。下编的主要内容是"全球和互动视角的疾病传播"，具体内容是：克罗斯比与生态视角下的欧洲扩张；全球史视野中的传染病研究；1918年大流感的起源及其全球性传播；大流感、殖民体系与尼日利亚木薯种植等。2017年，董欣洁著《巴勒克拉夫全球史研究》，由中国社会科学出版社出版。作者较为系统地梳理了英国史学家杰弗里·巴勒克拉夫在全球史领域的研究实践：探讨了什么是全球史；分析了巴勒克拉夫的全球史观的提出、全球史视野中的欧洲历史、对全球史理论与方法的探索、对全球史的宏观阐释框架；然后，在以欧盟为例考察经济全球化时代国际政治本质的现实基础上，在从马克思"世界历史"理论出发研究全球史的理论基础上，总结了巴勒克拉夫作为20世纪中期西方全球史的首倡者对全球史发展的学术贡献及其历史局限。作者认为，研究英国史学家巴勒克拉夫的全球史思想，有重要的学术价值和现实意义。因为"从史学理论层面来看，能够为我国世界史研究整体发展提供一定程度的理论支持；从现实层面来看，有助于进一步促进我们对全球史、对经济全球化进程本身及其引发问题的深刻思考，开拓研究视野和开发新的学术增长点"[①]。事实正是如此，

---

① 董欣洁：《巴勒克拉夫全球史研究》，中国社会科学出版社2017年版，第1页。

对巴勒克拉夫全球史思想的系统研究，有选择地汲取其有益内容，有助于我们深化认识全球史和全球历史观。

2011年到2013年，复旦大学文史研究院、东京大学东洋文化研究所和普林斯顿大学东亚系，就"全球史、区域史或国别史"举行了三次学术研讨会。由复旦大学文史研究院编辑的《全球史、区域史与国别史：复旦、东大、普林斯顿三校合作会议论文集》，2016年由中华书局出版。这本论文集，既反映了中国史家在全球史、区域史或国别史方面的研究的新进展、新成果，也反映了国际史坛就相关问题的一些有代表性的观点；同时也可看到中外史家在一些共同感兴趣的领域内的交流。中外史家都希望从理论、方法到形式上，探索一个可能的理想型全球史—世界史。论文集的主要内容是以下五方面：一是"总论：全球史、区域史与国别史之关系"（葛兆光、艾尔曼、羽田正），二是"作为区域：何为东亚与中国"（董少新、王振忠），三是"在全球史与区域史视野中：观念、哲学与文学"（Federico Marcon、中岛隆博、大木康），四是"交错与关联：东亚诸国的历史研究"（马场纪寿、Tineke D'Haeseleer、王鑫磊、古柏［Paize keulemans］、Sheldon Garon），五是"全球史研究与大学国际化：各个学校的现状与思考"（顾云深、佐藤仁）。论文集中的一些论文，如《在全球史潮流中，国别史还有意义吗》《从区域与全球的视角看前近代东亚史》《新的世界史和地区史》《作为区域何为东亚与中国》《"东亚"到"东亚海域"——历史世界的构建及其利弊》《东亚视域中的中国区域社会研究》《在全球史与区域史视野中观念、哲学与文学》《观念的世界史是否可能》《近代东亚哲学话语所构建的普遍性与世界历史》等，对开拓"全球史、区域史与国别史之关系"的研究视野，提出新的选题，都有积极的建设性的意义。

所谓"后现代史学"，是一个不准确的概念，实际上是西方后现代主义思潮对史学的挑战，以及所产生的影响。在现代西方哲学中，没有一个概念像"后现代主义"（postmodernism）那样模糊不清。"后现代"作为一种主张多元、多变、多维、多样和怀疑的思潮，在西方学术界众说纷纭。现在，"后现代主义"已不仅仅是流行的西方哲学思潮，自20世纪70年代后期开始，后现代主义逐渐影响到历史学领域，是当代资本主义文化扩张在史学领域的主要表现之一。美国历史哲学家海登·怀特是后现代主义在史学理论领域的代言人。他的后现代主义史学思想,首先反映在1973年出版的《元史学：19世纪欧洲的历史想像》,2004年,译林出版社出版了该书的中文本。有研究者认为,从后现代主义史学理论出发,历史只不过是"那些稍纵即逝"的没有内在联系的"事件"的堆积,通过"解构"宏大叙事,"碎化"历史,将日常生活、底层人物、突发事件、妇女、性行为、精神疾病等纳入历史研究的视野。由后现代主义"摧毁""解构"和"否定性"等基本理论特征出发,进而从根本上否定历史学的学术功能和社会功能。但是,也有一些研究者对此提出异议,更多地强调"后现代史学"的"积极意义"。

较早探讨后现代思潮与当代中国历史研究的是王晴佳,他在《后现代主义与历史研究》(《史学理论研究》2000年第1期)中,着重分析了后现代主义与现代历史研究的关系。他认为,后现代主义作为一种文化思潮,在西方能产生并发生影响,有其复杂、深远的社会和文化背景。后现代主义所提出的一些问题,正好是现代世界目前所面临的,或者即将面临的关键所在。譬如如何处理和面对种族、国家之间,文明与文明之间,甚至国家内部各族裔的交融、汇合,两性之间的关系等。当今的历史研究,已经与19世纪后期现代历史编纂学刚刚建立的时候,有了很大的差别。后现代主义者比较敏感地注意到了这一差别,用一种极端、激进的口气写出,让人无法轻易接受。但其实,后现代主义只是代表了一种对自启蒙运动以来的西方文化传统所持的批判态度。这一态度本质上反映的是20世纪以来西方人士对自身文明的前途所表示的不安和焦虑。但更主要的原因是,非西方文明在当今世界所扮演的愈来愈重要的角色,使得不少西方人士认识到启蒙运动以来西方文明所表现出来的唯我独尊、妄自尊大,不但显得狭隘、肤浅,而且与已经走向多元化的时代和全球化的世界格格不入。王晴佳还在《后现代主义与中国史学的前景》(《东岳论丛》2004年第1期)中,更为具体地分析了后现代主义将对中国史学产生的影响。他认为,中国史学在近现代的演化,以观念的改变为先导,以理论的探讨为主要,然后带动了史学方法的更新、研究对象的扩大,以至引起历史研究整体面貌的根本变革。后现代主义以及与之有关的一系列文化现象的出现，对历史研究的发展，已经产生了根本的影响，无法忽视或者漠视。在史学研究领域，后现代主义对现代主义史学的冲击主要表现在以下两个方面：第一是历史研究兴趣的转移。现代主义历史研究以揭示历史演变的大趋势为目的，即历史一线发展进步论；以中心、精英为主要研究对象，即西方社会中心论，西方精英史学，西方民族国家史学等。后现代主义历史研究则以打破历史一线进化、注重非中心、非精英和非理性的活动为主要特点。第二是对现代主义历史认识论的根本颠覆。现代主义的史学认识论以实证主义观念为基础，即在主、客严格区分的前提下倡导"科学史学""客观史学"等。后现代主义则通过"话语的转折"，"语言学的转折"等理论对现代主义史学的"科学性""客观性"加以否定，重新界定了历史研究的性质和意义。对中国史学来说，20世纪是中国史学界全盘接受西方现代主义史学理论并取得巨大成就的世纪。进入21世纪，我们如何总结开发2000年来和20世纪中国史学的遗产，如何辩证地把握运用后现代主义史学理论以推进中国史学在21世纪健康发展，是我们所面临的不可回避的重大课题。

姜芃在《霍布斯鲍姆笔下的后现代思潮——读〈极端的年代〉》（《学术研究》2001年第8期）中，分析了霍布斯鲍姆笔下的后现代思潮，以及后现代思潮对他本人的影响。作者认为，作为一个有责任感的历史学家，不能回避时代提出的问题。霍布斯鲍姆在《极端的年代》这部反映20世纪世界历史的著作中分析了后现代思潮在科学、思维方式、艺术以及人们社会观念上的表现。尽管他对泛后现代主义的做法持否定态度，但他认同世界进入了与现代社会不同的后现代社会，他本人也具有后现代主义情绪。文章认为，他对19和20世纪世界历史写作的理论前提经历了从对资本主义战胜封建主义的赞颂、社会主义和资本主义的二分法，到现代和后现代划分这样几个时期，这实际上是后现代思潮在他的历史观念上的反映。但他始终是一个马克思主义者，他对资本主义现代性的批判，是与《共产党宣言》中对资本主义的批判一致的，二者都是后现代对现代性的批判。陈启能在《"后现代状态"与历史学》（《东岳论丛》2004年第2期）中，通过对后现代主义代表人物之一让-弗朗索瓦·利奥塔的观点进行分析，以帮助从某个角度更好地理解后现代主义对历史学的挑战。作者认为，对后现代主义的看法，一般可分为两种，即阶段说和反省说。两者不能截然分开。阶段说强调，"后现代"是"现代"之后的一个新时代（后工业时代、信息社会等），后现代主义是适应新时代的新变化应运而生的理论。反省说强调，后现代主义根本是为了批判当代西方的发达社会，特别是它的文化状态，以及对自启蒙运动以来形成的西方的认知范式和理论概念的反省和批判。在众多后现代主义学者中，法国学者利奥塔的"后现代状态"论对历史学的挑战最为明显，因为他认为自启蒙运动以来的"宏大叙述"已失去可信性，出现了"后现代状态"。在这种状态下，历史学的"元叙述"发生了危机，亦即有关完整的历史概念的说明、完整的历史知识都发生了危机。历史研究出现了"原子化""微观化"等变化。"后现代状态"论以及一般后现代主义的启示之一是，西方长期形成的历史进步的普遍观念和西方中心论遭到了极大冲击，西方学界的风向有了变化。

我国史学界研究后现代思潮与当代中国历史科学时，多注意从本学科的基本特征出发进行研究，即从具体的有代表性的学者出发，或从具体的历史研究的实践出发进行研究。张耕华撰有《历史的"硬性"与解释的"弹性"——兼论安克斯密特与扎戈林的争论》（《史学理论研究》2007年第2期），安克斯密特的"文本权威消失"一说，引发了对文本与解释之间关系的思考，虽然文本在史学研究中的"硬性"是不容否认的，但随着史学研究活动的逐步推进、层层深化，文本的"硬性"越来越"弱化"，而史家解释的"弹性"却越来越明显。总之，安克斯密特的"文本的权威消失了"一说，虽然是夸大的，且有以偏概全之嫌，但由此引出的问题是有价值的。借助这一话题，我们可以看到文本在不同层面的史学研究活动中的作用是有差异的，大体说来，从考史进入到叙史、评史，文本的"硬性"会逐步地减弱，与之对应的是史家在解释上的自由度则逐步地增强。通常讨论的有关历史学的客观性、艺术性等问题，在这一过程中也得到同步的反映。董立河撰《西方后现代历史哲学对历史编纂的影响及其局限》（《国外社会科学》2008年第1期），作者认为，自20世纪七八十年代以来，西方史学界出现了后现代主义哲学思想。面对后现代主义的挑战，有不少历史学家持抵触态度，因为它与他们自己对历史研究的理解和体验相去甚远。美国历史学家贝林（Bernard Bailyn）比较典型地表达了这种态度。他说："对过去实在之再现的精确和适当，对所撰写的事实的逼真和接近，这些仍然是衡量优秀历史著作的标准。"后现代主义哲学的论证策略是，通过对历史著述的话语分析，展示出它们的文本性、叙事性和修辞性，并由此将它们归结为一种文学制品或想象之物。针对后现代主义哲学给历史编纂带来的一些积极和消极的影响，我们理应做出合理的分析和批判。徐浩在《历史是文本——论西方后现代主义历史哲学中的诠释学视角》（《学习与探索》2008 年第 4 期）中指出，诠释学在 19 世纪是一种人文科学的方法论和认识论。进入 20 世纪，在现象学的影响下，诠释学发生了本体论化，并由此成为后现代历史哲学的重要渊源和组成部分。对待哲学的或反思的诠释学应采取辩证的态度，一方面借鉴其对文本和诠释的重要研究成果，重视历史研究不同于自然科学乃至社会科学研究的特殊性；另一方面也要头脑清醒、旗帜鲜明地反对它以文本取代历史实在，以理解取代反映，以历史相对主义取代历史客观性的种种极端认识，使现代历史学既开放又健康地发展。

2008 年，《学术研究》第 3 期发表《后现代思潮与史学史研究的反思》笔谈六篇，其作者向燕南、赵世瑜、徐兆仁、张耕华、江湄、邓京力等，就后现代思潮与史学史研究展开专题讨论。该"笔谈"编者按指出，后现代的理论太尖锐了，尽管没有传统意义上的哲学那么谨严细密的思辨、严整完备的体系，但是其锋芒所向，却呼啦啦地直刺西方启蒙运动以来一直所向披靡、不可一世的科学理性的软肋，只逼得那些标榜着科学理性的现代哲学一激灵，不得不急急地回过招来招架、回应、辩护，乃至缝补自身理论的缺陷，而学术则经这一番理论的省思，补苴调胹，获得新的升华。仅从此一点来说，我们就应怀着对这些富有理论原创性思考的哲学家的敬意，汲取其中有益的理论养分，省思我们的研究，在新的问题意识下，拓展我们的学术学科研究。从目前的情况看，随着后现代理论引入后的理论震荡的渐渐平复，人们已开始慢慢地、理性地咀嚼其中的理论意蕴和问题意识。很多学科也都在不同程度上开展了后现代问题意识下的理论探讨。然而，号称与史学理论关系最密切的、本应受后现代理论冲击最大的史学史学科，迄今却尚未见对后现代理论做出系统的回应。也正是鉴于此，我们组织了这组文章，以期引起史学史研究者的注意，从而达到促使国内的史学史研究得益于此世界理论之流、开拓新的研究领域的学术目的。

向燕南在《后现代理论视域下的问题意识与史学史的重写》中提出，尽管后现代主义基于一种文化批判立场，对现行的一切抱着一种全面、彻底的怀疑和批判的态度，尤其是彻底否定历史的客观性，对通行的历史学及其观念所进行的全面"颠覆"，而使历史的认识染上了浓重的相对主义色彩，但是无论如何，我们也不能无视或绕过这些理论对历史的文本重构——历史编纂中所进行的意识形态的涂抹和叙事中的想象、修辞等问题一针见血的抨击。后现代史学理论的提出，除了外在因素外，同时亦有对历史认识论不断追问的逻辑必然。后现代主义不仅试图重新考虑人们对于历史演变的认识和解释，重要的是它更想让人们从一个新的角度来理解历史的认识和历史知识的形成，认识历史学家的工作性质和局限性等问题。后现代这一理论指向的提出，最具启示意义的应是以研究历史的文本重构或历史编纂，探讨历史认识及其演进为核心内容的史学史学科。在后现代的理论视阈下所呈现的新的问题意识，使我们重新审视我们的史学史的同时，也为我们史学史的重写带来必要与可能。

赵世瑜在《后现代史学：匆匆过客还是余音绕梁》中强调，后现代主义思潮对于史学界的影响较晚，但并不能说是悄无声息。后现代主义对文学和艺术的杀伤力远比对史学小，因为它将一切视为充满主观意蕴的文本，而认识历史所依赖的史料自然难逃其外，历史研究的客观性也就必然遭到严峻的挑战。后现代史学引起西方学术界的讨论已近半个世纪，虽在中国有所介绍，但未引起人们——特别是专注于具体研究的史学家的关注和讨论，并有转瞬即逝的可能。事实上，后现代史学提出的许多问题与我们目前正在发展的社会史、历史人类学等有直接关系，它的反思意识正是我们的史学界所缺乏的。

徐兆仁在《历史解释学：史学史研究突破藩篱的理论探索》中提出，曲笔、直书、史才、史学、史识、史法、史德、史意、体裁、体例等关键词，都是中国史学史上具有理论性思维的总结；历史客体、历史文本、范式、重演、移情、道德律、长时段、主体性把握、历史效果等关键词，则是西方史学史上具有理论性思维的总结。中国传统史学以秉笔直书为记事原则，以撰写信史为编纂目标，以经世致用为撰述宗旨，侧重于总结和探索治乱兴衰的历史经验、彰往察来的历史智慧，十分注重发挥史学潜移默化的教育作用。西方史学则往往和哲学打通，长于引入理论思维，常有颠覆性的理念问世，引人反思。历史叙述和历史内容融为一体，再现历史真实，是历史编纂的根本任务。后现代主义思潮挑战传统史学，提出关于历史真实检验标准的核心问题，这在史学史研究上具有不可低估的学术价值，作为后现代主义史学核心问题的当代学术回应，历史解释学将在史学史研究实现理论突破中承担重要使命，发挥重大作用。

张耕华在《后现代与史学史的新视角》中强调，"新新史学"，这是一位美国学者对后现代主义史学的别称。这个别称，使人联想到"新新人类""丁克族"等名词，它们是用来指称那些不愿"遵循"社会老秩序、老规范来生活的一代新人，而那些秩序、规范，却是现实社会的基础。用"新新史学"来指称一种要全盘"颠覆"史学基础的后现代理论，颇为形象，远比"新蛮夷"的称呼文雅。其实，无论是"新新人类"，还是"新新史学"，都不可能颠覆现有的秩序和规范。我们与其视它为颠覆或破坏，倒不如把它看作一种质疑和挑战。有意思的是，虽然大多数实践的史学家都对后现代的史学观念表示反感，但对用后现代观念，或具有后现代观念倾向的史学著作却并不排斥，有些甚至还获得史学界的普遍好评。后现代史学理论的某些结论，看似是"颠覆"和"解构"性的，但其实际的影响，毋宁说是建设性的。尤其是他们的历史叙述理论，他们对历史叙述的建构和结构演化变迁的分析，颇能反映历史认识的特征和史学演变的本质，为史学史研究找到了一个奇特而有趣的视角。史学史研究不妨也"拥抱"一下后现代主义。这倒不是（也不必）去接受后现代的一些结论观点，而是"他山之石，可以攻玉"，借用后现代的一些理论观点，启动新的活力，开辟新的课题，转换出史学史研究的新视角。

江湄在《后现代视野下重新审视中国传统史学的思想价值》中指出，2002年，德国史家吕森编辑了《西方的历史思想》一书，其中有一篇彼得·伯克的文章《全球视野中的西方历史思想：十个命题》，这篇文章至少在意识层面，没有把欧洲在18—20世纪自觉形成的一套科学历史学的观念、理论、技术系统当作放之四海而皆准的普遍真理，当作人类历史智识发展的统一性目标与价值，不是在现代、科学的标准下罗列西方史学具有普遍意义的进步性，而是自觉地把西方当作欧洲的历史学传统与中国、日本、伊斯兰世界的历史编纂传统等量齐观，在一种比较的视野下，来阐述西方历史思想的独特性。显然，这种眼光与意识是具有鲜明的后现代主义思想色彩的。后现代主义一个突出的也是积极的思想特点，就是一种对待现代性的激进批判态度。中国史学史研究常常自觉不自觉地把科学史学的理论方法论体系当作真理标准，以之重塑中国史学传统，给它化上时妆。而后现代主义把"现代"的价值观和知识体系加以相对化，让我们多少能换一种眼光来看中国传统史学，把它从科学史学的"镜像"中移出，让它在科学史学的对照下显出"新意"与"个性"，给现代史学的发展提供一些另类启发。

邓京力在《史学史研究的当代趋向：史学比较与全球视野》中提出，20世纪末，两种相互联系的因素在逐步改变着上述西方史学史的研究趋势。一方面是20世纪六七十年代在西方国家普遍进入后工业社会以后，其内部产生了一种对西方文化、西方学术和西方现代文明的批判思潮——后现代主义。在史学领域，它对现代西方史学的基本原则和观念提出了全面质疑，主要表现在对进步观念、理性主义、历史主义、西方中心论、民族国家历史、客观性和科学史学等方面的解构和批判。后现代主义对西方文明优越性的质疑，及其对西方标准的普适性的批判，直接导致了对以西方史学传统为核心的史学史体系的反思，以及对非西方史学传统的态度的转变——史学史的撰述不同。来自不同文明区域的史学家主要还是从各自的史学传统出发做一种跨文化的比较研究，但这对于反映全球史学的整体发展来说当然是不够的，它最终还要落实到对于不同史学传统之间的关系研究上。全球化进程中，文明之间的交流使得不同文化传统的差异性与独立性受到挑战，而这对于近现代史学的发展则影响巨大，不同史学传统的交融和碰撞也最终模糊了它们之间的边界，甚至重新改铸了彼此的史学模式。20世纪末，后现代主义思潮与全球化进程的影响使得当代西方史学史的研究表现出某些新的趋向，即从跨文化的视角进行史学比较、总结不同史学传统的经验与成果，并展现其间史学交流的过程与复杂关系，以期建立多元现代性的全球史学史的基础。

关于"后现代史学"研究的成果,近10多年来主要以学术论文为主,但随着研究的不断深入,也开始有专著问世。如彭刚著《叙事的转向:当代西方史学理论的考察》,北京大学出版社2009年出版。作者认为,20世纪70年代,西方史学理论领域发生了学术范式的转型。第二次世界大战之后兴盛一时的分析的历史哲学逐渐被叙事主义的历史哲学所取代,后者至今仍是当代西方史学理论中最主要的理论形态。这一转型通常被称为叙事的转向。该书集中考察了这一转向的主要代表人物海登·怀特和安克斯密特的理论取向,由剑桥学派主将斯金纳的个案出发分析了思想史研究领域所呈现的理论问题,并结合20世纪史学理论的发展史,探讨了在史学理论新前沿的背景下重新思考历史事实与历史解释、历史学的客观性等问题的思路。作者认为,虽然被公认为后现代主义思潮在历史哲学和文学理论领域的主要代表人物之一,怀特却从来没有否认历史事实的客观存在,以及人们获取历史知识的可能性。他没有像后结构主义的一些思想家那样,走到主张"一切皆文本""作者之死"的地步。安克斯密特和怀特一样,认为过去的历史实在是没有定型的混沌一片,本身并没有叙事性结构潜藏在内而等待历史学家将其揭示出来,恰恰是叙事才赋予了过去以结构和意义。该书的主要内容包括,海登·怀特:叙事、虚构与历史;安克斯密特:从"叙事实体"到历史经验;昆廷·斯金纳:历史地理解思想;史料、事实与解释:20世纪西方史学理论视野下的考察;相对主义、叙事主义与历史学客观性问题等。彭刚还撰写论文《从"叙事实体"到"历史经验"——由安克斯密特看当代西方史学理论的新趋向》(《历史研究》2009年第1期),作者认为,当代西方著名史学理论家安克斯密特,在史学理论"叙事主义的转向"中扮演过重要角色,"叙事实体"是他提出自身理论立场时所着意阐发的基本概念。后来,他又以"历史表现"的概念取代"叙事实体",并提出若干值得注意的论点。近年来,安克斯密特认为史学理论的主题应该从对于语言和话语的关注转移到"历史经验"范畴,并以一系列论著对此论点进行了论证和发挥。安克斯密特的理论重心的转移,标示出当前西方史学理论和史学实践中若干值得注意的新趋向。

当前,"后现代史学"研究表现出的明显特点,是更加关注中国史学发展中提出的问题进行研究，至于研究的结论正确与否可另行讨论，但关注历史研究现实则应予鼓励。何平在《超越现代——论历史知识的后现代转型》(《学术研究》2009年第8期)中指出，当代西方史学界，虽然多数史家仍然依照传统的史学理论和方法作实证研究，但从20世纪60年代起，后现代主义思潮开始解构17世纪以来所形成的史学范式的基础，并影响当代历史研究。西方史学出现了所谓"新人文学科"和"非传统史学"。近现代历史知识赖以形成的许多基本观念，诸如世界历史发展的统一性、连续性以及进步趋势等，遭到后现代主义颠覆性的再诠释。近年来中国历史研究中后学的兴起、世界史编撰范式之争、对近代西方历史理论影响下形成的有关中国社会性质和历史发展的观点的解构，以及新的研究范式的提出等有一种向更新的历史思维转型的趋势。我们应该继承马克思批判资本主义现代性的立场，关注被流行的近现代主流理论范式所排斥的观念，包括被国别史所忽视的全球史视野，以及与普遍理性相对的区域理性的合理性。在研究的时段上，不排斥与原有分期理论以外的其他研究范式，以创建符合时代精神的新知识体系。何平还曾撰写《后现代主义历史观及其方法论》(《社会科学研究》2002年第2期)，分析了后现代历史观的本质内容。作者认为，后现代主义是影响当代西方人文社会科学乃至文化的重要理论思潮，据称到20世纪90年代已取得文化霸权。探讨后现代主义作为历史观和方法论的内涵，包括后现代主义对启蒙运动的批判，后现代主义关于历史及历史著述的本质、解读文本到构建新的历史叙述的方法及其意义等，可以看到后现代主义带来的一些新颖而深刻的观念，以及它的一些极端观点具有的破坏作用。韩炯撰写《在现代与后现代之间——从〈邂逅：后现代主义之后的历史哲学〉谈起》(《史学理论研究》2009年第1期)，就当今史学界关注的主要问题展开探讨，并归纳出后现代历史哲学与现代历史哲学的分歧集中在历史认识的客观性、历史文本和语言以及历史审美意识三方面。既肯定了后现代主义思潮对历史认识的拓展作用，又批评了其否定历史客观性的缺失，认为未来历史哲学的发展将是对后现代史学的批判地接受。现在人们之所以能够在一定程度上理解后现代史学，是因为把它放置在现代史学的宏观背景下。也就是说，后现代史学本身离不开现代史学提供的场景。当然，这只是后现代史学中极端的一面,后现代历史哲学也有它不那么激进的一面,例如废除包括欧洲中心论、种族优越论、男子中心主义等各种形式的中心论,消除话语霸权、强调平等对话,去除元叙事强调多视角的理解。

(七) 史学方法论研究

外国史学理论中的方法论研究,相对薄弱,虽然进展较为缓慢,但近年仍有较明显改观。从研究实践看,这一研究主要集中在网络、信息化应用和比较方法。历史研究中的网络、信息化应用反映了时代的特征,计算机的普及和广泛应用,为这一研究方法提供了不可或缺的物质基础;而比较方法,则是历史研究中早已广泛应用的方法,马克思主义经典作家在他们的著述中不止一次成功地运用这一方法,只不过是在今天新的历史条件下,比较方法也被赋予了新的内容,表现出新的特点而已。

比较方法 比较方法是历史研究长期应用的研究方法之一,但在对其进行系统研究的基础上,将其与"比较史学"联系在一起自觉地应用,则是改革开放以后的事情。1986 年,山东教育出版社出版了项观奇编的《历史比较研究法》,作为"当代外国史学理论丛书"之一出版。该书收录了苏联、美国、捷克和法国历史学家的 19 篇论文,内容十分丰富,包括历史比较方法及比较研究的发展阶段;历史比较研究的基本原则;比较史学的方法;苏联史学中比较研究的方法论问题;美国比较史学。该书还包括应用比较方法进行具体历史研究的论文,如切列普宁撰写的《从历史比较角度看俄国中央国家集权的形成(16—17 世纪)》;巴尔格撰写的《16—18 世纪资产阶级革命的历史比较研究》等。外国史学家的这些著述,对于推动我国史学方法的研究,特别是比较方法的研究,无疑有积极的意义。

20 世纪 80 年代,一些中国学者开始发表关于比较方法和比较史学的论文,例如范达人撰《略论历史的比较研究》(《北京大学学报》1982 年第 3 期),吴寅华撰《历史类比的类型和要求》(《江汉论坛》1982 年第 9 期),绍云撰《历史比较的理论依据与局限性》(《光明日报》1983 年 12 月 28 日),庞卓恒撰《封建社会历史比较研究的几个问题》(《历史研究》1985 年第 1 期),庞卓恒撰《历史运动的层次和历史比较研究的层次》(《历史研究》1985 年第 5 期),李桂海撰《谈谈历史研究中的模式与类比问题》(《江西社会科学》1985年第3期)、赵吉惠撰《略论历史比较学的几个问题》(《人文杂志》1986年第2期)、孟庆顺撰《比较史学方法评析》,(《西北大学学报》1986年第1期)、赵轶峰撰《历史比较研究的观念》(《东北师大学报》1988年第4期)等。这些文章广泛汲取了国外历史比较研究成果中的有益内容,所涉及的问题十分宽泛,如历史比较方法的意义和功能;历史比较的基本原则;历史比较的主要类型;可比性问题,即历史比较研究的基本条件,以及历史比较研究的主要程序,以及历史比较研究的局限性等。

1983年8月19日至24日,我国学者在长春首次召开历史比较研究问题讨论会。这次会议的主题是:历史比较研究的基本理论和方法;欧亚封建社会城乡经济的比较研究。与会代表围绕上述两个问题,就历史比较研究的溯源、性质、作用及局限性和指导思想等问题,进行了热烈讨论;对中国的佃客制、部曲制与英国的维兰制,中国与西欧的劳役地租,中日封建城市发展的特点,东西方农民战争的"宗教色彩",以及资本主义萌芽等问题,进行了较深入的比较研究。2003年10月24日至26日"中西历史比较研究学术论坛"在京举行。这一全国性学术研讨会,由中国人民大学人文学院历史学系、清史研究所与中国世界古代中世纪史研究会世界中世纪史分会联合举办,来自中国社会科学院世界历史研究所、中国人民大学、北京大学等近35个单位的学者约70多人参加了会议,探讨了中西历史发展进程不平衡的缘由,阐明中国社会主义现代化道路的必然性与合理性,力图从中探讨中西历史现象各自的特殊历史规律和共同的普遍历史规律。2005年,吉林人民出版社出版了孟广林主编的《历史比较学的新视野》,该书是"中西历史比较研究学术论坛"的论文集。文集收入论文近30篇,约二分之一以上的论文涉及中西比较,如《中西两种封建形态:军事封建主义与政治封建主义》(朱孝远)、《周初殷移民与古罗马王政时代灭国迁民现象之比较》(胡玉娟)、《近代中西文化的冲突》(赵书刚)等,还有一些论者,如徐洋、吴英等,就马克思、恩格斯的历史比较方法,不同类型国家向社会主义过渡的道路进行了研究。

刘林海在《从二分到跨文化比较——西方的中西历史及史学比较述论》(《史学史研究》2006年第3期)中指出,西方的中西历史及史学比较研究起源较早，是从宏观的历史文化比较发展来的。从比较的角度研究历史和史学，是 20 世纪西方史学界较为常用的一种方法，20 世纪 50 年代以后逐渐形成热潮，甚至被誉为"历史研究未来最有前途的趋势之一"，至今方兴未艾。20 世纪六七十年代以前，主要以宏观比较为主，并形成一般的理论模式。六七十年代，以个体的微观研究为主要特征，形成一个高潮。90 年代至今是第二个高潮，以大的群体或项目为中心，出现了系统的比较，提出了新的比较理论，史学越来越成为比较的重点。西方的中西历史及史学比较理论，经历了从以近代西方为中心的东西二分法，到注重多元化的文明形态比较，再到不同文化的跨文化比较的几个发展阶段。这些变化是与学术和历史的变化密切相关的。

何平撰《比较史学的理论方法和实践》（《史学理论研究》2004 年第 4 期），以西方史学发展的历史为背景，对比较史学的产生和发展，以及各发展阶段的主要特点进行了分析。他认为，运用比较的方法对历史进行研究在古代希腊和罗马就已出现了；19 世纪后半叶进行了有关社会和文明的宏观比较研究；第一次世界大战以后，对世界历史进行宏观比较的这种做法遭到质疑，批评者们指责说 19 世纪的比较历史学派忽视了社会之间的重大差异；当时流行的历史主义思潮强调各民族社会的特殊环境和历史事件的独特性；法国学者马克·布洛赫 1928 年发表题为《向欧洲社会的比较历史学迈进》的论文，区分了两种历史的比较研究的方式：第一种方法是 19 世纪末叶盛行的宏观历史比较方法，在这种研究模式中历史比较的单位是在时间和空间环境中都互相远离的社会；第二种方法则采用更谨慎的，有限的，然而更有希望的探讨方式，"比较的单位仍是社会，但它们都彼此相邻，互相影响且处于同一历史时代"。1945 年以后，比较史学的主流趋势是转向更为实证性的比较研究，研究者们通常选取欲比较的社会的某一特定的领域，并对核心概念和研究范围加以准确的界定，而且历史比较的目的主要是发现不同社会间历史发展的差异性而不是相同性。晚近的西方的比较史学研究在注意到不同社会历史发展的相似性时也注意到差异性，它的另一种倾向是从对世界各国的历史的宏观比较研究转向中等规模的比较研究。此外，在 20 世纪中期，西方历史的比较研究的另一发展趋势是从对不同社会的历史过程的比较转向对历史现象的结构进行比较。

刘家和、陈新撰写的《历史比较初论：比较研究的一般逻辑》（《北京师范大学学报》2005 年第 5 期），从哲学视阈深入分析了"比较研究的一般逻辑"，作者认为，在历史学领域，历史比较并不是一个陌生的主题。通常，在历史作品中，我们看到许多被称作是运用比较眼光获得的研究成果。多数情况下，我们接触到的历史比较更多地期望揭示比较对象之间的异同与本质特征，而比较则被视为一种现代意义上的专业历史研究法。事实上，关于历史比较研究的逻辑，我们的探讨还有广阔的空间可以延伸。历史比较研究作为人文学科内比较研究的一种，它理应遵从一般比较研究的逻辑。20 世纪 60 年代以后，在西方分析哲学与科学哲学领域内，有关不可公度性的讨论，从认识论的层面大大丰富了我们对比较研究的理解。当代西方分析哲学与科学哲学思想中有关"不可公度性"的讨论，为我们深入探究历史比较的理论根基提供了参照。历史比较必须遵循一般比较研究的逻辑：比较是不可公度性与可公度性的统一；比较研究中，不能由比较对象之间局部要素的可公度性推导出整体的可公度性；比较对象的可公度性与不可公度性随着比较者设定的比较范围或概念层次而变化；没有比较就没有认识；事物的本质并非完全外在于比较者的客观存在，它同时也有赖于比较者的理论构想；比较研究意在形成新的认同，而在比较研究中保持差异是比较研究成为一种创造性活动的源泉。

2005 年，陕西师范大学出版社出版《朱本源文集》；2007 年，人民出版社出版朱本源著《历史学的理论与方法》。在这两该著中，收有不少外国史学理论与方法方面的重要著述。朱本源的史学比较的观点主要表现在以下三篇论文中：《"〈诗〉亡然后〈春秋〉作"论》《孔子史学观念的现代诠释》《孔子历史哲学发微》。这三篇论文作为一组文章，缘起于驳斥以英国史家巴特费尔德为代表的西方学者根深蒂固的思想偏见，即认为在中国古代的文明中，虽然在自然科学和历史编纂学方面取得了卓越的成就，但是却缺乏近代西方科学中的理论思维。对此，朱本源先生用现代西方史学的理论和概念，重新解读中国历史学资料，阐释了自孔子到乾嘉时代（即 19 世纪前期以前）的某些历史思维中的重大理论思维。朱本源认为，孟子的"《诗》亡然后《春秋》作"的命题是关于中国历史学的起源和性质的原理，它是对历史思维本身的一种思维，第一次在西方阐明诗先于史的原理的，是西方历史学奠基人维科，不过此论见之于他的1722年出版的《新科学》，这比起孟子来讲，已经迟了两千多年。

朱本源在中西史学比较研究的实践中，归纳出其史学比较的基本理论和特点：其一，中西史学的比较实质首先是异中求同的历史过程。中西文化轨迹不同，但殊途同归。其二，在中西史学的比较中，既注意在比较中寻求同一性，又注意在比较中探求差异性。其三，不满足于指出同与异，而更重要的是要从整个人类历史发展的趋势中去判断其利，既注意汲取其精华，又注意剔除其糟粕，在对中西史学发展利弊进行客观分析的基础上，以探求史学正确发展的道路。其四，不是为了比较而比较，而是有着明确而执着的比较意识，这一意识就是他所论证的主题：中国传统史学（指西方史学未传入的史学）不仅在历史编纂学方面为任何民族所不及，而且在历史理论方面也有可以媲美西方近代历史思维之处，并非如巴特费尔德所武断的那样。

王成军著《中西古典史学的对话》，中国社会科学出版社2009年出版。作者运用中西比较和跨学科的方法，从史学理论与研究实践的结合上，对司马迁和普鲁塔克的传记史学观念进行研究，在研究二者传记史学的共性——以人物为中心的前提下，注意探索二者传记史学观念的诸多不同点。作者认为，普鲁塔克在理性的斯多葛主义指导下，其传记史学徘徊于主与客、人与事、历史与文学、真与善之间；而司马迁则是在具有浓厚的辩证思想——"通变"的史学纲领指导下，将主观与客观、将事与人、历史与文学、真与善、因果判断与价值判断在历史的基础上有机统一起来，并探讨了两者在传记中所表现的较为发达的比较史学观念。作者在挖掘两者传记史学观念的基础上，还借助诠释学的理论和方法，着意探索两者传记史学观念对现代传记史学思想、现代史学发展的重要影响，以揭示古今、中西两者史学观念、特别是传记史学观念间所存在的历史关联和思想关联。作者在"绪言"中分析了论题的意义、研究概述、主要讨论的问题、方法论等，以及中西传记史学产生的源流及其趋向。该书各章的主要内容是：中西古代的文化结构及其特征、中西原始文化与传记史学观念的产生、中西传记史学的基本结构及其精神、理性主义史学与"通变"史学之比较——传记史学的历史观、因果判断与价值判断的对立与统一——传记史学的价值观、"轶事"与"宏大叙事"的对立与统一——传记史学的轶事观、文与史的交融与对立——传记史学的真实观、传记人物的历史比较——传记史学比较观念之比较、谁与评说——司马迁与普鲁塔克的历史影响及其地位。

历史研究中的网络、信息化应用 黄安年在《网络时代美国历史研究与普及面临的机遇和挑战》(《学术界》2006 年第 1 期)中指出,我们正处在世界经济现代化和全球化、政治民主化和多极化、思想文化多元化和网络化的时代,在这个时代,信息化、网络化的迅猛发展,对于经济、政治、社会、学术思想、文化生活产生着越来越大的影响。在网络时代,美国历史研究和普及面临着新的机遇和挑战。作者认为,美国问题研究,已经开始由专业化走向专业化和大众化并举的时代。文章论述了在网络时代的美国网络化的优势明显,但我国在网络领域中美国问题传播、交流、教学和研究,资源共享,还相当的薄弱,和美国学术界相距甚远。我国的美国问题研究网络还处于起步和各自为战的分散阶段,加快学术网络的发展,需要加强网站间的联系和整合,建议由中华美国学会牵头着手研究和推动加快我国美国问题网站的交流和联络工作。通过中华美国学会、中国美国史研究会等学术团体及全国各个美国问题研究机构,协调力量,分工组织,逐步建立和完善中国的美国问题研究网络。同年,王旭东撰写《历史研究信息化应用模式刍议》(《史学理论研究》2006 年第 1 期),他认为,如何将历史学同信息化这两个分属不同的知识体系的学科加以融合,以实现信息化应用向历史学研究领域的引入,属于史学方法研究不应回避的前沿课题。该文以人类认识、总结历史是一种信息处理过程为立论出发点,尝试提出"历史研究信息化应用模型"解决方案,并从历史研究主、客体角度就不同层次信息化应用作了具体阐述。笔者认为,历史研究信息化应用模型作为一种客观存在之映射,对其建构有助于正确认识、理解和实现历史学同信息化的沟通和融合。作者认为,"历史研究信息化应用模型",是一种基于建模(Modeling)理念,对客观存在的历史认知同信息处理潜在关系给予提取、抽象和简化,进而建立史学领域里信息化应用问题的科学界定、分类和解决方案的图视化结构系统。该模型的提出,旨在应对步入 21 世纪以来历史学这一古老人文学科所面临的自身信息化变革,为能打破历史科学和信息科学这两种不同知识体系的隔膜，在两者之间搭建一个实现真正沟通和融合的桥梁，最终达到以信息化应用促进史学研究方法和手段现代化之目的。

焦润明、王健楠撰写《论网络史学的研究对象及方法》（《辽宁大学学报》2010年第1期）认为，网络史学是历史学的一门分支学科，是历史学在信息时代的一种新的存在形式。网络史学不能脱离传统史学的母体而存在，故传统纸质史学的研究对象仍是它的研究对象，同时它还有自己特有的研究对象。网络史学的史料来源极其广泛。所有的纸质的、电子的、图像的资料全部可以成为其资料来源。传统纸质史学中所用的史料考证之法，通过改造或借鉴可成为具体而有效的网络史料考证之法。姚百慧以"在线档案文献资源"为例，探讨了《网络资源与国际关系史研究》（《史学理论研究》2010年第1期）。他说，网络资源是以数字代码形式将文字、图片、声音、动画等通过互联网发布出去的一切信息。近年来，随着网络的发展和网络史学资源的增多，越来越多的研究者开始把互联网当作搜集史料的渠道之一。一些学者还撰写著作，介绍相关学科领域的网络资源，但总的来看，这些成果还偏重于介绍，而缺乏对网络资源的特性以及针对这种特性应注意的问题等学理上和方法论上的探讨。该文主要以国际关系史在线一手档案文献资源为例，讨论网络资源对国际关系史的研究的作用以及使用网络资源的注意事项。国际关系史研究网络档案文献资源十分丰富，这些资源具有信息量大、更新及时、检索利用方便等诸多优点，但同时也存在稳定性差、内容庞杂等不足。网络资源利弊共存的特点，既为国际关系史研究提供了机遇，同时也给研究者带来众多的挑战。因此，在利用网络资源时，应采取适当的方法和步骤，以扬长避短，充分发挥网络资源的应有作用。

2010年，王旭东撰《时空、信息、熵、环境和全球化——人类社会历史发展研究的跨学科思考》（《山东社会科学》2010年第11期）。作者用跨学科的研究方法探讨人类社会历史发展的宏观性规律问题，尝试通过对人类社会历史发展宏观层面上的广义全球化，以及所涉历史研究必须面对的社会时空压缩、信息作用、熵增和人类与环境互动等理论问题进行跨学科的分析和阐释，揭示历史上影响人类社会生存与发展的规律性驱动机制。该文主体共分三大部分：一、历史的社会时空与信息的作用；二、信息的碰撞、熵增和人类社会的耗散结构性；三、全球化：人类与环境互动的熵增现象。阐述了如下基本认识：（1）在人类社会历史发展上，广义全球化不仅客观存在而且长期受到某种潜在自然规律的支配。这一自然规律应是热力学第二定律——熵增法则，以及耗散结构理论所证明的自组织开放系统客观存在的正、负熵流现象。在其作用下，宏大尺度上的广义全球化呈现出三种基本的平衡态趋向，即人口的、物质的和信息的全球流动平衡态趋向。正是这三大平衡态趋向，对人类社会存在的基础即地球上自然环境系统自身的熵增过程给予了强化。（2）全球化是从局部走向全局的均衡化或均质化过程，这一过程不仅令过去的人类将人口散布到世界各地，甚至还让人类社会的生活方式和发展模式在现代化进程中，也呈现出全球趋同的走势。与之并行的则是，全球的资源趋于同步消耗（如动植物物种的大量灭绝、化石燃料储量的普遍快速减少，等等）；全球的生态环境趋于同步恶化（如全球气候变暖、自然灾害的全球化、传染性疾病或污染引发的毒理性疾病的全球化）。在熵增的作用下，人类社会任何一个领域里的任何一个微小的局部，实际上都同全球的整体命运紧密而有机地联系在一起。

除上述提及的比较方法、网络、信息化应用等方法外，其他方面的外国史学方法研究也有一些成果。如赵振英撰写《俄罗斯史学的文明方法研究述评》（《史学理论研究》2006年第1期）指出，苏联解体后，俄罗斯的历史科学发生了重大变化：社会经济形态理论和形态方法失去了过去的主流地位。俄罗斯的历史科学，特别是史学方法论出现了危机。寻找新的史学理论和史学方法成为俄罗斯后苏联时代历史科学的迫切任务，一种新的史学方法——历史研究中的文明方法迅速兴起。许多史学工作者主张"把文明理论作为研究世界历史和本国历史的方法论的基础"，文明方法在历史研究和历史教学中得到了广泛的运用。俄史学工作者开始用文明方法编写高、中等学校历史教科书和参考书。莫斯科师范大学历史系主任 Н. И. 斯摩棱斯基在2000年5月举行的关于当代俄罗斯历史教育问题讨论会上指出，"中学教科书，首先是历史教科书，绝大部分都是用文明方法编写的"。近十多年来俄罗斯学者对这种史学方法进行了大量的研究。俄罗斯学者对文明方法在历史认识研究方法、研究对象和研究内容等方面的特点进行了广泛的探讨,并且围绕形态方法与文明方法的相互关系问题展开了热烈的讨论。大部分史学工作者认为,这两种史学方法各有优点和局限性,并非对立,而是互补,应该让两者并存。又如张乃和撰写的《发生学方法与历史研究》(《史学集刊》2007年第5期),探讨了发生学方法的演变,以及与历史研究的关系。作者认为,人们对发生学问题的研究很早就开始了。凡是在时空之内存在的事物都涉及发生学问题,特别是随着西方文艺复兴、宗教改革和科学革命的继起,在冲破神学束缚的同时,"令人困惑的发生学问题"随之产生。近代发生学方法从17世纪以来就逐渐形成,18、19世纪被日益广泛地应用于自然科学领域,成为探索自然界万物起源、发育、演化的阶段、形态和规律的方法,近代发生学方法对人文社会科学的研究特别是历史研究产生了重大影响。唯物史观和唯物辩证法使这一方法走向科学,从而形成了具有普遍意义的科学的马克思主义发生学方法。它是对现实及其发生前提和发生过程进行研究的方法,具有科学性、革命性和实践性特征,在马克思主义的历史研究方法体系中处于支配地位。然而,这并非意味着它是历史研究的唯一方法。该论点对我们加深理解唯物史观与历史学理论方法之间的关系,具有重要启示意义。

三 外国史学理论研究的主要译著

改革开放以来对外国史学理论介绍、研究的深度和广度,在中国史学发展史上是空前的。在这个过程中,一批有一定影响的外国史学理论著作的中译本相继出版,为深入研究外国史学理论创造了必要的条件。这些著作,最初集中在商务印书馆、华夏出版社等出版的一些丛书中。如商务印书馆出版的《汉译世界学术名著丛书》中的卡莱尔《论历史上的英雄、英雄崇拜和英雄业绩》、鲁滨逊《新史学》、古奇《19世纪历史学与历史学家》、李凯尔特《文化科学和自然科学》、康德《历史理性批判文集》、维科《新科学》、汤普森《历史著作史》、柯林武德《历史的观念》、卡尔《历史是什么》等;上海译文出版社出版的《当代学术思潮译丛》中的巴勒克拉夫《当代史学主要趋势》、勒高夫等《新史学》。华夏出版社出版的《二十世纪文库》中的巴尔格《历史学的范畴和方法》、米罗诺夫等《历史学家与数学》、米罗诺夫《历史学家和社会学》、伊格尔斯《欧洲史学新方向》、伊格尔斯等《历史研究国际手册》、哈多克《历史思想导论》、亚斯贝斯《历史的起源与目标》、托波尔斯基《历史学方法论》、摩尔《民主和专制的社会起源》、波普尔《历史决定论的贫困》、米特罗尔等《欧洲家庭史》。中国社会科学院世界历史研究所编《外国史学理论名著译丛》中的茹科夫《历史方法论大纲》、沃尔什《历史哲学——导论》、柯林武德《历史的观念》、波普尔《历史主义的贫困》（华夏版译作《历史决定论的贫困》）、勒高夫和诺拉主编《史学研究的新问题、新方法、新对象》等。这些著作，主要由中国社会科学出版社、社会科学文献出版社出版。2000年后，上海人民出版社出版的《社会与历史译丛》中的彼得·伯克《历史学与社会理论》、丹尼斯·史密斯《历史社会学的兴起》、佩里·安德森《绝对主义国家的谱系》、佩里·安德森《从古代到封建主义的过渡》、勒鲁瓦·拉迪里《历史学家的思想和方法》、爱德华·汤普森《共有的习惯》等。2001年，广西师范大学出版社出版的《阿西娜思想译丛》中的罗素《论历史》、汤因比等《历史的话语——现代西方历史哲学译文集》、格鲁内尔《历史哲学——批判的论文》等。

除上述"丛书"中的著作外，还有一些重要的外国史学理论译著。首先是中国学者编选的外国史学理论著作文集，如田汝康、金重远编选《现代西方史学流派文选》，上海人民出版社1982年出版；张文杰等编译《现代西方历史哲学译文集》，上海译文出版社1984年出版。何兆武主编《历史理论与史学理论：近现代西方史学著作选》，商务印书馆1999年出版。该书选录了自15世纪的马基雅维里至20世纪的沃尔什、福格尔，近500年中的51个史学家和历史哲学家的言论，并对每一个作者的生平、著述作了简要介绍，从而比较全面和系统地向中国史学界介绍了近现代西方的历史理论与史学理论的有关文献。编者认为，编纂一部近现代西方有关历史理论和史学理论的选集，对我国历史学界是一项有意义的工作。这一时期直接译自外国学者的重要著作有：柯文著《在中国发现历史——中国中心观在美国的兴起》，中华书局1989年出版；苏共中央社会科学院《科学与教学文献》编辑部编《历史科学·方法论问题》，中国社会科学出版社1990年出版；费尔南·布罗代尔著《15至18世纪的物质文明、经济和资本主义》，三联书店1992年出版；费尔南·布罗代尔著《法兰西的特性——空间和历史》，商务印书馆1994年出版；费尔南·布罗代尔著《菲利普二世时代的地中海和地中海世界》，商务印书馆1996年出版，孔多塞著《人类精神进步史表纲要》，三联书店1998年出版；卡尔·贝克尔著《18世纪哲学家的天城》，三联书店2001年出版；别尔嘉耶夫：《历史的意义》，学林出版社2002年出版；卡尔·洛维特：《世界历史与救赎历史——历史哲学的神学前提》，三联书店2002年出版；威廉·狄尔泰：《精神科学（第一卷）引论》，中国城市出版社2002年出版；威廉·狄尔泰：《历史中的意义》，中国城市出版社2002年出版。

近年，外国史学理论译著表现出新的特点，即多以多册组成的"丛书"的形式出版，这从一个侧面反映出我国在外国史学理论研究方面的进步。如张文杰、耶尔恩·吕森主编的"历史的观念译丛"，北京大学出版社2006年开始出版，旨在将国外18世纪以来关于历史编纂和历史哲学的重要著作进行翻译，介绍给中国史学界，并拟在条件成熟的时候翻译非西方的世界史学思想文献。目前已经出版13种：德罗伊森著《历史知识理论》，耶尔恩·吕森、胡昌智编选，胡昌智译，北京大学出版社2006年出版。《历史知识理论》分为四章，第一章导论致力于确定"什么是历史"，历史研究的方法，以及历史知识理论的任务；此后三章则根据德罗伊森的划分来探讨历史知识理论的各个组成部分。德罗伊森认为，历史知识理论包含了历史研究的方法论、关于历史研究主体与客体关系的系统论，以及陈述历史研究结果的体裁论。

玛丽亚·露西娅·帕拉蕾丝-伯克编《新史学：自白与对话》，彭刚译，北京大学出版社2006年出版。该书收录了伯克夫人提供的九篇访谈，反映出九位社会—文化史巨匠鲜明的个性特征，同时也不难发现他们作为史学大师的另一处共同特征，即始终贯穿的对学术传统、对自我的批判精神，以及对学术事业抱有的热情。对于史学和史学思想的爱好者而言，伯克夫人通过访谈所描绘的这些具体个人的生动的思想图景，显然要比一切教科书或学术专著更能彰显其学术人格应有的感染力。

亨里希·李凯尔特著《李凯尔特的历史哲学》，涂纪亮译，北京大学出版社 2007 年出版。这次出版的《李凯尔特的历史哲学》，是以涂先生重新校改的原译本《文化科学和自然科学》为基础，并补译李凯尔特另一部代表作《自然科学概念形成的界限》之第五章"自然哲学和历史哲学"（该章占该书近一半篇幅）。这样，两部文献共同构成了一个理解李凯尔特历史哲学思想的更为全面的文本。

哈拉尔德·韦尔策编《社会记忆：历史、回忆、传承》，季斌、王立君、白锡堃译，北京大学出版社 2007 年出版。该书是 1999 年题为"传统/变迁——传承历史与呈现过去"的国际会议论文集，与会的文学家、埃及学家、史学家、传媒学家、神经生理学家、社会学家提交的高水平论文，表明该论文集可视为近十年来西方世界有关记忆研究最具代表性的成果之一。雅各布·布克哈特：《世界历史沉思录》，金寿福译，北京大学出版社 2007 年出版。这部书原来不过是布克哈特讲授的课程"关于历史学习"的讲义，尼采受到这门课程的激励而写成《历史的用途与滥用》；布克哈特旨在给学生一些如何学习的提示。因此，他并不追求学科的系统性，而是将自己对于某些感兴趣的主题所做的反思娓娓道来。布克哈特在写给尼采的信中说："我要教给学生的是，他们在日后继续学习任何学科都不可缺少的框架，因为那些学科并非悬在空中。"

布莱德雷著《批判历史学的前提假设》，何兆武译，北京大学出版社 2007 年出版。在译者何兆武先生的眼中，布莱德雷的这本 1874 年出版的薄册子《批判历史学的前提假设》有着标志性的意义，它标志着西方世界批判的历史哲学从此兴起。布莱德雷的分析带给我们一系列结论，如历史学的实践已经不断向我们证明，一部历史学而没有所谓的偏见，乃是纯属幻觉；一切事实都是根据推论而得出的结论或理论；推论由证词而开始，而作为证词所陈述的则有赖于历史学家从自己本身的经验中所能推论的东西；推论的基础就在于历史学家本人的经验与他所研究的过去二者之间的类比。

埃娃·多曼斯卡编《邂逅：后现代主义之后的历史哲学》，彭刚译，北京大学出版社 2007 年出版。《邂逅》是一本访谈作品，采访者埃娃·多曼斯卡自称为后现代主义者的历史学家。她曾是波兰科学院院士托波尔斯基的弟子，毕业之后到荷兰格罗宁根大学访学，接受安克斯密特的指导，之后，又前往美国，在怀特教授指导下从事博士后研究。埃娃·多曼斯卡认为，"阅读《邂逅》只有一个理由：这些访谈提供了你所可能找到的有关20世纪末叶历史学状况的最好不过的思索"。

沃尔什著《历史哲学导论》，何兆武、张文杰译，北京大学出版社2008年出版。这本书是继柯林武德《历史的观念》之后，英国哲学界在历史哲学领域的又一部名作，自20世纪50年代问世以来，多次修订再版或翻印。第一部分探讨历史的思维的逻辑，亦即分析的历史哲学，包括历史的解释、历史的真实性、客观性和因果性等问题，第二部分探讨思辨的历史哲学。在历史哲学的学术史上，沃尔什最早提出了分析的历史哲学思辨的历史哲学这一划分，而他本人的研究传统，将英国学者对于历史思维的哲学思考加以总结、提炼，正式奠定了历史哲学这一学术领域的基础。第一章的主题是阐述论题范围，第二章至第五章可以说是讨论历史思维的逻辑问题，而第六章至第八章则构成对要达到历史的形而上学或形而上学的解释的各种企图的批判性讨论。

布罗代尔著《论历史》，刘北成、周立红译，北京大学出版社2008年出版。该书是法国年鉴派史学家费尔南·布罗代尔有关历史学本性的思考的总结。全书分为三个部分，也是布罗代尔最关心的三个问题：一是历史的时间；二是历史学和其他人文科学的对话；三是历史写作与现实的关系。布罗代尔提出，历史学家应该穿透政治事件的历史表层，揭示那些隐蔽在下面的、影响集体存在的力量。他把历史的时间区分为地理时间、社会时间和个体时间，进而表述为长时段、中时段和短时段。长时段思想深刻改变了历史学的面貌。

雅各布·坦纳著《历史人类学导论》，白锡堃译，北京大学出版社2008年出版。法国年鉴学派、英美等国的社会人类学和文化人类学等，均为历史人类学的重要思想渊源。经过半个世纪的发展，尤其是20世纪90年代以来，历史人类学已经成为历史研究的一个重要的学术活动中心。作者将历史人类学的基本问题归纳为三类：一、人类的自我形象如何演变？二、人类如何利用社会实践和符号形式来调节社会生活？三、人类本性是否也有其历史？在此基础上，作者追踪了历史人类学的学术渊源，回顾历史学和人类学在20世纪的接近和趋同，并且批评了自然科学、社会科学等一些相关学科将人类学非历史化的研究趋向。

柯林武德著《历史的观念》（增补版），何兆武、张文杰、陈新译，北京大学出版社2010年出版。柯林武德是20世纪最著名的历史哲学家之一，治学范围广博，尤其致力于打通历史学和哲学。在柯林武德构建的思想体系中，历史哲学是其学术思考的最后归宿。但终其一生，并没有完成他计划中的专门著作。为其赢得声誉的《历史的观念》一书，实际上是来源复杂的书稿及论文的合集。由杜森编辑的《历史的观念》增补版，不仅说明了该书的成书背景，而且发掘柯林武德的未刊稿，增收了他在1926—1928年间讲授历史哲学的完整讲稿，为读者提供了关键性的文献资料。

《历史上的各个时代：兰克史学文选之一》，约尔丹、吕森编，杨培英译，北京大学出版社2010年出版。该书原为1854年兰克为巴伐利亚国王讲授历史的记录稿，在他逝世后的1888年正式发表。在总共19次讲座中，兰克概述了欧洲历史上各个时代的基本特征。在绪言中，他对人类历史的进步概念做了反思，提出每个时代都是特殊的，有其独特的原则和效能。继而，按照编年顺序讲述了一系列的历史性事件及其看法：罗马帝国时期，东方与西方的联系是基督教得以传播并成为世界性宗教的先决条件；形成民族国家和教皇特权的中世纪；欧洲大国产生的18世纪；以及兰克本人所处的"革命时代"，即他所称的危机时代。最终，他认为人类虽然有可能在物质方面取得进步，但却完全不可能在道德方面日臻完美。

《历史的观念译丛》较近出版的一本，是安克斯密特著《历史表现》，周建漳译，北京大学出版社2011年9月出版。这是安克斯密特的代表作之一，大体反映了西方历史哲学的最新进展。"译者序言"对这本书的基本内容，有简明扼要的介绍："表现"原本是美学和文学理论中的范畴，安克斯密特将之引入关于历史叙述的讨论，其意在于"提议从美学的观点看历史编纂"。在这一意义上，历史叙述就像肖像画，它不是有关对象的摄影反映，却是人物的丰富表现。作者在《历史表现》中从"史学理论""历史意识""史学理论家"三个层次，系统讨论了历史表现理论。《历史表现》充分认识到，历史写作在满足理性的、科学的探究要求的同时，审美也是其内在固有的要素。为了恰当理解历史写作的性质，应该区分表现与描述，并且以表现概念为核心，重新定义诸如意义、真理和指称等传统的语义学工具。作者撰写《历史表现》的目的，是要在历史研究的文学进路之铺张与实证研究之节制中间界定并探寻某种中间道路。这一思路导向了历史研究的一种理性主义美学，在重申历史写作的审美维度的同时，也再次肯定了历史学科之合理性。

杨耕、张立波主编《后现代历史哲学译丛》，自 2008 年开始由北京师范大学出版社出版。现已面世的有贝汗·麦卡拉著《历史的逻辑：把后现代主义引入视域》，张秀琴译，北京师范大学出版社 2008 年出版。人们认为历史学家能够提供有关过去的可靠信息，但现代和后现代批评者却对其可靠性和客观性提出了挑战。该书作者有力地捍卫了历史实践的可靠性，揭示了历史学家描述、阐释和解说过去事件的合理基础。他认为，历史学家会尽可能公平地对过去进行说明，并且会尽可能避免给读者造成误导。他还解释和讨论了后现代主义对历史的批判，为历史领域的研究者和学者提供了崭新的证实其研究活动有效性的方法。该书的主要内容是：历史知识的可能性，真理理论，怀疑论者的常见理由、文本、行为和事件的意义；文本的意义、文本意义的认知问题、历史行为、事件和实践的意义、具体事件与一般、理论性的事件说明之间的指代关系、证实关于过去的描述、证实对单纯事件的描述、社会结构描述、人类行为的原因、人类行为的文化和社会根源；历史叙事的方式：常识性叙事、综合模式、概述式阐释、历史阐释的可靠性、深度解释和结构解释等。

伯恩斯等著《历史哲学：丛启蒙到后现代性》，张羽佳译，北京师范大学出版社 2008 年出版。该书涉及近 250 年来历史哲学领域有代表性的著作，梳理了启蒙主义、古典历史主义、实证主义、超历史、世俗历史主义、解释学、文化批评、叙述主义和后历史等流派，对休谟、康德、赫尔德、黑格尔、狄尔泰、兰克、尼采、海德格尔、马克思、福柯、罗兰·巴尔特和海登·怀特等作了新的诠释，对历史与哲学的关系、哲学的发源及意涵、历史哲学的原则等议题作了深入思考，并揭示了历史哲学当前的发展趋势。这本书的主要内容是：论历史学的哲学化、启蒙主义、古典历史主义、实证主义、超历史、世俗历史主义、解释学、文化批评、叙述主义、后历史等。

伯克霍福著《超越伟大故事：作为文本和话语的历史》，邢立军译，北京师范大学出版社 2008 年出版。作者写作这本书的想法，萌生于学术交流与学科对话之中。作者认为，在这种意义上说，它至少是自己时代的产物。这本书所关注的，是在后现代主义挑战面前，今天的历史研究应该以何种目的、何种形式和方法去应对。后现代主义的"去自然化""去神秘化""去等级化""去指涉主义"以及"解构"，业已在相当程度上改变了历史研究的条件和基础，与此同时，历史化却成为文学研究和社会科学的一种基础性方式。当历史化再现过去的全部方式遭遇到挑战的时候，一些学者却认为历史化至关重要。这本书的主要内容是：后现代主义的挑战、叙述与历史化、历史表现与真实、新修辞、诗学和批评、谋划：历史化时间、声音和视角的褊狭性、表现多种视角和声音、政治学和范式、自反性的文本（语境）化。

斯威特编《历史哲学：一种再审视》，魏小巍等译，北京师范大学出版社 2008 年出版。该书收录的论文涉及当前历史哲学研究中的一些重大问题，对历史、历史学、历史学研究的目标、历史学工作者的任务、历史创作、历史编纂等一系列史学问题进行了广泛而深入的探讨。此外，对哲学史上的后形式主义批评、历史学与历史绘画传统、思辨的历史哲学对批判的历史哲学、行为与历史叙事的客观性等也进行了分析。全书由三部分构成：导言、第一编和第二编。主要内容是：历史哲学：现在、过去和将来，历史学和历史理解；历史：一桩过去的事情？哲学史上的后形式主义批评；历史的艺术：历史学与历史绘画传统；学园中的克莱奥：为历史学在亚里士多德思想中寻找地盘；克尔凯郭尔：历史探寻与独立个体、历史学与数学、暂时的优先性和更美好的世界、解释和客观性、思辨的历史哲学对批判的历史哲学、历史；哲学和历史编纂学：哲学和历史思维的批判、行为与历史叙事的客观性；"传统"历史学对后现代历史学：叙事的贡献、法兰克福学派与历史哲学等。

莱蒙著《历史哲学：思辨、分析及其当代走向》，毕芙蓉译，北京师范大学出版社 2009 年出版。该书描述了有关历史哲学的一些重要概念，分析了不同时代的一些重要的思想家的历史哲学思想。作者解释了思辨的历史哲学与分析的历史哲学的根本区别，他认为思辨哲学是对历史过程和意义的追问，而分析哲学则是关于历史性质和方法的一门学科。该书的主要内容是：思辨的历史哲学、关于历史的前古典观念、古希腊罗马的历史思想、基督教对希腊罗马历史观的挑战；变革中的历史意识：文艺复兴与马基雅维利；变革序曲：从马基雅维利到维科、维科的历史哲学、启蒙运动时期思辨的历史哲学、黑格尔的历史哲学、马克思的历史观、分析的历史哲学、关于"历史是什么"的讨论、历史的终结？后现代主义者的挑战、历史的终结？福山思辨的历史哲学等。

艾维尔泽·塔克尔著《我们关于过去的知识——史学哲学》，徐陶、于晓凤译，北京师范大学出版社2010年出版。历史学家、比较语言学家等如何建立关于过去的信念？他们如何知道关于过去的知识？该书提供了对于史学的哲学分析。作者采用当代知识论和科学哲学的分析方法，论述了史学中的诸多主题，作者的核心观点是：史学作为一门科学的、规范的学科，应该努力分析那些过去事件的证据。这种新的史学研究路径，使那些关注自身学科的方法论基础的哲学家、历史学家和社会科学家们对其产生浓厚兴趣。这本书论述的主要内容是：共识与史学知识、认识价值和观念共识、历史知识的历史、科学的史学理论、史学观点、比较历史学、不确定的历史学、传统主义史学的语义学史学解释、史学知识的界限、历史偶然性与必然性、历史必然性和偶然性的反事实和评价、史学和历史等。

阿特兹等编《历史哲学：后结构主义路径》，夏莹等译，北京师范大学出版社2009年出版。这本书辑录了利奥塔、斯皮瓦克、本尼特、卡勒等后现代理论家的代表性著述，内容包括历史学、美学和马克思主义。主要内容是：历史、马克思主义和机构；重读马克思：在阅读德里达之后；历史中的文本：解读的决定性要素及其文本；批评与机构：美国的大学、差异与历史、历史的痕迹；德里达和福柯：书写历史的历史性、历史考察的实践、美学与历史、美学的与历史的确定性、历史的符号、作为文本的历史；作为历史的语言和作为语言的历史：索绪尔以及词源学的浪漫；跌入差异，菲勒斯中心主义的话语：失乐园，入历史；埃兹拉·庞德：消解历史、非洲的留声机：从斯坦利到斯纳夫普适的语音中心主义等。

《历史学的实践》译丛，北京大学出版社自2006年开始陆续出版。每册书前，都有"译者前言""中文版序"，或其他形式的评介文字，目前已经出版有彼得·伯克《法国史学革命：年鉴学派，1929—1989》，刘永华译，北京大学出版社 2006 年出版。年鉴学派是 20 世纪影响最大的史学学派。在所谓"新史学"的发展过程中，它是最为重要的推动力。年鉴群体将传统的历史学与地理学，经济学、语言学、心理学、人类学等多种社会科学相结合，把治史领地扩展到了广阔的人类活动领域，开创了一系列的新方法，如问题导向的历史、比较史，历史心理学、地理史、长时段史、系列史、历史人类学等。这本书是法国年鉴学派的批评史，考察了这一史学研究群体自《年鉴》杂志 1929 年创建之日起 60 年的发展历史。彼得·伯克区分了年鉴学派的发展过程中的三代学人。第一代包括创建者吕西安·费弗尔与马克·布洛赫，他们与传统史学体系开战，创建了《年鉴》杂志，鼓励跨学科合作。第二代由布罗代尔主导，他已经被誉为同时代最杰出的历史学家。第三代包括杜比、勒高夫、勒华拉杜里等当代著名史学家。伯克以年鉴学派几代史学家中占主导地位的史学思想、史学方法的演变为线索，对 1929—1989 年这 60 年间年鉴学派的发展、演变的考察来分析和评价年鉴学派的史学成就。他的分析简明扼要，有助于我们更好地理解年鉴学派。

杜维运的《变动世界中的史学》，北京大学出版社 2006 年出版。作者曾任台湾大学历史系教授、香港大学中文系教授、政治大学历史研究所教授等。著有《中国史学史》《与西方史学家论中国史学》《中国古代史学比较》，该书所收文章共十六篇，大多是作者近十年来在各学报与副刊中所发表的文章，也有讲稿及专著的序文。书中论文评述了梁启超、傅斯年、张荫麟在融会中西史学方面的成就，论述了比较史学、后现代主义史学、传统中国史学等各种史学方法的功过得失以及西方史学发展的大趋势等。变动世界中的史学、傅孟真与中国的新史学、张荫麟与中国的新通史、中西史学比较的困境与美境、比较历史与比较史学、历史走向全球化、历史研究的客观方法与艺术想象、历史研究与灵感、19 世纪至 20 世纪西方史学发展的大趋势、后现代主义的吊诡等。

杜维运著《史学方法论》，北京大学出版社 2006 年出版。史学方法是训练史学家的一门学问。杰出的史学家可能是天生的，地道的史学家则是训练出来的。天才也只有接受了既有的或自创的史学方法后，才能成为史学家。这本书以古今中外数千年的史学方法为蓝本，归纳总结出了基本的史学方法，在技术的方法之外，扩及史学理论与思想，提出了史学家必备的基本素质与修养。该书具体内容包括历史与史学家、历史科学与艺术、史学方法、科学方法与艺术方法、史料考证、博学与历史研究、历史叙事与历史解释、历史文章的特性与风格、引书的理论与方法、传记的特质与撰写方法、比较历史与世界史、史德与史学家、史学家的胸襟、史学家的乐观、悲观与迷惑、史学方法的承旧与创新等。

杰弗里·巴勒克拉夫著《当代史学主要趋势》，杨豫译，北京大学出版社2006年出版。杰弗里·巴勒克拉夫先后在牛津大学等英美多所著名高校执教，曾任英国历史学会主席。该书原为联合国教科文组织出版的《社会科学与人文学科研究主要趋势》系列丛书的第三卷，后出版单行本。作者对20世纪50年代以来的世界各国历史研究的主流和新趋势作了系统、全面、详细的阐释和分析。该书取材广博，评论公允，被欧美大学列为史学史研究的必读参考书。主要内容包括处于变动世界中的历史学、探索新概念和新方法、社会科学对历史学的影响、历史学的新领域、探索历史学的意义：国别史、比较史学和"元历史学"、历史研究工作的组织、当前趋势和问题。

G. R. 埃尔顿著《历史学的实践》，刘耀辉译，北京大学出版社2008年出版。埃尔顿执教于剑桥大学历史系，历任钦定近代史讲座教授、皇家历史学会主席等，在英国近代政治史等领域成就显著，是英国近代政治史的权威学者。《历史学的实践》一书凝结了埃尔顿在历史学研究、写作、教学等方面的实践经验，是对传统史学路数的清晰、简明的概括。他固守19世纪以来的实证史学传统，强调历史学的自律与自足，维护政治史的核心地位，排斥社会科学理论，与英国著名史家E. H. 卡尔的同时代名作《历史是什么》形成鲜明对比。

休斯著《什么是环境史》，梅雪芹译，北京大学出版社2008年出版。J. 唐纳德·休斯，丹佛大学历史系教授，环境史的奠基人之一，主要代表作有《世界环境史》（2001）、《地中海地区：一部环境史》（2005）等。该书为对环境史感兴趣的学者、学生和一般读者而写，内容全面深入，富有创见。对初学者来说，这本书能为将来的学习和研究提供多角度的启发,是一本无可替代的入门教材。作者认为,环境史是一种立足于研究不同时代人与自然的关系,以理解人类所处、所做与所思的历史。在这本开创性的著作中,J.唐纳德·休斯着眼于全球,以全球的视野,从容地对古代、中世纪以及当代的环境史进行了考察;将不同国家和地区的形态各异的环境史整合在一起,并揭示了它们各自发展过程中的重大问题与趋势,对这一学科已有深入思考的人,也能够从中获益。主要内容包括:给环境史下定义,环境史的先驱,环境史在美国的产生和发展,地区、国别和地方环境史,全球环境史,环境史的问题与方向,对从事环境史的思考。

弗朗索瓦·多斯著《碎片化的历史学:从〈年鉴〉到"新史学"》,马胜利译,北京大学出版社2008年出版。弗朗索瓦·多斯,法国第十二大学教授,《时间与空间》杂志的创建人,研究方向为思想史、结构主义史、年鉴学派发展史等。其主要著作包括《结构主义史》(1991—1992)、《意义的帝国:人文科学的人文化》(1995)、《保罗·里克尔:一场人生的意义》(1997年,2001年再版)、《米歇尔·塞尔多:一个受伤的行者》(2002)、《思想的脚步》(2003)、《传记的赌注》(2005)等。作者认为,从20世纪80年代开始,广大公众对历史产生了浓厚兴趣。这主要归功于"新史学"运动的成功。这一运动肇始于年鉴学派。在讲述年鉴学派的历史时,除了介绍费尔南·布罗代尔、埃马纽埃尔·勒华拉杜里、雅克·勒高夫等声名显赫的"新史学"的学者之外,多斯还对"历史的终结""人类的隐退""结构的作用""抛弃政治史"等年鉴学派所提出的众多观念和问题进行了深刻剖析。

彼得·伯克的《什么是文化史》,蔡玉辉译,北京大学出版社2009年出版。彼得·伯克,英国历史学家,曾先后执教苏塞克斯大学、剑桥大学,现为剑桥大学文化史教授及伊曼纽学院研究员,研究方向为西方史学思想和欧洲文化史。主要代表作有《法国史学革命》《历史写作的新视野》《20世纪的历史与历史学家》《什么是文化史》《文化史的多样性》《意大利文艺复兴》等。《什么是文化史》不仅是历史学专业读者的入门手册,也是关心文化研究、人类学研究和文学研究的读者的必读书。作者从讨论雅各布·伯克哈特和约翰·赫伊津哈所提出的文化史的"经典"术语入手,考察了从弗雷德里克·安塔尔到爱德华·汤普森等马克思主义者做出的反拨。随后，勾勒文化史近期兴起的概貌，重点尤其是上一代人写作的、常常被称为"新文化史"的著作。他将新文化史放在自身的文化背景下进行考察，重视历史思考和写作的新方法与女权主义、后殖民主义研究以及日常生活的话语的兴起之间的关联。

哈特穆特·凯博著《历史比较研究导论》，赵进中译，北京大学出版社 2009 年出版。哈特穆特·凯博，德国柏林洪堡大学社会史教授，欧洲历史比较研究中心主任。主要代表作有《西欧社会史》《工业化与社会变迁》等。在跨文化交流日益深入的时代，比较研究已经成为历史学者越来越重视的一种方法。这本书是有关历史比较研究基本理论与方法的概述。作者是德国社会史研究的权威学者，尤为擅长历史比较研究。在该书中，他结合欧美学界 19、20 世纪历史比较研究的大量实例，回答了什么是历史比较、如何进行历史比较以及以往取得了哪些重要成果等一系列的问题，具体问题包括历史比较的种类、历史比较的动机、历史比较与社会学比较，和人类学比较的区别、怎样进行历史比较、至今历史比较做出了哪些成绩，以比较社会史为例说明。

柯娇燕著《什么是全球史》，刘文明译，北京大学出版社 2009 年出版。柯娇燕，美国达特茅斯学院历史学教授，主要研究领域为清史、中国近现代史、比较历史和全球史，主要代表作有《半透明之镜：清帝国意识形态中的"历史"与"身份"》《世界史：地球及其人民》《全球社会：1900 年以来的世界》等。该书考察了人们对人类整体历史的长期探索，尤其侧重 20 世纪哲学和理念的急剧变化对历史学科的影响，是历史系师生和社会各界读者有关全球史的入门读物。这是一本重要的全球史著作，有助于人们认识全球史和世界史，为探讨人类历史进程作出了种种努力。在全球史或世界史的发展变化中，有许多是物质的，另外一些是社会的和文化的。为了探讨这些复杂问题，全球史学家采用了新的分析和比较方法，同时从早期文明中继承了古老的传统，以尽可能综合全面和意味深长的方式叙述过去。

约翰·伯纳姆著《什么是医学史》，颜宜葳译，北京大学出版社 2010 年出版。约翰·伯纳姆，美国俄亥俄州立大学医学遗产中心及历史系教授，研究方向为医学史和美国社会史，尤其是精神病史。医学与健康史领域的研究近年来进展迅速,作者在该书中把医学史介绍给了社会各界读者,使人们一窥以往这个比较陌生的研究领域。医学史,一度只有少数专家涉足,而在今天,它不仅吸引着一般的历史学家,也吸引广大医务工作者。医学史的魅力在于历史本身固有的特殊内容,特别是涉及如下五个方面:所有时间、所有地点的治疗者,从作法的巫师到技术专家;各个时代、各种文化中的病人;种种疾病,从一般疾病到烈性传染病,还有不易察觉的环境毒害;医学史上的新思想的产生与传播,在医疗和医疗以外广泛社会生活中的影响;围绕着医疗保障的无尽争论,它如何影响社会,同时又如何受到社会环境和社会制度的制约等。

安托万·基扬著《近代德国及其历史学家》,黄艳红译,北京大学出版社2010年出版。安托万·基扬,师从法国历史学家布列尔·莫诺,1895—1929年担任瑞士苏黎世邦理工学院(法语)历史学与地理学教授。19世纪是历史学的世纪,19世纪也是各种政治思潮和政治运动层出不穷的世纪。无论是沉静如水的兰克、还是激情似火的特赖奇克,都在关注自己时代的核心政治主题——民族统一运动。作者不仅生动地描绘了那个时代德国最杰出的历史学家们的学术研究、个性特征和表达风格,更向我们展示了他们对现实政治生活和公共生活的热情、抱负和渴望。他们以自己的历史研究从观念上重塑了德意志民族意识,使康德的"旧德国"变成了俾斯麦的"新德国"。此外,作者还极力要回答:史学工作者在关注现实、运用历史时承担着何种道义责任?历史研究是否能够、如何能够达致民族主义和世界主义之间、现实主义与理想主义之间的协调。

陈恒、耿相新主编的《新史学》辑刊,自2003年由大象出版社出版,该杂志的中文繁体字版同时由台湾知书房出版社同时出版。到2009年,《新史学》已经出版9辑,每辑的主题依次是古典传统与价值创造;布罗代尔的遗产;柯林武德的历史思想;新文化史;后现代:历史、政治和伦理;宗教文化史;东西方之间——对历史思想的探询;纳粹屠犹:历史与记忆;观念的历史。关于编辑出版《新史学》辑刊的宗旨,陈恒在《发刊词》中写道:本刊拟以史学为基础,进行跨学科、跨文化的综合研究。每辑悬置一个主题,邀请不同文化背景、不同学科背景的专家、学者就这一问题进行多方位、多层次、全面的探讨,以阐述常见中之不常见。我们长远的计划就是把人类文明进程中的重大问题逐一进行专题研究，编辑相关的经典读物与文献索引，为后人研究提供便利的条件。这类主题包括"历史与记忆""观念史""灾难史""环境史""口述史""文艺复兴""科学史""历史主义""浪漫主义"等；人物方面则包括希罗多德、修昔底德、洪堡、兰克、赫尔德、布克哈特、德罗伊森、汤因比、雅斯贝尔斯、布罗代尔、梅尼克等。他们的著作代表着各自时代史学著述的最高水平。

《新史学》已经取得一些著名杂志的授权，把它们的文章翻译成中文。这些杂志是美国《历史与理论》（History and Theory）、美国《观念史杂志》（Journal of the History of Ideas）、美国《世界史杂志》（Journal of World History）、美国《评论》（Review）等。编者希望通过《新史学》把这些杂志所体现的西方学术陆续介绍到国内。不难看出，该辑刊的作者，绝大部分是外国学者，因此可以说，《新史学》是每辑都突出一个主题的史学理论译文集。以《新史学》第一辑《古典传统与价值创造》为例，便可清楚地看到这一点。16位作者中，外国作者有13位，他们是：阿纳尔多·莫米利亚诺、格兰特·哈迪、约翰·拉夫、皮特罗·布奇、大卫·卡里哀、格拉厄姆·马多克、劳伦斯·A.库兹奈、提姆·巴特里、威廉·H.麦克尼尔、沃尔什、威廉·德维利斯、布鲁斯威廉·S.桑顿、瓦尔特·夏德尔、狄尔泰；中国作者有3位，他们是黄洋、晏绍祥、胡继华。无论是中外作者，他们所研究的内容，都是与外国史学理论有关的热点问题或前沿问题。

在改革开放的新的历史时期，中国的世界史研究不仅在著述方面，而且在译介方面，对原有的一些"陈旧"的、多有涉及的内容，也存在着不断深化的问题。由于这种介绍的"深化"和研究的"深化"是联系在一起的，所以这种译介的意义并不仅仅局限在某一孤立的历史理论或历史知识的介绍，而是对整个学科的理论建设具有积极的意义，在一定程度上反映了世界历史学科史学理论建设的进步。例如，德国历史哲学家斯宾格勒的代表作《西方的没落》，商务印书馆1963年出版了齐世荣等人的译本；1986年，台湾远流出版公司出版了陈晓林的译本，但都不是完整的译本。2006年10月，上海三联书店出版了吴琼的全译本。这个译本系根据查尔斯·弗兰西斯·阿特金森（Charles Francis Atkinson）的英译本译出。《西方的没落》全译本书前有译者题为《历史的炼金术士与文化的先知——斯宾格勒及其〈西方的没落〉》的长篇导言。其主要内容包括"斯宾格勒及其年代""斯宾格勒的思想谱系""文化形态学的对象、方法和性质""文化的比较形态学"等。

从"克罗齐史学名著译丛"五种的出版中，似可更清楚地看到译著的"不断深化"。贝内德托·克罗齐（1866—1952），20世纪意大利著名的学术大师之一，享誉世界的哲学家、历史学家和文学批评家，同时也是著名的政治家。2005年，中国社会科学出版社出版的"克罗齐史学名著译丛"五种，首次将克罗齐经典的史学理论和史学著作，直接从意大利文翻译，系统地介绍给中国的学术界与各界读者。该丛书的主编和三部著作的译者是田时纲研究员，另外二部著作的译者是王天清教授。这套译丛刚出版，意大利哲学研究所便邀请中国社会科学院哲学研究所携中文版赴意，专程参加由该所主办的"克罗齐史学名著译丛"中文版发布会，受到意大利学术界的好评。不仅那不勒斯市市长亲自与会，意大利总统也发来贺信；多家意大利媒体采访并刊发了消息与文章。在中国，"克罗齐史学名著译丛"也产生广泛影响。值2006中国意大利年之际，由意大利驻华使馆文化处、中国社会科学出版社和中国社会科学院哲学研究所共同举办的"克罗齐史学名著译丛"中文版发布会。人们认为，这套厚重的译作是为"2006中国意大利年"献上的一份厚礼。

田时纲在"丛书总序"中指出："五卷顺序系根据著作内在逻辑和时间（写作时间和研究对象时间）相结合原则排列：先是历史理论，后为史学著作；史学著作按研究对象由小至大排列（先那不勒斯，继意大利，后欧洲）。这样，五卷先后顺序为：《历史学的理论和历史》《作为思想和行动的历史》《那不勒斯王国史》《1871—1915年意大利史》和《十九世纪欧洲史》"。他认为，"毋庸讳言，克罗齐的历史观是唯心主义的，他认为归根结底历史是精神的运动和发展过程。他甚至说过'历史是历史判断'，历史的主词是文化、自由、进步等概念"。"然而，作为历史学家，克罗齐毕竟为后人留下了浩瀚的社会史、文化史著作。克罗齐以其深刻的思想、渊博的知识、翔实可靠的史料及清新自然的文体，为西方史学的发展做出了贡献。作为哲学家和史学理论家，克罗齐对传统史学种种弊端的敏锐洞察，对历史研究中'客观性'、'文献性'、'诗性'、'实用性'、'倾向性'的有力批判，对历史编纂学自身规律及其历史的关注，在西方史学界产生过深远影响。"①

克罗齐史学思想的重要特征之一，是将"历史"和"编年史"进行了严格的区分，这和"一切真历史都是当代史"这一命题是联系在一起的。他说："历史是活的历史，编年史是死的历史；历史是当代史，编年史是过去史；历史主要是思想行动，编年史主要是意志行动。一切历史当它不再被思考，而只是用抽象词语记录，就变成了编年史，尽管那些词语曾经是具体的和富有表现力的。"他还认为，"当生活的发展逐渐需要时，死历史就会复活，过去史就变成现在的。罗马人和希腊人躺在墓穴中，直到文艺复兴欧洲精神重新成熟时，才把他们唤醒"；"因此，现在被我们视为编年史的大部分历史，现在对我们沉默不语的文献，将依次被新生活的光辉照耀，将重新开口说话"②。人类历史是自由的历史，历史是作为一部自由的故事而展开的，这是克罗齐在法西斯主义日益猖獗的两次世界大战之间那段时期所着重阐发的一个基本论点，因此，自由成为他后期历史哲学和历史著作最为重要的主题。《作为思想和行动的历史》的英译本，就径直名为《作为自由的故事的历史》。"克罗齐史学名著译丛"的出版，对于中国读者全面理解克罗齐史学思想，无疑有十分重要的意义。

---

① 参见［意］克罗齐《历史学的理论和历史》，田时纲译，中国社会科学出版社2005年版，第Ⅲ、Ⅳ—Ⅴ页。
② 同上书，第6、11、15页。

主题索引

A

阿尔巴尼亚　26，83，276

阿富汗　41，137，209，211，212，313，393

阿根廷　230，393

阿卡德　18，240

阿拉伯帝国　198，199，208，213，374

阿拉伯国家　58，137，138，158，213，214，220，295

阿拉伯文明　176，197，214

埃及　17，18，44，45，48，95，129，150，159，160，165，172—176，181，195，196，198，210—214，220—222，258，366，377，379，395

埃及学　133，134，150，172—174，395，513

爱丁堡大学　50，129

爱琴海　165，197，198

爱琴文明　175，180，379，462

奥地利　130，152，318，334，335，393

奥斯曼　199，213，313，372，374

澳大利亚　50，133，135，365，390，393

B

八月革命　68，69，216，217

巴比伦　17，18，48，95，175—177，240，377，394

巴尔干　208，276，320，321

巴基斯坦　41，195，393

巴勒斯坦　18，61，175，196，198，211，212，258，356，379

巴黎公社　20，23，56，58，60，74，78，79，117，167，200，201，249，281，282，329，331，332，339

巴黎和会　287，313

巴西　227，367

霸权主义　71，89，205，221，293，309，342

百家争鸣 3,109,110,112,113
百科全书 14,123,124,191,241,
    323,345
柏林危机 299,351
拜占庭 58,116,142,143,155,
    165,173,174,181,182,192,
    198,199,213,270,274,437,
    438,441
保加利亚 26,276,393
保守主义 248,313,362
暴力 64,66,252,283,296,366
北大西洋公约 291,352,353
北非 18,133,150,162,191,196,
    212,220,224
北京大学 2,8,9,25,26,29,37,
    40,42,45,54,66,67,72,
    74,78,80—82,84,85,110,
    115,128,129,136,137,140,
    149,153,155,159,164,180,
    183,187,188,193,200,213,
    215,216,219,220,225,226,
    236,249,262,271,272,281,
    282,286,288,303,305,314,
    323,329,331,340,360,361,
    363,367,369—371,399,434,
    435,471,472,500,502,503,
    512—515,518—523,599
北京师范大学 9,37,47,54,67,
    73,113,118—120,159,171,
    176,182,195,198,201,202,
    220,221,250,287,379,380,
    399,429,430,436,447,453,
    470,473,505,516—518,599
北京师范学院 118,193,194
北欧 198,233,389
北约 292,351,352
比较方法 170,376,439,502—504,
    509,522
比较研究 44,132,151,154,159,
    172,235,372,373,376—383,
    385,464,488,499,502—506,
    522
彼得改革 260,261,271
彼得一世改革 209,260
闭关自守 96,360,457
边疆 100,148,149,263,294,
    376,441
编年 123,170,289,348,515
编年史 59,297,386,526
波兰 26,32,74,84,126,133,
    199,218,275—277,318,321,
    334,335,337,356,513
波兰史 32,275,277,321,393
波斯 48,131,158,167,177,
    190—192,195—198,207,208,
    240,276,311,374,376,398
布尔什维克 25,267,273,343,345
部落 3,14,18,158,172,195,
    214,215,226,240,383

C

查理大帝 54,194,386
产业革命 40,76,96,254
超级大国 70,71,82,247,288,

290，350，355—358

朝鲜 12，41，110，128，158，167，199，218，219，263，295，297，299，303，304，307，314

城邦 95，132，134，177—180，182，240，386，395，441，463，464

城市化 145，158，183，261，366，373，475

城市史 100，145，158，189，261，443，457，473—475，482

传统史学 90，99，284，286，409，420，423，440，441，446，447，450，457，461，465，469，472，481，482，490，498，499，501，506，508，519，520，525

D

大清洗 266，269

大西洋联盟 351—353

大洋洲 103，123，155，372，389，489，490

戴高乐主义 292，362

当代史 104，124，143，150，195，202，203，244，250，282，345，408，435，436，442，453，462，484，511，520，526

德国 9，30，31，57，76，84，111，116，118，120，128—130，133，152，154，155，159—161，183，199，204，218，253，275，279，283，287，289—292，310，313，316，318，322，323，325，326，328，329，334，335，353，359，362，367，369，371—373，378，386—388，391，393，402，419，420，427，437，438，440，441，443，445，453，464，471，472，474，498，522—524

德国历史 283

德国史 111，128

德国通史 280

等级制 172，178，199

地理大发现 36，41，58，90，166，201，233，370，371，383

地理环境 3，43，88，172，173，229，383，405

地理学 235，474，519，523

地缘政治 151，208，209，219，264，275，349，351，358

地中海 19，133，159，175，176，179，182，183，195，197，311，357，374，386，393，455，512，520

帝国主义 5—9，11，12，24，30，31，41，44，45，47，54，56，57，62，63，68—74，76，79，81，82，84，86，97，118，126，201，205，220，221，225，235，236，243，245，255，256，275，281，286，287，307—310，315，318，320，322，325，329，342，344，349，392，397，438

第二次世界大战 11，21，41，42，44，45，53，57，62，63，68，

72，77，82，89，100，104，110，116—118，120，155，206，209，212，216，218，221，223，224，233，242，243，245，248，250，255，256，276，278，281，283，284，286—289，291，308，312，314—328，331，341，348，349，351—355，358，360，364，391，392，427，434，438，443，451，457，462，466，482，500

第二国际　59，60，63，73，167，200，202，233，329—334，347

第三世界　72，73，81，137，206，228，229，286，288，289，357，360

第一次世界大战　20，28，40，42，56，74，79，118，119，155，190，200，201，206，209，221，250，255，256，259，275，280，281，283，284，286，298，310，311，313，328，329，332，333，392，448，504

第一国际　56，58—60，73，117，200，201，329，331，339

东北人民大学　3

东北师范大学　18，19，25，27，38，115，131，133，134，172，307，330，331，399，488，598

东北行政学院　3

东北亚　54，129，149，151，219，296，307，308，314

东方和西方　37，176，271，318

东方文明　33，163，441

东方与西方　398，515

东方专制主义　239，452

东罗马帝国　181，192

东盟　216，217，296，304，305，308，309，357

东南亚　20，42，54，103，116，146—149，159，216，217，225，226，241，296，304，305，308，309

东欧　26，27，31，32，94，113，154，158，164，190，196，198，199，202，206，218，219，231，262，273，275，277，278，289，292，308，322，330，335，336，350，372，392，420，425

东欧剧变　89，126，164，203，219，276，290，329—331，342，346，350，360

东欧历史　113，218

东欧史　128，218

东亚　18，120，130，143，147，149，158，196，198，199，208，213，217，218，237，279，304，314，317，326，361，363，372，492

东正教　182，273—275，368

都铎王朝　194，278，279，378

断代史　52，60，89，108，109，117，150，194，202，235，283，388

对日和约　57，299

多极化　96，105，161，205，206，286，288，289，291，342，357，

507

多元化 120, 161, 229, 285, 401, 417, 451, 471, 481, 493, 504, 507

多元历史观 6—8

E

俄国 14, 23—25, 55, 58, 62, 74, 84, 86, 87, 94, 116, 120, 125, 133, 158, 167, 201, 207, 209, 233, 259—264, 267—269, 271, 273, 274, 288, 307, 329, 331, 356, 367—369, 373, 388, 392, 417, 419, 438, 446, 447, 473, 502

俄国1905年革命 58

俄国历史 86, 125, 259—261, 268

俄国十月社会主义革命 21, 42, 56, 63, 78, 82, 164, 206, 259, 310, 329, 330, 398

俄国史 260—263, 274, 279, 386, 437, 439, 446

俄罗斯 23, 28, 113, 120, 125, 127, 128, 151, 199, 208, 259, 260, 262—264, 267—275, 279, 289, 335, 336, 346, 353, 357, 368, 371, 446, 447, 509, 510

俄罗斯民族 23, 271, 274, 275, 368, 447

恩格斯 4, 5, 11, 13, 21, 23, 50, 53, 66, 67, 73, 76, 79, 81, 93, 106, 169, 186, 187, 240, 256, 329, 331, 333—335, 338, 339, 348, 378, 402, 404—406, 410—413, 415, 418, 425, 426, 438, 449, 503

20世纪 1, 5, 7, 9, 12, 13, 16, 23—26, 28—32, 34, 35, 40—43, 45, 47, 48, 51, 53, 58, 59, 63, 66, 71, 73, 82, 83, 86, 88—91, 96, 97, 99, 101, 102, 106, 108, 115, 116, 118—120, 123, 130, 132, 137—140, 143, 145, 147—149, 155, 157—161, 167—169, 171, 178, 194, 195, 200—209, 213—217, 224, 228—230, 233, 238, 239, 242—245, 247, 249—251, 257, 258, 260, 263—266, 268, 269, 271—274, 276, 279, 281, 283—287, 289, 290, 296—300, 302, 303, 305, 308—310, 313, 315, 321, 323, 330, 331, 335, 342—344, 347—352, 354, 357, 358, 360, 364, 367—369, 375, 376, 379, 385, 392, 399—402, 405, 410, 411, 416, 419, 423—425, 429—431, 433, 434, 436—443, 445, 448, 450—453, 457—462, 465—468, 471—478, 480—482, 485, 487—496, 498—502, 504, 505, 511, 514, 515, 519—522, 525

二十世纪 100, 137, 138, 306, 479, 480, 511

二月革命 252，253，259，266

二战 26，110，128，206，216，218，224，229，248，275—277，279，292，308，312，315，317，318，321—325，331，354—356，358，359，387，392，402，419，420，439，442，443，449，467，473，475

F

发展中国家 120，205，206，215，228，295，308，331，365，366，372，415

法典 17，54，58，99，182，386

法国 9，22，30，44，58，64—66，74，84，116，128—130，142，155，158，160，167，183，200，204，217，224，228，233，234，241，249—254，256，279—282，285，289，291—293，310，316，317，324，332，335，362，368，369，372，373，378，386，390，396，402，419，420，427，428，438，441，454，458，464，473，474，479，481，482，495，504，514，519，521

法国大革命 20，22，64，65，155，167，201，202，249—251，280，282，362，369，387，398，448，476

法国革命 22，59，64，65，155，219，250—252，256，282，334，386，387，392，428，476

法国历史 20，252，253，281，502，523

法国史 20，26，109，110，128，136，219，249—251，253，254，278，281—283，393，437，440，443，453，477，519，521

法国通史 249，250，279，281，282

法国资产阶级革命 9，22，39，55，58，64，65，74，118，200，233，250，378

法兰克国家 58，199

法兰西 36，62，117，201，229，249—253，280，282，334，362，369，386，512

法西斯 8，11，42，53，82，83，105，111，118，125，151，157，204—206，237，244，275，276，279，287，315—329，355，362，425，480，483，526

凡尔赛——华盛顿体系 118

反全球化运动 285，485

非洲 44，45，54，72，103，107，110，123，126，143，144，158，162，163，174，196，198—201，215，219—226，258，287，288，291，295，296，315，339，346，363，365，366，372，376，389，390，392，450，451，472，473，518

非洲历史 44，110，220，221，390，450

非洲史 44，45，110，128，207，219—221，389，450，451，472
非洲通史 219—221
菲律宾 41，216，217，295，309
腓尼基 18，195，196，198，379
分析哲学 505，518
封建化 40，193，199，256
封建经济 193
封建社会 6，13—16，42，79—81，95，96，110，186，190，193，195，196，198，199，214，236，256，259，270，275，281，371，378，382，383，386，404，410，414，425，502，503
封建制度 13，22，23，28，39，78，190，192，193，196，197，199，236，256，279，381
封建专制制度 22，80，378
福利国家 245，279，283，346，362
福利制度 158，255，362
妇女史 450，458，461—465，482
复辟王朝 20，250，280，281

G

改革 2，13，35，38，55，80，88，89，91，96，97，100，102，109，110，115，117，120，121，145，147，148，150，154，156，157，163，164，171，178，180，183，187，201，202，206，209，210，212，214，218，219，228—230，234，235，237，251，257，259—263，265，267—270，274，275，277，279—281，284，295，310，311，330，331，343，345，350，359，360，362—364，366—369，376，382，383，385，389，392，399，404，405，409，419，420，427，446，456，457，471，475，502，510，524，597
改良主义 7，63
戈尔巴乔夫改革 268，447
哥伦比亚大学 77，242，427，460，461
工人阶级 22，63，335，387，420
工人起义 74，116，167
工人运动 13，40，63，64，111，201，202，233，275，329，331，339，340，387，391，438
工业革命 13，40，58，96，151，166，167，200—202，233，254，256，257，278，279，360，361，367—373，381，387，398，464，468
工业化 2，4，95，96，141，158，214，228，249，253，254，266，267，269，280，344，361—363，365，367—370，372，373，383，384，464，472，473，522
工业文明 165，168，169，361，415
共产党情报局 218，335，336
共产国际 60，330，331，333，335—337，343
孤立主义 293，313

古埃及 18，125，133，160，172—174，195，198，374，394，395，452

古巴 26，46，47，227，229，312，372，483

古巴比伦 17，18，99，159，175—177，195，240

古巴导弹危机 350，351

古代埃及 18，55，131，132，150，158，166，167，172—175，177，197，221，397

古代东方 17—19，21，28，129，131，132，174，437

古代罗马 17—19，28，132，167，182，196，198，402，437

古代世界史 17—19，21，27，28，38，125，131

古代希腊 17，19，131，132，167，196—198，381，402，403，437，439，441，443，452，462，504

古典文明 77，124，131—134，142，143，165，182，197，226，393

古罗马 100，125，160，182，195，196，394，395，448，503

古希腊 28，78，125，129，131—133，142，143，160，172，176，178—181，195—197，374，379，383，394，395，435，438—443，448，453，457，463，518

观念史 476，524

贵霜 167，207—209，281

贵族 78，84，178，185，197，255，275，278，279，369，383，444

国别史 20，22，25，26，34，35，39，43，48，52，60，65，68，72，82，83，89，97，108，109，115，125，129，135—137，154，168，234，241，249，278，281，283，379，388，389，392，492，501，520

国际工人运动 164，200，233，329

国际共产主义运动 54，60，66，67，72，73，76，112，116，117，123，201，328—331，337，338，340，343，345

国际共运 67，89，112，117，328—332，337—339，343，347，348

国际关系 11，12，53，55，56，82，83，87，89，100，104，106，112，116—120，123，125，126，135，137，143，148—152，154，203—206，208，213，233，237，283—292，295，300，301，305，307—311，313，314，316，320，323—325，348，350—352，354，357，358，485，508

国际会议 73，122，286，513

国际历史科学大会 135，154—157，319，487

国际体系 143，218，290，303，358，359

国际政治 44，62，66，67，74，83，86，89，125，151，209，218，264，285，290，291，309，313，

329, 351, 357, 358, 397, 466, 491

国际组织 228, 285, 286, 335, 470

国家 2—4, 10—12, 17, 18, 22—24, 26, 31—34, 36—38, 40—43, 46, 53, 57—59, 62, 67, 68, 70, 71, 73, 76, 77, 82, 83, 85, 87, 91—93, 95—100, 103—106, 109, 111—116, 118, 120, 121, 123—125, 127—129, 131, 132, 135—138, 142—161, 163, 164, 166—169, 171—175, 177, 178, 180—182, 186, 187, 190, 192, 195—197, 199—203, 205—207, 209—219, 221, 223—230, 232—234, 236, 237, 239—241, 244, 245, 247, 249, 250, 253, 256, 257, 259, 262, 263, 266, 267, 269, 270, 272—282, 285—296, 298, 300, 301, 304—310, 312—314, 317, 318, 320—322, 324, 326, 327, 329—331, 337—339, 341—354, 356, 357, 359—373, 376, 380, 383, 389, 390, 392, 397, 399, 404, 410, 412—414, 416, 417, 419, 420, 424, 425, 427, 436, 438, 441, 442, 446, 447, 449—452, 459, 462, 467, 468, 471—474, 479, 483—487, 490, 493, 499, 502, 503, 511, 521, 597, 600

国家社会科学基金 115, 157, 158, 186

H

哈佛大学 91, 123, 130, 183, 292, 350

韩国 130, 219, 304, 357, 372

杭州大学 29, 37, 104, 136, 250

和平演变 114, 342, 343, 446, 447

河南大学 59, 115, 137, 138, 143, 144, 300, 438

荷兰 43, 44, 124, 133, 156, 183, 217, 228, 256, 371, 393, 440, 514

荷马 131, 180, 196, 372, 382, 383, 448, 464

赫鲁晓夫 71, 83, 266, 268, 269, 275, 277, 480

赫梯 28, 133, 175, 195, 379

恒河 165, 176, 239, 379

后结构主义 500, 518

后现代理论 496—498, 518

后现代历史哲学 429, 434, 495, 496, 501, 502, 516

后现代史学 445, 451, 484, 492, 493, 497, 498, 500, 501

后现代思潮 451, 484, 493—496

后现代主义 99, 408, 409, 429, 431, 435, 436, 442, 443, 453, 479, 482, 492—499, 501, 513, 516—519

后现代主义思潮 403, 408, 492, 497—501

胡适学术思想　5

华东师范大学　16，29，37，60，107，115，118，153，168，169，195，200，202，247，249，251，282，331，348，349，365

华约　292，351

环境史　100，140，141，159，450，465—474，479，482，487，520，521，524

回忆录　25，57，59，87，118，288，300，311，343，386

J

机会主义　63，64，66，79，328，333，334

基督教　77，159，160，166，174，182，184，189，197，198，212，213，270，273，313，392，396，397，441，454，464，515，518

基辅罗斯　58，270，272

吉林大学　3，37，115，149，196，598

吉林师范大学　37，86，329

计量历史学派　402，440

计量史学　402，427，442，457，458，477，478，482

加拿大　103，133，143，156，162，227，229，362，372，419，420

甲午战争　235，238

柬埔寨　41，216，217，295，308

剑桥　47，130，144，155，158，160，170，387，388，398，399，434，476，484，500，520，521

江西师范大学　99，108，422，460

教会　188，189，197，199，254，274，298，389，396

教会史　129，386，388，441

教权　188，197，389

教堂　270，274

阶级斗争　7，37，58，67—70，72，75，77，79，81，82，227，243，244，256，259，334，344，347，406，421，425

阶级分析　3，66，75，207

阶级关系　58，89，184，239，321，421

阶级矛盾　58，292，339，412

捷克斯洛伐克　26，31，57，218，318

解构　429，430，493，498，499，501，517

近代国家　255，279，363

京都大学　130，236

经济—社会史　144，145，464，482

经济史　20，68，89，103，143—145，151，158，189，193，242，251，376，379，437，438，442，450，458，464，478，482

经济危机　74，82，119，204，206，281，287，322，392，472

九一八事变　237，287，298，302，326—328

旧石器时代　50，173，369

军备竞赛　350，351，358，359

军国主义　76，157，237，238，322，

389

军事封建帝国主义 84，237

军事史 89，235，315，319，465，467

君士坦丁 181，183，213，311，397

君主立宪 210，251，390

K

抗日战争 62，110，155，164，287，299，315—317，319，320，324—326，328

抗战 197，235，298，317，319—321，324，326—328

考古学 17—19，28，45，51，92，150，157，171—173，239，394，395，397，408，474，600

科技革命 89，203—205，291

科技政策史 373

科学技术 78，120，123，126，139，167，178，186，187，205，206，214，270，303，354，371，388，474

科学社会主义 13，58，157，329，330，338，339，341，346，348

科学史 388，427，494，499，524

科学哲学 505，518

客观史学 442，494

客观主义 9，76，95，438，441，445，456

恐怖主义 285，359

口述历史 459—461

口述史 158，450，458，459，461，524

口述史学 403，439，442，457，459—461

跨文化交流 139，489，490，522

跨学科 114，150，153，154，162，170，234，267，325，457—459，466—469，487，506，508，519，523

L

拉丁美洲 46，54，67，68，71，72，103，110，116，122，123，126，129，142，162，163，200，201，215，226—230，287，295，305—307，309，310，312，339，346，366，367，372，389，392，402

拉丁美洲独立战争 46，74，200，201

拉丁美洲史 26，45，50，67，110，128，142，143，207，226，228，229，310，450

拉美 46，47，68，107，127，142，143，155，200，227，229，230，296，307，309，310，312，313，362，363，449

拉美史 110，142

兰克史学 444，445，515

浪漫主义 100，441，442，445，446，524

冷战 89，120，151，154，158，164，166，206，212，216—219，231，233，277，279，285，288，290—294，297，299，300，303，305，

308，309，312—314，324，335，348—360，392，397，447

冷战史　348—351，353，354，357，358

理论体系　90，91，97—99，132，134，166，220，315，339，400，405，414，451，453，468，483

历史编纂学　241，334，335，439，442，493，505，506，517，526

历史潮流　70，71，82，85，88，96，341，360，364，365

历史档案　55，118，274，300，302，305，306，353，389

历史的创造者　3，405

历史观　1，2，5—9，12，16，21，30，33，40，51，75，77，83，90，95，102，124，134，144，159，233，361，364，366，397，402，405，409，410，412，414，416，418，421，426，428，438，439，441—444，448，451，453，474，479，481—486，494，501，506，518，525

历史规律性　3，480

历史环境　72，224，262，406，451，453

历史教训　14，89，330，355

历史教育　96，134，154，509

历史解释学　497，498

历史进程　3，66，68，74，79，88，89，99，100，114，126，137，139，140，145，150，165，169，170，173，182，190，201，203，221，222，225，227，229，230，234，271，279，284，289，294，330，334，342，360，361，364，373，374，377，390，391，396，405，412，413，419，454，488，522

历史经验　63，67，71，76，82，89，101，150，151，158，186，261，265，273，318，332，336，337，343，361，367，431，432，462，498，500

历史科学　7，9—11，13—16，22，26，27，30，31，33，52，54，64，72，81，98，128，156，157，160，252，401—405，411，431，437，441，442，446，447，452，478，485，495，508，509，512，520，597

历史客体　461，497

历史理性　379，428，436，453，510

《历史教学》　36，37，39，40，45—47，90，131，174

《历史问题》　10，13，31，53

《历史问题译丛》　13

《历史学笔记》　404，417，426

《历史研究》　3，4，6，8，14，16，29，30，40，45，46，92，94，104，130，131，135，136，144，148，174，183，192，251，332，349，353—355，377，378，383，409—412，433，435，436，462，

475，500，502

历史人物 5，37，57，58，73，116，118，121，122，179，180，199，233，246，265，269，288，315，323，330，343，347，367，396，405

历史认识 12，30，76，90，99，101，114，203，364，376，408，409，419，424，427—433，435，439，451，461，473，485，486，488，494，497，498，501，510

历史社会学 369，370，478，511

历史事件 3，15，37，44，48，53，58，76，83，114，116，119—122，126，204，208，243，266，286，301，330，331，347，357，372，391，453，458，466，504

历史思维 82，90，431，432，435，454，485，486，501，505，506，514，517

历史唯物论 6，13，32，439

历史文本 431，433，469，497，501

历史文献 24，25，40，43，51—53，56，59，65，116，119，131，158，184，199，266，315

历史虚无主义 5，446

历史学家 10—12，14—16，18—21，23，25，28，30，31，43，44，53，65，66，77，83，91，98，99，103，123，125，134，140—142，155—157，165，183，197，223，235，239，245，247，251，252，282，299，334，360，364，372，385—387，389—391，398，405，422，423，431，433，442—444，447，450，452，457，461，462，464，465，474，476，478，484，485，488—490，494—497，500，510，511，513，514，516，518，519，521，523，525

历史哲学 30，31，99，100，128，130，381，390，402—405，408，409，427—430，432—435，438—443，453，479，480，482，493，496，500，501，505，511—518，524，526

联合国 57，105，119，125，288，290，299，327，357，471，520

两河流域 55，125，131，133，165，166，175，176，195，197，198，240，374，379

辽宁大学 138，151，236，247，254，508，599

列宁主义 85，201，329，330，333，368

垄断资本主义 97，244，245

垄断资产阶级 164，349，446

伦敦大学 50，130，255，450

伦理学 273，274，465，466

罗马帝国 19，34，50，58，59，95，181，183，195，197—199，374，377，386，395，515

罗马尼亚 26，218，276，334，335

罗马史 19，59，133，143，182，

197，383，386，441

罗斯福　47，242—245，294，297，299，327，358，467

M

马克思列宁主义　4—6，10，11，13，16，18，24，30，52，64，66，67，75，83，101，102，112，171，198，199，218，227，243

马克思主义　1—3，5—9，11—16，20，31—34，50，51，63，66—68，72，75，76，79，85，96，98，99，101—105，107，112，114，121，131，134，157，162，164，167，170，171，173，198，200，201，220，223，230，237，239，242—244，252，256，262，273，284，285，289，295，321，328，329，331，332，334，337—342，344，345，347，348，361，366，380，381，390，391，400—407，409—413，416—427，430，434，437—442，446，449，452，453，458，459，479—482，494，510，518，521

马克思主义经典作家　5，13，19，21，28，53，54，56，59，62，66，70，73，79，171，240，260，287，405，502

马克思主义理论研究和建设工程　101，105，198，449，479

马克思主义史学　1—3，12，32，43，61，94，99，101，128，401，402，405—409，419—425，437—442，446，448，449，451，458，482

马克思主义史学家　3，4，11，15，40，250，402，411，419—421

马克思主义史学理论　1，3，9，32，98—102，127，391，400，401，404，405，407，409，419，420，422，425

马来西亚　216，295，309，393

玛雅文明　229，307，394

毛泽东　2—5，26，27，52，63，66，75，76，81，85，98，101，102，112—114，137，171，220，277，298，300，317，338，343，415

贸易史　374，375，389

美国　9，30，31，34，39，40，46—48，53，55—57，63，64，74，77，78，91，97，99，100，103，114，120，123，128—130，133，139—141，143，145，146，149，151，152，154，158，159，162，168，183，184，189，200，201，204，208，222，224，227，229，236，241—248，266，277，282，283，285，288—294，296—300，308—310，312—314，316，317，320，327，328，349—353，355—360，362，367，371—373，382，387，388，391，394，397，398，402，419，420，427，433，435，

437，438，442，443，445，449，456，458—461，464，466—468，471—473，475，477，479，482—486，488—491，498，502，507，511，514，518，521，522，524

美国独立战争　74，78，167，200，246

美国历史　43，46，77，109，125，141，143，241—243，245—248，388，391，398，445，452，465，472，484，485，489，493，496，507

美国内战　247，369

美国史　20，26，53，109，128，136，142，143，145，241—247，428，431，440—442，445，453，456，483，487

美国通史　241—244，247

美利坚合众国　58，229

美索不达米亚　17，176，177，181，191，393，394

美洲　45，46，123，143，196，198，199，202，226—229，244，280，296，312，362，367，370，374，389，393，394

蒙古　41，150，173，207—209，213，247，270，304，328，386

缅甸　12，41，83，216，217，241，295

缅甸历史　240，241

缅甸史　241

民主化　151，174，210，211，216，223，228，257，362，363，368，507

民主社会主义　41，343，345—347，446

民族国家　141，152，207，209，215，217，218，221，231，234，238，255，278，280，298，307，377，392，397，449，494，499，515

民族解放运动　31，41，42，44，45，54，69，71，73，82，118，164，200，201，206，221，334，335，472

民族民主运动　120，200，201，233，235

民族主义　95，130，137，138，163，217，218，234，238，239，258，259，277，280，285，294，298，323，387，398，442，446，449，450，472，473，523

明治维新　200，214，235—237，260

摩尔根　131，172，382，386，425

莫斯科中山大学　336

墨西哥　45—48，133，204，226，228，230，280，281，296，306，307，312

墨西哥通史　280

慕尼黑　57，74，287

穆斯林　191，240，276

N

拿破仑帝国　201，249，251

纳粹　157，280，283，328，391，523

纳赛尔 45，210，221，222，366

南非 45，199，215，223，365，366，376

南京大学 29，37，39，122，151，214，232，254—256，293，314，363，476

南开大学 9，36，37，39，45，46，73，74，108，110，115，142，143，236，241，245，363，399，599

南斯拉夫 26，133，218，276，289，320，321，335

南亚 18，42，54，125，132，137，148，149，196，198，199，208，215，225，239，296，308，363，372

内蒙古民族大学 149，150，174，487，598

内蒙古民族师院 173

尼德兰资产阶级革命 39，54，80

尼赫鲁 148，278，281

尼克松 119，244，248，249，296，357

尼罗河 165，173，176，377，395

年鉴派史学 282，514

牛津大学 50，389，520

农村公社 132，148，193，240，417

农民战争 9，14，199，386，503

农奴制 58，84，199，201，233，259，262，263，273，367，381，425

农业革命 255，373

农业集体化 266，267，269

农业文明 139，165，175，371

奴隶贸易 221，224，389，390

奴隶制 9，28，38，77，81，94，96，105，132，177，182，193，195，196，198，259，367，377，378，382，383，410，420

女权主义 462—464，522

O

欧美史学 402，442，443

欧美中心论 28，33，47，92，163，220，285，350，364，365

欧盟 143，313，357，491

欧洲共同体 232，233，291

欧洲历史 30，34，95，122，152，181，231，381，383，390，487—491，515，522

欧洲列强 201，229，233，311

欧洲史 37，48，50，122，143，160，184，197，230—233，390，394，437，453，511，525

欧洲文明 34，51，78，132，147，158，165，230，231，381，386，392—395，397

欧洲一体化 151，233，290，291，312

欧洲中心论 33，34，47—50，78，81，124，286，319，381，455，473，485，488，490，502

P

平民 41，178，182，222，237，243，

383
葡萄牙 46，224，228，229，367，390
普鲁士 13，111，280，369
普世史 157，454，489—491

Q

七月王朝 20，250，252，280，281
骑士制度 184，185，398
启蒙运动 166，244，271，280，281，362，403，493，495，496，501，518
清华大学 104，115，142，145，146，155，242，244，427，428，436
丘吉尔 299，356，357
全国史学理论研讨会 99
全盘西化 5，446，481
全球化 89，96—99，105，108，129，139—141，146，151，154，161，203，205，206，212，269，285，291，296，342，357，358，360，371，372，387，392，414，416—419，442，470，485—491，493，499，507—509，519
全球历史观 91，124，416，442，484，488，490，492
全球史 99，139—141，157，205，383，414，416，450，479，484—492，499—501，522
全球视野 100，141，157，346，383，486，487，489—491，498，499
诠释学 496，506

R

热点问题 61，89，99，182，209，210，286，324，325，342，378，385，388，409，440，443，457，465，524
人道主义 271，469
人口 183，193，228，253，257，261，276，285，309，358，371，373，383，396，458，461，471，474，478，479，509
人口学 157，170，475
人类社会 3，5，11，93，96—98，105，106，114，124，168—172，195，196，201，205，206，240，296，331，339，340，354，358，370，371，381，383，405，406，408，410，413，415，425，467，470，471，485，486，508，509
人类史 22，168，388，465，470
人类文明 89，124，163，165，168，169，173，175，177，204，213，394—396，439，454，461，466，469，524
人类学 45，170—172，239，394，404，426，443，465，466，474，477，497，514，515，519，521，522
人权 8，246，247，283，294，297，359，388，428，478
人文主义 80，187，232，396，441，454

日本历史　111，238，279，425

日本史　111，112，116，136，142，143，158，234—237，279，303

日本通史　130，280

日俄战争　24，87，235

日耳曼　95，199，280，382，383，430

瑞典　346，393

瑞士　155，197，362，363，523

S

萨曼王朝　190—192，208，209

沙皇俄国　23，74，76，84—86，259，262，263，288，334

沙特阿拉伯　137，138，210—212，393

沙文主义　62，75，280，330，333

山东大学　156，202，236，329，399，442

陕西师范大学　505，598，600

社会结构　105，178，225，239，261，268，368，369，378，381，382，411，516

社会经济形态　11，99，123，200，376，406，409—413，425，509

社会史　13，15，17—19，89，99，130，131，141，144，147，148，159，168，171，172，192，239，261，267，268，387，392，420，422—424，447，450，457，458，460，464，465，467，472，475，476，482，497，522，525

社会性别史　464，465

社会主义　4，7，9，13，16，18，22，23，25—27，31，42，54，61，63，64，79，81，82，88，94，96，106，110—113，120，121，126，154，164，167，201—208，218，219，222，236，243，249，260，262，264—268，270，273，276，277，279，290，291，307，310，321，328—334，336，337，339—347，349，350，355，358，360，362，364，398，404，410—412，414，415，418，423，437，446，452，480，494，503

社会主义文化建设　4，273

生产力与生产关系　3，103，105，203，384，406，413

生态—环境史　465

生态环境　171，173，285，465，467，471，474，487，509

十月革命　25，54，67，73，82，94，116，118，167，261—264，266—269，273，279，287，329，331，343，358，419，437，439

十月社会主义革命　13，24，25，37，41，67，74，118，203，284，286，287，329

十字军　54，58，181，197，199

实用主义　5，7，30，265，328，345，433，484

实证主义　407，432，437，441，442，451，483，494，516

史纲　20，21，40，41，87，134，207，208，244，254，265，269，300—302，309，317，331，375，386，438

史料建设　52，53，59，60，123，124

史料学　19，52，435，437，439，472

史前史　160，171，196，216

史学范式　449，478，501

《史学概论》　101，402，403，479

《史学理论》　114

《史学理论研究》　100，114，127，135，140，149，174，379，383，407，421，424，425，430—432，450，452，455，462，466，472，474，475，477，486—489，493，495，501，504，507—509

《史学译丛》　13，64

史学工作者　1，4，5，7，10，21，33，98，111，114，170，219，248，268，332，376，400，401，403，414，451，462，485，509，510，517，523

氏族　14，17，18，171，182，195，198，214，382

世界反法西斯战争　62，135，158，286，287，315—317，319—321，323，325

世界古代史　17，27，28，48，113，131，133，134，142，150，160，172，185，195—198，376，381，385，399

世界近代史　20，21，26，39，56，59，60，78—82，113，119，120，143，168，170，195，199—201，250，283，387，389

世界近现代史　20，70，71，108，113，129，142，143，150

《世界历史译丛》　114

《世界史研究动态》　102，104，114，344

《世界通史资料选辑》　57—59，75，116

世界历史　1，9—12，14，16，17，20，21，24，26—28，30，33，34，37，38，48—54，61，62，70—72，74，76—79，81，82，90—100，102—106，108，109，113—116，118—124，126—128，135，136，139—144，149，154，155，157，158，160，163，167—171，174，178，186，187，195，199—201，203—206，208，218，221，225，239，245，249，250，256，264，265，278，279，281—284，309，331，332，334，335，343—345，358，360，361，364，365，370，371，373，376，377，379，385，389，392，393，397，399，401，405，412—419，421，426，427，430，451，461—463，465，466，469，470，482，485—492，494，501，504，509，512，513，524，597，598，600

世界历史地图　95，123，124，126，

283，484

世界历史教学　9，27，38，128，487，598

世界历史研究　1，10，12，27，33—35，38，43，52，53，63，66，88—91，98—100，102—109，113，116，121，127，128，153，157，161，164，180，194，196，265，269，364，372，385，388，397，401，409，419，426，490，597

"世界历史理论"　414—416，419

世界历史研究所　108，114，115，121，127，128，135，171，220，264，265，268，282，319，332，372，442，457，503，511，597

世界上古史　9，36，55，119，131，132，134，143，173，195，196，198，375，474

世界史　4，6，11，12，14，15，19—21，25—27，30，34—38，41，42，45—52，54，55，59—62，67，69—74，77，78，80—82，84，85，88—93，95—98，101—105，107—109，113，115，118，119，121—125，127，129，132—136，138—144，148，149，151—159，162，164，166—170，172，180，185，194，198，201—204，207，220，225，236，265，289，325，335，363，367，369，375—377，379，384，385，389，392，394，399，401，414，415，417，421，426，440，442，447，454，455，457，470，479，484—488，490—492，501，512，520，522，524，597，598，600

世界史体系　3，38，91，94，96，102，104，108，160，484

世界史学界　3，26，54，91，96，103，108，135，149，167，201，220，231，234，273，392，419，455，463，485，488

世界史学科　1，10，12，13，16，26，27，52，71，90，94，95，97，101，105，107，108，121，122，128—130，134—136，142，143，147，149—151，153—155，157—159，161，166，194，385，390，401，403，452，457，479，481，598，600

世界史研究　1，10，11，21，26，34，35，38，51，52，54，59，61，72，84，88—91，95—100，104—109，115，121，123，124，127—129，133，135，136，142，148—154，159，160，166，178，180，184，185，207，265，275，283，348，361，375，378，385，388，401，455，472，484—489，491，524，597—600

世界史资料丛刊　54—56，59

世界市场　33，96，355，370，371

世界通史　11，13，21，22，25，30，

33，34，37，38，47—51，53，54，57，60，62，72，74—78，82，96，97，103，104，116，122，127，131，139，141，160，163，164，166，168—171，194，202，283，375，377，389，413，440，485，487，489

世界文化 17，33，36，48，49，130，161，162，179，271，272，397，417，490

世界现代史 21，54，59，82，104，105，113，116，118—120，138，149，202，203，205—207，224，245，283

首都师范大学 104，107，115，118，139—141，310，399，489，599

司马迁 381，506，507

丝绸之路 158，163，182

私有制 171，239，240，425

思想史 20，32，89，99，114，130，145，151，224，231，234，255，294，338，339，388，405，408，420，428，434，437，451，452，455，456，465，475，476，480，500，521

思想文化 9，58，76，78，111，115，120，130，143，151，154，170，177，185，187，199，273，290，427，441，507

斯巴达 463

斯大林 4，5，13，19，31，67，73，76，81，266—269，273，274，277，279，330，333，335，343，345，354—356，358，410，411，446

斯拉夫 60，71，161，162，259，270，272，368

斯坦福大学 245，297

四川大学 45，115，236，247

苏德互不侵犯条约 288，324

苏共 13，18，21，31，32，83，117，262，267，330，446，511

苏联解体 158，164，203，208，209，266，267，269，330，342，346，348，350，388，446，447，509

苏联剧变 267，268，273

苏联科学院 10，11，17，20—23，28，62，86，127，269，332，343

苏联历史 10—16，18—25，28，29，31，32，56，65，66，83，118，266—269，300，353，389，443

苏联史 22，23，26，55，104，265，268，345

苏联史学 9，10，12—17，20，21，24—26，28，29，31，32，40，66，132，335，385，439，443，446，447，478，502

苏联史学理论 9，10，12，15，16，29—31

苏联瓦解 290，358

苏联兴亡 266，267

苏联演变 266，267，446

苏美尔 18，180，240，394

T

绥靖　310，311，318，320，324，326—328

太平洋　141，154，226，314，393，473，474

太平洋战场　315，326

太平洋战争　62，110，287，314，317，326，327

泰国　41，216，295，305，393

天津师范大学　115，144，147，399，599，600

天主教　188，396

条约　58，59，86，87，118，122，218，258，259，286，300，310，312，320，327

铁路　234，235，248，263，362，368

通辽师范学院　172

突厥　190，191，207—209

土地制度　148，174，239，240，255

托勒密　167，174，181，395

托洛茨基　264，265，268，269

W

外国历史　26，27，52，91，93—95，120—123，153，167，194，283，385，433，449

《外国史知识》　114

外国历史小丛书　73，245

外交史　21，53，56，87，89，237，245，249，285，292—294，299，302，310，312—314，465，483

外交学院　25，56，214，349

王权　64，174，178，188，197，239，255，281，397

网络　141，147，183，296，502，507—509

网络化　141，491，507

网络史学　508

"文化大革命"　35，42，55，61—68，70，72—76，78—83，85—87，98，102，116，133，268，340，364，400，401，409，436，449

网络资源　180，508

唯物史观　1—3，5，7，8，10—12，16，22，32，42，61，99，102，106，128，131，147，163，170，187，198，206，213，251，273，284，285，289，318，321，323，339，365，380，401—410，413—415，417—421，426，429，438，446，449，451，452，459，485，510

唯心史观　2，5—7，15，64，65，83，414，439，452

卫国战争　57，269，274，324

魏玛共和国　283，362

魏玛时代　280，283

瘟疫史　373，374

文化建设　4，272，426

文化理论　161，269，272

文化人类学　92，172，244，409，454，514

文化史 77，89，130，185，214，249，250，269，270，272，375，388，392，394，398，450，457，465，467，476，477，512，521—523，525

文化思潮 272，273，477，493

文化体制 272，273

文化形态史观 30，402，427，474

文明的冲突 99，397，417

文明史 77，79，81，99，133，143，144，156，158，160—162，164—166，175，177，249，283，386，388，389，394，395，403，488—491

文学艺术 44，123，242，325，344，396

文艺复兴 9，39，79，80，99，111，116，129，161，165，166，185—188，196，199，201，232，233，362，386，394—397，402，403，437，441，442，448，489，510，518，521，524，526

无产阶级 23—25，32，40，58，61，63，64，66—71，73，75，76，79，81，82，103，205，245，264，273，328—332，334，338，339，398，425

五四 8，264，419

五四运动 1，47，163

X

西班牙 30，46，53，54，77，141，192，226，228，229，245，256，281，307，318，378，386，389，393，394

西北大学 115，137，138，363，503，599

西伯利亚 84，87，263

西方模式 49，366，491

西方史学 29，30，33，34，59，78，90，92，95，124，130，135，136，283，385，394，397，402—404，423，427，428，430，431，436，438—445，447—449，451—454，456—459，476，477，479，481，482，484，485，488—490，498，499，501，504—506，511，519，521，525

西方史学界 77，99，136，144，160，186，387，399，476，489，495，501，504，526

西方史学理论 29—31，33，90，98，99，405，427，428，431，432，434，435，443，452，479，481，500

西方史学史 29，119，130，402，436—442，444—449，451—455，458，489，498，499

西方文明 33，77，163，165，166，175，176，183，190，212，213，236，380，394，443，491，493，499

西方中心主义 163，384

西欧 23，36，55，56，58，84，95，

96,118,124,126,127,144,145,155,159,160,162,166,184—186,189,192,193,196—199,201,231—234,249,270,283,289,291—293,339,350,353,357,359,363,366,369,371,378,381,383,384,392,402,419,420,437,441,449,454,478,484,488,489,503,522

西欧中心论 33,34,104,124,398,484

西洋史 107,250,375,393,398

希腊化 95,158,173,179—182,197,395,463

希腊史 133,178,180

希腊文明 166,175

希特勒 62,277,283,321,324

厦门大学 115,145—147,215,308,598

现代化 108,110—112,122,129,137,138,142,144,150,151,159,161,174,190,210,212,214,215,225,228—230,248,254,257,260,262,263,265,269,274,277,279,283,314,331,348,360—372,381,382,409,415,431,442,454,456,464,476,503,507—509

现代世界史 20,38,391,392

现代文明 168,169,177,182,202,499

现实主义 10,270,312,523

宪章运动 39,167,386

象形文字 129,133,160,395

楔形文字 133,160,176,177,394

心理史学 403,427,442,457—459,482

心态史 252,458,459

辛亥革命 52,163,298,306,378

新巴比伦王国 18,195

新航路 90,125,199,228,233,366

新纪元 25,41,82,342,406

新加坡 42,216,217,309

新石器时代 50

新史学 39,99,130,177,243,386,402,423,436,438—442,445,447,451,457,458,461,479,481,482,498,510—512,519,521,523,524

新文化史 99,442,443,453,456,475—478,522,523

新西兰 133,365

新中国成立 1—5,9,10,12—15,20,21,25,27—29,33—35,37,39,40,42,43,46,52,53,64,91,99,106,107,123,135,142,154,163,188,197,220,236,243,296,299,302,304,306,315,334,348,361,385,409,410,436,474,597,598

性别史 136,157,482

匈牙利 26，31，83，120，218，277，278，329，334，335，337

学术观点 8，9，50，76，83，88，128，184，230，373，472

学术交流 15，102，106，108—113，127—129，133，139，141，144，145，153—155，157，385，485，517，599，600

学术史 43，180，187，196，233，303，379，407，449，460，468，514，597，598

Y

雅典 131，180，197，463，464

雅尔塔体系 206，285，286，288，290，352

亚历山大帝国 195，197，240

亚述 18，28，133，134，175—177，195，240，394

亚细亚生产方式 132，239，383，404，411，413，452

亚洲 12，40—43，49，54，62，72，85，86，94，107，108，123，130，133，134，141，143，151，154，156，157，198，200—202，208，213，215，216，226，234，240，263，271，281，286，288，289，299，307，315，327，329，339，350，357，363，366，392，397，466

亚洲史 40，43，137，207

燕京大学 183，184，236，245，249

耶鲁大学 125，129，184

伊朗 18，28，41，190，198，208，210—212，240，295，313，314，393

伊斯兰 137，138，141，143，160，162，175，189，190，192，197，207，208，210—215，263，309，314，366，372，396，450，499

医学社会史 389，482

医学史 388，522，523

移民史 103，151

以色列史 144，393

艺术史 271，487

议会 59，60，62，64，103，200，214，238，252—254，256，257，279，323

意大利 30，39，58，116，124，126，129，185，186，201，231，233，287，318，322，323，334，335，362，369，372，386，396，402，419，420，438，440—442，521，525

意识形态 74，93，114，177，178，203，238，243，246，271，273，290，294，301，308，310，313，315，346，349，351，358，369，378，383，406，410，417，426，434，446，447，456，480，483，497，522

印第安人 67，100，226—229，244，280，367，394

印度河 165，176，278，377，379

印度历史　239
印度尼西亚古代史　42，43
印度尼西亚史　43，44，393
印度史　9，26，239，278，450
印度通史　281
印度文明　162，165，197，281
英帝国　30，71，148，229，255—258，311，353
英国近代史　40，254，256
英国历史　40，65，123，125，136，255—257，387，465，476，478，520，521
英国马克思主义史学　40，402，407，420—424，428
英国史　26，39，40，90，111，122，128，136，194，254—257，278，387，389，437，440，441，443，453，484，491，505
英国通史　257，279
英国新社会史　91，386，420，423
英国资产阶级革命　21，39—41，58—60，78—80，125，167，200，202，256，378
英雄史观　426，441，469
影射史学　61，265，405
犹太　137，143，144，152，153，158，159，161，181，188，210，212，313，396
犹太文明　152，162，176，197
原始公社　18，23，105，171，195，259，270，410，411
原始积累　41，79，80，201，344，366
原始社会　14，17—19，21，28，36，37，42，81，125，126，131，132，167，171，172，195，196，198，236，240，259，369，410，414
越南　12，41，58，68，69，154，158，216，217，241，295，298，308
云南大学　115，148，149，214，598
1848年欧洲革命　58，118，200，201，334，335，398
1905年俄国革命　74，201

Z

早稻田大学　130，237
战争策源地　118，287
浙江大学　115，136，165，598
整体历史观　38
整体史　424，489
政变　24，252，253
政治改革　238，262，268，368
政治史　20，82，89，134，143，148，152，204，237，238，249，254，255，441，443，450，457，458，465，476，482，520，521
政治文化　77，211，223，249，251，252，257，282，359，476
政治制度　37，42，58，132，151，177，179，190，191，194，210，233，249，255，257，267，341，369，379，383，446

知识分子 1，2，5，61，87，159，179，224，225，232，271，273，392，423，445，474

殖民地 21，39，46，60，70，82，90，145，190，201，216，217，222，224，227—229，236，243，244，247，258，259，278，281，284，307，362，376，466

殖民征服 96，228

殖民主义 9，33，41—45，54，68，70，71，73，89，118，200，220—228，233，256—258，309，310，328，450，472，522

智利 346，393

中东历史 137，150，210，313

中东史 136—138，150，212，213，314，393

中东战争 212，222，351

中俄关系 82，300，301

中国朝鲜史研究会 106，110

中国大百科全书 91，93—95，122，123，167，393

中国德国史研究会 106，111

中国二战史研究会 106，110

中国法国史研究会 106，109，282

中国非洲史研究会 106，110，220，221

中国共产党 6，42，61，112，164，215，265，284，319—321，327，328，340，398

中国国际共运史学会 106，112

中国国际关系史研究会 106，112

中国科学院 3，10，13，27，52，86，127，457

中国拉丁美洲史研究会 106，110

中国历史 1，2，4，5，7，10，13，15，16，26，27，33，43，49，52，78，89—91，98，107，116，126，155—157，160，170，199，201，228，246，379—381，383—385，403，405，406，419，430，452，478，479，485，493，495，501，505，597

中国历史问题研究委员会 3

中国美国史研究会 106，109，142，145，507

中国人民大学 13，17，25，37，53，60，67，196，199，247，249，289，290，323，329，338，339，348，351，352，374，375，399，458，482，503

中国日本史学会 106，111，128

中国社会科学院研究生院世界历史系 115，127

中国史 52，100，104，126，139，144，154，182，183，268，385，404，476，492，600

中国史学 1—3，9，10，12，14，31，33，47，56，90，98，114，155，156，260，319，332，365，376，384，400，401，404，405，409，422，427，435，436，445，455，466，485，490，493，494，497，499，500，510，519，597，598

中国史学会　2，52，100，104，106—108，128，155，282

中国史学会世界史研究工作委员会　107

中国史学界　2，3，8，12—14，16，19，30，33，35，52，98，107，145，155，192，251，265，304，321，385，403，421，434，435，452，459，481，494，511，512

中国世界古代中世纪史研究会　106，113，399，503

中国世界近现代史研究会　104

中国世界史研究理论　88，90，97

中国苏联东欧史研究会　106，113

中国文化　49，157，208，296，377，458，459

中国新史学研究会　1，2，106

中国英国史研究会　106，111，122

中国与世界　38，99，105，139，170，199，284，325，326，328，330，379

中国中日关系史学会　106，109，128

中华民国　57，298，328

中华民族　78，88，89，98，156，187，206，296，319，325，340

中华人民共和国　12，42，119，289，295，306，329，386，600

中美关系　53，249，296—298，314，316，317

中日关系　109，116，235，301—303

中日战争　52，237，310，327

中世纪史　19—21，38，53，54，59，113，127，129，138，142，143，147，155，158，160，170，171，183—185，188，192—194，196—199，399，441，448，453，457，487，503

中苏关系　86，300，301，327，328

中亚　14，18，84，113，127，151，158，190，191，198，207—209，262，314

中央党校　25，117，276，329，331，346，391

中英关系　39，233，255，298，299，314

种族主义　78，221，225，365，376

周恩来　2，25，142，148，277

主体　51，75，101，184，234，241，364，392，405，413，414，433，450，461，462，469，509，512

主体性　152，234，461，497

专门史　22，97，108，109，117，129，146，149，154，348，388，442

资本主义　9，18，22，23，30，31，34，38，41，42，53，56，57，60，61，65，68，71，74，78—80，82，89，93，94，96，97，105，106，120，151，158，164，167，168，177，179，185，186，188，190，193，196，199—203，205，206，220，221，225，227，229，232，233，235—237，243，256，259，261，263，266，275，

287，290，293，328—331，339—343，345—347，355，358，359，361，362，364，366，367，371，373，377，378，383，384，386，404，410—412，414—418，425，434，438，480，482，486，492，494，501，503，512

资本主义萌芽　383，384

资产阶级　5—11，13，18，21，22，24，25，29—34，39，40，47，50，60，61，63—65，70，75—80，84，90，103，110，151，171，192，199—201，235，237，240，243，244，251—253，257，264，278，279，283，293，333—335，339—341，345，362，366，368，369，412—414，421，425，437，479，481，502

自由主义　130，278，362，368，427

宗教改革　9，80，93，95，129，159，165，166，199，233，279，280，386，396，437，510

宗教文化　137，138，144，146，239，523

参考书目

艾周昌:《南非现代化研究》,华东师范大学出版社2000年版。
艾周昌主编:《非洲黑人文明》,中国社会科学出版社1999年版。
艾周昌主编:《亚非发展中国家和地区现代化研究》,上海辞书出版社2009年版。
白建才:《"第三种选择"——冷战期间美国对外隐蔽行动战略研究》,人民出版社2012年版。
白寿彝主编:《史学概论》,宁夏人民出版社1983年版。
包罗杰:《阿古柏伯克传》,商务印书馆1976年版。
包茂红:《环境史学的起源和发展》,北京大学出版社2012年版。
北京大学国际政治系:《国际共产主义运动史》,商务印书馆1976年版。
北京大学历史系世界史专业工农兵学员和北京军区炮兵部队理论组:《沙皇俄国侵略扩张简史》,人民出版社1976年版。
北京大学日本研究中心编:《东亚近代化历程中的杰出人物》,社会科学文献出版社2002年版。
毕健康:《埃及现代化与政治稳定》,社会科学文献出版社2005年版。
编写组:《非洲通史》,北京师范大学出版社1984年版。
编写组:《国际共产主义运动史:从马克思主义诞生至十月革命的胜利》2卷本,人民出版社1977年版。
编写组:《简明世界史》3卷本,人民出版社1974年版。
编写组:《沙俄侵华史》,上海人民出版社1975年版。
编写组:《沙皇俄国侵略扩张史》(上下),人民出版社1979年版。

编写组：《世界古代史》（上下），高等教育出版社 2018 年版。

编写组：《世界上古史纲》（上下），人民出版社 1979 年版。

编译组：《德黑兰、雅尔塔、波茨坦会议记录摘编》，上海人民出版社 1974 年版。

薄洁萍：《上帝作证——中世纪基督教文化中的婚姻》，学林出版社 2005 年版。

蔡佳禾：《双重的遏制——艾森豪威尔政府的东亚政策》，南京大学出版社 1999 年版。

蔡俊生：《人类社会的形成与原始社会形态》，中国社会科学出版社 1988 年版。

曹长盛：《世界社会主义共产主义运动》，东北师范大学出版社 1995 年版。

曹荣湘：《马克思世界历史理论与当代全球化》，中央编译出版社 2006 年版。

曹绍廉：《法国资产阶级革命》，湖北人民出版社 1956 年版。

曹中屏：《东亚与太平洋国际关系——东西方文化的撞击（1500—1923 年）》，天津大学出版社 1992 年版。

车效梅：《中东中世纪城市的产生、发展与嬗变》，中国社会科学出版社 2004 年版。

陈崇武：《罗伯斯比尔评传》，华东师范大学出版社 1989 年版。

陈峰君等：《亚太大国与朝鲜半岛》，北京大学出版社 2002 年版。

陈恒：《希腊化研究》，商务印书馆 2006 年版。

陈恒等主编：《新史学》9 辑，大象出版社 2003 年版。

陈建华等：《走过风雨：转型中的俄罗斯文化》，重庆出版社 2007 年版。

陈乐民：《战后西欧国际关系：1945—1984》，中国社会科学出版社 1987 年版。

陈力编：《喀麦隆人民反对殖民主义的斗争》，河北人民出版社 1959 年版。

陈启能等：《马克思主义史学新探》，社会科学文献出版社 1999 年版。

陈启能主编：《大英帝国从殖民地撤退前后》，方志出版社 2007 年版。

陈启能主编：《二战后欧美史学的新发展》，山东大学出版社 2005 年版。

陈叔平：《巴黎公社与中国》，中国人民大出版社 1988 年版。

陈思贤：《西洋政治思想史——近代英国篇》，吉林出版社 2008 年版。
陈文海：《法国史》，人民出版社 2004 年版。
陈祥超：《墨索里尼与意大利法西斯》，中国华侨出版社 2004 年版。
陈晓律等：《英国发展的历史轨迹》，南京大学出版社 2009 年版。
陈晓律：《英国福利制度的由来与发展》，南京大学出版社 1996 年版。
陈新：《历史的认识：从现代到后现代》，北京大学出版社 2011 年版。
陈衍德：《全球化进程中的东南亚民族问题研究——以少数民族的边缘化和分离主义运动为中心》，厦门大学出版社 2008 年版。
陈勇等：《西方史学思想导论》，武汉大学出版社 1995 年版。
陈之骅等主编：《苏联兴亡史》，中国社会科学出版社 2004 年版。
陈之骅主编：《勃列日涅夫时期的苏联》，中国社会科学出版社 1998 年版。
陈之骅主编：《苏联史纲（1917—1937）》（上下），人民出版社 1991 年版。
陈志强：《拜占庭帝国史》，商务印书馆 2003 年版。
程汉大：《英国政治制度史》，中国社会科学出版社 1995 年版。
程西筠等：《英国简史》，商务印书馆 1981 年版。
褚新国：《帝国的沉沦与救赎——塔西佗和他的历史世界》，人民出版社 2008 年版。
崔连仲、刘明翰、刘祚昌、徐天新等主编：《世界通史》6 卷本，人民出版社 1997 年版。
崔丕：《近代东北亚国际关系史研究》，东北师范大学出版社 1992 年版。
戴桂菊：《俄国东正教会改革（1861—1917）》，社会科学文献出版社 2002 年版。
邓超：《美国侵略下的拉丁美洲》，世界知识出版社 1957 年版。
丁建弘：《德国通史》，上海社会科学院出版社 2008 年版。
丁建弘主编：《发达国家的现代化道路：一种历史社会学研究》，北京大学出版社 1999 年版。
丁少伦主编：《俄罗斯文化解读》，济南出版社 2006 年版。
董进泉：《黑暗与愚昧的守护神——宗教裁判所》，浙江人民出版社 1988 年版。

董欣洁：《巴勒克拉夫全球史研究》，中国社会科学出版社2017年版。
董正华：《世界现代化进程十五讲》，北京大学出版社2009年版。
杜康传等主编：《国际共产主义运动概论》，中国人民大学出版社2002年版。
端木美：《瑞士文化与现代化》，辽海出版社2000年版。
端木美等：《法国现代化进程中的社会问题：农民·妇女·教育》，中国社会科学出版社2001年版。
端木正：《法国史研究文选》，中山大学出版社1994年版。
端木正主编：《法国大革命史词典》，中山大学出版社1989年版。
樊亢、宋则行等编：《主要资本主义国家经济简史》，人民出版社1973年版。
《范文澜历史论文选集》，中国社会科学出版社1979年版。
范俑：《摩洛哥、突尼斯、阿尔及利亚的民族独立运动》，上海人民出版社1957年版。
方连庆等：《战后国际关系史（1945—1995）》（上下），北京大学出版社2005年版。
冯玮：《日本通史》，上海社会科学院出版社2008年版。
冯秀文等：《拉丁美洲农业的发展》，社会科学文献出版社2002年版。
冯秀文：《中墨关系：历史与现实》，社会科学文献出版社2007年版。
付成双：《美国现代化中的环境问题研究》，高等教育出版社2018年版。
复旦大学历史系编译：《日本帝国主义对外侵略史料选编（1931—1945）》，上海人民出版社1975年版。
复旦大学文史研究院：《全球史、区域史与国别史：复旦、东大、普林斯顿三校合作会议论文集》，中华书局2016年版。
傅树政等：《俄国东正教会与国家（1917—1945）》，社会科学文献出版社2001年版。
甘肃省第一建筑工程局工人理论组、兰州大学历史系：《沙皇俄国的侵略扩张》，人民出版社1978年版。
高岱等：《殖民主义史·总论卷》，北京大学出版社2003年版。
高放：《国际共产主义运动别史》，中国书籍出版社2002年版。

高放:《社会主义在中国与世界》,云南人民出版社1998年版。

高国荣:《美国环境史学研究》,中国社会科学出版社2014年版。

高鉴国:《加拿大文化与现代化》,辽海出版社2000年版。

高毅:《法兰西风格:大革命的政治文化》,浙江人民出版社1991年版。

葛懋春等主编:《历史科学概论》,山东教育出版社1983年版。

耿淡如、黄瑞章译编:《世界中世纪史原始资料选辑》,天津人民出版社1959年版。

宫达非主编:《中国著名学者苏联剧变新探》,世界知识出版社1998年版。

宫少朋等主编:《冷战后国际关系》,世界知识出版社1999年版。

宫秀华:《罗马:从共和走向帝制》,高等教育出版社2006年版。

顾銮斋:《中西中古税制比较研究》,社会科学文献出版社2016年版。

顾宁:《美国文化与现代化》,辽海出版社2000年版。

顾晓鸣:《犹太——充满"悖论"的文化》,浙江人民出版社1990年版。

关立新等:《马克思"世界历史"理论与经济全球化》,中央编译出版社2013年版。

郭丹彤:《埃及与东地中海世界的交往》,社会科学文献出版社2011年版。

郭丹彤:《古代埃及对外关系研究》,黑龙江人民出版社2005年版。

郭方:《英国近代国家的形成》,商务印书馆2006年版。

郭华榕:《法兰西第二帝国史》,北京大学出版社1991年版。

郭华榕等主编:《欧洲的分与合》,京华出版社1999年版。

郭圣铭:《西方史学史概要》,上海人民出版社1983年版。

郭小凌:《西方史学史》,北京师范大学出版社2009年版。

国际关系学院编:《现代国际关系史参考资料》(1917—1932),高等教育出版社1958年版。

国际关系研究所编:《美国外交研究资料》第1辑,世界知识出版社1960年版。

哈全安:《中东史610—2000》(上下),天津人民出版社2010年版。

韩承文主编:《1848年欧洲革命史》,河南大学出版社1995年版。

韩永利:《第二次世界大战与中国抗战地位研究》,商务印书馆2010年版。

韩永利:《战时美国大战略与中国抗日战场》,武汉大学出版社2003年版。

韩宇：《美国高技术城市研究》，清华大学出版社2009年版。

韩震等：《历史学研究的语言学转向——西方后现代历史哲学研究》，北京师范大学出版社2008年版。

郝名玮等：《拉丁美洲文明》，中国社会科学出版社1999年版。

郝振耀：《彼得大帝传》，河北人民出版社1997年版。

何平：《西方历史编纂学史》，商务印书馆2010年版。

何兆武：《历史理性批判论集》，清华大学出版社2001年版。

何兆武：《历史与历史学》，湖北人民出版社2007年版。

何兆武等主编：《当代西方史学理论》，中国社会科学出版社1996年版。

何兆武主编：《历史理论与史学理论：近现代西方史学著作选》，商务印书馆1999年版。

何肇发：《亚洲各国现代史讲义》（上下），高等教育出版社1958年版。

何志龙：《中东历史与国际关系》，科学出版社2016年版。

河南大学历史系编选：《世界现代史资料选辑》4辑，河南人民出版社1951年版。

贺国庆等：《欧洲中世纪大学》，人民教育出版社2009年版。

贺文萍：《非洲国家民主化进程研究》，时事出版社2005年版。

贺璋瑢：《神光下的西方女性》，中国青年出版社2007年版。

洪波：《法国政治制度变迁：从大革命到第五共和国》，中国社会科学出版社1993年版。

洪育沂编译：《世界史参考地图1640—1945年》，外语教学与研究出版社1981年版。

洪育沂等：《拉美国际关系史纲》，外语教学与研究出版社1996年版。

侯艾君：《车臣始末》，世界知识出版社2005年版。

侯建新：《现代化第一基石：农民个人力量与中世纪晚期社会变迁》，天津社科院出版社1991年版。

侯外庐：《中古代社会史论》，人民出版社1955年版。

胡舶：《冷战背景下东欧国家曲折发展道路研究——以波兰和匈牙利为例（1945—1956）》，中国社会科学出版社2012年版。

胡代聪：《18世纪法国资产阶级革命》，通俗读物出版社1956年版。

胡德坤等主编:《第二次世界大战史纲》,武汉大学出版社2005年版。

胡德坤主编:《反法西斯战争时期的中国与世界研究》9卷本,武汉大学出版社2010年版。

胡建成编:《俄罗斯艺术》,河北教育出版社2003年版。

胡瑾:《国际共产主义运动史》,山东大学出版社1986年版。

胡礼忠等:《从尼布楚条约到叶利钦访华——中俄中苏关系300年》,福建人民出版社1994年版。

胡庆钧主编:《早期奴隶制社会比较研究》,中国社会科学出版社1996年版。

胡玉娟:《罗马早期平民问题研究》,北京师范大学出版社2002年版。

华东师大历史系编:《巴黎公社时期的第一国际总委员会会议记录》,华东师大出版社1958年版。

华庆昭:《从雅尔塔到板门店:中、美、苏、英1945—1953》,中国社会科学出版社1992年版。

黄昌瑞:《意大利文化与现代化》,辽海出版社2000年版。

黄定天:《东北亚国际关系史》,黑龙江教育出版社1999年版。

黄立茀:《苏联社会阶层与苏联剧变研究》,社会科学文献出版社2006年版。

黄民兴:《佩雷斯——中东和平进程的推动者》,长春出版社1999年版。

黄绍湘:《美国简明史》,三联书店1953年版。

黄绍湘:《美国史纲(1492—1823)》,重庆出版社1987年版。

黄绍湘:《美国通史简编》,人民出版社出版1979年版。

黄绍湘:《美国早期发展史,1492—1823》,人民出版社1957年版。

黄思骏:《印度土地制度研究》,中国社会科学出版社1998年版。

黄皖毅:《马克思世界史观:文本、前沿与反思》,知识产权出版社2008年版。

黄修荣:《共产国际与中国革命关系史》,中共中央党校出版社1989年版。

黄虚锋:《美国南方转型时期社会生活研究》,上海人民出版社2007年版。

黄洋等:《世界古代中世纪史》,复旦大学出版社2005年版。

黄洋等:《希腊史研究入门》,北京大学出版社2009年版。

黄玉章等：《第二次世界大战1939—1945》，世界知识出版社1984年版。

黄运发等：《中东画卷——阿拉伯人的社会生活》，辽宁大学出版社1996年版。

黄宗良：《共产党和社会党百年关系史》，北京大学出版社2002年版。

黄宗良等：《社会主义与资本主义：理论、历史和评价》，北京大学出版社2002年版。

霍俊江：《计量史学的基础——理论与方法》，中国社会科学出版社1991年版。

吉林师范大学历史系：《沙俄侵华史简编》，吉林人民出版社1976年版。

季羡林：《1857—1859年印度民族起义》，人民出版社1958年版。

翦伯赞：《历史问题论丛》（合编本），中华书局2008年版。

江流等：《苏联演变的历史思考》，中国社会科学出版社1994年版。

江流等主编：《苏联剧变研究》，社会科学文献出版社1994年版。

姜长斌等主编：《从对峙走向缓和：冷战时期中美关系再探讨》，世界知识出版社2000年版。

姜长斌等主编：《苏联兴亡史论》，人民出版社2004年版。

姜桂石等：《改革与现代化——历史经验与现实趋向的探索》，吉林人民出版社2000年版。

姜桂石等：《全球化与亚洲现代化》，社会科学文献出版社2005年版。

姜桂石主编：《战后中东史》，内蒙古教育出版社1998年版。

姜芃主编：《加拿大文明》，中国社会科学出版社2001年版。

姜芃主编：《西方史学的理论和流派》，中国社会科学出版社2007年版。

姜琦等：《国际共产主义运动中的党际关系史》，华东师范大学出版社1991年版。

姜义华等：《史学导论》，陕西人民教育出版社1989年版。

蒋孟引：《第二次鸦片战争》，三联书店1965年版。

蒋孟引：《第一次世界大战》，上海人民出版社1979年版。

蒋孟引主编：《英国史》，中国社会科学出版社1988年版。

金海：《尼克松与美国保守主义新权势集团的崛起》，社会科学文献出版社2007年版。

金计初:《美洲文明》,当代世界出版社1999年版。

金卫星等主编:《世界近代史》,高等教育出版社1999年版。

金志霖:《英国行会史》,上海社科院出版社1996年版。

金重远等:《世界现当代史》,复旦大学出版社2005年版。

金重远:《20世纪的法兰西》,复旦大学出版社2004年版。

金重远:《西班牙美洲殖民地独立战争》,商务印书馆1964年版。

金重远主编:《20世纪的世界——百年历史回溯》,复旦大学出版社2000年版。

金重远主编:《战后世界史》,复旦大学出版社1995年版。

军事科学院军事历史研究部:《第二次世界大战史》5卷本,军事科学出版社1995年版。

军事科学院军事历史研究部:《中国抗日战争史》,解放军出版社2005年版。

军事科学院外国军事研究部:《日本侵略军在中国的暴行》,解放军出版社2005年版。

阚思静等主编:《东欧演变的历史思考》,当代世界出版社1997年版。

孔寒冰:《东欧史》,上海人民出版社2010年版。

孔祥民主编:《世界中古史》,北京师范大学出版社2006年版。

蓝英年等:《从苏联到俄罗斯》,东方出版社2007年版。

乐峰:《东正教史》,中国社会科学出版社2005年版。

雷海宗:《西洋文化史纲要》,王敦书整理,上海古籍出版社2001年版。

黎澍:《马克思主义与中国革命》,人民出版社1963年版。

李安山:《殖民主义统治与农村社会反抗——对殖民时期加纳东部省的研究》,湖南教育出版社1999年版。

李崇富:《较量——关于社会主义历史命运的战略沉思》,方志出版社2007年版。

李春放:《伊朗危机与冷战的起源(1941—1947年)》,社会科学文献出版社2001年版。

李春辉:《拉丁美洲国家史稿》(上下),商务印书馆1983年版。

李春辉:《拉丁美洲史稿》(上下),商务印书馆1973年版。

李工真：《德国现代史专题十三讲：从魏玛共和国到第三帝国》，湖南教育出版社2010年版。

李海峰：《古巴比伦时期不动产经济活动研究》，社会科学文献出版社2011年版。

李红庆主编：《世界现代史》，高等教育出版社1999年版。

李宏图：《西欧近代民族主义思潮研究》，上海社会科学院出版社1997年版。

李景治：《社会主义发展历程》，辽宁人民出版社2001年版。

李巨廉等主编：《第二次世界大战起源历史文件资料集》，华东师范大学出版社1985年版。

李谋等主编：《缅甸历史论集：兼评〈琉璃宫史〉》，社会科学文献出版社2009年版。

李庆余：《美国外交：从孤立主义到全球主义》，南京大学出版社1990年版。

李蓉：《中华民族抗日战争史》，中央文献出版社2005年版。

李慎明主编：《历史的风：中国学者论苏联解体和对苏联历史的评价》，人民出版社2007年版。

李世安：《美国人权政策的历史考察》，河北人民出版社2001年版。

李世安：《世界现代史》，高等教育出版社2000年版。

李世安：《太平洋战争时期的中英关系》，中国社会科学出版社1994年版。

李书城主编：《中国日本学文献总目录》，中国人事出版社1995年版。

李铁匠：《伊朗古代历史与文化》，江西人民出版社1993年版。

李显荣：《托洛茨基评传》，中国社会科学出版社1986年版。

李兴耕：《拉法格传》，人民出版社1987年版。

李雪季主编：《世界女性历程图说》，中国文联出版社1999年版。

李一平、庄国土主编：《冷战以来的东南亚国际关系》，厦门大学出版社2005年版。

李勇：《鲁滨逊新史学派研究》，安徽人民出版社2004年版。

李玉等主编：《中国的中日关系史研究》，世界知识出版社2000年版。

李元明：《拿破仑评传》，中国社会科学出版社1984年版。

李振城：《苏联兴亡的沉思》，改革出版社 1998 年版。

李植枬：《整体世界历史初探》，武汉大学出版社 2009 年版。

李植枬主编：《宏观世界史》，武汉大学出版社 1999 年版。

李植枬主编：《20 世纪世界史》（上下），湖北教育出版社 1998 年版。

李卓：《"儒教国家"日本的实像——社会史视野的文化考察》，北京大学出版社 2013 年版。

李祖德主编：《评魏特夫的〈东方专制主义〉》，中国社会科学出版社 1997 年版。

梁洁：《撒路斯特史学思想研究》，中国社会科学出版社 2009 年版。

梁民愫：《马克思主义理论与实践——霍布斯鲍姆的史学研究》，社会科学文献出版社 2009 年版。

梁英明：《东南亚史》，人民出版社 2010 年版。

梁志明：《东南亚古代史：上古至 16 世纪初》，北京大学出版社 2013 年版。

梁志明：《东南亚近现代史》（上下），昆仑出版社 2005 年版。

梁志明主编：《殖民主义史·东南亚卷》，北京大学出版社 1999 年版。

林被甸等：《拉丁美洲史》，人民出版社 2010 年版。

林承节：《印度史》，人民出版社 2004 年版。

林承节主编：《殖民主义史·南亚卷》，北京大学出版社 1999 年版。

林家恒主编：《世界现代史》，华东师范大学出版社 1997 年版。

林建华：《世界工人运动中的国际性组织史纲》，中央编译出版社 1995 年版。

林举岱编：《十七世纪英国资产阶级革命》，上海人民出版社 1954 年版。

林举岱编：《西洋近代史纲》，上海杂志公司 1950 年版。

林举岱等主编：《世界近代史》，上海人民出版社 1982 年版。

林太：《印度通史》，上海社会科学院出版社 2009 年版。

林耀华主编：《原始社会史》，中华书局 1984 年版。

林志纯等：《古代世界史》，高等教育出版社 1958 年版。

林志纯：《日知文集》5 卷本，高等教育出版社 2012 年版。

林志纯主编：《世界上古史纲》（上下），天津教育出版社 2007 年版。

刘邦义:《哥穆尔卡评传》,中共中央党校出版社1995年版。

刘邦义等:《二战中的波兰》,江西人民出版社2005年版。

刘城:《中世纪西欧基督教文化环境中"人"的生存状态研究》,北京师范大学出版社2012年版。

刘德斌主编:《国际关系史》,高等教育出版社2003年版。

刘德喜:《从同盟到伙伴——中俄(苏)关系50年》,中共党史出版社2005年版。

刘光华:《美国侵略拉丁美洲简史》,世界知识出版社1957年版。

刘家和:《古代中国与世界——一个古史研究者的思考》,武汉出版社1995年版。

刘家和:《史学、经学与思想——在世界史背景下对中国古代历史文化的思考》,北京师范大学出版社2005年版。

刘家和主编:《中西古代历史、史学与理论比较研究》,北京师范大学出版2013年版。

刘建:《印度文明》,中国社会科学出版社2004年版。

刘健:《幼发拉底河底格里斯河:探寻失落的文明》,黄河水利出版社2006年版。

刘金质:《冷战史》3卷本,世界知识出版社2003年版。

刘景华:《城市转型与英国的勃兴》,中国纺织出版社1994年版。

刘明翰主编:《欧洲文艺复兴史》12卷,人民出版社2006年版。

刘启安:《叫魂——侵华日军常德细菌战首次独家揭秘》,二十一世纪出版社2005年版。

刘少华:《中国与东盟国家关系》,湖南人民出版社2001年版。

刘士尧:《社会主义:在历史与未来之间》,红旗出版社2001年版。

刘淑兰:《英国产业革命史》,吉林人民出版社1982年版。

刘爽:《苏联解体的史学阐释》,中国社会科学出版社2009年版。

刘同舜主编:《战后世界历史长编》10卷本,上海人民出版社1975年版。

刘文龙:《墨西哥通史》,上海社会科学院出版社2009年版。

刘文明:《全球史理论与文明互动研究》,中国社会科学出版社2015年版。

刘文明:《上帝与女性——传统基督教文化视野中的西方女性》,武汉大学出版社 2003 年版。

刘文明：《文化变迁中的罗马女性》，湖南人民出版社 2001 年版。

刘文鹏：《埃及考古学》，三联书店 2008 年版。

刘文鹏：《埃及学文集》，内蒙古大学出版社 1996 年版。

刘文鹏：《古代埃及史》，商务印书馆 2000 年版。

刘文鹏主编：《古代西亚北非文明》，中国社会科学出版社 1999 年版。

刘显忠：《近代俄国国家杜马》，社会科学文献出版社 2007 年版。

刘欣如：《印度古代社会史》，中国社会科学出版社 1990 年版。

刘绪贻：《当代美国总统与社会——现代美国社会发展简史》，湖北人民出版社 1987 年版。

刘绪贻等主编：《美国研究词典》，中国社会科学出版社 2002 年版。

刘绪贻：《20 世纪 30 年代以来美国史论丛》，中国社会科学出版社 2001 年版。

刘绪贻、杨生茂总主编：《美国通史》6 卷本，人民出版社 2002 年版。

刘绪贻主编：《美国现代史丛书》3 种，武汉大学出版社 1984 年版。

刘宗绪：《法国资产阶级革命》，商务印书馆 1965 年版。

刘宗绪主编：《改变世界历史的二十五年——法国大革命探新》，河北人民出版社 1989 年版。

刘宗绪主编：《世界近代史》，北京师范大学出版社 2004 年版。

刘宗绪主编：《世界近代史》，高等教育出版社 1986 年版。

刘祖熙：《波兰通史》，商务印书馆 2006 年版。

刘祖熙：《改革和革命——俄国现代化研究（1861—1917）》，北京大学出版社 2001 年版。

刘祖熙主编：《斯拉夫文化》，浙江人民出版社 1993 年版。

刘祚昌：《杰斐逊全传》（上下），齐鲁书社 2005 年版。

刘祚昌：《美国独立战争简史》，上海华东人民出版社 1954 年版。

刘祚昌：《美国内战史》，人民出版社 1978 年版。

刘祚昌：《英国资产阶级革命史》，新知识出版社 1956 年版。

柳植：《世纪性的实践》，安徽大学出版社 2005 年版。

楼均信主编：《法兰西第三共和国兴衰史》，人民出版社 1996 年版。

陆国俊等主编：《新世界的震荡——拉丁美洲独立运动》，上海社会科学院出版社1991年版。

陆南泉等主编：《苏联剧变深层次原因研究》，中国社会科学出版社1999年版。

陆世澄：《德国文化与现代化》，辽海出版社2000年版。

陆伟芳：《英国妇女选举权运动》，中国社会科学出版2004年版。

吕一民：《法国通史》，上海社会科学院出版社2007年版。

吕昭义：《英帝国与中国西南边疆：1911—1947》，藏学出版社2001年版。

吕昭义：《英属印度与中国西南边疆：1774—1911》，中国社会科学出版社1996年版。

吕振羽：《史学研究论文集》，华东人民出版社1954年版。

罗凤礼：《历史与心灵——西方心理史学的理论与实践》，中央编译出版社1998年版。

罗凤礼主编：《现代西方史学思潮评析》，中央编译出版社1996年版。

罗科：《高举反殖民主义旗帜的埃及》，湖南人民出版社1956年版。

罗芃等：《法国文化史》，北京大学出版社1997年版。

罗荣渠：《现代化新论——世界与中国的现代化进程》，北京大学出版社1993年版。

罗荣渠：《现代化新论续篇——东亚与中国的现代化进程》，北京大学出版社1997年版。

罗新璋编译：《巴黎公社公告集》，上海人民出版社1978年版。

马大正等主编：《中亚五国史纲》，新疆人民出版社2005年版。

马晋强：《当代东南亚国际关系》，世界知识出版社2000年版。

马克垚：《西欧封建经济形态研究》，人民出版社2001年版。

马克垚主编：《世界文明史》3卷本，北京大学出版社2004年版。

马龙闪：《苏联文化体制沿革史》，中国社会科学出版社1996年版。

马瑞映：《疏离与合作：英国与欧共体关系研究》，中国社会科学出版社2007年版。

马生祥：《法国现代化》（上下），河北人民出版社2004年版。

马胜利：《争取社会主义和民主——饶勒斯评传》，中国社会科学出版社

1996 年版。

马细谱：《巴尔干人民反法西斯战争史》，海南出版社 1993 年版。

马细谱：《南斯拉夫兴亡》，社会科学文献出版社 2010 年版。

马嫚：《工业革命与英国妇女》，上海社会科学院出版社 1993 年版。

马振铎等：《儒家文明》，中国社会科学出版社 1999 年版。

梅雪芹：《环境史学与环境问题》，人民出版社 2004 年版。

梅雪芹主编：《世界近代史资料汇编》，北京师范大学出版社 2009 年版。

孟广林：《世界中世纪史》，中国人民大学出版社 2010 年版。

孟广林：《英国封建王权论稿》，人民出版社 2002 年版。

孟广林主编：《历史比较学的新视野》，吉林人民出版社 2005 年版。

孟庆义等：《朝鲜半岛：问题与出路》，人民出版社 2006 年版。

米尚志编译：《动荡中的繁荣——魏玛时期德国文化》，浙江人民出版社 1988 年版。

苗威：《乐浪研究》，高等教育出版社 2016 年版。

闵冬潮：《国际妇女运动——1789—1989》，河南人民出版社 1991 年版。

纳忠：《阿拉伯通史》（上下），商务印书馆 1997 年版。

南开大学历史系编：《拉丁美洲民族解放大事记》，天津人民出版社 1959 年版。

倪世光：《中世纪骑士制度探究》，商务印书馆 2007 年版。

潘光等：《犹太文明》，中国社会科学出版社 1999 年版。

潘琪昌主编：《欧洲国际关系》，经济科学出版社 2001 年版。

潘润涵：《简明世界近代史》，北京大学出版社 2001 年版。

潘润涵：《世界近代史》，北京大学出版社 1999 年版。

庞卓恒：《唯物史观与历史科学》，由高等教育出版社 2004 年版。

庞卓恒主编：《史学概论》，高等教育出版社 1995 年版。

庞卓恒主编：《西方新史学述评》，高等教育出版社 1992 年版。

逄先知等：《毛泽东传（1949—1976）》，中央文献出版社 2003 年版。

彭刚：《叙事的转向：当代西方史学理论的考察》，北京大学出版社 2009 年版。

彭树智：《东方民族主义思潮》，西北大学出版社 1992 年版。

彭树智等:《第三世界的历史进程》,中国青年出版社 1999 年版。
彭树智主编:《阿富汗史》,陕西旅游出版社 1993 年版。
彭树智主编:《阿拉伯国家简史》,福建人民出版社 1992 年版。
彭树智主编:《当代世界史讲座》,河南大学出版社 1988 年版。
彭树智主编:《二十世纪中东史》,高等教育出版社 1992 年版。
彭树智主编:《世界古代中世纪史基本问题》,西北大学出版社 1992 年版。
彭树智主编:《世界古代中世纪史教程(古代部分)》,西北大学出版社 1992—1993 年版。
彭树智主编:《世界现代史教程》,西北大学出版社 1994 年版。
彭树智主编:《伊斯兰教与中东现代化进程》,西北大学出版社 1997 年版。
彭树智主编:《中东国家和中东问题》,河南大学出版社 1991 年版。
彭树智主编:《中东国家通史》13 卷本,商务印书馆 2000 年版。
彭树智主编:《中东史》,人民出版社 2010 年版。
彭铁生:《欧洲近代国际关系史》,黑龙江人民出版社 1989 年版。
彭小瑜:《教会法研究》,商务印书馆 2003 年版。
戚国淦:《灌园集——中世纪史探究及其他》,商务印书馆 2007 年版。
齐世荣等:《苏联历史论文选辑》3 辑,三联书店 1963 年版。
齐世荣等主编:《20 世纪的历史巨变》,学习出版社 2005 年版。
齐世荣主编:《人类文明的演进》(上下),中国青年出版社 2001 年版。
齐世荣主编:《世界通史资料选辑·现代部分》3 卷本,商务印书馆 1985 年版。
齐世荣总主编:《世界史》4 卷本,高等教育出版社 2006 年版。
齐涛主编:《世界通史教程:现代卷》,山东大学出版社 2004 年版。
钱乘旦:《第一个工业化社会》,四川人民出版社 1988 年版。
钱乘旦等:《英国通史》,上海社会科学院出版社 2007 年版。
钱乘旦等:《英国文化模式溯源》,上海社会科学院出版社 2003 年版。
钱乘旦等:《在传统与变革之间——英国文化模式溯源》,浙江人民出版社 1991 年版。
钱乘旦主编:《欧洲文明:民族的融合与冲突》,贵州人民出版社 1999 年版。

钱乘旦总主编：《英国通史》6 卷本，江苏人民出版社 2016 年版。
钱俊瑞主编：《资本主义与社会主义纵横谈》，世界知识出版社 1983 年版。
钱满素：《美国文明》，中国社会科学出版社 2001 年版。
钱明德等：《拉美文化与现代化》，辽海出版社 2000 年版。
秦惠彬主编：《伊斯兰文明》，中国社会科学出版社 2000 年版。
人民出版社编：《对日和约问题史料》，人民出版社 1951 年版。
人民出版社编：《美国侵华史料》，人民出版社 1951 年版。
人民出版社编辑部：《历史科学中两条道路的斗争》，人民出版社 1958 年版。
任东来：《争吵不休的伙伴——美援与中美抗日同盟》，广西师范大学出版社 1995 年版。
任光宣：《俄罗斯文化十五讲》，北京大学出版社 2007 年版。
任光宣：《俄罗斯艺术史》，北京大学出版社 2000 年版。
戎疆：《沙皇俄国是怎样侵略中国的》，人民出版社 1976 年版。
萨本仁等：《20 世纪的中英关系》，上海人民出版社 1996 年版。
沙丁等：《中国和拉丁美洲关系简史》，河南人民出版社 1986 年版。
山西日报资料组编：《走向独立自由的非洲》，山西人民出版社 1961 年版。
上海等市编写组：《国际共产主义运动史》，新疆人民出版社 1985 年版。
上海师范大学《世界近代史》编写组：《世界近代史》（上下），上海人民出版社 1973 年版。
尚钺编：《奴隶社会历史译文集》，三联书店 1955 年版。
沈汉：《英国土地制度史》，学林出版社 2005 年版。
沈汉等：《英国议会政治史》，南京大学出版社 1991 年版。
沈坚：《近代法国工业化新论》，中国社会科学出版社 1999 年版。
沈坚：《文明的历程》，浙江大学出版社 2006 年版。
沈炼之：《简明世界近代史》，中国青年出版社 1957 年版。
沈炼之主编：《法国通史简编》，人民出版社 1990 年版。
沈永兴等主编：《第二次世界大战实录》，重庆出版社 2005 年版。
沈志华主编：《苏联历史档案选译》36 卷，社科文献出版社 2000 年版。
沈志华主编：《一个大国的崛起与崩溃：苏联历史专题研究（1917—

1991)》3 卷本，社会科学文献出版社 2009 年版。
沈志华主编：《中苏关系史纲（1917—1991）》，新华出版社 2007 年版。
施鉴思：《第二次世界大战简史》，上海人民出版社 1975 年版。
施治生、郭方主编：《古代民主与共和制度》，中国社会科学出版社 2002 年版。
施治生、刘欣如主编：《古代王权与专制主义》，中国社会科学出版社 1993 年版。
施治生、徐建新主编：《古代国家的等级制度》，中国社会科学出版社 2003 年版。
石磊等主编：《现代国际关系史辞典》，河南人民出版社 1988 年版。
石磊主编：《现代国际关系史》（上下），北京燕山出版社 1995 年版。
时殷弘：《敌对和冲突的由来——美国对新中国的政策和中美关系》，南京大学出版社 1995 年版。
时殷弘：《现当代国际关系史（从 16 世纪到 20 世纪末）》，中国人民大学出版社 2006 年版。
史军：《读一点世界史》，人民出版社 1973 年版。
世界史资料丛刊编委会：《世界史资料丛刊初集》，三联书店 1957 年版；自 1962 年 12 月改由商务印书馆出版。
世界现代史编写组：《世界现代史》，山东人民出版社 1981 年版。
世界现代史编写组：《世界现代史》（上下），人民出版社 2013 年版。
世界知识出版社编：《第二次世界大战参考文献》，世界知识出版社 1955 年版。
世界知识出版社编：《第二次世界大战后美国总统国情咨文汇编（1946—1962）》，世界知识出版社 1962 年版。
世界知识出版社编：《中美关系资料汇编》第 1、2 辑，世界知识出版社 1957、1960 年版。
舒运国、刘伟才：《20 世纪非洲经济史》，浙江人民出版社 2013 年版。
宋成有等：《战后日本外交史（1945—1994）》，世界知识出版社 1995 年版。
宋瑞芝等主编：《西方史学史纲》，河南大学出版社 1989 年版。

苏共中央社会科学院《科学与教学文献》编辑部：《历史科学·方法论问题》，中国社会科学出版社1990年版。

苏联国家中央档案馆：《日俄战争》，商务印书馆1976年版。

苏联科学院：《英法德俄历史1830—1917》（上下），商务印书馆1972年版。

苏联科学院历史研究所编：《古代世界史大纲》，北流辑译，三联书店1955年版。

苏联科学院历史研究所：《近代史教程》5卷本，人民出版社1950年版。

苏联科学院历史研究所列宁格勒分所编：《俄国文化史纲：从远古至1917年》，张开等译，商务印书馆1994年版。

苏联科学院世界历史研究所：《一八七一年巴黎公社史》，马龙闪等译，重庆出版社1982年版。

苏联科学院远东研究所等编：《十七世纪俄中关系》，商务印书馆1975年版。

苏联科学院主编：《世界通史》10卷本，三联书店1959年版。

苏联外交部、捷克斯洛伐克外交部编：《慕尼黑历史的新档》，世界知识出版社1962年版。

苏联外交部编：《1941—1945年苏联伟大卫国战争期间苏联部长会议主席同美国总统和英国首相通信集》2册，潘益柯译，世界知识出版社1961年版。

孙秉莹：《欧洲近代史学史》，湖南出版社1984年版。

孙成木等：《十月革命史》，三联书店1980年版。

孙成木等主编：《俄国通史简编》（上下），人民出版社1986年版。

孙成木：《俄罗斯文化1000年》，东方出版社1995年版。

孙娴：《法兰西第二共和国史》，社会科学文献出版社1995年版。

孙耀文：《风雨五载：莫斯科中山大学始末》，中央编译出版社1996年版。

孙耀文：《共产党情报局：一个特殊的国际机构》，社会科学文献出版社2000年版。

谭索：《戈尔巴乔夫的改革与苏联的毁灭》，社会科学文献出版社2006年版。

汤重南等：《日本文化与现代化》，辽海出版社1999年版。

陶惠芬：《俄国彼得大帝的欧化改革》，广西师范大学出版社1996年版。

陶文钊主编：《中美关系史（1911—2000）》3卷本，上海人民出版社2004年版。

田德全主编：《世界古代史》，华东师范大学出版社2000年版。

田桓主编：《战后中日关系史（1945—1995）》，中国社会科学出版社2002年版。

田桓主编：《战后中日关系文献集》2卷本，中国社会科学出版社1996年版。

田明：《罗马—拜占廷时代的埃及基督教史研究》，天津人民出版社2009年版。

田汝康等编选：《现代西方史学流派文选》，上海人民出版社1982年版。

《外国史学史》课题组：《外国史学史》，高等教育出版社2019年版。

万峰：《日本近代史》，中国社会科学出版社1978年版。

汪向荣：《中日关系史文献论考》，岳麓书社1985年版。

王成军：《中西古典史学的对话》，中国社会科学出版社2009年版。

王宏波：《第一次世界大战后美国对德国的政策（1918—1929）》，社会科学文献出版社2008年版。

王怀德、郭宝华：《伊斯兰教史》，宁夏人民出版社1992年版。

王惠德主编：《国际共运史论文集：纪念马克思逝世100周年》，人民出版社1983年版。

王辑五编：《亚洲各国史纲要》，高等教育出版社1957年版。

王家宝：《拿破仑三世》，四川人民出版社1996年版。

王家丰：《扩张体制与世界市场的开辟——地理大发现新论》，北京大学出版社1999年版。

王捷等主编：《第二次世界大战大词典》，华夏出版社2003年版。

王赳：《激进的女权主义——英国妇女社会政治同盟参政运动研究》，上海三联书店2008年版。

王觉非：《欧洲史论》，南京大学出版社1992年版。

王觉非主编：《近代英国史》，南京大学出版社1997年版。

王觉非主编：《欧洲历史大辞典》（上下），上海辞书出版社2007年版。

王觉非主编：《欧洲五百年史》，高等教育出版社2000年版。

王觉非主编：《英国政治经济和社会现代化》，南京大学出版社1989年版。

王礼训等：《国际共产主义运动史》（上下），山东人民出版社1983年版。

王立新：《踌躇的霸权：美国崛起后的身份困惑与秩序追求（1913—1945）》，中国社会科学出版社2015年版。

王利红：《诗与真：近代欧洲浪漫主义史学思想研究》，上海三联书店2009年版。

王林聪：《中东国家民主化问题研究》，中国社会科学出版社2007年版。

王铭：《法国大革命与拿破仑帝国》，辽宁教育出版社1991年版。

王启民等：《亚洲各国近代史讲义》，山东人民出版社1959年版。

王任叔：《印度尼西亚古代史》，中国社会科学出版社1987年版。

王荣堂：《十八世纪法国资产阶级革命》，上海人民出版社1955年版。

王荣堂：《英国近代史纲》，辽宁大学出版社1988年版。

王绳祖：《中英关系史论丛》，人民出版社1981年版。

王绳祖等编选：《国际关系史资料选编》，法律出版社1996年版。

王绳祖主编：《国际关系史》10卷本，世界知识出版社1995年版。

王绳祖主编：《国际关系史》2卷本，由法律出版社1983年版。

王绳祖主编：《国际关系史资料选编》，武汉大学出版社1983年版。

王士俊：《彼得大帝》，海天出版社1997年版。

王斯德主编：《世界通史》3卷本，华东师范大学出版社2001年版。

王斯德主编：《世界现代史》，高等教育出版社1988年版。

王斯德主编：《世界现代史参考资料》（上下），高等教育出版社1988年版。

王斯德主编：《现代文明的发展与选择——20世纪世界史》，华东师范大学出版社2001年版。

王铁铮等：《动荡的中东》，西北大学出版社1993年版。

王铁铮主编：《沙特阿拉伯的国家与政治》，三秦出版社1997年版。

王彤主编：《当代中东政治制度》，中国社会科学出版社2005年版。

王玮等：《美国外交思想史：1775—2005年》，人民出版社2007年版。

王玮主编：《美国对亚太政策的演变（1776—1995）》，山东人民出版社1995年版。

王晓德：《美国外交的奠基时代（1776—1860）》，中国社会科学出版社2013年版。

王晓德：《文化的帝国：20世纪全球"美国化"研究》（上下），中国社会科学出版社2011年版。

王晓菊：《俄国东部移民开发问题研究（1861—1917）》，中国社会科学出版社2003年版。

王晓明：《世界贸易史》，中国人民大学出版社2009年版。

王晓秋：《近代中日启示录》，北京出版社1987年版。

王晓升：《为个性自由而斗争：法兰克福学派社会历史理论评述》，社会科学文献出版社2009年版。

王兴斌：《战后世界共产主义运动1945—1985》，广西人民出版社1987年版。

王旭：《美国城市发展模式：从城市化到大都市区化》，清华大学出版社2006年版。

王旭东等：《世界瘟疫史》，中国社会科学出版社2005年版。

王养冲：《西方近代社会学思想的演进》，华东师范大学出版社1992年版。

王养冲等：《法国大革命史：1789—1794》，东方出版中心2007年版。

王芸生：《六十年来中国与日本》8卷本，三联书店1979年版。

王章辉：《英国文化与现代化》，辽海出版社1999年版。

王章辉等主编：《工业社会的勃兴：欧美五国工业革命比较研究》，人民出版社1995年版。

王振德：《第二次世界大战中的中国战场》，社会科学文献出版社1995年版。

王政：《女性的崛起——当代美国的女权运动》，当代中国出版社1995年版。

王治来：《中亚史纲》，湖南人民出版社1986年版。

王治来、丁笃本：《中亚通史》4卷本，新疆人民出版社2007年版。

王治来主编：《中亚史》，人民出版社2010年版。

王仲涛等：《日本史》，人民出版社 2008 年版。
卫安主编：《外国情报史》，时事出版社 1993 年版。
魏源：《海国图志》，中州古籍出版社 1999 年版。
文驰主编：《在北大听讲座：俄罗斯文化之旅》，新世界出版社 2002 年版。
闻一等：《布哈林传》，吉林教育出版社 1988 年版。
吴必康：《权力与知识：英美科技政策史》，福建人民出版社 1998 年版。
吴秉真：《从黑夜走向黎明的非洲》，上海新知识出版社 1956 年版。
吴秉真等主编：《非洲民族独立简史》，世界知识出版社 1993 年版。
吴国庆：《战后法国政治史》，社会科学文献出版社 2004 年版。
吴冷西：《十年论战：1956—1966 中苏关系回忆录》，中央文献出版社 1999 年版。
《吴廷璆史学论集》，人民出版社 1997 年版。
吴廷璆主编：《日本近代化研究》，商务印书馆 2008 年版。
吴廷璆主编：《日本史》，南开大学出版社 1994 年版。
吴休：《埃及人民争取独立和平的斗争》，北京通俗读物出版社 1956 年版。
吴学文等：《当代中日关系（1945—1994）》，时事出版社 1995 年版。
吴友法：《德国法西斯的兴起——第二次世界大战起源研究》，湖北教育出版社 2002 年版。
吴于廑、齐世荣主编：《世界史》6 卷本，高等教育出版社 1992 年版。
《吴于廑文选》，武汉大学出版社 2007 年版。
吴于廑主编：《大学世界历史地图——从地图看世界历史行程》，人民出版社 1988 年版。
吴于廑主编：《十五十六世纪东西方历史初学集》，武汉大学出版社 1985 年版。
吴于廑主编：《外国史学名著选》，商务印书馆 1965 年版。
吴泽主编：《史学概论》，安徽教育出版社 1985 年版。
吴志生主编：《东南亚国家经济发展战略》，北京大学出版社 1987 年版。
武寅：《从协调外交到自主外交——日本在推行对华政策中与西方列强的关系》，中国社会科学出版社 1995 年版。
武寅：《近代日本政治体制研究》，中国社会科学出版社 1997 年版。

武寅主编:《简明世界历史读本》,中国社会科学出版社2015年版。
《西方资产阶级学者论苏联历史学》,商务印书馆1964年版。
夏继果、[美]杰里·H.本特利合编:《全球史读本》,北京大学出版社2010年版。
向卿:《日本近代民族主义(1868—1895)》,社会科学文献出版社2007年版。
向延仲:《马克思世界历史理论研究》,湖南大学出版社2007年版。
项观奇主编:《历史比较研究法》,山东教育出版社1986年版。
晓林:《彼得一世》,黑龙江人民出版社1999年版。
肖德甫:《世纪悲歌——苏联共产党执政失败的前前后后》,中共党史出版社2008年版。
肖枫:《两个主义一百年:社会主义和资本主义》,当代世界出版社2000年版。
肖月等主编:《简明国际关系史(1945—2002)》,世界知识出版社2003年版。
谢德风等选译:《1765—1917年的美国》,三联书店1957年版。
邢来顺:《德国工业化经济——社会史》,湖北人民出版社2003年版。
熊沛彪:《近现代日本霸权战略》,社会科学文献出版社2005年版。
徐帮学主编:《强权沙皇·彼得大帝》,吉林教育出版社2010年版。
徐崇温:《民主社会主义评析》,重庆出版社1995。
徐浩等:《当代西方史学流派》,中国人民大学出版社2009年版。
徐家玲:《拜占庭文明》,人民出版社2006年版。
徐蓝:《英国与中日战争:1931—1941》,首都师范大学出版社1991年版。
徐良:《美国"新左派"史学研究》,中国社会科学出版社2014年版。
徐世澄主编:《美国和拉丁美洲关系史》,社会科学文献出版社1995年版。
徐天新:《平等强国的理想与苏联的实践》,安徽大学出版社2005年版。
徐天新等:《当代世界史》,人民出版社1989年版。
徐再荣:《全球环境问题与国际回应》,中国环境科学出版社2007年版。
徐正等主编:《西方史学的源流与现状》,东方出版社1991年版。
许海山编:《美洲历史》,线装书局2006年版。

许海云：《北约简史》，中国人民大学出版社 2005 年版。
许海云：《锻造冷战联盟——美国大西洋联盟政策研究》，中国人民大学出版社 2007 年版。
许明龙：《孟德斯鸠与中国》，国际文化出版公司 1989 年版。
许平：《法国农村社会转型研究 19 世纪—20 世纪初》，北京大学出版社 2001 年版。
许序雅：《中亚萨曼王朝史研究》，贵州教育出版社 2000 年版。
薛衔天：《中苏关系史》，四川人民出版社 2003 年版。
言金：《阿尔及利亚人民的民族解放斗争》，世界知识出版社 1958 年版。
阎瑞松主编：《以色列政治》，西北大学出版社 1995 年版。
阎照祥：《英国贵族史》，人民出版社 2000 年版。
阎照祥：《英国近代贵族体制研究》，人民出版社 2006 年版。
阎照祥：《英国史》，人民出版社 2003 年版。
阎照祥：《英国政党政治史》，中国社会科学出版社 1993 年版。
阎照祥：《英国政治思想史》，人民出版社 2010 年版。
阎照祥：《英国政治制度史》，人民出版社 1999 年版。
阎宗临：《世界古代中世纪史》，广西师范大学出版社 2007 年版。
晏绍祥：《古代希腊历史与学术史初学集》，湖北人民出版社 2003 年版。
晏绍祥：《古典历史研究发展史》，华中师范大学出版社 1999 年版。
晏绍祥：《荷马社会研究》，上海三联书店 2006 年版。
晏绍祥：《世界上古史》，中国人民大学出版社 2009 年版。
杨昌栋：《基督教在中古欧洲的贡献》，社会科学文献出版社 2000 年版。
杨灏城等：《纳赛尔和萨达特时代的埃及》，商务印书馆 1999 年版。
杨灏城、朱克柔主编：《当代中东热点问题的历史探索——宗教与世俗》，人民出版社 2000 年版。
杨灏城、朱克柔主编：《民族冲突和宗教争端——当代中东热点问题的历史探索》，人民出版社 1996 年版。
杨杰：《从下往上看：英国农业革命》，中国社会科学出版社，2009 年版。
杨军等：《中国与朝鲜半岛关系史论》，社会科学文献出版社 2006 年版。
杨军、张乃和：《东亚史》，长春出版社 2006 年版。

杨军：《中国与朝鲜半岛关系史论》，社会科学文献出版社 2006 年版。

杨可等：《现代俄罗斯大众文化》，中国经济出版社 2000 年版。

杨堃：《原始社会史》，北京师范大学出版社 1986 年版。

杨人楩：《非洲通史简编——从远古至一九一八年》，人民出版社 1984 年版。

杨人楩：《圣茹斯特》，三联书店 1957 年版。

杨生茂主编：《美国黑人解放斗争简史》，人民出版社 1978 年版。

杨生茂主编：《美国南北战争资料选辑》，上海人民出版社 1977 年版。

杨生茂主编：《美国历史学家特纳及其学派》，商务印书馆 1983 年版。

杨生茂主编：《美国外交政策史：1775—1989》，人民出版社 1991 年版。

杨生茂主编：《美国西班牙战争资料选辑》，上海人民出版社 1981 年版。

杨祥银：《美国现代口述史学研究》，中国社会科学出版社 2016 年版。

杨祥银：《与历史对话：口述史学的理论与实践》，中国社会科学出版社 2003 年版。

杨孝臣：《中日关系史纲》，上海外语教育出版社 1987 年版。

杨豫：《西方史学史》，江西人民出版社 1993 年版。

杨正光：《中日关系简史》，湖北人民出版社 1984 年版。

杨正光主编：《当代中日关系四十年（1949—1989）》，时事出版社 1993 年版。

姚大学等主编：《中东通史简编》，吉林人民出版社 2001 年版。

姚海：《俄罗斯文化》，上海社会科学院出版社 2005 年版。

姚介厚等：《西欧文明》，中国社会科学出版社 2002 年版。

姚太中等主编：《史学概论》，东方出版社 1991 年版。

叶书宗等：《锤子和镰刀——苏维埃文化与苏维埃人》，浙江人民出版社 1991 年版。

叶书宗：《俄国社会主义实践研究》，安徽大学出版社 2005 年版。

叶渭渠主编：《日本文明》，中国社会科学出版社 1999 年版。

佚名：《八月革命史》，越南外文出版社 1972 年中文版。

易建平：《部落联盟与酋邦——民主·专制·国家：起源问题比较研究》，社会科学文献出版社 2004 年版。

易兰:《兰克史学研究》,复旦大学出版社 2006 年版。

裔昭印:《古希腊的妇女——文化视域中的研究》,商务印书馆 2001 年版。

裔昭印等:《西方妇女史》,商务印书馆 2009 年版。

殷叙彝:《第二国际研究》,中央编译出版社 1998 年版。

殷叙彝:《民主社会主义论》,中央编译出版社 2007 年版。

于殿利:《巴比伦法的人本观:一个关于人本主义思想起源的研究》,三联书店 2011 年版。

于殿利:《巴比伦与亚述文明》,北京师范大学出版社 2013 年版。

于殿利:《美索不达米亚文明》,北京师范大学出版社 2018 年版。

于殿利:《人性的启蒙时代:古代美索不达米亚的艺术与思想》,故宫出版社 2016 年版。

于沛等:《斯拉夫文明》,中国社会科学出版社 2001 年版。

于沛主编:《20 世纪西方史学》,武汉大学出版社 2009 年版。

于沛主编:《马克思主义史学思想史》6 卷本,中国社会科学出版社 2015 年版。

于沛主编:《全球化和全球史》,社会科学文献出版社 2007 年版。

于沛主编:《世界现代史的主线和体系》,中国社会科学出版社 2010 年版。

于沛主编:《西方史学思想史》,湖南教育出版社 2015 年版。

余伟民主编:《世界当代史》,高等教育出版社 2001 年版。

俞金尧:《西欧婚姻、家庭与人口史研究》,现代出版社 2014 年版。

袁明主编:《国际关系史》,北京大学出版社 2005 年版。

袁征主编:《世界近代史》,华东师范大学出版社 1997 年版。

岳蓉:《英国民族国家研究》,贵州人民出版社 2004 年版。

张传鹤:《全球视野下的民主社会主义研究》,中共中央党校出版社 2009 年版。

张广翔:《18—19 世纪俄国城市化》,吉林人民出版社 2006 年版。

张广智等:《史学:文化中的文化》,上海社会科学院出版社 2003 年版。

张广智等:《西方史学史》,复旦大学出版社 2005 年版。

张广智等:《西方现代史学》,复旦大学出版社 1996 年版。

张广智主编:《史学之魂:当代西方马克思主义史学研究》,复旦大学出版社 2011 年版。

张广智主编：《西方史学通史》6 卷本，复旦大学出版社 2011 年版。

张汉清：《马克思恩格斯与第一国际》，东北师范大学出版社 1996 年版。

张宏明：《近代非洲思想经纬》，社会科学文献出版社 2008 年版。

张宏毅：《现代国际关系发展史 1917—2000 年》，北京师范大学出版社 2002 年版。

张宏毅主编：《当代世界史资料选辑》第 1 分册，北京师范学院出版社 1990 年版。

张家唐：《拉丁美洲简史》，人民出版社 2009 年版。

张建华：《俄国史》，人民出版社 2004 年版。

张建华：《红色风暴的起源：彼得大帝和他的帝国》，中国城市出版社 2002 年版。

张建华：《苏联知识分子群体转型研究（1917—1936）》，北京师范大学出版社 2012 年版。

张建华主编：《世界现代史 1900—2000》，北京师范大学出版社 2008 年版。

张建华主编：《世界现代史资料汇编》，北京师范大学出版社 2009 年版。

张丽等：《法国文化与现代化》，辽海出版社 1999 年版。

张倩红：《困顿与再生—犹太文化现代化》，江苏人民出版社 2003 年版。

张倩红：《以色列史》，人民出版社 2008 年版。

张倩红：《犹太人》，三秦出版社 2003 年版。

张倩红等：《犹太史研究新维度——国家形态 历史观念 集体记忆》，人民出版社 2015 年版。

张强：《古希腊铭文辑要》，中华书局 2018 年版。

张如心：《批判胡适的实用主义哲学》，人民出版社 1955 年版。

张声振：《中日关系史》，吉林文史出版社 1986 年版。

张顺洪等：《大英帝国的瓦解：英国的非殖民化与香港问题》，社会科学文献出版社 1997 年版。

张文杰等编译：《现代西方历史哲学译文集》，上海译文出版社 1984 年版。

张锡昌：《密特朗传》，世界知识出版社 1997 年版。

张锡昌等：《战后法国外交史》，世界知识出版社 1993 年版。

张晓校：《罗马军队与帝位嬗递》，中国社会科学出版社2006年版。

张艳国：《史学理论：唯物史观的视域和尺度》，华中科技大学出版社2009年版。

张友伦等：《英国工业革命》，天津人民出版社1985年版。

张月明等主编：《世界文化史故事大系·俄罗斯卷》，上海外语教育出版社2003年版。

张泽乾：《法国文明史》，武汉大学出版社1997年版。

张芝联：《法国史论集》，三联书店2007年版。

张芝联等主编：《世界历史地图集》，中国地图出版社2002年版。

张芝联主编：《法国通史》，北京大学出版社1989年版。

张芝联主编：《法国通史》，北京大学出版社2009年版。

章百家等：《冷战与中国》，世界知识出版社2002年版。

章士嵘：《西方历史理论的进化》，山西教育出版社2004年版。

赵伯乐：《当代南亚国际关系》，中国社会科学出版社2003年版。

赵军秀：《英国对土耳其海峡政策的演变》，中国社会科学出版社2007年版。

赵立行：《商人阶层的形成与西欧社会的转型》，中国社会科学出版社2004年版。

赵立行：《世界文明史讲稿》，复旦大学出版社2007年版。

赵世国：《彼得一世评传》，湖南师范大学出版社1996年版。

赵文亮：《二战研究在中国》，武汉大学出版社2006年版。

郑家馨主编：《殖民主义史·非洲卷》，北京大学出版社2000年版。

郑异凡：《布哈林论》，中央编译出版社2006年版。

郑异凡：《布哈林论稿》，中央编译出版社1997年版。

郑异凡：《史海探索》，安徽大学出版社2005年版。

中共中央文献研究室：《十六大以来重要文献选编》3卷本，中央文献出版社2008年版。

《中国大百科全书·外国历史》，中国大百科全书出版社1990年版。

中国科学院近代史研究所：《沙俄侵华史》4卷本，人民出版社1976年版。

中国人民大学科学社会主义系国际共产主义史教研室：《国际共产主义运动史：从十月社会主义革命胜利到社会主义阵营形成》，中国人民大学出版社1983年版。

中国人民大学马列主义发展史研究所：《马克思恩格斯思想史》，上海人民出版社1982年版。

中国社会科学院拉丁美洲研究所编：《拉丁美洲历史词典》，上海辞书出版社1993年版。

中国社会科学院世界历史所：《世界历史》38册，江西人民出版社2011年版。

中央党校党建教研室选编：《共产主义运动国际章程汇编》，河南人民出版社1980年版。

中央党校国际工人运动史教研室：《国际工人运动史》，中央党校出版社1988年版。

周兵：《新文化史：历史学的"文化转向"》，复旦大学出版社2012年版。

周春生：《文艺复兴史研究入门》，北京大学出版社2009年版。

周钢：《美国西部牛仔研究》，人民出版社2018年版。

周钢：《牧畜王国的兴衰——美国西部开放牧区发展研究》，人民出版社2006年版。

《周谷城史学论文选集》，人民出版社1983年版。

周谷城：《世界通史》（上下），河北教育出版社2000年版。

周海乐：《第二国际史》，上海社会科学院出版社1989年版。

周启迪主编：《世界上古史》，北京师范大学出版社1994年版。

周尚文等：《苏联兴亡史》，上海人民出版社2002年版。

周尚文主编：《国际共运史事件人物录》，上海人民出版社1984年版。

周世秀主编：《巴西历史与现代化研究》，河北人民出版社2001年版。

周新城等：《苏联演变的原因与教训》，社会科学文献出版社2008年版。

周一良、吴于廑主编：《世界通史》4卷本，人民出版社1963年版。

周一良、吴于廑主编：《世界通史》4卷本，人民出版社1973年版。

周一良、吴于廑主编：《世界通史资料选辑》4册，商务印书馆1962年版。

周一良：《亚洲各国古代史》，高等教育出版社 1958 年版。

周一良主编：《中外文化交流史》，河南人民出版社 1987 年版。

周作翰等主编：《国际共产主义运动史》，高等教育出版社 1992 年版。

朱本源：《历史学的理论与方法》，人民出版社 2007 年版。

《朱本源文集》，陕西师范大学出版社 2005 年版。

朱崇礼主编：《伊斯兰文化论集》，宁夏人民出版社 1998 年版。

朱达秋等：《俄罗斯文化概论》，上海外语教育出版社 2010 年版。

朱达秋等：《俄罗斯文化论》，重庆出版社 2004 年版。

朱贵生等：《第二次世界大战史》，人民出版社 1982 年版。

朱贵生：《二战文集》，中国华侨出版社 2007 年版。

朱龙华：《意大利文艺复兴的起源与模式》，人民出版社 2004 年版。

朱龙华：《意大利文艺复兴》，商务印书馆 1964 年版。

朱龙华编：《古代世界史参考地图》，人民教育出版社 1960 年版。

朱勤杰：《亚洲各国史》，广东人民出版社 1958 年版。

朱庭光主编：《巴黎公社史》，中国社会科学出版社 1982 年版。

朱庭光主编：《法西斯体制研究》，上海人民出版社 1995 年版。

朱庭光主编：《法西斯新论》，重庆出版社 1991 年版。

朱庭光主编：《法西斯主义与第二次世界大战》，华夏出版社 1988 年版。

朱庭光主编：《外国历史名人传》8 卷本，重庆出版社 1982 年版。

朱庭光主编、张椿年副主编：《外国历史大事集》10 卷本，重庆出版社 1985 年版。

朱伟奇：《中世纪骑士精神》，陕西人民出版社 2003 年版。

朱孝远：《欧洲涅槃：过渡时期欧洲的发展概念》，学林出版社 2002 年版。

朱孝远：《宗教改革与德国近代化的道路》，人民出版社 2011 年版。

朱瀛泉：《近东危机与柏林会议》，南京大学出版社 1995 年版。

祝宏俊：《古希腊节制思想》，社会科学文献出版社 2009 年版。

祝曙光：《铁路与日本近代化——日本铁路史研究》，长征出版社 2004 年版。

庄国土、刘文正：《东亚华人社会的形成和发展：华商网络、移民与一体化趋势》，厦门大学出版社 2009 年版。

庄锡昌等编:《多维视野中的文化理论》,浙江人民出版社 1987 年版。

资中筠主编:《战后美国外交史——从杜鲁门到里根》(上下),世界知识出版社 1994 年版。

左文华等主编:《当代中东国际关系》,世界知识出版社 1999 年版。

[澳] 杰弗里·博尔顿:《澳大利亚历史:1942—1988》,李尧译,北京出版社 1993 年版。

[博] L. 沙夫:《历史规律的客观性——马克思主义史学方法论的若干问题》,郑开其等译,三联书店 1963 年版。

[德] A. G. 弗兰克:《白银资本:重视经济全球化中的东方》,刘北城译,中央编译出版社 2000 年版。

[德] 弗兰茨·梅林:《中世纪末期以来的德国史》,张才尧译,三联书店 1980 年版。

[德] 卡尔·洛维特:《世界历史与救赎历史——历史哲学的神学前提》,李秋零、田薇译,三联书店 2002 年版。

[德] 诺贝特·埃利亚斯:《文明的进程》2 卷本,王佩莉、袁志英译,三联书店 1998 年版。

[德] 施赖贝尔:《羞耻心的文化史》,辛进译,三联书店 1988 年版。

[德] 斯宾格勒:《西方的没落》(上下),齐世荣等译,商务印书馆 1963 年版。

[德] 威廉·狄尔泰:《精神科学引论》),童奇志、王海鸥译,中国城市出版社 2002 年版。

[德] 威廉·狄尔泰:《历史中的意义》,艾彦译,中国城市出版社 2002 年版。

[俄] M. P. 泽齐娜等:《俄罗斯文化史》,刘文飞译,上海译文出版社 1999 年版。

[俄] 阿甫基耶夫:《古代东方史》,王以铸译,三联书店 1956 年版。

[俄] 巴布科夫:《我在西西伯利亚服务的回忆》,王之相译,商务印书馆 1973 年版。

[俄] 巴尔苏科夫编:《穆拉维约夫—阿穆尔斯基伯爵》2 卷本,黑龙江省哲学社会科学研究所译,商务印书馆 1973 年版。

［俄］鲍里斯·塔个耶夫：《在耸入云霄的地方》，薛蕾译，商务印书馆1975年版。

［俄］别尔嘉耶夫：《历史的意义》，张雅平译，学林出版社2002年版。

［俄］波吉牟金主编：《世界通史研究提纲》，屈洪译，解放社1949年版。

［俄］布克斯盖夫登：《1860年〈北京条约〉》，王瓘等译，商务印书馆1975年版。

［俄］查尔斯·耶拉维奇等编：《俄国在东方：1876—1880》，北京编译社译，商务印书馆1974年版。

［俄］格奥尔吉耶娃：《俄罗斯文化史——历史与现代》，焦东建、董茉莉译，商务印书馆2006年版。

［俄］科罗斯托维茨：《俄国在远东》，李金秋等译，商务印书馆1975年版。

［俄］科瓦略夫：《古代罗马史》，王以铸译，三联书店1957年版。

［俄］米哈伊诺夫娜：《文化理论与俄罗斯文化史》，王亚民等译，敦煌文艺出版社2003年版。

［俄］尼·伊·雷日科夫：《大国悲剧：苏联解体的前因后果》，徐昌翰等译，新华出版社2008年版。

［俄］尼·伊·帕甫连科：《彼得大帝》，斯庸译，国际文化出版公司2006年版。

［俄］瓦西里耶夫：《外贝加尔的哥萨克》3卷本，徐滨等译，商务印书馆1977年版。

［俄］维特等：《维特伯爵回忆录》，肖洋、柳思思译，商务印书馆1976年版。

［俄］叶菲莫夫：《近代世界史》，王易今译，人民出版社1950年版。

［法］J.勒高夫：《新史学》，姚蒙编译，上海译文出版社1989年版。

［法］阿·阿达莫夫编：《巴黎公社史料辑要》，黎星译，商务印书馆1962年版。

［法］阿尔德伯特等：《欧洲史》，桂裕芳译，海南出版社出版2000年版。

［法］布罗代尔：《法兰西的特性》，顾良、张泽乾译，商务印书馆1994年版。

［法］布罗代尔：《菲利普二世时代的地中海和地中海世界》，吴模信译，商务印书馆 1996 年版。

［法］布罗代尔：《文明史纲》，肖昶等译，广西师范大学出版社 2003 年版。

［法］费尔南·布罗代尔：《15 至 18 世纪的物质文明、经济和资本主义》3 卷本，施康强、顾良译，三联书店 1992 年版。

［法］孔多塞：《人类精神进步史表纲要》，何兆武、何冰译，三联书店 1998 年版。

［法］利沙加勒：《一八七一年公社史》，柯新译，三联书店 1962 年版。

［法］马迪厄：《法国革命史》，杨人楩译，商务印书馆 1963 年版。

［法］米涅：《法国革命史：从 1789 年到 1814 年》，北京编译社译，商务印书馆 1977 年版。

［法］乔治·勒费弗尔：《法国革命史》，顾良、孟湄、张慧君译，商务印书馆 1989 年版。

［美］I. 沃勒斯坦：《现代世界体系》3 卷本，吕丹等译，高等教育出版社 1998 年版。

［美］L. E. 明斯编：《第一国际的建立（文件集）》，王庆成译，三联书店 1963 年版。

［美］L. S. 斯塔夫里阿诺斯：《全球通史：1500 年以前的世界》（上下），吴象婴、梁赤民译，上海社会科学院出版社 1988 年版。

［美］埃伦·G. 杜布斯：《文艺复兴时期的人与自然》，陆建华、刘源译，浙江人民出版社 1988 年版。

［美］爱伦·F. 丘：《俄国历史地图解说——一千一百年来俄国疆界的变动》，郭圣铭译，商务印书馆 1980 年版。

［美］本尼迪克特：《菊花与刀——日本文化的诸模式》，孙志民等译，浙江人民出版社 1987 年版。

［美］伯特曼：《探寻美索不达米亚文明》，秋叶译，商务印书馆 2009 年版。

［美］布瑞安·伊恩斯：《人类酷刑史》，李晓东译，时代文艺出版社 2000 年版。

［美］查尔斯·佛维尔:《西伯利亚之行》,斯斌译,上海人民出版社1974年版。

［美］迪尔:《探寻中世和近世日本文明》,刘曙野等译,商务印书馆2010年版。

［美］房龙:《西洋史大纲》,张闻天译,上海辞书出版社2003年版。

［美］菲利浦·方纳:《美国工人运动史》第1卷,黄雨石等译,三联书店1956年版。

［美］菲利浦·方纳:《美国工人运动史》第2卷,唯成译,三联书店1963年版。

［美］菲利普·李·拉尔夫等:《世界文明史》,林姿君译,商务印书馆2001年版。

［美］福斯特:《探寻玛雅文明》,王春侠等译,商务印书馆2007年版。

［美］杰弗里·帕克等:《剑桥战争史》,傅景川等译,吉林人民出版社1999年版。

［美］卡尔·贝克尔:《18世纪哲学家的天城》,何兆武译,三联书店2001年版。

［美］卡尔顿·约·亨·海斯等:《世界史》3卷本,中央民族学院研究室译,三联书店1975年版。

［美］凯瑟琳·麦克德莫特等:《彼得大帝》,莫君文译,中国工人出版社2010年版。

［美］柯文:《在中国发现历史——中国中心观在美国的兴起》,林同奇译,中华书局1989年版。

［美］科恩:《科学革命史》,杨爱华等译,军事科学出版社1992年版。

［美］罗兰·斯特龙伯格:《西方现代思想史》,刘北成、赵国新译,中央编译出版社2005年版。

［美］马洛泽莫夫:《俄国的远东政策(1881—1904)》,商务印书馆翻译组译,商务印书馆1977年版。

［美］摩里斯·希尔奎特:《美国社会主义史》,朱立人译,商务印书馆1974年版。

［美］帕尔默等:《现代世界史》(上下),何兆武、孙福生、陈敦全等译,

世界图书出版公司 2009 年版。

［美］塞德尔：《探寻欧洲文艺复兴文明》，徐波译，商务印书馆 2009 年版。

［美］唐纳德·沃斯特：《自然的经济体系——生态思想史》，侯文蕙译，商务印书馆 1999 年版。

［美］威廉·兰格主编：《世界史编年手册》（古代和中世纪部分），高望之等译，三联书店 1978—1981 年版。

［美］威廉·麦戈伊：《文明的五个纪元——以五个文明划分世界历史》，贾磊等译，山东画报出版社 2004 年版。

［美］詹姆斯·洛温：《老师的谎言：美国历史教科书中的错误》，马万利译，中央编译出版社 2009 年版。

［美］魏特夫：《东方专制主义》，中国社会科学出版社 1989 年版。

［葡］J. H. 萨拉依瓦：《葡萄牙简史》，李均报、王全礼译，中国展望出版社 1988 年版。

［苏］H. A. 马什金：《古代世界史学习指导》，日知译，三联书店 1954 年版。

［苏］奥尔洛夫主编：《世界近代史教学资料选辑》4 辑，何清新译，三联书店 1963 年版。

［苏］鲍爵姆金主编：《世界外交史》5 卷本，叶文雄译，五十年代出版社 1949—1951 年版。

［苏］波尔什涅夫等：《新编近代史》第 1 卷，王以铸译，人民出版社 1955 年版。

［苏］波梁斯基：《外国经济史·封建主义时代》，北京大学经济史经济学说史教研室译，三联书店 1958 年版。

［苏］博克沙宁编：《世界古代史地图集》，韩亦琦译，上海地图出版社 1959 年版。

［苏］布拉斯拉夫斯基编：《第一国际第二国际历史资料》，中国人民大学编译室译，三联书店 1964 年版。

［苏］狄雅可夫等主编：《古代世界史（古代罗马部分）》，日知译，高等教育出版社 1959 年版。

［苏］格拉德舍夫斯基：《古代东方史》，吉林师范大学历史系翻译室译，高等教育出版社1959年版。

［苏］格拉德舍夫斯基：《原始社会史》，东北师范大学历史系翻译室译，高等教育出版社1958年版。

［苏］迦耳金等：《现代世界史》，朱君实译，海燕书店1950年版。

［苏］贾可诺夫、马加辛涅尔：《巴比伦皇帝哈漠拉比法典与古巴比伦法解说》，中国人民大学国家与法权历史教研室译，中国人民大学，1954年。

［苏］卡鲍：《图瓦历史与经济概述》，辽宁大学外语系俄语专业七二年级工农兵学员译，商务印书馆1976年版。

［苏］卡里斯托夫、乌特钦科主编：《古代的罗马》，萧家琛等译，人民教育出版社1957年版。

［苏］康恩等：《穷途末路的资产阶级历史哲学——帝国主义时代历史哲学批判纲要》，张书生等译，三联书店1962年版。

［苏］康恩：《哲学唯心主义与资产阶级历史思想的危机》，乔工等译，三联书店1961年版。

［苏］柯思明斯基：《中世世界史》，何东辉译，人民教育出版社1956年版。

［苏］柯思明斯基：《中世世界史》，王易今译，中国青年出版社1955年版。

［苏］柯斯铭斯基：《中世世界史》，王易今译，开明书店1951年版。

［苏］科切托夫：《东南亚及远东各国近代现代史讲义》3卷本，东北师范大学历史系翻译室译，高等教育出版社1958年版。

［苏］科斯敏斯基等主编：《中世纪史》第1卷，朱庆永等译，三联书店1957年版。

［苏］科瓦利琴科：《计量历史学》，闻一、肖吟译，四川人民出版社1987年版。

［苏］克尼亚捷夫等：《彼得格勒十月武装起义》，金蝉等译，三联书店1958年版。

［苏］罗曼诺夫：《日俄战争外交史纲》（上下），上海人民出版社编译室译，上海人民出版社1976年版。

［苏］罗琴斯卡娅：《法国史纲：十七至十九世纪》，刘立勋译，三联书店1962年版。

［苏］麦利霍夫：《满洲人在东北》，黑龙江省哲学社会科学研究所第三室译，商务印书馆1976年版。

［苏］曼佛列德：《十八世纪末叶的法国资产阶级革命》，方兆瑸译，三联书店1955年版。

［苏］梅伊曼：《封建生产方式的运动》，朱成光译，科学出版社1956年版。

［苏］米罗舍夫斯基：《美洲西班牙殖民地的解放运动》，金乃学译，三联书店1960年版。

［苏］米舒林：《古代世界史》，王易今译，中国青年出版社1955年版。

［苏］莫洛克等编：《巴黎公社会议记录》2卷，何清新译，商务印书馆1961—1963年版。

［苏］莫洛克等主编：《世界近代史文献》第二卷，耿淡如译，高等教育出版1957年版。

［苏］纳罗奇尼茨基等：《远东国际关系史》，北京外国语学院俄语系首届工农兵学员译，商务印书馆1976年版。

［苏］尼基甫洛夫：《世界通史讲义》3卷本，中共中央直属高级党校历史教研室翻译组译，高等教育出版社1956年版。

［苏］尼科利斯基：《俄国教会史》，丁士超等译，商务印书馆2000年版。

［苏］涅奇金娜主编：《苏联史》第2卷，关其侗等译，三联书店1957年版。

［苏］涅仁斯基、伊斯莱梁：《匈牙利现代史：1918—1962》，黑龙江大学俄语系翻译组译，黑龙江人民出版社1972年版。

［苏］潘克拉托娃、柯斯托马洛夫主编：《苏联简史（1905—1907）》，兴无译，高等教育出版社1958年版。

［苏］潘克拉托娃主编：《苏联历史》，张扬等译，天下出版社1952年版。

［苏］萨纳柯耶夫等编：［西德］亚·菲舍尔注释：《德黑兰、雅尔塔、波茨坦会议文件集》，北京外国语学院俄语专业、德语专业1971届工农兵学员译，三联书店1978年版。

［苏］塞尔格耶夫：《古代希腊史》，缪灵珠译，高等教育出版社 1955 年版。

［苏］司徒卢威：《古代的东方》，陈文林等译，人民教育出版社 1955 年版。

［苏］斯·尤·阿勃拉莫娃：《非洲——四百年的奴隶贸易》，陈士林、马惠平译，商务印书馆 1983 年版。

［苏］塔尔列：《拿破仑传》，任田升、陈国雄译，商务印书馆 1976 年版。

［苏］塔塔里诺娃：《英国史 1640—1815》，何清新译，三联书店 1962 年版。

［苏］托卡列夫：《世界各民族历史上的宗教》，魏庆征译，中国社会科学出版社 1985 年版。

［苏］西多罗夫等：《苏联史学家在罗马第十届国际史学家代表大会报告集》，王九鼎等译，三联书店 1957 年版。

［苏］谢·弗·巴赫鲁申：《哥萨克在黑龙江》，郝建恒、高文风译，商务印书馆 1975 年版。

［苏］谢缅诺夫：《中世纪史》，叶文雄译，三联书店 1956 年版。

［苏］谢苗诺夫：《世界中世史》，东北师范大学历史系世界史教研室译，东北师大出版社 1954 年版。

［苏］雅科夫列娃：《1689 年第一个俄中条约》，贝璋衡译，商务印书馆 1973 年版。

［苏］耶·马·茹可夫主编：《远东国际关系史：1840—949》，何清新译，世界知识出版社 1959 年版。

［苏］尤里·谢尔盖耶维奇·里亚布采夫：《千年俄罗斯：10 至 20 世纪的艺术生活与风情习俗》，张冰、王加兴译，三联书店 2007 年版。

［苏］祖波克：《美国史略》，苏更生译，三联书店 1959 年版。

［苏］祖波克等：《现代世界史》，中国人民大学世界通史教研室译，中国人民大学 1954 年。

［西］萨尔瓦多·德·马达里达加：《西班牙现代史论》，朱伦译，中国社会科学出版社 1998 年版。

［印尼］萨努西·巴尼：《印度尼西亚史》，吴世璜译，商务印书馆 1959

年版。

［英］E. P. 汤普森：《英国工人阶级的形成》，贾士蘅译，译林出版社 2001 年版。

［英］G. 巴勒克拉夫：《当代史导论》，张广勇、张宇宏译，上海社会科学院出版社 1996 年版。

［英］G. 巴勒克拉夫：《当代史学主要趋势》，杨豫译，上海译文出版社 1987 年版。

［英］W. C. 丹皮尔：《科学史及其与哲学和宗教的关系》，李珩译，广西师范大学出版社 2009 年版。

［英］阿德金斯：《探寻古罗马文明》，张楠、王悦、范秀琳译，商务印书馆 2008 年版。

［英］阿德金斯：《探寻古希腊文明》，张强译，商务印书馆 2010 年版。

［英］埃利奥特·史密斯：《人类史》，李申等译，社会科学文献出版社 2002 年版。

［英］巴赫主编：《第一国际和巴黎公社（文件、资料）》，杭州大学外语系俄语翻译组译，三联书店 1978 年版。

［英］柏克：《法国革命论》，何兆武、许振洲、彭刚译，商务印书馆 1998 年版。

［英］波普尔：《历史主义的贫困》，何林、赵平译，社科文献出版社 1987 年版。

［英］戴维：《探寻古埃及文明》，李晓东译，商务印书馆 2007 年版。

［英］德格拉斯选编：《共产国际文件》，北京编译社译，世界知识出版社 1963 年版。

［英］恩·贡布里希：《写给大家的简明世界史：从远古到现在》，张荣昌译，广西师范大学出版社 2003 年版。

［英］霍布斯鲍姆：《革命的年代：1789—1848》，王章辉等译，江苏人民出版社 1998 年版。

［英］霍布斯鲍姆：《极端的年代：1914—1991》，郑明萱译，江苏人民出版社 1999 年版。

［英］霍布斯鲍姆：《民族与民族主义》，李金梅译，上海人民出版社 2000

年版。

［英］霍布斯鲍姆：《史学家——历史神话的终结者》，上海人民出版社2002年版。

［英］霍布斯鲍姆：《新千年访谈录》，殷雄、田培义译，新华出版社2001年版。

［英］霍布斯鲍姆：《资本的年代：1848—1875》，张晓华等译，江苏人民出版社1998年版。

［英］卡特赖特等：《疾病改变历史》，陈仲丹译，山东画报出版社2004年版。

［英］科林·A.罗南：《剑桥插图世界科学史》，周家斌、王耀杨等译，山东画报出版社2009年版。

［英］克拉克主编：《新编剑桥世界近代史》（14卷，已出版13卷），中国社会科学出版社1999年版。

［英］克莱夫·庞廷：《绿色世界史——环境与伟大文明的衰落》，王毅、张学广译，上海人民出版社2002年版。

［英］罗德里克·弗拉德：《计量史学方法导论》，王小宽译，上海译文出版社1991年版。

［英］马丁·吉尔勃特编：《俄国历史地图集》，任京译，三联书店1974年版。

［英］麦金托什：《探寻史前欧洲文明》，刘衍钢等译，商务印书馆2010年版。

［英］梅森：《自然科学史》，周煦良等译，上海译文出版社1980年版。

［英］莫尔顿：《人民的英国史》，谢琏造等译，三联书店1958年版。

［英］汤因比：《历史研究》3卷本，曹末风译，上海人民出版社1959年版。

［英］威廉·多伊尔：《法国大革命的起源》，张弛译，上海人民出版社2009年版。

［英］约翰·O.E.克拉克等：《世界科学史》，张海译，黑龙江科学技术出版社2009年版。

后　　记

　　1998—2008 年，我先后任中国社会科学院世界历史研究所副所长、所长，因职责所在，特别是在此期间要主持制订研究所"十一五"科研发展规划，迫切需要学习和了解我国世界历史研究的学术史。文化的传承性，以及史学研究历史与现实的内在联系，决定了世界历史学科建设，以及世界历史研究所的发展，都离不开对我国世界历史研究学术史的深刻理解。要办好世界历史研究所，不能脱离中国世界史研究的历史和现实；不能脱离中国世界史研究的广阔背景。但是，可资借鉴的当代中国世界历史学的学术史，或史学史的专门著作却十分缺少。

　　新中国成立前后，或改革开放前后，在海内外已有多部《中国史学史》问世，其中一些编写者不乏学界名人。但一个奇怪的事实是，无论是多卷本或单卷本的《中国史学史》，都没有中国世界历史研究的内容，似乎在中国历史学发展进程中，从来不曾有世界历史研究这一事实，尽管中国的世界历史研究，早在 19 世纪中叶即已开始萌生，新中国成立后，特别是改革开放以来已取得了令人瞩目的迅速发展，早已成为当代中国历史科学的重要组成部分。但多年以来，《中国史学史》却从不写中国学者的世界史研究的历史；高校《中国史学史》教科书中，也从不讲授这方面的内容。日久天长，似乎天经地义就是这样，对中国世界史研究史学史的忽略，已是"见怪不怪"。

　　2007 年，一次在研究国家社科基金世界史选题的座谈会上，我曾谈到开展我国世界史的史学史研究之事，但被个别人以"研究条件不成熟"否定。在这种情况下，我只好自己先慢慢干起来再说。2008 年年底，我从世界历史研究所所长职务上卸任，研究时间有了必要的保证，使我有可能接受写作《当代中国世界历史学研究》的任务。前几年的积累和思考，开始派上了用场。现在，奉献给各界读者面前的，是一部抛砖引玉之作，笔者希望在充分尊重事实、尊重世界史研究成果的基础上，广泛听取广大世界史学者的意见，将新中国成立60年来的我国世界史研究，从整体上进行梳理，努力揭示其发展的某些规律性内容和内在联系，就新中国的世界史学科建设，大体上勾勒出它的发展轨迹，充分肯定中国世界史研究的理论成就，发掘、整理、积累一些相关的学术史文献资料，为繁荣发展我国的世界史研究多做一些实事。显然，本书不是成果综述，对半个多世纪的研究成果，不可能面面俱到。这部著作的价值在于不嫌幼稚、肤浅，毕竟是迈出了"这一步"，补充了《中国史学史》始终缺少的内容。希望这部著述能引起史学界同仁，特别是广大世界史工作者对这个问题的关注。我以为，这是一种责任和使命，相信今后会有更多的中国世界史的史学史研究成果问世。中国史学史从来只字不提世界史研究的那种让人费解的状况，应该结束了。

最近，国务院学位委员会和教育部公布了新的《学位授予和人才培养学科目录（2011年）》，世界史升级为一级学科，是中国几代世界史学者长期努力的结果，中国世界历史教学和研究进入了一个新的发展阶段，同时也是时代和社会发展的呼唤。作为一级学科的世界历史，不仅有其理论和方法，有其标志性的重大课题和示范性的成果，有一支在国内外学术界有广泛影响的研究队伍，同时也应有世界历史学科、学术发展史的深入研究。没有对学科自身发展的学术史研究的学科，不是完整的、具备现代科学意义的学科。很难设想，作为一级学科的世界史没有自己的学术史。这是一个亟待解决的现实问题。世界史升为一级学科后，要心无旁骛地做实事，使之成为名副其实的一级学科；我们面前有许多重要的事情要做，我以为，开展中国世界史研究的史学史研究，应是其中之一。

在撰写的过程中，笔者有幸得到王旭（厦门大学）、王成军（陕西师范大学）、王家丰（浙江师范大学）、王邵励（东北师范大学）、向荣（武汉大学）、刘丕勇（内蒙古民族大学）、刘德斌（吉林大学）、吕昭义（云南大学）、张倩红（郑州大学）、李宏图（复旦大学）、沈坚（浙江大学）、陈恒（上海师范大学）、陈新（复旦大学）、陈志强（南开大学）、胡德坤（武汉大学）、侯建新（天津师范大学）、郭小凌（北京师范大学）、夏继果（首都师范大学）、徐蓝（首都师范大学）、钱乘旦（北京大学）、黄民兴（西北大学）、韩毅（辽宁大学）、潘光（上海社会科学院）等同人的大力支持和无私帮助。中国社会科学出版社郭沂纹编审对本书的撰写，也自始至终给予了具体的指导，在此一并表示诚挚的感谢。

段启增研究员在百忙中审读了本书稿，提出了具体的修改意见，使本书稿避免了问世后可能出现的一些缺憾，笔者十分感谢。但限于时间、篇幅、客观研究条件和笔者的学识水平，本书不尽如人意、捉襟见肘之处仍在所难免，如大量学术论文远没有认真研究；中国世界史研究重要的国际学术交流活动很少涉及；在全书框架构建，以及各章节内容的选择上，也有顾此失彼之处；本书充分肯定了中国世界史研究的重大成就，但对其发展中一些亟待解决的问题，缺少深入的探析，如此等等，有待更多地听取大家的意见，争取在今后有机会修订时改正。

于 沛

2011 年 4 月 27 日

修订版后记

在中华人民共和国70周年华诞到来之际，《当代中国世界历史学研究》（1949—2009）修订再版，补充了近10年来中国世界史研究学科建设和科研的重要成果。这样，就较完整地反映了新中国70年世界史学科发展的历史轨迹，和它在各方面所取得的成就。

根据国务院学位委员会和教育部公布的《学位授予和人才培养学科目录（2011年）》，在历史学门类下，由"历史学"1个一级学科，将变为"考古学""中国史""世界史"3个一级学科，也就是说"世界史"成为和"中国史""考古学"并列的一级学科，有力地促进了世界史学科的发展。这主要表现在国家相关部门的全力支持、高校新的研究机构的设置、新的世界史专业刊物的创建、国际学术交流的加强，以及原创性高水平的研究成果层出不穷等等，这些在修订后的书中，都有具体的内容体现。

限于时间和本人的学识，修订后的《当代中国世界历史学研究》（1949—2019）不尽人意之处仍在所难免，敬请各界读者提出宝贵意见，以在有机会时改正。在本书修订规程中，得到天津师范大学侯建新教授、陕西师范大学白建才教授、上海师范大学张忠祥教授的多方帮助，在此一并表示诚挚的感谢！

于　沛
2019年5月27日